图书在版编目(CIP)数据

南昌县大事纪 : 2005 - 2011 / 南昌县大事纪编纂委员会主编. - - 南昌 : 江西人民出版社, 2012.7
ISBN 978 - 7 - 210 - 05519 - 8

Ⅰ. ①南… Ⅱ. ①南… Ⅲ. ①南昌县 - 地方史 - 大事记 - 2005 - 2011 Ⅳ. ①K295.64

中国版本图书馆 CIP 数据核字(2012)第 146287 号

书名:南昌县大事记(2005 - 2011)
作者:南昌县大事记编纂委员会
责任编辑:翦新民
封面设计:淦新彪
出版:江西人民出版社
发行:各地新华书店
地址:江西省南昌市三经路 47 号附 1 号
编辑部电话:0791 - 86898510
发行部电话:0791 - 86898893
邮政编码:330006
网址:www.jxpph.com
E - mail:jxpph@tom.com web@jxpph.com
版次:2012 年 6 月第 1 版 2012 年 6 月第 1 次印刷
开本:889 毫米 × 1194 毫米 1/16
印张:50
字数:1000 千字
印数:0001 - 1000
ISBN 978 - 7 - 210 - 05519 - 8
赣版权登字 - 01 - 2012 - 309

定价:218.00 元
承印厂:江西龙莹印务有限公司
赣人版图书凡属印刷、装订错误,请随时向承印厂调换

《南昌县大事记》编纂委员会

主　　　任　郭　毅

常务副主任　陈匡辉

副　主　任　王小文　伍　曦

委　　　员　周来华　陶亿国　陈摧飚

《南昌县大事记》编纂人员

主　　编　曹小伟

副主编　喻德琪

编　　务　黄　芳　雷妍兰　姜芳萍　熊　勤

主摄影　余大伟

中共南昌县委书记 郭毅

时值党的十八大召开之年，《南昌县大事记（2005～2011）》正式出版发行了，这是我县党建与党史研究工作中的一件大事，可喜可贺!

恩格斯说："历史就是我们的一切。"《南昌县大事记（2005～2011）》采用编年体为主、辅之以纪事本末体的编纂形式，坚持"大事突出，要事不漏，新事不丢，琐事不录"的原则，以时间为经，事件为纬，全面、翔实、系统地记述了我县七年来经济社会发展的整体脉络，勾画出我县近七年完整的历史概貌。尤为称道的是，书中还配置了大量珍贵的历史图片，文与图相辅相成，图文并茂，更增加了该书的可信性与可读性，不失为一部珍贵的史书。《南昌县大事记（2005～2011）》时间跨度长，编撰任务十分艰巨，县委史志地名办的同志在有关部门的配合下，数月耕耘，广征博采，几易其稿，终成此书，实属不易。

2005年至2011年这七年，是我县取得历史性巨大跨越的七年。回眸这七年的风雨历程，展现在我们面前的是一幅波澜壮阔的历史画卷，是一部催人奋进的长歌史诗，铭刻着历届县委、县政府和全县百万人民奋发图强、拼争一流的执着追求。历史不会忘记，这七年我县实现了从江西"首府首县"向"全国百强县"的巨大转变，不甘人后的百万人民，在"勇争第一"精神的引领下，踏着进军"全国百强县"的号角奋勇前进，并于2007年顺利在全省率先挺进"全国百强县"，一年时间内跨越了96位，进入"全国百强县"第98位，之后连续四年进位赶超，现跃居第82位；历史不会忘记，这七年我县实现了从农业大县向工业强县的巨大转变，以前的南昌县，"谈农业，谈一天；谈工业，一支烟"，随着2003年小蓝经济开发区的起步，我县的工业迅速崛起，在小蓝经济开发区"工业引擎"的巨大推动下，我县在全县不到1%的国土面积上创造了全县50%的财政收入，摇身一变成为全省工业大县，先后多次荣获全省工业崛起奖、全省工业崛起六大指标综合先进单

位等多项荣誉，小蓝经济开发区成为全省唯一同时拥有全省汽车、食品、生物医药三块省级产业基地金字招牌的开发区。向塘铁路一公路枢纽型物流基地、南新滨江工业集中园、武阳中小企业创业园的相继启动，拉开了我县“一区多园”的工业发展大幕。同时，我县农业继续保持省、市主导地位，尤为闪亮的是，增添了国家现代农业示范区、全国农村改革试验区和全省统筹城乡发展试点县三大“名片”；历史不会忘记，这七年我县实现了从“小县旧城”向“大县新城”的巨大转变，经过短短几年的建设，我县城市框架形成了“一核多组团”的发展格局，城市变美了，产业繁荣了，人气兴旺了；历史不会忘记，我县正全力打造民生“首善区”，坚持发展为了人民，发展成果由人民共享，全县人民的幸福指数、满意指数、安全指数明显攀升；历史不会忘记，……。

古语有云：“以史为鉴，可以知兴替”。《南昌县大事记（2005～2011）》一书，架起了历史与现实链接的桥梁，记下的这一桩桩、一件件事虽已成过去，但镶嵌其中的一幕幕情景仍然历历在目，凝结其中的一段段经历仍然催人奋进。这部大事记的意义已远远超越了它所记事件的本身，仔细研读，我们能从历史发展的脉搏中感受到一种强烈的自豪感、责任感和使命感，从而更加激励我们继承历史，服务当代，与时俱进，开创更加辉煌的未来!《南昌县大事记（2005～2011）》虽只是党史大纲，但全书内容丰富，从中可以吸取营养，引发思考，可读、可信、可取，不失为一本了解和研究县情，进行党史、党建和社会主义思想教育的好教材，也为我们追溯历史、衔接历史、研究历史提供了颇有价值的查考依据，它不仅是全县各级领导干部的案头必备之书，更是全县青少年应知的历史之事。发展的潮流奔涌向前，历史的巨轮从不停歇。全县百万人民要珍惜现在，把握未来，从中获取智慧和力量，为我县努力构建南昌打造全省核心增长极的重要战略支点，为早日实现“拼争全国五十强县市、建设现代化综合新城”战略目标而不懈奋斗，以优异成绩向党的十八大献礼!

随感之言，谨此为序。

2012年4月

◆2009年1月26日，中共中央总书记胡锦涛视察南昌县

◆2007年4月21日，中共中央政治局常委、国务院总理温家宝视察南昌县

◆2007年4月8日，中共中央政治局委员、湖北省委书记俞正声，省长罗清泉率领湖北省党政代表团来南昌县小蓝经济开发区参观考察。省委书记孟建柱，省长吴新雄，省委常委陈达恒、赵智勇、余欣荣，市、县领导胡宪、杨伟东、肖玉文等陪同

◆2007年10月5日，中央统战部常务副部长、红学专家胡德平来到武阳镇调研

◆2011年11月4日，全国政协副主席、全国工商联主席黄孟复调研南昌县小蓝经济开发区

◆2007年12月10日，省委书记苏荣视察小蓝经济开发区江铃VM发动机厂

◆2011年12月14日，省委常委、市委书记王文涛调研南昌县，县委书记郭毅等陪同

◆2011年8月19日，市委常委、南昌警备区政委宋增建等带着党和政府的关怀与温暖来到南昌县，县委书记郭毅等陪同。

◆2011年12月4日，市长陈俊卿来到南昌县调研小蓝经济开发区江铃控股

◆2011年9月21日，省地税局党组书记、局长王平来到南昌县调研

◆2009年4月24日，非洲妇联考察团来到南昌县考察

◆2011年7月23日，中国共产党南昌县第十二次代表大会

◆2010年8月5日，县长陈匡辉等慰问战斗在一线电力员工

◆2009年9月28日，中国红歌会来到南昌县，在县会展中心演出

编纂说明

一、《南昌县大事记（2005～2011）》坚持辩证唯物主义和历史唯物主义观点，尊重史实，直书其事，力求保存史事原貌。

二、本《大事记》记述时间从2005年1月至2011年12月。

三、本《大事记》记述的内容，主要是南昌县政治、经济和社会发展方面的重大决策、重要会议、重要发文、重要活动、重要事件、重大变革、重大成就，中央、省、市领导来县视察、调研、走访，工交财贸、城市建设与管理、政法工作与社会综合治理、劳动人事和社会保障、农业与农村工作、科教文卫体和计生工作，党的建设和干部队伍建设、群团工作、信访工作、环保工作、友好往来、乡镇工作、其他重要工作等大事要事。

四、本《大事记》集中收录党和国家、省、市党政主要领导同志来县视察活动及南昌县重要会议、重要活动等图片，并在部分大事记条目中随文编排一些照片，力求图文并茂、生动形象。

五、本《大事记》以编年体为主，按照时间先后顺序，以年、月、日编排。对某些持续时间较长的事项，采用记事本末体作适当的集中记述。

六、本《大事记》内容记而不述，力求文字精炼，用词准确。

目　录

2005
南昌县大事记
NAN CHANG XIAN DA SHI JI

一 月

【重要会议】

1月6日

南昌县在县综合楼会议室组织收听收看中国13亿人口日全国电视电话会。县领导王建华、李传强等参加收听收看电视电话会。

1月10日-11日

全市扶贫、贫困监测年报会在南昌县召开。市委农工部副部长、市扶贫办主任吴久铭、市扶贫办副主任胡丽丽及各县区扶贫办主任参加会议。县委常委、农工部部长李传强出席。

1月17日

下午南昌县组织县安全委员会成员的单位分管领导在县电信局会议室收听收看全国、全省安全生产电视电话会。副县长邹晓东参加收听收看。

1月18日

下午县中心学习组在县委常委会议室传达、学习省委十一届八次全体（扩大）会议精神。县领导杨伟东、张晓方、王建华、梅梅、梅茂发、罗炳贵、王火生等参加学习。

1月20日

上午全市基层司法所建设现场会在南昌县召开。市委副书记王祥生，市委常委、副市长卢晓健，省司法厅巡视员简明龙，省司法厅基层处处长李美成，市司法局局长黄才和、副局长刘宗光县领导杨伟东、王建华、魏根金及全市各县分管政法领导、司法局长、基层科长参加。

▲南昌县在县综合楼召开安全生产工作会议，传达贯彻全国、全省安全生产电视电话会议和全市安全生产工作紧急会议精神，部署落实当前和今后一段时间内的安全生产工作。会议要求各有关部门认真分析当前的安全生产形势，采取果断措施对安全生产隐患进行大排查，坚决遏制重特大事故的发生。县长张晓方作讲话，县领导邹晓东、万德珍等出席会议。

1月21日

全县开放型经济发展座谈会在县综合楼举行。县领导张晓方、王建华、梅梅、梅茂发、周军、罗炳贵、王火生等和全县各乡镇、县直各部门负责人汇聚一堂，畅谈前一段全县开放型经济发展工作所取得的成绩，认真分析新形势下全县在改革开放热潮中将遇到的新情况，新问题，动员全县干部群众积极行动起来，弘扬首府首县精神，进一步拓宽视野，找准经济发展的新路子，做强工业，做新城镇、做优农业产业，让全县在加快开放型经济发展步伐中，不断焕发新的活力，取得新的辉煌。县委书记杨伟东作重要讲话。

1月24日

南昌县组织收听收看全省集中打击赌博违法犯罪活动专项行动电视电话会议。县领导王建华、徐十斗、杨保根、魏根金、县法院院长范云远等参加收听收看。

1月28日

全市人防现场会在南昌县召开。市人防办纪检书记廖晓峰主持会议，市人防办主任胡序环作讲话，县领导周建东、熊丽克和全市各县区人防办主任参加会议。

▲省军区战备值班分队集结点验大会在八一乡会议室举行。预备役高炮团五七高炮营应急连100名队员光荣地接受了省军区领导的春节战备值班集结点验。省军区司令部作训处副处长刘志斌，预备役师司令部副参谋长龚捷，县委常委、政法委书记杨保根等出席会议并讲话。

1月28日–31日

政协南昌县第九届委员会第三次会议在县综合楼召开。会议以邓小平理论和“三个代表”重要思想为指导，认真总结了县政协九届二次会议以来的工作，研究部署了2005年的工作任务，补选了政协南昌县九届委员会常务委员。县委书记杨伟东作了《发挥优势，争创一流，为实现全国“百强县”、“文明城”目标再作新贡献》的重要讲话。市政协副主席罗文华，市政协港澳台侨委主任饶兵、市委统战部副部长甘水英，县领导杨伟东、张晓方、王建华、梅梅、梅茂发、周军、罗炳贵、王火生、周建东、徐十斗、涂仕华、胡小明、杨保根、李传强、肖玉文、吴和平、袁春秀、黄连科、李木旺、崇林凤、陈秀梅、邓炳根、胡炜、胡显勇、魏根金、邹晓东、熊丽克、万敏、费小琛、江伟斌、万德珍、吴克芳、张军、李信谆、姜润根、伍目连、李植以及县人武部政委张远、县法院院长范云远、县检察院检察长张留春、小蓝工业园党委书记樊哲本等出席。

1月31日

上午中共南昌县委保持共产党先进性教育活动领导小组成员第一次会议在县委常委会议室举行。县委书记杨伟东作讲话，县领导梅梅、涂仕华、胡小明、杨保根、李传强、姜润根等出席。

1月29日–2月1日

南昌县第十三届人民代表大会第三次会议在莲塘三中纳新楼召开。会议听取和审议了县人民政府县长张晓方关于南昌县人民政府工作报告；听取和审议了县发展计划委员会主任徐南生关于南昌县2004年国民经济和社会发展计划执行情况与2005年国民经济和社会发展计划（草案）的报告；听取和审议了县财政局局长姜润根关于南昌县2004年县本级财政总预算执行情况和2005年县本级财政总预算（草案）的报告；听取和审议了县人大常委会主任罗炳贵关于南昌县人民代表大会常务委员会工作报告；听取和审议了县人民检察院检察长张留春关于南昌县人民检察院工作报告。会议要求：高举邓小平理论伟大旗帜，以“三个代表”重要思想为指导，在中共南昌县委的正确领导下，全面落实党的十六届四中全会和省委十一届八次全会、市委八届八次全会精神，按照县委十届五次全会的决策，围绕拼争全国“百强县”和“文明城”的奋斗目标，进一步加强社会主义民主法制建设，积极推进社会主义物质文明、政治文明和精神文明协调发展，为全面建设小康社会，实现全县经济快速发展和社会各项事业全面进步发挥积极作用。县领导杨伟东、张晓方、王建华、梅梅、梅茂发、周军、罗炳贵、王火生、周建东、徐十斗、涂仕华、胡小明、杨保根、李传强、肖玉文、吴和平、袁春秀、黄连科、李木旺、崇林凤、陈秀梅、邓炳根、胡炜、胡显勇、魏根金、邹晓东、熊丽克、万敏、费小琛、江伟斌、万德珍、吴克芳、张军、李信谆、姜润根、伍目连、李植以及县人武部政委张远、县法院院长范云远、县检察院检察长张留春、小蓝工业园党委书记樊哲本等出席。

【领导活动】

1月5日

副省长胡振鹏、省卫生厅副厅长李利、副市长罗慧芬、市卫生局副局长宗顺有等来到南昌县，对新型农村合作医疗试点工作进行调研。县领导杨伟东、张晓方、胡显勇、费小琛等陪同。

1月8日

上午落户小蓝工业园的江西涤纶厂举行项目投产成功典礼仪式，省、市、县领导余欣荣、凌成兴、龚建华、周关、杨伟东、张晓方、梅梅、梅茂发、周军、罗炳贵、王火生等出席典礼仪式并剪彩。

1月12日

省委常委、市委书记余欣荣在省、市、县领导钟金根、胡柏龄、朱张才、许苏卉、雷武江、蔡社宝、戴和旺、杨伟东、张晓方、胡炜等陪同下，来到南昌县莲塘镇、武阳镇走访慰问低保困难户和五保户，向他们送去党和人民政府的温暖和关怀。

1月14日

副市长戴和旺来到向塘镇，就南昌玉丰中州无公害蔬菜园地建设现场办公。县领导杨伟东、王建华、李传强、魏根金等陪同。会议由市政府副秘书长、农工部副部长王肇赣主持，副市长戴和旺就如何加快南昌玉丰中州无公害蔬菜园建设提出了意见和要求。

1月23日

国家卫生部副部长王龙德率领世界麻风病日慰问团来南昌县麻风病村走访慰问。副省长胡振鹏，副市长罗慧芬，县领导张晓方、胡显勇、姜润根等陪同。

【走访慰问】

1月14日

省老干局局长冯桃莲，市老干局局长邹书玲，在县领导梅梅的陪同下，走访南昌县部分离退休干部和老党员特困户，向他们送去党和政府的关怀和温暖。

1月18日

上午县政协主席王火生，副主席张军、李信谆等走访江西林生堂有限公司，了解企业的经营和发展情况。

1月19日-28日

县六套班子领导杨伟东、张晓方、王建华、梅梅、梅茂发、周军、罗炳贵、王火生、周建东、徐十斗、涂仕华、胡小明、杨保根、李传强、肖玉文、吴和平、袁春秀、黄连科、李木旺、崇林凤、邓炳根、胡炜、胡显勇、魏根金、邹晓东、熊丽克、万敏、费小琛、江伟斌、万德珍、吴克芳、张军、李信谆、姜润根、伍目连、李植、县法院院长范云远、县检察院检察长张留春、小蓝工业园党委书记樊哲本等分别深入驻县部队、部分离退休老干部、困难党员、军烈属、低保户、特困户、纯女户、五保户的家中以及敬老院等进行走访慰问，向他们致以新年的良好祝愿，向困难对象送去了党和政府的关怀和温暖。

1月20日

上午省教育厅纪委书记姚少平来到蒋巷镇中小学走访慰问，并给困难学校、贫困学生和战斗在一线的特困教师送去了慰问金，向他们送去了党和人民政府的关怀和温暖，副县长费小琛陪同。

1月28日

下午市委政法委综治处副处长梁文清，办公室主任冯志英走访慰问黄马乡华标村救火英雄黄明根。

【工交财贸工作】

1月1日

由市青山路至蒋巷的237路“无人售票”公交车开通。

1月9日

落户小蓝工业园区的第一家美国独资企业美国巴顿轴承南昌有限公司举行开工奠基仪式。县领导肖玉文、吴和平，小蓝工业园党委书记樊哲本等出席奠基仪式。

1月10日

县国土资源局、县土地储备交易中心在交易大厅公开挂牌出让一宗国有土地使用权。该宗土地位于南高公路以东，莲西北路以北，面积为2.49亩。南昌市华惠房地产有限公司以每亩30.6万元的价格获得该宗土地使用权。

1月11日

台湾百塑企业股份有限公司执行长潘岛辉一行来小蓝工业园就注塑机项目进行实地考察，县委常委、常务副县长肖玉文陪同。

1月24日

县交警大队召开2004年度工作总结暨2005年度春运工作动员大会。会议号召全县交警要以高度的责任感，高昂的热情，认真扎实地做好今年的春运工作。县委常委、公安局局长徐十斗作讲话。

1月25日

上午黄马乡郭埠村举行由市政公用局和县粮食局捐资40多万元兴建的小康路竣工典礼仪式。市政公用局局长胡涛出席仪式并剪彩。

1月28日

上午全县工商行政管理工作暨双先表彰大会在八二八招待所举行。会议主要是传达贯彻省、市工商行政管理工作会议精神，总结2004年的工作、部署2005年的任务。市工商局纪检组长吴瑞金，县领导王火生、袁春秀、胡炜、伍目连等出席。

【农业与农村工作】

1月3日

上午县委书记杨伟东、副书记王建华、副县长魏根金等来到黄马乡、向塘镇视察“金十字”带种植情况。

1月14日

下午县委农工部召开全县养殖产业带推进工作会议，向滨湖地区乡镇下达2005～2007年养鸭、网箱养鳝指导计划。县委常委、农工部部长李传强出席并讲话。

1月26日

南昌县召开2004年度水利工作总结表彰大会。县领导王建华、李传强、袁春秀、魏根金、熊丽克、张军等出席。

【政法工作与社会治安综合治理】

1月8日

上午县文化稽查大队在全县范围内对音像市场，进行一次集中整治，净化文化市场，为群众提供一个健康、向上的节日良好氛围。

1月10日

上午南昌县公安系统在新洪客隆开展“110宣传日”活动。县委常委、公安局长徐十斗参加宣传活动。

1月13日

上午以省人大环保委副主任周纪成为组长的省综治考评组在市委副书记王样生等陪同下，来南昌县考评检查2004年社会治安综合治理工作。县领导杨伟东、张晓方、王建华、罗炳贵、徐十斗、涂仕华、杨保根、李植，县检察院检察长张留春等参加情况汇报会。

【科教文卫体和计生工作】

1月5日

上午以省委宣传部新闻出版处副处长曹泽华为组长的考评考核组一行来南昌县，对2004年的宣传工作进行全面考核。县委副书记周军，县委常委、宣传部长胡小明等陪同。

1月7日

南昌县举行卫生系统工作汇报会。县领导周军、胡小明、胡显勇、费小琛等出席。

▲以市科技局局长胡向萍为组长的考核组，来南昌县就2004年科技工作进行考核。副县长熊丽克陪同。

1月12日

上午县长张晓方、县委副书记周军、副县长胡显勇、费小琛、县政协副主席万德珍、姜润根等来到县文化广播电视旅游局，就全县文化广播电视事业发展进行现场办公。

▲上午市政府“三放心”工作领导小组来南昌县对食品、药品、保健品市场进行检查。

1月21日

南昌市第七届乡村青年文化节启动仪式在向塘镇举行。团省委副书记王少云，团市委书记刘闯，县委副书记周军等出席启动仪式。

▲南昌县食品药品监管暨药学工作座谈会在汇仁集团会议室举行。县领导邹晓东作讲话。

1月25日

下午县领导张晓方、周军、胡小明、费小琛等来到县卫生防疫站就关于乡镇卫生院人员业务经费划为县卫生行政部门管理、组建县疾控中心和卫生监督所进行现场办公。

1月27日

南昌市劳动医院来到武阳镇开展送医下乡活动。县政协副主席、县农工民主党主委伍目连参加。

【劳动人事与社会保障】

1月13日

南昌县在县综合楼召开援助印度洋海啸灾区捐赠活动动员会。副县长胡显勇出席并讲话。

1月14日

南昌县举行昌南农村富余劳动力就业活动动员大会。县长张晓方讲话，县领导梅梅、梅茂发、周军、罗炳贵、邹晓东、万德珍等出席。

1月26日

上午南昌县在县人事劳动局召开2005年昌南之春农村富余劳动力就业活动月再部署会议，进一步安排部署“送岗下乡”工作，县政协副主席万德珍出席并讲话。

【乡镇工作】

1月18日

三江镇第十届人民代表大会第五次会议在三江召开。会议回顾了全镇2004年各项工作，提出了2005年的任务和目标，选举邹文惠为三江镇人大主席，邓小军为三江镇人民政府镇长。

1月25日-26日

冈上镇第二届人民代表大会第四次会议在冈上镇召开。会议选举王光华为冈上镇人大主席，杨国辉为冈上镇镇长。县人大常委会副主任黄连科出席会议并讲话。

1月26日

八一乡第十届人民代表大会第四次会议在八一乡召开。会议选举李明华为八一乡人大主席，丁学善为八一乡人民政府乡长。县人大副主任袁春秀出席会议并作讲话。

1月26日-27日

向塘镇第十二届人大第四次会议在向塘镇召开。会议选举陶和国为向塘镇人大主席，县人大常委会副主任吴和平出席会议并讲话。

1月27日

黄马乡第十届人民代表大会第四次会议在黄马乡召开。会议选举殷红光为黄马乡人民政府乡长。县委常委、人武部部长周建东，县人大副主任吴和平出席会议并讲话。

【友好往来】

1月29日

上午西班牙SPUMETOR公司总经理维克托·弗兰德兹来南昌县参观考察。县委常委、常务副县长肖玉文陪同。

【其他重要工作】

1月14日

南昌市小蓝工业园职业培训中心举行挂牌仪式，县领导杨伟东、张晓方、梅茂发、罗炳贵、王火生、邹晓东及省、市有关部门负责人出席，并为培训中心揭牌。

▲南昌县被授予省第三届创建文明城市工作先进县，市文明办主任杨显峰来南昌县授牌，县委副书记周军出席授牌仪式。

1月20日

南昌县召开2005年度全县武装工作会议。会议传达贯彻军委和三级军区扩大会议精神，总结全县去年武装的工作，表彰2004年度武装工作先进单位和个人，部署今年工作任务，县委副书记王建华，县委常委、人武部部长周建东，政委张远等出席。

1月24日

下午南昌县在县综合楼举行省、市级文明单位授牌仪式。向全县8家荣获省级文明单位，79家荣获市级文明单位授牌。县委副书记周军、县委常委、宣传部长胡小明，副县长费小琛等出席。

【先进表彰】

南昌县荣获“全国团建先进县”、“全国粮食生产先进县”；

蒋巷镇卢国平荣获“全国粮食生产大户标兵”；

泾口乡陶成标、陶雪莲荣获“全国粮食生产大户”。

二 月

【先进性教育】

2月1日

下午全县保持共产党员先进性教育活动动员大会在县综合楼举行。会议主要是贯彻中央、省委、市委保持共产党员先进性教育活动电视电话会议精神，动员和组织全县各级党组织、广大党员以奋发有为的激情，奋力争光的热情投身到活动中去。市委派驻南昌县督导组组长殷晓欣，县六套班子领导张晓方、王建华、梅梅、周军、罗炳贵、王火生等出席会议。

2月4日

上午莲塘镇召开保持共产党员先进性教育活动动员大会，拉开了全市乡镇机关保持共产党员先进性教育活动试点工作的序幕，这是全市第一个乡镇召开的先进性教育活动大会。市委保持共产党员先进性教育活动督导组组长、市直纪工委书记龚小荣，县长张晓方出席会议。

2月7日

上午县四套班子成员在县综合楼举行保持共产党员先进性教育活动第一次集中学习活动。市委助理巡视员、县委书记杨伟东主持并讲话，市委驻县督导组组长殷晓欣，县领导张晓方、王建华、梅梅、梅茂发、周军、罗炳贵、王火生等参加集中学习。

▲下午全县工商系统开展保持共产党员先进性教育活动动员大会在县综合楼召开。市工商局党委督导组和县委督导组对活动提出了明确要求。

2月17日

下午县委保持共产党员先进性教育活动领导小组办公室召开第二次会议。县领导梅梅、涂仕华出席并讲话。

2月18日

上午省委督导组组长刘祖三率领督导组成员来南昌县检察指导保持共产党员先进性教育活动工作，并对下一步工作提出了明确要求。市委督导组组长殷晓欣，县领导张晓方、梅梅、涂仕华、杨保根、李传强等出席汇报会。

▲下午全县第一批保持共产党员先进性教育活动单位业务骨干培训班在县综合楼举行。培训班由市委党校副校长、市委先进性教育活动领导小组办公室副主任陈和茂进行理论辅导，县领导梅梅、涂仕华分别在培训班上讲话。

2月23日

上午省委常委、市委书记余欣荣来南昌县作保持共产党员先进性教育活动专题报告。余欣荣在报告中强调：要深刻认识保持共产党员先进性活动的重要意义，增强自觉性；要以先进性教育活动为强大动力，促进经济更快更好地发展；要切实加强领导，抓出成效，努力使党员干部的综合素质和领导干部的执政能力提高到一个新的水平。市委常委、市政协副主席、市委秘书长雷武江，市委助理巡视员、县委书记杨伟东以及全县200多名领导干部聆听了专题报告。

2月25日

上午南昌县召开县委先进性教育活动督导工作会议，市委督导组成员、各督导组组长及先进性教育活动领导小组办公室全体成员参加，县委常委、组织部部长、县委先进性教育活动领导小组副组长涂仕华出席。

2月17日-25日

全县参加第一批先进性教育活动的单位纷纷行动起来，拉开了先进性教育活动的序幕。连日来，县人大、县政府、县政协、县经济服务中心、县文化广播电视旅游局、县卫生局、县环保局、县财政局、县检察院、县粮食局、县城建局、县城管局、县委农工部、县地税局、县人事劳动局、县经贸委、县计委、县畜牧水产局、县法院、县技术监督局、县民政局、县林业局、县委党校、县教育体育局、县烟草专卖局、县湖管局、县审计局、县妇联等县级党政机关、县直属事业单位通过召开动员大会，认真传达贯彻中央、省、市有关精神，对保持共产党员先进性教育活动进行全面部署，确保活动取得实效。县领导张晓方、梅梅、梅茂发、周军、罗炳贵、王火生、徐十斗、胡小明、李传强、肖玉文、吴和平、袁春秀、李木旺、陈秀梅、邓炳根、胡炜、魏根金、邹晓东、熊丽克、费小琛、江伟斌、万德珍、姜润根以及县法院院长范云远、县检察院检察长张留春等分别出席会议并作讲话。

2月26日

下午县委副书记、县长张晓方在莲塘镇作保持共产党员先进性教育活动专题报告。

2月25日、28日

全县第一批先进性教育活动单位的全体党员分为四组进行集中理论辅导学习，共有2600余名党员参加学习活动。

【重要会议】

2月1日

上午县老干局组织全县离退休老干部在县综合楼收听收看全省离退休干部形势报告电视电话会。

▲全市外经贸局(处)长会议在828召开。会议交流了2004年度全市招商引资工作中的好经验、好做法，探讨了2005年新形式下开展招商引资工作的新举措、新方法、新思路。市委副书记、常务副市长龚建华，县委常委、常务副县长肖玉文及全市各县（区）外经贸局（处）负责人出席会议。

2月3日

全县各界人士迎春茶话会在县综合楼举行，县六套班子领导张晓方、王建华、梅梅、周军、罗炳贵、王火生、周建东、徐十斗、涂仕华、杨保根等与出席茶话会的驻县部队官兵、驻县省市单位、外资企业代表、台胞台属、侨胞侨属代表、各民主党派、无党派人士和工商联等各界代表及县有关单位负责人欢聚一堂，共话南昌县去年发展的丰硕成果，展望更加美好的明天。

2月16日

下午南昌县在县综合楼组织收听收看国务院第三次廉政工作电视电话会议。县领导肖玉文、万德珍、姜润根参加收听收看。

2月27日

上午全县在莲三中纳新楼召开拼争全国“百强县”、“文明城”动员暨2004年度开放型经济工作表彰大会。会议表彰了过去一年开放型经济工作的先进集体和先进个人，部署今年乃至新三年开放型经济工作。会议动员全县干部群众沉下心，鼓实劲，同心干，朝着全国“百强县”、“文明城”目标努力奋斗。会议由县委常委、常务副县长肖玉文主持，市委助理巡视员、县委书记杨伟东作《沉下心，鼓实劲，同心干，为拼争全国“百强县”和“文明城”而努力奋斗》的动员讲话。会上，县委副书记梅梅宣读了中共南昌县委，南昌县人民政府关于表彰2004年度开放型经济工作先进集体、先进个人的决定。县领导王建华、梅茂发、周军、罗炳贵、王火生、涂仕华、胡小明、杨保根、吴和平、袁春秀、李木旺、崇林风、陈秀梅、邓炳根、胡炜、胡显勇、魏根金、邹晓东、熊丽克、万敏、费小琛、万德珍、吴克芳、张军、李信谆、伍目连、李植以及县人武部政委张远、县检察院检察长张留春、小蓝工业园党委书记樊哲本等出席。

▲下午中共南昌县纪律检查委员会第四次全体会议在县综合楼召开。市委助理巡视员、县委书记杨伟东作重要讲话，县委副书记、纪委书记梅茂发代表县纪律检查委员会作工作报告。县领导王建华、梅梅、周军、罗炳贵、王火生等出席会议。

2月28日

全县宣传思想工作会议在县综合楼召开。会议主要是传达贯彻省、市宣传工作会议精神，总结过去一年工作，部署今年的任务。县委副书记周军出席会议并作重要讲话，县委常委、宣传部长胡小明总结了过去一年工作。

【领导活动】

2月1日

上午副省长孙刚在省经贸委、省交通厅、省工商局、省内贸办负责同志以及市长李豆罗、副市长梁小康、市委助理巡视员、县委书记杨伟东、县长张晓方、副县长熊丽克等陪同下，来到小蓝工业园的南昌兴发物流公司进行视察。

2月2日

下午省委常委、市委书记余欣荣在市委助理巡视员、县委书记杨伟东、副书记梅梅和市民政局、市开发办等单位负责同志的陪同下来到塔城乡凤岗村，了解当地农民的生产、生活情况，走访慰问困难群众，送去党和政府的关怀和温暖。

2月19日

下午出席市十三届人大六次会议的南昌县代表团分组审议市政府报告。市委助理巡视员、县委书记、南昌县代表团团长杨伟东，县长张晓方，县人大常委会主任罗炳贵参加了小组审议。市委副书记史蓉蓉、副市长罗慧芬参加了南昌县代表团的集中讨论。

2月23日

上午省委常委、市委书记余欣荣，市委常委、市政协副主席、市委秘书长雷武江先后来到南昌县向塘镇中州无公害蔬菜基地和三江镇后万村视察。在视察中，余欣荣强调：要进一步加大农业产业化调整力度，大力发展规模化、产业化种植业，真正实现农业增效、农民增收的目标，市委助理巡视员、县委书记杨伟东，县长张晓方，县委副书记王建华、梅梅、梅茂发、周军，县委常委、组织部部长涂仕华等陪同。

2月25日

上午省委常委、市委书记余欣荣，市领导王詠、熊焕高、陈守朴、雷武江、梁小康、侯捷等带领出席全市开放型经济工作会的全体人员来小蓝工业园参观。县领导张晓方、梅梅、肖玉文等陪同。

【走访慰问】

2月2日

上午市委保持共产党员先进性教育活动驻南昌县督导组一行在组长殷晓欣率领下，来到两位贫困老党员家走访慰问，县委常委、组织部部长涂仕华陪同。

▲下午市委副秘书长、市政法委副书记胡振正，市政法委副书记邓小满、吕建民、方华清来到莲塘镇定岗村走访慰问五保户、特困户。县委常委、政法委书记杨保根等陪同。

2月3日

上午市妇联副主席黄杰在县委副书记周军等陪同下，走访慰问莲塘镇的困难女童，向她们送上新年的祝福。

2月5日

市委组织部副部长何友德在县政协副主席万德珍陪同下，先后来到向塘镇剑霞村、莲塘镇定岗村走访慰问老党员，给他们送去党的温暖和新春的祝福。

2月9日

大年初一，县六套班子领导杨伟东、张晓方、王建华、梅梅、梅茂发、周军、罗炳贵、王火生、周建东、徐十斗、涂仕华、胡小明、杨保根、李传强、肖玉文、吴和平、黄连科、李木旺、崇林凤、陈秀梅、邓炳根、胡炜、胡显勇、魏根金、邹晓东、熊丽克、万敏、江伟斌、万德珍、吴克芳、姜润根、伍目连、李植及县人武部政委张远，县检察院检察长张留春，小蓝工业园党委书记樊哲本等走访慰问县供电、邮政、供水、公安、电台、医院、城管等单位节日仍然坚持在一线的干部职工。

2月17日

上午市委助理巡视员、县委书记杨伟东，县长张晓方，县委副书记王建华、梅梅、梅茂发、周军等深入县有关部门拜年，亲切看望慰问干部职工，公安干警，勉励他们再接再励为全县拼争全国经济百强县、文明城再立新功。

【工交财贸工作】

2月14日

小蓝工业园管委会在洁惠宾馆召开振兴家乡经济恳谈会。县领导肖玉文、江伟斌、吴克芳，小蓝工业园党委书记樊哲本等出席。

2月26日

上午全县财政工作会议在县综合楼召开。会议主要是认真贯彻省、市财政工作会议精神，总结2004年财政工作，围绕落实科学发展观和争创全国“百强县”、“文明城”的要求，部署安排今年的财政工作，表彰先进集体和先进个人。市财政局局长张根水，县领导张晓方、王火生、肖玉文、袁春秀、姜润根等出席。

【城市建设与管理】

2月25日

下午县城管局在省送变电会议室召开2004年度先进集体、先进个人表彰大会。县委副书记梅茂发、副县长胡炜出席。

【政法工作与社会治安综合治理】

2月1日

下午全县负责干部暨政法工作会议在县综合楼召开。会议总结了2004年全县政法工作，部署今年政法以及春节期间廉政建设和安全稳定等工作。县六套班子领导张晓方、王建华、梅梅、周军、罗炳贵、王火生等出席会议。

2月4日

上午南昌县公安局在局会议室召开2004年度工作总结暨春节安全工作动员大会。县委常委、县公安局局长徐十斗出席会议并讲话。

2月6日

上午副县长邹晓东带领县政府办、县安管局、县消防大队等单位负责人对全县生产、销售易燃易爆物品的商店、企业进行检查，确保全县春节期间的安全。

2月7日

晚上南昌县对全县部分乡镇、县直部门、驻县单位春节期间安全保卫工作进行深夜检查，县领导王建华、杨保根、魏根金等参加。

2月8日

上午县委副书记王建华，县委常委、政法委书记杨保根在县公安、交通部门负责同志陪同下，来到向塘、三江、黄马等地检查社会治安及渡口交通情况。

▲大年三十，县领导王建华、徐十斗、杨保根、魏根金和南昌市公安消防支队政治部主任来到县公安消防大队与官兵们一起吃年夜饭，感谢消防官兵为全县保稳定、促发展所作的贡献。

2月27日

下午县公安局召开打击“两抢”等街面犯罪、净化社会治安环境专项行动动员大会。县委常委、公安局局长徐十斗出席会议并作讲话。

【科教文卫体和计生工作】

2月3日

县委常委、农工部部长李传强在县计生委负责人陪同下，来到南新、向塘、冈上、广福等乡镇检查春节计划生育技术服务专项活动的开展情况。

2月6日

上午南昌县农村计生户女孩高考奖励金首发仪式在县计生委活动室举行。市计生委副主任俞宗英，县委副书记王建华，县委常委、农工部长李传强，副县长魏根金等出席。（县计生委）

2月20日

全县2005年“信合杯”春节民间舞龙大赛在县体育馆举行。省文联副主席刘华，市委助理巡视员、县委书记杨伟东，县领导张晓方、梅梅、梅茂发、周军、罗炳贵、胡小明、胡炜等观摩比赛。

【劳动人事与社会保障】

2月6日

上午县劳动人事局在冈上镇兴农集贸市场举行劳动就业招聘活动。副县长邹晓东到现场察看招聘情况。

【乡镇工作】

2月3日

八一乡召开经济发展恳谈会，县领导梅梅、涂仕华出席并讲话。

2月3日－4日

塔城乡十届人大四次会议在乡政府召开。会议选举了万仁辉为塔城乡人民政府乡长，选举万茂文为乡人大主席团主席。县人大常委会副主任李木旺、副县长胡显勇出席会议并作讲话。

2月13日

塔城乡在乡政府会议室举行振兴家乡经济恳谈会。

2月14日

上午向塘镇2005年新春振兴家乡经济恳谈会在镇会议室召开。来自省、市向塘籍知名人士欢聚一堂，共叙乡情，共谋家乡发展大计。省人大常委会副主任万学文，省委老干局局长冯桃莲，省信息产业厅厅长李春燕，县委常委、政法委书记杨保根，县人大常委会副主任袁春秀，副县长万敏等出席会议。

▲上午蒋巷镇2005年春节振兴家乡经济恳谈会在南昌滨江宾馆举行，市人大常委会副主任肖永政，原市委常委余志坚，县委副书记王建华，县政协副主席李信谆以及在省、市担任副处级以上实职的40多位蒋巷籍的在外知名人士出席恳谈会。

▲上午富山乡在乡政府会议室举行2005年春节振兴家乡经济恳谈会。省信息产业厅厅长李春燕、市林业局局长宗才友、县领导张军等出席。

▲上午泾口乡振兴家乡经济恳谈会在南昌市金阳宾馆召开。县领导王火生、姜润根等出席。

▲上午幽兰镇在南昌市环湖宾馆召开振兴家乡经济恳谈会，县领导邓炳根出席。

▲冈上镇在镇计生服务大楼举行振兴家乡经济恳谈会。

2月17日

黄马乡振兴家乡经济恳谈会在江西省电力公司举行。省赣管局局长吴克昭，市政协副主席吴才仁，县委常委、人武部部长周建东等出席。

2月21日

莲塘镇在镇会议室召开十三届人民代表大会第四次会议。会议选举王有生为莲塘镇人大主席团主席。县人大副主任黄连科、李木旺等出席会议。

【友好往来】

2月19日

上午由瑞昌市市委书记刘韵、市长郑羡银率领市四套班子来南昌县参观考察。县领导张晓方、梅梅、梅茂发、周军、胡小明、肖玉文、吴和平、袁春秀、李木旺、魏根金、江伟斌等陪同参观考察。

【其他重要工作】

2月2日

上午全县离退休老干部座谈会在县综合楼举行。座谈会由县长张晓方主持，市委助理巡视员、县委书记杨伟东作讲话，县领导梅梅、梅茂发、周军、王火生等出席。

2月3日

上午南昌县物价局组织执法人员对县城莲塘节日的商品价格，商品明码标价，客运票价等进行全面检查。

2月20日

市工商局局长刘东庚来到蒋巷镇检查农资工作，并围绕“农资打假”与当地农民进行了座谈。

【先进表彰】

2月19日

南昌县被评为“2004年度全省粮食生产先进县”、“2004年度全省畜牧生产先进县”、“2004年度全省农机化管理先进县”。

三　月

【先进性教育】

3月1日

上午县四套班子党员领导干部在县综合楼第二会议室进行第二次集中学习，市委助理巡视员、县委书记杨伟东主持。

▲南昌市第二批试点单位先进性教育协调会在莲塘镇召开。这是南昌市六个试点单位召开的第一次协调会，市委第21督导组全体成员，六个试点单位的先进性教育领导小组组长、常务副组长、办公室主任等出席会议，市委21督导组组长龚小荣作讲话。

▲下午县政府办公室党支部在先进性教育活动中，组织机关党员到南昌八一起义纪念馆和新建县小平小道接受革命传统教育。副县长熊丽克、费小琛参加活动。

3月2日

下午县委农工部党支部组织机关党员到方志敏烈士墓和新建县小平小道接受革命传统教育。县委常委、农工部部长李传强参加活动。

3月3日

上午南昌县在莲塘三中纳新楼举行“我身边的共产党员”先进事迹报告会，县领导王建华、梅梅、周军、罗炳贵、王火生、徐十斗、涂仕华、胡小明、杨保根、李传强、肖玉文以及县人大、县政府、县政协等班子成员出席报告会。

▲下午县委保持共产党员先进性教育活动领导小组在县综合楼会议室组织集中收看牛玉儒先进事迹报告会实况录像。市委督导组组长殷晓欣，县领导梅梅、梅茂发、周军、罗炳贵、王火生和县四套班子党员领导干部、市委督导组成员、县委先进性教育活动领导小组全体成员、县委督导组全体成员收看报告会。

▲下午县老干局在老干部活动室召开保持共产党员先进性教育活动学习讨论会。

3月4日

上午县政协、县委统战部组织机关全体党员来到南昌八一起义纪念馆和新建县小平小道爱国主义教育基地，缅怀伟人的丰功伟绩和革命烈士。县政协主席王火生、副主席张军、李信谆等参加活动。

3月5日

下午南昌县在县综合楼会议室举行先进性教育活动新党章专题报告会，邀请省委党校副校长、教授、党建专家王晓春作新党章专题辅导报告。市委助理巡视员、县委书记杨伟东以及县四套班子党员领导张晓方、王建华、梅梅、梅茂发、周军等聆听专题辅导。

3月6日

省委组织部党员教育处处长熊桂生在县委常委、组织部长涂仕华陪同下，来到莲塘镇检查指导先进性教育活动进展情况。

▲下午县四套班子成员在县综合楼会议室进行先进性教育活动第三次集中学习。市委督导组成员、县四套班子全体成员、县法院院长、县检察院检察长、县委先进性教育活动领导小组全体成员以及县委督导组成员参加学习。市委助理巡视员、县委书记、县委先进性教育活动领导小组组长杨伟东主持。

3月7日

下午县委召开先进性教育活动征求意见座谈会。市、县领导杨伟东、张晓方、王建华、梅梅、梅茂发、周军、涂仕华、胡小明、杨保根、李传强、肖玉文等分成四个组，分别听取了各乡镇、小蓝工业园党政主要负责同志，县委有关部门、县直各单位的主要领导对党的十六大以来县委常委会工作的评价，做好今后各项工作和开展先进性教育活动提出的意见和建议。市委督导组组长殷晓欣和督导组成员分别出席座谈会。

3月8日

上午县司法局召开先进性教育转段工作部署会。县委常委、政法委书记杨保根出席会议并讲话 。

3月9日

上午县人大常委会主任罗炳贵、县委常委、组织部部长涂仕华来到县工商局等单位召开座谈会，认真听取基层单位以及县人大代表，县政协委员，民主党派人士，无党派人士，群众代表对党的十六大以来县委常委会工作的评价，并就做好今后各项工作和开展先进性教育活动广泛征求意见和建议。

3月10日

下午县委副书记、县委保持共产党员先进性教育活动领导小组常务副组长梅梅来到县林业局参加保持共产党员先进性教育活动专题座谈，听取局机关党员对前一阶段学习教育活动的心得体会，并征求大家对县委常委工作的建议和意见。

3月15日

上午县委副书记周军出席县教育体育局召开的保持共产党员先进性教育活动座谈会，听取大家对县委及本单位各项工作的意见和建议。

3月16日

上午县人大常委会主任罗炳贵，副主任吴和平、袁春秀、李木旺分成4个组深入幽兰、向塘、八一、蒋巷看望代表，并与部分省、市、县人大代表进行座谈，广泛征求基层人大代表对县人大机关党组织、领导班子和党员个人近年来思想工作作风等方面的具体意见。

▲下午县委常委会召开先进性教育民主生活会，对下一步工作提出要求。市委助理巡视员、

县委书记杨伟东，县领导张晓方、王建华、梅梅、梅茂发、周军、罗炳贵、王火生等出席会议。

3月17日

市委助理巡视员、县委书记杨伟东和县领导梅梅、涂仕华、邓炳根、胡炜等先后来到县城建局、交通局、审计局认真听取关于开展先进性教育活动第一阶段的有关情况汇报，广泛征求基层党员对县委、县政府及本部门工作的意见和建议。

▲市物价局局长吴晨、副局长谷建勇来南昌县向县领导、县物价部门征求意见和建议。县长张晓方、副县长江伟斌出席座谈会。

3月18日

上午市委先进性教育督导组组长殷晓欣等前往向塘镇剑霞村，就先进性教育活动开展情况进行调研。

3月22日

下午县委副书记梅梅，县委常委、组织部部长涂仕华等来到县法院和县卫生局就开展保持共产党员先进性教育活动情况进行调研。

3月24日

上午市委保持共产党员先进性教育活动督导组组长殷晓欣在县委常委、农工部部长李传强等陪同下，来到小蓝禽蛋市场、环珠皮蛋厂、南昌杰夫食品有限公司、稻香园粮油食品有限公司等企业进行调研。

【重要会议】

3月3日

全县纪检监察工作座谈会在县综合楼举行。会议就如何更好创新今年的纪检监察工作进行座谈。县委副书记、纪委书记梅茂发作讲话。

3月8日

上午全县纪念“三八”国际劳动妇女节95周年暨南昌县首届“十大杰出女性”表彰大会在县综合楼举行。市妇联副主席黄杰及县六套班子领导张晓方、王建华、梅茂发、周军、罗炳贵、王火生等出席会议。

3月10日

上午南昌县在县综合楼召开十三届人大常委会第十六次会议。会议听取和审议了县教育体育局关于教育工作情况汇报；听取和审议了县城建局关于县城旧城改造和村镇建设工作汇报；听取和审议了县国土资源局关于落实土地管理制度改革，加强土地管理工作情况汇报。会议由县人大常委会主任罗炳贵主持，县人大常委会副主任吴和平、袁春秀、崇林凤、陈秀梅等出席会议；副县长胡显勇、县法院院长范云远，县检察院检察长张留春列席会议。

3月18日

上午南昌县组织收听收看全省领导干部电视电话会议。会议主要传达全国“两会”精神，部署下一阶段的工作。县六套班子领导张晓方、王建华、梅梅、梅茂发、周军、罗炳贵、王火生等参加收听收看电视电话会。

3月20日

全县农业和农村工作会议在县综合楼召开。会议主要传达贯彻省、市农业和农村有关工作会议精神，总结去年全县农业和农村工作，表彰先进，部署今年农业和农村工作。会议由县长张晓方主持，市委助理巡视员、县委书记杨伟东作重要讲话，县领导王建华、梅梅、梅茂发、周军、罗炳贵、王火生等以及县直各部门、各单位、各乡镇主要领导出席会议。

3月25日

上午县政协九届十七次常委会在县综合楼召开。会议总结了过去一年的工作，安排部署了今年的各项工作任务。县政协主席王火生，副主席吴克芳、张军、姜润根、李信谆、伍目连、李植出席会议，县委常委、常务副县长肖玉文列席会议。

3月31日

全市防汛工作会在市政府小礼堂召开，省委常委、市委书记余欣荣作重要讲话。县长张晓方出席会议并接受“奖杯”。

【领导活动】

3月1日

上午副市长周关、市经贸委主任程晓林一行来南昌县就工业经济运行情况进行调研。县领导张晓方、邹晓东、江伟斌及县经贸委、小蓝工业园等有关负责人陪同。

3月7日

省委组织部副部长、省人事厅厅长揭赣元在市人大副主任、市委组织部副部长、市人事局局长何友德陪同下来南昌县三江镇就机构改革、小康示范村建设进行调研。市委助理巡视员、县委书记杨伟东，县长张晓方，县委常委、组织部部长涂仕华，副县长魏根金，县政协副主席万德珍等陪同调研。

3月15日

下午市委常委、宣传部部长、农工部部长蔡社宝在县领导王建华、李传强、魏根金等陪同下，先后来到塔城乡北洲村湾里村小组和向塘镇泱溪村余南村小组视察文明小康示范村建设情况。

3月21日

由市委宣传部组织，市文化局、科协、司法、卫生等单位的人员来到塘南镇水产品大市场，开展送文化、科技、卫生“三下乡”活动。市县领导蔡社宝、周鑫群、杨伟东、罗慧芬、周军、胡小明等参加。

3月24日－25日

卫生部农村卫生管理司司长徐科一行来到南昌县就新型农村合作医疗试点工作进行调研。省卫生厅副厅长李利，县领导张晓方、胡小明、胡显勇和市县卫生局负责人陪同调研。

3月28日

上午江西创力广电网络科技有限公司举行开业庆典仪式。副市长周关，原市人大副主任孔炯，县领导张晓方、罗炳贵、李木旺、江伟斌出席庆典仪式。

▲副省长胡振鹏在省卫生厅厅长蒋如铭、县长张晓方、副县长费小琛等陪同下，来到泾口乡山头村视察血吸虫防治工作。胡振鹏强调：县、乡、村三级要认真贯彻“综合治理”，“科学防治”的策略，确保疫区人民身体健康。

【工交财贸工作】

3月1日

下午江西省与驻京跨国公司经济合作座谈会在北京新闻大厦酒店举行。商务部副部长魏建国，江西省省委副书记、常务副省长吴新雄出席会议并讲话、副省长赵智勇主持会议。县委常委、常务副县长肖玉文出席座谈会，并与到会客商交换名片。

3月2日

晚上全县财税工作调度会在县综合楼召开。会议强调：全县各级财税部门要加强调度，确保财税均衡入库，县长张晓方主持会议并作讲话，县领导肖玉文、姜润根出席会议。

3月4日

南昌县在桂花村召开地税工作会。会议总结了过去一年的工作，部署了今年的工作。县委常委、常务副县长肖玉文，省、市地税局领导出席会议并作讲话。

3月6日

上午市委助理巡视员、县委书记杨伟东在县委常委、政法委书记杨保根，副县长胡炜以及县城建局、土地局、莲塘镇、东新乡等有关负责人陪同下，来到象湖新城现场办公。

3月12日–15日

市委助理巡视员、县委书记杨伟东、县委常委、常务副县长肖玉文等一行赴上海、浙江、江苏等地开展招商引资工作、拜访了部分企业，加快了有意向项目有效推进，增进了与新联系项目的沟通和了解。

3月17日

南昌县召开农村信用社工作会议。会议传达落实省联社、市办工作会议精神，总结全县农村信用社2004年度工作，部署2005年度各项目标任务。省联社南昌办事处党组书记、总经理刘懿，县委常委、常务副县长肖玉文出席会议。

3月18日

国家税务局地方税司处长袁泽军一行，在省地税局有关负责人及市地税局副局长郭峰等陪同下，来南昌县地税局城郊分局调研，就有关地方税费综合纳税申报表的填制等征求基层地税干部的意见和建议。

3月21日

全县召开工业暨个私民营经济工作会议，传达贯彻上级有关会议精神，总结了2004年全县工业暨个私民营经济工作，部署了2005年的工作任务。县领导张晓方、肖玉文、袁春秀、邹晓东、江伟斌、万德珍、吴克芳、张军、姜润根等出席。

3月24日

上午全县道路交通安全工作会议在县综合楼召开。会议总结了2004年全县道路交通安全工作，部署今年的工作任务。县领导王建华、徐十斗、杨保根、邓炳根、魏根金等出席。

【农业与农村工作】

3月8日

全县农资打假专项治理行动会议在广福镇召开，会议主要是落实中央、省、市农村工作会议精神，严厉打击制售假劣农资坑农害农行为。副县长魏根金主持会议。

3月9日

上午全市农经网信息工作会议在南昌县召开，会议总结了去年全市农经网信息工作，对今年南昌农经网信息工作进行部署。市委农工部副部长王肇赣、吴久铭，县领导王建华、李传强等出席。

3月16日

上午省、市、县消协在泾口乡举行送法律、科技、种子三下乡活动。省消协副秘书长朱胜洲、市消协秘书长胡新锋、县政协主席王火生参加活动。

3月18日

市农村妇女科技致富报告会暨培训班在莲塘镇举行。市委农工部副部长陶海龙，县委副书记周军及市妇联负责人出席会议。

3月21日

下午县长张晓方、副县长魏根金在南昌县分会场和各乡镇政府负责人一起收听收看全国春耕生产电视电话会议。

3月22日

县长张晓方、副县长魏根金在县农业局、县水利局等单位主要负责人的陪同下，到蒋巷、南新视察农业和水利工作。

3月23日

上午南昌县护农执法专项行动动员大会在县综合楼召开。会议强调：要严厉打击制售假冒伪劣农资坑农害农违法行为，保护广大农民的合法权益，确保“三农”政策落到实处。会议由县委常委、农工部部长李传强主持，县领导王建华、罗炳贵、徐十斗、袁春秀、魏根金等出席。

▲省农科院组织农业专家来到广福镇广福村，指导当地农民进行旱床育秧。

3月29日

上午全县粮食加工流动现场会在广福、冈上、富山、三江粮食加工厂召开，副县长熊丽克出席流动现场会。

3月30日

全县粮食工作会议在县粮食局召开。会议总结了2004年全县粮食工作，部署了2005年的工作任务。市粮食局副局长刘大堂、县领导王火生、熊丽克出席会议并讲话。

【城市建设与管理】

3月4日

上午全县城乡规划建设管理工作会议在县城建局会议室举行。县委副书记、纪委书记梅茂发，副县长胡炜、万敏等出席会议。

3月9日

县长张晓方，县委副书记梅茂发，副县长胡炜、万敏在县城建、城管、莲塘镇、小蓝工业园等单位负责人陪同下，先后来到莲西农民安居小区、南高公路、振兴大道、莲塘北大道、澄湖西路、农贸路、澄湖东路察看县城建设。县长张晓方在视察时强调：要高标准规划、改造好县城主要干道，为县城居民建设好环境优美，道路畅通的昌南绿城。

3月23日

县长张晓方在视察小蓝工业园时强调：要抓住时下大好天气，加快园区的基础设施建设，使落户园区企业尽早开工投产。

【政法工作与社会治安综合治理】

3月1日

上午全县村干部法律知识培训班在洁惠花园宾馆举行，县领导王建华、胡小明等出席开班仪式。

▲下午县法院2004年度工作总结表彰大会在院会议室召开，会议号召全院干警要以先进为榜样，勤政为民，司法为民，为促进全县经济、社会协调健康发展作出积极贡献。县法院院长范云远出席会议并作讲话。

3月5日

上午县领导王建华、徐十斗、涂仕华、胡小明、杨保根等来到八一乡、小蓝工业园、莲塘镇、向塘镇、富山乡、黄马乡、广福镇等考点对村干部参加全省法律知识统一考试进行巡视。

3月9日

上午由市总工会、市交通局、市政公用局组成的市安全生产督查组来到南昌县就“两会”期间的安全生产工作进行检查。副县长邹晓东陪同。

3月15日

国际消费者权益日。南昌县工商局、物价局、供电局、农业局、电信局等十多个单位来到影剧院门前，开展宣传《中华人民共和国消费者权益保护法》等有关法律法规和咨询活动。

▲下午市委副书记王样生、市中级人民法院院长江涛来南昌县视察人民法庭建设工作。县长张

晓方，县委常委政法委书记杨保根，县法院院长范云远陪同视察。

3月22日

上午南昌县在新洪客隆开展社会治安综合治理宣传月活动。县委副书记王建华，县委常委、政法委书记杨保根等参加活动。

3月28日

下午县人大在县综合楼举行法律知识讲座，学习《反分裂国家法》等法律知识。县人大常委会主任罗炳贵、副主任吴和平、袁春秀、崇林凤等参加。

【科教文卫体和计生工作】

3月9日

全县卫生工作会议在县卫生局召开。会议总结了2004年的工作，部署了2005年的任务。市卫生局副局长陈天鹏，县委副书记周军，县委常委、宣传部部长胡小明，副县长胡显勇、费小琛，县政协副主席吴克芳等出席会议。

3月16日

上午全市人防工作现场交流会在南昌县举行。县委常委、人武部部长周建东，副县长熊丽克及来自各县区人防办负责人出席现场会并参观澄湖银座地下防空洞。

3月17日

全县文化广播电视旅游工作会在县综合楼召开，会议传达贯彻省、市文化工作会议精神，总结了去年工作，部署了今年的工作。市文化局副局长龙任平，县领导张晓方、周军、胡小明、李木旺、胡显勇、费小琛、吴克芳等出席会议。

3月24日

世界防治结核病宣传日。县疾病防治中心在洪客隆设立咨询台开展宣传防治结核病知识活动。

3月25日

省计生委副主任李晓琼在市计生委主任胡伟平，副主任俞宗英、陆春华和县委常委、县委农工部部长李传强陪同下，来到蒋巷镇督查指导计划生育工作。

3月30日

县长张晓方、副县长胡显勇在卫生局等有关负责人的陪同下，来到莲西、向塘卫生院，就卫生院的改造工程进行现场办公。

【劳动人事与社会保障】

3月10日

上午全县劳动保障工作会议在县综合楼召开。会议主要是传达省、市劳动保障工作会议精神，总结过去一年全县的劳动保障工作、布置今年的劳动保障的任务。县长张晓方作重要讲话。县领导王建华、李传强、邹晓东、万德珍、姜润根等出席会议。

3月18日

南昌县人事劳动和社会保障局在县人事劳动局劳动就业大厅开展农村富余劳力招聘活动。小蓝工业园永通鞋业等十多家单位提供上千个岗位吸引了近千人前来咨询、报名。

【乡镇工作】

3月1日

广福镇在镇会议室举行第二届人民代表大会第四次会议。会议听取审议了镇政府、人大、财政、民政等工作报告，总结了2004年工作，部署了2005年工作。县人大常委会副主任、广福镇党委书记陈秀梅作讲话。

3月2日

幽兰镇召开第十届人民代表大会第四次会议。会议听取审议了幽兰镇政府工作报告、人大主席团工作报告、财政报告和民政工作报告。县人大常委会副主任吴和平出席会议并作讲话。

▲南新乡十届人大第四次会议在乡会议室举行，会议选举熊国爱为乡人大主席团主席，选举仇海泉为乡人民政府乡长。县人大常委会副主任李木旺出席会议并作讲话。

3月4日

富山乡在乡会议室召开第十届人民代表大会第四次会议。县人大常委会副主任黄连科出席会议并讲话。

▲塘南镇召开第十届人民代表大会第四次会议，县人大常委会副主任李木旺出席会议并讲话。

【友好往来】

3月3日

下午九江市委督查室主任罗环率领九江市各县、区委督查室的成员来南昌县参观考察。市委督查室主任徐正平等陪同参观考察。

3月7日

上午广西河池市市委书记、市人大常委会主任梁胜利率领河池市党政代表团来小蓝工业园参观考察。省委常委、市委书记余欣荣和市、县领导雷武江、杨伟东、张晓方、梅梅、肖玉文等陪同。

【其他重要工作】

3月10日

上午县长张晓方、副县长邹晓东走访慰问岗前村重病患者熊金秀，给她送去党和政府的关怀与温暖。

3月12日

上午团县委组织200多名共青团员在黄马乡冒着风雪植树400余棵。团省委书记钟志生，团省委常委、团市委书记刘闯，副县长胡显勇等参加植树。

3月15日

上午县政协组织政协机关干部来到泾口东湖村，开展义务植树造林活动。县政协主席王火生、副主席张军、李信谆等参加。

3月16日

下午南昌市工商局先进人物事迹报告会在南昌县举行。

3月18日

上午全县关心下一代工作会议在县综合楼召开。会议由副县长胡显勇主持，县委副书记梅梅作讲话。

▲下午共青团南昌县第十六届二次全委（扩大）会议在县综合楼召开。团省委常委、团市委书记刘闯，县委副书记周军，副县长胡显勇等出席会议。

3月22日

上午县委常委、宣传部长胡小明来到向塘镇浃溪村余南自然村落实创建文明村镇活动。

3月24日

上午县委常委、县人武部部长周建东，副县长熊丽克视察目前全县最大的在建人防工程项目“梦里水乡”防空地下室。

3月25日

县长张晓方、副县长胡显勇、魏根金、熊丽克和县政府办的工作人员一道来到黄马乡金桥园林苗木基地植树造林。

3月28日

上午全县乡镇人大干部培训班在县综合楼正式开班。县人大常委会主任罗炳贵作动员讲话，副主任吴和平、李木旺出席。

【先进表彰】

3月28日

在全省防汛工作会议上，南昌县被评为“2004年‘鄱阳湖’杯全省水利建设先进县”。

四 月

【先进性教育】

4月2日

上午市委助理巡视员、县委书记、县委先进性教育活动领导小组组长杨伟东主持召开县委常委班子先进性教育活动分析评议阶段工作会议，会议总结县四套班子前一阶段先进性教育活动开展情况，并对分析评议阶段的工作进行具体部署。市委督导组组长殷晓欣，县领导张晓方、王建华、梅梅、梅茂发、周军、罗炳贵、王火生及县委、县人大、县政府、县政协四套班子党组成员出席会议。

▲上午莲塘镇召开保持共产党员先进性教育活动分析评议阶段动员大会。市委第21督导组组长、市直纪工委书记龚小荣出席会议。

▲下午南昌县在县综合楼召开先进性教育活动第二次工作会议，全面总结前一阶段开展情况，研究部署分析评议阶段的工作。市委督导组组长殷晓欣，县委先进性教育活动领导小组常务副组长梅梅作讲话，县领导涂仕华、胡小明、杨保根等出席会议。

4月4日

上午县委副书记梅梅，县委常委、组织部长涂仕华，县委常委、宣传部长胡小明来到县保持共产党员先进性教育活动领导小组办公室，听取上一阶段的工作总结，并对分析评议阶段工作进行指导。

4月9日

下午保持共产党员先进性教育活动省委督导组组长刘祖三一行在市政协副主席、市委先进性教育活动领导小组副组长侯捷陪同下来南昌县，视察督导先进性教育活动分析评议阶段工作。市、县领导杨伟东、梅梅、王火生、涂仕华、胡小明、吴和平、胡炜，市委督导组组长殷晓欣等出席汇报座谈会。刘祖三一行首先察看了南昌县先进性教育活动学习动员阶段的成果宣传展板和心得体会专栏。在听取市委助理巡视员、县委书记、县委先进性教育活动领导小组组长杨伟东，县委副书记、县委先进性教育活动领导小组常务副组长梅梅对南昌县先进性教育工作汇报后，刘祖三对南昌县先进性教育活动第一阶段给予了充分肯定。同时指出：分析评议阶段是先进性教育活动承上启下的重要阶段，它既是对学习动员阶段工作效果的检验和深化，又是搞好整改提高阶段工作的前提和基础。认真做好分析评议阶段的工作，是确保先进性教育活动取得实效的关键。

4月2日-9日

南昌县参加第一批先进性教育活动的单位，分别召开先进性教育活动第二次工作会议，总结学习动员阶段的工作，对分析评议阶段工作进行部署。

4月11日

市委先进性教育督导组组长殷晓欣在县先进性教育活动领导小组办公室负责同志陪同下，深入部分基层单位，督查指导分析评议阶段的工作。殷晓欣在督查时强调：要重点抓好七个环节的工作，确保分析评议阶段工作不走过场，取得实实在在的效果。

4月19日

下午南昌县第一批先进性教育活动单位党支部书记培训班在县综合楼举办。县委常委、组织部部长涂仕华出席开班仪式并讲话。

4月20日

下午南昌县在县委常委会议室召开县委常委（扩大）会议，会议主要讨论关于开展先进性教育“边议边改活动周”的问题。市委助理巡视员、县委书记杨伟东作讲话，县长张晓方，县委副书记王建华、梅梅、梅茂发、周军，县委常委徐十斗、涂仕华、胡小明、杨保根、李传强等出席会议；县领导罗炳贵、王火生、邓炳根、胡炜、熊丽克、费小琛、江伟斌、樊哲本，以及县检察院检察长张留春等列席会议。

4月27日

下午省委常委、市委书记余欣荣出席南昌县委常委召开保持共产党员先进性教育专题民主生活会并作重要讲话，市委常委、市委秘书长雷武江，市人大常委会副主任、市委组织部副部长何友德，市纪委干部室主任李紫放，市委驻县督导组组长殷晓欣参加会议，市委助理巡视员、县委书记杨伟东主持会议并作讲话。

4月28日

上午县政协召开保持共产党员先进性教育民主生活会。市委先进性教育活动督导组组长殷晓欣，县政协主席王火生，县委常委、组织部长涂仕华，县政协副主席万德珍、张军、姜润根、伍目连等出席。

【重要会议】

4月1日

上午南昌县在县综合楼组织收看全省“建设和谐平安江西、共创富民兴赣大业”主题教育活动动员会。县领导周军、胡小明、李木旺、陈秀梅、费小琛等参加收看。

4月5日

上午南昌县防汛抗旱总指挥部抚西大堤分指挥部在抚西大堤管理站召开2005年防汛工作会。会议要求各有关部门充分认识做好防汛工作的重要性，高度重视今年防汛工作面临的新形势，坚决克服各种麻痹思想和侥幸心理，牢固树立防大汛、抗大洪、抢大险的思想。县领导梅梅、罗炳贵、邓炳根、伍目连等出席会议。

4月9日

下午南昌县经济工作调度会在县综合楼召开。会议强调：全县上下要牢固树立和全面落实科学发展观，依法加强征管，出新招，求实效，迅速掀起一场声势浩大、力度强劲、步伐快捷、思路创新的财源建设高潮。会议由县长张晓方主持，市委助理巡视员、县委书记杨伟东作重要讲话，县六套班子领导王建华、梅茂发、周军、罗炳贵等出席。

4月21日

下午南昌县在电信局会议室组织收听收看全省安全生产电视电话会。副县长邓炳根参加收听收看。

4月25日

上午县十三届人大常委会第十七次会议在县综合楼召开。会议听取和审议了县交通局关于农村路网建设和城乡客运管理，县卫生局关于新型农村合作医疗和药品价格监管，县农业局关于春耕备耕工作情况汇报，审议通过了县法院《关于确定南昌县人民法院人民陪审员名额的决定》等。县人大常委会主任罗炳贵，副主任吴和平、袁春秀、李木旺、崇林凤、陈秀梅等出席会议，副县长费小琛、县法院院长范云远、县检察院检察长张留春等列席会议。

【领导活动】

4月1日

下午以省政协副主席张华康为组长的省政协视察调研组来南昌县就加大招商引资力度、扩大外贸出口，推动开放型经济发展进行调研。市政协副主席万宗明，县领导张晓方、王火生、肖玉文等陪同。

4月5日

市人大常委会副主任姚燕萍来南昌县就新型农村合作医疗试点工作进行调研。县人大常委会副主任李木旺、副县长胡显勇、费小琛等陪同。姚燕萍在县卫生局听取了南昌县新型农村合作医疗试点工作情况汇报后，对南昌县的新型合作医疗工作取得的成绩给予了充分肯定，并要求南昌县在今后的工作中要继续加大宣传力度，引导农民自愿参加合作医疗，不断总结经验，创新工作举措，真正把合作医疗这项造福万民的“民心、健康”工程抓紧、抓实、抓好。随后，姚燕萍等来到广福镇卫生院、广福镇广福村卫生所，详细察看基础设施建设，深入了解广福镇农民参加合作医疗保险情况。

▲中共中央政治局委员、国务院副总理回良玉在省委书记孟建柱、省长黄智权以及省、市、县领导彭宏松、陈达恒、余欣荣、危朝安、李豆罗、蔡社宝、戴和旺、杨伟东、张晓方、王建华、李传强、魏根金等陪同下，先后来到蒋巷国旺实业有限公司、蒋巷农资供应点、县农机大市场、煌上煌集团等地调研。回良玉在调研中强调：各地区、各有关部门要采取更加有利的措施，切实抓好当前春耕生产和全年农业农村工作；要进一步加大落实中央各项支农政策的力度，加强政策宣传，抓紧制订具体实施办法和配套措施，尽早让政策发挥作用；要进一步加大工作力度，加强工作的领导，

确保政策得到落实，农民得到实惠。

4月18日

南昌县市十二届人大代表小组在县烟草专卖局会议室举办2005年度第一次联组活动。市人大副主任熊全柏、市人大选任联工委副主任胡万能、县人大主任罗炳贵、县委常委农工部部长李传强、县人大副主任崇林凤、县政协副主席吴克芳参加活动。

4月21日

上午市长李豆罗、副市长罗慧芬在县领导张晓方、周军、胡显勇、费小琛等陪同下来到泾口乡山头村视察血吸虫病防治工作。李豆罗在视察中强调：县、乡、村三级要认真贯彻“综合治理”、“科学防治”的防治策略，改善疫区环境，为疫区人民健康提供服务。

4月22日

上午以省政协副主席雍忠诚为组长的省政协调研组来到南昌县就如何转变经济增长方式、提高经济增长质量和效益进行调研。市政协副主席王水苟，市委助理巡视员、县委书记杨伟东，县长张晓方、县政协主席王火生，县委常委、常务副县长肖玉文，县政协副主席姜润根等陪同。

【工交财贸工作】

4月7日

上午国税局在莲塘洪客隆购物广场举行以“依法诚信纳税，共建小康社会”为主题的国税干部送税法和征集诚信纳税承诺签名活动。

4月13日

上午全县审计工作会议在县综合楼召开。会议总结全县2004年审计工作，表彰2004年全县审计工作先进单位和个人。县领导张晓方、涂仕华、万德珍、姜润根等出席。

▲上午副县长邹晓东在县安全生产监督管理局主要负责人陪同下来到南昌县农药厂就该企业关闭，停产等事项进行现场办公。

▲下午2005年南昌（香港）招商引资推介会在香港会展中心举行。副市长梁小康在推介会上致辞，200余名来自海内外的知名企业代表参加此次推介会。南昌县领导肖玉文、胡显勇出席推介会，并在推介会上邀请客商22名，签约项目2个，投资额达4000万美元。

4月13日-16日

市委助理巡视员、县委书记杨伟东在县政协党组成员、小蓝工业园党委书记樊哲本的陪同下，到重庆长安汽车集团考察。在考察中，杨伟东等专程拜访了重庆长安汽车集团等企业主要领导，与他们交流情感，增进友谊，为长安集团和福特汽车（中国）有限公司早日来小蓝工业园汽车城落户打下基础。

4月19日

上午县政协在县交通局举行提案交办会。会议就关于莲塔线至县气象局路段路面硬化情况和客运公司票价等提案进行现场交办。县政协主席王火生和县政府办、县交通局、城建局、莲塘镇等单位有关负责人以及参与该提案的政协委员出席会议。

▲下午参加市委党校2005年第一期县干班学习的部分学员在县委常委、宣传部长胡小明和小蓝工业园负责同志陪同下，来到南昌县参观县城建设和小蓝工业园企业开工投产情况。

4月26日

上午落户在小蓝工业园区内的江西洪扬实业有限公司举行开工典礼仪式。市政协副主席钟乐初，县领导王火生、江伟斌、李信谆、伍目连出席典礼仪式。

▲县工商联为十家民营企业举行“重点服务企业”授牌仪式。县政协副主席吴克芳主持，县委副书记周军作讲话。

4月28日

上午市委助理巡视员、县委书记杨伟东在察看道路改造工程和小蓝工业园区时强调：要加快施工进度，保证工程质量，确保每项工作顺利开展。

【农业与农村工作】

4月8日

上午县政协召开乡镇政协小组长会议，部署政协活动小组工作。县政协主席王火生，副主席李信谆、李植等出席会议。

▲下午南昌县在县综合楼组织收听收看全省春耕备耕电视电话会。县领导李传强、熊丽克及县直有关部门、各乡镇负责人参加收听收看。

4月13日

下午省食药监局副局长刘理在市食药监局副局长谭友文等陪同下，来到南昌县就农村药品“两网”工作进行调研。

4月14日

上午由县政府办和县委统战部组织的全县涉农部门和各民主党派“农业科技进乡村”活动在蒋巷镇举行，给当地群众带去了农业科技知识，并现场为农民朋友解答春耕生产中遇到的实际问题，受到当地群众好评。县领导周军、熊丽克、万德珍等出席活动现场。

4月26日

南昌县在县委农工部召开“金十字”养殖产业带推进会，县领导王建华、李传强出席。

【城市建设与管理】

4月16日

上午莲塘大道排水工程正式开工，工程历时120天。工程期间，从禽蛋市场到经济干部管理学院路段全面封闭，县交警大队已派出70多名警力，沿途设置若干岗亭，对整个道路车辆进行疏导。

4月26日

省建设厅厅长胡柏龄一行，来到位于南昌市井岗山大道685号的“玉河明珠”二期工程工地，视察由南昌县洪宇建工集团承建的五栋楼房工程质量及施工现场规范化管理情况。

4月29日

南昌县在县农贸街中段举行“十路改造”会战誓师大会，市委先进性教育活动督导组全体成员，县六套班子领导杨伟东、张晓方、梅梅、周军、罗炳贵、王火生等出席誓师大会。这次改造的十条路是向阳路、湖东路、湖西路、农贸路、府前路、文卫路、团结路、五一路、莲西街、莲西路，总长度10公里，预计总投资3300万元，分三个阶段施工，分别由江西洪宇建设工程集团、江西省第三建筑工程有限责任公司、南昌市第三建筑工程公司承建，南昌县建设工程监理公司负责对工程质量进行全过程监督。

【政法工作与社会治安综合治理】

4月18日

县公安局对“两打一整”专项行动进行动员和部署，成立以莲塘、向塘为主的“两打一整”专项小组，县委常委、公安局长徐十斗任组长。这次专项行动从4月18日开始至5月18日结束，为期一个月。主要是在全县范围内组织开展打击盗窃、抢劫，打击地方流氓恶势力，整治治安复杂场所，保障莲塘、向塘以及全县人民群众安居乐业，创建和谐平安昌南。

【科教文卫体和计生工作】

4月1日

全县人防宣传教育进社区活动工作会议在县人防地面应急指挥室举行。市人防办副主任肖育松，县领导周建东、熊丽克出席会议并作讲话。

4月4日–5日

省人口与计划生育工作目标考核组一行在省人口计生委宣教处处长丰华带领下，对南昌县2005年人口与计划生育半年工作目标落实情况进行检查考核。

4月3日–11日

第十届全国运动会女子足球预选赛南昌赛区在南昌县莲塘足球场举行。来自四川、解放军、山东、天津、浙江、新疆共六支女子足球队参加角逐，四川、解放军、山东女子足球队获得参加第十届全国运动会女子足球决赛阶段比赛的入场券。

4月12日

县人民医院成为江西医学院第二附属医院的协作医院，在县人民医院门诊部大楼前举行揭牌仪式。江医二附院院长程晓曙，县领导周军、李木旺、吴克芳等出席揭牌仪式。

4月13日

县委常委、人武部部长周建东，副县长熊丽克来到彩虹世纪城、梦里水乡、大湖之都视察在建人防工程。

4月27日

上午以市科技局局长陈喜民为组长的市科技进步目标责任制考核小组来南昌县，考核县党政领导班子科技进步目标责任制实施情况。市委助理巡视员、县委书记杨伟东、县委副书记周军，副县长熊丽克等陪同。

4月29日

晚上由团县委主办的纪念“五四”运动86周年暨南昌县首届“十大杰出青年”颁奖晚会在县体育馆举行。团省委常委、团市委书记刘闯，县领导梅梅、周军、罗炳贵、王火生、涂仕华、胡小明、吴和平、魏根金、胡显勇、吴克芳、张军、伍目连等与全县广大群众1500余人一同观看本次晚会。

【劳动人事与社会保障】

4月1日

上午全县民政工作会在县民政局会议室召开。市民政局副局长钟爱国，副县长胡炜等出席会议并讲话。

【友好往来】

4月19日

下午由吉林省四平市市长王克诚率领的四平市赴昌考察团来南昌县参观小蓝工业园。市长李豆罗，市委助理巡视员、县委书记杨伟东、县长张晓方等陪同。

4月22日

下午以吉林省省委副秘书长刘利华为组长的吉林省赴昌考察组来南昌县就县城经济发展情况进行考察。省委办公厅副主任钟金根、市委副秘书长魏国俊，县领导梅梅、姜润根、樊哲本等陪同。

4月25日

下午以瓦努阿图国会议员、民族联合党副主席维利·吉米为团长的瓦努阿图民族联合党议员代表团一行在县领导王建华、李传强陪同下，来到南昌县蒋巷镇参观考察江西国鸿实业有限公司的种养基地。

【其他重要工作】

4月1日

下午县政府有关部门与各民主党派对口联系座谈会在县政协会议室召开。县委副书记周军、常务副县长肖玉文，县政协副主席、县委统战部部长万德珍出席会议并作讲话。

4月6日

上午市消防安全检查考评组来南昌县考评2004年消防安全工作。县领导王建华、魏根金等陪同。

4月8日

上午团省委书记钟志生来南昌县就基层团组织工作进行调研。市委助理巡视员、县委书记杨伟东，团市委书记刘闯，县委副书记梅梅、周军，副县长胡显勇等陪同。

4月13日

上午预备役师高炮团57高炮营三连兵员调整点验大会在向塘举行。预备役师高炮团政委杨海君、县委副书记王建华出席点验大会。

4月27日

上午全县工会工作会在县综合楼召开，会议总结了过去一年全县工会工作，部署安排了今年的工会工作。县领导周军、胡显勇等出席会议。

【报刊摘登】

4月4日

《人民日报》第12版以图片新闻形式报道十运会女足预选赛南昌赛区在南昌县莲塘足球场开赛。

4月8日

《人民日报》第2版以《毫不松懈地抓好粮食生产，毫不动摇地促进农民增收》为题，报道中共中央政治局委员、国务院副总理回良玉到江西农村调研，在南昌县蒋巷镇看望种粮大户，与部分农民和村干部座谈，了解春耕生产进展和政策落实情况。

4月12日

《人民日报》第12版以《十运会女足预赛四川山东解放军队出战》为题，报道第十届全运会女足预赛南昌县赛区6支球队经过15场激烈角逐，最终四川、山东和解放军队获得出线权。

【先进表彰】

4月26日

南昌县蒋巷镇洲头村党支部书记、江西国旺实业有限公司总经理卢国平被评为全国劳动模范，受到国务院表彰。

五　月

【先进性教育】

5月10日

上午县委副书记梅梅出席县委党校召开的班子民主生活会。

▲下午县四套班子先进性教育活动整改提高阶段工作会议在县综合楼会议室举行。会议对县委常委班子先进性教育活动分析评议阶段工作情况进行小结，对县四套班子整改提高阶段工作进行部署。县四套班子党员领导干部，市委督导组全体成员，县四套班子办公室主任，县委先进性教育活动办公室正、副主任，县委督导组部分成员参加会议。市委助理巡视员、县委书记杨伟东主持会议并作讲话。

5月12日

上午南昌县在县综合楼会议室举行县委常委专题民主生活会情况通报会和全县先进性教育活动第三次工作会议。会议通报了县委常委参加先进性教育活动专题民主生活会的情况，全面总结了全县先进性教育活动分析评议阶段的工作，安排部署整改提高阶段的各项工作任务。参加会议的有县四套班子全体成员，县法院、检察院主要领导，市委督导组成员，县委委员、候补委员，各乡镇党委书记、乡镇长，县委各部门，县直各单位主要负责同志，县委督导组组长，十名县人大代表及十名县政协委员。市委助理巡视员、县委书记杨伟东作讲话。

5月16日

县人大机关党支部召开保持共产党员先进性教育转段动员会。会议对分析评论阶段进行总结，并对整改提高阶段的工作进行部署。县人大常委会主任罗炳贵作动员讲话，副主任吴和平、袁春秀、李木旺等出席会议。

5月18日

上午县政府党组在县政府会议室召开先进性教育活动专题民主生活会情况通报及第三次工作会。县长张晓方，常务副县长肖玉文，副县长邓炳根、胡炜、熊丽克、万敏、费小琛、江伟斌等出席会议。

▲上午县政协党组召开先进性教育活动整改提高阶段动员会。县政协主席王火生，副主席万德珍、张军、李信谆、姜润根等出席。

5月20日

上午省先进性教育活动领导小组办公室指导协调一组组长甘增海就莲塘镇开展先进性教育活动试点工作进行检查指导，市政协副主席、市先进性教育活动领导小组副组长侯捷，县长张晓方，县委常委、组织部部长涂仕华，市委第21督导组组长龚小荣等陪同。

5月24日

上午省委组织部干部处调研员、省委督导一组成员王贵生及市委先进性教育活动办公室有关负责同志等一行来南昌县检查指导先进性教育活动整改提高阶段工作开展情况。市委助理巡视员、县委书记杨伟东，县委副书记梅梅、县委常委、县委组织部部长涂仕华，市委督导组组长殷晓欣等陪同。

【重要会议】

5月14日

上午全县“文明村镇”工程“六路”整治建设工作动员大会在蒋巷镇举行。市委助理巡视员、县委书记杨伟东作重要讲话，县委副书记王建华作动员报告，县领导梅茂发、罗炳贵、王火生、李传强、袁春秀、陈秀梅、魏根金、万敏等出席。

5月17日

下午2005年南昌小蓝工业园汽车零部件产业投资环境说明会在南昌富豪大酒店举行。市委副书记王詠、江铃集团党委书记蒋林生，江铃股份有限公司总裁陈远清，县领导张晓方、梅梅、肖玉文、邹晓东、江伟斌、万德珍、姜润根，小蓝工业园党委书记樊哲本和福特（台湾）供应商考察团全体成员出席会议。

5月25日

下午南昌县组织公安、法院、检察院等有关部门负责人在县综合楼会议室收听收看“构建和谐平安江西，暨2004年度全省社会治安综合治理表彰”电视电话会，县领导杨保根、吴和平、李植，县法院院长范云远，县检察院检察长张留春等参加收听收看。

【领导活动】

5月10日

上午以省政协副主席樊懋衡为组长的省政协调研组来南昌县就统筹城乡协调发展情况开展专题调研，市委助理巡视员、县委书记杨伟东，县领导王火生、李传强、肖玉文、胡显勇等陪同调研。

5月11日

上午由全国政协副主席张思卿为团长的全国政协常委考察团来到南昌县，视察落户在小蓝工业园内的新龙化纤有限责任公司。省、市、县领导吴新雄、钟起煌、余欣荣、王詠、陈守朴、杨伟东、梅梅、王火生、肖玉文等陪同。

5月17日

上午市委副书记史蓉蓉在市经贸委、市教体局、市民政局、团市委及县领导梅梅、涂仕华、李传强等陪同下，来到南昌县塘南镇新光村视察养鸭示范基地和希望小学的扶贫项目。史蓉蓉在视察时强调：要落实科学发展观，坚持以人为本，真心实意地帮助扶贫点的村民早日脱贫致富。

▲晚上南昌县在洁惠花园宾馆举行南昌小蓝工业园与福特（台湾）供应商招待酒会。市委副

书记、常务副市长龚建华，江铃集团董事长王锡高、总裁陈远清，县领导张晓方、梅梅、肖玉文、江伟斌、万德珍、姜润根，小蓝工业园党委书记樊哲本以及福特(台湾)供应商全体考察团成员出席招待酒会。双方表示携手合作，共谋发展，打造一流的汽车城。

5月18日

上午南昌警备区司令员李贤水在县委常委、人武部长周建东的陪同下来到南昌县民兵预备役军事训练基地，看望正在这里参加集训的专武干部、民兵营长。李贤水要求：参加集训的专武干部和民兵营长们要珍惜这次集训学习机会，不断增加自己的业务技能；要把学到的知识用在今后的人民武装和民兵预备役工作中去，使人民武装工作再上一个新的台阶。

▲副市长戴和旺、市政府副秘书长王肇赣率市农业局等有关部门的负责同志在县委副书记王建华、副县长魏根金陪同下，乘坐36105号渔政舰艇来到南昌县所辖鄱阳湖黄皮河、玉皇河、严河、大子河、三湖、太沙芳湖等水域检查、指导湖区春季禁渔管理工作。

【工交财贸工作】

5月29日

由长安与江铃携手成立的江铃控股有限公司开业典礼在小蓝工业园举行。中国兵器装备集团公司总经理徐斌，省市领导黄智权、余欣荣、凌成兴、李豆罗、王詠、杨伟东以及县六套班子领导出席开工典礼仪式。

【农业与农村工作】

5月9日

县委副书记王建华，县委常委、农工部部长李传强来到塘南、泾口、幽兰、南新等乡镇就全县“金十字”养殖产业带情况进行调研。

5月14日

上午由中宣部、科技部、农业部、铁道部、共青团中央、中国科协、卫生部、国家环保总局和江西省政府共同举办的“振兴老区、服务三农科技列车井冈行”活动在南昌启动。各部委的专家在参加南昌八一广场举行的开幕仪式后，来到南昌县塘南镇、三江镇开展送科技下乡活动，受到当地政府和农民朋友的欢迎和好评。科技部农村科技开发中心主任吴运彬、江西省科技厅副厅长左喜明、县委副书记周军、副县长熊丽克等出席本次活动。

5月17日

上午县委副书记王建华在县水利局、农业局、小蓝工业园等有关部门负责同志陪同下，来到小蓝工业园察看水利防汛排涝情况。

5月25日

市委助理巡视员、县委书记杨伟东，县委副书记王建华，县委常委、农工部部长李传强、副县长魏根金、熊丽克等先后来到黄马金乔园林苗木基地、向塘中州蔬菜园、塔城磊鑫生态园、幽兰南山蛋鸭养殖基地、南湖蛋鸭养殖基地、泾口杨芳肉鸭养殖基地等督查。杨伟东在督查时强调：要使“两带”建设从“出规划、定政策、抓试点”向“上规模、打品牌、推市场”转变，确保“两带”工作顺利推进。

▲市委助理巡视员、县委书记杨伟东，县委副书记王建华，县委常委、农工部部长李传强，副县长魏根金、熊丽克在县水利局主要负责同志陪同下，先后来到赣东大堤、赣抚航道、棠墅港、长乐联圩北方圩堤、红旗大泵站等地督查防汛工作。杨伟东在督查时强调：要克服麻痹思想、树立抗大洪、防大汛的意识，确保圩堤安全度汛。

【城市建设与管理】

5月9日

上午县国土资源局在县土地储备交易中心分别以挂牌出让和竞价方式公开拍卖二宗国有土地使用权。第一宗土地位于县城湖中路以南、莲西大道以东，面积为14.58亩，规划用途为商住，江西保惠房地产开发公司以每亩40万元的价格获得该宗国有土地使用权。第二宗土地位于县城澄湖西路以东，县二建公司宿舍以南，面积为2.349亩，规划用途为商业用地，由江西仁兴房地产开发公司以每亩30.2万元的价格，获得该宗国有土地使用权。

5月11日

上午县委常委、政法委书记、象湖新城开发建设指挥部常务副总指挥杨保根率领工作人员下到正在建设的金沙大道等施工工地上，察看项目建设进展情况。

5月12日

市委助理巡视员、县委书记杨伟东，县委副书记梅茂发，副县长胡炜在县委办和县城建局负责同志陪同下先后来到农贸路、湖东路、团结路、站前路、兴西街、斗柏路等地，实地察看县城道路改造的进展情况。杨伟东强调：要加快施工进度，保质保量，早日把事关百姓生活、出行的事办好办实。

5月19日

下午县长张晓方在县委常委、政法委书记杨保根和县水利局、小蓝工业园、莲塘镇、东新乡等单位负责人的陪同下，来到象湖新城就加快东莲景观湖渠建设步伐进行现场办公。

5月20日

下午县长张晓方在副县长胡炜和县城建局、自来水公司、赣管站等单位有关负责人陪同下，来到县赣抚平原管理站、县自来水公司，就近期群众反映强烈的水质问题进行现场办公。

【政法工作与社会治安综合治理】

5月10日

下午县禁毒委在莲塘三中举行禁毒知识讲课，县委副书记、县禁毒委主任王建华，县委常委、政法委书记、县禁毒委副主任杨保根等参加听课。本次禁毒知识由江西公安高等专科学校副校长周良沱授课。

5月18日

上午县公安局在澄碧湖公园开展办理信访问题局长接待日活动。市公安局党委副书记马世国，县委常委、县公安局局长徐十斗等参加活动。

5月19日

上午南昌县在828会议室举行维护社会稳定、构建和谐平安昌南综治、信访干部培训班。县委副书记王建华到会讲话，县领导徐十斗、杨保根、魏根金，县法院院长范云远，县检察院检察长张留春等出席会议。

▲省信访局督查专员调研组来到南昌县，就全县土地征用和房屋拆迁信访问题进行专题调研。县领导梅茂发、胡炜、魏根金等陪同。

▲省政协常委、文史委员会副主任徐奔带领部分政协委员来南昌县就建设和谐平安江西，完善社会保障体系问题进行专题调研。县政协主席王火生、副主席张军、李植等陪同调研。

【精神文明建设】

5月18日

上午市、县图书馆赠送部分书籍到莲塘镇斗柏路社区，给该社区的群众送去了丰富的精神食粮。市图书馆副馆长梁全水，县委常委、宣传部长胡小明参加活动。

▲下午县委常委、宣传部部长胡小明先后来到三江、向塘、冈上等镇就抓好文明村示范点创建工作进行督促指导。胡小明强调，要以文明村示范点的创建，带动农村发展和农民致富奔小康。

【科教文卫体和计生工作】

5月8日－21日

全县举办乡镇分管领导、计生办主任及村级计生专干共395人分两批进行学习的培训班，县委常委、农工部长李传强在培训班上作动员报告。

5月10日

上午县卫生局举行护理学会5·12国际护士节暨星级护士表彰大会。县领导李木旺、吴克芳出席。

5月13日－15日

全国青年男子柔道锦标赛在莲塘体育馆举行。来自解放军、北京、山西、山东、四川、内蒙古等33支省、市代表和行业体协代表队的195名运动员参赛，个人赛8个级别的冠军，解放军、辽宁队各获两项。

5月17日

以省政协教文卫体委员会主任李以镔为组长的省政协调研组来南昌县就“教育公平”问题进行调研。县政协副主席张军陪同。

5月18日

上午南昌县召开由乡镇分管领导、计生办主任参加的计生工作汇报会。县委常委、农工部部长李传强就全县工作推进提出三点要求：一是要强化认识，增强使命感，具体部署好今年后阶段工作任务；二是要强化措施，增强紧迫感，加快今年工作推进速度；三是要明确责任，增强危机感，确保今年计生工作任务完成。（县计生委）

5月20日

上午南昌县政府办、食品药品监督管理局、质监局、卫生局、工商局、农业局和畜牧水产局等部门，在洪客隆商场莲塘分店北门开展以“食品安全需要你的参与”为主题的现场咨询活动。

▲上午县政协主席王火生、副主席李植率领部分政协常委到塔城乡视察村级小学建设与教育状况，县委副书记周军应邀参加。

5月24日

全县2005年高招委工作会议在洁惠花园宾馆举行。会议总结了2004年全县高招工作，部署了2005年高招任务。副县长胡显勇、费小琛等出席并讲话。

5月25日

上午全县农村小学校园建设现场会在塔城乡召开。县领导李木旺、胡显勇、吴克芳等出席。

▲上午由台湾爱心第二春文教基金会捐资兴建的向塘镇梁西立华爱心小学举行竣工典礼。台湾基金理事陈浩林、希望工程北京捐助中心副秘书长宣登、团省委助理巡视员宋寅安以及青少年发展基金会副秘书长戴莹出席竣工典礼剪彩，副县长费小琛陪同。

【友好往来】

5月11日

上午由吉安市副市长陈志明率领的吉安市赴昌考察团来南昌县参观考察“一村一品”。副市长戴和旺，县领导王建华、李传强、魏根金、万德珍等陪同考察。考察团一行先后来到向塘镇剑霞村无公害蔬菜基地、合火乞村蔬菜基地、冈上镇东坛村蛋鸭养殖基地、南昌现代农业科技产业园、煌上煌集团等地考察，详细了解了该县“一村一品”的发展情况。

5月12日

沈阳市新城子区人大常委会副主任李振忠率人大办一行，在县人大办公室主任陪同下，来南昌县考察交流人大工作经验。

5月17日

上午以抚州市委副秘书长、政研室主任吴建发为团长的抚州市“融入大南昌”专题考察调研团，来南昌县参观考察小蓝工业园园区及城区新面貌，并就加强与小蓝工业园产业对接问题进行座谈。市委副秘书长、政研室主任王国龙，县领导肖玉文、江伟斌等陪同。

【群团工作】

5月27日

县妇联、县关工委在阳光丽景社区智多星儿童早期潜能开发中心成立第一个早期儿童教育示范基地。

5月31日

市农村妇女“双学双比”工作经验交流会在南昌县综合楼召开。会议总结了2004年“双学双比”工作，部署了2005年工作，表彰了“巾帼信用农户”，并为基地授牌。副市长戴和旺作讲话，市委助理巡视员、县委书记杨伟东，市妇联主席李电花，县委副书记周军，副县长魏根金等出席会议。

【其他重要工作】

5月9日

上午县优化投资环境、机关“作风年”、“双评”工作总结表彰暨开展机关“效能年”活动动员大会在县综合楼召开。县委副书记、纪委书记梅茂发出席并讲话。

5月11日

省人大办公厅副主任秦义杰、省人大办公厅《时代主人》杂志主编公艳萍，市人大办公厅副主任徐永立等一行来南昌县调研落实全省人大工作会议精神情况。县人大常委会副主任吴和平陪同。

5月23日－24日

全国部分县（市）区人大工作研讨会在福建省永泰县举行，县人大常委会副主任袁春秀出席本次研讨会。

5月24日

南昌县学习贯彻宗教事务条例培训班在县委党校开班。县领导胡炜、万德珍等出席开班仪式并作讲话。

【自然灾害】

5月2日

上午10时左右，南昌县供电线路6处绝缘瓶被雷电击穿，导致小蓝工业园、生米大桥、东新、富山等大面积停电。

5月4日

下午5时左右，龙卷风袭击广福镇造成4条10千伏线路和上百条农村低压线路全部受损，致使广福镇万洲、荷山、漳溪、沙港、宋洲五个村委会大面积停电。

5月16日

下午4时许，南县县富山乡、小蓝工业园、武阳镇等6个乡镇出现历史罕见短时龙卷风、雷雨、冰雹天气，对农民生产生活造成较大伤害。据统计，受灾人口达83565人，毁坏房屋13938间，倒塌房屋215间，受灾农作物3890亩，直接经济损失达3802.66万元。

【先进表彰】

5月10日

南昌县荣获共青团中央命名表彰的2004年度“全国乡村青年文化活动先进县（市、区）”

光荣称号。

南昌县委史志地名办被评为“2004 年江西省地方志（年鉴）工作先进集体”。

南昌县科协被评为“2004 年全省县级科协工作先进集体”。

六 月

【重要会议】

6月1日

全县村镇规划编制工作会议在县综合楼会议室举行，会议就全县村庄规划编制工作进行部署。县长张晓方作讲话，县领导梅茂发、胡炜、万敏等出席会议。

6月13日

上午全县构建和谐平安昌南动员暨2004年度社会治安综合治理、信访、安全生产表彰大会在县综合楼会议室举行。会议主要是贯彻落实全省建设和谐平安江西、全市建设和谐平安南昌动员及省、市信访安全生产工作会议精神，动员、部署建设和谐平安昌南工作。表彰2004年度全县综治、信访、安全生产工作先进单位和先进个人。市委助理巡视员、县委书记杨伟东作重要讲话。县领导张晓方、王建华、徐十斗、杨保根、吴和平、陈秀梅、魏根金、邹晓东、万德珍、姜润根、李植，县法院院长范云远，县检察院检察长张留春等出席会议。

6月17日

上午南昌县十三届人大常委会第十八次会议在县综合楼召开。县人大常委会主任罗炳贵主持会议并讲话，县人大常委会副主任吴和平、袁春秀、李木旺、陈秀梅等出席会议；副县长魏根金、县法院院长范云远等列席会议。会议听取和审议了副县长魏根金代表县政府所作的关于贯彻实施《行政许可法》的情况汇报，听取和审议了县监察局关于实施《南昌市优化投资环境条例》工作情况汇报，听取和审议了县经贸委关于个体私营经济发展情况汇报，审议并通过了有关人事任免事项。

▲县人大在县综合楼召开述职评议会，县人大常委会主任罗炳贵，副主任吴和平、袁春秀、李木旺、陈秀梅以及常委会委员12人出席会议。县法院院长范云远、县检察院检察长张留春及评议调查组成员列席会议。

6月18日–19日

由《经济日报》、中共南昌市委、市人民政府主办，南昌县承办，以搭建沟通平台，加强县域合作为主题的县域经济科学发展论坛会在红谷滩会展中心大厅举行。省、市、县领导余欣荣、李豆罗、史蓉蓉、龚建华、雷武江、蔡社宝、杨伟东、戴和旺、张晓方、王建华、梅梅、梅茂发、周军、罗炳贵、王火生等出席。

6月24日

上午县政协九届十九次常委会议在县综合楼召开。县政协主席王火生、副主席万德珍、张军、李信谆、姜润根、伍目连、李植等出席会议，县委常委李传强、副县长魏根金应邀列席会议。

会议听取了县政协副主席李信谆介绍县政协对全县文明村镇建设情况的调查报告，听取了县委农工部、县城建局、县国土资源局等部门负责人关于本县文明村镇建设的情况汇报。

▲全县村卫生所建设、管理现场会暨“降消项目，创建农民满意村卫生所”动员大会在向塘镇举行。县长张晓方在会上作重要讲话，县领导周军、胡小明、胡显勇、费小琛出席会议。

6月25日

上午全县《公务员法》法制讲座在县综合楼会议室举行。市、县领导杨伟东、张晓方、王建华、梅茂发、周军、罗炳贵、王火生、涂仕华、胡小明、杨保根、吴和平、袁春秀、李木旺、邓炳根、胡炜、魏根金、费小琛等参加学习。

▲下午南昌县委在县委常委会议室召开书记办公会议，讨论、审核《南昌县志》和《南昌县地图》。市委助理巡视员、县委书记杨伟东主持会议并作讲话，县委副书记、县长张晓方作讲话，县委副书记王建华、梅茂发、周军等出席会议。县人大主任罗炳贵、县政协主席王火生，县委常委、宣传部长胡小明，县人大副主任李木旺，副县长胡显勇、费小琛和县志编委会成员、主编、副主编及县委史志地名办正、副主任应邀列席会议。

6月30日

上午南昌县举行“七·一”表彰暨先进性教育活动第四次工作会议。市委助理巡视员、县委书记杨伟东作重要讲话，县委副书记、县长张晓方主持会议，县六套班子领导王建华、梅梅、梅茂发、周军、罗炳贵、王火生、周建东、徐十斗、涂仕华、胡小明、杨保根、李传强等出席会议。会议总结了近年来全县党建工作取得的成绩，表彰先进。同时，回顾总结了全县第一批先进性教育活动，对开展好第二批先进性教育进行动员和部署，进一步激发全县各级党组织和广大党员奋斗的精神，为南昌县拼争全国“百强县，文明城”提供强有力的组织保证。

【领导活动】

6月5日

上午冈上镇召开先进性教育活动试点工作动员大会，省委先进性教育办公室指导协调组组长甘增海，市、县领导侯捷、杨伟东、涂仕华、吴和平、邹晓东等出席动员大会。

6月7日

上午全国政协副主席、全国工商联主席黄孟复来南昌县视察汇仁集团、省政协副主席王林森、金异，市政协副主席雷元江，县领导王火生、邹晓东、万德珍、吴克芳等陪同。

6月8日

市人大常委会副主任姚燕平率市人大人口与计划生育调研组来南昌县，调研计划生育工作。县人大常委会主任罗炳贵，县委常委、农工部部长李传强，县人大常委会副主任李木旺，副县长魏根金等陪同调研。

6月18日

国务院发展研究中心副主任谢伏瞻等参加县域经济科学发展论坛的专家、学者及全国百强县的部份代表来到南昌县，在市、县领导杨伟东、张晓方、周军等陪同下参观考察小蓝工业园。

6月20日

上午省委副书记王君来到南昌县蒋巷现代农业科技示范园考察园区建设情况。王君在调研中指出：要以先进性教育活动为契机，做强做大蒋巷现代农业科技示范园，把园区建设成为全省绿色无公害优质蔬菜，水稻生产基地，充分发挥园区带头示范作用。省、市、县领导余欣荣、李豆罗、史蓉蓉、雷武江、蔡社宝、杨伟东、戴和旺、张晓方、王建华、李传强、魏根金和省农业厅厅长毛惠忠等陪同。

6月21日

上午副省长危朝安在省市有关部门负责人及市县领导戴和旺、张晓方、王建华、魏根金等陪同下，视察南昌县抚西大堤的险工险段，箭江口分洪闸等地。危朝安在视察时指出：现在全省防汛进入关键时期，各地要防止松懈思想和厌战情绪，继续保持高昂的斗志，严阵以待，严密防守，进一步落实防汛工作责任制，加强水情、雨情的预测预报与汛情会商工作，确保圩堤不倒，确保人民生命财产不受损失，争取今年防汛抗旱工作的全面胜利。

6月29日

市委副书记、常务副市长龚建华带领市人事、国税、地税、工商、银行、供电等部门负责人，来南昌县就小蓝工业园发展问题进行现场办公。市委助理巡视员、县委书记杨伟东，县领导张晓方、肖玉文、万德珍、姜润根及小蓝工业园党委书记樊哲本等陪同。

【工交财贸工作】

6月3日

上午县政协在汇仁集团会议室举行小蓝工业园政协委员座谈会。总结交流投资办企业的成功经验，征求意见和建议，探索企业健康发展的新途径。县政协主席王火生，副县长江伟斌，县政协副主席吴克芳、张军、李信谆、伍目连、李植等出席座谈会。

▲上午武阳镇在小蓝工业园管委会与江西鸿路钢构有限公司、南昌鹏旺针织服装有限公司举行签约仪式。县委常委、常务副县长肖玉文出席签约仪式。落户小蓝工业园的江西鸿路钢构有限公司计划购工业用地100亩，总投资8000万元，竣工投产后，将实现产值2亿元，可解决300多个就业岗位。南昌鹏旺针织服装有限公司在武阳镇工业区征地72.6亩，总投资3000万元，年产值1500万元，可增加160多个就业岗位。

6月7日

上午2005南昌承接沿海产业梯度转移（福州）推介会在榕城举行。上午11时，南昌县在福州香格里拉举行与部分福建地区重点企业家座谈会，省委常委、市委书记余欣荣、市领导龚建华、雷武江、梁小康、杨伟东，县长张晓方、常务副县长肖玉文等出席座谈会，座谈会由市委助理巡视员、县委书记杨伟东主持。30余名客商应邀参加座谈会，其中福建七匹狼集团、三兴集团、台湾六和机械、台湾松华食品等知名企业家的代表，结合企业与南昌接触的经历，畅谈对南昌在开放过程中注重营造良好投资环境的印象和体会。在此次推介会活动中，南昌县签约项目四个，总引资额5亿元（外资为3000万美元、内资为2.5亿人民币）。

6月9日

2005年南昌（昆山）投资环境说明会在昆山君豪酒店隆重举行。省委常委、市委书记余欣荣在会上致辞，市委副书记、常务副市长龚建华主持说明会。市委常委、市委秘书长、统战部长雷武江，副市长梁小康，市委助理巡视员、县委书记杨伟东，市政协副主席侯捷等出席会议。会上县委常委、常务副县长肖玉文代表南昌县做了重点推介。次日上午，省委常委、市委书记余欣荣率南昌市党政代表团一行参观南昌县联系的台玻长江玻璃有限公司，市领导龚建华、雷武江、梁小康、杨伟东、侯捷以及代表团全体成员参加，并深入长江玻璃的生产车间了解该企业的生产经营情况。

【农业与农村工作】

6月7日

由国务院政研室农村司副司长李希荣为组长的国务院政研室调研组一行，在省政协办公厅助理巡视员蔡玉峰，中储粮江西分公司总经理华有良，副县长熊丽克陪同下，来到南昌县就粮食生产等进行专题调研。

6月9日

上午国家科技部农社司科教处处长郭志伟在省科技厅副厅长吴文峰陪同下，来到南昌县广福镇广福村，就国家粮食丰产科技工程项目进行调研。副县长熊丽克和市、县科技局的负责同志陪同。

▲下午外交部第四期常驻回国干部培训班赴江西考察团在省外侨办助理巡视员王光锡等陪同下，来南昌县参观考察农业产业化龙头企业发展情况。

6月14日

县人大常委会主任罗炳贵，副主任吴和平、袁春秀、李木旺在副县长魏根金等陪同下，来到蒋巷镇排灌站、国鸿公司种植新基地、塘南镇网箱养殖基地，就本县农业经济发展情况进行视察。

6月22日

上午全市水产经验交流会在南昌县召开。会上，全市各县区就上半年水产养殖等工作进行了交流，市农业局副局长郭子东出席并讲话。

▲市委助理巡视员，县委书记杨伟东在督查蒋巷文明村镇规划、建设等情况时强调：要按照“规划先行，建设跟进，建管并重”的原则，使蒋巷文明村镇建设实现一年一变化，三年大变化的目标。县委副书记王建华，县委常委、农工部长李传强，副县长魏根金、万敏等陪同。

6月23日

以省委政研室农村处处长林毓敏为组长的省委社会主义新农村建设调研组来南昌县调研。市委助理巡视员、县委书记杨伟东、县委副书记王建华，县委常委、宣传部长胡小明，县委常委、农工部长李传强，副县长万敏等陪同。

6月28日

下午南昌县召开金十字养殖产业带推进工作调度会，会议要求：全县各乡镇要抓住养殖产业带发展机遇，乘势而上，全力打造一乡一品牌，一村一特色。县委常委、农工部长李传强出席会议并讲话。

【政法工作与社会治安综合治理】

6月1日-3日

为贯彻国务院办公厅关于开展打击商业欺诈专项行动的通知，落实省有关部门的精神要求。县卫生局、科技局、公安局、监察局、计生委、食品药品监督局联合统一行动，重点在莲塘、向塘、蒋巷对非法行医，聘用非技术人员行医，未经注册的医务人员在村级卫生所从事医疗，医疗机构出租，科室承包，非法从事性病诊疗，利用B超非法鉴定胎儿性别和选择性别的终止妊娠手术等行为进行严厉打击，依法取缔无证行医，进一步加强全县医疗机构的规范管理，促进全县医疗市场规范有序健康发展。

6月13日

南昌县公安干警成功侦破黄马“1·16”特大盗窃案，抓获主犯2名，被盗赃物总价值140余万元。这是南昌县新中国成立以来发生的涉案价值最大的盗窃案。

6月26日

国际禁毒日。上午南昌县在县城莲塘和向塘两地开展禁毒宣传咨询活动。县委常委、政法委书记杨保根在洪客隆活动现场和县公安局有关负责人向群众散发宣传资料、教育群众珍爱生命、远离毒品。

【科教文卫体和计生工作】

6月1日

上午国家体育总局群体司副司长刘国永来到南昌县，代表国家体育总局向广福镇中心小学捐赠篮球，单、双扛，跳绳等体育器材。省体育局副局长聂明阮，县领导陈秀梅及市、县教体局的主要负责人出席捐赠仪式。

6月4日-5日

由中央财经领导小组办公室张冬科为组长的中央党校中青班考察组一行来南昌县，就新型农村合作医疗试点工作的运行情况进行调研。省卫生厅副厅长李利、副县长胡显勇等陪同调研。

6月6日

下午县领导罗炳贵、王火生、周建东、胡小明、李木旺、胡显勇、费小琛、吴克芳等在县教体局负责人陪同下，来到莲塘一中、莲塘二中、莲塘三中三个考点检查巡视高考前的各项准备工作。

6月7日-8日

全县6373名莘莘学子在莲塘一中、莲塘二中、莲塘三中三个考场参加2005年全国高等院校招生统一考试。

6月10日

上午全县计划生育“百强村”争创暨工作亮点建设现场会在向塘镇召开。市计生委主任胡伟平、县委副书记王建华、县委常委李传强等出席会议。

6月12日

下午省教育厅副厅长王占铭，市教育局局长熊小武等来到南昌县就教育事业发展情况进行调研。县委常委、宣传部长胡小明陪同。

6月13日

下午南昌县中小学招生委员会在县教体局会议室举行成员会，部署17日开始举行的2005年全省中考有关工作。副县长、县中招委主任费小琛出席会议。

6月17日

上午县政协主席王火生、副县长胡显勇、费小琛、县政协副主席吴克芳，以及市教育局巡视组成员在县教体局负责同志陪同下，巡视莲塘一中和东方明珠两个中考考点。

6月20日

下午文化部农村文化市场调研组来南昌县就农村网吧等文化市场发展情况进行调研。省文化厅副厅长刘长泽，县领导张晓方、周军、胡显勇等陪同。

6月23日

南昌县高考成绩再创辉煌，莲塘一中理科650分以上12人，名列南昌市学校高分段人数第一。罗俊同学以681分的总成绩名列全省理科总分第二名，南昌市第一名。全县理科545分以上333人，494分以上903人；文科554分以上35人，509分以上184人，创历史最好成绩。

6月24日

南昌县人防地面应急指挥室，通过了南昌市人防办组织的有关专家及相关人员组成验收考核组的工程竣工验收。市人防办主任胡序环、副主任杨水保，县委常委、人武部部长周建东，副县长熊丽克等参加竣工验收。

6月25日

全市乡村医疗机构从业人员药械法律、法规培训班在县委党校举行。副县长胡显勇，市县食品药品监督管理局负责同志出席会议并讲话。

6月29日

上午民进省、市医疗专家来南昌县塔城乡开展送医义诊活动，受到当地群众的欢迎。省政协副主席、省民进主委刘运来，县领导周军、费小琛、张军等有关负责人参加义诊活动。

【劳动人事与社会保障】

6月9日

上午由县委组织部、县人事劳动和社会保障局联合举办的全县组织人事工作业务培训班在县委党校开班。县委常委、组织部长涂仕华作动员讲话，县政协副主席、县人事劳动和社会保障局局长万德珍出席。

6月14日

上午南昌县举行特困家庭再救助“直通车”资金发放仪式，市县领导杨伟东、张晓方、王建华、王火生、周建东、涂仕华、吴和平、胡炜、邹晓东、熊丽克、费小琛、姜润根、伍目连、李植及市委先进性教育督导组组长殷晓欣等为特困户发放救助证卡和存折。

【人武工作】

6月14日

上午南昌警备区参谋长谢光忠在县委常委、县人武部部长周建东、政委张远陪同下来到南昌县人武部民兵训练基地检查高炮实弹前的训练情况。

6月22日

上午由南京军区组织的人武部新任职主官集训班全体成员来到南昌县参观人武部全面建设情况，他们对南昌县坚持以科学发展统筹人武部全面建设的作法给予了高度评价。省军区政治部副主任颜春宁，市委常委、南昌警备区政委张国华，县委常委、常务副县长肖玉文，县人武部政委张远等陪同参观。

【友好往来】

6月10日

上午由湖南省人民政府顾问、党组成员罗桂求率领的湖南省小城镇建设工作考察团来南昌县参观考察县城建设。副县长胡炜陪同考察。

【其他重要工作】

6月3日

上午南昌县妇儿工委在县政府大院举行“献爱心、助春蕾”现场捐赠结对活动。市妇联副主席黄杰作讲话，县领导周军、胡显勇等出席。

▲全县特约“四员”（特约监察员、特约检察员、特约审计员和教育督导员）聘任会议在县政协会议室召开，一批特约工作人员接受聘任。县委副书记周军出席会议并作讲话，县政协副主席万德珍主持会议。

6月14日

上午市政协组织离退休老干部来南昌县参观小蓝工业园和县城建设。县政协主席王火生、副主席张军、李信谆等陪同。

6月17日

上午县政协主席王火生，副主席张军、李信谆等就本县食品药品监督管理情况进行视察。王火生强调：要进一步加大对全县食品药品监督管理力度，坚持“打监”结合，保障全县人民饮食用药安全。

6月25日

第十五个全国“土地日”。上午，县国土资源管理局在莲塘镇政府门口开展“土地日”宣传咨询活动，向过往群众宣传土地法律、法规，散发有关宣传资料，并现场解答群众提出的问题。

【干部任免】

市委决定：

免去胡金明同志的南昌县委助理调研员职务，享受正县级待遇离岗退养；

免去邓晓明同志的南昌县人大常委会助理调研员职务，享受正县级待遇离岗退养；

免去苏灿玉同志的南昌县公安局副县级侦察员职务，享受正县级待遇离岗退养；

戴金凤、龚乐庆、周水妹、毛金莲、熊思贵、谢荣庚、熊寿保、陈世墩、李梅秀、杨乐华、辜牧华、熊桃生、王仁瑞、陈祖林、邹发明、万玉根、范继英、陈春富、梁西海、涂爱清、曾耕水、章圣旺、万仁杰、周茶根、万承富、邬保平、李水保、李金爱、王修爱、范大金、喻小罗、罗来明、魏银根、陈广念、应寿延、章忠保、张福生、胡勇、刘如德、饶建生、王文明、秦水生、张国华、刘金凤、章木根、万晓凤、龚新生、李千根、赵顺元、陈大付、李才根、姜善忠、陈一龙、张来美、王发根、陈长圣、舒晓明、刘东宝、熊后祥、赵忠文、闵东智、傅建华、何德新、黄金根、宗蝉根、廖小英、邓红梅、邓林海、黄旺水、朱洪保、陈明辉、陶鹏云、钟美健、殷国安、万昌根、万于辉、魏顺保、邓秀兆、樊金元、万多根、万新根、万时珠、何济明、樊水龙、邓梅花、高永峰、罗志、张久明、万寿星、朱先勇、邓定涛同志享受副县级待遇离岗退养；

免去罗和萍同志的南昌县人大常委会调研员职务，正县级退休；

黄三矮、胡恰头二同志副县级退休；

熊桃生同志副县级退休；

免去胡文亮同志的南昌县公安局副县级侦察员职务，享受正县级待遇提前退休；

徐根保、万顺水、万金山、蔡为金、于成江、万凤保、鲍火根、万细红、熊来娣、陈慧兰同志享受副县级待遇提前退休。

七 月

【先进性教育】

7月19日

上午县委保持共产党先进性教育活动领导小组协调会在县委常委会议室召开。县领导梅梅、涂仕华、胡小明、李传强等出席。

▲下午县委督导组，巡回检查组全体成员和第二批先进性教育活动单位业务骨干培训班在县综合楼举行。县委副书记梅梅作动员讲话，县委常委、组织部长涂仕华主持培训班学习。

7月22日－27日

南昌县第二批保持共产党员先进性教育活动全面启动。八一、黄马、广福、幽兰、武阳、蒋巷、三江、塔城、富山、塘南、泾口、南新、向塘等乡镇及小蓝工业园、县文化广播电视旅游局、县新华书店、县水利局、县粮食局、县卫生局、县人事劳动和社会保障局、县城管局、县国土资源局、县物资集团公司、县城建局、县邮政局、汇仁集团、南昌公路分局等单位先后召开保持共产党员先进性教育活动动员大会。县领导梅梅、周军、王火生、周建东、徐十斗、胡小明、杨保根、李传强、肖玉文、黄连科、陈秀梅、邓炳根、徐海波、胥萍、万德珍、张军等分别出席乡镇和单位的先进性教育大会。

7月26日

上午全市“我身边的共产党员”先进事迹报告团在南昌县综合楼举行报告会。县委常委、组织部长涂仕华主持报告会并讲话。

【重要会议】

7月6日

全县林业产权制度改革工作动员大会在县综合楼召开。市林业局副局长徐建平，县领导张晓方、王建华、李传强、袁春秀、魏根金、张军等出席。

7月8日

上午市委助理巡视员、县委书记杨伟东，县领导张晓方、梅梅、梅茂发、周军、王火生等县六套班子领导及全县各乡镇、县直各有关单位负责人在县综合楼会议室收听收看全市正党风、政风、行风、促亲商、安商、富商电视电话会。

7月10日

下午全县经济工作调度会在县综合楼召开。会议分析总结了全县上半年经济运行工作，部署了下半年的工作任务。今年上半年全县财政总收入完成3.69亿元，增长36.5%；地税完成2.37亿元，增长39.4%，实际利用外资完成7000多万美元，实际利用内资完成15.6亿元。全县主要经济指标全面完成了时间过半、任务过半的奋斗目标任务。市委助理巡视员、县委书记杨伟东作重要讲话，县长张晓方主持会议，县四套班子领导梅梅、梅茂发、周军、王火生等出席会议。

7月11日

上午南昌县组织在县综合楼会议室收听收看全省领导干部会议。县四套班子领导梅梅、梅茂发、周军、王火生、徐十斗、涂仕华、胡小明、李传强等参加收听收看。

7月12日

上午县十三届人大常委会第十九次会议在县综合楼召开。会议通过了胡炜、邹晓东、费小琛辞去副县长职务的请求，选举徐海波、胥萍为县人民政府副县长。县人大常委会主任罗炳贵、副主任吴和平、袁春秀、黄连科、李木旺、崇林凤、陈秀梅等出席会议，县委常委、常务副县长肖玉文，县法院院长范云远，县检察院检察长张留春等列席会议。

7月13日

下午县委中心组组织中心学习组成员在县委常委会议室召开学习全省领导干部会议精神座谈会。市委助理巡视员、县委书记杨伟东主持座谈会，县领导张晓方、梅梅、梅茂发、周军、罗炳贵等参加学习。

7月18日

中共南昌县委十届六次全体（扩大）会议在县综合楼会议室召开。会议认真学习贯彻全省领导干部会议和市委八届九次全会精神，围绕全民创业、富民强县主题，总结上半年工作，对下半年工作进行了部署。会议动员全县人民把在快速发展中凝聚起来的民心、民气、民力引导到百姓创家业、能人创企业、干部创事业的战略部署上来，以奋发进取，锲而不舍的精神状态加速实现全国百强县、文明城的奋斗目标。会上，市委助理巡视员、县委书记杨伟东作题为《大力推动全民创业、加速实现全国百强县、文明城奋斗目标》的工作报告。会议由县委副书记、县长张晓方主持，县领导梅梅、梅茂发、周军、周建东、徐十斗、涂仕华、胡小明、杨保根、李传强、肖玉文、胡炜等出席会议。

7月19日

全县情况通报会在县综合楼召开。会议由县委副书记周军主持，县长张晓方向各民主党派、无党派人士通报了今年上半年全县经济社会发展情况和下半年主要工作。今年1～6月份，全县地区生产总值预计完成52.8亿元，同比增长20%以上，全县财政总收入完成3.7亿元，同比增长36.5%，全社会固定资产投资完成21.2亿元，接近去年全年总量，农民人均现金收入达2631.79元，同比净增793.39元，增长43.16%。县领导梅梅、胡显勇、万德珍、吴克芳、伍目连、李植及全县各民主党派、无党派人士出席会议。

7月22日

下午县计生领导小组召开全县出生人口性别比整治工作会议。市委助理巡视员、县委书记杨伟东作讲话，县领导胡小明、李传强、魏根金等出席会议。

7月27日

晚上全县加强村卫生机构建设，争创全省农村卫生工作先进县工作会议在县政府综合楼会议室召开。县长张晓方、县委副书记周军、副县长胡显勇到会讲话。

7月28日

上午全县纪检监察工作座谈会在县城建局会议室召开。会议传达贯彻省市有关会议精神，总结全县1～7月份的纪检监察工作，对下半年的工作提出要求。县委副书记、县纪委书记梅茂发出席会议并作讲话。

【领导活动】

7月5日

上午市委常委、农工部部长、宣传部部长蔡社宝，市政府助理巡视员戴和旺在县领导张晓方、王建华、李传强、魏根金及市委农工部等有关方面负责人的陪同下，来南昌县三江镇就文明村镇工程建设情况进行调研。

7月9日

晚上南昌市人民防空办公室在全市三县四区开展应急救援指挥平台综合演练，省人防办主任梁闽春，市长李豆罗，南昌警备区政治部主任刘希文等检阅演练。南昌县参加汇报演示，县委常委、人武部长周建东、副县长熊丽克在县人防应急救援指挥室坐阵指挥，成功地实施了与市应急救援指挥中心语言、图像对接。

7月15日

上午全省农机插秧现场会在南昌县泾口乡小莲村召开。省委副书记彭宏松、副省长危朝安在市县领导蔡社宝、杨伟东、戴和旺、张晓方、李传强、魏根金及省、市农业部门有关负责同志陪同下，出席现场会并观摩了农机插秧现场。

7月18日

下午以国家质检总局党组书记李传卿为组长的调研组一行来南昌县煌上煌集团进行调研。副省长凌成兴，市长李豆罗，副市长凌学仁，市委助理巡视员、县委书记杨伟东，县委常委、常务副县长肖玉文等陪同，在调研中，李传卿指出：产品质量是企业的生命，要严把质量关，对原材料的采购、产品生产流程要严格审查、检验，要严把出厂产品的质量关，确保出厂产品全部合格。

7月21日

上午市政协副主席万宗明率市政协社会和法制委员会成员来南昌县就“优化青少年健康成长环境，加强青少年思想道德建设和法制教育”情况进行调研。县政协副主席张军、李植等陪同。

7月23日

上午市委副书记马承祖来到南昌县南新乡和蒋巷镇就养殖产业带建设情况进行调研。在调研中马承祖指出：要进一步统一思想，把握大局，继续保持农村发展的好势头，抓住重点，下大力气，推动农业和农村经济再上新台阶。市委助理巡视员、县委书记杨伟东，县领导梅茂发、李传强、魏根金等陪同。

7月25日

下午省水利厅党组书记汪普生来到蒋巷镇就泵站改造工作进行调研，市、县领导戴和旺、李传强、魏根金以及市县水利部门负责人等陪同。

【城市建设与管理】

7月22日

下午市委助理巡视员、县委书记杨伟东，县委副书记、纪委书记梅茂发，县委常委胡炜，副县长徐海波、万敏等先后来到南高公路、振兴大道、南莲路、莲西街、湖中路、向阳路、农贸路察看县城外围三干道和“十路整治”情况。杨伟东在察看县城道路改造时强调：要加快施工进度、保证工程质量，把事关百姓的好事办好，实事办实。

【农业与农村工作】

7月1日

上午南昌县蒋巷镇、广福镇、武阳镇、冈上镇、三江镇、幽兰镇、莲塘镇、黄马乡、富山乡、教育体育局等乡镇和单位举行庆祝中国共产党成立84周年暨2004年度“创先争优”表彰大会。县领导王建华、梅茂发、周军、涂仕华、李传强、吴和平、陈秀梅、魏根金、万敏、张军等分别出席各自“挂点”乡镇和分管单位会议。

7月4日

南昌县在南新等乡镇召开农业“两带”建设流动现场会，会议总结了近两年来全县“两带”建设工作，就做好下一步工作进行部署。市委助理巡视员、县委书记杨伟东强调：要进一步优化“两带”建设，把规模做大、品牌做优、市场打响、产业做强，带动更多的农民增收致富。县领导张晓方、王建华、梅梅、梅茂发、周军、王火生、李传强、袁春秀、魏根金、张军等出席现场会。

7月5日

上午全省早稻新品种展示、观摩现场座谈会在洁惠花园宾馆举行。会议邀请了南昌地区千亩以上种粮大户观摩早稻新品种，就明年早稻品种的落实工作征求种粮大户的意见和建议。省农业厅副厅长张忠平出席会议并讲话。

7月7日

县长张晓方在副县长胡炜陪同下，先后来到黄马、冈上等乡镇视察敬老院的建设情况。张晓方在视察中强调：要积极推进敬老院的建设，为老人提供舒适的生活环境。

7月8日－10日

省科技厅组织省内外专家、教授，对“国家粮食丰产科技工程江西双季稻丰产高效技术集成与示范”项目5000亩核心示范区和19亩超高产试验田进行现场测产验收，结果完成了今年方案要求，达到了预期目标。

7月21日

下午中央财经领导小组办公室张冬科局长来南昌县就粮食生产购销情况开展调研。县委常委、农工部部长李传强，副县长熊丽克等陪同。

【政法工作与社会治安综合治理】

7月3日

上午全县建筑市场执法检查动员大会在县城建局举行。会议对今年7～9月开展的全县建筑市场执法检查进行部署。县委常委胡炜出席会议并讲话。

7月12日

市委副书记王样生，市委常委、政法委书记罗为民带领市公安等有关部门的负责同志来到南昌县，就小蓝派出所、五星派出所的建设问题进行现场协调办公。县领导徐十斗、杨保根、魏根金等陪同。

7月18日

南昌县安全生产监督管理局网站正式开通，该网站网址是www.ncxsafety.gov.cn。设置内容有：安全新闻、政府发文、机构设置、安全法规、事故通报、技术标准、监督管理、安全动态、事故举报、局长信箱、网站留言及危险化学品数据库等。

7月20日

上午市委副书记王样生，市中院院长江涛等来南昌县视察正在筹建当中的莲塘人民法庭。王样生在视察中指出，莲塘法庭的新建，一要具有前瞻性和廉洁性；二要合理使用有限的经费，注重节约；三要在按时完成工程施工进度同时，确保工程质量。市委助理巡视员、县委书记杨伟东、县长张晓方、副县长魏根金、县法院院长范云远等陪同。

【科教文卫体和计生工作】

7月7日

上午老年科协在县综合楼会议室举行传达贯彻中办发[2005]9号文件暨纪念县老年科协成立一周年大会。市老年科协会长周鑫群，副会长王修华，秘书长张伟华，县政协主席、县老年科协会长王火生，县人大副主任，副会长黄连科，副县长熊丽克等出席会议。

7月8日

莲塘一中罗俊等九名同学被清华、北大录取，创被清华、北大录取人数的历史记录。

▲下午南昌县开办《昌南骄子》大型专题栏目座谈会在县委宣传部会议室举行。县委常委、宣传部长胡小明出席会议并讲话。

7月13日

市人口计生依法行政工作专项检查组一行，在检查组组长、市财政局副局长万小平，副组长、市人口计生委副主任万保平带领下，来南昌县就全县人口计生依法行政工作进行专项检查。县委常委、农工部长李传强等陪同。

7月15日

上午莲塘二中晋升省重点建设中学庆祝仪式在校举行。县领导周军、胡小明、李木旺、胡显勇、万德珍、吴克芳等出席。

7月29日

上午市老年体协主席孔炯，顾问周鑫群等来南昌县就老年体协工作进行调研。

【人武工作】

7月1日

南昌警备区政治部主任刘希文率领省军区人武部预备役团新任主官来南昌县参观人武部全面建设情况。县领导梅茂发、周建东、张远等陪同。

7月11日

上午南昌警备区人武部规范化建设现场会在县人武部召开。南昌警备司令员李贤水、参谋长谢光忠、政治部主任刘希文及四县五区人武部部长、政委和县委副书记梅茂发、县人武部部长周建东、政委张远等出席会议。

【走访慰问】

7月27日

上午县委常委、县人武部部长周建东，政委张远率领县人武部科室负责人走访慰问莲塘镇、黄马乡的伤残军人和军烈属困难户。

7月28日

上午县委副书记周军在县民政局、县文化广播电视旅游局、县经贸委等单位负责人陪同下走访慰问驻县武警、消防官兵，并向他们致以节日的问候。

▲上午县委常委、公安局长徐十斗在县政府办、城建局、卫生局、民政局等单位负责人陪同下走访慰问雷达18团部队全体官兵，向他们致以节日的祝贺和亲切问候。

7月29日

上午县委副书记梅茂发、县政协副主席姜润根走访慰问驻县部队官兵，向他们致以节日的问候和祝福。

7月30日

上午市委助理巡视员、县委书记杨伟东、县领导周建东、胡炜、徐海波在县委办、教体局、民政局等单位主要负责人的陪同下走访慰问94876部队全体官兵，向他们致以节日的祝贺和亲切问候。

【友好往来】

7月5日

下午由河南省孟州市市委副书记、工业经济领导小组组长韩廷臣率领的考察团来到南昌县参观考察小蓝工业园园区建设和企业入驻情况，就进一步加强两县市之间的合作进行了广泛的交流。县委副书记梅梅、副县长江伟斌等陪同。

7月17日

下午以广西崇左市市委副书记蒙洁为团长的广西崇左市政法考察团来南昌县考察防控体系建设。县领导徐十斗、杨保根等陪同。

7月25日

上午县委常委、农工部部长李传强，副县长万敏带领部分乡镇党委书记到进贤县李渡镇考察文明村镇工程创建工作。

7月26日

新干县县委书记刘贤清、县长刘毓名率领的新干县党政代表团来南昌县参观考察，县领导张晓方、梅梅、梅茂发、周军、王火生、胡炜、吴和平、徐海波、江伟斌及小蓝工业园党委书记樊哲本等陪同。

【其他重要工作】

7月22日

南昌县在县综合楼召开“百万党员献爱心”活动工作布置会，安排部署党员献爱心活动的各项工作。

▲下午南昌县在县综合楼会议室举行市、县公开选拔领导干部动员会，部署市、县两级联合公开选拔副县级和科级领导干部工作。县委副书记梅梅作动员讲话，县委常委、组织部长涂仕华主持会议。

八　月

【先进性教育】

8月9日

下午市委巡回检查组一组组长刘金海来到南昌县广福镇、向塘镇就开展保持共产党员先进性教育活动情况进行检查。

8月26日

上午全县第二批先进性教育活动工作座谈会在县城建局会议室举行。会议主要是认真总结全县第二批先进性教育活动学习动员阶段工作经验，部署分析评议阶段工作。县委常委、组织部长涂仕华出席会议并讲话。

8月29日

下午市委先进性教育活动办公室第一巡回督导组来到南昌县，围绕创业抓教育，抓好教育促创业和南昌县第一批先进性教育活动自查及第二批先进性教育活动开展情况进行检查。县委常委、组织部长涂仕华出席汇报会。

【重要会议】

8月1日

上午南昌县在县综合楼会议室组织收听收看全省防汛抗旱工作电视电话会议。市委助理巡视员、县委书记杨伟东，县委常委、农工部长李传强，副县长魏根金参加收听收看。

8月5日

上午省“推动全民创业、加快富民兴赣”专家宣讲团报告会在县综合楼第二会议室举行，省委宣传部副部长陈东有作宣讲报告。市委助理巡视员、县委书记杨伟东，县领导梅茂发、周军、罗炳贵、王火生、周建东、徐十斗、胡小明、杨保根聆听了宣讲报告。

8月23日

上午全县乡镇机构编制工作会议在县人武部举行。会议传达省、市乡镇机构编制工作会议精神，布置全县乡镇机构编制督查和乡镇机构改革试点工作，县委副书记、县长张晓方作讲话，县领导梅梅、涂仕华、万德珍、姜润根等出席会议。

▲上午南昌县召开市第十二届人大代表小组活动会。会议审议了市人民政府2005年上半年工作报告，市中级人民法院和市人民检察院2005年上半年工作报告，听取了2005年上半年县农业和农村工作汇报。县人大常委会主任罗炳贵，市人大选举任免联络工作委员会副主任胡万能、万丽及本县十二届市人大代表出席会议。

8月26日

上午县十三届人大常委会第二十次会议在县检察院召开。县人大常委会主任罗炳贵主持会议并讲话，副主任吴和平、黄连科、李木旺、陈秀梅等出席会议，县委常委、常务副县长肖玉文，县法院院长范云远，县检察院检察长张留春等列席会议。会议听取和审议了县政府办公室关于县十三届人大三次会议代表建议、意见办理工作情况汇报；听取和审议了县环保局关于全县环境保护执法情况汇报；听取和审议了县国税局和地税局关于税收工作情况汇报。

▲下午全县集中处理信访突出问题及群体性事件暨信访工作会议在县公安局举行。会议主要是传达学习中央、省、市集中处理信访突出问题及群体性事件工作会议精神，总结分析上半年全县信访形势，部署下半年全县信访工作及集中处理信访突出问题和群体性事件工作。县长张晓方出席并讲话，县领导徐十斗、杨保根、吴和平、陈秀梅、魏根金、姜润根、李植等出席会议。

【领导活动】

8月2日

上午市委副书记王样生在市委助理巡视员、县委书记杨伟东，县委常委、政法委书记杨保根等陪同下来南昌县就基层综治工作进行调研。

8月3日

上午副市长凌学仁在副县长熊丽克及市县粮食部门负责同志陪同下，来到南昌县塘南、泾口、幽兰、向塘等乡镇，检查指导夏粮收购工作。

▲上午国家农业部副部长范小建在市、县领导蔡社宝、杨伟东、戴和旺、李传强、魏根金及省市县农业局负责人陪同下，来南昌县蒋巷国旺实业有限公司就测土配方施肥情况进行调研。

8月17日

上午市政协副主席侯捷来到南昌县冈上镇就开展先进性教育活动如何与全民创业有机结合进行专题调研。县委副书记梅梅、县委常委、组织部长涂仕华等陪同。

8月29日

上午省委常委、市委书记余欣荣来到南昌县就农村基层组织建设以及开展先进性教育活动，推动全民和谐创业情况进行调研。市、县领导雷武江、侯捷、杨伟东、张晓方、梅梅、涂仕华等陪同。

【工交财贸工作】

8月4日

上午小蓝工业园区安全生产工作会议在县综合楼召开。会议回顾总结了前阶段园区的安全生产情况，部署了园区安全生产工作。副县长胥萍、小蓝工业园党委书记樊哲本等出席会议。

8月7日

上午市委助理巡视员、县委书记杨伟东在县委常委、农工部部长李传强，副县长邓炳根、徐海波、魏根金、万敏等陪同下，来到南昌国际商贸城现场办公，解决该商贸城在开工建设中遇到的难题。

8月23日

上午县人大视察小蓝工业园建设与发展情况准备工作会议在县政府会议室举行。会议部署了县人大10月下旬视察小蓝工业的各项工作。县委常委、常务副县长肖玉文，县人大常委会副主任黄连科、李木旺等出席。

8月25日

上午总投资达20亿人民币的南昌国际商贸城在向塘举行开工典礼仪式。国家科技部处长程为华、省人大教科文委副主任熊大成，省建设厅厅长胡柏龄，市人大副主任肖永政，副市长凌学仁，市委助理巡视员、县委书记杨伟东和县领导张晓方、梅梅、梅茂发、周军、罗炳贵、王火生等出席开工典礼仪式。

【城市建设与管理】

8月11日

上午县长张晓方在视察县城建设时强调：要抓住时下晴好天气，加快施工进度，保证工程质量，力争早日完成县城各条道路的改造建设。县委副书记梅茂发、县委常委胡炜、副县长徐海波、万敏等陪同。

8月18日

上午市委助理巡视员、县委书记杨伟东来到位于小蓝工业园富山大道旁正在兴建的昌南水厂，察看水厂通水前的各项准备工作，并就南高公路，县城十条道路综合改造工程提出意见。县领导梅茂发、胡炜、徐海波、万敏及小蓝工业园党委书记樊哲本等陪同。

8月24日

上午市委助理巡视员、县委书记杨伟东在县领导梅茂发、胡炜、万敏及县城建局、莲塘镇等有关单位负责人陪同下，来到正荣大湖之都、梦里水乡和安居小区，就楼盘在建设过程中所遇到的困难和问题进行现场办公。

8月26日

平安象湖风情楼盘举行开工典礼。该楼盘占地600亩，总建筑面积71.9万平方米，总规划为4800多户。

【农业与农村工作】

8月2日

上午全县农业“两带”建设调度会在县委农工部会议室召开，会议总结了前阶段工作并部署了下一阶段的“两带”建设和农业农村工作。县委常委、农工部长李传强，副县长魏根金出席会议并讲话。

8月3日

上午市委助理巡视员、县委书记杨伟东及县委常委、农工部长李传强，副县长魏根金在蒋巷镇主要负责人的陪同下就蒋巷农业产业化建设情况进行调研。

8月4日

上午，国家农业部副部长范小建在市政府助理巡视员戴和旺，副县长魏根金及省、市、县农业局负责人陪同下，来到民星集团BB肥厂进行调研。

8月8日

下午由南昌市农业开发办、市农业局、市财政局等部门组成的检查组，来南昌县就2004年国家农业综合开发项目进行检查验收。市委农工部副部长、市农业开发办主任陶海龙，县委常委、农工部部长李传强等出席农业综合开发市级检查验收汇报会。

8月9日

上午市专项治理征地中侵害农民利益督查组来到南昌县，就征用农民集体所有土地补偿金管理使用情况进行检查，副县长邓炳根陪同。

8月16日

上午市委助理巡视员、县委书记杨伟东来到蒋巷镇就社会主义新农村建设工作进行调研。杨伟东在调研中强调：要抓紧时间、统筹规划、突出特色、加快进度、全力打造精品新农村。县领导梅茂发、李传强、徐海波等陪同。

▲县长张晓方就加快本县种植产业带和养殖产业带建设，来到广福、冈上、塔城、幽兰、泾口等乡镇进行视察。县人大常务副主任陈秀梅、副县长魏根金等陪同。

8月19日

下午县长张晓方在副县长熊丽克和县粮食局、农发行等有关负责人陪同下，来到渡头粮管所，幽兰粮管所就今年早稻收购工作进行调研。

8月26日

由团市委、市青联、市青农协主办，塘南镇团委协办的“南昌青年博士服务团农村行”活动在塘南街举行。团市委副书记邱胜主持活动。

【政法工作与社会治安综合治理】

8月3日

下午全县“四五”普法依法治县工作考核验收领导小组会议在县综合楼会议室举行。会议传达上级有关会议精神，确定全县“四五”普法依法治县考核验收工作动员大会召开的时间、地点及参加会议人员等事项，县领导徐十斗、杨保根、吴和平、魏根金、李植等出席。

8月8日

下午南昌县组织全县政法系统干部在县综合楼会议室收听收看全省政法系统“解放思想、规范执法、服务和谐创业”电视电话会。县领导徐十斗、杨保根、吴和平、魏根金和县法院院长范云远等参加收听收看电视电话会。

8月9日

上午南昌县“四五”普法依法治县考核验收工作动员会在洁惠宾馆会议室举行。县长张晓方在会上强调：各乡镇、各部门要高度重视、共同努力，以饱满的工作热情，扎实的工作态度，拼搏的工作精神，优异的工作成绩，迎接省、市“四五”普法考核验收，并在全县掀起普法依法治县新高潮，为构建平安昌南、全面建设小康社会争光添彩。县领导徐十斗、胡小明、杨保根、吴和平、魏根金、李植、市司法局副局长刘宗光出席会议。

8月12日－25日

县“四五”普法依法治县考核验收组对全县各单位、各乡镇和省市驻县单位的“四五”普法工作进行检查考核验收。县领导涂仕华、胡小明、杨保根、魏根金、李植分别参加小组考核验收。

8月25日

下午南昌县召开迎接全市“四五”普法依法治市考核验收工作预备会。县委常委、政法委书记杨保根，副县长魏根金，县政协副主席李植等出席会议。

8月28日

下午县委常委、县政法委书记杨保根，副县长魏根金、县政协副主席李植对本县迎接全市“四五”普法、依法治市考核验收工作的重点单位进行督查。

【精神文明建设】

8月7日

市委助理巡视员、县委书记杨伟东在视察三江、向塘两地的文明村镇建设情况时强调：要坚持规划、加快推进、努力把三江、向塘打造成南昌县小城镇建设的亮点。

8月18日

晚上县政府召集县国土资源局、城建局、农业局和向塘镇、塘南镇、塔城乡的负责人举行文明小康示范村规划讨论会。县领导胡小明、李传强、徐海波、魏根金、万敏等出席。

【科教文卫体和计生工作】

8月1日

晚上由团县委牵头组织的“警民鱼水情”庆“八一”联欢晚会在县消防大队练兵操场举行。来自省消防学校、县消防大队等武警官兵、部分单位工作人员及群众代表共300余人参加晚会，县领导徐十斗、胡小明、胡显勇、魏根金等观摩演出。

8月2日

南昌县在澄碧湖公园举行弘韵之夜纳凉音乐晚会。县委常委、宣传部长胡小明同两千多名群众一道观看演出。

8月10日

上午莲塘三小校长、副校长授聘仪式在新建成的莲塘三小举行。县委常委、宣传部长胡小明，副县长胡显勇等出席授聘仪式。

8月18日

上午南昌县2005年血吸虫病防治项目管理培训班在蒋巷镇举行。副县长胡显勇在培训班上作讲话。

8月19日

市委助理巡视员、县委书记杨伟东、县长张晓方等在视察新型农村合作医疗工作时强调：要加大宣传力度，改善就医环境、切实为农民群众看病、报销医疗费用等提供便利。县领导胡小明、杨保根、胡炜、徐海波、胡显勇等陪同。

8月20日

上午南昌县计划生育委员会举行更名揭牌仪式。原“南昌县计划生育委员会”现更名为“南昌县人口和计划生育委员会”。

8月26日

南昌县在塔城乡召开计生亮点工作会议。县委常委李传强出席会议并讲话。

8月31日

全市纪念《人口与计划生育法》实施三周年座谈会在南昌县召开。市人大教科文卫委主任李承先主持会议，市人口计生委副主任孟军汇报全市三年来学习、贯彻落实国家计划生育“一法三规”和《省条例》工作情况。

▲由南昌县人口计生委、计生协会与县书法协会联合组织的全县计划生育“国策杯”优秀作品展在县政府综合楼展出。市委副书记王样生、市人口计生委副主任孟军、县政协主席王火生、县委常委李传强等观看展出作品。

【友好往来】

8月13日

上午由湖北省公安县县委书记胡功名为团长的党政代表团来南昌县参观考察。县领导张晓方、梅梅、王火生、吴和平、胥萍、姜润根和小蓝工业园党委书记樊哲本等陪同。

▲上午广西灵川县代表团一行来南昌县考察县城经济发展情况和工业园区建设情况。县领导张晓方、梅梅、王火生、胡炜、吴和平、徐海波、姜润根等陪同。

【其他重要工作】

8月16日

上午全市计量工作会议在县质量技术监督局召开。市质监局副局长张新华出席会议并讲话。

8月24日

上午市审批办证中心管委会副主任刘木生带领市工商局、环保局、外经贸委等有关单位负责同志来南昌县现场办公。为企业审批办证开设“绿色通道”。

九 月

【先进性教育】

9月6日

下午县委副书记、县委保持共产党员先进性教育活动领导小组常务副组长梅梅，来到富山乡就保持共产党员先进性教育活动和全民创业开展落实情况进行调研。

9月22日

上午市政协副主席、市委先进性教育活动领导小组副组长侯捷来到塘南镇，就先进性教育活动进行调研。县委副书记梅梅、县委常委、组织部长涂仕华等陪同。

9月27日

以省工商联党组书记舒国华为组长的省委巡回检查组来到南昌县，检查第二批先进性教育活动开展情况。市委助理巡视员、县委书记杨伟东，副书记梅梅在会上作汇报，县领导涂仕华、胡小明、李传强等出席汇报会。

9月30日

上午市委副书记、市先进性教育活动领导小组常务副组长史蓉蓉，市政协副主席，市委先进性教育活动领导小组副组长侯捷在市委组织部负责同志陪同下，来到南昌县调研和检查第二批先进性教育活动开展情况。市委助理巡视员、县委书记杨伟东和县领导张晓方、梅梅、周军、涂仕华、胡显勇等陪同调研并参加汇报座谈会。

【重要会议】

9月8日

下午南昌县组织全县各乡镇主要负责人在电信局收听收看全省冬种冬收冬造电视电话会议。

9月16日

上午全县“三冬”工作会议在县综合楼召开。副县长魏根金作讲话。

▲全县各界人士在县政协会议室欢聚一堂，共庆中秋佳节。县领导周军、王火生、胡显勇与各界代表一道，共话改革开放的大好形势，共叙南昌县的美好情景。

9月20日

上午南昌县老年科学技术工作者协会农口分会成立大会在县计生委会议室召开。县政协主席、县老年科学技术工作者协会会长王火生出席并讲话。

▲上午全县燃气安全专项整治工作会议在县城建局会议室举行。会议传达了市燃气安全专项整治工作会议精神，部署了全县燃气安全专项整治工作。副县长徐海波出席会议并讲话。

9月26日

上午全县负责干部大会在县公安局八楼会议室召开。会议主要是分析当前全县信访、稳定工作形势，部署国庆、市金秋经贸月和其他重大活动期间的全县社会稳定工作。市委助理巡视员、县委书记杨伟东作讲话，县领导梅梅、罗炳贵、王火生、周建东、徐十斗、胡小明、杨保根、胡炜等出席。

9月27日

上午县政协九届二十次常委会在县政协会议室召开。会议围绕创建全国“文明县城”这一主题进行专题协商。县政协主席王火生出席会议并作讲话，县政协副主席吴克芳、张军、姜润根、李植等出席会议，副县长胡显勇列席会议。

▲下午南昌县在县粮食局招待所五楼会议室集中组织收听收看全省安全生产电视电话会议，副省长凌成兴出席会议并作讲话。

9月28日

上午全市国税系统流转税工作会议在县国税局会议室召开，会议传达了全省国税系统税源管理工作会议精神，通报了1－9月份全市流转税工作情况，部署下阶段的流转税工作。

9月29日

上午全县九·九重阳节庆祝大会在洁惠花园宾馆举行。县六大家领导杨伟东、张晓方、梅梅、梅茂发、罗炳贵、王火生等出席。

【领导活动】

9月1日

下午市委副书记王詠率市经贸委、统计局等单位负责人来南昌县就工业经济运行情况进行调研。市委助理巡视员、县委书记杨伟东，县长张晓方及县领导肖玉文、胥萍和小蓝工业园党委书记樊哲本等陪同。

9月7日

上午我县举行全县教育事业成果展暨莲塘一中新校区竣工庆典仪式。省教育厅助理巡视员万普海，市人大常委会副主任肖永政，副市长罗慧芬，市政协副主席万宗明，市委助理巡视员、县委书记杨伟东，县领导张晓方、梅茂发、周军、罗炳贵、王火生等出席庆典仪式，为新校区竣工剪彩。

9月13日

中共中央政治局委员、国务院副总理吴仪在国家卫生部部长高强，省委书记孟建柱，省长黄智权以及省市县领导余欣荣、杨伟东、张晓方等陪同下，先后来到县新型农村合作医疗管理局、县人民医院、向塘镇丁坊村卫生所、冈上镇新型农村合作医疗办公室，冈上镇卫生院等地进行调研。吴仪在调研时强调：要进一步建立和健全新型农村合作医疗制度，逐步解决群众看病难，看病贵等突出问题，真正把为农民谋利的大事办好办实。

9月15日

上午市委副书记、市纪委书记马承祖，在市委助理巡视员、县委书记杨伟东，县长张晓方陪同下，来到冈上镇兴农村就水利工作进行调研。马承祖在调研中指出：水利工程功在当代，利在千秋，要因地制宜，因势利导抓好水利建设，造福一方百姓，为推动全县乃至全市经济发展作出贡献。

▲上午由南昌百货大楼集团公司投资建设的南昌百货大楼莲塘店开业。副市长凌学仁、市政府副秘书长辛利杰、市商贸委主任喻德火、副县长熊丽克以及南昌百货大楼集团公司总经理左井林出席开业庆典并剪彩。

9月16日

下午由省人大常委会副主任万学文率领的省人大常委会《农业法》执行检查组来南昌县检查《农业法》贯彻实施情况。市人大常委会副主任肖永政，县领导张晓方、吴和平、魏根金、万德珍、姜润根等陪同。

9月26日

上午由市委常委、宣传部部长、农工部部长蔡社宝率出席全市社会主义新农村建设现场会的代表来南昌县参观考察向塘镇的南昌银三角国际商贸城，银河路、泱溪余南村的规划建设情况。县委常委、农工部长李传强，副县长魏根金等陪同。

【工交财贸工作】

9月11日–15日

2005年赣台（九江　庐山）经贸合作研讨会在九江庐山召开。县委常委、常务副县长肖玉文，副县长胥萍出席。

9月14日

上午南昌县在洁惠花园宾馆举行台商投资恳谈会。县领导张晓方、梅梅、胥萍、姜润根和台湾工商界30多位知名企业家出席。

9月16日

市委、市政府在上海银河宾馆三楼会议室举行南昌汽车零部件产业投资环境（上海）推介会。市委副书记王詠、副市长罗慧芬、市委助理巡视员杨伟东率市直有关部门负责同志参加。县委副书记梅梅、常务副县长肖玉文、小蓝工业园管委会书记樊哲本等出席此次推介会，并签订投资合同7份，合同金额5000万美元。

9月22日

下午省委常委、市委书记余欣荣在市委接待室会见浙江京新药业股份有限公司董事长占钢一行。市委助理巡视员、县委书记杨伟东，县长张晓方，常务副县长肖玉文，小蓝工业园党委书记樊哲本等会见时在座。该公司已确定在小蓝工业园征地800亩，投资8亿元人民币建设原料药生产基地。

9月23日

上午南昌县在桂花村酒店召开中部地区崛起论坛和民营企业投资恳谈会，邀请了全国37位知名民营企业家参加。县领导梅梅、胥萍、吴克芳等出席会议。

▲晚上南昌县在洁惠花园宾馆举办中国“五会”南昌经贸恳谈招待酒会，县领导张晓方、梅梅、胡炜、胥萍、江伟斌等出席。

【城市建设与管理】

9月4日

市委助理巡视员、县委书记杨伟东在视察县城道路改造时强调：要抢抓时间、保质保量完成道路改造。县委副书记、纪委书记梅茂发，县委常委胡炜，副县长徐海波、万敏等陪同。

9月9日

上午经县人民政府批准，在县土地储备交易中心以挂牌出让的方式公开出让两宗国有土地使用权。编号为NCX2005　12号宗地，位于金沙大道以东，雄溪河以西，原邓埠村发展用地，面积为142.5亩，规划用地为住宅用地，江西华达置业有限公司以每亩20万元的价格获得该宗土地使用权。编号为NCX2002　13号宗地，位于县城区内，王家建材市场以南，原赣管站用地，面积为1.14亩，为住宅用地，江西嘉业集团公司以每亩45万元的价格获得该宗土地使用权。

【农业与农村工作】

9月9日

上午八一乡组建农民用水户协会动员大会在乡政府会议室召开。省赣抚平原管理局副局长邱佳慧出席并作讲话。

9月19日

国家农业部农业机械管理化管理司副司长雷庆多一行来南昌县泾口乡小莲村，就农业农机装备推进项目进行调研。省农业厅助理巡视员胡向东、省农机局局长邓建平、副局长郭晓巩、市农业局副局长胡才水、副县长魏根金等陪同。

9月20日

上午省农业厅党委书记肖茂普率领省粮油局、农机局、种子站、植保站等部门的专家来到南昌县泾口乡小莲村视察晚稻生产情况。副县长魏根金等陪同。

【政法工作与社会治安综合治理】

9月6日

上午全县召开社会治安综合治理工作会议。会议传达贯彻全市社会治安综合治理工作会议精神，就今年后4个月的综治工作进行部署。县委常委、政法委书记杨保根讲话，副县长魏根金，县政协副主席李植出席会议。

9月24日

以省委副秘书长黎明中为组长的省“四五”普法依法治理考核验收工作组在市政协副主席万玉明等陪同下，来到南昌县考核验收“四五”普法依法治县工作。市委助理巡视员、县委书记杨伟东，县领导张晓方、徐十斗、杨保根、吴和平、李植等出席汇报会。

9月27日

县人大在县人武部会议室举办法律知识讲座。县人大主任罗炳贵，副主任吴和平、黄连科、崇林凤等听取讲座。

【党的建设和干部队伍建设】

9月22日

上午县委组织部在塘南镇举行星级党组授牌仪式，对塘南镇23个村级党组织进行了授牌。县委副书记梅梅，县委常委、组织部长涂仕华出席授牌仪式。

【科教文卫体和计生工作】

9月5日

上午南昌县政府综合楼大厅举办纪念抗日战争胜利60周年书画展。县委副书记周军，县委常委、宣传部长胡小明观看书画展。

9月6日

上午市爱委会副主任饶美容带领市爱委会检查验收组来南昌县，就广福、向塘两镇申报省级卫生镇，塔城湾里村申报省级卫生村进行检查验收。副县长胡显勇等陪同。

9月7日

上午莲塘二中综合大楼举行开工奠基仪式。省教育厅助理巡视员万普海，市人大常委会副主任肖永政，副市长罗慧芬，市政协副主席万宗明，市委助理巡视员、县委书记杨伟东，县领导张晓方、梅茂发、周军、罗炳贵、王火生等出席并为综合大楼开工奠基培土。

9月9日

上午南昌县老年体协代表队参加全市在湾里区举办的首届老年人健步行活动。县政协副主席、老年体协主席张军参加。

9月13日

由县委宣传部、文化广播电视旅游局、教体局、老干局等多家单位联合主办的纪念抗日战争胜利60周年大型文艺演出活动在塘南镇令公庙举行。塘南令公庙是700多年前，先辈为纪念唐代抗击外族入侵的名将张巡而建，又是日军大屠杀遗址，被省人民政府命名为“省级文物保护单位”，被市委、市政府命名为“爱国主义教育基地”。1942年农历7月18日，日寇入侵塘南，用机枪和刺刀将庙内120多名村民杀死。当天，日军在令公庙等14处杀害群众860多人，烧毁房屋723栋，在南昌县制造了惨绝人寰的“七·一八”大屠杀。

9月14日

上午市科协组织市、县老年科技工作者来到塘南镇新联街开展送科技下乡活动，为群众开展义诊，并为群众发展养殖业提供家禽饲养，植物种植等科普知识，市科协主席姚晓明，市老年科技者协会会长周鑫群参加活动。

▲全市检察机关首届运动会拔河比赛在县检察院操场举行。

9月15日

下午广东省老科联“科教兴国科教支农”专家服务团来南昌县作报告，并向县教体局赠送了多媒体培训教材等。市老科协会长周鑫群，副会长王修华，县领导周军、王火生、胡显勇等出席。

9月17日-18日

由共青团南昌县委主办、江西林生堂医药有限公司协办的“林生堂”杯全县青少年歌手大赛在莲三中纳新楼举行。

9月22日

县委副书记周军，县委常委、宣传部长胡小明，副县长胡显勇先后来到蒋巷镇、南新乡对农村教育工作进行调研。

9月26日

上午由市政府教育督导室主任金安根为组长的“两基”复查工作督导组来南昌县就基本普及九年义务教育和基本扫除文盲“两基”工作进行督导。副县长胡显勇陪同。

9月28日

上午副县长胡显勇在县卫生局相关负责人的陪同下来到塘南镇、幽兰镇视察示范卫生院建设情况。

【劳动人事与社会保障】

9月9日

晚上，县人民政府和市劳动、社会保障局联合在澄碧湖公园南苑广场举办2005南昌市夏夜纳凉招聘系列澄碧湖专场招聘会，近万名求职者参加应聘。副县长胥萍、县政协副主席万德珍出席招聘会。

【人防工作】

9月15日

下午市人防办党组书记、主任胡序环，副主任杨水保、熊焕标，纪检组长廖晓峰一行来到南昌县指导“洪城——2005”部分实兵演习预演。市委助理巡视员、县委书记杨伟东，县长张晓方，县委常委、人武部长周建东，政委张远，副县长熊丽克等参加指挥部分实兵演习预演。

9月16日-17日

县委常委、县人武部部长周建东，副县长熊丽克，在县人防地面应急指挥室参加南昌县网上演练。

9月18日

上午南昌县举行9·18防空警报试鸣暨临战人口疏散隐蔽演习。上午10点到10点19分防空警报声划破长空，临战人口疏散在指挥员和引导员的带领下，紧张地进行疏散隐蔽演练。市委助理巡视员、县委书记杨伟东，县长张晓方，县委常委、人武部长周建东，副县长熊丽克、县人武部政委张远等指挥演练。

【友好往来】

9月8日

下午澳大利亚南澳洲政府教育部国际教育处高级经理，南澳华人专业人士协会副理事长王振民来南昌县考察，就国际教育等寻求合作。

9月14日

下午市委助理巡视员、县委书记杨伟东，县长张晓方、副县长胥萍在县委接待室会见来南昌县参观考察的台湾化学纤维股份有限公司总经理王文渊，台湾化学纤维股份有限公司是台湾一家大型企业，主要生产经营电子、化纤、塑料等产品，公司年营业销售额达3000亿人民币。

9月21日

上午以河北省环保局副局长孙彦敏为团长的河北省党校秋季地厅级干部进修班赴赣考察团一行来南昌县参观考察。省委办公厅机关党委专职副书记刘立松，县委副书记梅梅、周军及小蓝工业园党委书记樊哲本等陪同。

9月24日

上午由湖南长沙县委书记杨光荣为团长的长沙县党政代表团来南昌县参观考察，市委助理巡视员、县委书记杨伟东，县领导梅梅、涂仕华、樊哲本等陪同。

▲下午安义县县委书记邱向军为团长的党政代表团在市委助理巡视员、县委书记杨伟东，县领导周军、罗炳贵、王火生、周建东、胡小明、胡炜等陪同下参观澄碧湖公园和小蓝工业园。

9月26日

上午由青岛市副市长张元福率领的青岛农业考察团来南昌县参观考察煌上煌集团责任有限公司、汇仁集团。市政府副秘书长王肇赣，市农业局局长胡细泉，县委常委、农工部长李传强，副县长江伟斌等陪同。

【其他重要工作】

9月10日

下午市创评“文明信用农户”工作督查组来南昌县对开展创评文明信用农户工作进行督促检查。

9月13日

上午由市关工委常委副主任田新芳率市关工委一行来南昌县调研。县委副书记梅梅、县关工委主任胡瑞谦陪同。

9月27日

上午省民主评议行风领导小组来南昌县就省直43个单位的政务环境开展民意调查。县领导周建东、杨保根、李传强、肖玉文、魏根金、胥萍、姜润根等参加问卷测评。

【先进表彰】

9月27日

中共南昌县委史志地名办公室被评为“2005年度全省党史宣传教育工作”先进单位。

【干部任免】

经县委常委会研究决定：

徐南生同志任中共南昌县发展和改革委员会党组书记，免去其中共南昌县发展计划委员会党组书记职务；

李小华同志任中共南昌发展和改革委员会纪律检查组组长，免去其中共南昌县发展计划委员会纪律检查组组长职务；

陈小妹同志任中共南昌县人口计划生育委员会党组书记，免去其中共南昌县计划生育委员会党组书记职务；

范建平同志任中共南昌县人口和计划生育委员会纪律检查组组长，免去其中共南昌县计划生育委员会纪律检查组组长职务；

万水保同志任南昌县水利局正科级调研员，免去其中共南昌县水利局委员会书记职务；

应寿刚同志任南昌县蒋巷镇人民政府副科级调研员，免去其中共南昌县蒋巷镇委员会委员职务；

余复查同志任南昌县莲塘镇人民政府副科级调研员，免去其南昌县市场物业管理中心副主任职务；

周世旺同志任南昌县公安局副科级调研员，免去其南昌县公安局警务督察大队副大队长（副科级）职务；

余德惠同志任南昌县统计局正科级调研员，免去其中共南昌县统计局党组书记职务；

刘海珍同志任南昌县发展和改革委员会副科级调研员；

金新根同志任南昌县民政局正科级调研员，免去其中共南昌县民政局党组书记职务；

童新村同志任南昌县公安局交通警察大队（公路巡逻大队）副科级调研员；

余志凡同志任南昌县文学艺术界联合会正科级调研员；

陈爱凤同志任南昌县塘南镇人民政府副科级调研员，免去其中共南昌县塘南镇委员会委员职务；

杨久珍同志任南昌县档案局正科级调研员，免去其南昌县档案局局长职务；

熊淑贞同志任南昌县卫生局正科级调研员，免去其中共南昌县卫生局委员会书记职务；

郑萍同志任南昌县人大常委会教育科学文化卫生办公室副科级调研员；

胡毓华同志任中共南昌县委老干部局正科级调研员，免去其中共南昌县委老干部局局长职务；

徐旦霞同志任南昌县人口计划生育委员会副科级调研员；

李惠琳同志任南昌县文化广播电视旅游局正科级调研员，免去其中共南昌县文化广播电视旅游局党组书记职务；

赵凤香同志任南昌县物价局副科级调研员，免去其中共南昌县八一乡委员会委员职务；

免去邬水凤同志的中共南昌县莲塘水产养殖场委员会书记职务；

免去徐水金的中共南昌县莲塘水产养殖场纪律检查委员会书记、中共南昌县莲塘水产养殖场委员会委员职务；

免去曾辉同志的中共南昌县八一乡委员会副书记职务；

胡炜同志任中共南昌县委统一战线工作部部长；

免去万德珍同志的中共南昌县委统一战线工作部部长职务；

免去万海盛同志的南昌县商业局副科级调研员职务，副科级退休；

免去杨跃春同志的南昌县泾口乡人民政府副科级调研员职务，副科级退休；

方仁估同志副科级退休；

免去魏耀华同志的中共南昌县委统一战线工作部副科级调研员职务，副科级退休；

免去戴金华同志的南昌县司法局副科级调研员职务，副科级退休；

免去陈荣保同志的南昌县广福镇人民政府副科级调研员职务，副科级退休；

免去殷老头同志的中共南昌县委老干部局副科级调研员职务，副科级退休；

免去胡和香同志的南昌县塘南镇人民政府副科级调研员职务，副科级退休；

免去吴先良同志的南昌县八一乡人民政府正科级调研员职务，正科级退休；

免去刘文豪同志的南昌县人民法院正科级调研员职务，正科级退休；

聂龙华同志副科级退休；

免去胡木根同志的南昌县公安局副科级调研员、南昌县公安局副科级侦察员职务，副科级退休 ；

免去刘件根同志的南昌县蒋巷镇人民政府正科级调研员职务，正科级退休；

免去李吉林同志的南昌县粮食局副科级调研员职务，副科级退休；

停止高文辉同志的南昌县蒋巷镇党委书记职务；

胡卿印同志任维稳信息督查员（副科级）；

应惟敏同志任维稳信息督查员（副科级）；

徐剑英同志任维稳信息督查员（副科级）；

熊友庚同志任维稳信息督查员（副科级）；

张华同志任维稳信督息查员（副科级）；

李志华同志任维稳信息督查员（副科级）；

黄国宝同志任维稳信息督查员（副科级）；
罗爱华同志任维稳信息督查员（副科级）；
李国华同志任维稳信息督查员（副科级）；
孙裕红同志任维稳信息督查员（副科级）；
李昌红同志任维稳信息督查员（副科级）；
胡永俊同志任维稳信息督查员（副科级）；
刘林同志任维稳信息督查员（副科级）；
罗光华同志任维稳信息督查员（副科级）；
万晓辉同志任维稳信息督查员（副科级）；
罗建宏同志任维稳信息督查员（副科级）；
陈文同志任维稳信息督查员（副科级）；
喻仁峰同志任维稳信息督查员（副科级）；
黄波同志任维稳信息督查员（副科级）；
罗致同志任维稳信息督查员（副科级）；
余云安同志任维稳信息督查员（副科级）；
魏俊林同志任维稳信息督查员（副科级）；
黄仁华同志任维稳信息督查员（副科级）；
万小妹同志调南昌县人口和计划生育委员会工作，保留其原副科级待遇；
项方流同志调南昌县民政局工作，保留其原副科级待遇；
卢水林调南昌县农业局工作，保留其原副科级待遇；
张良权同志调南昌县水利局工作，保留其原副科级待遇；
免去周水妹同志的中共南昌县委宣传部正科级调研员职务；
免去戴金凤同志的中共南昌县委办公室副科级调研员职务；
免去熊思贵同志的中共南昌县委统一战线工作部正科级调研员职务；
免去毛金莲同志的中共南昌县委统一战线工作部副科级调研员职务；
免去陈慧兰同志的中共南昌县委老干部局正科级调研员职务；
免去熊寿保同志的南昌县人民政府办公室副科级调研员职务；
免去胡火顺同志的南昌县发展计划委员会副科级调研员职务；
免去李梅秀同志的南昌县经济贸易委员会正科级调研员职务；
免去辜牧华同志的南昌县经济贸易委员会正科级调研员职务；
免去陈世墩同志的南昌县经济贸易委员会副科级调研员职务；
免去周和财同志的南昌县经济贸易委员会副科级调研员职务；
免去杨乐华同志的南昌县经济贸易委员会副科级调研员职务；
免去陈春富同志的南昌县公安局副科级调研员职务；

免去涂爱清同志的南昌县公安局副科级调研员职务；
免去章圣旺同志的南昌县公安局副科级调研员职务；
免去蔡为金同志的南昌县公安局副科级调研员职务；
免去于成江同志的南昌县公安局副科级调研员职务；
免去万金山同志的南昌县公安局副科级调研员职务；
免去万顺水同志的南昌县公安局副科级侦察员职务；
免去万仁杰同志的南昌县财政局正科级调研员职务；
免去王发根同志的南昌县统计局副科级调研员职务；
免去张来美同志的南昌县人事劳动和社会保障局副科级调研员职务；
免去陈一龙同志的南昌县人事劳动和社会保障局副科级调研员职务；
免去万凤保同志的南昌县教育体育局正科级调研员职务；
免去黄三矮同志的南昌县交通局副科级调研员职务；
免去李千根同志的南昌县农业局副科级调研员职务；
免去龚新生同志的南昌县文化广播电视旅游局副科级调研员职务；
免去万晓凤同志的南昌县卫生局副科级调研员职务；
免去章木根同志的南昌县卫生局副科级调研员职务；
免去刘金凤同志的南昌县信访局正科级调研员职务；
免去张国华同志的南昌县档案局副科级调研员职务；
免去秦水生同志的南昌县农业机械管理局正科级调研员职务；
免去王文明同志的南昌县农业机械管理局副科级调研员职务；
免去饶建生同志的南昌县林业局副科级调研员职务；
免去何德新同志的南昌县畜牧水产局正科级调研员职务；
免去胡勇同志的南昌县畜牧水产局副科级调研员职务；
免去张福生同志的南昌县畜牧水产局副科级调研员职务；
免去章忠保同志的南昌县畜牧水产局副科级调研员职务；
免去范大金同志的南昌县商业局正科级调研员职务；
免去喻小罗同志的南昌县商业局副科级调研员职务；
免去罗来明同志的南昌县科学技术协会副科级调研员职务；
免去魏银根同志的南昌县残疾人联合会正科级调研员职务；
免去陈广念同志的南昌县人大常委会法制办公室正科级调研员职务；
免去李金爱同志的南昌县人大常委会教育科学文化卫生办公室正科级调研员职务；
免去王修爱同志的南昌县监察局正科级调研员职务；
免去刘东宝同志的中共南昌县纪律检查委员会正科级调研员职务；
免去熊后祥同志的中共南昌县纪律检查委员会副科级纪检员、副科级调研员职务；

免去胡福保同志的中共南昌县纪律检查委员会副科级纪检员、副科级调研员职务；

免去饶晓桦同志的南昌县文学艺术界联合会副科级调研员职务；

免去赵忠文同志的南昌县供销合作社联合社副科级调研员职务；

免去闵东智同志的南昌县供销合作社联合社副科级调研员职务；

免去宗蝉根同志的南昌县莲塘镇人民政府正科级调研员职务；

免去廖小英同志的南昌县莲塘镇人民政府副科级调研员职务；

免去邓红梅同志的南昌县莲塘镇人民政府副科级调研员职务；

免去张志根同志的南昌县莲塘镇人民政府副科级调研员职务；

免去邓林海同志的南昌县向塘镇人民政府副科级调研员职务；

免去黄旺水同志的南昌县向塘镇人民政府副科级调研员职务；

免去陈明辉同志的南昌县塘南镇人民政府正科级调研员职务；

免去陶鹏云同志的南昌县塘南镇人民政府正科级调研员职务；

免去殷国安同志的南昌县武阳镇人民政府正科级调研员职务；

免去钟美健同志的南昌县武阳镇人民政府副科级调研员职务；

免去万昌根同志的南昌县武阳镇人民政府副科级调研员职务；

免去徐根保同志的南昌县广福镇人民政府正科级调研员职务；

免去邓秀兆同志的南昌县泾口乡人民政府副科级调研员职务；

免去樊金元同志的南昌县泾口乡人民政府副科级调研员职务；

免去万多根同志的南昌县南新乡人民政府正科级调研员职务；

免去万新根同志的南昌县八一乡人民政府副科级调研员职务；

免去万时珠同志的南昌县八一乡人民政府副科级调研员职务；

免去熊来娣同志的南昌县八一乡人民政府副科级调研员职务；

免去朱先勇同志的南昌县黄马乡人民政府副科级调研员职务；

免去樊水龙同志的南昌县塔城乡人民政府正科级调研员职务；

免去高永峰同志的南昌县塔城乡人民政府副科级调研员职务；

免去邓梅花同志的南昌县塔城乡人民政府副科级调研员职务；

免去罗志同志的南昌县富山乡人民政府副科级调研员职务；

免去张久明同志的南昌县富山乡人民政府副科级调研员职务；

免去邓定涛同志的南昌县东新乡人民政府副科级调研员职务；

免去万寿星同志的南昌县东新乡人民政府副科级调研员职务；

免去龚乐庆同志的南昌县东新乡人民政府正科级调研员职务；

市委决定：

刘任俄同志副县级退休；

胡炜同志任中共南昌县委常委；

免去王建华同志的中共南昌县委副书记、常委、委员职务；

胡斌、徐迎春二同志副县级退休；

接中共南昌市委洪组干[2005]45号通知，根据市委关于《涉嫌违纪干部停职的暂行规定》的规定，经研究同意：

停止高文辉同志的南昌县蒋巷镇党委书记职务。

十　月

【创建文明县城】

10月12日

上午南昌县创建全省文明县城暨文明村镇工作动员大会在莲塘三中纳新楼举行。会议全面部署创建工作，动员全县上下积极行动起来，投身创建文明县城村镇的热潮中。市委助理巡视员、县委书记杨伟东作重要讲话，县领导张晓方、梅梅、梅茂发、周军、罗炳贵、王火生等出席会议。

10月14日

上午县创建文明县城指挥部办公室第二次工作会议在莲塘镇会议室召开，会议进一步明确县创建办各成员的工作职责，安排部署下一阶段的工作任务。县领导周军、胡小明、徐海波、胡显勇等出席。

▲晚上全县创建全省文明县城工作调度会在县城莲塘召开。会议强调，各级干部和群众要立即行动起来，以争创一流的工作态度，打赢这场硬仗，实现争创全省文明城的目标。县领导张晓方、周军、胡小明、杨保根、胡炜、徐海波、胡显勇等出席会议。

10月18日

县创建全省文明城指挥部召开工作推进会，县领导周军、胡显勇出席。

10月20日

上午县创建指挥部在莲塘镇会议室召开工作调度会。县领导张晓方、周军、胡小明、杨保根、胡炜、徐海波、胡显勇等出席。

10月25日

县创建全省文明县城指挥部在莲塘镇召开会议，县委常委、宣传部部长胡小明出席会议。

10月31日

上午创建指挥部扩大会议在莲塘镇会议室召开。市委助理巡视员、县委书记杨伟东作重要讲话，县委副书记、县创建指挥部副总指挥周军主持，县领导张晓方、胡小明、胡炜、徐海波、胡显勇、万德珍、姜润根等出席。会议听取了创建办和督查组前阶段工作及下一步工作汇报，对近期需立即开展的重要工作进行明确。会上，54个责任单位主要负责人与县长张晓方签订了创建工作责任状。

【先进性教育】

10月10日

上午全县第二批先进性教育活动整改提高阶段工作会在县人武部会议室举行。会议主要是对第二批先进性教育活动分析评议阶段的工作总结，部署整改提高阶段的工作。县委副书记梅梅作讲话，市委第一巡回检查组组长刘金海，县委常委、组织部长涂仕华出席会议。

10月11日

下午市政协副主席，市委先进性教育活动领导小组副组长侯捷，市委先进性教育活动办公室副主任罗小平，市委先进性教育活动试点工作组组长龚小荣来到南昌县莲塘镇斗门村，就南昌县第三批先进性教育活动试点村工作进行调研。县委副书记梅梅、县委常委组织部长涂仕华，县人大常委会副主任李木旺等陪同。

10月13日

市委先进性教育活动第一巡回检查组组长刘金海等来到南新乡、蒋巷镇就先进性教育活动开展情况进行调研。

10月18日

下午市委先进性教育活动试点工作组组长龚小荣来到蒋巷柏岗山村调研第三批先进性教育活动试点工作开展情况。

【重要会议】

10月7日

下午县委常委扩大会议在县综合楼常委会议室召开。市委助理巡视员、县委书记杨伟东主持会议并作重要讲话。会议回顾总结了今年前九个月全县经济工作，部署了下一步工作任务，动员全县人民积极投身到和谐创业中去，为实现全国“百强县”、“文明城”的目标作出积极努力。县领导张晓方、梅梅、梅茂发、周军、罗炳贵、王火生、周建东、徐十斗、涂仕华、杨保根、李传强、肖玉文、胡炜、吴和平、李木旺、黄连科、邓炳根、徐海波等出席会议。

10月12日

下午全县开放型经济工作调度会在县人武部会议室召开。会上传达了市委常委扩大会议精神，分析了全县今年前三季度的经济形势，确定了下一步工作重点。市委助理巡视员、县委书记杨伟东作重要讲话，县长张晓方主持会议，县领导梅梅、梅茂发、周军、罗炳贵、王火生等出席会议。

10月14日

下午全市开放型经济工作调度会在南昌县召开。会议明确了下一步招商引资任务，市委副书记、常务副市长龚建华，市委助理巡视员、县委书记杨伟东，市政府副秘书长李国根，县领导张晓方、肖玉文以及各县区的有关负责人出席会议。

10月17日-19日

上午全国部分县（市）区第十五次人大工作研讨会在南昌县洁惠花园宾馆举行。会议围绕“人大代表建议办理工作存在的问题和对策”、“县级人大及其常委会行使重大事项决定权的实践与思考”这两个议题进行研讨。市、县领导熊全柏、杨伟东、张晓方、罗炳贵、吴和平、黄连科、李木旺、崇林凤、陈秀梅等出席。

【领导活动】

10月20日

上午"煌上煌"中国南昌第二届鸭文化食品节在澄碧湖公园举行。市、县领导王样生、王水苟、杨伟东、戴和旺、张晓方、梅梅、梅茂发、罗炳贵、王火生等出席开幕式。

10月21日

下午国家安全生产监督管理局专员郭新庆一行来到南昌县，就非公有制企业安全生产监督工作进行调研。副县长胥萍及省、市、县安全管理的有关负责人陪同调研。

10月26日

上午县委常委、市政法委书记、市公安局党委书记罗为民来到南昌县，就小康示范村、城镇建设、公安政法工作等进行考察调研。县委副书记、纪委书记梅茂发，县委常委公安局局长徐十斗，县委常委、农工部部长李传强等陪同。

10月27日

下午市人大常委会主任熊焕高，副主任肖永政、余根水、熊全柏、万先勇等来到南昌县，就经济社会发展等方面的情况进行调研。市委助理巡视员、县委书记杨伟东，县领导张晓方、梅梅、梅茂发、周军、罗炳贵、王火生等陪同。

10月31日

上午副市长凌学仁来到南昌县就当前粮食工作开展调研。市委助理巡视员、县委书记杨伟东，县长张晓方，副县长魏根金和市、县粮食局负责同志等陪同。

【工交财贸工作】

10月15日

上午富山乡人民政府在八二八宾馆与外商比利美英伟集团（香港）有限公司签订一项引资320万美元的营养饲料、动物保健品生产项目。县委常委、常务副县长肖玉文出席签字仪式。

【城市建设与管理】

10月11日

下午县长张晓方在察看县城道路改造进展时强调，要抓住眼下晴好天气加快道路施工进度，确保工程质量，早日完成县城道路改造。县领导梅茂发、胡炜、徐海波、万敏等陪同。

【农业与农村工作】

10月10日

下午省农业综合开发办主任章康华在市政府助理巡视员戴和旺，市农业综合开发办主任陶海龙，县领导张晓方、李传强、魏根金等陪同下来南昌县泾口乡大浦村实地考察农业综合开发工作。

▲省农业厅副厅长张忠平率农业厅专家来到泾口乡小莲村，帮助种粮大户陶雪莲就进一步发展

粮食生产进行指导。

10月16日

全县冬种工作推进会在塘南镇召开。副县长魏根金出席会议并讲话。

10月17日

省科技厅组织省内外有关农业方面的专家来到南昌县广福镇广福村对2005年国家粮食丰产科技工程江西双季稻丰产高效技术集成与示范项目的晚稻，进行现场测产验收。验收结果表明：19亩超高产试验田晚稻平均亩产为687.5公斤，5000亩核心示范区晚稻亩产554.5公斤，达到预期效果。

10月19日

上午出席全国杂交水稻推广研究会的40多名中外水稻专家来到广福镇广福村察看国家科技部实施的国家粮食丰产科技工程高产试验田晚稻生长情况。县委副书记周军等陪同。

10月21日

2005首届南昌三江蔬菜节在三江农贸市场举行。市农业局副局长涂鹤龄，县委常委、农工部长李传强等出席开幕式。

【科教文卫体和计生工作】

10月10日

晚上由团县委主办、林生堂协办的全县“十佳”青少年歌手颁奖晚会在澄碧湖公园举行。县委副书记周军、县政协主席王火生、副主席张军等出席颁奖晚会。

10月12日

上午团省委副书记梅亦来到莲塘三中、莲塘一小就加强中小学校法制教育、预防和减少未成年人犯罪工作进行调研。团市委副书记邱胜、副县长胡显勇等陪同。

10月16日

上午全县教体系统身边的共产党员先进事迹报告会在莲三中纳新楼举行。县委常委、宣传部长胡小明出席并讲话。

10月18日

上午市人口计生系统先进事迹巡回报告团来到南昌县作巡回报告。市人口计生委纪检组长姚玉珍，县委常委、农工部部长李传强等出席报告会。

▲上午全县校园建设暨中小学2004至2005学年度总结表彰大会在幽兰镇召开。副县长胡显勇出席并讲话。

【劳动人事与社会保障】

10月20日

上午市劳动和社会保障局局长陶年根一行来到南昌县就农村劳动力就业情况进行调研。县领导胥萍、万德珍等陪同。

【人武工作】

10月17日

上午县预备役五·七高炮营召开“五全”考核动员部署会。县领导张晓方、周建东、杨保根等出席。

10月20日

全县2005年度冬季征兵工作会议在县人武部召开。会议总结了去年冬季征兵工作，对今年的征兵工作进行了部署安排。县领导梅茂发、周建东、徐海波等出席会议。

【友好往来】

10月9日

下午由宜春市委书记宋晨光率领的宜春市党政代表团来到小蓝工业园参观考察。省、市、县领导余欣荣、马承祖、雷武江、杨伟东、梅梅等陪同。

10月21日

辽宁省新民市人大一行在常委会主任郭德友带领下，来到南昌县考察人大制度建设情况，县人大常委会副主任黄连科陪同。

10月22日－26日

市委助理巡视员、县委书记杨伟东，县长张晓方率领县党政代表团赴湖南长沙县、四川双流县、江苏江宁区等地参观考察。

【其他重要工作】

10月2日

上午由市物价局局长吴晨为组长的农药市场价格检查组来到南昌县莲塘、向塘两镇，检查农药市场价格执行情况。

10月9日

下午省外事侨务办公室主任陈水凤、巡视员王永祥、侨务处处长戴和志，市外事侨务办主任张知明等来到南昌县，就侨务工作开展调研。市委助理巡视员、县委书记杨伟东，县领导张晓方、周军、胡炜等陪同。

10月10日

市民政局局长梁礼伦、市老龄委主任熊福保等在副县长徐海波和县民政局负责同志陪同下，来到莲塘镇走访慰问103岁的胡玉姝老人。

10月21日

县第三届村（居）委会换届选举工作会在县人武部会议室召开。县长张晓方，县委副书记梅梅、梅茂发，县人大副主任吴和平，县政协副主席李信谆等出席会议。

十一月

【创建文明县城】

11月1日

上午在澄碧湖文化广场举行“我为创全省文明县城添光彩”志愿者服务活动开幕仪式。县委副书记周军，县委常委、宣传部长胡小明出席。

11月3日

上午县创建全省文明县城指挥部召开工作协调会，安排部署下一阶段的工作任务。县委常委、宣传部长胡小明出席会议并讲话。

11月4日

下午县委副书记周军在莲塘镇出席创建全省文明县城动员暨第六届村居委员会换届选举工作会。

11月6日

上午市委助理巡视员、县委书记杨伟东，县长张晓方，县委副书记梅梅、梅茂发、周军，县人大主任罗炳贵，县政协主席王火生，县人大副主任吴和平、袁春秀、崇林凤，副县长徐海波、万敏，县政协副主席张军、李信谆和县委各部门、县直各单位一道在莲塘镇打扫卫生、清除垃圾，为创建全省文明县城工作做出示范。

▲上午市委助理巡视员、县委书记杨伟东在督查文明县城创建工作时强调：要进一步明确目标，强化措施，尽最大努力完成县城道路、市场、住宅小区的整治，确保顺利通过全省文明县城检查组的检查验收。县领导张晓方、梅梅、周军、胡小明、胡炜、徐海波等陪同。

11月7日

晚上县领导张晓方、周军、胡小明、杨保根、胡炜、徐海波、胡显勇等在县电信局会议室就创建全省文明县城接听市民热线电话，征求市民的意见和建议，倾听群众呼声。

11月8日

晚上县创建全省文明县城指挥部在莲塘镇召开紧急会议，安排部署近阶段的创建工作。县长张晓方作重要讲话，县领导梅茂发、周军、罗炳贵、周建东、涂仕华、胡小明、杨保根、李传强、胡炜、徐海波、胡显勇、万德珍、吴克芳、姜润根等出席。

11月10日

晚上县创建全省文明县城指挥部在县政府会议室召开调度会，为迎接检查进行研究部署。县长张晓方主持会议并讲话，县领导周军、胡小明、杨保根、徐海波、胡显勇等出席。

11月15日

以陈裕先为组长的省文明县城测评检查组来南昌县测评检查全省文明县城创建工作。市委助理巡视员、县委书记杨伟东，县领导张晓方、梅梅、梅茂发、周军、罗炳贵、王火生等出席汇报会。

11月17日

晚上县创建全省文明县城工作会在县政府会议室召开。县领导张晓方、周军、胡小明、杨保根、胡炜、徐海波、胡显勇等出席。

11月26日

上午省文明委主任杨六华等一行来到南昌县，就创建全省文明县城工作进行调研。县领导周军、胡小明等陪同。

【先进性教育】

11月1日

市委第一巡回检查组组长刘金海来到黄马乡、三江镇指导和检查先进性教育活动。

【重要会议】

11月7日

上午全县党报党刊发行工作会议在洁惠花园宾馆召开。会议表彰了一批党报党刊发行工作先进单位和先进个人，部署了2006年度党报党刊发行工作。县领导周军、胡小明出席会议并讲话。

11月8日

上午2005年投资环境作风行风评议评价工作动员大会在县人武部举行。县长张晓方，县委副书记、纪委书记梅茂发等出席。

11月9日

上午全县纪检监察工作座谈会在县粮食局召开。会议总结了前一阶段的纪检监察工作，安排部署了下一阶段的工作任务。县委副书记、纪委书记梅茂发出席会议并作讲话。

▲上午县十三届人大常委会第二十一次会议在县公安局召开。会议审议通过了有关人事任免事项，听取和审议了县发展和改革委员会、县财政局、县审计局等有关工作情况汇报，会议还对县政府办、县城建局、县环保局、县法院等有关部门的负责人进行述职评议。县人大常委会主任罗炳贵，副主任袁春秀、黄连科、李木旺、崇林凤、陈秀梅等出席会议，会议由县人大常委会副主任吴和平主持，县长张晓方、县委常委、常务副县长肖玉文，县法院院长范云远，县检察院检察长张留春等列席会议。

11月11日

上午全市政协教卫文体委、文史委负责人第二次联席会在南昌县召开。省政协教文卫体委主任李以镔，省政协文史委专职副主任刘维富，市政协副主席万宗明、侯捷，县政协主席王火生、副主席张军等出席会议。

11月13日

下午全县召开“十五”经济社会发展规划建言献策座谈会。会议总结了全县“十五”规划工作经验，共谋全县未来五年经济社会发展大计。市委助理巡视员、县委书记杨伟东主持会议并讲话。县领导张晓方、梅梅、梅茂发、周军、罗炳贵、王火生等出席。

11月15日–16日

全市基层政权和社区建设、区划工作现场会在南昌县举行。会上，各县区汇报了第六届村委会、居委会换届选举工作进展，2005年政权、社区、区划目标管理完成和农村村落社区建设等情况。市民政局副局长曾建华，局长助理刘念，副县长徐海波等出席会议。

11月18日

上午南昌县在县综合楼会议室集中收听收看2005年省直单位政务环境评议评价总结表彰电视电话会。县长张晓方，县委副书记、纪委书记梅茂发，副县长胡显勇、胥萍、刘丽，县检察院检察长张留春参加收听收看电视电话会。

11月24日

上午全县人才资源普查动员大会在县综合楼召开，会议部署全面开展人才资源普查各项工作。县领导涂仕华、万德珍等出席。

【领导活动】

11月4日

上午市政协副主席曹连甲率领市政协港澳台侨委员会部分委员来到小蓝工业园调研侨资发展情况。县政协主席王火生、副主席张军等陪同。

▲市委常委、南昌警备区政委张国华，在县人武部政委张远的陪同下，来到县武装部新兵训练基地，视察征兵体检工作。

11月6日

下午省政协主席钟起煌、省人大常委会副主任万学文来到南昌县江西服装学院进行调研。在调研中，钟起煌充分肯定了江西服装学院倡导的面向市场办学校，面向市场育人才的办学理念。市政协主席陈守朴，市委助理巡视员、县委书记杨伟东，县委副书记梅梅，县政协主席王火生等陪同。

11月9日

下午省委常委、市委书记余欣荣，市委常委、秘书长、统战部部长雷武江，市委常委、宣传部长、农工部部长蔡社宝，市委助理巡视员、县委书记杨伟东，市政府助理巡视员戴和旺等在市农业局、市卫生局主要负责人以及县领导张晓方、李传强、魏根金等陪同下，先后来到莲塘镇岗前村养鸭基地、蛋鸭加工厂，详细了解禽流感的防控情况。余欣荣在督查禽流感防控工作时强调：要提高思想认识，切实抓好禽流感防控工作各项措施的落实，确保全市不发生禽流感疫情。

11月10日

上午副省长危朝安在市县领导杨伟东、戴和旺、张晓方、魏根金等陪同下来到岗前村检查防控禽流感具体措施的落实情况。危朝安在检查禽流感防控工作时强调：要进一步抓好防控措施的落实，确保我省不发生禽流感疫情，确保不发生人被传染。

11月13日

上午以省水利厅党委书记汪普生为组长的省水利厅河道执法检查组来南昌县对赣江沿岸河道管理、涉河建设、河道采砂等情况进行检查，市委常委、农工部长、宣传部长蔡社宝、市委助理巡视员、县委书记杨伟东，县长张晓方，市水利局副局长黄俊，县委常委、农工部部长李传强等陪同。

11月15日

下午由省人大常委会外侨民宗工委副主任傅小健，省侨联秘书长陈丽明，省台办副主任朱体快，市侨联副主席吴欣康等组成的省人大执法检查组来南昌县检查《江西省〈中华人民共和国台湾同胞投资保护〉办法》的贯彻执行情况。市人大常委会副主任姚燕平，市台办主任李伟，县人大常委会副主任陈秀梅，副县长江伟斌等陪同。

11月17日

下午市政协主席陈守朴，市委常委、市委秘书长雷武江，市政协副主席王水苟、曹连甲、关德华、万宗明、侯捷、万玉明等来南昌县视察经济社会发展情况，县领导杨伟东、张晓方、梅梅、梅茂发、周军、罗炳贵、王火生、胡小明、肖玉文、胡炜、樊哲本、万德珍、吴克芳、张军、李信谆、姜润根、伍目连、李植等陪同。

11月22日

下午出席全市和谐平安建设流动现场会的代表来到南昌县向塘、塘南两个乡镇参观。市委副书记王样生，省综治办主任张传发，县领导张晓方、徐十斗、杨保根等参加流动现场会。

11月26日

上午国鸿酒楼举行开张庆典仪式。省人大副主任孙用和，省工商业联合会会长金异，全国光彩事业促进会部长符中，省工商业联合会书记舒国华，鹰潭市委副书记、常务副市长阎钢军，市政协主席陈守朴，市人大副主任肖永政，市政府助理巡视员戴和旺，县长张晓方，县委常委、农工部部长李传强等出席庆典仪式。

▲下午市委常委、宣传部长、农工部长蔡社宝来南昌县向塘镇泱溪村余南村小组视察新农村建设进展情况。县领导张晓方、李传强、魏根金、姜润根等陪同。

11月28日

上午南昌县昌南水厂通水典礼仪式在东新乡石岐村举行。市长李豆罗，市委助理巡视员、县委书记杨伟东，市长助理刘建洋，县领导张晓方、梅茂发、周军、罗炳贵、王火生等出席。

【工交财贸工作】

11月21日

下午江西赣发农机制造有限公司2005年总结表彰暨2006年销售订货会在洁惠花园宾馆举行。市委政法委副书记、市国资公司董事长舒新政，市机械局局长金泰元，副县长胥萍、江伟斌等出席。

【城市建设与管理】

11月15日

下午以国家建设部质量司朱长喜为组长的全国工程质量执法检查组来到南昌县，分别抽查了新梦里水乡，九里象湖城两个楼盘的两项建筑工程质量。县委副书记、纪委书记梅茂发，副县长徐海波等陪同检查。

【农业与农村工作】

11月8日

全县第六届村民委员会换届选举工作调度会在县民政局会议室召开。县领导梅梅、涂仕华、吴和平、徐海波等出席会议。

11月10日

市委助理巡视员、县委书记杨伟东，县委常委农工部部长李传强，副县长魏根金等来到蒋巷镇高梧青洲陶村察看新农村建设情况。杨伟东在视察时强调：要明确时间和任务，克服困难，全力加速新农村建设，确保在今年年底新农村建设有一个大变化。

11月21日

下午县领导张晓方、李传强、魏根金、万敏等先后来到冈上、广福、向塘、塔城四个乡镇视察新农村建设进展情况。

11月27日

市委助理巡视员、县委书记杨伟东，县领导李传强、魏根金来到塘南镇视察高致病性禽流感防控工作。杨伟东视察时强调：要在思想上继续保持高度重视，确保全县不发生疫情，确保人不被感染。

【政法工作与社会治安综合治理】

11月5日

全省执法人员综合法律知识考试南昌县考区在莲塘二小举行。全县1413名执法人员参加考试。副县长魏根金巡视考场。

【科教文卫体和计生工作】

11月9日–10日

以省教育厅基础教育处调研员刘雪平为组长的全省农村教育工作检查组来南昌县，对农村教育工作进行检查指导。市教育局副局长邵美珍、副县长胡显勇等出席汇报会。

11月10日

上午2006年度新型农村全作医疗工作、推进农村改厕项目，防控高致病性禽流感工作会在县人武部召开。县长张晓方，县委副书记周军，县委常委、宣传部长胡小明，县人大副主任陈秀梅，副县长胡显勇、魏根金等出席。

▲赣州、宜春、景德镇、萍乡和南昌五市老年书画协会会员来南昌县参观书画创作。县委副书记周军、县政协副主席伍目连出席座谈会。

11月18日

上午国际狮子总会中国深圳380区东海狮子会、四海狮子会、深圳市第二人民医院白内障复明联合医疗队南昌县“光明行活动”启动仪式在县医院举行。省残联副理事长谢德英，深圳狮子会第五分区主席王锦良、东海分会会长徐非、四海分会会长万筱宁，市残联理事长赵文庭，县领导张晓方、周军、胡炜、徐海波等出席启动仪式。

11月28日

南昌县组织收听收看国务院召开艾滋病防治工作电视电话会。县长张晓方、副县长胡显勇在县分会场收听收看。

【人武工作】

11月2日

南昌警备区参谋长谢光忠在县委常委、县人武部部长周建东等陪同下，来到县人武部民兵训练基地新兵体验站，看望参加体检应征青年和医务、公安等工作人员，向他们表示亲切慰问。

11月4日

县委副书记梅茂发，县委常委、人武部部长周建东等来到县人武部民兵训练基地征兵体检站，察看新兵体检进展情况。

11月7日

省军区军动处副处长王贤军带队的省、市征兵视察组来到南昌县武装部民兵预备役训练基地新兵体检站，视察征兵体检工作。县委常委、人武部部长周建东陪同。

11月24日

省军区联合检查组来到南昌县检查县人武部基础设施建设、思想理论学习、军事训练等。县委常委、人武部部长周建东，政委张远陪同。

【友好往来】

11月2日

上午由四川省自贡市市委常务副书记梁国定率领的自贡市党政代表团来南昌县参观考察。市、县领导蔡社宝、杨伟东、张晓方、梅梅、胥萍等陪同。

11月7日

上午由安徽肥西县县委副书记、纪委书记汪大升率领肥西考察团来南昌县参观考察，县委副书记、纪委书记梅茂发陪同。

▲上午以安义县人大副主任涂赞贵、王礼能、刘金章、张晓阳、彭兰等带队的安义县人大考察团来南昌县考察。县人大主任罗炳贵、副主任吴和平、黄连科、陈秀梅等陪同。

11月8日

上午由湖南衡东县县委副书记周正雄率领的衡东县农业考察团来南昌县参观考察。县领导李传强、李木旺、张军等陪同。

11月24日

上午由福建省30多个县的卫生局局长组成的福建考察团来南昌县参观考察新型农村合作医疗试点工作。副县长胡显勇陪同。

【其他重要工作】

11月4日

上午南昌市人才资源普查试点工作动员会在向塘镇举行。会议确定从今年11月份开始用8天时间，先在向塘镇进行人才资源普查试点，然后逐步在全市铺开。市委组织部副部长、市人事局局长崇江林，市统计局局长熊一江，县委副书记梅梅，县委常委、组织部部长涂仕华，县政协副主席万德珍等出席。

11月6日

上午南昌县在县政府大院内为参加全省劳模会的劳模举行欢送仪式。市委助理巡视员、县委书记杨伟东，县长张晓方，县委副书记周军，县政协主席王火生，县人大副主任吴和平等出席。

11月20日

共青团中央青工部机关事业处副处长范力来南昌县就团组织扶持青年创业工作进行调研，并深入到江西林生堂医药有限公司等地了解青年典型创业的有关情况。

11月22日

市“双评”问卷调查在县综合楼举行。县领导梅茂发、周建东、涂仕华、李传强、袁春秀、黄连科、陈秀梅、邓炳根、刘丽、李信谆、伍目连、李植等参加问卷调查。

11月25日

上午省建设厅档案目标管理考核组来到南昌县就房产档案申报档案目标管理进行考核。副县长徐海波陪同。

11月26日

上午赣抚平原南昌县灌区信息自动化大楼落成举行庆典仪式。省赣管局局长吴克昭，书记张乐汉，市水利局副局长万广玉，县领导张晓方、罗炳贵、王火生、李传强、崇林凤、魏根金等出席庆典仪式。

11月28日

上午以国家工商局个体司巡视员胡修干为组长的全国保护注册商标专用权行动检查组来到南昌县，就保护注册商标专用权落实情况进行检查。省工商局副局长沈庆中、市工商局局长刘东庚，县委常委、常务副县长肖玉文等陪同。

【干部任免】

经县委常委会议研究决定：

樊哲本同志任中共南昌市小蓝工业园工作委员会书记、南昌市小蓝工业园管理委员会主任，免去其中共南昌市小蓝工业园委员会书记职务；

邓文华同志任中共南昌市小蓝工业园工作委员会副书记、南昌市小蓝工业园管理委员会副主任（正科级，列高新卿同志之后）；

胡渔文同志任中共南昌县统计局党组书记，免去其中共南昌县委政法委员会副书记、南昌县610办公室主任职务；

刘小毛同志任中共南昌县委政法委员会副书记、南昌县610办公室主任，免去其中共南昌市小蓝工业园委员会副书记（正科级）职务；

邓双会同志任中共南昌县委副科级组织员；

李青文同志任中共南昌县委副科级组织员；

熊飞同志任中共南昌县委副科级组织员；

刘文君同志任南昌县社会治安综合治理委员会办公室副主任（试用期一年）；

黄茂金同志任中共南昌县交通局纪律检查委员会书记，免去其中共南昌县纪律检查委员会办公室主任职务；

李淑彬同志任中共南昌县司法局纪律检查组组长，免去其南昌县人民政府办公室副科级秘书职务；

唐爱民同志任中共南昌县人口和计划生育委员会纪律检查组组长（试用期一年）；

周天兵同志任中共南昌县文化广播电视旅游局纪律检查组组长（试用期一年）；

姜建辉同志任中共南昌县粮食局纪律检查组组长（试用期一年）；

罗敏同志任南昌县人大常委会办公室副科级秘书；

罗平同志任政协南昌县委员会办公室副科级秘书；

胡金金同志任南昌县莲塘第一中学校长（副科级）；

黄春保同志任中共南昌县档案局副局长（试用期一年）；

陈凌云同志任中共南昌县莲塘镇委员会委员；

喻元华同志任中共南昌县莲塘镇委员会委员（试用期一年）；

王国平同志任中共南昌县莲塘镇委员会委员（试用期一年）；

杨友根同志任南昌市向塘开发区管理委员会副主任（副科级，列罗兆群之后），免去其中共南昌县向塘镇委员会委员职务；

饶承亮同志任中共南昌县向塘镇委员会委员（列徐志强同志之后，试用期一年）；

万小伙同志任中共南昌县蒋巷镇委员会委员（试用期一年）；

万荣春同志任中共南昌县幽兰镇委员会委员（试用期一年）；

周拾桢同志任中共南昌县塘南镇委员会委员（试用期一年）；

徐崇健同志任中共南昌县塘南镇委员会委员（试用期一年）；

肖慎兵同志任中共南昌县塘南镇委员会委员（列徐崇健同志之后，试用期一年）；

龚振同志任中共南昌县武阳镇委员会委员；

王波同志任中共南昌县冈上镇委员会委员（试用期一年）；

晏建新同志任中共南昌县冈上镇委员会委员（试用期一年）；

刘晖同志任中共南昌县冈上镇委员会委员（试用期一年）；

李绍辉同志任中共南昌县广福镇委员会委员（试用期一年）；

邓保华同志任中共南昌县广福镇委员会委员（试用期一年）；

蔡军同志任中共南昌县三江镇委员会委员；

游同南同志任中共南昌县三江镇委员会委员（试用期一年）；

张志平同志任中共南昌县三江镇委员会委员（试用期一年）；

黄翔同志任中共南昌县三江镇委员会委员（列张志平同志之后，试用期一年）

徐志强同志任中共南昌县泾口乡委员会委员，免去其中共南昌县富山乡委员会委员职务；

李飞雕同志任中共南昌县泾口乡委员会委员（列罗印同志之后，试用期一年）；

傅洪明同志任中共南昌县南新乡委员会委员，免去其中共南昌县塘南镇委员会委员职务；

刘小红同志任中共南昌县南新乡委员会委员（试用期一年）；

刘伟同志任中共南昌县八一乡委员会委员（试用期一年）；

熊敏同志任中共南昌县八一乡委员会委员（试用期一年）；

刘立根同志任中共南昌县八一乡委员会委员（试用期一年）；

涂柳军同志任中共南昌县八一乡委员会委员（试用期一年）；

舒斯华同志任中共南昌县黄马乡委员会委员；

蔡厚华同志任中共南昌县黄马乡委员会委员（试用期一年）；

胡斌同志任中共南昌县黄马乡委员会委员（试用期一年）；

李阳同志任中共南昌县黄马乡委员会委员（列胡斌同志之后，试用期一年）；

余宇同志任中共南昌县塔城乡委员会委员（试用期一年）；

胡水保同志任中共南昌县塔城乡委员会委员（试用期一年）；

罗志军同志任中共南昌县塔城乡委员会委员（列胡水保同志之后，试用期一年）；

陈绍平同志任中共南昌县富山乡委员会委员，免去其中共南昌县冈上镇委员会委员职务；

胡久平同志任中共南昌县富山乡委员会委员（试用期一年）；

罗建平同志任中共南昌县富山乡委员会委员（列胡久平同志之后，试用期一年）；

章金华同志任中共南昌县东新乡委员会委员，免去其中共南昌县黄马乡委员会委员职务；

王孟俊同志任中共南昌县东新乡委员会委员（试用期一年）；

周小顺同志任南昌县公安局正科级调研员，免去其中共南昌县司法局党组书职务；

骆国良同志任南昌县交通局副科级调研员，免去其中共南昌县交通局纪律检查委员会书记职务；

傅早生同志任南昌县向塘镇人民政府正科级调研员，免去其南昌市向塘开发区管理委员会副主任职务；

免去张忠文同志的中共南昌市小蓝工业园委员会委员、南昌市小蓝工业园管理委员会副主任职务；

免去徐春辉同志的中共南昌市小蓝工业园委员会委员、中共南昌市小蓝工业园纪律检查委员会书记职务；

免去范建平同志的中共南昌县人口计划生育委员会纪律检查组组长职务；

免去赵金贵同志的中共南昌县纪律检查委员会副科级纪检员职务；

免去李国华同志的中共南昌县黄马乡委员会委员职务；

免去肖巍同志的中共南昌县冈上镇委员会委员职务；

刘丽同志任中共南昌县人民政府党组成员；

王三毛同志任中共南昌县水利局委员会书记；

万春火同志任中共南昌县民政局党组书记；

胡建米同志任中共南昌县司法局党组书记；

涂玉华同志任中共南昌县文化广播电视旅游局党组书记，免去其中共南昌县委正科级组织员职务；

徐崇杨同志任中共南昌县卫生局委员会书记；

刘光荣同志任中共南昌县莲塘镇委员会副书记，免去其中共南昌县委办公室副主任（正科级）职务；

张东林同志任中共南昌县向塘镇委员会副书记、南昌市向塘开发区管理委员会第一副主任；

免去黄志清同志的中共南昌市小蓝工业园委员会副书记、南昌市小蓝工业园管理委员会第一副主任（正科级）职务；

免去胡盛林同志的中共南昌县莲塘镇委员会副书记职务；

免去龚小荣同志的中共南昌县向塘镇委员会副书记、南昌市向塘开发区管理委员会第一副主任职务；

樊军友同志任中共南昌县委台湾工作办公室副主任（试用期一年）；

曾玉辉同志任中共南昌县委老干部局副局长（试用期一年）；

市委组织部研究决定：

黄志清同志任中共南昌县蒋巷镇委员会书记；

杨宇华同志任中共南昌县幽兰镇委员会书记；

刘仕福同志任中共南昌县广福镇委员会书记；

应真伟同志任中共南昌县东新乡委员会书记；

龚小荣同志任中共南昌县富山乡委员会书记；

免去陈秀梅同志的中共南昌县广福镇委员会书记职务；

免去王三毛同志的中共南昌县幽兰镇委员会书记职务；

免去万春火同志的中共南昌县富山乡委员会书记职务；

免去胡建米同志的中共南昌县东新乡委员会书记职务；

免去高文辉同志的中共南昌县蒋巷镇委员会书记职务；

熊洪顺、邬平保同志副县级退休，时间从2005年8月算起；

陈秀笔同志副县级退休，时间从2005年9月算起；

何凤春、莫久如、陈世墩同志副县级退休，时间从2005年10月算起；

樊哲本同志任中共南昌县委委员、常委；

免去涂玉华同志的中共南昌县委组织部副部长职务；

胡盛林同志任中共南昌县纪律检查委员会委员、常委、副书记；

免去徐崇杨同志的中共南昌县纪律检查委员会副书记、常委、委员职务；

免去黄茂金同志的中共南昌县纪律检查委员会常委职务。

十二月

【先进性教育】

12月19日

上午南昌县在县综合楼召开全县先进性教育活动第五次工作会议，对第二批先进性教育进行总结，并对第三批先进性教育活动作出全面部署。县委常委、组织部长涂仕华，县委常委、政法委书记杨保根，县委常委、农工部长李传强出席会议。

12月22日

下午县委常委、组织部部长涂仕华来到八一乡八一村，指导第三批先进性教育活动试点工作。

▲下午县委办召开第三批保持共产党员先进性教育活动动员会，会议对第三批先进性教育活动作了安排部署。

12月23日

上午县委宣传部召开保持共产党员先进性教育活动动员大会。县委常委、宣传部长胡小明作动员讲话。

▲县委常委、组织部长涂仕华出席八一乡召开的第三批保持共产党员先进性教育活动动员大会并作讲话。

12月28日

上午以省人大常委、省林业厅党组书记严金亮为组长的省委先进性教育活动巡视组来到南昌县莲塘镇斗门村，视察第三批先进性教育活动开展情况。市政协副主席侯捷，市林业局局长宗才友，县领导张晓方、梅梅、涂仕华等陪同。

▲下午南昌县在县综合楼会议室召开选派干部驻村帮助开展农村先进性教育活动动员大会。县委副书记梅梅，县委常委、组织部部长涂仕华等出席会议作讲话。

12月29日

上午县政法委召开先进性教育活动动员大会。县委常委、政法委书记杨保根出席并讲话。

【重要会议】

12月3日

下午县委常委扩大会在县综合楼第一会议室召开。市委助理巡视员、县委书记杨伟东，县领导张晓方、梅茂发、罗炳贵、王火生、徐十斗、胡小明、杨保根、李传强、肖玉文、胡炜、樊哲本等出席。会议研究讨论中共南昌县委关于制定南昌县国民经济和社会发展第十一个五年规划的建议。

12月13日

上午全市地矿工作会在南昌县召开。会议主要总结今年的工作，部署明年矿产资源储量管理、矿山年检年报以及矿山地质环境报表和综合报表工作。市国土资源局副局长肖修武出席会议并作讲话。

12月21日

上午县委在县委统战部会议室召开座谈会，向各民主党派、无党派、工商联的代表征求对县委关于制定南昌县国民经济和社会发展第十一个五年规划的意见和建议。县领导梅茂发、胡小明、胡炜、胡显勇、张军、伍目连、李植等出席座谈会。

▲下午县委在县政协会议室召开座谈会，向老干部们征求他们对县委《关于制定南昌县国民经济和社会发展第十一个五年规划的意见和建议》。县领导梅茂发、涂仕华、胡小明等出席。

12月22日

上午南昌县组织离退休干部在县综合楼收听收看全省离退休干部形势报告电视电话会。县委常委、组织部长涂仕华参加收听收看。

▲上午全县安全生产工作会议在县综合楼召开。会议分析了全县当前安全生产工作形势，部署了下一阶段的全县安全生产工作。县长张晓方、副县长胥萍等出席会议。

12月23日

上午南昌县防控高致病性禽流感工作会在政府会议室召开。会议要求全县上下要按照《南昌县高致病性禽流感应急预案》的要求，加大对家禽的疫情监测力度，打一场防控高致病性禽流感的胜利仗。副县长魏根金出席会议并讲话。

▲上午全县召开制订征地统一年产值标准，土地利用总体规划实施评价和修编前期调研工作会，要求各乡镇和有关单位要尽快开展制订和公布统一年产值标准和区片综合地价工作，并为土地利用总体规划实施评价和修编前期调研工作作好准备。副县长邓炳根出席会议并讲话。

12月26日

下午县政协九届二十一次常委会在县政协会议室举行，会议决定县政协九届四次会议于2006年元月8－11日在县举行。县政协主席王火生主持会议并讲话，县政协副主席吴克芳、张军、姜润根、伍目连、李植等出席会议。

12月27日

上午南昌县在县电信局会议室组织收听收看国务院召开第一次全国经济普查总结表彰电视电话会议。

12月28日

上午南昌县组织离退休干部在综合楼会议室收听收看全市离退休干部“双先”表彰暨形势报告电视电话会。县领导张晓方、梅梅、涂仕华参加收听收看。

12月30日

县十三届人大常委会第二十二次会议在县综合楼召开。县人大常委会主罗炳贵，副主任吴和平、袁春秀、黄连科、李木旺、崇林凤、陈秀梅等出席，县委常委、常务副县长肖玉文，县政协副主席姜润根，县法院院长范云远，县检察院检察长张留春等列席会议。会议听取和审议了县法院关于民商事案件审理和执行工作情况汇报，听取和审议了县检察院关于查处贪污贿赂、渎职犯罪工作情况汇报，听取和审议了县公安局关于提高执法能力、做好治安工作情况汇报，听取和审议了县司法局关于人民调解工作情况汇报。

【领导活动】

12月1日

上午全市中小学危房改造工作现场会在南昌县莲塘二中举行。会议部署十一五规划期间全市农村中小学校危房改造工作。市长李豆罗，市人大副主任姚燕平，副市长罗慧芬，市委助理巡视员、县委书记杨伟东，县长张晓方等出席会议。

12月10日

上午乐温高速塔城互通至莲塘连接线工程开工仪式在武阳镇举行。市长李豆罗，省交通厅、水利厅、公路局的负责人，市委助理巡视员，县委书记杨伟东，县长张晓方及县四套班子成员出席开工典礼仪式。

12月19日

下午市人大常委会副主任肖永政来南昌县视察高致病性禽流感防控工作，县人大常委会副主任袁春秀、副县长魏根金等陪同。

12月21日

副市长罗慧芬来到南昌县八一乡视察农村改水改厕工程进展情况。副县长胡显勇陪同。

【工交财贸工作】

12月2日

全县2005年度招商引资座谈会在县对外合作局召开，会议全面总结了前一阶段招商引资工作，对下一阶段招商引资工作进行部署。县领导肖玉文、江伟斌等出席。

12月9日

上午县人大常委会主任罗炳贵，副主任吴和平、袁春秀、黄连科、李木旺、崇林凤、陈秀梅等率部分省、市人大代表视察小蓝工业园区建设和企业落户情况。县委常委、常务副县长肖玉文，县委常委、小蓝工业园区书记樊哲本等陪同。

12月22日

上午2005年度全县交通工作总结暨执法培训班在县委党校举行。县领导杨保根、邓炳根等出席。

12月29日

上午县长张晓方，县委副书记、纪委书记梅茂发，副县长徐海波等来到南高公路察看公路的建设情况。张晓方在察看时强调：要加快南高公路的建设速度和整治力度，力争把南高公路打造成具有现代特色的景观路。

【城市建设与管理】

12月6日

下午省妇联主席李亚平来到南昌县考察小蓝工业园基础设施和城镇建设情况。市委助理巡视员、县委书记杨伟东，县长张晓方向省妇联主席李亚平介绍了南昌县经济发展，小蓝工业园，城镇建设等情况。县委常委、组织部部长涂仕华，县委常委、小蓝工业园党委书记樊哲本，副县长胡显勇、刘丽等陪同调研。

12月8日

市委助理巡视员、县委书记杨伟东，县委常委、常务副县长肖玉文，县委常委、小蓝工业园区书记樊哲本，副县长徐海波，县政协副主席姜润根等来到九里·象湖城、东新国际小商品城等地察看新城的建设情况。杨伟东在视察时强调：要把房地产企业当作工业企业同等对待，尽力帮助企业解决在开工、建设中遇到的困难和问题，进一步加快象湖新城的建设。

12月12日

县长张晓方，县委副书记、纪委书记梅茂发，县委常委、统战部长胡炜，副县长徐海波、万敏等来到莲西大道、湖中路西段、莲西农民安居小区、澄湖北大道等地视察绿化工作和亮化工程 。

12月17日

上午县房产管理局在维也纳广场东门举行“开门纳贤言，群众评行风”现场咨询服务活动，与广大群众搭建连心桥，进一步促进全县房地产业健康、稳定、持续发展。县委副书记、纪委书记梅茂发，县委常委、统战部部长胡炜出席。

12月18日

上午正荣·大湖之都第二期开盘暨省广电幼儿园举行签约仪式。县领导胡炜出席签约仪式。

12月30日

下午县长张晓方、副县长徐海波来到象湖新城协调解决开发商当前面临的困难和问题。

【农业与农村工作】

12月5日

下午全市造林暨林改工作调度会在黄马乡召开。会议传达全省营造林现场会和全省林改工作质量检查情况汇报会精神，研究部署全市今冬明春造林和下阶段林改工作。市政府助理巡视员戴和旺，市政府副秘书长王肇赣，县领导张晓方、李传强、魏根金等出席调度会。

12月6日

上午全市农业综合开发项目实施现场会在南昌县蒋巷镇召开。会议总结了一年来农业综合开发工作，相互交流工作经验，研究部署当前和明年农业综合开发工作。省农业开发办主任章康华，市政府助理巡视员戴和旺，市政府副秘书长王肇赣，县领导张晓方、李传强、魏根金及全市各县区分管农业领导和开发办主任参加会议。

▲市委助理巡视员、县委书记杨伟东，县委常委、常务副县长肖玉文，县政协副主席姜润根等来到三江镇、黄马乡调研新农村建设工作。杨伟东在调研时强调：要把抓好产业结构调整、发展农村经济作为新农村建设的首要任务，不断改善农民生产生活环境。促进城乡统筹协调发展。

12月9日

广福镇举行万洲村社区活动中心竣工典礼。该中心的建成，标志着南昌县新农村建设水平迈上了新台阶。

12月11日

县长张晓方，县委常委、农工部长李传强，副县长魏根金等来到蒋巷镇就新农村建设进行现场办公。县长张晓方在视察时强调：各单位要高度重视、齐心协力，尽早把蒋巷陶家自然村打造成全县新农村建设的示范点。

12月13日

上午县长张晓方及县领导李传强、魏根金、万敏、姜润根等一道来到黄马乡、塔城乡、三江镇、广福镇、冈上镇等地，视察社会主义新农村建设的推进情况。

12月14日

下午全县林改调度暨造林动员会在县综合楼召开。会议通报了全县林改和当前造林工作情况，安排部署了下阶段全县林业工作。县长张晓方，县委常委、农工部部长李传强，副县长魏根金等出席。

12月15日

上午省农业厅副厅长刘极灿率省市场信息处，省种子管理站等部门负责人、专家来到南昌县向塘镇高田村向村民讲解有关蔬菜病虫害防治，农村沼气利用，测土、配方、施肥等知识，并向村民散发有关农业科技方面的书籍，受到村民们的欢迎和称赞。县领导魏根金陪同。

12月16日

上午县赣抚平原管理站召开灌区2005年冬修工作会。省赣管局副局长邱佳慧，副县长魏根金等出席会议。

12月20日

省委农工部助理巡视员江海、农村处处长姜学青来到南昌县，就农村文化建设情况进行调研。县委常委、农工部长李传强陪同。

【政法工作与社会治安综合治理】

12月1日

下午国家食品放心工程评价组来南昌县检查，详细了解了政府和相关部门在执行国家食品放心工程方面所做的工作。副县长江伟斌陪同。

12月2日

上午县老年科协政法分会在县法院举行成立大会和授牌仪式。县政协主席、老年科协会会长王火生，县人大常委会副主任、老年科协副会长黄连科等到会祝贺。

12月4日

上午南昌县在莲塘新洪客隆门前举行“全国12·4法制宣传教育20周年纪念”法律咨询活动。面向群众宣传法律知识，增强群众的法律意识。县委常委、政法委书记杨保根，副县长魏根金、县政协副主席李植等参加活动。

12月7日

上午南昌县在县综合楼召开莲塘地区社会治安综合治理大会战动员大会。会议决定从现在起至明年春节前，集中时间在莲塘地区开展社会治安综合治理大会战。县长张晓方作重要讲话，县委常委、公安局长徐十斗，县委常委、政法委书记杨保根，副县长魏根金，县法院院长范云远，县检察院检察长张留春等出席会议。

12月8日

上午南昌县在县综合楼召开县安全生产委员会全体扩大会议，会议总结前一阶段的安全生产工作，分析当前安全生产形势，部署当前安全生产工作，确保元旦、春节期间的安全与稳定。副县长胥萍出席会议并讲话。

12月13日

上午由市政府副秘书长，市政法委副书记季智勇，市综治委铁路护路办副主任郭伟俊等组成的检查组来到南昌县，就规范执法行为进行检查。县委常委、政法委书记杨保根和县政法委、公、检、法、司等部门的负责人出席汇报会。

12月15日

上午县人大常委会主任罗炳贵，副主任吴和平、袁春秀、黄连科、李木旺等来到县质量技术监督局，就履行法律职责，加强行政执法进行调研。

12月16日

南昌县开展“瘦肉精”专项整治工作会议在县政府会议室召开。会议决定从今年12月20日到明年2月20日期间，在全县范围内开展一次拉网式“瘦肉精”专项整治工作。副县长魏根金出席会议并讲话。

12月17日-18日

2005年度省综治考评组来南昌县就全县综合治理工作进行考评。县领导张晓方、罗炳贵、王火生、徐十斗、杨保根、魏根金等出席汇报会。

12月19日

县信访大楼全面竣工并投入使用，县委副书记梅茂发，县委常委、政法委书记杨保根，副县长魏根金等为信访大楼竣工揭牌。

12月21日

下午县长张晓方、副县长胥萍在县政府办、县安管局、教体局、小蓝工业园、交警大队、消防大队等部门的负责同志陪同下，检查县城校园、小蓝工业园企业、道路交通和公共场所消防安全情况。

12月21日－22日

由市政协社会和法制委主任葛静先带队的市2005年度综治考评组来到南昌县对全县的综治工作进行检查考评。县领导张晓方、王火生、徐十斗、杨保根陪同。

12月27日

下午县人大常委会法律知识讲座在县综合楼举行，省人大选任联工委副主任刘润余授课。县人大常委会主任罗炳贵，副主任吴和平、袁春秀、黄连科、李木旺、崇林凤、陈秀梅等参加学习。

12月28日

上午县人大常委会主任罗炳贵，副主任吴和平、袁春秀、陈秀梅等来到县法院视察工作。

【科教文卫体和计生工作】

12月1日

全县人口与计划生育政策法规培训班在县计生委会议室举行。市计生委副主任孟军在培训班上授课。

12月2日–3日

2005年全县中小学生田径运动会在县田径场举行，来自全县各中小学校的一千多名运动员参加了比赛。县领导张晓方、罗炳贵、王火生、胡小明、胡炜、黄连科、陈秀梅、胡显勇、刘丽、吴克芳、李信谆、李植等出席开幕式。

12月9日

上午由市计生委副主任万保平率领的市计生委检查领导小组来到南昌县就计生工作进行全面考核。市委助理巡视员、县委书记杨伟东，县长张晓方，县委常委李传强等陪同。

12月14日

上午县政协主席王火生，副主席万德珍、吴克芳、张军、伍目连、李植等来到莲塘一中新校区，就莲塘一中办学质量，校园建设等进行视察。

12月15日

上午全县新型农村合作医疗工作调度会在县政府会议室召开。副县长胡显勇出席会议并讲话。

12月16日

上午南昌县红十字会第五次会员代表大会在县卫生局召开。市红十字会副会长李安海，县委常委、宣传部长胡小明，副县长胡显勇等出席会议并讲话。

▲下午全市2005年度中小学电教装备工作总结会在南昌县洁惠宾馆召开。市教育局副局长喻水

保，副县长胡显勇及全市各县区教体局电教站负责人出席会议。

12月21日

县老年科协工作者协会教育分会成立大会在县教体局召开。县政协主席王火生到会祝贺。

12月27日

上午县老年体协2005年年会在县综合楼召开。市老年体协主席孔炯，县政协副主席、县老年体协主席张军出席会议。

【人武工作】

12月10日

全县第一批79名新兵交接仪式在县武装部民兵训练基地举行。县委常委、县人武部部长周建东，政委张远等出席新兵交接仪式并作讲话。

【群团工作】

12月14日

下午“建设社会主义新农村，百万农家妇女齐行动”系列活动之一的全市农村妇女“果业”知识竞赛活动在县综合楼举行。市政府助理巡视员戴和旺，市政府副秘书长王肇赣，县领导胡显勇、魏根金、刘丽及省、市妇联负责人参加活动并为获奖者颁发奖牌。

12月16日

上午由省、市、县妇联共同举办的实施《妇女儿童保护法》，依法保障妇女合法权益宣传咨询活动在三江镇举行。副县长刘丽及省、市、县妇联的负责人参加活动。

12月20日

上午共青团南昌县代表会议在县综合楼召开。会议选举了出席共青团南昌市第十五次代表大会的代表53名。

【友好往来】

12月1日

上午从盐城市卫生局局长李学义为团长的盐城市卫生局考察团来南昌县考察新型农村合作医疗工作。副县长胡显勇陪同。

12月12日

下午以亚洲资本论坛董事长李俊为团长的参观考察团来到小蓝工业园参观考察园区的建设和发展情况。市发改委副主任刘达辉，副县长胥萍等陪同。

【其他重要工作】

12月5日

上午县环境保护局在洁惠花园宾馆举行2005年投资环境、作风行风评议评价征求意见座谈会，听取有关企业和人士对全县环境保护工作，环保执法人员作风行风方面的建议和意见。副县长邓炳根出席座谈会。

12月8日

上午县老年科技工作者协会工交分会成立仪式在县经贸委举行，县政协主席、老年科协会会长王火生、县人大常委会副主任、老年科协会副会长黄连科等出席。

12月10日

上午县人大代表述职评议（试点）活动在塔城乡东游选区举行。市人大选任联工委副主任谢文斌，县人大常委会副主任黄连科等出席。

12月13日

下午南昌县向九江地震灾区捐款和“慈善一日捐”工作会在县综合楼召开。副县长徐海波出席会议并作讲话。

12月16日

上午县委副书记、纪委书记梅茂发率领各乡镇、县委各部门、县直各单位的负责人赴省文联参观省反腐倡廉书画作品展。

12月19日

上午县老年科协工作者协会水利分会成立动员大会在县水利局召开。县政协主席，老年科协工作者协会会长王火生出席会议作讲话。

2006
南昌县大事记
NAN CHANG XIAN DA SHI JI

一 月

【先进性教育】

1月12日

上午“我身边的共产党员”先进事迹报告会在县综合楼举行。全市先进事迹巡回报告团四位成员来南昌县作巡回报告。县委常委、组织部长涂仕华主持报告会。

1月17日

市委先进性教育巡回检查组组长胡冬林等一行来到东新乡、八一乡，就保持共产党员先进性教育活动开展情况进行检查。

【重要会议】

1月1日

全县乡（镇）书记、乡（镇）长会议在县综合楼会议室举行。会议传达全市乡（镇）书记、乡（镇）长会议精神，安排部署当前各项工作。县领导张晓方、周军、胡小明、李传强、袁春秀、邓炳根、徐海波、胡显勇、万敏、张军、姜润根等出席。

1月3日

下午全县赣东大堤非法搭建整治工作会议在东新乡召开。县长张晓方主持会议并作重要讲话，县领导梅茂发、李传强等出席会议。

1月8日

上午中共南昌县委十届七次全体（扩大）会议在综合楼召开。会议深入学习贯彻党的十六届五中全会，中央经济工作会和省委十一届十次全会，市委八届十次全会精神，讨论审议《中共南昌县委常委会2005年度工作报告》和《中共南昌县委关于制定南昌县国民经济和社会发展第十一个五年规划的建议》，总结“十五”时期的工作，谋划“十一五”全县的发展，研究部署今年的工作。会议动员全县各级党组织和广大干部群众进一步解放思想，开拓创新，锐意进取，朝着全国“百强县、文明城”的战略目标阔步前进，市委助理巡视员、县委书记杨伟东作重要讲话，县委副书记、县长张晓方主持会议，县领导梅梅、梅茂发、周军、周建东、徐十斗、涂仕华、胡小明、杨保根、李传强、肖玉文、胡炜、樊哲本等出席会议。

1月8日-11日

政协南昌县第九届委员会第四次会议在县综合楼召开。会议认真总结了县政协九届三次会议以来的工作，研究部署了2006年的工作任务。市委助理巡视员、县委书记杨伟东作了《抢抓机遇创造新业绩努力实现政协工作新突破》的重要讲话。市政协副主席曹连甲，县六套班子领导杨伟东、张晓方、梅梅、周军、罗炳贵、王火生、周建东、徐十斗、胡小明、杨保根、李传强、肖玉文、胡炜、樊哲本、张远、吴和平、袁春秀、黄连科、李木旺、崇林凤、陈秀梅、邓炳根、徐海波、胡显勇、魏根金、万敏、江伟斌、刘丽、万德珍、吴克芳、张军、李信谆、姜润根、伍目连、李植及县法院院长范云远、县检察院检察长张留春等出席会议。

1月9日–12日

南昌县第十三届人民代表大会第四次会议在莲塘三中纳新楼召开。会议听取和审议了县人民政府县长张晓方《关于南昌县人民政府工作报告》；听取和审议了县发展和改革委员会主任徐南生《关于南昌县2005年国民经济和社会发展计划执行情况与2006年国民经济和社会发展计划（草案）的报告》；听取和审议了县财政局局长姜润根《关于南昌县2005年县本级财政总预算（草案）报告》；听取和审议了南昌县人大常委会主任罗炳贵《关于南昌县人民代表大会常务委员会工作报告》；听取和审议了县人民法院《关于南昌县法院工作报告》；听取和审议了县人民检察院检察长张留春《关于南昌县人民检察院工作报告》；审议了《南昌县国民经济和社会发展第十一个五年规划纲要（草案）》，审查和批准了《南昌县国民经济和社会发展第十一个五年规划纲要》。会议动员全县上下，全面落实科学发展观，进一步抢抓战略机遇，开拓创新，扎实工作，为顺利完成国民经济和社会发展第十一个五年规划，为进入全国“百强县”、“文明城”的行列和全面建设小康社会而努力奋斗。县六套班子领导杨伟东、张晓方、梅梅、周军、罗炳贵、王火生、周建东、徐十斗、胡小明、杨保根、李传强、肖玉文、胡炜、樊哲本、张远、吴和平、袁春秀、黄连科、李木旺、崇林凤、陈秀梅、邓炳根、徐海波、胡显勇、魏根金、万敏、江伟斌、刘丽、万德珍、吴克芳、张军、李信谆、姜润根、伍目连、李植及县法院院长范云远、县检察院检察长张留春等出席会议。

1月11日

晚上全县农村基础设施建设工作会在县政府会议室召开。会议强调：全县各级领导干部要站在实践“三个代表”重要思想和开展党员先进性教育活动的高度，加强农村基础设施建设，促进农村经济发展。县领导张晓方、李传强、胡显勇、魏根金、姜润根等出席。

1月16日

下午南昌县组织在邮政局收听收看全省安全生产电视电话会。副县长江伟斌参加收听收看。

1月20日

全市政府系统调研与信息工作座谈会在南昌县桂花村大酒店召开。省政府办公厅调研处处长陈思俊，信息处处长万建生、副处长陈刚，市政府办公厅主任黄文出席会议并作讲话。

1月22日

下午全县负责干部大会在县综合楼召开。会议全面部署春节期间维护社会稳定和建设社会主义新农村、“心连心”送温暖等工作。市委助理巡视员、县委书记杨伟东作讲话，县长张晓方主持会议，县领导梅梅、周军、罗炳贵、王火生、周建东、徐十斗、涂仕华、胡小明、李传强、肖玉文、胡炜、樊哲本等出席会议。

1月23日

南昌县组织有关单位负责人在县电信局收听收看全国安全生产电视电话会议。县委常委、农工部部长李传强参加收听收看。

1月24日

上午南昌县在洁惠宾馆召开各届人士迎春茶话会。市委助理巡视员、县委书记杨伟东，县领导张晓方、梅茂发、周军、罗炳贵、王火生、周建东、胡炜、樊哲本等县领导出席。

【领导活动】

1月5日

下午省委常委、市委书记余欣荣在省经贸委、省水利厅、省司法厅负责人和市委助理巡视员、县委书记杨伟东，县长张晓方，县委副书记梅梅，副县长徐海波等陪同下，来到莲塘镇岗前村走访慰问特困群众，为他们送去党和政府的关怀和温暖。

1月6日

下午省政协主席钟起煌、省人大常委会副主任万学文来到江西服装学院进行调研，市政协主席陈守朴，市委助理巡视员、县委书记杨伟东，县委副书记梅梅、县政协主席王火生等陪同。

1月11日

上午原江西省委书记、中央统战部副部长万绍芬在省人大常委会副主任万学文、副市长罗慧芬，市委助理巡视员、县委书记杨伟东等陪同下，来到江西科技学院视察该校的校园建设及办学等情况。

▲上午市委常委、政法委书记罗为民一行来到南昌县，视察当前的安全、信访和稳定工作。县领导张晓方、杨保根等陪同。

1月17日

下午省委常委、市委书记余欣荣和出席市十二届人大第七次会议的南昌县代表团的代表们在赣江宾馆一道讨论市政府工作报告，市、县领导熊全柏、罗慧芬、杨伟东、张晓方、罗炳贵等参加讨论。

1月21日

下午市委副书记、常务副市长龚建华，副市长罗慧芬在县领导张晓方、涂仕华、肖玉文、徐海波及市县有关部门负责人的陪同下走访慰问南昌县部分困难职工、老党员、低保户、残疾人，向他们致以新年祝福。

▲下午市政府助理巡视员戴和旺在副县长魏根金及市政公用局负责人陪同下，走访慰问黄马乡冯家村困难群众，向他们致以亲切的问候和新年祝福。

1月22日

中国气象局副局长刘英金在江西省气象局局长陈双溪、南昌市气象局局长吴廷年、副县长魏根金等陪同下，来到南昌县检查指导生态监测工作。

1月23日

上午市委副书记史蓉蓉在市委助理巡视员、县委书记杨伟东，县领导张晓方、梅梅、涂仕华等陪同下来到南昌县塘南镇走访慰问困难群众向他们送上新年祝福以及慰问金和慰问品。

1月27日

下午市长李豆罗在市委常委、宣传部长、农工部长蔡社宝，市委助理巡视员、县委书记杨伟东，市政府助理巡视员戴和旺及县领导张晓方、李传强、魏根金等陪同下，察看昌万公路绿化情况。

【走访慰问】

1月13日

上午市委助理巡视员、县委书记杨伟东，县领导张晓方、梅梅、周军、罗炳贵、王火生、周建东、涂仕华、胡小明、杨保根、李传强、肖玉文、胡炜、樊哲本、张远、吴和平、袁春秀、黄连科、李木旺、崇林凤、陈秀梅、徐海波、胡显勇、万敏、刘丽、万德珍、李信谆、姜润根、伍目连、李植及县法院院长范云远等走访驻县部分企业，征求企业对县委、县政府的意见和建议，了解企业在发展过程遇到的困难和问题，并向企业领导和员工致以新年的祝福和问候。

1月14日–16日

县六大家领导杨伟东、张晓方、梅梅、周军、罗炳贵、王火生、杨保根、胡炜、袁春秀、李木旺、陈秀梅、邓炳根、徐海波、万敏、万德珍、李信谆、伍目连及县法院院长范云远等分别深入挂点乡镇，走访慰问农村部分困难党员、军烈属、五保户、特困户、伤残军人、困难计生户和敬老院的老人们，向他们致以新年的良好祝愿，并送去党和政府的关情和温暖。

1月20日

上午县委常委、常务副县长肖玉文，副县长万敏，县政协主席张军和有关部门负责同志一道，来到武警南昌市一支队、县人武部、南空干休所、空军南昌房产管理局等四个驻县部队进行走访慰问。向部队官兵致以新春的祝贺。

1月24日

上午市民政局局长梁礼仁来南昌县走访敬老院、部队和困难群众。副县长徐海波陪同。

▲下午市委助理巡视员、县委书记杨伟东，县领导罗炳贵、胡小明、樊哲本、李木旺、徐海波、胡显勇、刘丽、姜润根等走访慰问94836部队官兵。

1月28日

大年三十，县六套班子领导杨伟东，张晓方、梅梅、梅茂发、周军、罗炳贵、王火生等先后看望供电、邮政、供水、公安、电台、城管等单位节日坚守岗位的一线干部职工，向他们表示节日问候，并致以新春祝贺。

【工交财贸工作】

1月2日

上午江西天成出口包装有限公司举行开业庆典仪式。原南昌市委副书记周鑫群、县领导张晓方、梅茂发、罗炳贵、王火生、肖玉文、胡炜等出席仪式并剪彩。

1月5日

上午县长张晓方，县委常委、农工部部长李传强察看昌万公路两旁绿化带建设情况。

▲下午在昌的全国省市人大代表来到小蓝工业园视察。市委助理巡视员、县委书记杨伟东，县长张晓方，县委副书记梅茂发，县人大常委会主任罗炳贵，县委常委、小蓝工业园区书记樊哲本等陪同。

1月17日

上午南昌县举行县农村信用合作联社统一法人开业庆典大会。省银监局，省、市联社有关负责人，县委常委、常务副县长肖玉文等出席并讲话，副县长魏根金主持会议。

1月19日

上午县工商行政管理局2005年度工作总结暨表彰大会在洁惠花园宾馆举行。市工商局副局长胡荣发，县领导王火生、肖玉文、袁春秀等出席。

1月20日

上午县供电有限责任公司召开2006年工作会议暨二届一次职工代表大会。市供电有限责任公司副经理高斌、副县长徐海波等出席。

▲晚上县国税局在富煌钢结构公司会议室举办2006年税企迎新春联谊晚会。县人大常委会主任罗炳贵，县政协主席王火生，县委常委、政法委书记杨保根，县委常委、常务副县长肖玉文与广大税务工作者一同观看演出。

1月24日

县财政局2006年新春联欢会在县工商银行举行。县政协副主席姜润根出席。

【城市建设与管理】

1月20日

全县召开2005年度城镇管理工作总结表彰暨2006年度工作动员大会。县领导胡炜、徐海波出席会议讲话。

【农业与农村工作】

1月1日

下午县长张晓方，县委副书记梅梅，县委常委、宣传部长胡小明，县委常委、农工部长李传强，副县长万敏等来到蒋巷镇高梧村陶家小康示范村建设点，就进一步加快推进新农村样板示范村建设进行现场办公。

1月15日

上午全县农村道路绿化现场会在蒋巷镇召开。会议部署春节前的乡村道路绿化工作，要求以改善生态环境、提高景观品位为重点，实行道路林荫化、生态化、景观化，为全县社会主义新农村建设奠定良好基础。县长张晓方，县委常委、农工部部长李传强，副县长魏根金等出席会议。

▲上午县长张晓方，县委常委、农工部部长李传强，副县长魏根金等来到蒋巷镇高梧陶家自然村视察文明示范村建设情况。

1月20日

省委农工部助理巡视员江海、农村处处长姜学青来到南昌县，就农村文化建设情况进行调研。县委常委、农工部部长李传强陪同。

【政法工作与社会治安综合治理】

1月14日

下午县长张晓方，县委常委、农工部部长李传强，副县长魏根金等对赣东大堤的清障整治工作进行实地检查，督促依法整治到位。

1月17日

上午全县消防工作会议在县综合楼召开。会议就做好春节消防工作，确保全县居民过个平安快乐年进行部署。县委常委、政法委书记杨保根作讲话，副县长魏根金主持会议。

▲上午省水利厅水利监察总队副队长王玢在县人大常委会副主任袁春秀等陪同下，对南昌县赣东大堤清障整治工作进行检查督促。

1月25日

上午县长张晓方，县委常委、小蓝工业园区书记樊哲本，副县长刘丽等先后来到昌南客运站、江西国药厂，县日杂公司烟花爆竹仓库，莲塘综合市场等地检查安全生产的落实工作。县长张晓方在检查时强调：要深入开展安全生产隐患大排查，确保春节期间人民群众的生命财产安全和社会的安全稳定。

【科教文卫体和计生工作】

1月4日

上午县老年科技工作者协会2005年度总结表彰会在县综合楼召开。市老年科协会长周鑫群、副会长王修华，县人大常委会副主任、县老年科协副会长黄连科出席会议。

1月12日

上午全县召开创建全省农村卫生工作先进县评审会，副县长胡显勇出席评审会，并向省创建农村卫生工作先进县考评组汇报了南昌县“创建全省农村卫生工作先进县”的情况。

1月19日

上午全市健身气功工作会在南昌县洁惠宾馆会议室召开。省体育局健身气功中心主任吉娜薇及市体育局负责同志出席会议。

1月20日

2005年度县食品药品监管工作会暨南昌县药学年会在县综合楼召开。县政协主席王火生、县人大副主任陈秀梅出席会议并讲话。

【劳动人事与社会保障】

1月12日

下午全县在县综合楼召开2006年再就业援助月春风行动筹备会。会议要求全县各乡镇、小蓝工业园要切实有效地做好下岗失业人员再就业工作，认真解决农村富余劳动力就业问题，不断满足小蓝工业园区企业的用工需求。县领导张晓方、李传强、万德珍等出席会议。

【人武工作】

1月24日

上午2006年度全县武装工作会议在县人武部召开。县委副书记梅茂发，县委常委、人武部长周建东出席会议并讲话。

【群团工作】

1月18日

上午省妇联“三下乡，送温暖”活动在三江镇举行。省妇联主席李亚平、副主席金桂英，市妇联主席李电花、副主席周笑蓓，县领导梅梅、周军、吴和平、刘丽等出席活动仪式。

【友好往来】

1月11日

上午由安徽省广德县副县长黄德泉为团长的代表团一行来到南昌县，就经济社会发展和工业园建设等情况进行参观考察。县领导樊哲本、李木旺、李植等陪同。

▲上午由安徽省亳洲市市委书记、市人大主任邵国荷，市长刘健带队的亳洲市党政代表团来到小蓝工业园进行考察。市委常委、市委秘书长雷武江，县委常委、常务副县长肖玉文等陪同。

【其他重要工作】

1月13日

上午省委台办副主任朱体快率省、市台办负责同志来到南昌县视察对台工作。县委常务副县长肖玉文陪同。

1月18日

上午南昌县2006年劳模迎春座谈会在县委宣传部会议室召开。会议号召全县上下要弘扬劳模精神，争当劳模，为全县拼争百强县、文明城多作贡献。县委副书记周军出席会议并讲话。

1月20日

县人大常委会举行人大机关离退休老同志迎春座谈会。县人大常委会主任罗炳贵，副主任吴和平、袁春秀、李木旺、陈秀梅等出席座谈会。

1月21日

县政协离退休老干部迎春座谈会在政协会议室举行。县政协主席王火生，副主席张军、李信谆等出席座谈会。

1月25日

上午县纪委、县监察局召开迎春茶话会。县委副书记、纪委书记梅茂发出席。

【先进表彰】

1月14日

南昌县被评为“全省农村卫生工作先进县”。

二　月

【先进性教育】

2月8日–10日

县委先进性教育活动巡回检查组深入全县16个乡镇和小蓝工业园，督促检查第三批先进性教育活动单位春节期间的农村先进性教育活动开展情况。

2月16日

以市农科所书记胡冬林为组长的市委先进性教育活动第一巡回检查组，在县委副书记梅梅陪同下，来到南昌县塔城乡、武阳镇调研春节期农村先进性教育活动开展情况，并检查指导先进性教育活动分析评议阶段工作。

【重要会议】

2月14日

全县在莲塘三中纳新楼举行小蓝工业园区五年新跨越工程动员暨2005年开放型经济工作表彰大会。会议总结过去一年的工作及招商引资和小蓝工业园建设三年大推进工作，表彰全县开放型经济战线上涌现出来的先进集体和先进个人，启动实施小蓝工业园五年新跨越工程，安装部署今年乃至今后五年的开放型经济工作。会议动员全县广大干部群众鼓实劲，同心干，为乘势跻身全国百强县，文明城行列，开创南昌县经济社会发展新局面而不懈奋斗。市委助理巡视员、县委书记杨伟东作题为《坚持不懈打基础，奋起直追快崛起，在新的起点乘势加速跻身全国“百强县、文明城”》的重要讲话，县委副书记、县长张晓方主持会议，县领导梅梅、梅茂发、周军、罗炳贵、王火生、周建东、徐十斗、涂仕华、胡小明、杨保根、李传强、肖玉文、胡炜、樊哲本、吴和平、袁春秀、黄连科、李木旺、崇林风、陈秀梅、邓炳根、徐海波、魏根金、万敏、刘丽、万德珍、吴克芳、张军、姜润根、李信谆、伍目连、李植，县人武部政委张远、县法院院长范云远，县检察院院长张留春等出席会议。

2月22日

下午南昌县组织在县综合楼收听收看全国、全省“打黑除恶”电视电话会。县领导徐十斗、杨保根、李木旺、李植及县法院院长范云远、县检察院检察长张留春参加收听收看。

2月24日

县十三届人大常委会在县综合楼召开。会议传达了省十届人大四次会议精神，讨论通过了县人大常委会2006年工作要点和例会时间、议题安排意见，听取和审议了县质监局关于质量技术监督工作情况汇报；听取和审议了县食品药品监督局关于加强食品药品检查工作情况汇报；听取和审议了县工商局关于整顿城乡市场秩序工作情况汇报，审议了有关人事任免和县人大代表辞职事项。会议由县人大常委会主任罗炳贵主持，副主任吴和平、袁春秀、黄连科、李木旺、崇林风、陈秀梅等出席，县委常委、常务副县长肖玉文、县法院院长范云远、县检察院检察长张留春等列席会议。

▲下午南昌县在县电信局组织收听收看国务院第四次廉政工作电视电话会。县长张晓方、县政协副主席姜润根参加收听收看。

▲下午南昌县在县综合楼会议室召开全县房屋质量安全隐患排查工作动员会议。县领导梅茂发、胡炜、徐海波、万敏等出席。

【领导活动】

2月3日

上午向塘镇举行振兴家乡经济垦谈会。96101部队政委丁兆军、省委组织部副部长，省老干局局长冯桃莲，市委副书记、常务副市长龚建华，人民大会堂管理局局长刘水生，市委助理巡视员、县委书记杨伟东，县委常委、政法委书记杨保根，副县长万敏等出席。

2月5日

市人大常委会主任熊焕高，副主任肖永政、余根水、熊全柏、姚燕平、连樟寿、何有德、万先勇及县六套班子领导杨伟东、张晓方、梅梅、梅茂发、周军、罗炳贵、王火生等与县、乡、村三级机关干部、万名群众一道，来到全县乡村的百公里道路参加义务植树造林，打响了打造新农村生态农业园，提升新农村绿化水平，出现了万人种树忙，倾心绿昌南的火热气氛。

2月15日

上午市领导李豆罗、王样生、马承祖、熊焕高、陈守朴、雷武江、连樟寿、周关、雷元江等率领参加全市开放型经济工作现场会的代表来到南昌县，参观小蓝工业园。市委助理巡视员、县委书记杨伟东，县领导张晓方、梅梅、罗炳贵、王火生、肖玉文、樊哲本等陪同。

【新春走访】

2月6日

上午市委助理巡视员、县委书记杨伟东，县长张晓方、县委副书记梅梅、梅茂发、周军，县人大常委会主任罗炳贵、县政协主席王火生等县四套班子主要领导到部分单位走访，向他们送去新年的美好祝福。县领导徐十斗、胡小明、杨保根、李传强、肖玉文、胡炜、樊哲本、徐海波、胡显勇、魏根金、姜润根等先后陪同。

2月8日

上午市委助理巡视员、县委书记杨伟东，县委常委、公安局局长徐十斗，县委常委、政法委书记杨保根等一行先后来到塘南派出所、泾口派出所、幽兰派出所走访，向派出所的广大公安民警送去新年的美好祝福。

【城市建设与管理】

2月13日

下午县市场物业管理中心召开市场物业管理工作会议。副县长刘丽出席会议并讲话。

2月16日

上午全县城乡规划建设管理工作会在县城建局召开。县领导梅茂发、胡炜、万敏等出席会议。

【农业与农村工作】

2月7日

市委助理巡视员、县委书记杨伟东，县委常委、农工部部长李传强，副县长魏根金、万敏等来到蒋巷高梧陶家自然村、蒋巷中心公路、山尾村禽鸭养殖基地、国旺实业有限公司等地，详细了解社会主义新农村建设的进展情况。杨伟东在视察时强调：要抓好强镇、富民及和谐乡村的建设，不断把社会主义新农村的建设推向深入。

2月14日

下午省河湖局副局长阎齐在副县长魏根金及市、县水利局负责人的陪同下来到南昌县赣东大堤和抚西大堤检查防汛物资准备情况。

2月16日

下午市政府助理巡视员戴和旺率领出席全市新农村建设流动现场会的全体人员到蒋巷参观陶家自然村的新农村建设情况。县领导张晓方、李传强、魏根金等陪同。

2月20日

上午省放心农资下乡进村宣传周启动仪式在三江镇农贸市场举行。副县长魏根金和省农业厅，市、县农业局负责人出席启动仪式。

【政法工作与社会治安综合治理】

2月17日

上午全县召开司法行政工作会。市司法局局长吕建民，县领导杨保根、李木旺、李植等出席会议。

2月20日

上午县人民法院召开2005年度工作总结表彰大会。县法院院长范云远出席会议并讲话。

【科教文卫体和计生工作】

2月9日

上午县教体局召开新学期工作会议，对新学期工作进行布置。

2月12日

南昌县第七届农民运动会在县田径运动场举行。来自全县16个乡镇、小蓝工业园和县信用合作社共18支代表队1000多名运动员参加比赛。省体育局助理巡视员罗水保，省农民体协秘书长钱方良，省银监局综合处副处长马熏均，市委助理巡视员、县委书记杨伟东，市体育局局长姜波、副局长韩匡楷，县领导梅茂发、周军、王火生、周建东、胡小明、李传强、袁春秀、胡显勇、魏根金、吴克芳、张军等出席开幕式。

【友好往来】

2月10日

由河南省滑县县长张金泉率领的滑县党政代表团来南昌县参观考察。市委助理巡视员、县委书记杨伟东，县领导梅梅、梅茂发、周军、肖玉文、胡炜、吴和平、胥萍、江伟斌、万德珍等陪同。

2月23日

下午以河南省遂平县县委书记杨汝北、县长赵文峰率领的考察团来到南昌县，就经济社会发展，县城建设等进行考察。县领导张晓方、梅梅、周军、罗炳贵、王火生、肖玉文、胡炜、樊哲本等陪同。

【其他重要工作】

2月2日

上午富山乡举行振兴家乡经济恳谈会，省信息产业厅厅长李春燕，县领导张军、李植等出席。

▲上午塘南镇在南昌玉带河宾馆举行振兴家乡经济垦谈会。县人大常委会副主任黄连科等出席 。

2月4日

上午县财政局在八二八宾馆举行振兴家乡财政联谊会。省财政厅副厅长辜华荣，县领导梅梅、王火生、涂仕华、肖玉文、姜润根等出席。

2月6日

上午南昌县再就业援助月和春风行动工作会在县综合楼召开。县领导李传强、万德珍等出席会议。

【干部任免】

经省委组织部同意：

离休干部夏廷盛同志享受副厅级医疗待遇。

经市委组织部研究同意：

李传强同志任中共南昌县莲塘镇委员会书记；

熊国爱同志任中共南昌县向塘镇委员会书记，免去其中共南昌县南新乡委员会书记职务；

免去熊鹰同志的中共南昌县向塘镇委员会书记职务；

免去黄芝亮同志的中共南昌县塘南镇委员会书记职务；

免去陈勇同志的中共南昌县三江镇委员会书记职务；

免去李广祥同志的中共南昌县塔城乡委员会书记职务；

赵泽华同志任中共南昌县塘南镇委员会书记；

邓小军同志任中共南昌县三江镇委员会书记；

仇海泉同志任中共南昌县南新乡委员会书记；

高道荣同志任中共南昌县塔城乡委员会书记；

饶发全同志任南昌县蒋巷镇人民政府镇长，免去其南昌县武阳镇人民政府镇长职务；

殷红光同志任南昌县八一乡人民政府乡长，免去其南昌县黄马乡人民政府乡长职务；

龚小荣同志任南昌县富山乡人民政府乡长；

杨国辉同志任南昌县东新乡人民政府乡长，免去其南昌县冈上镇人民政府镇长职务；

免去丁学善同志的南昌县八一乡人民政府乡长职务；

免去万亚平同志的南昌县富山乡人民政府乡长职务。

经县委常委会议研究决定：

龚玉明同志任中共南昌县莲塘镇纪律检查委员会书记（兼）；

李挺同志任中共南昌县蒋巷镇纪律检查委员会书记（兼）；

应惟敏同志任中共南昌县蒋巷镇委员会委员，免去其维稳信息督查员（副科级）职务；

高新卿同志任中共南昌县幽兰镇委员会副书记，免去其中共南昌市小蓝工业园委员会委员、南昌市小蓝工业园管理委员会副主任（正科级）职务；

李存弟同志任中共南昌县幽兰镇委员会委员；

章运新同志任中共南昌县塘南镇委员会副书记；

姜而文同志任中共南昌县塘南镇委员会委员；

万茂文同志任中共南昌县武阳镇委员会副书记；

胡叶林同志任中共南昌县武阳镇纪律检查委员会书记（兼）；

王光华同志任中共南昌县冈上镇委员会副书记；

邹文惠同志任中共南昌县三江镇委员会副书记；

赵跃同志任中共南昌县三江镇纪律检查委员会书记（兼）；

樊华乔同志任中共南昌县泾口乡纪律检查委员会书记（兼）；

徐援越同志任中共南昌县泾口乡委员会委员；

彭苏龙同志任中共南昌县南新乡委员会副书记，免去其中共南昌县向塘镇委员会副书记职务；

谢斌同志任中共南昌县南新乡纪律检查委员会书记（兼）；

熊友庚同志任中共南昌县南新乡委员会委员，免去其维稳信息督查员（副科级）职务；

刘玉同志任中共南昌县黄马乡委员会副书记，免去其中共南昌县纪律检查委员会正科级纪检员职务；

熊赣闽同志任中共南昌县黄马乡纪律检查委员会书记（兼）；

孙杨同志任中共南昌县塔城乡纪律检查委员会书记（兼）；

何峰同志任中共南昌县东新乡纪律检查委员会书记（兼）；

免去涂秀清同志的中共南昌县莲塘镇委员会副书记职务；

免去谢大反同志的中共南昌县蒋巷镇委员会副书记职务；

免去李长春同志的中共南昌县幽兰镇委员会副书记职务；

免去徐剑英同志的维稳信息督查员（副科级）职务；

免去喻美林同志的中共南昌县冈上镇委员会副书记职务；

免去黄跃根同志的中共南昌县武阳镇委员会副书记职务；

免去罗斌翔同志的中共南昌县黄马乡委员会副书记职务；

免去邓国华同志的中共南昌县三江镇委员会副书记职务；

免去万汉平同志的中共南昌县泾口乡委员会副书记职务；

免去龚三员同志的中共南昌县南新乡委员会副书记职务；

免去高道荣同志的中共南昌县蒋巷镇委员会副书记职务；

免去杨木林同志的中共南昌县塔城乡委员会副书记职务；

免去袁军同志的中共南昌县富山乡委员会副书记职务；

徐海波同志任中共南昌县人民政府党组成员；

胥萍同志任中共南昌县人民政府党组成员；

范禄根同志任中共南昌县民族宗教事务局党组书记；

伍曦同志任南昌县房产管理局局长，免去其南昌县房管中心主任职务；

熊衍云同志任中共南昌县莲塘镇委员会副书记，免去其中共南昌县幽兰镇委员会副书记职务；

郑雪花同志任中共南昌县莲塘镇委员会委员；

肖友平同志任中共南昌县向塘镇委员会副书记（列涂相鸿同志之后），免去其中共南昌县三江镇委员会副书记、中共南昌县三江镇纪律检查委员会书记职务；

肖巍同志任中共南昌县向塘镇委员会委员；

饶发全同志任中共南昌县蒋巷镇委员会副书记，免去其中共南昌县武阳镇委员会副书记职务；

龚全印同志任中共南昌县蒋巷镇委员会委员，免去其中共南昌县塘南镇委员会委员职务；

涂义平同志任中共南昌县蒋巷镇委员会委员；

傅根金同志任中共南昌县幽兰镇委员会副书记（列徐安平同志之后），免去其中共南昌县蒋巷镇委员会委员、中共南昌县蒋巷纪律检查委员会书记职务；

徐崇健同志任中共南昌县幽兰镇委员会委员，免去其中共南昌县塘南镇委员委员职务；

李国林同志任中共南昌县塘南镇委员会委员（列应孔亮同志之后），免去其中共南昌县蒋巷镇委员会委员职务；

刘贵福同志任中共南昌县塘南镇委员会委员；

周拾桢同志任中共南昌县武阳镇委员会委员，免去其中共南昌县塘南镇委员会委员职务；

张志平同志任中共南昌县武阳镇委员会委员，免去其中共南昌县三江镇委员会委员职务；

黄寿根同志任中共南昌县冈上镇委员会委员；

邓件根同志任中共南昌县冈上镇委员会委员（列黄寿根同志之后），免去其中共南昌县三江镇委员会委员职务；

姚铁同志任中共南昌县广福镇委员会委员（列邓必亭同志之后）；

罗印同志任中共南昌县广福镇委员会委员（列刘本清同志之后），免去其中共南昌县泾口乡委员会委员职务；

蔡保平同志任中共南昌县三江镇委员会委员（列蔡军同志之后），免去其中共南昌县广福镇委员会委员职务；

万贻山同志任中共南昌县泾口乡委员会副书记，免去其中共南昌县武阳镇委员会委员、中共南昌县武阳镇纪律检查委员会书记职务；

龚寿平同志任中共南昌县泾口乡委员会委员（列陈晓鸿同志之后），免去其中共南昌县幽兰镇委员会委员职务；

刘风楠同志任中共南昌县南新乡委员会委员；

殷红光同志任中共南昌县八一乡委员会副书记，免去其中共南昌县黄马乡委员会副书记职务；

高建国同志任中共南昌县八一乡委员会委员；

龚芦花同志任中共南昌县黄马乡委员会副书记；

李勇峰同志任中共南昌县黄马乡委员会委员；

胡宏华同志任中共南昌县黄马乡委员会委员；

丁来平同志任中共南昌县塔城乡委员会副书记，免去其中共南昌县泾口乡委员会委员、中共南昌县泾口乡纪律检查委员会书记职务；

熊金平同志任中共南昌县塔城乡委员会委员；

李国华同志任中共南昌县富山乡委员会委员；

杨国辉同志任中共南昌县东新乡委员会副书记，免去其中共南昌县冈上镇委员会副书记职务；

李春权同志任中共南昌县东新乡委员会委员；

免去费小琛同志的中共南昌县人民政府党组成员职务；

免去熊丽克同志的中共南昌县人民政府党组成员职务；

免去万亚平同志的中共南昌县富山乡委员会副书记职务；

免去丁学善同志的中共南昌县八一乡委员会副书记职务；

免去张祥福同志的中共南昌县塘南镇委员会副书记职务；

免去李林平同志的中共南昌县泾口乡委员会副书记职务；

免去章小华同志的中共南昌县塔城乡委员会副书记、中共南昌县塔城乡纪律检查委员会书记职务；

免去伍有其同志的中共南昌县黄马乡委员会副书记、中共南昌县黄马乡纪律检查委员会书记职务；

免去陈晓平同志的中共南昌县东新乡委员会副书记、中共南昌县东新乡纪律检查委员会书记职务；

免去李日来同志的中共南昌县富山乡委员会副书记职务；

免去赵秋生同志的中共南昌县莲塘镇委员会副书记、中共南昌县莲塘镇纪律检查委员会书记职务；

免去王建花同志的中共南昌县向塘镇委员会副书记职务；

免去孙祥桃同志的中共南昌县南新乡委员会委员、中共南昌县南新乡纪律检查委员会书记职务；

免去揭荣庭同志的中共南昌县幽兰镇委员会委员职务；

免去江国兴同志的中共南昌县塔城乡委员会委员职务；

免去舒斯华同志的中共南昌县黄马乡委员会委员职务；

免去尧春元同志的中共南昌县广福镇委员会委员职务；

免去徐水金同志的中共南昌县莲塘镇委员会委员职务；

免去章青同志的中共南昌县蒋巷镇委员会委员职务；

免去熊文炫同志的中共南昌县武阳镇委员会委员职务；

免去涂春和同志的中共南昌县冈上镇委员会委员职务；

免去程泽汝同志的中共南昌县冈上镇委员会委员职务；

免去伍小梅同志的中共南昌县南新乡委员会委员职务；

免去龚国保同志的中共南昌县八一乡委员会委员职务；

免去万小红同志的中共南昌县黄马乡委员会委员职务；

免去杨剑平同志的中共南昌县富山乡委员会委员职务；

免去黄桂泉同志的中共南昌县东新乡委员会委员职务；

免去姜国华同志的中共南昌县东新乡委员会委员职务；

免去喻元华同志的中共南昌县莲塘镇委员会委员职务；

免去刘晖同志的中共南昌县冈上镇委员会委员职务；

免去胡久平同志的中共南昌县富山乡委员会委员职务；

免去刘立根同志的中共南昌县八一乡委员会委员职务；

免去邓崇勇同志的中共南昌县莲塘镇委员会委员（兼）职务；

免去熊孟刚同志的中共南昌市小蓝工业园委员会委员（兼）职务；

免去熊全金同志的中共南昌县莲塘镇委员会委员（兼）职务；

免去刘啸同志的中共南昌县向塘镇委员会委员（兼）职务；
免去罗平保同志的中共南昌县向塘镇委员会委员（兼）职务；
免去胡良林同志的中共南昌县幽兰镇委员会委员（兼）职务；
免去杜国平同志的中共南昌县塘南镇委员会委员（兼）职务；
免去章国华同志的中共南昌县塘南镇委员会委员（兼）职务；
免去宗国友同志的中共南昌县泾口乡委员会委员（兼）职务；
免去李宏同志的中共南昌县蒋巷镇委员会委员（兼）职务；
免去罗国龙同志的中共南昌县南新乡委员会委员（兼）职务；
免去章小毛同志的中共南昌县八一乡委员会委员（兼）职务；
免去黄小兰同志的中共南昌县富山乡委员会委员（兼）职务；
免去刘保卫同志的中共南昌县东新乡委员会委员（兼）职务；
免去胡新民同志的中共南昌县广福镇委员会委员（兼）职务；
免去杨宗保同志的中共南昌县三江镇委员会委员（兼）职务；
免去熊建平同志的中共南昌县黄马乡委员会委员（兼）职务；
免去龚小牛同志的中共南昌县冈上镇委员会委员（兼）职务；
免去万仁瑶同志的中共南昌县武阳镇委员会委员（兼）职务；
免去罗来弟同志的中共南昌县塔城乡委员会委员（兼）职务。

三　月

【先进性教育】

3月6日

上午以市直机关工委纪委书记龚小荣为组长的市委先进性教育活动督查组来到广福镇，检查指导第三批先进性教育活动的开展情况。

3月22日

上午以省人大常委、省林业厅党组书记严金亮为组长的省委先进性教育活动巡回检查组来到蒋巷镇，检查指导第三批先进性教育活动开展情况。县委副书记梅梅陪同。

【重要会议】

3月8日

上午全县乡镇党委换届选举工作会议暨保持共产党员先进性教育活动第六次工作会议在县综合楼会议室举行。会议主要是学习中央、省、市委最近关于开展先进性教育活动的一系列重要指示精神，安排布置乡镇党委换届选举工作，总结前一阶段先进性教育活动，并对下一步工作进行部署。县委副书记梅梅作讲话，县委常委组织部长涂仕华出席会议。

3月10日

县政协九届二十三次常委会在向塘镇召开。会议听取了县委农工部关于全县社会主义新农村建设工作汇报，县政协主席王火生、副主席万德珍、吴克芳、张军、伍目连、李植等出席会议。县委常委、农工部长李传强、副县长魏根金应邀参加会议。

3月11日

上午县纪律检查委员会第五次全体会议在县综合楼召开。会议总结2005年全县党风廉政建设和反腐败工作，研究和部署2006年工作任务。会议强调：各级纪检监察机关和广大纪检监察干部要把思想统一到胡锦涛总书记在中纪委六次全会上的重要讲话精神上来，增强学习党章，遵守党章，贯彻党章，维护党章的自觉性，做党的忠诚卫士，当群众的贴心人，真正做到“为民、务实、清廉”。市委助理巡视员、县委书记杨伟东作讲话，县领导张晓方、梅梅、梅茂发、周军、王火生、周建东、徐十斗、涂仕华、胡小明、李传强、肖玉文、胡炜、樊哲本、姜润根和县法院院长范云远，县检察院检察长张留春等出席会议。

3月14日

全市县区工商联工作会在南昌县召开。县领导周军、胡炜、吴克芳等出席会议。

3月17日

南昌县在电信局组织收听收看全国整顿和规范市场经济秩序电视电话会。会议总结2005年整顿和规范市场经济秩序工作，分析当前形势，部署2006年工作。中共中央政治局委员、国务院副总理、全国整顿和规范市场经济秩序领导小组组长吴仪在电视电话会上作重要讲话。

▲上午市委助理巡视员、县委书记杨伟东，县领导张晓方、梅梅、梅茂发、周军、王火生、周建东、徐十斗、涂仕华、胡小明、杨保根、肖玉文、胡炜、樊哲本等在县综合楼会议室参加收听收看全省领导干部电视电话会。

3月19日

上午全县党员领导干部深入学习贯彻党章专题报告会在县综合楼会议室举行。省委党校副校长王晓春作专题报告。市委助理巡视员、县委书记杨伟东主持报告会并作重要讲话，县领导张晓方、梅梅、梅茂发、周军、王火生等参加学习。

3月24日

上午全县在县综合楼会议室召开建立健全惩治和预防腐败体系任务分工会议，传达贯彻落实党中央《建立健全教育制度与监督并重的惩治和预防腐败体系实施纲要》和省市《实施意见》精神。县委副书记、县纪委书记梅茂发出席会议并作讲话。

3月26日

下午中共南昌县委召开十届八次全体会议。会议传达贯彻全市县区领导班子换届工作部署会议精神，表决通过了《关于在五月下旬召开中国共产党南昌县第十一次代表大会的决议》，市委助理巡视员、县委书记杨伟东主持会议并作讲话。县委委员、候补委员和县纪委委员出席和列席会议。县委副书记张晓方宣读了《关于召开中国共产党南昌县第十一次代表大会的决议》（草案），县委副书记梅梅传达了全市县区领导班子换届工作会议精神。

3月29日

上午全县2005年度乡镇人大工作总结表彰会议在县综合楼召开。县人大常委会主任罗炳贵，副主任吴和平、袁春秀、黄连科、李木旺、陈秀梅等出席会议。

3月31日

上午县六套班子领导张晓方、梅梅、梅茂发、周军、罗炳贵、王火生、周建东、徐十斗、涂仕华、胡小明、杨保根、李传强、肖玉文、胡炜、樊哲本等在县综合楼会议室收听收看浙江省经济社会发展经验报告电视电话会。

【领导活动】

3月1日

上午市委副书记王样生，市委常委、副市长卢晓健来到南昌县就信访工作开展调研。市委助理巡视员、县委书记杨伟东，县长张晓方，县领导徐十斗、杨保根、魏根金等陪同。

▲下午由市委常委、副市长卢晓健带队，市城乡规划局、市国土资源局等负责人组成的调研组，在市委助理巡视员、县委书记杨伟东和县领导梅茂发、胡炜、徐海波、万敏等陪同下，对南昌县城乡规划进行调研。

3月14日

上午南昌警备区司令李贤水，参谋长谢光忠等来到南昌县人武部检查人武工作。县委常委、县人武部部长周建东，政委张远等陪同。

3月21日

下午副市长周关到南昌县就工业经济运行情况和工业发展过程中遇到的问题开展调研。县长张晓方、副县长胥萍等陪同调研。

3月24日

上午南昌县在向塘文化广场举行社会治安综合治理暨建设和谐平安南昌铁道线宣传周活动。市委常委、政法委书记罗为民，市委副秘书长、政法委副书记胡振正及县领导张晓方、杨保根、徐海波等参加。

【工交财贸工作】

3月5日

上午全县财政工作会在县综合楼召开。会议总结回顾了2005年的全县财政工作，表彰了先进，部署了今年财政工作的任务目标。县领导张晓方、肖玉文、袁春秀、张军、姜润根等出席。

▲第十二届“中华杯”国际服装设计大赛，中南部赛区总决赛在江西服装学院艺术大剧院隆重举行。“中华杯”国际服装设计大赛由上海市人民政府、上海国际服装文化节组委会主办，中国纺织工业协会协办，上海服装行业协会，上海国际时尚联合会，江西服装学院承办。本次大赛设有男装、女装、童装、内衣、沙滩装四项国际性比赛。来自上海、湖南、陕西、湖北、广东及江西等地的70名选手参加比赛。

3月7日

上午武阳镇人民政府与江西中超实业有限公司，在省送变电建设公司会议室举行项目落户签字仪式。县委副书记周军，副县长邓炳根，省送变电建设公司副总经理张建国、周增岗出席签字仪式。

3月10日

上午南昌县受市国资公司、市国土局的委托，在县土地储备交易中心以挂牌出让的方式，公开拍卖原江西赣江农机责任有限公司使用的国有土地，面积为206.1亩，江西星洲房地产开发有限公司最后以每亩45万元的价格获得该宗土地的使用权。

3月13日

上午全县2006年地税工作会在桂花村大酒店召开。会议回顾总结了2005年全县地税工作，对2006年的地税工作进行部署。表彰了先进，市地税局副局长钟胜，县委常委、常务副县长肖玉文出席会议并讲话。

3月20日

上午南昌县在县土地拍卖中心成功出让一宗国有土地使用权，江西宏吉投资公司以每亩7.1万元的价格获得该宗土地的使用权。该宗土地位于富山霞山村境内，湖北路以北，金沙路以西，抚河故道以东，土地面积为1465.2亩，规划用途为商住及公建用地。

3月23日

上午县人大常委会主任罗炳贵，副主任吴和平、袁春秀、黄连科、李木旺等来到百思特动物药业公司、平安象湖风情房地产开发公司、南昌现代外国语学校视察，详细听取市人大代表对南昌县发展环境提出的意见和建议。

3月28日

下午香港保威集团董事长卢瑞权一行在县委副书记梅梅，县委常委、小蓝工业园党工委书记樊哲本，副县长江伟斌陪同下，参观小蓝工业园区建设和园区内的部分企业。

【农业与农村工作】

3月1日

上午全县新农村整治建设试点申报工作会在县委常委会议室召开。县委常委、农工部长李传强，副县长魏根金等出席会议。

3月8日

上午全县农村基础建设调度会在县政府会议室召开。会议强调：要全面贯彻落实全国“两会”精神，重点推进社会主义新农村建设，围绕生产发展，生活宽裕，村容整洁，乡风文明，管理民主这一目标加快建设步伐，努力构建和谐社会。县长张晓方作讲话，县领导周军、李传强、徐海波、胡显勇、魏根金等出席会议。

3月10日

由省委宣传部部刊处副处长林大建带队的调研组在县领导胡小明、胡显勇陪同下，对南昌县农村文化建设工作进行调研。

3月11日

下午全县农业农村暨人口计生工作在县综合楼召开。会议贯彻落实省、市农村工作和人口与计划生育工作会议精神，总结2005年全县农业农村、人口与计划生育工作，表彰先进，对今年的工作进行部署。市委助理巡视员、县委书记杨伟东作讲话，县领导张晓方、王火生、李传强、袁春秀、陈秀梅、魏根金、张军、姜润根等出席会议。

3月24日

晚上，南昌县农村植树造林，村容镇貌整治调度会在县综合楼会议室召开。会议强调，各乡镇要做好植树造林的扫尾工作，大力开展以清理垃圾污垢为主的卫生环境建设，迅速掀起村容镇貌整治高潮。市委助理巡视员、县委书记杨伟东出席会议并作重要讲话，县长张晓方主持会议，县领导李传强、魏根金及全县各乡镇、县直各部门主要负责人出席会议。

3月29日

上午全县粮食工作会议在县粮食局召开。会议强调今年粮食工作要贯彻粮食收购政策。市粮食局副局长刘大堂，副县长魏根金等出席会议。

【政法工作与社会治安综合治理】

3月7日

上午市安委会督导组来南昌县督查全国“两会”期间安全生产工作。副县长胥萍出席汇报会。

【科教文卫体和计生工作】

3月1日

上午县老年科协在莲塘镇召开2006年第一次理事扩大会议。会议传达了中央、省、市老年科协工作会议精神，对2006年老年科协工作任务进行研究部署安排。市老年科协会长周鑫群、副会长王修华，市科协副主席、市老年科协副会长柯雪琴，县政协主席、县老年科协会长王火生，县人大副主任、县老年科协副会长黄连科等出席会议并讲话。

3月2日

上午2006年全县卫生工作会议在县综合楼召开，会议传达了省、市卫生工作会议和市卫生系统纪检监察纠风工作会议精神，总结表彰了2005年度卫生工作，安排部署了今年的工作任务。县领导周军、胡小明、陈秀梅、吴克芳等出席。

3月7日

上午县老年科协政法分会在县政法委召开工作会议。县政协主席王火生出席会议并讲话。

3月16日

县老年科协会公安分会成立。县政协主席、县老年科协会长王火生出席并讲话。

3月21日

上午全县2005年度新型农村合作医疗工作总结表彰会在县人武部召开。会议总结表彰了2005年新型农村合作医疗工作，部署了今年的工作任务，县领导周军、胡小明、胡显勇等出席。

3月22日

上午全县文化广播电视旅游工作会在县综合楼召开。市文化局副局长贺思敏，市旅游局副局长殷国华，县长张晓方出席会议并讲话，县领导周军、胡小明、胡显勇、吴克芳等出席会议。

▲下午迎接省政府对县教育督导评估动员会在县综合楼会议室召开。县领导张晓方、周军、胡显勇、吴克芳等出席。

3月27日

下午出席全省基础教育工作会的代表在市教育局副局长邵梅珍、县委副书记周军、副县长胡显勇陪同下先后参观莲塘一中新校区和莲塘三小。

3月28日

市“三下乡”活动南昌县启动仪式在三江镇举行。市委宣传部副部长李家旺，县领导周军、胡小明、刘丽、吴克芳等参加。

【群团工作】

3月2日

南昌县在莲塘三中纳新楼举行纪念“三·八”国际劳动妇女节96周年庆祝大会暨激情三月文艺晚会。省妇联副主席金桂英，市妇联主席李电花，县领导张晓方、梅梅、梅茂发、周军、胡小明、胡炜、吴和平、袁春秀、胡显勇、刘丽、万德珍、吴克芳李信谆、伍目连、李植等出席庆祝大会并观看文艺演出。

3月7日

上午共青团南昌县十六届三次全会暨2005年度全县共青团和少先队工作表彰会在县综合楼举行。县委副书记周军、副县长胡显勇等出席并讲话。

3月21日

团市委副书记万欣来到塘南镇，就农村青年中心建设进行专题调研。

【友好往来】

3月1日

上午以安徽省涡阳县县长解杰昂为团长的代表团，来南昌县参观考察小蓝工业园区建设，了解招商引资、城镇建设、环境优化等工作，县领导梅梅、肖玉文、樊哲本、李木旺、姜润根等陪同。

3月7日

上午由广西贵港市市委书记、市人大常委会主任覃远勇率领的贵港市党政代表团来到南昌县参观考察。市县领导王样生、雷武江、张晓方、梅梅、肖玉文、樊哲本等陪同考察。

3月21日

上午由成都市市委常务副书记邓川，成都市副市长冷刚率领的成都市党政代表团一行来南昌县考察经济社会发展情况。市委常委、宣传部长、农工部长蔡社宝，市、县领导王肇赣、戴和旺、张晓方、李传强、樊哲本、魏根金等陪同。

3月23日

上午九江市湖口县政协副主席阮洋带领湖口县部分乡镇党委书记来南昌县参观考察，了解县城建设和工业园区的发展情况。县政协副主席张军陪同。

【乡政工作】

3月15日

上午莲塘镇第十一次党代会在莲塘镇举行。县委副书记、县长张晓方，县委常委李传强等出席。

▲蒋巷镇召开第三次党代会。县委副书记梅梅出席并讲话。

▲广福镇召开第三次党代会。县委副书记、纪委书记梅茂发出席并讲话。

▲武阳镇召开第三次党代会。县委副书记周军，县人大副主任袁春秀出席会议。

▲黄马乡召开第十二次党代会，县委常委、人武部长周建东出席并讲话。

▲向塘镇第十一次党代会在向塘三中召开。县委常委、政法委书记杨保根出席并讲话。

▲塔城乡召开第十一次党代会。县政协副主席万德珍出席并讲话。

▲泾口乡召开第十一次党代会。县法院院长范云远出席并讲话。

3月16日

富山乡召开第十二次党代会。县委常委、公安局长徐十斗出席并讲话。

▲八一乡召开第十二次党代会。县委常委、组织部长涂仕华出席并讲话。

▲东新乡召开第十二次党代会。县委常委、宣传部长胡小明出席并讲话。

▲南新乡召开第十次党代会。县委常委、农工部部长李传强出席并讲话。

▲冈上镇召开第三次党代会。县委常委、统战部长胡炜，县人大副主任吴和平出席会议。

▲塘南镇召开第十一次党代会。县人大副主任黄连科出席并讲话。

▲幽兰镇召开第十次党代会。副县长邓炳根出席并讲话。

▲三江镇召开第十次党代会。副县长魏根金出席并讲话。

【其他重要工作】

3月7日

上午全县国土资源工作会议在县国土资源局举行。市国土资源局副局长万里明，副县长邓炳根等出席会议并讲话。

3月14日

上午南昌县2006年春季禁渔工作座谈会在蒋巷三洞村召开。省、市、县鄱湖局的有关负责人出席会议。

3月15日

上午副县长徐海波在县民政局主要负责人陪同下，走访看望驻县的中国人民解放军九四九八一部队和九四八三六部队官兵。

3月17日

全县环境保护工作会议在县综合楼召开。市环保局局长申少平、县长张晓方出席并讲话，县领导袁春秀、邓炳根、张军等出席会议。

3月18日

上午省政协人口资源环境委员会副主任龚林儿，省政协《光华时报》社总编辑熊宝华等来南昌县调研。县政协主席王火生、副主席万德珍、吴克芳、张军、李信谆、伍目连、李植等参加汇报会，并陪同视察小蓝工业园区。

3月23日

上午市政协妇儿《两规划》调研组成员来到南昌县就妇儿《两规划》落实情况进行调研。县领导王火生、胡显勇、李植等陪同。

▲县农工民主党支与县人口和计划生育委员会举行对口联系会。县领导梅梅、杨保根、胡炜、伍目连等出席会议。

3月24日

下午全县民兵组织整顿暨专武干部会议在县人武部召开。县委常委、人武部长周建东出席会议并讲话。

3月30日

全县食品安全暨生猪定点屠宰工作会在县综合楼召开。县委常委、常务副县长肖玉文，副县长胥萍等出席。

四　月

【先进性教育】

4月3日－7日

县委先进性教育活动六个巡回检查组深入乡镇村，对先进性教育活动单位党组织整改方案，党员个人整改措施等进行检查指导。

4月13日

上午以市农科所书记胡冬林为组长的市委先进性教育活动第一巡回检查组来到塘南镇，调研指导第三批先进性教育活动整改提高阶段的工作。县委常委、组织部长涂仕华陪同。

【重要会议】

4月1日

上午全县防汛抗旱动员大会在县综合楼召开。会议对今年防汛工作进行全面部署，要求各级党委、政府和有关部门要迅速行动起来，立足于防大汛、抗大旱、战大灾，做到早部署、早动员，从思想、组织、措施上全面做好防汛抗旱的各项准备工作。省赣管局局长吴克昭，市委助理巡视员、县委书记杨伟东作重要讲话。县领导梅梅、梅茂发、周军、罗炳贵、王火生、周建东、涂仕华、胡小明、杨保根、李传强、胡炜、樊哲本等县六套班子领导出席会议。

4月7日

上午市四县文联工作例会在县委宣传部会议室举行。市文联副主席杨菊妹出席会议。

4月11日

县十三届人大常委会第二十四次会议在县综合楼召开。县人大常委会主任罗炳贵，副主任吴和平、袁春秀、黄连科、李木旺、崇林风、陈秀梅等出席会议，副县长徐海波、魏根金，县法院院长范云远，县检察院检察长张留春等列席会议。会议听取和审议了县人民政府关于社会主义新农村建设工作情况汇报，县畜牧水产局关于贯彻《动物防疫法》和发展养殖业工作情况汇报，县林业局《关于林业产权制度改革工作情况汇报》以及县农业开发办《关于农业开发工作情况汇报》。讨论通过了《南昌县人民代表大会常务委员会关于对拟任人员进行任前法律知识考试的办法》，审议并投票通过了熊鹰任县人事劳动保障局局长，黄芝亮任县监察局局长等人事任免事项。

4月14日

全县档案工作会在县委党校召开。会议总结了过去一年的档案工作，研究部署了今年的工作任务。市档案局副局长彭青、县委副书记梅梅，副县长刘丽等出席会议。

4月21日

上午全县纪检监察工作会议在县综合楼会议室召开，会议安排部署了今年下一阶段的纪检监察工作。县委副书记、纪委书记梅茂发，市纪委常委、案件检查组一室主任朱斌等出席。

4月24日

上午南昌县在县综合楼举行“科学发展、和谐创业”宣讲报告。市委助理巡视员、县委书记杨伟东和县六套班子领导张晓方、梅梅、梅茂发、周军、罗炳贵、涂仕华、胡小明、杨保根、李传强、肖玉文、胡炜、樊哲本等聆听报告。

4月28日

全县文明和谐昌南建设动员暨2005年度综治信访工作表彰大会在县综合楼举行。市委助理巡视员、县委书记杨伟东作讲话，县领导张晓方、徐十斗、杨保根、李传强、李木旺、魏根金、伍目连，县法院院长范云远，县检察院检察长张留春等出席会议。

▲全县安全生产工作会在县综合楼召开。会议总结了去年的安全生产工作，对今年的工作任务进行了部署。县长张晓方作重要讲话，副县长徐海波主持会议。

【领导活动】

4月7日

下午市委常委、宣传部长、农工部长蔡社宝来到南昌县视察农村信息服务体验站的设置和运行工作，市政府助理巡视员戴和旺，县领导张晓方、李传强、魏根金等陪同。

4月11日

由省人大常委会副主任孙用和、朱英培率领的省人大部分常委来到南昌县视察绿色食品发展工作。市人大副主任肖永政，市委助理巡视员、县委书记杨伟东，市政府助理巡视员戴和旺，县领导梅梅、罗炳贵、李传强、魏根金等陪同。

4月15日

下午县委中心学习组举行学习座谈会，就如何学习、贯彻、实践好社会主义荣辱观作为当前和今后一段时期的一项重大任务来抓紧抓好进行研究部署。市委助理巡视员、县委书记杨伟东主持会议并作重要讲话，县六套班子领导张晓方、梅梅、梅茂发、周军、罗炳贵、王火生等参加座谈会。

4月25日

县六套班子领导杨伟东、张晓方、梅梅、梅茂发、周军、罗炳贵等来到民兵训练基地，参加实弹射击军事日活动。

【走访慰问】

4月12日

下午市委助理巡视员、县委书记杨伟东在副县长徐海波、魏根金和县民政局、水利局、农业局等部门负责同志陪同下，来到受灾严重的南新、蒋巷两个乡镇察看灾情，慰问受灾群众。

4月13日

下午县委副书记梅梅来到蒋巷镇叶楼村、洲头村视察灾情，慰问受灾群众，并鼓励他们做好自救，尽快恢复生产，把损失降到最低限度。

4月15日

上午省民政厅区划处处长王健在副县长徐海波陪同下，深入南新乡视察灾情。

4月19日

上午县委常委、统战部长胡炜，县政协副主席吴克芳、伍目连在各民主党派和南新乡主要负责人的陪同下，走访慰问南新乡九联村的部分灾民。

【工交财贸工作】

4月11日

副市长周关一行来到南昌县就安全生产情况进行视察。县领导肖玉文、樊哲本等陪同。

4月12日

上午江西兴旺兽药有限公司在莲塘正式开业，县领导王火生、肖玉文、吴克芳等出席开业庆典。

【城市建设与管理】

4月3日

下午市委农工部副部长刘荣根率领村镇环境卫生整治督导组来南昌县检查镇容镇貌、村容村貌的环境卫生整治情况。县委常委、农工部长李传强陪同。

4月7日

经市国土资源局和县人民政府批准，县国土资源局在县土地储备交易中心大厅公开拍卖一宗面积700亩的国有土地使用权。该宗国有土地位于县城新区内，象湖路以北，金沙二路以南，抚河故道以西，规划用途为商业住宅用地，由江西万和房地产开发有限公司以每亩17.5万元的价格，获得该宗土地的使用权。

4月13日

上午市委助理巡视员、县委书记杨伟东在视察县城大街小巷整治情况时强调：各相关部门和莲塘镇要加大对大街小巷整治力度，对影响县城统一规划的违章建筑要统一拆除，通过整治给市民创造一个良好的生活环境。县领导梅茂发、李传强、胡炜等陪同。

【农业与农村工作】

4月7日

上午省统计局副局长、省农业普查办公室主任彭道宾，市统计局副局长、市农业普查办公室主任李鸿顺来到南昌县调研第二次全国农业普查准备阶段工作情况，副县长魏根金陪同。

▲下午南昌县召开新农村建设工作调度会。会议通报了前一阶段的村容村貌整治工作，对进一

步做好新农村建设工作进行再动员、再部署。县委常委、农工部长李传强、副县长魏根金等出席会议并讲话。

4月19日

下午中央农村工作领导小组办公室副局长赵阳，中央农村工作领导小组办公室处长杨时民，国家林业局处长李天送，中国农业大学教授郭沛一行在省农工部副巡视员刘漠炎，市政府助理巡视员戴和旺，县委常委、农工部部长李传强，副县长魏根金等陪同下，来到蒋巷镇考察国旺实业有限公司示范园，并就农业生产落实中央1号文件，社会主义新农村建设等进行调研。

4月20日

上午县长张晓方在莲塘镇视察农民危房时强调：要尽快对危房进行维修，确保居民生命财产安全。县委常委、农工部长、莲塘镇党委书记李传强陪同。

4月25日

市委农工部副部长利盛生等来南昌县检查村容村貌整治情况。市委助理巡视员、县委书记杨伟东，县领导李传强、魏根金等陪同。

4月26日

市委常委、宣传部长、农工部长蔡社宝来到南昌县，就社会主义新农村建设开展调研。市委助理巡视员、县委书记杨伟东，县领导张晓方、李传强、魏根金等陪同。

【政法工作与社会治安综合治理】

4月15日

上午南昌县在县综合楼开展“两抢一盗”专项斗争再动员大会。会议通报了全县1～3月份刑事发案破案和治安现状，就进一步开展好“两抢一盗”斗争进行再动员再部署。县长张晓方，县委常委、公安局局长徐十斗，县委常委、政法委书记杨保根，副县长魏根金，县法院院长范云远，县检察院检察长张留春等出席。

【科教文卫体和计生工作】

4月19日

上午以省政府参事、南昌大学教授陶学荣为组长的省政府参事调研组来南昌县开展职业教育问题课题调研，副县长胡显勇等陪同。

4月20日

市旅游局局长李芸带领南昌晚报，江西图片社记者深入冈上镇、广福镇就开发两地旅游资源进行调研。县委常委、宣传部长胡小明等陪同。

4月26日

上午省委党校函授学院南昌县站2006年春季大专班开学典礼在县委党校举行。县委副书记、县委党校第一校长梅梅出席典礼并讲话。

4月29日

下午市旅游局局长李芸来南昌县视察旅游资源开发等工作。县委副书记周军、副县长胡显勇等陪同。

【人武工作】

4月7日

上午江西预备役步兵师参谋长刘瑄来到南昌县五·七高炮营调研营部的建设情况。江西预备役步兵师高炮团团长徐幼根，县人武部政委张远，县人武部部长杨晓蓓等陪同。

4月13日

下午省军区政委王清葆在市委常委、南昌警备区政委张国华，司令员陈健等陪同下来南昌县人武部调研。县委副书记梅茂发，副县长徐海波，县人武部政委张远、部长杨晓蓓等出席汇报会。

4月22日

省军区新任职人武部、预备役团主官集训班全体学员来到南昌县参观县人武部和莲塘镇人武部全面建设情况。南昌警备区司令员陈健，副县长徐海波，县人武部政委张远，县人武部部长杨晓蓓陪同。

4月26日

上午全县军兵种预编预备役点验大会在县人武部会议室召开。南昌警备区参谋长谢光忠，县人武部政委张远，县人武部部长杨晓蓓等出席会议。

【群团工作】

4月12日

上午全市农村青年中心现场推进会在南昌县召开。团省委青农部部长李菲、团市委副书记万欣、县委副书记周军等出席会议并讲话。

【友好往来】

4月5日

南昌市台商协会会长陈良携同台州市台商协会副会长、昆山沪士电子股份有限公司副总经理李明贵一行来南昌县考察。常务副县长肖玉文、对外合作局局长涂莉华、纪检组长刘春云等陪同。

4月6日

市委党校第三十期青干班学员来到小蓝工业园参观考察。县委常委、小蓝工业园区书记樊哲本陪同。

4月9日

上午以广西自治区贵港市覃塘区区长冯国忠为团长的覃塘区党政代表团一行 26 人来县参观考察。县领导李木旺、魏根金、张军等陪同。

4月11日

常务副县长肖玉文、对外合作局局长涂莉华、纪检组长刘春云到江西宾馆拜会德赛集团有限公司姜捷董事长。

▲下午广西省贵港市港北区区长李英荣率港北区党政代表团来南昌县参观考察，县委副书记、纪委书记梅茂发，副县长刘丽等陪同。

4月14日

上午马来西亚南洋报业控股集团主席黄思华和涉及房地产、农业、商业的马来西亚客商来南昌县参观考察，市委助理巡视员、县委书记杨伟东，县委副书记梅梅、副县长江伟斌等陪同。

4月23日

下午以吉林省桦甸市市委书记朱淳为团长的桦甸市党政代表团来到南昌县直机关，参观考察工业园区和县城建设项目。市委助理巡视员、县委书记杨伟东，县领导胡小明、樊哲本、魏根金等陪同。

【“双拥”工作】

4月17日

下午全县“双拥”工作调度会在县政府三楼会议室召开。县委副书记、纪委书记梅茂发、副县长徐海波等出席会议。

4月24日

下午南昌县在县综合楼召开“双拥”工作调度会，要求全县各乡镇各部门要按照时间、任务要求，认真抓好各项工作的落实，为夺取“双拥模范县”四连冠作出积极努力。县领导张晓方、梅茂发、徐海波、姜润根等出席会议。

【防汛抗旱】

4月18日

县领导梅梅、肖玉文、李木旺、崇林风、万敏、伍目连等赴抚西大堤、长乐联圩和赣东大堤，检查防汛准备情况，要求各地要切实做好今年防汛、抗大灾的准备，确保全县人民生命财产安全和社会安定。

▲下午省防汛抗旱总指挥部检查组来到南昌县检查今年的防汛准备工作，副县长魏根金出席汇报会。

4月19日

下午县委副书记、纪委书记、县赣东大堤分指挥部长梅茂发，县人大常委会副主任袁春秀、陈秀梅等到赣东大堤检查防汛准备工作。

4月26日

上午市委助理巡视员、县委书记杨伟东，县委常委农工部长李传强在县水利局负责同志陪同下检查塘南、泾口两个乡镇防汛物资准备情况。

【自然灾害】

4月11日

下午南昌县遭受风雹、强降雨和龙卷风的袭击。南新、蒋巷等15个乡镇和小蓝经济开发区严重受灾，据初步统计全县受灾人口为68347人，受伤48人，其中重伤6人，倒塌房屋1978间，农作物受灾面积20多万亩，造成直接经济损失4000多万元。

【其他重要工作】

4月20日

上午市粮食部门在幽兰镇集贸市场利用农民赶集的机会，开展粮食政策、信息、订单“三下乡”服务活动。市粮食局副局长魏小俊、副县长魏根金参加活动。

4月29日

上午南昌县组织收听收看安全生产电视电话会，县长张晓方参加收听收看。

【干部任免】

经市委组织部、市纪律检查委员会研究同意：

黄芝亮同志任中共南昌县纪律检查委员会委员、常委、副书记（列熊水玉同志之前）；

免去陈先伟同志的中共南昌县纪律检查委员会副书记、常委、委员职务；

熊鹰同志任中共南昌县委组织部副部长（兼）、（列苏琳同志之前）；

曾宇同志任中共南昌县委组织部副部长（试用期一年）。

经市委研究同意：

免去吴国炳同志的南昌县政协调研员职务，正县级退休；

闵东智、钟美健、罗志、邹发明同志副县级退休，时间从2005年11月算起；

喻小罗同志副县级退休，时间从2005年12月算起；

胡金明、苏灿玉同志正县级退休，时间从2006年2月起算；

万仁赞、杨乐华、张国华、张来美同志副县级退休，时间从2006年2月起算。

经县委常委会议研究决定：

黄芝亮同志任中共南昌县人民政府党组成员，中共南昌县监察局党组书记；

熊鹰同志任中共南昌县人事劳动和社会保障局党组书记；

陈先伟同志任中共南昌县纪律检查委员会正科级调研员，免去其中共南昌县人民政府党组成员、中共南昌县监察局党组书记职务；

免去万德珍同志的中共南昌县人事劳动和社会保障局党组书记职务；

李广祥同志任中共南昌县发展和改革委员会党组书记；

万亚平同志任中共南昌县城镇管理局党组书记；

涂国根同志任南昌县城镇建设管理监察大队政治教导员；

李圣平同志任中共南昌县城镇管理局纪律检查组组长（试用期一年）；

刘宗云同志任中共南昌县交通局委员会书记；

张件喜同志任中共南昌县农业开发办公室党组书记；

杨剑平同志任中共南昌县农业开发办公室纪律检查组组长；

苏琳同志任中共南昌县委正科级组织员；

李婷同志任中共南昌县委、南昌县人民政府接待办公室主任（正科级）；

李建红同志任中共南昌县委办公室副主任（试用期一年）；

万军同志任中共南昌县委办公室副主任（试用期一年）；

熊军同志任中共南昌县委宣传部副部长；

熊任华同志任中共南昌县经济贸易委员会委员书记，免去其中共南昌县委办公室副主任职务；

李顺广同志任南昌县人大常委会副科级秘书；

熊志刚同志任政协南昌县委员会副科级秘书；

赵秋生同志任中共南昌县纪律检查委员会常务委员会委员；

涂春和同志任中共南昌县纪律检查委员会常务委员会委员、中共南昌县纪律检查委员会党风廉政建设室（南昌县党风廉政办公室）主任；

闵宏妹同志任中共南昌县纪律检查委员会办公室主任，免去其中共南昌县纪律检查委员会党风廉政建设室（南昌县党风廉政办公室）主任职务；

万志强同志任南昌县档案局局长；

伍小梅同志任南昌县档案局副局长（列黄春保同志之前）；

魏高平同志任中共南昌县城乡规划建设局委员会书记，免去其中共南昌县城镇管理局党组书记职务；

章小华同志任中共南昌县城乡规划建设局委员会委员（副科级）；

李兴宽同志任中共南昌县科学技术局纪律检查组组长（列熊国华同志之后），免去其中共南昌县纪律检查委员会信访室（举报中心）主任职务；

涂莉华同志任中共南昌市小蓝工业园工作委员会副书记，免去其中共南昌市小蓝工业园委员会副书记职务；

陈伟峰同志任中共南昌市小蓝工业园工作委员会副书记、南昌市小蓝工业园管理委员会常务副主任（正科级），免去其中共南昌市小蓝工业园委员会委员职务；

闵员根同志任中共南昌县委台湾工作办公室主任、中共南昌市小蓝工业园工作委员会委员、南昌市小蓝工业园管理委员会副主任（列邓文华同志之后），免去其中共南昌县委宣传部副部长职务；

周来华同志任南昌市小蓝工业园管理委员会副主任（正科级），中共南昌市小蓝工业园纪工委书记（兼），中共南昌市小蓝工业园工作委员会委员，免去其中共南昌市小蓝工业园委员会委员职务；

何新跃同志任南昌市小蓝工业园管理委员会副主任（正科级），中共南昌市小蓝工业园工作委员会委员，免去其中共南昌市小蓝工业园委员会委员职务；

向盛国同志任中共南昌市小蓝工业园工作委员会委员，免去其中共南昌市小蓝工业园委员会委员职务；

伍有其同志任中共南昌市小蓝工业园工作委员会委员、南昌市小蓝工业园管理委员会副主任；

方玉彪同志任中共南昌市小蓝工业园工作委员会委员；

黄波同志任中共南昌市小蓝工业园工作委员会委员（试用期一年），免去其维稳信息督查员（副科级）职务；

张炭喜同志任南昌市小蓝工业园管理委员会综合办公室主任（副科级，试用期一年）；

李红平同志任南昌市小蓝工业园管理委员会经济发展局（安全生产局）局长（副科级，试用期一年）；

赵飞华同志任南昌市小蓝工业园管理委员会社会事业发展局局长（副科级，试用期一年）；

胡剑武同志任南昌市小蓝工业园管理委员会规划建设局局长（副科级，试用期一年）；

陈怡辉同志任南昌市小蓝工业园管理委员会财政局局长（副科级，试用期一年）；

卢志红同志任南昌市小蓝工业园管理委员会财政局局长（副科级，试用期一年）；

傅瑛同志任中共南昌县委老干部局局长，免去其中共南昌县委统一战线工作部副部长职务；

姜国华同志任中共南昌县委老干部局副局长（列曾玉辉同志之前）；

李林平同志任中共南昌县委政法委员会副书记；

舒斯华同志任中共南昌县委农村工作部副部长；

尧春元同志任中共南昌县农业机械管理局纪律检查组组长；

章青同志任中共南昌县委台湾工作办公室副主任（列樊军友同志之前）；

李慎根同志任中共南昌县人民医院总支部委员会书记（副科级）；

黄琦同志任中共南昌县房产管理局支部委员会书记（副科级）；

万小红同志任中共南昌县司法局纪律检查组组长；

李勋贵同志任中共南昌县水利局委员会委员（正科级）；

王有生同志保留正科级待遇；

王建花同志任南昌市向塘开发区管理委员会副主任（副科级）；

唐险峰同志任南昌市向塘开发区管理委员会主任助理（副科级）；

孙祥桃同志任中共南昌县交通局委员会委员（副科级）；

揭荣庭同志任中共南昌县审计局党组成员（副科级）；

江国兴同志任中共南昌县民政局党组成员（副科级）；

罗来贵同志任中共南昌县文化广播电视旅游局党组成员（副科级）；

汪国胜同志任中共南昌县发展和改革委员会党组成员（副科级）；

魏瑞华同志任中共南昌县人口和计划生育委员会委员会党组成员（副科级）；

吴顺华同志任中共南昌县经济贸易委员会委员（副科级）；

谢拾根同志任中共南昌县信访局党组成员（副科级）；

龚国保同志任中共南昌县环境保护局党组成员（副科级）；

黄桂泉同志任中共南昌县司法局党组成员（副科级）；

龚循华同志调南昌县农业局工作，保留其原副科级待遇；

胡国清同志调中共南昌县委农村工作部工作，保留其原副科级待遇；

黄汉良同志保留副科级待遇；

徐水金同志保留副科级待遇；

万细稍同志任南昌县公安局正科级调研员；

邵杰同志任南昌县公安局副科级调研员，免去其南昌县公安局户政科科长（副科级）职务；

李三寿同志任南昌县公安局副科级调研员；

杨发根同志任南昌县公安局副科级调研员，免去其南昌县公安局警务督查大队副大队长（副科级）职务；

卢明华同志任南昌县公安局副科级调研员，免去其南昌县公安局法制科科长（副科级）职务；

万先其同志任南昌县林业局副科级调研员，免去其南昌县公安局森林分局教导员职务；

徐南生同志任南昌县发展和改革委员会正科级调研员，免去其中共南昌县发展和改革委员会党组书记职务；

陈勇同志任南昌县总工会正科级调研员；

罗兆群同志任南昌县向塘镇人民政府正科级调研员，免去其南昌市向塘开发区管理委员会副主任职务；

喻周全同志任南昌县安全生产监督管理局正科级调研员；

黄毛东同志任南昌县工商业联合会副科级调研员；

刘仕报同志任中共南昌县委党校副科级调研员，免去其中共南昌县委党校副校长、南昌县行政干部学校副校长（兼）职务；

张妹同志任中共南昌县委老干部局副科级调研员，免去其中共南昌县委老干部局副局长职务；

万友如同志任南昌县科学技术局副科级调研员；

林亮如同志任南昌县科学技术局副科级调研员；

熊安亮同志任南昌县教育体育局副科级调研员；

高三毛同志任南昌县教育体育局副科级调研员；

万考春同志任南昌县统计局正科级调研员；

免去涂爱国同志的中共南昌县城乡规划建设局委员会书记职务；

免去章海龙同志的中共南昌县交通局委员会书记职务；

免去钟心文同志的中共南昌县纪律检查委员会宣传教育室主任、南昌县纪律检查委员会常务委员会委员职务；

免去张会春同志的南昌县社会治安综合治理委员会办公室副主任职务；

免去李之谷同志的南昌县人民政府办公室副科级秘书职务；

免去熊国华同志的中共南昌县科学技术局纪律检查组组长职务；

免去杨香根同志的中共南昌县城镇管理局纪律检查组组长职务；

免去李淑彬同志的中共南昌县司法局纪律检查组组长职务；

免去陈绍福同志的中共南昌县城乡规划建设局纪律检查委员会书记职务；

免去吴刚同志的南昌市向塘开发区管理委员会副主任（副科级）职务；

免去胡来明同志的中共南昌县农业开发办公室党组书记职务；

免去李卫东同志的南昌县人民法院正科级调研员职务，正科级退休；

涂洪亮同志任中共南昌县委组织部办公室副主任。

五　月

【重要会议】

5月9日

上午，在县政府综合楼会议室召开了全县“创新、创业、创优”工作动员会。市委助理巡视员、县委书记杨伟东作重要讲话，县长张晓方主持会议，县领导梅梅、梅茂发、周军、罗炳贵、王火生等出席了会议。

5月19日

由南昌县承办2006年福特汽车全球供应商（南昌）投资对接洽谈会在南昌召开。副省长凌成兴、市长李豆罗，市委副书记王詠，市委助理巡视员、县委书记杨伟东、县领导肖玉文、樊哲本等参加。

【领导活动】

5月5日

上午，莲塘一中在新校区举行建校五十周年校庆活动。省委书记孟建柱，省委常委、市委书记余欣荣发来贺信。原省委书记万绍芬、省政府副秘书长郑克强、市长李豆罗、省教育厅副厅长王占铭、副市长罗慧芬，市委助理巡视员、县委书记杨伟东以及县领导张晓方、梅梅、梅茂发、周军、罗炳贵、王火生等和校友代表共3000多人参加活动。庆典大会由副县长胡显勇主持，会后举行了文艺演出。

5月16日

原江西省委书记、中央统战部副部长万绍芬到南昌县三江镇视察。省农业厅党委书记肖茂普、省审计厅厅长伍自尧、省水利厅副厅长杨沛龙、副市长罗慧芬、市政协副主任侯捷、县领导梅茂发、周军、万敏等陪同。

【人大工作】

5月10日

上午，市十二届人大代表——南昌县代表团联组会在南昌旋耕机厂会议室举行。市人大副主任熊全柏、何友德，市委助理巡视员、县委书记杨伟东，市政府秘书长郭曙、县领导罗炳贵、李传强、吴克芳及县内的市人大代表出席了会议。

5月16日

南昌县人大常委会副主任李木旺、陈秀梅等一行4人，前往湖南省岳阳县参加全国部分县（市）区第十六次人大工作研讨会。我县提交论文题为“关于换届选举中优化代表结构的思考”。

5月29日

以市人大常委会副主任肖永政为组长的市人大执法组到南昌县检查水土保持工作，县领导樊哲本、袁春秀、魏根金等陪同。

【工交财贸工作】

5月9日

下午，市委常委、宣传部长、农工部长蔡社宝一行到南昌县视察“一村一品”富民工程推进情况。县委常委、农工部长李传强陪同，先后视察了煌上煌集团小蓝工业园生产基地、冈上镇万舍“全民创业”养殖基地。

5月10日

上午，国家安全生产监督管理总局副局长孙华山来南昌县就危险化学品的经营、流通、存储等情况进行调研。省安全生产监督管理局局长查俊如，市政府助理巡视员戴和旺，副县长刘丽和市县安全生产监督管理局负责人等陪同。

5月13日

上午，省委常委、市委书记余欣荣到小蓝经济开发区视察汽车产业发展情况。市委副书记、常务副市长龚建华，市委常委、秘书长、统战部长雷武江，市委助理巡视员、县委书记杨伟东，县领导张晓方、梅梅、梅茂发、周军、肖玉文、樊哲本等陪同视察。

5月24日

下午，南昌县召开治理商业贿赂专项工作会。会议传达了全市治理商业贿赂专项工作会议精神，安排部署了全县治理商业贿赂专项工作。县委常委、常务副县长肖玉文作讲话，县领导姜润根等出席会议。

【农业与农村工作】

5月12日

下午，省委常委、市委书记余欣荣到南昌县蒋巷镇视察村容村貌的整治工作。市长李豆罗、省委副秘书长、农工部长吕滨和市县领导蔡社宝、肖永政、曹连甲、杨伟东、戴和旺、张晓方、李传强等一道前往视察。

5月14日

上午，全省飞机防治一代二化螟现场会在南昌县泾口乡小莲村举行。省农业厅党委书记肖茂普、县委常委农工部长李传强及现场与会人员观看了飞机喷洒农药表演。

▲县委常委、农工部部长李传强到泾口乡就社会主义新农村建设情况进行调研。

▲省水利厅厅长孙晓山、市政府助理巡视员戴和旺、市政府副秘书长王肇赣、市水利局副局长李克农等一行来南昌县蒋巷、武阳、黄马等乡镇，就水利事业服务社会主义新农村建设进行调研。副县长魏根金陪同。

5月15日

上午，县长张晓方，副县长魏根金等视察昌万公路环境整治工作，随后还就塘南镇的养殖基地和泾口乡的新农村建设工作进行调研。

▲上午，国家科技部农社司副司长邢小方、农社司农社处处长葛毅强来到南昌县广福镇广福村对粮食丰产科技工程项目的5000亩核心示范区和19亩超高产试验田进行调研。省农科院院长罗奇祥，省农大副校长潘小华，省科技厅农社处处长贺志胜、市科技局副局长卢洪献、副县长胡显勇等陪同调研。

5月20日

下午，市委助理巡视员、县委书记杨伟东先后到南高公路、向塘、冈上、塘南、泾口等地视察了部分乡镇村容村貌、环境卫生整治工作，县领导李传强、樊哲本、魏根金、胡显勇等陪同。

5月24日

上午参加全国发展“一村一品”经验交流会的代表在国家农业部部长杜青林，副部长危朝安的带领下来到南昌县，参观考察“一村一品”工程建设情况。省、市、县领导余欣荣、熊盛文、李豆罗、蔡社宝、杨伟东、戴和旺、李传强、魏根金等陪同。

5月25日

下午南昌县在县综合楼组织收听收看全省第二次全国农业普查工作电视电话会议。县领导肖玉文、魏根金等参加会议。

【政法工作与社会治安综合治理】

5月16日

上午，县法制宣传教育工作领导小组会议在洁惠花园宾馆召开，会上对全县“五五”普法及“十一五”依法治县工作进行全面规划。县领导胡小明、杨保根、李植等出席会议。

【科教文卫体和计生工作】

5月8日

上午，省市县红十字会为纪念世界红十字日在蒋巷开展以“健康援助进农家”为主题的纪念活动。省红十字会常务副会长方娅，副市长、市红十字会会长罗慧芬，专职副会长李安海、县红十字会副会长等参加了活动。省市医疗单位的医学专家为群众义务开展健康咨询、义诊，并走访慰问了部分贫困农民家庭。

5月9日

南昌县幼儿故事、儿歌大赛在县第三幼儿园举行。副县长胡显勇观看了比赛。

5月12日

上午，南昌县依据国务院《娱乐场所管理条例》首次对申办娱乐场举行行政审批听证会。县政协副主席万德珍、伍目连，市文化局市场处处长龚跃华等出席听证会。

5月14日

上午，全市乡镇卫生院、敬老院建设工作现场会在南昌县召开。市领导李豆罗、蔡社宝、罗慧芬、杨伟东、戴和旺、古汉清，县领导张晓方、徐海波、胡显勇、姜润根和市县卫生局、财政局、民政局主要负责人出席了会议。会后还深入武阳镇卫生院、敬老院等地视察。

5月16日

上午，省政协教文卫体委员会主任丁萌军等来我县三江、广福等地调研社会主义新农村建设和古村景点环境保护工作。县政协副主席万德珍陪同。

5月17日

下午，在县人武部会议室召开迎接省政府教育督导评估检查组的工作动员会。县领导胡小明、胡显勇、姜润根等出席。

5月18日

副县长胡显勇在县教体局负责人陪同下，深入塘南、泾口、幽兰、塔城等乡镇各中小学，就基础教育建设情况进行督查。

5月19日

副县长胡显勇在县教育体育局负责人陪同下，先后来到莲塘、冈上、广福等镇的中学、中心小学，调研教育经费投入和教师队伍现状等情况。

5月23日

全县2006年高等院校招生考试委员会成员（扩大）会议在莲塘召开。县领导胡小明、胡显勇、姜润根等出席。

▲下午，南昌市楹联家协会在莲塘二中举行首家“全市楹联教育示范基地”的授牌仪式。市政协副主席万宗明、市楹联家协会主席王乔林、县领导胡小明、万德珍及市、县文联、县教体局负责人等出席授牌仪式。

5月24日

下午以台湾台塑集团明德小学项目教育处处长林明祥为组长的监理小组来到南昌县察看南新明德小学的建设情况，省台办巡视员朱体快、市台办副主任饶小敏，县领导周军、胡显勇等陪同。

5月26日

省政府教育督导评估工作检查组来到南昌县对教育工作进行为期7天的督导评估检查。上午省检查组组长，原省教育厅师范处处长梁玉萍等，在县综合楼第三会议室听取了南昌县有关教育工作的情况汇报。市委助理巡视员、县委书记杨伟东主持督导评估检查汇报会，县领导肖玉文、周军、罗炳贵、王火生、胡小明、陈秀梅、胡显勇、万德珍、姜润根、杨笑蓓及市教育局副局长邵梅珍等出席汇报会。

【群团工作】

5月12日

团省委青农部部长李菲，团市委副书记万欣等人到南昌县泾口乡考察江西省“十大杰出青年农民”候选人的情况。

5月14日

上午，由团市委主办，纵横智业ＴＡ２团队承办的“情系寒门学子，改善教学环境”活动在南新乡大港小学举行，团省委副书记肖洪波出席并讲话。

5月15日

纪念“五四”运动８７周年暨南昌县“青春建功新农村——创业先锋”表彰活动，在蒋巷镇高梧村陶家自然村举行。团省委青农部副部长汪剑莹、团市委副书记万欣，县委常委、宣传部部长胡小明，县委常委、农部部长李传强出席并颁奖。

5月23日

团市委副书记阎志强带领“为了明天，红铃铛进校园”法制宣讲团来到南昌县莲塘一中，开展法制宣讲活动。

【档案管理】

5月17日

南昌市档案局局长李国华来南昌县就“十五”期间档案事业发展情况进行评估检查。县委副书记梅梅、副县长刘丽等陪同。

【“双拥”、民政工作】

5月10日

下午，南昌县“军政争创省双拥工作模范县”联谊会在县政府综合楼会议室举行，会议广泛征求了驻县部队对南昌县双拥工作的建议和意见。县委副书记梅茂发，副县长徐海波等出席了会议。

5月19日

县委常委、宣传部长胡小明与县“双拥”工作领导小组部分成员率医疗服务队来到94829部队，为部队官兵及其家属开展健康咨询服务。

5月20日

上午，以省“双拥”办主任、省民政厅副厅长汪国兴为组长的省“双拥”模范县检查考评组来到南昌县就创建全省“双拥模范县”工作进行考评验收。市委助理巡视员、县委书记杨伟东，市政府副秘书长吕汉清，市民政局局长梁礼伦，县领导张晓方、梅茂发、肖玉文、张远、徐海波、姜润根和县法院院长范云远等参加了考评验收汇报会。

【维稳、信访工作】

5月28日

中共南昌市委助理巡视员、县委书记杨伟东主持召开全县信访稳定工作调度会，对全县信访稳定工作进行再动员、再部署。

【招商引资工作】

5月23日

上午，市委助理巡视员、县委书记杨伟东在小蓝工业园就全县外向型经济和招商引资工作组织召开座谈会、县委副书记梅梅、县委常委、常务副县长肖玉文、县委常委樊哲本、副县长胥萍、江伟斌等领导参加。会上主要听取一线招商干部提出的意见和建议，市委助理巡视员、县委书记杨伟东就下一阶段招商引资工作做了细致安排和布置。

【土地管理】

5月16日

上午，市国土资源局局长周宏伟等来到南昌县小蓝工业园就土地使用情况进行调研。县领导肖玉文、樊哲本、邓炳根等陪同。

【个私民营经济】

5月16日

以市中、小企业管理局纪检书记吴高强为组长的市个私民营经济目标考核组来南昌县进行考评。副县长胥萍陪同。

【友好往来】

5月16日

上午，县委常委、常务副县长肖玉文在小蓝工业园会见法国梅里亚动物保健有限公司厂长郭辉一行，向他们介绍了南昌县良好投资环境，并热忱欢迎他们来园区投资建厂。

5月19日

出席2006年福特汽车全球供应商（南昌）投资对接洽谈会的部分客商，来到小蓝工业园区参观、考察。县领导肖玉文、樊哲本、江伟斌等陪同。

5月22日

在市外经贸委同志的陪同下，日本贸易振兴机构上海代表处藤内正树先生一行来县考察。

【其他工作】

5月5日-6日

江西省第四届“成杰”杯跆拳道邀请赛在南昌县体育馆举行，全省有15所跆拳道馆组队共100名选手参加比赛。南昌县“成杰”跆拳道馆获团体第一，南昌市“新力”跆拳道馆、赣州市“云海”跆拳道馆分别获团体第二、第三名。

六 月

【先进性教育】

6月5日

下午，市委先进性教育活动办公室副主任罗小平等来南昌县开展先进性教育活动群众满意度测评。测评组采取随机抽样调查，深入群众听取基层代表意见和建议，召开测评座谈会等形式进行群众满意度测评。县委常委、组织部长涂仕华出席了测评座谈会。

6月8日

上午，南昌县三个批次先进性教育活动群众满意度测评大会在县综合楼会议室举行。省人大常委、省委先进性教育活动巡回检查组组长严金亮、市委助理巡视员、县委书记杨伟东、县领导梅梅、杨保根、李传强和省市巡回检查组成员及全县300名各界人士代表参加测评大会。

【重要会议】

6月10日

上午，南昌县在综合楼会议室召开全县经济工作调度会，会上总结了全县1～5月份的财税及招商引资工作，提出下半年的工作任务和目标。市委助理巡视员、县委书记杨伟东，县领导肖玉文、梅梅、周军、罗炳贵、王火生、周建东、徐十斗、涂仕华、杨保根、李传强、胡炜、樊哲本、邓炳根、徐海波、胡显勇、魏根金、胥萍、万敏、江伟斌、刘丽、姜润根等出席会议。

6月12日

上午，南昌县十三届人大常委会第二十五次会议在县综合楼会议室举行。县人大常委会主任罗炳贵，副主任吴和平、袁春秀、黄连科、李木旺、崇林风、陈秀梅等出席，会议应到25人、实到24人、符合法定人数。会议审议了有关人事任免事项，同意接受张晓方辞去南昌县人民政府县长职务的请求，以投票表决方式决定任命肖玉文为南昌县人民政府代县长职务。

6月15日

上午，南昌市践行社会主义荣辱观先进事迹报告团来南昌县举行农村专场报告会。来自南昌、新建、进贤、安义、湾里五个县区的300多名干部、群众聆听了报告会。县委常委、宣传部长胡小明、县政协副主席万德珍等出席。

6月17日

上午，民进江西省委医药工作委员会来到南昌县蒋巷镇开展“送医药下乡活动”。省政协副主席、民进江西省委主委刘运来、省政协经济科技委员会副主任、民进江西省委专职副主委李专跃、县政协主席王火生、县委副书记周军、副县长、民进南昌县主委胡显勇等参加了活动。

6月25日

下午，中共南昌县委十届九次全体会议在县综合楼会议室召开。会议审议通过了十届中共南昌县委工作报告（草案），审议通过了南昌县纪律检查委员会工作报告（草案），推选出席中共南昌市委第九次党代会代表候选人预备人选。市委助理巡视员、县委书记杨伟东主持会议。

6月26日

下午，南昌县召开出席第十一次党代会县委、县纪委委员候选人初步人选的征求意见会。县委副书记梅梅、县委常委、组织部长王小文、县委常委、统战部长胡炜、县政协副主席伍目连和县各民主党派、工商联、无党派人士代表出席了会议。

6月29日-7月2日

中国共产党南昌县第十一次代表大会在莲三中纳新楼召开。出席本次党代会代表共413名。大会主要议程有四项：（一）听取和审议中共南昌县第十届委员会的工作报告；（二）听取和审议中共南昌县纪律检查委员会的工作报告；（三）选举中共南昌县第十一届委员会；（四）选举中共南昌县纪律检查委员会。

大会的主要任务是：高举邓小平理论和“三个代表”重要思想伟大旗帜，全面落实科学发展观、认真总结县十次党代会以来的工作。研究确定今后五年的奋斗目标、主要任务和发展战略，选举产生新一届县委和县纪委，动员和带领全县广大党员、干部和人民群众，创新创业创优，建设“四个昌南”，为加速跻身全国“百强县、文明城”而不懈奋斗。

【领导活动】

6月5日

下午，市委助理巡视员、县委书记杨伟东与县委副书记梅梅、副县长胥萍等人先后到县经济发展综合服务中心和县优化办进行视察调研。

6月8日

上午，市长李豆罗在市委常委、政法委书记罗为民，市委助理巡视员、县委书记杨伟东、市创卫办主任陈中潭、县领导肖玉文、徐海波等陪同下来到下邓埠自然村视察我县与南昌市城郊结合部的创卫情况。

▲上午，省人大常委、省委先进性教育活动巡视组组长、原省林业厅党组书记严金亮来到南昌县黄马乡视察江西金乔园林有限公司花卉苗木基地。县委副书记梅梅等陪同。

6月14日

下午，南昌县县委副书记、代县长肖玉文到县公安局进行调研。县委常委、县公安局局长徐十斗等陪同。

6月18日

上午，市委助理巡视员、县委书记杨伟东与县领导肖玉文、李传强、胡炜、樊哲本、徐海波、万敏、姜润根等察看县城和工业园区基础设施建设情况。

6月21日

上午，南昌县政协党组在县综合楼会议室召开隆重纪念中国共产党建党85周年暨祝贺张春绪同志86高龄加入中国共产党座谈会。县委副书记梅梅出席座谈会，并向86岁高龄的张绪春同志光荣加入中国共产党表示热烈祝贺。

▲上午，省政协常委、民进江西省委副主委李志跃、市政协常委、民进南昌市委副主委党钢等有关领导来南昌县开展赠书活动，为全县中小学校赠送各类学习书籍400余册。

6月25日

上午，中央文献研究室副主任、研究员李捷一行来南昌县就县域经济发展进行调研。省市县领导吕滨、杨伟东、戴和旺、王肇赣、梅梅、李传强、徐海波、魏根金、胡小明、姜润根等陪同调研。

【人大、政协工作】

6月8日

上午，县政协副主席张军带领县政协经济科技委员会委员来到县农业局，就全县农业科技网络建设情况进行专题调研。

▲上午，县政协副主席李信谆带领县政协提案委员会委员来到县文化广播电视旅游局，就有关提案办理情况进行调研。

6月9日

上午，南昌县政协主席王火生、副主席万德珍、张军等来到县畜牧水产局就提案办理情况开展调研。县政协副主席张军还同政协经济科技委员会部分委员就县畜牧水产局基层水产站、兽医站体系建设进行调研。

6月14日

上午，南昌县政协副主席伍目连率县政协城乡建设委员会委员到县交通局就全县道路建设、交通运输管理等进行调研。

6月15日

上午，市人大副主任姚燕平率检查组来到南昌县就贯彻实施《中华人民共和国职业教育法》进行执法检查。县委常委、宣传部部长胡小明出席了座谈会、县人大副主任陈秀梅、副县长胡显勇陪同检查。

6月22日

上午，南昌县人大常委在综合楼会议室举办《江西省村镇规划建设管理条例》的专题法律知识讲座。省建设厅村镇建设处处长齐虹应邀主讲。县人大常委会主任罗炳贵、副主任吴和平、袁春秀、黄连科、崇林风、陈秀梅等领导参加。

6月27日

上午，南昌县人大、县政协在县交警大队会议室举行办理人大代表意见、政协提案工作座谈会。县政协副主席万德珍、张军、李信谆、伍目连、李植和县人大选任联办主任出席了座谈会。一年来县交警大队共办理收到的人大代表意见2件，政协委员提案6件。

【农业与农村工作】

6月2日

下午，国家农业开发办主任王建国等人来南昌县视察农业综合开发项目实施情况，先后到蒋巷新赣里中低产田改造项目示范区、国旺实业有限公司、国鸿集团有限公司等地视察，市领导蔡社宝、戴和旺，县领导肖玉文、李传强、魏根金、姜润根等陪同。

6月6日

下午，县委常委、农工部长李传强，县人大常委会副主任吴和平等来到冈上镇兴农村察看社会主义新农村建设进展情况。

6月8日－10日

由市农业综合开发办和市财政局组成的市级农业综合开发项目验收组对南昌县龙昌公司、蒋巷、泾口、黄马、南新、三江等乡镇2005年度农业综合开发项目进行了全面检查验收，项目总体验收合格。

6月10日

下午，市农业综合开发项目验收组在县农业开发办召开了验收意见反馈会。市农业开发办主任陶海龙、处长黄小毛、张春华、市财政局处长刘海明、毛新平以及县领导肖玉文、李传强等出席了会议。

6月19日

上午，全市中稻机械插秧现场会在南昌县泾口乡小莲村举行。省农机局副局长郭小巩、市农机局副局长胡才水及南昌、进贤、新建、安义四个县农机局负责人参加现场会。

6月21日

上午，省农业开发办主任章康华率省畜牧、水产、蔬菜、土肥等方面的专家来南昌县江西国旺实业有限公司进行调研。市政府助理巡视员戴和旺、市委农工部副部长、市农业开发办主任陶海龙、县委常委、农工部长李传强等陪同。

6月26日

下午，南昌县参加全国水稻早衰理论与技术研讨会的专家和学者，在副县长刘丽和县科技局负责同志陪同下，参观考察了广福镇双季稻高效技术集成的核心示范区。

【政法工作与社会治安综合治理】

6月13日

上午，全市“五五”普法依法治理观摩现场会在南昌县召开。省司法厅副厅长郭奕强、市县领导王样生、蔡社宝、熊全柏、万玉明、杨伟东、肖玉文、杨保根、李木旺、魏根金、李植等出席。会前市委副书记王样生在市委助理巡视员、县委书记杨伟东、县委副书记、代县长肖玉文等陪同下，参观了“四五”普法宣传百米长廊。

同日上午，南昌县在澄碧湖广场公园举行“五五”普法动员启动仪式。省司法厅副厅长邓奕强，市县领导王祥生、杨伟东、肖玉文、王火生、徐十斗、涂仕华、胡小明、杨保根、李木旺、魏根金、李植等与县直机关干部、政法干警、农村、社区、企业职工、学生代表一道参加了启动仪式。

6月26日

下午，南昌县在县委党校举办政法、综治、信访干部业务培训班。县领导杨保根、县法院院长范云远、县检察院检查长张留春、县公安局政委颜建保等出席了开学动员会。

【廉政建设和纪检监察工作】

6月14日

上午，省纪委信访室主任卢健、市纪委副书记薄成诚一行来南昌县了解领导批示信访件的办理工作。市委助理巡视员、县委书记杨伟东、县领导周军、涂仕华及县纪委负责人陪同。

【科教文卫体和计生工作】

6月1日

下午，台湾台塑集团明德小学项目监理小组林明祥先生一行来到我县南新乡考察项目推进情况。省台办巡视员朱体快、市台办副主任饶小敏，县委副书记周军、副县长胡显勇及县台办、县教体局相关部门负责人陪同考察。

6月4日

下午，南昌县在县教体局举行2006年普通高考考务工作会议暨各考点主考、副主考培训班。副县长、县考区委员会主任胡显勇出席并讲话。

6月5日

上午，全县8600多名考生走进各自考场，参加2006年全国普通高校的招生考试，考期二天。考生中有文史类考生2106人、理工类考生4612人、艺术类考生306人、体育类考生129人、三校生1450人。为给考生创造优良考试环境，各考区附近实行交通、静音管制。

6月7日

上午，市教育局副局长、高考巡视员喻水保来南昌县巡视各考点考场情况。副县长胡显勇等陪同。

6月10日－11日

南昌县教体局首次邀请省教育厅外语中心、江西师范大学外语考试中心的外籍教师为莲一小、莲二小、莲塘镇中心小学的外语教师免费授课。省教育厅外语中心主任柳书钺、县教体局负责人等出席授课仪式。

6月17日－19日

为2006年全省中等学校招生考试期，南昌县12600多名考生将集中在县城莲塘八个考点参加统一考试。17 日下午，县政协副主席万德珍、县人武部部长杨晓蓓在县教体局负责同志陪同下，巡视了各个考点。

6月18日

上午，市纠风办主任徐有根、市教育局副局长邵梅珍带领市中考巡视组来南昌县检查2006年中招考试考风考纪情况。

6月22日

上午，南昌县召开分离市属国有农口企业自办中小学校工作会。副县长胡显勇、市农业局、市林业局、县财政局、县教体局、县劳动人事局等相关单位负责人参加了会议。南昌县接管的移交学校是市五星清华希望学校、市将军洲良种场子弟学校。

6月24日

上午，国家发改委就业和收入分配司副司长胡德巧一行来南昌县就农村计划生育家庭奖励扶助工作开展调研。市委助理巡视员、县委书记杨伟东、县委常委、纪委书记、农工部长李传强等陪同。

【劳动人事与社会保障】

6月2日

上午，南昌县劳动和社会保障工作会议在县综合楼会议室召开，会议回顾总结了去年的工作，安排布置了今年的工作任务。县委副书记、代县长肖玉文出席会议并讲话，市劳动和社会保障局局长陶年根、县领导李传强、胥萍、姜润根等人出席了会议。

【群团工作】

6月8日

上午，市县妇联在县房管局联合召开“巾帼文明岗”新农村建设调研座谈会，市妇联发展部部长翁伟萍，市妇联组织部部长陈姝、县妇联负责人及县直机关和部分乡镇妇女代表出席座谈会。

【档案管理】

6月17日

上午，省档案局局长李安全率省档案工作检查组在市档案局局长李国华陪同下来南昌县对“十五”期间档案事业发展进行综合评估。市委助理巡视员、县委书记杨伟东、县委副书记梅梅、县政府副县长刘丽陪同。

【民政工作】

6月4日

下午，南昌县在县教体局会议室举行庆祝第十六个全国助残日暨助残捐赠仪式。副县长胡显勇及县关工委、民政局、残联、公安局、教体局等单位负责同志出席捐赠仪式。这次助残捐赠活动得到社会各界广泛支持，特别是各中小学校广大师生勇跃捐献，全县共收捐款13.8万元，将全部用于我县特殊教育事业。

【水利、防汛工作】

6月8日

下午，副县长胥萍在县水利局等相关负责人陪同下，检查了赣东大堤向塘、广福、三江、冈上、富山、小蓝工业园、东新等防汛堤段的防汛组织机构、人员、器材、堤顶公路、排涝设备及过去存在问题的整改落实情况。

6月12日

上午，县委副书记梅梅、县委常委、统战部部长胡炜率抚西大堤防汛指挥部成员对抚西大堤（县域堤段全长41千米）涉及乡镇的防汛准备工作进行检查。

6月16日

上午，省水利厅副厅长朱来友在市水利局局长黄俊、南昌县副县长魏根金和县水利部门负责同志陪同下，来到黄马乡南安村察看水库堤坝渗漏、塌坡险情（6月15日早上发现险情）的处理情况。

【建设创卫、规划建设、管理工作】

6月16日

下午，为配合南昌市创建国家卫生城、南昌县组织县城管局、莲塘镇、武警县中队、公安、环卫等部门共300多人，对莲塘镇旧木材市场进行大规模整治。市委助理巡视员、县委书记杨伟东、县委常委、莲塘镇党委书记李传强、县委常委、统战部部长胡炜、副县长徐海波等到现场。

6月20日

上午，南昌县举行了县城路巷改造工程开工典礼，县城改造路巷22条、预计投资2000万元。市委助理巡视员、县委书记杨伟东、县领导肖玉文、罗炳贵、王火生、胡小明、李传强、胡炜、袁春秀、徐海波等出席开工典礼。

【招商引资工作】

6月2日

上午，市委助理巡视员、县委书记杨伟东在县委会客厅会见了外资企业上海嘉钻公司董事长季峰先生一行，县台办负责会见时在座。

6月9日

上午，以深圳市工业经济联合会会长，华南国际工业原料城有限公司副主席许杨为团长的华南商贸考察代表团一行四人，来到南昌县参观考察了小蓝经济开发区和县城新区的建设，并就投资建设华南商贸城的相关事宜进行座谈交流。市委助理巡视员、县委书记杨伟东、县领导肖玉文、樊哲本、徐海波、万敏等陪同。

6月19日

上午，以江西旅台同乡会会长黄玠先生为团长的台湾农业经贸考察团一行17人来到小蓝经济开发区和蒋巷现代农业科技示范园参观考察。省台办副主任黄祖降、市台办主任李伟、县委副书记梅梅、副县长魏根金等陪同。

6月24日-30日

2006年南昌（香港）经贸合作活动周在香港隆重举行。南昌县委副书记、代县长肖玉文，副县长涂莉华率领由向塘、南新、泾口、蒋巷等乡镇主要领导及招商人员组成的代表团于6月26日下午参加了南昌（香港）招商引资恳谈会。

6月25日

下午，南昌县·粤港台地区部分重点客商座谈会在香港城市花园酒店宴会厅隆重举行。市委副书记、常务副市长龚建华、市政府副秘书长李国根、市外经贸委主任涂宗勤、南昌县县委副书记、代县长肖玉文、副县长涂莉华及粤港台地区部分重点客商共计50余人出席了座谈会。座谈会由代县长肖玉文主持，肖县长就我县近几年来经济的发展情况及外商在小蓝开发区的投资情况做了介绍，尤其谈到随着南昌投资环境的不断优化，外商对南昌给予了极大的关注，外商来昌投资日益增多，小蓝经济开发区已发展成为外商来江西投资的首选之地。

6月29日

经县台办引进的总投资1000万美元的宜骏（香港）有限公司正式签约并落户小蓝经济开发区。

6月30日

市委助理巡视员、县委书记杨伟东，县委副书记、代县长肖玉文会见外商陈海燕先生一行，并就总部设在台湾的游艇制造重大项目转移我县事宜，双方进行了洽谈。

【土地管理】

6月22日

下午，省国土资源厅副厅长李江华、市国土资源局副局长钟效光来南昌县就土地信访案件办理及商业贿赂治理工作情况进行调研。县委副书记、代县长肖玉文，副县长邓炳根等陪同。

6月24日

上午，中央财经领导小组办公室副主任唐仁健一行四人来南昌县蒋巷镇就农村土地制度进行专题调研。市县领导蔡社宝、戴和旺、魏根金、姜润根等陪同。

【友好往来】

6月6日

下午，市委农工部副部长刘荣根率领全市省级社会主义新农村建设整治试点村驻村工作组组长培训班的全体学员计300人来到南昌县参观考察，先后到广福镇木山浬湖新村、蒋巷镇高梧陶家村等地参观，县委常委、农工部长李传强等陪同。

6月6日

下午，乐平市委副书记熊华率领乐平市党政代表团来南昌县参观考察小蓝工业园区建设。县委常委，小蓝工业园区党委书记樊哲本陪同。

6月14日

上午，弋阳县委书记江枝英、县长程观焰率弋阳县党政代表团来南昌县参观考察。市委助理巡视员、县委书记杨伟东、县领导肖玉文、梅梅、王火生、胡炜、樊哲本、吴和平、吴克芳、姜润根等与弋阳县党政代表团进行了座谈。会后，代表团一行在县委副书记梅梅、县委常委、小蓝工业园党委书记樊哲本等陪同下，参观考察了小蓝工业园的办公楼、规划沙盘、展示厅、工业园内清华泰豪及澄碧湖水上公园。

6月19日

下午，乐平市市委副书记熊华率乐平市开放型经济学习考察团来南昌县参观考察，考察内容为"十五"期间经济和社会发展情况及"十一五"开放型经济的发展思路。县委副书记梅梅等陪同。

6月21日

下午，以中国驻欧盟大使关呈远为团长的驻外使节考察团来南昌县蒋巷农业示范基地、江西国鸿集团有限公司等地参观考察。市委副书记、常务副市长龚建华、县委常委、县农工部部长李传强陪同。

【自然灾害】

6月10日

下午，莲塘地区受到8级以上大风和雷雨、冰雹袭击，11个村委会不同程度地受灾。全镇受损房屋达408间、10580平方米、倒塌养殖棚70285平方米、受灾农田1345亩、蔬菜受灾1745亩、造成经济损失达570多万元。

【其他工作】

6月9日

上午，南昌县在县委老干局召开征求离退休老干部意见建议座谈会。会上征求了老干部对县第十一次党员代表大会工作报告（讨论稿）的意见和建议。县委副书记梅梅、县委常委、组织部部长涂仕华等出席。

6月9日

上午，南昌县在县综合楼会议室召开征求各民主党派、工商联、无党派人士代表意见的座谈会，会上主要征求代表们对县第十一次党代会工作报告（讨论稿）的意见和建议。县委副书记梅梅、副县长胡显勇、县政协副主席吴克芳等领导出席。

6月10日

上午，南昌县第十三届乡镇老年人运动会在塔城乡中心小学举行。县政协副主席、老年体协主席张军出席。

6月12日

上午，县委常委、农工部部长、莲塘镇党委书记李传强深入受灾较重的定岗村视察灾情并看望灾民。

▲下午，中央电视台“千年古县”摄制组一行来到南昌县摄制“千年古县”专题文献片。摄制组将利用半个多月时间深入市县相关景点、挖掘展示南昌县深厚的历史文化底蕴。副县长胡显勇在莲塘洁惠花园宾馆会见了摄制组一行。

七　月

【重要会议】

6月30日－7月2日

中国共产党南昌县第十一次代表大会在县城莲塘召开。大会讨论并通过了十届县委、县纪委的工作报告、选举产生了新一届县委、县纪委组成人员。杨伟东当选为县委书记，肖玉文、梅梅当选为县委副书记，李传强当选为县纪委书记。

7月26日

县委常委、县政府党组成员涂仕华，副县长江伟斌组织县直有关部门负责人，在县政府综合楼第二会议室收看了国务院召开的全国电视电话会议，了解上半年全国经济发展形势和下半年全国经济工作部署。

7月29日

全县早稻收购工作会议在县综合楼第三会议室举行。县领导肖玉文、杨保根、陈秀梅、张军等人出席会议。

【领导活动】

7月4日

市委助理巡视员、县委书记杨伟东，县长肖玉文率对外合作局、小蓝经济开发区和各乡镇主要负责人组成的代表团参加在大连香格里拉大酒店召开的南昌投资环境（大连）推介会。

7月18日

全国人大常委、省人大常委会副主任、省农工党主委万学文率省农工党支部部分委员来南昌县小蓝经济开发区进行调研，县人大常委副主任吴和平、县政协副主席伍目连等陪同。

7月27日

市委助理巡视员、县委书记杨伟东，县领导肖玉文、梅梅、罗炳贵、王火生等率县委、县人大、县政府、县政协四套班子成员和县直有关部门负责人，走访问候了94836、94829等驻县部队和武警官兵。

【工交财贸工作】

7月12日

县领导涂莉华召集小蓝经济开发区及供电、供水等部门负责人，现场为台资企业钜龙纸业解决供电、供水问题，保证企业9 月中下旬顺利开工。

【党的建设与干部队伍建设】

7月30日

上午，南昌县食品药品监督管理局党组组织全局党员干部学习收看胡锦涛总书记在庆祝中国共产党成立85周年暨总结保持共产党员先进性教育活动大会上的重要讲话。会后，大家进行热烈的讨论。该学习活动引起中央媒体重视，7月1日，中央电视台《新闻联播》进行了报道。

7月21日

全县农村党组织星级创建工作推进会在八一乡召开。会议要求到年底全县四星级以上村党组织达到7%，三星级达到10%以上。县委常委、组织部长王小文出席会议并讲话。

【农业与农村工作】

7月10日

省科技厅组织省内外农业专家到南昌县广福镇，对国家粮食丰产科技工程示范田进行测产验收。该项目有5000亩核心示范区，19亩超高产试验田。经过对4块田抽测，示范区2块田亩产571.1公斤，2块超高产试验田亩产613.7公斤。副县长刘丽参加了现场测产。

7月20日

全市晚稻机械插秧现场会在县泾口乡小莲村举行。安义、新建、进贤等县区农机部门负责人、种粮大户、农机手等200多人观摩了插秧演示。

中旬

县畜牧水产局针对部分地区生猪因呼吸繁殖综合症引发的病情，组织技术人员深入各乡镇指导养猪专业户消杀病毒、免疫接种，并调运9000公斤消毒药品分发到各地养猪场。

【政法与人武工作】

7月5日

省公安厅厅长曾页九在市、县领导胡焯，刘海滨、梅梅、杨保根、张增和等人陪同下到南昌县视察公安工作。曾页九一行先后视察了县公安局指挥中心、莲塘派出所、莲南派出所，听取南昌县公安工作汇报，并观看110处警队接警处置活动。

7月7日

全国司法所建设推进现场会在武阳司法所举行。县领导杨保根出席会议并讲话。

7月9日

由南昌警备区组织的县区人武部正规化建设现场观摩会在县人武部举行。省军区副司令员吴品祥、南昌警备区司令员陈健、县人武部部长杨晓蓓和各县区人武部负责人等出席观摩会。

7月14日

省公安厅驻市公安局督导组组长杨军带领督导组来到南昌县，对县公安机关专题教育活动进行督查。县政府党组成员、县公安局局长张增和等陪同。

7月19日

在全县范围内开展集中清查网吧、打击违法犯罪活动专项整治行动。当天，县公安局治安大队在县城莲塘开展了第一次集中清查行动。整个行动将在8 月底结束。

7月28日

公安部重点工作督查组先后到南昌县向塘派出所、县交警大队等单位进行“三基”工程建设督查，了解全县公安系统“科、所、队”的基层基础建设情况。县政府党组成员、县公安局局长张增和等陪同。

【统战工作】

7月12日

全县佛教寺院主持人会议在莲塘镇弘法寺召开。县委常委、统战部长、县宗教工作领导小组副组长胡炜出席会议并讲话。

7月19日

县委统战部和县各民主党派组织人员到塘南镇富盛村开展科技、文化、医疗“三下乡”活动。县政协副主席伍目连参加了活动。

【科教文卫体工作】

7月3日

县老年体协和江西林生堂医药有限公司在县城联合举办首届“林生堂”杯老年人健身运动会。副县长胡显勇、县政协副主席张军出席开幕式。县老年体协1200 多名老同志参加了健步行走比赛。

7月5日

由市教育局主办、各县教育局承办的南昌市第三届职业院（校）技能节暨职业教育“大篷车”巡展活动在莲塘澄碧湖水上公园举行。副县长胡显勇、市教育局副局长龚小华等参加了巡展活动。

7月7日

省科协助理巡视员许荣方、市科协副主席龚绍华到南昌县塘南镇开展科协科普工作调研。

7月13日

招募2006 年高校毕业生到农村基层从事支教支农支医和扶贫工作会议在县人事劳动和社会保障局会议室召开。会议决定招募12 名高校毕业生到乡镇学校、医院和村委会从事支教支农支医和扶贫工作。副县长胡显勇出席会议并讲话。

7月20日

部分在昌的省人大代表在市、县领导姚燕平、崇林风、胡显勇等人陪同下，先后到南昌县冈上镇、县农医局视察新型农村合作医疗试点工作。

7月28日

县政协党组书记邓炳根、县政协副主席万德珍率县文教卫生界的政协委员来到县疾病控制中心，针对公共卫生事业建设情况进行调研。

【妇幼保健与计生工作】

7月4日

市计生协会副会长万保平、秘书长刘克坚在县计生委等有关部门负责人陪同下，到向塘镇剑霞村与该村委会签订“生产、生活、生育”三结合帮抚协议。协议规定，由市、县计生部门向剑霞村提供为期两年的5万元无息贷款，用于帮助计生户脱贫致富。

7月11日

省妇儿工委办副主任谢小云率省妇儿工委督导组到南昌县就实施两纲（2001～2010年妇女发展纲要，2001～2010年儿童发展纲要）的情况进行督导。督导组在听取副县长、县妇儿工委主任胡显勇的汇报后，先后到县妇幼保健院、县三幼，向塘镇卫生院、向塘镇高田村卫生所、高田小学进行督导评估。

7月18日

由复旦大学公共卫生学院博士吕军率领的国家卫生部考察团来南昌县开展“降低孕产妇死亡率和消除新生儿破伤风”项目实施效果进行评估检查。副县长胡显勇等陪同检查。

【群团工作】

7月24日

由团省委和江西移动公司共同主办的江西农村青年中心神州行工程启动仪式在塘南镇青年中心举行。启动仪式上，省移动公司向青年中心赠送援助“江西农村青年中心神州行工程”项目资金148000元。省、市、县领导孙用和、王少玄、胡中华、杨伟东、梅梅等出席启动仪式。

【友好往来】

7月3日

以贵溪市常务副市长杨解生为团长的贵溪市党政代表团来南昌县考察。代表团在县领导涂仕华、涂莉华的陪同下，考察了解了小蓝开发区建设和招商引资工作。

7月9日

日本日亚钢业株式会社北京事务所所长山口一成率团来南昌县小蓝经济技术开发区就投资环境进行参观考察。市委助理巡视员、县委书记杨伟东在对外合作局接待了山口一成一行，并对南昌县投资环境进行推介。

7月19日

今麦郎（北京）饮品有限公司总经理助理庄淇到南昌县小蓝经济开发区进行拟投资考察。今麦郎饮品有限公司在中国民营企业200强排名第37位。

7月22日

九江市人防考察团到南昌县参观考察人防宣传教育进社区工作。考察团先后参观考察了县人防办地面应急指挥室，莲塘镇莲富路社区居委会。市、县领导胡序环、张远、刘丽等陪同。

7月25日

韩国东洋农机有限公司总经理沈昌辅一行到南昌县小蓝经济开发区考察。省农机局局长邓建平，县委副书记、代县长肖玉文等陪同考察。

【媒体报道】

7月18日

《人民日报》第十三版报道了南昌县食品药品监督管理局党员干部救助南昌市高新区昌东镇瑶湖村一位白血病患儿的感人事迹。同时该报道已入选由中央文明办秘书组、人民日报群工部、中国精神文明网、人民网联合主办的“感知荣辱”征文集。

【其他工作】

7月3日

小蓝经济开发区举行纪念建党85周年暨2005年度“创先争优”表彰大会。县委副书记、代县长肖玉文出席大会并讲话。

7月5日

南新乡召开建党85周年暨2005年“创先争优”总结表彰大会。县委常委、县纪委书记李传强出席会议并讲话。

▲幽兰镇召开纪念建党85周年暨2005年度“创先争优”表彰大会，县政协副主席张军出席会议并讲话。

7月18日–19日

县交通局在八二八会议室举行“政策应用与效果”研讨会。县领导梅梅、杨文斌、王小文等出席研讨会。

八 月

【重要会议】

8月4日

全县组织县直各部门负责人在县政府综合楼会议室收听收看全省经济工作电视电话会。县领导江伟斌、涂莉华、姜润根参加了收看。

8月10日

全市学习贯彻《中华人民共和国义务教育法》研讨会在县桂花村大酒店召开。市人大副主任姚燕平作专题讲座，副市长罗慧芬到会讲话。县领导陈秀梅、胡显勇和各县区分管教育的领导及市直有关部门负责人参加了研讨会。

8月13日

全省基层信访工作现场会在县召开。省信访局局长张桂生和市、县领导龚建华、杨伟东、熊运浪、刘丽、张增和等出席会议。

8月16日

县十三届人大常委会第二十六次会议在县综合楼会议室举行。县人大常委会主任罗炳贵，副主任吴和平、袁春秀、黄连科、李木旺、崇林风、陈秀梅和委员共22人出席会议。县委副书记、代县长肖玉文，县委常委、县政府党组成员涂仕华，县检察院检察长张留春，县法院有关人员参加了会议，各乡镇人大主席、县人大各办副主任、副科级秘书及四名县人大代表列席会议。

8月27日

全县开放型经济工作调度会在县对外合作局会议室举行。县领导肖玉文、徐海波、江伟斌、涂莉华等出席会议。

8月29日

全县“建设高效责任政府，塑造诚信创业昌南”活动动员大会在县政府综合楼会议室召开。市、县领导杨伟东、肖玉文、梅梅、罗炳贵、王火生、胡小明、邓炳根、涂仕华、杨保根、李传强、杨文斌、胡炜、王小文、徐海波、李木旺、万德珍、姜润根、范云远、张留春等出席会议。

【领导活动】

8月2日

副省长凌成兴到南昌县视察小蓝经济开发区。市、县领导周关、杨伟东、肖玉文、徐海波等陪同视察。

8月17日

市委助理巡视员、县委书记杨伟东，县委副书记、代县长肖玉文先后看望慰问了高温下坚持在一线岗位的县环卫所、小蓝经济发展区企业工人。

8月28日

市委助理巡视员、县委书记杨伟东和县领导梅梅、王小文、万敏、姜润根等到县委党校进行了视察。

【党的建设与干部队伍建设】

8月2日-3日

县纪委在828会议室举办全县监察干部培训班。培训班邀请市纪委有关专家讲课。各乡镇纪委书记，县直各部门纪检书记、纪检组长及其他纪检监察干部参加培训。县委常委、县纪委书记李传强参加了培训并在培训班动员会上讲话。

8月17日

省直机关工委常务副书记陈永华到南昌县开展党建工作调研活动。县委副书记梅梅等陪同。

8月26日

县委理论学习中心组在县政府综合楼会议室集中学习《江泽民文选》和胡锦涛在中共中央学习《江泽民文选》报告会上的重要讲话。县委、县人大、县政府、县政协四套班子领导参加了学习会。

【农业与农村工作】

8月1日

县委常委、县政府党组成员杨保根和县粮食局、县农业发展银行负责人深入冈上、向塘、武阳、塔城、幽兰、泾口、塘南、蒋巷、南新等乡镇，检查指导早稻收购工作。据统计，至7月31日，全县各国有粮食收购企业共收购早稻5427万斤。

8月2日

副市长凌学仁一行在县领导杨保根等人陪同下，深入塘南、泾口、幽兰、武阳四乡镇早稻收购点，现场了解和指导夏粮收购工作。

8月3日

第二次全国农业普查南昌县工作会在县政府综合楼会议室举行。会议安排部署全县第二次全国农业普查的各项任务。县统计局、农业局、农工部、发改委等有关部门负责人及各乡镇长参加了会议。县委常委、县政府党组成员涂仕华出席会议并讲话。

8月9日

黄马乡举行“敬老爱老献爱心”捐赠活动。捐款用于建设该乡敬老院。县委常委、县人武部政委张远和县直有关部门及部分企业负责人出席了捐赠仪式。

8月10日

出席全国水稻病虫害防治现场会的代表，在国家农业部种植业司司长陈荷山、省农业厅厅长毛惠忠和市县领导蔡社宝、魏根金、刘丽等的陪同下，到泾口乡泾口村和小莲村参观考察水稻病虫害综合防治情况。

▲上午，县委常委、县政府党组成员杨保根带领各乡镇长和民政局负责人到丰城市参观考察乡镇敬老院建设情况。下午，在县民政局会议室举行全县敬老院建设工作调度会。县领导肖玉文、杨保根、刘丽等出席会议。

▲县领导魏根金、刘丽和有关部门负责人到泾口乡就该乡新农村建设工作进行现场办公。

8月11日

县委副书记、代县长肖玉文深入蒋巷、塘南、泾口、幽兰、黄马等乡镇视察新农村推进工作。县领导魏根金、万敏、刘丽等陪同视察。

8月25日

市政协原副主席赵国梁率农工党南昌市委会调研组到南昌县进行农业产业化调查研究。县领导王火生、伍目连陪同。

8月30日

全县推进“五路两圈”新农村重点示范村建设现场会在黄马乡召开。县委常委、农工部长魏根金出席会议并讲话。“五路”是指蒋巷中心公路、昌万公路、乐温高速公路、105国道和320国道；“两圈”指金十字养殖产业带、银三角种植产业带。

【政法与人武工作】

8月26日

县司法局在县政府综合楼会议室举办《中华人民共和国义务教育法》知识讲座。市、县领导杨伟东、梅梅、罗炳贵、王火生、胡小明、邓炳根、杨保根、李传强、杨文斌、熊运浪、王小文、张远等县六套班子成员，各乡镇、小蓝经济开发区、县直机关副科级以上干部以及全县各中、小学校长参加了知识讲座。

8月29日

全县法制宣传骨干培训班在县委党校举行开学仪式。市司法局局长吕建民，县领导熊运浪、李植、张增和出席开学动员大会。此次培训班为期5天，分2批进行。各乡镇、小蓝经济开发区的司法所长，县委各部门、县直各单位，中央、省、市驻县单位分管普法宣传的领导，各村委会党支部书记参加培训。

【国土管理与城乡建设】

8月2日

省国土资源厅助理巡视员张祥连一行到南昌县小蓝经济开发区针对土地报批工作现场办公。县领导肖玉文、徐海波、万敏、江伟斌等陪同。

8月8日

县政协组织部分县政协委员针对县城环境卫生、市政维护、园林绿化、公共照明、城区客运等工作到县城管局进行调研。县领导涂仕华、王火生、邓炳根、万德珍、张军、李信谆、伍目连、李植参加了调研。

8月14日

省国土厅副厅长李江华一行到向塘镇调研。

【科教文卫体工作】

8月4日－6日

全县首届“星云峰尚”杯七人制足球比赛在县田径足球场举行。经过16场比赛，江西嘉业建工集团、县公安局、中环地产等代表队获得前3名。

8月8日

全县老年科技工作者协会一届五次理事会扩大会议在县政协会议室召开。县领导王火生、黄连科等出席。

8月12日

“信合杯”全县青年歌手赛在洁惠花园宾馆举行。来自全县各有关单位和乡镇40名青年歌手参加比赛。县领导陈秀梅、伍目连观摩了比赛。该赛事由县委宣传部、县文广局主办，县信用合作联社协办。

▲全县老年科协工作会在县政府综合楼会议室召开。省老年科协会会长张逢雨等及市、县领导杨伟东、梅梅、杨文斌、胡显勇出席了会议。

8月16日－18日

2006年全国青少年男子自由式摔跤锦标赛在莲塘体育馆举行。北京、吉林、江西、南昌市体校等共18支代表队近200多名运动员参加了比赛。

8月24日

全县2006年公开招聘中小学教师文化考试在莲塘一中老校区举行。来自省内外685名考生参加考试，角逐260个中小学教师岗位。这是自2002年以来，南昌县连续第五年面向社会公开招聘中小学教师。县领导肖玉文、胡显勇巡视了考场。

【群团工作】

8月4日

省妇联权益部部长李桂菁来蒋巷镇高梧村委会陶家自然村考察“平安家庭”创建情况。

8月11日

团县委在县综合楼会议室举行团员青年学习县党代会精神知识竞赛。来自部分县直部门和乡镇的48名团员青年参加比赛。县委副书记梅梅观看了比赛并为获奖单位颁奖。

【友好往来】

8月22日

香港铜锣湾集团考察团来县参观考察县城新区及象湖新城规划，拟投资房地产商贸项目。县领

导涂莉华及有关部门负责人与考察团就城市规划问题进行了详细洽谈。（县对外合作局）

8月26日

河北省饶阳县党政代表团来南昌县参观考察。代表团在听取南昌县经济社会发展情况介绍后，在县领导梅梅、江伟斌陪同下，参观小蓝经济开发区、澄碧湖公园、维也纳广场。市、县领导杨伟东、梅梅、涂仕华、李传强、张远、陈秀梅、江伟斌、刘丽、张军等与代表团进行了座谈。

8月27日

湖南华宇集团总经理刘利民一行到小蓝经济开发区和县城新区，就投资星级酒店商贸项目进行实地考察。县委常委、宣传部长杨文斌，副县长涂莉华及县台办负责人陪同。

8月28日

旺旺集团投资总处处长李玉生一行来县小蓝经济开发区参观考察。市、县领导杨伟东、杨文斌、徐海波、万敏等陪同。

8月30日

以色列驻华大使海逸达和夫人到蒋巷镇国鸿公司参观农业开发项目。副县长刘丽及有关部门负责人陪同。

【干部任免】

经市委组织部研究同意：

王小文同志任中共南昌县委组织部部长；

免去涂仕华同志的中共南昌县委组织部部长职务；

免去黄芝亮同志的中共南昌县纪律检查委员会副书记、常委、委员职务；

李传强、熊水玉（女）、胡盛林、刘全根、赵秋生、石林根、涂春和、闵宏妹同志为中共南昌县纪律检查委员会常务委员会委员；

熊水玉（女）、胡盛林同志为中共南昌县纪律检查委员会副书记；

陈伟峰同志任中共南昌县莲塘镇委员会书记；

免去李传强同志的中共南昌县莲塘镇委员会书记职务；

经市委决定：

肖玉文同志任中共南昌县委副书记；

免去张晓方同志的中共南昌县委副书记、常委、委员职务；

免去梅茂发同志的中共南昌县委副书记、常委、委员和兼任的县纪律检查委员会书记职务。

李传强同志任中共南昌县纪律检查委员会书记；

杨文斌、熊运浪同志任中共南昌县委员会委员、常委（列李传强同志之后）；

王小文、徐海波同志任中共南昌县委员会委员、常委（列胡炜同志之后）；

魏根金同志任中共南昌县委员会常委；

张远同志任中共南昌县委员会委员、常委；

免去周建东、徐十斗、胡小明、樊哲本同志的中共南昌县委员会常委、委员职务；

胡小明、邓炳根同志明确为正县级；

雷水生、邓林海同志副县级退休，时间从2006年4月算起；

邱金昌、万于辉、万新根同志副县级退休，时间从2006年5月算起。

经市委同意：

杨伟东、肖玉文、梅梅（女）、涂仕华、杨保根、李传强、杨文斌、熊运浪、胡炜（女）、王小文、徐海波、魏根金、张远同志为中共南昌县第十一届委员会常务委员会委员；

杨伟东同志为书记；

肖玉文、梅梅（女）同志为副书记；

李传强同志为中共南昌县纪律检查委员会书记；

经县委常委会议研究决定：

肖玉文同志任中共南昌县人民政府党组书记；

免去张晓方同志的中共南昌县人民政府党组书记职务；

胡小明同志任中共南昌县人大常委会党组书记；

邓炳根同志任中共政协南昌县委员会党组书记，免去其中共南昌县人民政府党组成员职务；

涂仕华同志任中共南昌县人民政府党组成员；

杨保根同志任中共南昌县人民政府党组成员；

张增和同志任中共南昌县人民政府党组成员、中共南昌县公安局委员会书记、中共南昌县委政法委员会副书记；

涂莉华同志任中共南昌县人民政府党组成员；

罗炳贵同志任中共南昌县人大常委会党组副书记，免去其中共南昌县人大常委会党组书记职务；

王火生同志任中共政协南昌县委员会党组副书记，免去其中共政协南昌县委员会党组书记职务；

免去徐十斗同志的中共南昌县公安局委员会书记、中共南昌县委政法委员会副书记职务；

免去樊哲本同志的中共南昌县人民政府党组成员、中共南昌市小蓝工业园工作委员会书记、南昌市小蓝工业园管理委员会主任职务；

免去徐海波同志的中共南昌县人民政府党组成员职务；

免去魏根金同志的中共南昌县人民政府党组成员职务；

免去胥萍同志的中共南昌县人民政府党组成员职务；

免去黄芝亮同志的中共南昌县人民政府党组成员职务、中共南昌县监察局党组书记职务；

杨文斌同志任中共南昌县委宣传部部长；

熊运浪同志任中共南昌县委政法委员会书记；

魏根金同志任中共南昌县委农村工作部部长，免去其中共南昌县委政法委员会副书记职务；

免去胡小明同志的中共南昌县委宣传部部长职务；

免去杨保根同志的中共南昌县委政法委员会书记职务；

免去李传强同志的中共南昌县委农村工作部部长职务；

刘光荣同志任中共南昌县委办公室主任，免去其中共南昌县莲塘镇委员会副书记职务；

涂秀清同志任中共南昌县莲塘镇委员会副书记；

徐向阳同志任中共南昌县工商业联合会党组书记（试用期一年）；

陈凌云同志明确为正科级；

冯起金同志任中共南昌县人民法院纪律检查组组长；

吴建成同志任中共南昌县直属机关工作委员会副书记，免去其中共南昌县直属机关工作委员会纪律检查委员会书记职务；

黄晓瓶同志任中共南昌县委办公室副科级秘书；

刘洪伟同志任中共南昌县委办公室副科级秘书；

肖军同志任中共南昌县直属机关工作委员会纪律检查委员会书记（试用期一年）；

樊孝仁同志任南昌县人民政府办公室副科级秘书；

杨友亮同志任南昌县人民政府办公室副科级秘书；

朱兵同志任中共南昌县发展和改革委员会纪律检查组组长（试用期一年）；

万红兵同志任中共南昌县统计局纪律检查组组长（试用期一年）；

秦涛同志任中共南昌县广播电视台支部委员会书记（副科级）；

喻德琪同志任中共南昌县委史志地名办公室副主任（试用期一年）；

聂贵保同志任中共南昌县商业局纪律检查委员会书记（试用期一年）；

免去黄志平同志的中共南昌县委办公室主任职务；

免去陈伟峰同志的中共南昌市小蓝工业园工作委员会副书记、南昌市小蓝工业园管理委员会常务副主任（正科级）职务；

免去李小华同志的中共南昌县发展和改革委员会纪律检查组组长职务；

免去刘冬发同志的中共南昌县农业局纪律检查组组长职务；

免去赵腾益同志的中共南昌县广播电视台支部委员会书记（副科级）职务；

胡来明同志任南昌县农业开发办公室正科级调研员，免去其中共南昌县委农村工作部副部长职务；

徐崇杨同志任南昌县卫生局正科级调研员，免去其中共南昌县卫生局委员会书记职务；

万润宝同志任南昌县司法局正科级调研员；

张良权同志任南昌县水利局副科级调研员；

万铁牛同志任南昌县公安局副科级调研员，免去其南昌县公安局保安管理大队大队长（副科级）职务；

免去李家新同志的南昌县公安局交通警察大队正科级调研员职务，正科级退休；

喻文保同志副科级退休；

胡玉根同志正科级退休；

免去许西梭同志的南昌县审计局正科级调研员职务，享受原部队副团职政治生活待遇退休；

免去郭传枝同志的南昌县畜牧水产局副科级调研员职务，副科级退休；

根据《中国共产党章程》规定和中共南昌市委洪干字[2006]50号、中共南昌市委组织部洪组干[2006]54号通知精神，我县于二00六年六月二十九日至七月二日召开了中共南昌县第十一次代表大会。大会按照民主集中制的原则，采取先预选、后正式选举的办法，以无记名投票方式选举产生了中共南昌县第十一届委员会和中共南昌县纪律检查委员会。根据选举结果：

（按姓氏笔画为序）丁学善、王三毛、王小文、危桂椿、刘廷爱、刘守平、许桂兰、苏琳、李传强、杨文斌、杨伟东、杨宇华、杨保根、肖玉文、何新发、张远、张留春、张增和、陈小妹、范云远、罗木平、胡炜、徐海波、涂仕华、涂莉华、涂爱国、黄云松、黄志清、梅梅、龚润水、熊鹰、熊运浪、熊国爱、魏根金三十四名同志为中共南昌县第十一届委员会委员；

（按得票多少为序）刘仕福、万亚平、刘光荣、江振国、朱新民、陈伟峰、胡朝辉七位同志为中共南昌县第十一届委员会候补委员；

（按姓氏笔画为序）万军、石林根、刘全根、刘国根、李挺、李传强、闵宏妹、陈峥、罗松、周来华、赵和连、赵秋生、胡盛林、涂春和、涂相鸿、梅杰、龚玉明、彭银凤、熊水玉十九名同志为中共南昌县纪律检查委员会委员。

赵丽琴同志任南昌县人大常委会选举任免联络办公室正科级调研员；

免去卜言辉同志的南昌县粮食局调研员（副科级）职务，副科级退休；

免去刘金华同志的中共南昌县向塘镇委员会副书记职务；

免去何国山同志的中共南昌县蒋巷镇委员会副书记职务；

免去乐和平同志的中共南昌县武阳镇委员会副书记职务；

免去麦建宁同志的中共南昌县东新乡委员会副书记职务。

九 月

【重要会议】

9月1日

上午农工民主党南昌县总支在县综合楼召开第七次换届大会，选举产生了新一届农工民主党南昌县总支。农工民主党南昌市委会主委龙国英、市委统战部一处处长许日强，县领导罗炳贵、王火生、胡小明、邓炳根、涂仕华、胡炜应邀参加会议，县政协副主席伍目连及农工民主党南昌县总支全体党员出席会议。

9月2日

上午中国民主同盟南昌县第七次盟员大会在县综合楼召开。省政协副主席、民盟江西省委主任委员倪国熙，市委统战部副部长钮润荪，民盟南昌市委副主任委员王永南以及县领导胡小明、邓炳根、胡炜、胡显勇、江伟斌等到会祝贺。

▲下午中国民主促进会南昌县支部第三次大会在县综合楼召开。省政协常委、民进江西省委副主任委员李志跃，市委统战部副部长钮润荪，民进江西省委秘书长康忠锦，民进南昌市委副主任委员党钢以及县领导梅梅、胡小明、邓炳根、胡炜、王小文、胡显勇、刘丽到会祝贺。

9月3日

上午中国国民党革命委员会南昌县第八届支部委员会换届暨总支第一届委员会成立大会在县综合楼召开。市委常委、秘书长、统战部部长雷武江，市委助理巡视员、县委书记杨伟东，民革江西省委副主任委员韩树艺，民革南昌市委主任委员陈守国，市委统战部副部长钮润荪，民革南昌市委副主任委员王晓玲以及县领导王火生、胡小明、熊运浪、胡炜、胡显勇、万敏、吴克芳等到会祝贺。

▲下午九三学社南昌县支社第五次大会在县综合楼召开。九三学社江西省委秘书长栾波，市政协副主席关德华，九三学社南昌市委主任委员李广振，市委统战部副部长钮润荪，县领导王火生、胡小明、杨保根、胡炜、魏根金、胡显勇、吴克芳等到会祝贺。

9月4日

下午县委常委、县政府党组成员涂仕华、县政协副主席、财政局局长姜润根及县政府各部门负责人在县综合楼会议室收听收看国务院“加强政府自身建设、推进政府管理创新”电视电话会。

9月16日

上午南昌县在莲塘三中纳新楼举办学习《江泽民文选》专题报告会。市委助理巡视员、县委书记杨伟东，县领导王火生、胡小明、邓炳根、涂仕华、杨保根、李传强、杨文斌、熊运浪、王小文、徐海波、张远等参加报告会，省委宣传部副部长陈东有作专题辅导报告。

9月18日

下午整治赣东大堤砂石场动员会在县委常委会议室召开。市委助理巡视员、县委书记杨伟东出席会议并讲话，县领导肖玉文、魏根金、刘丽、姜润根等出席会议。

9月28日

下午南昌县在县综合楼组织收听收看全国冬春农田水利基本建设电视电话会。市委助理巡视员、县委书记杨伟东代表南昌县在北京主会场接受表彰。县委副书记、代县长肖玉文在南昌县分会场参加收听收看。

【领导活动】

9月4日

上午市委常委、市政协副主席、市委秘书长、统战部部长雷武江，市政协副主席万宗明，市委助理巡视员、县委书记杨伟东，清华泰豪集团董事长黄代放，县领导梅梅、胡炜、姜润根等出席塘南镇富盛小学教学楼竣工典礼。

9月6日

上午副省长凌成兴率领全省食品、纺织服装工业现场会的全体与会人员来南昌县参观煌上煌集团，副市长周关，市委助理巡视员、县委书记杨伟东，县委常委徐海波等陪同。

9月7日

下午副市长凌学仁在市政府副秘书长辛利杰等陪同下，来到南昌县就全民创业工作进行调研。县委常委、县政府党组成员涂仕华，副县长江伟斌等陪同。

9月9日

下午中央组织部人才局局长金阳到南昌县蒋巷镇就农村实用人才结构情况进行调研。省委组织部副部长刘三秋，市委副书记史蓉蓉，市委助理巡视员、县委书记杨伟东，县领导梅梅、王小文等陪同。

9月13日

上午以省人大常委、省人大农业委员会副主任委员黄耀春为组长的省人大调研组来南昌县就水利工程体制改革工作进行调研。市人大常委会副主任肖永政，县人大常委会副主任袁春秀，副县长刘丽和市县水利局负责人陪同。

9月28日

上午2006“相约昌南第三届环鄱阳湖”文化论坛在桂花村大酒店举行。省委宣传部副部长陈东有、市长李豆罗出席并讲话。市旅游局局长李芸，市民族文化促进会主席王乔林，县领导肖玉文、梅梅、杨文斌、伍目连等参加论坛。

【工交财贸工作】

9月8日

上午全县交通建设项目推进会在县交通局召开。县委常委、县政府党组成员杨保根出席会议并讲话。

▲上午县领导徐海波、涂莉华和县台办负责人参加厦门“9·8投洽会”。

9月16日

上午市委巡视助理员、县委书记杨伟东，县委常委徐海波接待宜骏（香港）有限公司的老总季峰先生，并对落户小蓝经济开发区的嘉钻（南昌）工业有限公司进度交换了意见。

9月21日

上午南昌第五届金秋经贸活动月开幕式在南昌国际展览中心举行。市委助理巡视员、县委书记杨伟东，县领导肖玉文、徐海波、江伟斌、涂莉华等率南昌县组团参加开幕仪式。南昌县在会上签约项目两个，投资额分别为1.2亿元和3000万美元。

9月23日－24日

2006赣台经贸合作研讨会系列活动在庐山旅游娱乐活动中心召开，县领导肖玉文、徐海波、江伟斌、涂莉华率县台办、对外合作局、小蓝经济开发区、汽车产业办招商人员参会。

9月25日

上午南昌县在828会议室举办座谈会，100多名台湾工商界的企业家参加座谈。县领导肖玉文、杨文斌、徐海波、江伟斌、涂莉华等出席。

【城市建设与管理】

9月5日

上午市委助理巡视员、县委书记杨伟东在县领导徐海波，江伟斌陪同下来到小蓝经济技术开发区，视察园区基础设施建设和企业发展情况。

9月7日

下午省委组织部副部长王可忠来南昌县视察小蓝经济技术开发区和县城建设。市委助理巡视员、县委书记杨伟东，县委副书记梅梅，县委常委、组织部长王小文等陪同。

9月19日

上午县政协主席王火生，党组书记邓炳根，副主席万德珍、吴克芳、张军、伍目连等来到县城建局，就近年来的县城建设工作开展调研。县委常委、县政府党组成员涂仕华应邀参加调研。

【农业与农村工作】

9月4日

市委助理巡视员、县委书记杨伟东在县委副书记梅梅，县委常委、统战部部长胡炜等陪同下，视察塘南镇葛溪李家村新农村建设。

9月10日

上午省政府副秘书长金细安，省人事厅厅长揭赣元和出席全省“一村一品”工作经验交流会的代表来到南昌县蒋巷镇和南新乡，实地参观考察“一村一品”经济发展情况。市委助理巡视员、县委书记杨伟东，市政府助理巡视员戴和旺，县领导魏根金等陪同。

9月11日

下午国际水稻研究所杂交水稻专家谢放鸣博士和戴维·马吉尔博士来到南昌县广福镇，视察国家粮食丰产科技工程。

9月27日

上午市农业综合开发办、市财政局组织农业、林业、水利等方面的专家来到蒋巷镇，对江西国旺实业有限公司实施的农业综合开发项目——罗家湖中低产田改造项目进行论证评审。市委农工部副部长、市农业综合开发办主任陶海龙，副县长刘丽等参加评审会。

【政法工作与社会治安综合治理】

9月6日

上午全县防火安全委员会工作会在县信访局召开。县领导熊运浪、张增和出席会议并讲话。

9月20日

全县严打整治“百日行动”誓师动员大会在澄碧湖公园广场举行。市委助理巡视员、县委书记杨伟东宣布严打整治“百日行动”正式开始。县委副书记、代县长肖玉文作动员讲话，县领导梅梅、罗炳贵、王火生、胡小明、邓炳根等出席。

9月23日

上午南昌县在县综合楼举办《公证法》知识讲座。县领导胡小明、邓炳根、涂仕华、杨保根、熊运浪、王小文、张远、李木旺、刘丽、万德珍、张军等参加。

9月27日

上午县人大在县综合楼会议室举办《中华人民共和国各级人民代表大会常务委员会监督法》讲座。省人大法制委副主任、省立法研究会副会长、江西师大政法学院、江西财大法学院教授朱开扬主讲。县人大主任罗炳贵、党组书记胡小明，副主任袁春秀、陈秀梅等参加学习。

▲上午由市总工会、市质监局、市政公用局等部门组成的市安全生产督查组来到南昌县，就安全生产工作进行督查。副县长江伟斌陪同。

9月28日

上午小蓝经济开发区召开严打整治“百日行动”动员大会，部署严打整治“百日行动”工作。县委常委、小蓝经济开发区党工委负责人徐海波出席会议并讲话。

【党的建设和干部队伍建设】

9月18日

上午全县第一期青年领导干部培训班在县委党校举办。县委副书记、县委党校第一校长梅梅在培训班上作动员讲话。

9月26日

上午市纪委副书记方华清带领调研组来南昌县调研党风廉政建设工作。县委常委、纪委书记李传强作汇报。

9月27日

下午南昌县首期青年干部培训班毕业典礼在县委党校举行，县委常委、县委组织部部长王小文出席典礼并讲话。

【科教文卫体和计生工作】

9月2日

上午南昌市少年宫南昌县分部揭牌仪式在莲塘一中老校区举行。团市委书记陈吉炜、市少年宫主任龚循亮，县委副书记梅梅，县政协副主席万德珍等出席揭牌仪式。

9月5日

上午全县2007年度新型农村合作医疗试点工作动员会在县综合楼召开。会议通报了今年1～8月全县的新型农村合作医疗工作，部署了2007年农民参合自缴资金收缴工作，县委副书记梅梅作讲话，县人大常委会副主任陈秀梅，县政协副主席万德珍等出席。

9月7日

下午民进江西省委副主任委员李志跃和市商贸委员会副主任游志为、市拍卖行业协会负责人在县政府副县长胡显勇等陪同下来到八一乡中心小学，向50名贫困学生发放助学金。

9月15日

上午以教育部体卫艺司司长杨贵仁为组长的学校食品卫生专项检查组来到南昌县对学校食品卫生进行专项检查。省教育厅副厅长汪忠武，县委副书记梅梅、副县长胡显勇等陪同。

9月16日

下午县委、县政府在县综合楼召开全县信访暨计划生育工作调度会，安排部署今年国庆期间全县信访工作和出生人口性别比专项集中整治工作。市委助理巡视员、县委书记杨伟东出席并讲话，县领导肖玉文、熊运浪、魏根金、张增和、姜润根等出席会议。

9月22日

县人防办在南昌县莲塘第一中学、莲塘第一小学和莲塘第二小学开展全市人防十年成就和人防基础知识图文展。

【友好往来】

9月8日

下午县领导徐海波、涂莉华和县台办负责人到石狮拜访了雄豹狼老总庄顺举先生，并邀请庄先生10月份来南昌县考察。

9月18日

下午市委助理巡视员、县委书记杨伟东在县委接待室会见市台商协会会长陈良鑑先生一行，县政府党组成员涂莉华会见时在座。

【其他重要工作】

9月13日

上午市纪委副书记、监察局局长曾亦冰来南昌县就“文明行风热线”开办情况和纪检监察工作进行调研。县委常委、纪委书记李传强等陪同。

9月18日

上午县委副书记、代县长肖玉文，县委常委、人武部政委张远，县政府副县长刘丽等来到县人防办指挥警报试鸣演习。

9月19日

上午省水利厅纪委书记李东江，市水利局副局长邓文茂带领省市“清江行动”督查组，来到南昌督查赣东大堤河道采砂整治工作。副县长刘丽等陪同。

9月20日

上午南昌市妇联在县综合楼召开贯彻落实男女平等基本国策宣传工作会。市妇联主席李电花、县委副书记梅梅出席会议并讲话。

【先进表彰】

9月26日

陈摧飚同志被评为2001～2005年度全国党史工作先进工作者。

南昌县史志地名办被评为2001～2005年度全省党史工作先进集体。陈摧飚同志被评为2001～2005年全省党史工作先进工作者。

南昌县史志地名办被评为2006年度全省党史宣传教育工作先进单位。曹小伟同志被评为2006年度全省党史宣传教育工作先进个人。

陈摧飚、曹小伟撰写的《抗战期间血泪斑斑的南昌县人民》获2004～2005年度江西省党史研究优秀成果文章类三等奖。

南昌县史志地名办被评为2006年度全省方志工作先进单位。

9月28日

南昌县被评为全国农田水利建设先进县。

十 月

【重要会议】

10月10日

下午南昌县赣东大堤河道采砂权规范管理调度会在县政府会议室召开。县委副书记、代县长肖玉文讲话，县领导魏根金、刘丽、张增和等出席会议。

10月11日

上午县政协九届26次常委会在县综合楼召开。县政协主席王火生，党组书记邓炳根，副主席万德珍、吴克芳、张军、李信谆、伍目连、李植等出席会议。县委常委、政法委书记熊运浪，县政府党组成员、县公安局局长张增和应邀参加会议。

▲下午南昌县在县综合楼召开全县酒类流通规范管理工作会议。市商贸委副主任高辉红、县领导涂莉华出席并讲话。

10月12日

上午全省服务新农村基层团组织建设座谈会在南昌县召开。团省委组织部长张俊，团市委书记陈吉炜，县委常委、宣传部长杨文斌等出席会议并讲话。

10月18日

下午南昌县在县综合楼组织收听收看全省退耕还林工作电视电话会。副县长刘丽参加收听收看。

10月22日

下午县委理论学习中心组在县综合楼第三会议室集中学习十六届六中全会精神。市委助理巡视员、县委书记杨伟东主持学习座谈会并讲话。县委副书记、代县长肖玉文，县委副书记梅梅、县人大常委会主任罗炳贵，县政协党组书记邓炳根和县四套班子在家领导，县法院院长、县检察院检察长等参加学习座谈。

10月23日

市委助理巡视员、县委书记杨伟东在县城市规划委员会第四次会议上强调：要进一步强化以规划统领一切的发展理念，科学设计开发区和城市发展的远景，使城市化和新型工业化有机结合，为开发区和县城建设下一轮的跨越式发展提供科学指导。县领导肖玉文、梅梅、涂仕华、杨文斌、胡炜、徐海波、万敏、姜润根等出席会议。

10月24日

上午全县基层工会组建工作会议在县综合楼召开。市总工会副主席刘本昆、县委副书记梅梅出席并讲话。

10月26日

县十三届人大常委会第二十七次会议在县综合楼召开。县人大常委会罗炳贵，副主任吴和平、袁春秀、李木旺、陈秀梅等出席；县委常委、县政府党组成员涂仕华，县法院院长范云远等列席会议。

【领导活动】

10月5日

蒋巷中学举行建校50周年庆典活动。省委书记孟建柱发来贺信，市政协主席陈守朴，市人大副主任肖永政，副市长罗慧芬，县领导梅梅、杨文斌、陈秀梅、胡显勇、万德珍等出席庆典活动。

10月21日

市政协副主席、市工商联会长雷元江，市委统战部副部长、市工商联党组书记任美清来到南昌县就工商联“三服务”工作进行调研。县领导梅梅、胡炜、徐海波、吴克芳等陪同。

10月22日

上午以国家发展改革委综合司副司长年勇为组长的国务院新开工项目清理督查组，来到南昌县小蓝经济开发区，对2006年新开工项目进行检查。省发改委副主任胡世忠，市委副书记、常务副市长龚建华，县领导肖玉文、涂仕华、徐海波等陪同。

10月23日

上午市人大常委会主任熊焕高，副主任姜任保、肖永政、余根水、熊全柏、姚燕平等来到南昌县蒋巷镇高梧陶家村、柏岗山水灌桥村，视察农村建设。市委助理巡视员、县委书记杨伟东，市政府助理巡视员戴和旺，县领导梅梅、罗炳贵、魏根金、吴和平、袁春秀、李木旺、陈秀梅、刘丽等陪同。

10月24日

上午国家防汛抗旱总指挥部办公室常务副主任张志彤来到南昌县，视察赣东大堤南昌县堤段的防洪工程。省水利厅党委书记汪普生、厅长孙晓山，市政府助理巡视员戴和旺，市政府副秘书长王肇赣，县委副书记、代县长肖玉文，副县长刘丽等陪同。

10月25日

上午市政协副主席侯捷来到南昌县，就中心小学教育网点布局进行调研。县领导王火生、邓炳根、胡显勇、万敏、万德珍及市县教育局负责人等陪同。

【工交财贸工作】

10月9日

上午省级工程质量验收专业组来南昌县对二期农村电网建设（改造）工程进行考核验收。县委常委、县政府党组成员杨保根出席县供电公司的考核验收汇报会。

10月12日

县委副书记、代县长、小蓝经济开发区党工委第一书记肖玉文，在永通发展集团有限公司调研时强调：要树立“为企业服务、帮企业盈利、助企业发展”的理念，尽力解决小蓝经济开发区内企业在开工、建设、发展中遇到的困难，帮助企业早开工、早建设、早投产、早达标、早见效。县领导徐海波、万敏、涂莉华等陪同。

▲晚上小蓝经济开发区召开“创五型机关，建一流园区”动员大会，县委常委、小蓝经济开发区党工委书记徐海波出席会议并讲话，副县长江伟斌等出席。

10月13日

下午县委副书记、代县长、小蓝经济开发区党工委第一书记肖玉文来到小蓝经济开发区，江西文丰服饰实业有限公司调研。县委常委、小蓝经济开发区党工委书记徐海波陪同。

10月16日

上午市台办副主任饶小敏来到落户小蓝经济开发区的台资企业了解生产、生活情况，并现场协调解决一些台资企业遇到的问题。

10月17日

上午出席2006年江西与日本岗山、岐阜县企业经贸恳谈会的日方代表，在日本驻上海总领事馆副总领事石井哲也的带领下，来到小蓝经济开发区江西武藏野生物化工有限公司参观考察。省外事办副主任王雨森，市外事办副主任刘笃安，县领导涂莉华等陪同。

10月18日

上午小蓝经济开发区重大项目签约投产仪式在小蓝经济开发区综合办公楼前举行。省台办主任阎钢军，省外经贸厅巡视员陈凤藻，省合作办助理巡视员钟冠群，市委副书记、常务副市长龚建华，市人大常委会主任熊焕高，市政协主席陈守朴，市委常委、宣传部长、农工部长蔡社宝，市委助理巡视员、县委书记杨伟东，市政府助理巡视员戴和旺以及落户客商代表、签约嘉宾、县六套班子领导等出席签约仪式。会上签约项目共27个，其中内资项目13个，签约资金11.35亿元，外资项目14个，签约资金1.29亿美元。

▲今麦郎饮品（北京）有限公司、锦丰集团正式签约落户小蓝经济开发区，引进资金分别为2亿元和8000万元。

10月19日

上午小蓝经济开发区513，515，519三条线路公交车开通仪式在开发区举行。市委助理巡视员、县委书记杨伟东出席并宣布三条线路公交车开通。县领导肖玉文、梅梅、罗炳贵、王火生、涂仕华、杨保根、徐海波、万敏、涂莉华、姜润根和市公交公司总经理王立出席开通仪式。

【城市建设与管理】

10月10日

上午市委助理巡视员、县委书记杨伟东，县委副书记、代县长肖玉文在视察象湖新城开发建设情况时强调：要进一步加大象湖新城的土地征用和道路、电排站、自来水等基础设施的建设，早日把象湖建设成适宜人居的理想之地。县领导胡炜、姜润根等陪同。

【农业与农村工作】

10月10日

上午南昌县在县综合楼组织收听收看全省冬季农业工作电视电话会。县委常委、农工部长魏根金参加收听收看。

10月11日

上午市政府助理巡视员戴和旺，市政府副秘书长王肇赣，在县委常委农工部长魏根金，副县长刘丽等陪同下，前往塘南镇蔡家村，就如何搞好蔡家村的公共基础设施建设进行现场办公。

10月13日

上午省科技厅副厅长吴文峰来南昌县广福镇视察粮食生产科技工程。

10月20日

上午市委助理巡视员、县委书记杨伟东在南新乡视察网箱养鳝和新农村建设情况时强调：要不断做强做大网箱养鳝产业，使之规模化、市场化，力争把南新乡打造成远近闻名的黄鳝之乡，为加快全乡的新农村建设提供产业支撑。县领导魏根金陪同。

【党的建设和干部队伍建设】

10月11日

上午县委组织部在武阳镇郭上村召开全县村级党组织星级创建工作现场会暨基层组织建设工作例会。县委常委、组织部长王小文出席会议并讲话。

【科教文卫体和计生工作】

10月1日

南昌县广播电视台举行调频广播开播仪式。县领导梅梅、罗炳贵、王火生、胡小明、杨保根、李传强、杨文斌、熊运浪、张远、吴和平、李木旺、万德珍、李信谆、姜润根等出席开播仪式。

▲晚上由县委宣传部、县文化广播电视旅游局主办和谐昌南国庆五十七周年文艺晚会在澄碧湖文化广场举行。县领导胡小明、杨保根、杨文斌、吴和平、张军、李信谆、伍目连、李植以及县人武部部长杨晓蓓等观看演出。

10月9日

上午市台办主任李伟来到南新乡民德希望小学项目部，就该项目推进情况进行了调研。

10月11日

下午全县农民体育“健身工程”工作会在冈上镇举行。副县长胡显勇出席并讲话。

10月19日

上午县政协主席王火生，副主席万德珍、张军和部分政协委员来到县文化广播电视旅游局，就文化市场管理工作开展调研。

10月21日

上午中国农民体育协会秘书长王复来来到向塘镇，对该镇作为全国亿万农民健身活动先进单位开展情况进行评估检查。省农民体协秘书长钱方良，市体育局副局长韩框凯，市农民体协秘书长姜扣成等陪同。

10月24日

下午以中央新闻出版总署、监察局副局长习骅为组长的全国“反盗版百日行动”联合检查组来到南昌县，对音像及计算机软件市场进行检查。省版权局局长、省新闻出版局副局长邓光东、市新闻出版局局长王建华，县委副书记梅梅，县委常委、宣传部长杨文斌，副县长胡显勇等陪同。

10月26日

下午市委助理巡视员、县委书记杨伟东来到县广播电视台，就广播电视新闻宣传，广播电视设备投入，“昌南之声”调频广播节目开播情况进行调研。县领导梅梅、杨文斌、胡显勇等陪同。

10月31日

下午省党史研究室副主任王瀚秋一行在市史志办主任姜爱兰等人陪同下，来南昌县进行党史工作调研。调研组先后视察了小蓝工业园，澄碧湖公园。县委副书记梅梅陪同调研并与调研组进行座谈。

【劳动人事与社会保障】

10月9日

上午全县清理“吃”空饷和乡镇机构编制总量控制工作会在县综合楼召开。县委常委、县政府党组成员涂仕华作讲话。

10月18日

下午全县劳动保障工作会在县综合楼召开。县委常委、县政府党组成员杨保根出席会议并讲话 。

10月20日

上午县人事劳动和社会保障局在县城维也纳广场开展全县劳动保障宣传咨询活动。县委常委、县政府党组成员杨保根参加活动。

10月23日

上午全县社会救助体系建设工作会议在县综合楼召开。县委副书记、代县长肖玉文讲话，县委常委、县政府党组成员杨保根，副县长胡显勇，县政协副主席姜润根等出席会议。

【其他重要工作】

10月18日

下午全县民主评议“百个基层站所”工作调度会在县纪委召开。县委常委、县纪委书记李传强主持会议并讲话。

10月25日

上午原市人大常委会主任史骏飞等30多位市人大老领导来南昌县参观考察。县领导梅梅、罗炳贵、徐海波、吴和平、李木旺等陪同。

▲下午南昌县民族宗教工作领导小组会议在县委常委会议室召开。县委副书记梅梅出席并讲话，县领导杨保根、胡炜等出席会议。

10月27日

县关心下一代工作委员会成立十周年暨“双先”表彰会在县综合楼会议室召开。县委副书记、代县长肖玉文出席会议作讲话。县领导梅梅、罗炳贵、王火生、邓炳根、胡显勇等出席会议。

10月30日

南昌县委老干部局组织全县离休干部、副县级以上退休干部以及全县老干部党支部书记、党小组长200余人，前往黄马乡金乔园林，蒋巷镇高梧自然村，红谷滩，生米大桥，小蓝经济技术开发区参观。县委副书记梅梅陪同。

十一月

【重要会议】

11月9日

上午“构建和谐文明昌南，实现又快又好发展”“金点子”大赛活动动员会在县综合楼召开。县委副书记梅梅，县委常委、宣传部长杨文斌等出席会议。

▲上午全县2007年度党报党刊发行工作会议在县综合楼召开。会议总结表彰了2006年全县党报党刊发行工作，传达了省、市党报党刊发行工作会议精神，安排部署了2007年度党报党刊发行工作。县委副书记梅梅，县委常委、宣传部长杨文斌出席并讲话。

11月16日

上午县离退休老干部党支部建设工作经验交流会在县检察院召开。省老干局一处处长骆驿平，县委常委、组织部长王小文出席会议并作讲话。

11月20日

上午全县经济工作调度会在县综合楼召开，会议总结了全县1～10月份经济运行情况，部署了下一阶段的工作任务。市委助理巡视员、县委书记杨伟东作讲话，县领导肖玉文、罗炳贵、王火生、胡小明、邓炳根等出席会议。

▲代县长肖玉文主持召开县政府第26次常务会议。县委常委、县政府党组成员涂仕华，副县长胡显勇、万敏、江伟斌、刘丽，县政府党组成员、县公安局局长张增和，县政府党组成员、县对外合作局局长涂莉华等出席会议；县委常委、组织部长王小文，县政协副主席、县财政局局长姜润根，县人武部部长杨晓蓓等列席会议。

▲下午全县组织教育体育局、公安局、卫生局等部门负责人在县综合楼收听收看全国加强中小学校管理电视电话会议。县委副书记、代县长肖玉文，副县长胡显勇等参加收听收看。

11月24日

全省公安信访“三基”工作现场经验交流会在南昌县召开。会议总结交流全省公安信访“三基”工程建设工作经验，研究部署公安信访“三基”工程建设下步的工作。省信访局副局长徐贵闽、省公安厅党委副书记殷景来，纪委书记郭玉明，市公安局副局长刘海滨，县政府党组成员、县公安局局长张增和等出席会议。

【领导活动】

11月1日

上午省人大常委会副主任蒋仲平带领部分省人大常委、省人大代表来到南昌县视察小蓝经济开发区。省委常委、市委书记余欣荣，副省长凌成兴，市、县领导熊焕高、雷武江、周关、杨伟东、肖玉文、罗炳贵、胡小明、徐海波等陪同视察。

▲上午国家农业部副部长范小建来南昌县小蓝经济开发区江西海浩鄱阳湖水产有限公司视察。副省长熊盛文、省农业厅党委书记肖茂普，厅长毛惠忠，市委助理巡视员、县委书记杨伟东，市政府助理巡视员戴和旺，县领导肖玉文、徐海波、魏根金、刘丽等陪同。

11月3日

上午三江小学百年校庆暨蔡冠深教育奖励基金第十次颁奖，万修元教育奖励基金捐赠仪式和首次颁奖，以及“爱心”教育助学基金第二次颁发大会在三江中学修元楼前举行。中共江西省委书记孟建柱，省委常委、市委书记余欣荣致电祝贺；原中共江西省委书记、全国人大常委万绍芬，省人大常委会副主任万学文，副省长胡振鹏、孙刚，省政协副主席、统战部部长王林森，市长李豆罗，市委助理巡视员、县委书记杨伟东，县领导肖玉文、梅梅、罗炳贵、王火生、胡小明、邓炳根、李传强、张远、陈秀梅、胡显勇、刘丽、万德珍和万修元奖励基金会主席刘凤桂女士，蔡冠深先生的特别助理李家伯先生等出席大会。

11月10日

市委副书记、代市长胡宪来到南昌县小蓝经济开发区和部分企业调研。市委助理巡视员、县委书记杨伟东，县领导肖玉文、梅梅、罗炳贵、王火生、胡小明、邓炳根等陪同。

11月21日

上午市委常委、市纪委书记刘东明来到南昌县，就纪委工作进行调研。市委助理巡视员、县委书记杨伟东，市纪委副书记薄成诚，县领导肖玉文、梅梅、李传强等陪同。

11月23日

上午汇仁集团有限公司科学技术协会成立大会在汇仁集团有限公司举行。会议选举产生了汇仁集团有限公司科学技术协会第一届委员会委员，汇仁集团总裁陈年代当选为科技协会主席。市人大常委会主任姚燕平，市科协主席姚晓明、副主席柯雪琴，县委副书记梅梅等出席。

11月28日

上午省委常委、市委书记余欣荣与南昌县代表团一起讨论中共南昌市委第八届委员会工作报告和中共南昌市纪律检查委员会工作报告。市、县领导余根水、何友德、肖玉文、梅梅、李传强、王小文、姜润根等参加讨论。

【工交财贸工作】

11月6日

下午县委常委徐海波在县台办负责人陪同下，赴武汉与武汉顶津食品有限公司签订康师傅饮料项目投资合同。

11月7日

上午南昌县人民政府代县长肖玉文，县政府党组成员、对外合作局局长涂莉华在小蓝经济开发区接待广东高科产业商会代表团。

11月8日

县委常委、中共小蓝经济开发区党工委书记徐海波率小分队赴新加坡、印度尼西亚、泰国招商引资。

11月20日

县委副书记、代县长肖玉文，县政府党组成员、县对外合作局局长涂莉华等一行赴韩国招商，小分队参加了在韩国首尔举办的2006首尔国际农业机械博览会，拜访了世界500强的大同机械、L.S农机，并赴釜山推进东洋农机项目。

【城市建设与管理】

11月1日

县人大常委会组织常委会组成人员对部分为民办实事工程推进情况进行视察。县人大常委会主任罗炳贵，党组书记胡小明，副主任吴和平、袁春秀、黄连科、李木旺、陈秀梅参加视察。县委常委、县政府党组成员涂仕华及有关单位负责人陪同视察。

11月6日

下午县城建设指挥部项目推进工作会在县城建局会议室召开。会议就推进县城22条路巷改造工程、新城区排水工程和文化会展中心大楼建设工程进行研究部署。县委常委、县政府党组成员涂仕华，副县长万敏出席并讲话。

11月8日

上午市委助理巡视员、县委书记杨伟东，县委副书记代县长肖玉文，县委常委、县政府党组成员涂仕华，副县长万敏，县政协副主席姜润根等先后来到县城斗柏路、湖中路、莲西大道、澄湖北大道、湖西路、振兴大道、莲塘大道、站前西路等路段，实地察看了道路综合改造、美化、绿化、亮化和新城区排水工程。

11月15日

上午市委助理巡视员、县委书记杨伟东在察看象湖新城的道路、绿化、亮化等基础设施建设时强调：在加快道路绿化、亮化建设的同时，要不断提高规划的执行力，使道路等公共设施建设和楼盘开发更加统一、协调，早日把象湖新城打造成昌南绿城新亮点。县领导胡炜、万敏等陪同。

11月20日

上午县委副书记、代县长肖玉文来到象湖新城进行现场办公。县领导胡炜、姜润根等陪同。

【农业与农村工作】

11月12日

上午南昌市科技局组织省、市有关农业专家，对南昌县承担的国家粮食丰产科技工程——江西双季稻丰产高效技术集成与示范项目课题，南昌县高产田持续丰产技术示范推广，进行成果鉴定。市科技局副局长卢洪献，县委常委、宣传部长杨文斌，副县长刘丽出席鉴定现场会。

11月13日

受国家农业部委托，以省农垦场办主任，省发展绿色食品领导小组副组长操香水为组长的省检查验收组来到南昌县，对创建全国绿色食品原料标准化基地工作进行检查验收。县委常委、农工部长魏根金出席验收汇报会。

11月23日

市委助理巡视员、县委书记杨伟东在塔城、幽兰两乡镇调研时强调：各乡镇要采取有力措施，鼓励和支持能人创业，百姓就业，加快强乡富民步伐，努力构建和谐乡村。县领导杨保根、魏根金、刘丽等陪同。

▲下午县委常委、县纪委书记李传强来到广福镇，就农村基层党政廉政建设工作开展调研。

11月24日

上午市统计局党组书记、局长熊一江，率市统计局党组成员来南昌县指导、调研统计及农业普查工作。市委助理巡视员、县委书记杨伟东，县领导梅梅、涂仕华、姜润根等陪同。

11月27日

上午市水利局副局长李克农来等到南昌县检查水利冬修进展情况。县委常委、农工部长魏根金，副县长刘丽等出席汇报会。

【政法工作与社会治安综合治理】

11月11日

上午全县公安机关集中打击街面犯罪专项行动动员大会在县公安局召开。县政府党组成员、公安局长张增和出席会议并讲话。

11月14日

上午县委副书记、代县长肖玉文，县委常委、政法委书记熊运浪，县政协副主席姜润根等来到县司法局，就当前县司法行政工作进行调研。

11月18日

上午全县900多名副科级以上干部在莲塘二小参加2006年全省法律知识统一考试。县委副书记、代县长肖玉文，县委副书记梅梅和县委、县人大、县政府、县政协四套班子成员及县法院院长、县检察院检察长等参加考试。

11月23日

上午全县冬季防火工作会议在县综合楼召开。县政府党组成员张增和出席会议并讲话。

【信访工作】

11月13日

县委副书记、代县长肖玉文在县信访局接待来访群众。

11月21日

上午市委助理巡视员、县委书记杨伟东，县领导涂仕华、熊运浪、姜润根等来到县信访局接待来访群众，为他们排忧解难。

【科教文卫体和计生工作】

11月3日

上午由省、市、县三级卫生监督所联合举办的《食品卫生法》大型宣传咨询活动在县城洪客隆门前举行。

11月21日

上午县委副书记梅梅，县委常委、宣传部长杨文斌来到向塘镇，就教育事业发展等问题开展调研。

11月23日

上午全县加强中小学校管理工作会议在广福二中召开。会议传达学习全国、全省关于加强中小学校管理工作电视电话会议精神，总结安排全县中小学校管理工作。县委常委、宣传部长杨文斌到会作讲话，副县长胡显勇主持会议，县政协副主席万德珍等出席会议。

【群团工作】

11月25日

上午南昌县妇联在县综合楼举办了 “双合格”家庭教育知识竞赛。南昌市妇联副主席盛爱凤、县委副书记梅梅观看比赛。

【人武工作】

11月2日

上午县委常委、县政府党组成员涂仕华，来到县征兵体检站，视察征兵体检工作。县委常委、县人武部政委张远，县人武部部长杨晓蓓等陪同。

11月6日

南昌市警备区参谋长宋书斌，在县委常委、县人武部政委张远，县人武部部长杨晓蓓等陪同下，来到县征兵体检站，视察征兵体检工作。

【其他重要工作】

11月6日

上午市关心下一代工作委员会常委副主任田新芳、副主任曾锋来到南昌县检查指导关心下一代工作有关活动开展情况。县委副书记梅梅，县委常委、组织部长王小文，县委常委、小蓝经济开发区党工委书记徐海波等陪同。

11月8日

上午县政协主席王火生，党组书记邓炳根，副主席万德珍、吴克芳、张军、李信谆、伍目连等来到县审计局，视察了解2006 年度审计工作。

▲上午市纪委副书记、市监察局局长曾亦冰来到南昌县，与接受行风评议的基层站所干部、

工作人员进行座谈，了解各基层所对开展行风评议的认识。县委常委、县纪委书记李传强等参加座谈。

11月9日

上午县政协主席王火生，党组书记邓炳根，副主席伍目连等来到县供水有限责任公司进行调研。

11月15日

上午以市政府办公厅副主任程一征为组长的市政务公开督查组来到南昌县，检查政务公开工作开展情况。县委常委、县政府党组成员涂仕华陪同。

11月25日－26日

全县宗教工作干部业务培训班在县委党校举行。县领导梅梅、杨保根、胡炜分别对培训班提出了要求。

【友好往来】

11月2日

下午全国二十个城市的台办主任莅临南昌县参观考察。市台办主任李伟，县委常委徐海波陪同。

11月10日

上午浙江省温州市委常委、乐清市委书记黄正强率领乐清市党政及企业家代表团来到南昌县，参观考察小蓝经济技术开发区。市委助理巡视员、县委书记杨伟东，县委副书记、代县长肖玉文，县政府党组成员、对外合作局局长涂莉华等陪同。

11月13日

上午美国喜达屋集团副总裁何国祥，加福集团董事长张加达等一行来到南昌县，对南昌县投资环境进行考察。市委助理巡视员、县委书记杨伟东，县委副书记、代县长肖玉文，县委常委、宣传部长杨文斌，副县长万敏，县政府党组成员、对外合作局局长涂莉华等陪同。

11月16日

下午日本新日铁集团日亚钢业株式会社北京事务所所长山口一成先生来南昌县考察投资环境，并就投资小蓝经济开发区的事宜进行友好磋商。县委副书记、代县长肖玉文，县政府党组成员、县对外合作局局长涂莉华等陪同考察。

11月30日

下午台资企业广东韬略集团总裁张安乐、董事长郑惠和先生一行来小蓝经济开发区参观考察，县领导肖玉文、徐海波等陪同。

十二月

【重要会议】

12月2日

上午市委常委、县委书记杨伟东在县综合楼主持召开县委理论学习中心组学习会，传达贯彻中共南昌市第九次代表大会精神，谋划南昌县的今后发展。县领导肖玉文、梅梅、罗炳贵、王火生、胡小明、邓炳根以及县委、县人大、县政府、县政协等县委中心学习组成员参加学习。

12月6日

下午南昌县在县电信局组织收听收看全省安全生产电视电话会。副县长江伟斌，县政府党组成员、县公安局局长张增和参加收听收看。

12月7日

县十三届人大常委会第二十八次会议在县综合楼召开。县人大常委会主任罗炳贵，党组书记胡小明，副主任吴和平、袁春秀、黄连科、李木旺、崇林风、陈秀梅等出席；县政府党组成员，县公安局局长张增和，县法院院长范云远，县检察院检察长张留春等列席会议。会议听取和审议了县政府党组成员、县公安局局长张增和作的关于维护社会治安、打击刑事犯罪工作情况汇报；听取和审议了县法院院长范云远关于刑事审判和执行工作情况汇报；听取和审议了县检察院检察长张留春关于立案和审判监督工作情况汇报。

12月8日

上午全县水利冬修工作会议在县赣管局召开。会议对全县今冬明春农田水利建设工作进行了部署，要求各地要围绕新农村建设总体目标，进一步创新和完善农田水利建设的管理体制和机制，进一步加强全县农村水利基础设施建设。省赣抚平原管理局副局长邱佳慧，县领导魏根金、刘丽等出席。

12月13日

上午全市农业综合开发项目实施现场会在蒋巷镇召开。会议总结了“十五”期间农业综合开发工作，通报了当前项目实施情况，研究和部署了下一步工作。市政府助理巡视员戴和旺作讲话，市委农工部长、市政府副秘书长王肇赣主持会议。市农业开发办主任陶海龙、市财政局副局长万昱原，副县长刘丽等出席会议。

▲下午全县组织在县综合楼收听收看第二次全国农业普查电视电话会。县领导涂仕华、刘丽参加收听收看。

12月17日–19日

南昌县第十三届人民代表大会第五次会议在莲塘三中纳新楼召开，大会应到代表281人，实到代表266人。大会选举杨伟东等54人为南昌市第十届人民代表大会代表，补选肖玉文为南昌县人民政府县长。选举涂仕华、杨保根、张增和、涂莉华、程雷佬为南昌县人民政府副县长。

12月18日

上午县委在桂花村会议室向政协党组和各民主党派、工商联、无党派人士通报县十三届人大五次会议选举市人大代表和县长、副县长候选人名单等情况。县委副书记梅梅作讲话，县领导王火生、邓炳根、胡炜、王小文、胡显勇、万德珍、吴克芳、张军、李信谆、姜润根、伍目连、李植等出席通报会。

12月21日

全县离退休干部党支部建设经验交流会在县综合楼召开。省老干局副局长肖春云，市老干局局长邹书玲、副局长袁金如，县委副书记梅梅，县委组织部部长王小文出席会议并作讲话。

12月27日

全省重点工业园区座谈会在南昌县召开。省经贸委副主任张小平，县长肖玉文，县委常委、小蓝经济开发区党工委书记徐海波，副县长江伟斌及全省30个重点工业园区的负责人参加座谈会。

12月28日

上午全县第二次农业普查工作会在县综合楼召开。县委常委、常务副县长涂仕华出席会议并讲话。

【领导活动】

12月7日

下午以省司法厅纪检组长廖春勤为组长的省环保专项行动督查组来到南昌县对环境保护工作进行督查。市长助理刘建洋，县委常委、县政府党组成员杨保根等陪同。

12月18日

上午市委常委、县委书记杨伟东，县领导罗炳贵、胡小明、肖玉文、梅梅、王火生、邓炳根等前往桂花村大酒店，看望出席县第十三届人大五次会议的代表。

12月20日－21日

以省人大常委、省人大农委副主任委员严显烈为组长的省人大农业综合开发视察组来到南昌县对农业综合开发工作进行视察。省人大环资委副主任委员黄庆来，省人大常委、省人大法制委副主任委员朱开扬，高冬梅，孟业超，何庆怀，市委常委、县委书记杨伟东，市人大常委会副主任肖永政，市政府助理巡视员戴和旺，市委农工部部长、市政府副秘书长王肇赣，市农业开发办主任陶海龙，市人大农业和农村委员会主任委员喻新，县领导肖玉文、罗炳贵、胡小明、魏根金、袁春秀、刘丽等出席21日下午在桂花村大酒店举行的关于农业综合开发工作情况汇报会。

12月22日

上午市委常委、市公安局局长胡焯，市委常委、县委书记杨伟东，在县委常委、政法委书记熊运浪，副县长、县公安局局长张增和等陪同下，先后来到黄马、杨村派出所、县交警大队、县看守所、县特巡警大队，视察“三基”工程建设情况。

12月23日

上午上海宝钢集团有限公司与江铃汽车集团合资成立的南昌宝江钢材加工配送有限公司在小蓝工业园举行奠基仪式。省委常委、市委书记余欣荣，市委副书记、代市长胡宪、上海宝钢集团有限公司总经理、宝钢有限公司董事长徐乐江，市委常委、市委秘书长，统战部长蔡社宝，市委常委、县委书记杨伟东，县委副书记、县长肖玉文等出席奠基仪式。

▲下午市委常委、县委书记杨伟东，县领导肖玉文、梅梅、徐海波、涂莉华等，与市台办主任李伟，副主任陶森民、饶小敏和台商们在小蓝经济开发区进行座谈，就创立小蓝经济开发区台资企业科技园进行交流协商。

12月25日

省委常委、市委书记余欣荣与出席市十三届人民代表大会第一次会议的南昌县代表团的代表们一起讨论《市政府工作报告》。市委常委、县委书记杨伟东主持讨论会，市、县领导余根水、罗慧芬、肖玉文、罗炳贵、胡小明、徐海波、崇林风、胡显勇、吴克芳等参加讨论。

12月26日

上午南昌江铃汽车集团发动机有限责任公司举行投产仪式。省委副书记、代省长吴新雄，省委常委凌成兴、余欣荣，市、县领导胡宪、雷武江、熊焕高、陈守朴、王詠、蔡社宝、卢晓健、刘东明、周关、杨伟东、肖玉文、梅梅、王火生等出席投产仪式。

12月30日

上午市委常委、县委书记杨伟东，县领导肖玉文、徐海波、涂莉华在小蓝经济开发区接待台资企业永京集团总裁张荣梧一行。

【工交财贸工作】

12月5日

上午杭州蓝天园林花卉苗木有限公司总经理陈相强来到黄马乡考察，并就在黄马投资建设花卉苗木市场等事宜与县领导肖玉文、魏根金、刘丽等进行磋商。

▲上午小蓝经济开发区管委会召开安全生产工作会。县委常委、小蓝经济开发区党工委书记徐海波出席会议并讲话，副县长江伟斌出席会议。

12月8日

上午小蓝经济开发区污水处理厂和铭威时代广场项目签约仪式，在小蓝经济开发区举行。市委常委、县委书记杨伟东，县领导肖玉文、梅梅、罗炳贵、王火生、胡小明等及马来西亚联熹水供有限公司执行董事长黄国滨，江西铭威实业有限公司董事长万保金出席签约仪式。

▲上午由台湾怡利电子工业股份有限公司董事长陈锡尧为团长的台湾电公会汽车产业考察团来到小蓝经济开发区，考察汽车及零部件产业发展情况。县领导肖玉文、徐海波、江伟斌，市台办主任李伟、副主任饶小敏陪同。

▲下午县文化会展中心在澄湖北大道举行开工仪式。市委常委、县委书记杨伟东，省文化厅

纪委书记魏玮，市文化局局长黄中平以及县领导肖玉文、梅梅、罗炳贵、王火生、胡小明、邓炳根等出席开工仪式。

▲下午全县县本级财政工作会议在县综合楼召开。县委常委、县政府党组成员涂仕华，县政协副主席、县财政局局长姜润根出席会议。

12月9日

上午台资企业永京集团总裁张荣梧、总经理简文德来到南昌县考察。县领导肖玉文、徐海波等陪同。

12月17日

上午市委常委、县委书记杨伟东在县委接待室，会见香港铜锣湾集团总裁陈智一行。县委副书记、代县长肖玉文，县委常委、宣传部部长杨文斌，县政府党组成员涂莉华会见时在座。

12月20日

上午县交通局在“828”会议室召开2006年度工作总结表彰大会。县政协党组书记邓炳根，县委常委、副县长杨保根到会并讲话，市公路局局长王维象出席会议。

▲下午雄豹狼国际集团有限公司总经理庄顺德一行到小蓝经济开发区考察。县领导徐海波陪同。

12月21日

台资企业广东韬略集团执行董事长郑天浩，韬略集团江门公司董事长卢振芬一行来小蓝经济开发区参观考察，县长肖玉文陪同。

【城市建设与管理】

12月1日

县人大常委会组织常委会成员对部分为民办实事工程推进情况进行视察。县人大常委会主任罗炳贵，党组书记胡小明，副主任吴和平、袁春秀、黄连科、李木旺、陈秀梅等参加视察，县委常委、县政府党组成员涂仕华陪同。

【农业与农村工作】

12月5日

下午县委副书记、代县长肖玉文，县委常委、农工部长魏根金，副县长刘丽等到黄马乡视察新农村建设工作。

12月6日

下午县委副书记、代县长肖玉文，县委常委、农工部部长魏根金，副县长万敏、刘丽等来到蒋巷镇就推进幸福工程和新农村建设开展调研。

12月7日

县委副书记、代县长肖玉文在塔城乡青岚村，调研扶贫开发工作时强调：要以生产发展促进农业增效，农民增收，使滨湖地区的群众尽快过上安康富裕的生活。县领导魏根金、刘丽陪同。

12月12日

上午市水利局局长黄俊等来到南昌县，对农田水利基本建设工作进行调研。副县长刘丽陪同。

▲下午县委副书记、代县长肖玉文在冈上、向塘两镇调研时强调：构建和谐昌南，要致力于农村生产发展，加强基础设施建设，让更多老百姓得到实惠。

12月13日

上午县委副书记、代县长肖玉文前往南新乡，围绕加强基础设施建设，构建和谐社会，促进各项事业协调发展进行调研。县领导程雷佬陪同。

12月14日

县委副书记、代县长肖玉文，县领导程雷佬先后来到塘南、泾口、幽兰、八一、武阳等乡镇开展调研。

12月18日

上午省农机局召集全省各市、县农机局负责同志和部分农机大户，在南昌县召开全省水稻机械插秧推广演示会。

【党的建设和干部队伍建设】

12月4日

上午全县党支部书记培训班在县委党校举办。县委副书记梅梅，县委常委、组织部长王小文在开学动员会上作讲话，培训于7 日结束。

12月5日

上午团省委副书记肖洪波，团市委书记陈吉炜、副书记万欣来到富山乡、塘南镇，就共青团基层组织建设和青年工作开展调研。县委副书记梅梅等陪同。

12月26日

上午全县村委会主任培训班在县委党校举行。县委副书记梅梅在开学动员会上作讲话，县委常委、组织部部长王小文主持开学动员会。

【政法工作与社会治安综合治理】

12月4日

全国第六个法制宣传日。县委常委、政法委书记熊运浪，县政协副主席李植，县法院院长范云远，县检察院检察长张留春，以及县公安、教体、国土、城建、环保、计生、民政、文化、交通、工商、税务、水利、卫生、技术监督、妇联、团委、司法等部门有关人员在洪客隆门前参加法制宣传活动。

12月12日

上午县人大常委会主任罗炳贵，县人大党组书记胡小明，县人大常委会副主任吴和平、袁春秀、李木旺、陈秀梅等来到县公安局，视察社会治安管理工作。县政府党组成员、县公安局局长张增和陪同视察。

12月13日-14日

以市政协社会和法制委员会主任葛静先为组长的市考评工作组来南昌县，对2006年社会治安综合治理工作进行考评。县领导肖玉文、熊运浪、张增和、李植，县法院院长范云远，县检察院检察长张留春出席考评汇报会。

【科教文卫体和计生工作】

12月3日

上午由团县委和县教育体育局主办，县国土资源局承办的“国土杯”第七届少先队鼓号演奏比赛，在县城澄碧湖广场举行。团省委副书记梅亦，团市委书记陈吉炜、省教育厅办公室主任刘润保，县领导梅梅、王火生、胡小明等观看比赛。

12月4日

下午县政协主席王火生、政协党组书记邓炳根等到县教育体育局，就全县中小学校网点布局调整进行调研。副县长胡显勇陪同调研。

12月5日

上午县政协党组书记邓炳根，县政协副主席万德珍、伍目连等来到莲塘一中走访县政协教育体育界和民进界的部分政协委员。

12月11日

国家体育局、社会体育处处长张栋来到南昌县，检查农村体育场地建设和体育活动开展情况。省体育局助理巡视员罗水保，副县长胡显勇等陪同。

12月12日

上午县委副书记、代县长肖玉文，副县长胡显勇，县政协副主席姜润根等来到县卫生局，就全县卫生事业发展情况开展调研。

▲上午省电教馆馆长宋铁傲来到塔城乡秋溪小学向贫困学生发放资助款。

12月13日

县委副书记梅梅，副县长胡显勇来到塘南、幽兰两镇，就加强乡镇卫生院的建设进行调研。

12月14日

上午，全县新型农村合作医疗工作会在卫生局召开。会议总结了今年的工作，安排部署了明年的各项工作任务。副县长胡显勇出席会议并讲话。

12月15日

下午县委副书记、代县长肖玉文，县委常委、宣传部部长杨文斌，副县长胡显勇，县政府副主席姜润根等来到莲塘三中就加快教育事业发展开展调研。

12月22日

以市旅游局局长李芸为组长的“全市最具开发潜力的乡村旅游景点”考评组来南昌县考评。县委副书记梅梅陪同。

12月28日

上午县老年人体育协会2006年度会在县综合楼召开。原市委副书记、市老年体育协会顾问周鑫群、市老年体协主席易清到会祝贺。县委副书记梅梅、县政协副主席张军等出席会议。

【人武工作】

12月7日

下午省军区预备役师师长胡金山，在市高炮团政委杨建的陪同下来到县人武部，就南昌县高炮营政治思想、军事训练、战备物质保障等方面进行调研。县人大党组书记胡小明陪同。

12月10日

上午全县首批200多名应征入伍新兵正式起运。县委常委、县人武部政委张远，县人武部部长杨晓蓓出席欢送新兵入伍仪式。

12月13日

上午省军区后勤部部长李家润来到南昌县，视察人武部的全面建设情况。县委常委、县政府党组成员涂仕华，县人武部部长杨晓蓓等陪同。

【其他重要工作】

12月5日

上午市档案局局长李国华带领档案工作检查组来到南昌县档案局、八一乡、八一村，就县、乡、村三级档案管理工作进行年终检查。县委副书记梅梅，副县长刘丽等陪同。

12月6日

上午县委副书记梅梅和县委办公室、史志地名办公室、城建局、城管局负责人来到澄碧湖水上公园，商讨“千年古县”标志牌选址定位工作。

▲下午市水利局局长黄俊来到南昌县，就象湖防洪治涝工程的规划实施和水利管理体制改革工作进行调研。副县长刘丽陪同。

12月14日

上午以市工商局副局长陶成为组长的市政府食品安全监管责任制考核组来南昌县，就食品安全监管责任制进行考核。县委常委、县政府党组成员杨保根，副县长江伟斌、刘丽等陪同。

12月26日

县科技局向九四八三三部队赠送1500余册图书。县委副书记梅梅、九四八三三部队政委张裕生，副县长刘丽等出席捐赠仪式。

【先进表彰】

12月28日

南昌县气象局被中国气象局授予“全国气象部门文明台站标兵”。

2007
南昌县大事记
NAN CHANG XIAN DA SHI JI

一 月

【重要会议】

1月5日

上午中共南昌县委十一届二次全体（扩大）会议在县综合楼召开。会议回顾了2006年工作，对今年的工作进行了安排部署。会议动员全县广大干部群众正确把握形势，坚定崛起信心，扎实推进百姓幸福工程，加快构建昌南和谐城乡，不断开创经济社会又好又快发展的新局面，市委常委、县委书记杨伟东作讲话，县委副书记、县长肖玉文主持会议，县领导梅梅、涂仕华、杨保根、李传强、杨文斌、熊运浪、胡炜、王小文、徐海波、魏根金、张远在主席台上就座。

▲上午全市第六十次文化馆馆际工作例会，暨2007年年会在南昌县召开。市群众艺术馆馆长王薇、副县长胡显勇等出席会议。

▲下午全市组织工作务虚会在南昌县召开。会议总结了2006年的全市组织工作，安排部署了2007年的工作任务。市委常委、组织部长杨人平，市委常委、县委书记杨伟东，市人大常委会副主任何友德，县领导梅梅、王小文等出席会议。

1月7日

下午县委在县综合楼召开常委会，集中学习中共中央、国务院《关于全面加强人口和计划生育工作，统筹解决人口问题的决定》，听取县人口与计划生育工作情况汇报，并就全面贯彻落实中央文件精神进行研究和部署。市委常委、县委书记杨伟东主持会议，县领导肖玉文、梅梅、涂仕华、杨保根、李传强、杨文斌、熊运浪、胡炜、王小文、徐海波、魏根金、张远等出席。

1月9日

下午县长肖玉文在县信访局主持召开信访工作会议，县领导熊运浪、万敏、江伟斌、刘丽、张增和、姜润根等出席。

1月10日

上午县第十三届人大常委会第二十九次会议在县政府综合楼召开。县人大常委会主任罗炳贵主持会议，副主任吴和平、袁春秀、黄连科、李木旺、崇林风、陈秀梅等出席，县政协副主席姜润根，县法院院长范云远，县检察院院长张留春等列席会议。会议审议通过了《关于设立县乡两级选举委员会的决定（草案)》，听取和审议了县人民政府关于南昌县2006年超收收入安排使用情况汇报。

1月14日

上午南昌县县乡两级人大换届选举工作会在县综合楼召开。县委副书记梅梅，县人大常委会主任罗炳贵，党组书记胡小明，县委常委、组织部长王小文，县人大副主任吴和平、袁春秀、黄连科、崇林风、陈秀梅等出席。

1月19日

上午全县人防知识教育工作会议在县政府人防应急中心会议室召开。市人防办主任胡序环，副县长刘丽出席会议并作讲话。

1月21日

上午县老年科技协会2006年度总结表彰大会在县综合楼召开。省老年科协副会长欧阳绍仪，市科协主席姚小明，市老年科协会长周鑫群，县委副书记梅梅，县政协主席、县老年科协会长王火生出席会议并讲话，县人大副主任、县老年科协副会长黄连科主持会议。

1月28日

下午全县负责干部大会在县综合楼召开。会议对全县稳定人口性别比整治和“两非”案件查办，社会稳定和农村新型合作医疗等工作进行部署。市委常委、县委书记杨伟东作重要讲话，县领导肖玉文、梅梅、罗炳贵、王火生、胡小明、邓炳根等出席会议。

【领导活动】

1月1日

上午副省长熊盛文来到南昌县蒋巷镇督查农业普查工作，市县领导胡宪、杨伟东、曾志明、刘建洋、肖玉文等陪同。

1月5日

上午市委常委、组织部长杨人平来到南昌县调研。市委常委、县委书记杨伟东、市委组织部副部长、市人事局局长崇江林，县领导肖玉文、梅梅、罗炳贵、邓炳根等陪同。

1月6日

上午江西奇佳肥业股份有限公司在向塘开发区工业园举行世界生产率科联中国分会中部缓释肥料科研基地揭牌仪式暨江西第一条年产20万吨“世纪田王”缓释肥料生产线投产典礼。著名经济学家、原中国科协书记处书记、全国工商联副主席王治国，世界生产率科联中国分会主席，世界生产率科学院院士于行前，省政协副主席张华康，市委副书记、市长胡宪，世界生产率科联中国分会执行主席兼秘书长、“世纪田王”专利发明人孙成，省文化厅副厅长汪天行，市委常委、县委书记杨伟东等为江西奇佳肥业股份有限公司年产20万吨“世纪田王”缓释肥料生产线投产剪彩。副市长汤成奇、县领导肖玉文、罗炳贵、王火生、杨文斌、万敏、江伟斌等出席。

1月11日

下午全国人大常委会委员、省人大常委会副主任万学文率领部分全国人大代表和省人大代表，来南昌县视察小蓝经济开发区。市人大常委会副主任姚燕平，副市长罗慧芬，县领导梅梅、罗炳贵、胡小明、涂仕华、徐海波等陪同。

▲下午市政协副主席徐荷娣来到南昌县，就政协工作进行调研。县政协主席王火生，党组书记邓炳根、副主席万德珍、吴克芳、张军、李信谆、姜润根、伍目连、李植等陪同。

1月21日

上午市长胡宪来到小蓝经济开发区调研。市委常委、县委书记杨伟东，县长肖玉文、县委常委徐海波等陪同。

1月24日

上午省农业综合开发办主任章康华来到南昌县就农业综合开发工作进行调研。副市长刘建洋，市农委农工部副部长、市农业综合开发办主任陶海龙，县委常委、农工部长魏根金，副县长刘丽等陪同。

1月27日

上午广福镇敬老院举行竣工典礼仪式。市人大常委会副主任罗为民，县领导梅梅、胡小明、杨保根、李传强、陈秀梅等出席竣工典礼并剪彩。

▲南昌鄱阳湖裕丰水产品专业合作社在蒋巷镇正式成立。省农业厅厅长毛惠忠，市委常委、政法委书记吴志明，县领导魏根金、袁春秀、刘丽、张军等出席成立大会。

【走访慰问】

1月17日

上午市委常委、县委书记杨伟东，县领导罗炳贵、胡小明、徐海波、张远、江伟斌、万德珍、伍目连等先后来到江铃专用车辆厂、江铃铸造厂、江铃改装车辆总厂、江铃发动机有限公司等企业走访，征求企业的意见和建议，并向企业负责人致以新年的问候和祝福。

▲上午县委副书记、县长肖玉文和县领导王火生、邓炳根、李传强、王小文、袁春秀、吴克芳分别走访南昌兰丰水泥有限公司、南昌旋耕机厂、南昌海螺水泥有限公司和江西富煌钢结构建材有限公司等企业，向企业负责人致以新春的问候。

▲上午县领导梅梅、杨文斌、黄连科、陈秀梅、张军、李植等走访慰问小蓝经济开发区的人民电器、煌上煌、永通鞋业、清华泰豪、江西国药等企业，向企业致以新年的问候与祝福。

▲上午县领导涂仕华、熊运浪、李木旺、胡显勇、涂莉华、李信谆等先后走访汇仁集团，江西制药有限公司，江铃秦川电器有限公司，江西蓝宝实业，江西新电汽车空调系统有限公司，向他们致以新年的问候和良好祝愿。

▲上午县领导杨保根、胡炜、吴和平、祟林凤、程雷佬、姜润根等来到小蓝开发区走访园区企业。

▲上午县领导肖玉文、梅梅、王火生、邓炳根等走访慰问驻县的94981、94829、96634部队，武警省消防总队教导大队，武警县消防大队，武警县中队和县人武部的官兵。

▲下午市委常委、县委书记杨伟东，县领导梅梅、罗炳贵、胡小明等走访慰问离退休老干部，下岗困难职工，向他们送去党和政府的关怀与温暖。

1月18日

县领导梅梅、罗炳贵、胡小明、王火生等深入乡镇，走访慰问特困户，生活困难的老党员、军烈属、五保户、伤残军人、困难计划生育户和残疾人，给他们送去党和政府的关怀与温暖，向他们致以新年的祝福和问候。

1月19日

上午县委常委、小蓝经济开发区党工委书记徐海波，副县长、县对外合作局局长涂莉华等走访部分台资企业。

1月21日

下午市老年科协会长周鑫群，常务副会长王修华，在县政协主席、县老年科协会长王火生，县人大副主任、县老年科协副会长黄连科陪同下，走访慰问老年科技工作者。

1月23日

上午县委副书记梅梅，县委常委、副县长杨保根，县委常委、统战部部长胡炜，县政协副主席、县工商联会长吴克芳等，走访慰问统战对象和宗教人士，向他们致以新年的问候和良好的祝愿。

1月29日

上午以省妇联助理巡视员李明瑛、儿童部部长刘淑兰，市妇联副主席盛爱凤等来到南昌县东新乡走访慰问贫困儿童。副县长胡显勇、刘丽等陪同。

【工交财贸工作】

1月1日

上午市委常委、县委书记杨伟东，县长肖玉文，县委常委杨保根、魏根金，副县长万敏、刘丽等来到蒋巷镇，就中心公路等工作进行现场办公。

1月2日

下午市委常委、县委书记杨伟东，县长肖玉文，副县长涂莉华在县委接待室会见台湾诚达鞋业有限公司副总经理谢海安一行。副县长涂莉华会见时在座。

1月8日

下午中粮可口可乐饮料有限公司战略规划总监庆立军一行来南昌县参观考察。县领导肖玉文、徐海波、涂莉华等陪同。

1月12日

市委常委、县委书记杨伟东，前往广东清远市台湾永京集团广硕鞋业基地和东莞市厚街台湾诚达集团东莞鞋业基地进行实地考察。

1月13日

县委副书记、县长肖玉文前往东莞市台湾韬略集团运动品生产基地进行实地考察。

1月19日

南昌县举行建筑企业改革与发展座谈会。县委副书记、县长肖玉文，省建设厅建管处处长章雪儿，副处长刘卫国，省建设厅副主任梁卫明，县委常委、常务副县长涂仕华，县政协副主席姜润根等出席座谈会。

1月30日

下午苏克尔高科技有限公司与小蓝经济开发区签订协议，苏克尔高科技有限公司投资的精细化工项目正式落户小蓝经济开发区。市委常委、县委书记杨伟东，县长肖玉文，县委常委杨文斌、徐海波，副县长江伟斌和肯多斯公司总裁陈劲松等出席签约仪式。

【农业与农村工作】

1月4日

上午市委常委、县委书记杨伟东前往向塘，就促进农民增收以及商贸物流、服装制鞋等产业发展情况开展调研。县领导杨文斌、魏根金、万敏、刘丽等陪同。

1月10日

上午省新农村建设办公室指导组副组长姜学青，在市委农工部副部长刘荣根，县委常委农工部长魏根金，副县长刘丽，县武装部长杨晓蓓等陪同下，来到南昌县黄马乡视察新农村建设情况。

【政法工作与社会治安综合治理】

1月5日－6日

以吉安市委政法委副书记严宋贵为组长的省综治工作考评组来到南昌县，对2006年度社会治安综合治理工作进行考评。市委常委、县委书记杨伟东，县长肖玉文，县委常委、县政法委书记熊运浪，副县长、县公安局局长张增和，县法院院长范云远等出席汇报会。

1月23日

下午全省各设区市法制宣传教育领导小组办公室主任来到南昌县，参观法制宣传教育长廊。县政协副主席李植陪同。

1月29日

下午县政协主席王火生，县政协党组书记邓炳根，副主席万德珍、张军、伍目连、李植等来到县法院调研。

【科教文卫体和计生工作】

1月5日

下午以市审计局副局长刘朋为组长的市计划生育工作考核组来到南昌县，全面考核2006年的计划生育工作。县委副书记、县长肖玉文作汇报，县领导魏根金、刘丽、姜润根等出席汇报会。

1月13日

下午以九江市文化局局长郭建林为组长的省文化工作考评组，来到南昌县对文化工作进行考评。县委副书记梅梅及市、县文化局主要负责人陪同。

1月26日

上午县委宣传部主办，县楹联协会承办，中恒建设集团公司协办的首届“中恒杯”澄碧湖楹联文化艺术展活动仪式在澄碧湖举行。县领导梅梅、王火生、胡小明、杨文斌和市楹联家协会主席王巧林等出席。

【其他重要工作】

1月15日

上午以国家食品药品监督管理局、食品安全监察司副司长徐景和为组长的国家食品放心工程综合评价组来到南昌县，对食品放心工程实施情况进行检查。市政府副秘书长吴长军，县委常委、副县长杨保根等陪同。

1月26日

上午2007年度全县武装工作会议在县武装部召开。县委副书记梅梅，县委常委、县人武部政委张远，县人武部部长杨晓蓓等出席。

1月29日

上午县人大党组书记胡小明，县人大常委会副主任黄连科、陈秀梅等，来到莲塘镇就县、乡人大代表换届、选民公示情况进行督查指导。

1月31日

上午市、县妇联在富山乡开展以“维护妇女合法权益，建设平安新农村”为主题的送法下乡活动。省妇联权益部部长熊晓斌，市妇联副主席周笑蓓等出席。

【友好往来】

1月12日

县委副书记、县长肖玉文，县委常委、宣传部长杨文斌，副县长江伟斌在深圳与深圳台协进行座谈。

1月21日

上午由吉安市委书记黄建盛、市长周萌率领的吉安市党政代表团来南昌县参观考察。市长胡宪，市委常委、县委书记杨伟东，县领导肖玉文、梅梅、徐海波等陪同。

1月30日

上午由宜丰县县委书记赖国根，县长邓伟率领的宜丰县党政代表团，来南昌县参观考察。市委常委、纪委书记刘东明、县领导肖玉文、梅梅、李传强、徐海波等陪同。

二 月

【重要会议】

2月8日

下午南昌县在县综合楼组织收听收看全国加强食品药品整治和管理工作电视电话会。县领导杨保根、刘丽参加收听收看。

2月9日

上午南昌县组织各乡镇和县直有关部门负责人在县综合楼集中收听收看国务院第五次廉政工作电视电话会。县领导杨保根参加收听收看。

▲上午南昌县在泾口乡召开社会主义新农村建设推进现场会。县委常委、农工部长魏根金出席并讲话。

2月10日

上午南昌县县、乡人大换届选举工作会议在县人武部举行。会议安排部署了投票选举阶段的工作。县人大党组书记胡小明，县委常委、组织部长王小文，县人大常委会副主任黄连科等出席。

2月12日

上午南昌县在县综合楼召开加强全县食品药品整治和监管工作会议。市药监局副局长谭友文，县领导杨保根、江伟斌等出席。

2月13日

上午全县离退休老干部迎春座谈会在洁惠花园宾馆举行。县领导肖玉文、罗炳贵、王火生、胡小明、邓炳根、涂仕华、杨保根、李传强、熊运浪、王小文、徐海波、李木旺、程雷佬、吴克芳、伍目连及县人武部部长杨晓蓓等出席座谈会。

2月14日

上午南昌县在洁惠花园宾馆召开全县各界人士迎春茶话会。县六套班子领导罗炳贵、王火生、邓炳根、涂仕华、李传强、熊运浪、徐海波、张远等与驻县部队官兵、企业客商和各民主党派，工商联，无党派人士，台胞台属，侨胞侨属的代表欢聚一堂，畅谈友谊，共谋发展。

2月27日

上午县委理论学习中心组在县综合楼集中学习胡锦涛总书记在中央纪委七次全会上的重要讲话。市委常委、县委书记杨伟东主持，县领导肖玉文、梅梅、罗炳贵、王火生、胡小明、邓炳根等参加学习。

【领导活动】

2月1日

上午市委常委、副市长卢晓健来到塘南镇新图村指导帮扶工作，慰问困难群众。市委常委、县委书记杨伟东，县委副书记梅梅，县委常委、组织部长王小文等陪同。

2月6日

省人大常委会副主任全文甫来到南昌县，走访慰问困难群众、敬老院老人以及困难企业职工。县领导胡小明、杨保根、徐海波、李木旺等陪同。

▲下午市委常委、市政法委书记吴志明，副市长刘建洋，市政府副秘书长、市委农工部长王肇赣等来到南昌县蒋巷镇，就蒋巷现代农业示范建设情况进行调研。县委副书记、县长肖玉文，县委常委、农工部长魏根金，副县长刘丽、程雷佬等陪同。

2月7日

上午市委常委、秘书长、统战部部长蔡社宝来到市委统战部挂点扶贫的塘南镇富盛村走访慰问困难群众。县长肖玉文，县委常委、农工部部长魏根金，副县长程雷佬等陪同。

2月8日

上午市长胡宪来南昌县走访慰问困难群众、困难企业和驻县部队，向他们致以新年的祝福。市政府秘书长郭曙，县长肖玉文，县委常委、组织部长王小文等陪同。

2月9日

上午副市长刘建洋率领市水利局、交通局等有关部门负责人来南昌县塘南镇蔡家村走访慰问困难群众。县领导魏根金、刘丽等陪同。

▲下午市委副书记雷武江，市政协副主席王水苟来到南新乡新洲村走访慰问困难群众。县领导肖玉文、魏根金、崇林风、程雷佬等陪同。

▲下午市人大副主任，市委组织部副部长何友德来到南昌县莲塘镇莲塘村走访慰问困难党员。县委常委、组织部长王小文陪同。

2月14日

上午省委常委、市委书记余欣荣先后走访慰问塔城乡青岚村困难家庭和广福道班养路工。市委常委、政法委书记吴志明，副市长刘建洋，市委副秘书长、办公厅主任李福如，市政府副秘书长、市委农工部部长王肇赣，县领导肖玉文、杨保根、魏根金、刘丽等陪同。

2月23日

上午省人大常委会副主任万学文，省委组织部副部长、省老干局局长冯桃莲，省信息产业厅厅长李春燕，市委常委、县委书记杨伟东，县委常委、宣传部长杨文斌，副县长万敏等出席向塘镇召开的振兴家乡经济恳谈会。

2月25日

上午市委常委、县委书记杨伟东，县领导肖玉文、梅梅、罗炳贵、王火生、胡小明、邓炳根等县四套班子领导来到蒋巷镇参加义务植树劳动。

2月27日

上午市委常委、县委书记杨伟东，副市长黄春平，市政府副秘书长周国华，来到南昌县澄湖北大道就大道往东延伸问题现场办公。县领导肖玉文、涂仕华、胡炜、万敏等参加现场办公会。

【走访慰问】

2月1日

下午省委老干局副巡视员肖志文来南昌县走访慰问困难老干部，县委常委、组织部长王小文等陪同。

2月5日

上午省外侨办党组成员、纪检组长傅鹏鹏来到南昌县，走访慰问归侨和侨属。市、县侨办负责人陪同。

2月6日

下午市发改委副主任张小辉来南昌县蒋巷镇，走访慰问困难群众，向他们致以新年的问候。县政协副主席李信谆陪同。

2月7日

上午省人事厅副厅长熊泽银来到南昌县三江镇，走访慰问困难党员、特困户、计划生育户，向他们表示亲切的慰问，并致以新年的祝福。县委常委、组织部长王小文陪同。

2月8日

上午县委常委、县纪委书记李传强在南新乡走访慰问楼前村刘家村小组计划生育贫困户。

2月11日

团省委副书记王少玄，团市委书记陈吉炜、副书记万欣，在县委常委、小蓝经济开发区党工委书记徐海波等陪同下，走访慰问小蓝经济开发区的贫困青少年家庭。

2月12日

上午县领导肖玉文、邓炳根、李传强、刘丽、吴克芳等走访部分副县级以上离退休老干部。

2月14日

下午省粮食局局长熊根泉来到南昌县，走访慰问该县粮食系统的困难企业和生活困难职工。县委常委、副县长杨保根陪同走访。

2月17日

大年三十，市委常委、县委书记杨伟东，县领导肖玉文、梅梅、罗炳贵、王火生、胡小明、邓炳根等率领县六套班子领导，深入莲塘派出所，县公安局110指挥中心和交警大队，县农村信用社，莲塘供电所，县自来水公司，县广播电视台，有线电视网络传输中心，县人民医院等单位，走访慰问春节期间坚守在工作岗位的干部职工。

2月26日

上午市委常委、县委书记杨伟东，县长肖玉文、县委副书记梅梅，县人大党组书记胡小明，县政协党组书记邓炳根，县委常委、常务副县长涂仕华等先后走访县财政局、地税局等单位，并致以新年的美好祝福。

2月28日

上午县委副书记梅梅，县委常委、宣传部长杨文斌，副县长胡显勇先后走访县文化局、卫生局等单位。

【工交财贸工作】

2月6日

上午总投资5000万美元，生产国际知名品牌耐克运动鞋的广宥鞋业有限公司，在向塘开发区举行奠基仪式。省台办主任阎钢军，县领导肖玉文、杨文斌、王小文、万敏、涂莉华、万德珍、吴克芳、李信谆、伍目连等出席奠基仪式。

2月9日

上午全县工商行政管理系统2006年度总结表彰大会在洁惠花园宾馆召开。市工商局副局长胡荣发，县委常委徐海波，县人大副主任袁春秀出席会议并讲话。

2月10日

上午全县春运工作会议在县政府会议室召开。县委常委、副县长杨保根，副县长、县公安局局长张增和出席并讲话。

2月13日

下午县领导肖玉文、徐海波、江伟斌等出席小蓝经济开发区2006年表彰暨新春联欢会，与小蓝经济开发区的全体机关干部、村干部以及部分企业代表欢聚一堂。

2月26日

上午以韩国锦团长湖（株式会）会长韩承南为团长的韩国光州市企业家考察团一行来南昌县考察。县领导肖玉文、罗炳贵、王火生、熊运浪、徐海波、涂莉华等陪同考察。

【农业与农村工作】

2月7日

下午县长肖玉文，县委常委、组织部长王小文，县委常委、农工部长魏根金，副县长刘丽、程雷佬等来到黄马乡就进一步加快黄马的发展进行现场办公。

【政法工作与社会治安综合治理】

2月1日

上午县“严打整治”专项行动领导小组召开工作调度会。县委常委、政法委书记熊运浪，县人大常委会副主任李木旺，县政协副主席姜润根、李植等出席调度会。

2月12日

上午全县司法行政工作会在检察院召开。县领导熊运浪、李木旺、张增和、李植等出席。

【科教文卫体和计生工作】

2月3日

上午昌南教育发展论坛在县教育体育局举行。省教育厅基础教育处副处长杨美珍，市教育局思想政治教育处处长高培，职称处处长孙佳乐应邀参加并讲话。

▲上午县委常委、副县长杨保根，市食品药品监督管理局副局长、县食品药品监督管理局局长谭友文等走访落户小蓝经经济开发区的医药企业，征求企业对搞好药品监督管理工作的意见和建议。

【劳动人事与社会保障】

2月1日

上午驻县94836部队在县综合楼会议室举行“送温暖，献爱心”捐赠仪式，向南昌县60户重点优抚对象捐赠慰问金。94836部队副政委杜志刚，政治部副主任邓必礼，县委副书记、县长肖玉文，县委常委、副县长杨保根，县人大常委会副主任黄连科，县政协副主席李信谆等出席捐赠仪式。

2月27日

上午市劳动和社会保障局组织开展的2007年送岗下乡“春风行动”在南昌县广福镇举行启动仪式。市劳动和社会保障局局长陈匡辉，党组书记、副局长万江鸿，县委常委、副县长杨保根等出席。

【乡镇工作】

2月22日

上午莲塘镇在桂花村酒店举行振兴家乡经济恳谈会。省政府驻江苏办事处主任、党组书记彭林森，省科协机关党委书记、组织人事部长彭珍华，县领导肖玉文、罗炳贵、熊运浪、李木旺等出席恳谈会。

▲上午县政协党组书记邓炳根，县委常委、统战部长胡炜，县政协副主席伍目连等参加东新乡召开的振兴家乡经济恳谈会。

2月23日

上午原市政协主席陈守朴，原市人大副主任肖永正和县委副书记梅梅，县政协副主席李信谆等在南昌宾江宾馆参加蒋巷镇召开的振兴家乡经济恳谈会。

▲省人大常委会委员、省人大环资委副主任委员龚三堂，省残联办公室主任龚国华，县领导杨保根、伍曦等参加南新乡召开的振兴家乡经济恳谈会。

2月24日

上午省农业综合开发办主任章康华，县委常委、人武部政委张远等出席黄马乡召开的振兴家乡经济恳谈会。

【其他重要工作】

2月9日

上午全县统计工作暨第一次经济普查工作总结表彰会议在县综合楼召开。会议总结了2006年全县统计工作和第一次经济普查工作，对今年的统计工作进行安排和部署。市统计局副局长，县委常委、常务副县长涂仕华出席会议并讲话。

2月13日

南昌县“2007年鱼水情深”军民春节联欢晚会在县体育馆举行。县领导肖玉文、胡小明、邓炳根、杨保根、李传强、杨文斌、熊运浪、徐海波、张远、李木旺、姜润根、伍目连，县人武部部长杨晓蓓等观看演出。

2月26日

南昌县县乡两级代表选举日。当天上午，市委常委、县委书记杨伟东，县六套班子领导肖玉文、梅梅、罗炳贵、王火生、胡小明、邓炳根、涂仕华、杨保根、李传强、杨文斌、熊运浪、胡炜、王小文等和县直机关300多名选民一道在县综合楼参加莲塘镇第19选区县、镇人大代表选举。

三 月

【重要会议】

3月11日

上午，县人大在综合楼第三会议室召开十三届人大常委会第三十次会议。县人大常委会主任罗炳贵、党组书记胡小明、副主任袁春秀、黄连科、李木旺、崇林风、陈秀梅，县委常委、常务副县长涂仕华、县法院院长范云远、县检察院检察长张留春、人大常委委员，共计23人出席会议。

会议审议人事任免事项：免去刘国根县法院副院长、审判委员会委员、审判员的职务；免去罗祥发县检察院副检察长、检察委员会委员、检察员的职务；同意接受范云远辞去县法院院长的职务，张留春辞去县检察院检察长的职务。任命廖群为县法院副院长、代理院长，张振川为县检察院副检察长、代理检察长。

▲上午，县政协在政协会议室召开九届政协常委会第二十八次会议。县政协主席王火生、党组书记邓炳根、副主席万德珍、吴克芳、张军、李信谆、姜润根、伍目连、李植，县委常委、统战部长胡炜、政协常委等人出席会议。会议讨论：召开政协南昌县第十届委员会第一次会议的时间；通过政协南昌县第十届委员会第一次会议秘书长、副秘书长建议名单和列席人员名单。

3月12日

全县16个乡镇相继召开换届后的首次人民代表大会。县领导梅梅、罗炳贵、王火生、胡小明、邓炳根、涂仕华、杨保根、李传强、杨文斌、熊运浪、胡炜、王小文、魏根金、张远等分别参加有关乡镇的人民代表大会。

3月16日–19日

政协南昌县第十届委员会第一次会议在洁惠花园宾馆隆重开幕。在主席团就座的有：王火生、邓炳根、万德珍、吴克芳、张军、李信谆、姜润根、伍目连、李植，大会秘书长陈水生。应邀出席大会的领导有：市委常委、县委书记杨伟东，市政协副主席龙国英，县领导肖玉文、梅梅、罗炳贵、胡小明、涂仕华、杨保根、张远等。县委副书记梅梅代表县委在开幕式上作了讲话。会期四天，选举产生了新一届政协委员会主席、副主席和政协常委。邓炳根当选政协南昌县第十届委员会主席。

3月17日–21日

南昌县第十四届人民代表大会第一次会议在莲塘三中纳新楼隆重召开，会议应到代表302人，实到代表293人，会期五天。大会选举产生了新一届人大常委会主任、副主任及常委会委员，新一届县人民政府县长、副县长，新一届县法院院长、检察院检察长。肖玉文当选南昌县人民政府县长；胡小明当选南昌县人大常委会主任；廖群当选南昌县人民法院院长；张振川当选南昌县人民检察院检察长。

3月20日

上午，南昌县组织收看全省领导干部电视电话会。会议传达学习“十届全国人大五次会议和全国政协十届五次会议”精神。市委常委、县委书记杨伟东，县领导肖玉文、梅梅、罗炳贵、胡小明等参加。

3月22日

上午，南昌县在莲塘三中纳新楼召开“全县重大项目推进年动员暨2006年开放型经济工作表彰大会”。市委常委、县委书记杨伟东，县领导肖玉文、梅梅、胡小明、邓炳根、涂仕华、杨保根、李传强、杨文斌、熊运浪、胡炜、王小文、徐海波、魏根金、张远等出席了会议。会议由县长肖玉文主持，市委常委、县委书记杨伟东作了“重大项目促崛起，幸福工程铸和谐，在新的起点上朝着全国‘百强县、文明城’目标加速迅跑”的重要讲话，县委副书记梅梅宣读了《中共南昌县委、南昌县人民政府关于表彰2006年度开放型经济工作先进集体、先进个人的决定》

▲下午，小蓝经济开发区召开“重大项目推进年暨加强作风建设”的动员大会。县领导肖玉文、徐海波、江伟斌、涂莉华等出席动员会。

3月30日

上午，南昌县在综合楼会议室组织收听收看2006年度江西省“纳税百佳”企业表彰电视电话会。县委常委、常务副县长涂仕华，县财政、国税、地税、企业代表等参加收听收看。

【领导活动】

3月1日

下午，副市长刘建洋率市消防安全考评小组来南昌县督导消防安全工作。县领导熊运浪、徐海波、张增和等陪同。

3月2日

上午，县政协召开家乡联谊会。邀请了省市政协南昌县籍人士参加。市政协主席王样生，副主席徐汉娣，县领导王火生、邓炳根、徐海波、万德珍、吴克芳、张军、李信谆、姜润根、伍目连等出席。

3月3日

上午，振兴家乡财政联谊会在桂花村酒店举行。省财政厅副厅长辜华荣、省财政厅副巡视员程明龙、县领导王火生、胡小明、邓炳根、涂仕华、姜润根及南昌县籍在省厅工作的人员应邀参加了联谊会。

3月6日

上午，副省长孙刚、省政府副秘书长肖伍根、省教育厅厅长漆权，市委常委、宣传部长周关，市教育局局长熊小武等一行来南昌县就农村义务教育经费保障体制改革实行情况进行调研。县领导梅梅、杨文斌、胡显勇等陪同。

3月9日

下午，中国对外贸易运输集团总公司副总裁潘德源一行来南昌县参观考察，考察结束后，市委常委、副市长卢晓健在市政府接待室会见了考察团一行，县领导肖玉文、杨保根、江伟斌等会见时在座。

3月10日

上午，市委常委、县委书记杨伟东，县领导肖玉文、梅梅、杨保根、李传强、杨文斌、熊运浪、王小文、徐海波、魏根金、张远等组织干部群众共200余人，在320国道向塘段参加义务植树活动。

3月16日

上午，省委常委、纪委书记董君舒，省委常委、市委书记余欣荣等来南昌县就干部作风建设情况进行调研。省纪委秘书长肖为群，市、县领导刘东明、杨伟东、肖玉文、梅梅、罗炳贵、胡小明等陪同。

3月18日

国家卫生部副部长陈啸宏来南昌县就农村医疗卫生工作进行调研。省委常委、市委书记余欣荣，副省长胡振鹏，省卫生厅厅长李利，副市长罗慧芬，市卫生局局长魏国华，市委常委、县委书记杨伟东，县委常委、宣传部长杨文斌，副县长胡显勇等陪同调研。

▲晚上，县领导杨伟东、肖玉文、梅梅、罗炳贵、王火生、胡小明、邓炳根、涂仕华、杨保根、李传强、杨文斌、徐海波、王小文等与出席“两会”的人大、政协代表一道观看了由县委宣传部、县文化广播电视旅游局主办的专场文艺晚会。

3月21日

下午，省委副秘书长，省信访局局长魏旋君来南昌县就信访工作开展调研。市委常委、县委书记杨伟东，市委常委、政法委书记吴志明，副市长刘建洋，县领导肖玉文、熊运浪、张增和、刘丽等陪同。

3月27日

南昌市市长胡宪会见了来南昌县考察投资的澳洲亨氏集团董事长詹姆氏一行。市委常委、县委书记杨伟东，县长肖玉文会见时在座。

【招商引资】

3月6日

下午，中粮可口可乐饮料有限公司总裁奕秀菊女士一行来南昌县考察投资环境，县领导肖玉文、徐海波、江伟斌、涂莉华等陪同考察，并就合作相关事宜在小蓝工业园区会议室举行会谈。

3月9日

上午，上海嘉钻公司董事长季峰，副总经理陈海燕先生一行来南昌县就落户小蓝经济开发区内项目进一步推进事宜进行协商，县领导肖玉文、徐海波、涂莉华等出席。

3月10日

下午，台湾瑞兰企业有限公司董事长赵肖山一行来南昌县小蓝经济开发区参观考察，市台办副主任周俊华，县领导徐海波、江伟斌等人陪同。

3月11日

上午，台湾高雄市中小企业协会理事长李重德先生一行来南昌县参观考察小蓝经济开发区，市台办副主任饶小敏，县委常委徐海波等人陪同。

▲下午，台湾音律电子股份有限公司董事长周世轩先生一行来南昌县小蓝经济开发区参观考察，县领导徐海波、涂莉华等人陪同。

3月14日

晚上，市委常委、县委书记杨伟东会见了福建省泉州市台商投资企业协会副会长陈贵祥先生一行，就创立台商科技工业园一事进行交流与探讨，副县长涂莉华与台办、对外合作局负责人等会见时在座。

3月15日

上午，香港汽车与零部件制造商务与技术考察团来南昌县小蓝经济开发区参观考察。省外经贸厅党组成员，省贸促会副会长王筱萍，省贸促会副秘书长杨仁泉，副县长江伟斌等陪同。

3月28日

上午澳洲亨氏工业企业集团压力容器项目落户南昌县小蓝经济开发区签约仪式，在小蓝经济开发区管委会会议室举行。市委常委、县委书记杨伟东，县领导肖玉文、胡炜、徐海波、陈秀梅、江伟斌、涂莉华等出席签约仪式。

【工交财税金融工作】

3月7日

上午，南昌县地税总结、布置工作会在县综合楼会议室召开。县领导肖玉文、胡小明、王火生、涂仕华等出席会议。

▲下午，南昌县召开安全生产调度会，副县长江伟斌到会并讲话。

3月9日

上午，交通银行股份有限公司南昌县分行与小蓝经济技术开发区签订“银企”全面合作协议。县领导肖玉文、徐海波、姜润根等出席了签约仪式。

▲上午，县供电公司在公司会议室召开“党风廉政，满意工程，作风治理”工作会议，县委常委、副县长杨保根出席会议并讲话。

3月12日

下午，县政府在县综合楼第三会议室召开全县行政事业单位资产清查工作会议。县委常委、常务副县长涂仕华，县政协副主席、财政局长姜润根出席会议并讲话。

3月18日

上午，南昌县农村信用合作联社首届社员代表大会第三次会议在八二八宾馆召开。县委常委、常务副县长涂仕华，江西银监局合作处处长马亶钧，省农村信用合作社联社办事处党组书记、主任刘懿等领导出席会议。

3月27日

上午，县委常委、副县长杨保根来到正在建设中的莲塔公路和胡华大桥施工现场，了解工程进展情况。

3月28日

上午，南昌县供销工作会议在洁惠花园宾馆举行。省供销社副主任张子林，市供销社主任李小保，县委常委、副县长杨保根，县人大副主任陈秀梅、王三毛，县政协副主席张军等出席会议。

【农业与农村工作】

3月19日

上午，省农业厅、市人民政府共同主办的“春耕生产技术现场咨询”服务活动在南昌县塘南镇鄱阳湖水禽产品批发市场内举行。省农业厅厅长毛惠忠，副厅长张忠平，副市长刘建洋，县领导魏根金、程雷佬等出席活动仪式。随后，副市长刘建洋在县委常委、农工部长魏根金，副县长程雷佬的陪同下，视察了塘南镇的“一村一品”及养殖业发展情况。

3月25日

下午，国家农业部部长孙政才来南昌县就惠农政策落实，春耕备耕、农产品加工龙头企业生产等情况开展调研。省市县领导陈达恒、余欣荣、胡宪、肖茂普、毛惠忠、蔡社保、吴志明、刘建洋、肖玉文、魏根金、程雷佬等陪同。

【廉政建设和纪检工作】

3月14日

上午，市纪委副书记、监察局局长曾亦冰来南昌县就进一步做好优化经济发展环境工作开展调研。县委常委、常务副县长涂仕华，县委常委、纪委书记李传强等陪同。

3月15日

下午，中共南昌县纪律检查委员会第二次全体会议在县综合楼会议室召开，会议传达了省市纪委会议精神，总结了2006年全县党风廉政建设和反腐败工作，布置2007年纪检监察工作任务，表彰2006年度先进集体和先进个人。市委常委、县委书记杨伟东出席会议并讲话，县委常委、纪委书记李传强作常委会工作报告，县领导肖玉文、梅梅、罗炳贵、王火生、胡小明、邓炳根、涂仕华、杨保根、杨文斌、熊运浪、胡炜、王小文、魏根金、张远等出席了会议。

3月20日

上午，以南昌市个私协会党委书记吴高强为组长的市治理商业贿赂工作督查组来南昌县督查。县委常委、常务副县长、县治理商业贿赂工作领导小组组长涂仕华参加了汇报会。

【政法工作和社会治安综合治理】

3月23日

上午，南昌县公安局、检察院、法院、安全生产监督管理局等单位在维也纳广场东门共同举办了“社会治安综合治理集中宣传日活动”，副县长、县公安局局长张增和参加了活动。

【党的建设和干部队伍建设】

3月14日

下午，市委常委、组织部部长杨人平来南昌县蒋巷镇就农村基层党组组织建设工作进行调研。县委副书记梅梅，县委常委、组织部长王小文等陪同。

【人武工作】

3月26日

下午，全省新任县人武部、预备役团来南昌县人武部参观学习。县人武部连续6年被省军区、市警备区评为先进人武部。

【科教文卫体和计生工作】

3月2日

上午，县委常委、农工部长魏根金，副县长刘丽、程雷佬等来到县计生委就2007年人口计生工作安排、开展情况进行调研。

3月4日

晚上，南昌县在澄碧湖畔举行2007年春节彩车、彩灯拜年展演活动。市委常委、县委书记杨伟东，县领导肖玉文、梅梅、罗炳贵、王火生、胡小明、邓炳根、涂仕华、杨保根、李传强、杨文斌、熊运浪、胡炜、王小文、徐海波、魏根金等领导参加。

3月15日

上午，全县农业农村暨人口计生工作会议在县综合楼会议室召开。县领导肖玉文、罗炳贵、王火生、胡小明、邓炳根、魏根金、袁春秀、刘丽、程雷佬、张军、姜润根、王三毛、熊鹰等出席会议。

▲晚上，在县综合楼第三会议室召开全县教育“两基”迎国检工作动员会。县领导梅梅、杨文斌、胡显勇、熊鹰等出席。

3月29日

上午，全县卫生工作会议在县人民医院多功能厅召开。会议总结2006年工作，安排布置2007年工作任务，表彰了2006年先进集体、先进个人。县领导梅梅、杨文斌、万德珍等出席了会议。

▲下午，南昌县文化广播电视旅游工作会议在县综合楼会议室召开。县委副书记梅梅，县委常委、宣传部部长杨文斌，副县长胡显勇，政协副主席万德珍，受邀市旅游局局长李芸，市文化局纪检书记唐毓瑞，市广播电视局副局长杨虹等出席了会议。

▲根据《江西省义务教育阶段学生免收学杂费实施管理办法》的规定，在春季开学时，全县11万名中小学生将免交学杂费，上学报名只须交纳课本、作业本的费用。

【城市规划与管理】

3月16日

上午，南昌县城乡规划建设管理工作会议在县城建局会议室召开。县领导涂仕华、伍曦等出席了会议。

【妇联、群团工作】

3月7日

上午，南昌县召开“构建和谐昌南，巾帼建言献策”座谈会，市妇联副主席管琳丽，县领导梅梅、罗炳贵、邓炳根、胡炜、王小文、袁春秀、陈秀梅、胡显勇、刘丽、万德珍、吴克芳、伍曦等人出席。

3月13日

上午，县工商联在县综合楼会议室召开十三届工商联第三次执委会。县委副书记梅梅，县委常委、纪委书记李传强，县委常委、统战部长胡炜，县委常委张远，县政协副主席、县工商联会会长吴克芳等出席。

【民主与法制建设】

3月7日

上午，南新乡举办新任县、乡人大代表培训学习班，县人大常委会副主任黄连科在开班时到会并讲话。

3月13日

上午，市人大常委会副主任万先勇率领市人大环境污染防治调研组来南昌县就小蓝经济开发区环境污染防治工作进行调研。县委常委、副县长杨保根、县人大常委会副主任李木旺等陪同调研。

3月29日

下午，省政府法制办公室行政复议处副处长龚河兴为组长的依法行政工作调研组来南昌县开展调研。副县长张增和陪同。

【档案管理】

3月30日

上午，南昌县档案管理工作会议在县综合楼会议室召开。会议总结了2006年的档案管理工作，部署了2007年档案管理工作。表彰了2006年度档案管理先进集体和先进个人，县委副书记梅梅，副县长刘丽，市档案局副局长彭青等出席了会议。

【水利、防汛】

3月1日

下午，以省水利学校党委书记张仲虎为组长的省防汛总指挥部检查组一行来南昌县检查汛前防汛物质准备情况。县领导刘丽、王三毛等陪同。

【其他重要工作】

3月15日

上午，南昌县在莲塘洪客隆门前举行“3·15 国际消费者权益保护日”宣传咨询活动。副县长涂莉华参加活动。

3月20日

上午，省市县三级工商行政管理部门在南昌县广福镇农贸市场联合举办：2007 年红盾护农“宣传日”活动。副县长涂莉华参加了活动。

▲南昌县邮政部门自 1986 年开办邮政储蓄，营业网点现拓展到莲塘、向塘、三江等地，自 3 月1 日起，营业网点将开办贷款业务，结束了邮政储蓄只存不贷的历史。

【友好往来】

3月1日

下午，赣州市章贡区人民政府副区长胡来知带领考察团一行来南昌县参观考察小蓝经济开发区的规划建设情况，县委常委、小蓝工业园区党工委书记徐海波，常委、组织部长王小文等陪同。

3月5日

下午，新余市渝水区区委副书记丁颖文带领区党政代表团来南昌县参观考察，县委常委、农工部长魏根金等陪同。

3月20日

下午，韩国光州市观光协会访问团来南昌县参观考察。县领导罗炳贵、王火生、涂莉华等陪同。

3月21日

下午，香港、台湾商会会长赵肖山等人来南昌县小蓝经济开发区参观考察。县领导徐海波、江伟斌等陪同。

3月23日－26日

由县委、人大、政府、政协、法院、检察院、人武部等领导组成的南昌县党政代表团在市委常委、县委书记杨伟东率领下赴瑞金、于都、赣县、井冈山等地参观学习考察。

【先进表彰】

3月13日

上午，南昌县台办荣获“全市对台工作先进单位”称号，副县长涂莉华出席了市对台工作会议。

四　月

【重要会议】

4月3日

上午，南昌县政协十届一次常委会在县综合楼会议室召开。会议通过常委会议事规划，各专门委员会的组成人员、组织通则和加强政协委员作风建设的意见。县政协主席邓炳根，副主席万德珍、吴克芳、张军、李信谆、姜润根、伍目连、李植等出席。县委副书记梅梅，县委常委、常务副县长涂仕华等参加会议。

4月9日

上午，南昌县环境保护工作会议在县综合楼会议室召开。会议总结2006年环保工作并部署安排了2007年环保工作。市环保局局长申少平，县领导肖玉文、杨保根、陈秀梅、李植等出席了会议。

4月11日

上午，南昌县十四届人大常委会第一次会议在县综合楼会议室举行。县人大常委会主任胡小明，副主任黄连科、李木旺、陈秀梅、王三毛、熊鹰、伍曦及委员共32人出席了会议。会议听取审议了县政府关于春耕备耕农资供应准备工作情况汇报及县十四届人大常委会代表资格审查委员会名单；传达学习了市十三届人大二次会议精神；讨论通过了县人大常委会2007年工作要点及常委会会议时间和议题安排意见。县委副书记梅梅，副县长刘丽，县人民法院院长廖群，县人民检察院检察长张振川等参加了会议。

4月12日

下午，南昌县在县政府综合楼会议室组织收看全国和全省整顿和规范市场经济秩序电视电话会议。县委常委、常务副县长涂仕华参加了会议。

4月16日

上午，南昌县“整‘五风’、比实干、争一流”主题教育活动动员大会暨县政府廉政工作会议在县综合楼会议室召开。市委常委、县委书记杨伟东在会上作了重要讲话，县领导胡小明、邓炳根、涂仕华、李传强、杨文斌、熊运浪、胡炜、王小文、魏根金等出席了会议，县委副书记梅梅主持会议。

▲下午，县政府办公室召开“整‘五风’、优服务、作表率”主题教育活动动员会。县委常委、常务副县长涂仕华出席并讲话。

4月18日

上午，县委办公室召开“整‘五风’、优服务、作表率”主题教育活动动员会。县委副书记梅梅出席并讲话。

▲上午，南昌县人事劳动和社会保障局召开“整‘五风’、比实干、争一流”主题教育活动动员大会。县人大常委会副主任、县人事劳动和社会保障局局长熊鹰出席。

▲下午，县委宣传部召开机关“整‘五风’、比实干、争一流”主题教育活动动员会。

4月19日

下午，县人大机关召开“整‘五风’、比实干、争一流”主题教育活动动员会。县人大常委会主任胡小明、副主任黄连科出席。

4月20日

上午，市县（区）政协主席联席会议在南昌县召开。会上总结交流了县、区政协工作经验，并就进一步加强政协工作、发挥政协作用进行探讨。市政协主席王样生、副主席王水苟、侯捷、万玉明、李广振、陈守国、龙国英，县委副书记梅梅，县政协主席邓炳根，副主席万德珍、吴克芳、张军、李信谆、伍目连等参加了会议。

▲上午，南昌县工商局在洁惠花园宾馆召开“整‘五风’、争一流、抓基层、树典型、促和谐”主题教育活动动员大会。市工商局纪检组长吴瑞金、副县长涂莉华等出席会议。

4月23日

下午，南昌县防汛抗旱动员大会在县综合楼会议室召开。省赣抚平原水利管理局局长吴克昭，市水利局局长李克荣，县领导肖玉文、梅梅、胡小明、邓炳根、李传强、杨文斌、熊运浪、胡炜、王小文、徐海波、魏根金等出席。

4月24日

上午，南昌县政协召开机关“整‘五风’、比实干、争一流”主题教育活动动员会。县政协主席邓炳根，副主席万德珍、张军、李信谆等出席。

▲下午，县委组织部召开“整‘五风’、比实干、争一流”主题教育活动动员大会。县委常委、组织部长王小文出席并讲话。

▲下午，南昌县总工会第十二届五次全委（扩大）会在县综合楼会议室举行。会议总结2006年的工会工作，部署2007年的工会工作。县委副书记梅梅出席会议并讲话。

4月25日

下午，南昌县组织林业、水利、环保、农业、财政等部门人员在县综合楼会议室收听收看“鄱阳湖生态环境综合整治工作”电视电话会。

4月27日

上午，南昌县组织、宣传、统战工作暨“深化三项创建，构建和谐班子”主题实践活动动员大会在县综合楼会议室召开。市委常委、县委书记杨伟东作了讲话。县领导梅梅、杨保根、杨文斌、胡炜、王小文、王三毛、姜润根等出席。

4月28日

下午，南昌县组织环保局、水利局、工商局、卫生局、司法局等单位人员在县电信局会议室收听收看“全国整治违法排污企业，保障群众健康环保专项行动”电视电话会。县委常委、副县长杨保根参加。

4月29日

上午，南昌县在电信局会议室组织相关单位人员收听收看“全省安全生产”电视电话会议。副县长江伟斌出席会议。

▲下午，南昌县召开全县“整‘五风’、比实干、争一流”主题教育活动落实、开展情况汇报会。县委常委、纪委书记李传强出席会议。

【领导活动】

4月2日

上午，市委常委、县委书记杨伟东，县委常委、小蓝经济开发区党工委书记徐海波，副县长涂莉华等到南昌县富山乡开展调研，在实地察看、听取汇报后，提出：要创新工作思路和工作方法，不断加大重大项目的招商引资力度，促进全乡经济协调可持续发展。

▲下午，省人口与计划生育委员会助理巡视调研员冯润航来南昌县就人口与计划生育工作进行调研。市委常委、县委书记杨伟东，市人口与计划生育委员会主任任美清，县领导肖玉文、魏根金、程雷佬等陪同。

▲下午，市委常委、县委书记杨伟东，县领导肖玉文、涂仕华、杨保根、万敏等沿南高公路和澄碧湖北大道等路段进行视察，察看环境整治和供电线路改造情况。

4月4日

市委常委、副市长卢晓健率市直有关部门负责人来南昌县小蓝经济开发区视察调研。市委常委、县委书记杨伟东，县领导肖玉文、徐海波、江伟斌、涂莉华等陪同。

▲上午，市委常委、县委书记杨伟东，县长肖玉文，县委常委、小蓝经济开发区党工委书记徐海波等到小蓝经济开发区视察新纶高科、人民电器、南昌宝江等一批在建重大项目的进展情况。

4月5日

下午，县长肖玉文，县委常委、宣传部长杨文斌，县政协副主席姜润根等到县中医院进行调研。

4月6日

上午，省社会科学院、省文联党组书记、省社联主席尹世洪、党组副书记、省社科院院长傅修延带领省社科院部分专家学者来南昌县冈上镇月池教授村进行专题考察调研。县领导梅梅、杨文斌、刘丽等陪同。

4月7日

上午，市委常委、县委书记杨伟东，县领导梅梅、徐海波、张增和等到南昌县小蓝经济开发区就环境整治及入区企业生产经营情况进行调研。

▲上午，南昌县委副书记、县长肖玉文，县委常委、副县长杨保根等到小蓝供电所进行视察。

▲上午，省电力公司总经理毛日峰，省电力公司总经理助理、南昌供电公司经理滕富莲，公司党委书记陈冰等来南昌县就220KV输电线路斗线——国线129号电杆倒伏抢修情况进行视察。县领导肖玉文、杨保根陪同。

4月11日

下午，县委副书记、县长肖玉文，县委副书记梅梅，县委常委、宣传部部长杨文斌，县人大常委副主任、县人事劳动和社会保障局局长熊鹰，副县长万敏，县政协主席、县财政局局长姜润根等到县教体局进行调研。

4月29日

下午，市委常委、常务副市长王詠带领市发改委、经贸委、财政局、国土局、规划局、统计局等部门负责人来南昌县小蓝经济开发区视察调研。市委常委、县委书记杨伟东，县领导肖玉文、徐海波、江伟斌、姜润根等陪同。

【招商引资】

4月25日

上午，深圳市副市长陈应春率领由深圳企业家代表和工商界人士组成的深圳经贸考察团来南昌县小蓝经济开发区参观考察企业建设和落户情况。市委常委、常务副市长王詠，县长肖玉文，县委常委、小蓝经济开发区党工委书记徐海波等陪同。

4月28日

上午，泰豪科技家用静音源项目开工典礼在小蓝经济开发区内隆重举行。市领导胡宪、王样生、王詠、蔡社宝、杨伟东、汤成奇、王水苟，县领导肖玉文、胡小明等出席开工典礼。

【工交财贸工作】

4月13日

下午，南昌县工业、个私民营经济暨安全生产工作会在县综合楼会议室召开。县委副书记、县长肖玉文，副县长江伟斌出席了会议。

4月19日

上午，市公路局局长黄维象、局党委书记戴晓明等来南昌县就莲塔公路建设和新农村道路改造等进行调研。县委常委、副县长杨保根陪同。

【国防建设】

4月2日

上午，南昌县专职武装干部在县人武部民兵训练基地统一集训。县人武部部长汪火明，政委姜清波等出席集训动员会并讲话。

4月9日

下午，南昌县2007年预备役工作会议在县人武部会议室召开。县领导肖玉文、杨保根、李传强、姜润根、县人武部部长汪火明、政委姜清波等出席。

4月24日–26日

南昌县人武部以乡镇为单位开展了基干民兵点验活动。县人武部长汪火明，政委姜清波参加各乡镇的点验活动。

【农业与农村工作】

4月1日

上午，国家农业普查事后质量抽查组来南昌县就全国第二次农业普查开展情况进行检查。市统计局局长熊一江，副局长李鸿胜，县委常委、常务副县长涂仕华等陪同。

4月6日

上午，南昌县“抓绿化、平坟头、清垃圾”整治建设现场会在蒋巷镇召开。县委常委、农工部部长魏根金，副县长程雷佬等出席。

4月9日–10日

以省委农工部副部长许德仁为组长的省新农村建设检查组来南昌县就2006年新农村建设省级试点工作情况进行检查。县领导肖玉文、魏根金、王三毛、刘丽、张军等陪同。

4月10日

上午，省委常委、常务副省长凌成兴来南昌县蒋巷镇视察省重点建设工程——国鸿集团年屠宰100万头生猪生产线及肉制品加工项目的建设进展情况。市委副书记、市长胡宪、副市长刘建洋，县长肖玉文，县委常委、农工部长魏根金等陪同。

4月12日

下午，南昌县农机局举行国家补贴农机的发放仪式，全县有25名农民直接领到由国家补贴的手扶或插秧机。省农机局副局长郭小巩出席发放仪式。

4月16日–18日

市农业综合开发检查组对南昌县2006年国家农业综合开发项目实施情况进行了为期三天的检查验收。24日下午检查验收后的意见反馈会在县农业开发办会议室召开。市委农工部副部长、市农业综合开发办主任陶海龙，市农业综合开发办副主任易洪英、张磊，县委常委、农工部部长魏根金，副县长刘丽等出席。

4月17日

由国家林业局副局长祝列克为组长的国务院血防检查组来南昌县检查血吸虫病综合治理工作。副省长胡振鹏，省卫生厅厅长李利，副市长罗慧芬，县领导梅梅、杨文斌、王三毛、胡显勇等陪同。

4月25日

上午，南昌县植保工作会议在县委党校举行。副县长刘丽出席会议并讲话。

4月27日

下午，国家农业部副部长牛盾来南昌县视察农业产业化工作情况。省农业厅党组书记萧茂普，市、县领导杨伟东、吴志明、徐海波、程雷佬等陪同。

【土地和房产管理】

4月9日

上午，南昌县国土资源工作暨“国土资源管理年”活动动员大会在县综合楼会议室召开。县领导肖玉文、陈秀梅、万敏、李信谆等出席。

【廉政建设和纪检工作】

4月28日

上午，省委党风廉政建设第一巡视组副组长赵力平带领巡视组来南昌县就党风廉政建设责任制落实情况进行检查指导。市委常委、纪委书记刘东明，市委常委、县委书记杨伟东，县领导肖玉文、梅梅、李传强、王小文、徐海波等陪同。

【政法工作和社会治安综合治理】

4月3日

上午，南昌县人民法院召开2006年度工作总结表彰大会暨纪检监察工作会议。县领导梅梅、胡小明、熊运浪、熊鹰、张增和、县人民法院院长廖群、县人民检察院检察长张振川等出席。

4月13日

南昌县消防安全工作会议在县综合楼会议室召开。会议总结了2006年的消防安全工作，部署安排了2007年的消防安全工作。县委常委、政法委书记熊运浪，副县长、县公安局局长张增和等出席。

4月23日

上午，南昌县政法、信访工作暨严打整治专项斗争表彰大会在县综合楼会议室召开。市委常委、县委书记杨伟东在会上作了重要讲话，县委副书记、县长肖玉文主持了会议，县领导胡小明、邓炳根、杨保根、杨文斌、熊运浪、胡炜、王小文、徐海波、魏根金等出席会议。

【党的建设和干部队伍建设】

4月15日

上午，南昌县举办老干部党支部建设理论培训班。省老干局副局长肖春云，市社联主席庄西翻应邀授课，县委常委、组织部部长王小文出席开班仪式并讲话。

4月25日

上午，由省委组织部农村基层处处长刘文胜带领的全省农村新时期新任党支部书记“双带”能力培训示范班的学员来南昌县参观。市委组织部副部长邹绍辉，县委副书记梅梅，县委常委、组织部部长王小文等陪同。

4月28日

上午，省委检查组来南昌县小蓝经济开发区检查非公有制企业党建工作。市委常委、组织部长杨人平，市委常委、县委书记杨伟东，县领导肖玉文、梅梅、王小文、徐海波等陪同。

【科教文卫体和计生工作】

4月3日

上午，南昌县新型农村合作医疗工作总结表彰大会在县人民医院召开。县委常委、宣传部部长杨文斌出席会议。

4月12日

下午，农工民主党南昌县总支在县人民医院举办健康知识讲座。县委常委、统战部部长胡炜听取讲座。

4月16日

下午，上海嘉定区“教育报告团”一行12人来南昌县交流素质教育先进经验。在三天时间里报告团将为全县中小学校长及教师作专题报告会并进行示范教学。副县长胡显勇对教育报告团的到来表示欢迎和感谢。

4月25日

上午，副县长胡显勇及县教体局负责人深入部分乡镇中小学校，就“基本实现九年义务教育和基本扫除青壮年文盲”的工作情况进行调研。

【城市规划与管理】

4月6日

上午，南昌县城市规划委员会第一次会议在县综合楼会议室召开。市委常委、县委书记杨伟东，县领导肖玉文、梅梅、涂仕华、杨文斌、胡炜、徐海波、魏根金、王三毛、万敏、江伟斌等出席会议，会议审议通过了《蒋巷碧水河及两岸景观设计》、《黄马乡旅游发展战略规划》、《汽车城》、《澄碧湖北苑公示方案》、《金桂花园》等5个项目的概念性规划方案。

【民主与法制建设】

4月19日

上午，南昌县乡镇人大工作暨人大宣传报告工作总结表彰会在县综合楼会议室召开。会议总结了2006年全县乡镇人大工作，安排部署了2007年的乡镇人大工作，表彰2006年度先进集体和先进个人。县人大常委会主任胡小明、副主任黄连科、陈秀梅、王三毛、熊鹰等出席。

4月25日

晚上，南昌县人大、政协“两会”代表建议、提案交加办会在县综合楼会议室召开。县委常委、常务副县长涂仕华，县人大副主任黄连科，县政协副主席李信谆等出席。

4月27日

下午，省政协调研组来南昌县小蓝经济开发区就加强土地调控和管理情况进行调研。县委副书记，县长肖玉文，县政协主席邓炳根，县委常委、小蓝经济开发区党工委书记徐海波等陪同。

【群团工作】

4月2日

上午，共青团南昌县委十六届四次全委（扩大）会暨2006年度团队工作表彰大会，在县综合楼会议室召开。共青团南昌市委副书记周仁斌，县委副书记梅梅出席了会议。

4月4日

上午，南昌县老年科学技术工作者协会第一季度工作会议在县供电有限责任公司会议室召开。县老年科协会长王火生，副会长黄连科出席。

4月12日

上午，南昌县老年科技工作者协会武阳分会挂牌成立。县老年科协会长王火生出席了成立大会。

4月23日

市妇联和县妇联在南昌县泾口乡共同举办“全市巾帼创业事迹报告会”。市妇联副主席管琳丽，市妇联发展部部长翁伟萍等参加。

4月26日

上午，南昌县老年科学技术工作者协会塔城分会正式成立。县老年科协会长王火生到会祝贺。

【水利、防汛工作】

4月18日

上午，市发改委副主任张小飞带领市防汛安全检查组来南昌县检查防汛准备工作。县人大常委会副主任、水利局局长王三毛陪同。

4月20日

下午，省防汛抗旱指挥部部分成员单位组成的检查组来南昌县检查防汛工作。县人大常委会副主任、水利局局长王三毛陪同。

4月26日

县委常委、常务副县长涂仕华，副县长胡显勇，县政协副主席姜润根等到幽兰、泾口检查长乐圩堤的防汛准备情况。

【其他重要工作】

4月12日

上午，南昌县司法局驻昌东镇公证律师工作室，在昌东镇正式挂牌成立。

4月14日

下午，由省旅游局、江西日报社、省山江湖办公室、鄱阳湖国家级自然保护区管理局、绿化集团南昌事业部联合主办“行走鄱阳湖”大型采访考察活动结束仪式在南昌县举行。县委常委、宣传部部长杨文斌和省旅游局等主办单位负责人出席仪式。

4月20日

上午，南昌县劳动模范协会组织20余名省、市老劳模参观黄马乡生态园林及社会主义新农村建设。

4月22日

下午，由南昌市文联、南昌县文联主办，小蓝经济开发区承办的"'火红的五月，火热的小蓝'2007南昌市谷雨诗会"在小蓝经济开发区隆重举行。市文联主席李敏、县委常委徐海波等出席。

【友好往来】

4月5日

上午，新建县委副书记、县长胡敏，县委常委、常务副县长林军带领城镇建设考察团来南昌县参观考察。县领导梅梅、姜润根等陪同考察。

4月7日

下午，广州军区党委常委、装备部部长吕丁文少将来南昌县考察小蓝经济开发区及县城建设。县领导肖玉文、胡小明、徐海波，县人武部部长汪火明等陪同。

4月8日

上午，中共中央政治局委员、湖北省委书记俞正声，省长罗清泉率领湖北省党政代表团来南昌县小蓝经济开发区参观考察。省委书记孟建柱，省长吴新雄，省委常委陈达恒、赵智勇、余欣荣，市、县领导胡宪、杨伟东、肖玉文、梅梅、徐海波、江伟斌、涂莉华等陪同。

4月13日

下午，由广东省外贸厅助理巡视员张会诚带领的广东省外资企业考察团来南昌县小蓝经济开发区参观考察。副县长江伟斌、涂莉华等陪同。

4月18日

上午，萍乡市司法局局长胡自国带领萍乡市司法考察组来南昌县考察基层司法所的建设。市司法局局长吕建民、县司法局负责人等陪同。

4月25日

上午，由广东省委常委、深圳市委书记李鸿忠，市长许宗衡率领的深圳市党政代表团来南昌县小蓝经济开发区参观考察。省委书记孟建柱，省、市、县领导陈达恒、赵智勇、余欣荣、蒋仲平、胡宪、杨伟东、肖玉文、徐海波等陪同。

五　月

【重要会议】

5月7日

下午，南昌县开放型经济工作调度会在综合楼会议室召开。会议通报1～4月份经济工作情况（全县财政完成4.4亿，其中地方性一般预算性收入2.8亿，完成合同外资3993万美元，同比增长38.84%，实际利用外资5845万美元，同比增长119.32%），并对下一阶段工作进行安排部署。市委常委、县委书记杨伟东主持会议，县领导肖玉文、梅梅、胡小明、涂仕华、李传强、杨文斌、熊运浪、胡炜、王小文、徐海波、魏根金等出席。

5月9日

下午，南昌县在县综合楼会议室组织收听收看全省深化“三项创建”电视电话会。市委常委、县委书记杨伟东，县领导梅梅、王小文和各乡镇、县委各部门、县直各单位的主要负责人参加会议。

5月14日

下午，南昌县政府第二次常务会议在县政府会议室召开。会议就《关于提高小蓝经济开发区规划管理工作的若干规定》、《关于进一步鼓励生产性企业投资小蓝经济开发区的若干规定（草案）》、《关于制造业发展暨重大项目专项扶持资金管理办法（试行）》、《南昌县科学技术鼓励办法》、《关于增强自主创新能力、加快我县创新体系建设的决定》以及《全县房地产开发项目专项大检查实施方案（草案）》等议题进行了研究讨论。会议由县长肖玉文主持，县委常委、常务副县长涂仕华，县委常委、副县长杨保根，副县长胡显勇、万敏、江伟斌、刘丽、张增和、涂莉华、程雷佬，县政府党组成员，县政府办公室主任黄云松等出席会议，县人武部部长汪火明，县人大常委会副主任伍曦，县政协副主席姜润根和县政府办副主任以及县直有关单位负责同志列席会议。

5月26日

下午，全县负责干部大会在综合楼会议室召开。会议贯彻落实省党代会会议精神，深入学习浙江经验。市委常委、县委书记杨伟东出席会议并讲话，县领导梅梅、胡小明、邓炳根、涂仕华、杨保根、李传强、杨文斌、熊运浪、胡炜、徐海波、魏根金等出席会议。

【“三项创建”、“整五风”】

5月4日

为庆祝“五四”青年节，县人事劳动和社会保障局在洁惠花园宾馆举行了以“整‘五风’、比实干、争一流”为主题的演讲比赛。县人大常委会副主任熊鹰观看了比赛。

5月9日

上午，县财政局召开“整‘五风’、比实干、争一流”主题教育活动动员大会。县政协副主席、财政局局长姜润根出席会议并讲话。

5月10日

上午，县公安局在莲塘镇莲塘村开展“听民意、解民忧、办实事”的活动。副县长、公安局局长张增和参加活动并讲话。

5月15日

下午，县城建局召开“整‘五风’、比实干、争一流”主题教育活动动员大会。县人大常委会副主任伍曦出席了会议。

5月16日

下午，小蓝经济开发区召开“为重大项目推进建功立业”活动动员大会，就开展“深化三项创建，构建和谐班子”，大力加强党员、干部“五风”建设和“为重大项目推进建功立业”等活动进行了再动员再部署。县委常委、小蓝经济开发区党工委书记徐海波出席会议并讲话。

5月18日

下午，南昌县纪委、监察局组织全体机关干部观看腐败案件警示教育片。县委常委、纪委书记李传强参加了收看。

5月23日

上午，县委常委、纪委书记李传强到黄马、向塘镇就“整‘五风’、比实干、争一流”主题教育活动的开展情况进行了督查和指导。

5月25日

上午，县纪委、监察局组织全体干部职工参加了“整‘五风’、比实干、作表率”主题教育活动为主要内容的考试，县委常委、纪委书记李传强和机关干部参加了考试。

【领导活动】

5月1日

上午，省电力公司总经理毛日峰，副总经理肖黎春来南昌县小蓝经济开发区，就邓埠110千伏变电站扩建和霞山110千伏变电站开工建设进行现场办公。副市长黄春平、县领导肖玉文、杨保根、胡炜等参加。

5月4日

上午，南昌市委副书记、市长胡宪，就推进生态旅游、商贸物流业发展，来南昌县进行调研。市委常委、县委书记杨伟东，副市长刘建洋，县领导梅梅、涂仕华、杨文斌、万敏、刘丽等陪同。

5月5日–7日

市委常委、县委书记杨伟东，县委副书记、县长肖玉文，县委副书记梅梅及县领导涂仁华、杨保根、杨文斌、胡炜、徐海波、魏根金、熊鹰、伍曦、万敏、江伟斌、刘丽、涂丽华、程雷佬、姜润根等召集相关部门或单位负责人召开会议，就推进全县开放型经济、民生工程、城市建设和新农村建设等工作进行指导、督促、安排。

5月7日

下午，省台办副主任黄祖降，省台胞联谊会会长何大欣来南昌县小蓝经济开发区视察，副县长涂莉华及县台办负责人陪同。

5月11日

南昌市关心下一代工作委员会常务副主任田新芳带领调研组来南昌县就关心下一代工作进行调研。县委副书记梅梅和县关心下一代工作委员会主要负责人陪同。

5月16日

上午，市人大副主任姚燕平带领市粮食局领导、市民进企业家和省儿童医院的专家来到南昌县走访慰问南新乡大港村的困难群众。副县长胡显勇等陪同。

5月18日

上午，南昌县残联在南粮宾馆召开了第十七次“全国助残日”座谈会。县委常委、副县长杨保根，县残疾人工作委员会成员单位负责人，各乡镇分管领导，残联理事长和残疾人代表参加了座谈会。

▲县委常委、副县长杨保根带领县残联负责同志，走访慰问了南昌县部分贫困残疾人家庭。

5月20日

上午，省教育厅、省残联领导来南昌县特殊教育学校，举行“爱心助残”捐赠活动。省教育厅副厅长王占铭，省残疾人联合会理事长徐效刚，副县长胡显勇以及市、县教育局和市、县残联的负责人参加了捐赠活动。

▲下午，省残联理事长徐效刚，市残联理事长孙秀全一行走访慰问了冈上镇长湖村的困难残疾人家庭。县委常委、副县长杨保根，县残联有关负责人陪同。

5月23日

下午，县委副书记梅梅，县委常委、副县长杨保根到南昌县莲塘镇，就社区建设开展调研。

5月24日

上午，省政协副主席、省委统战部部长王林森来南昌县小蓝经济开发区考察非公有制企业。市、县领导蔡社宝、雷元江、梅梅、徐海波、吴克芳等陪同。

5月25日

上午，市委常委、县委书记杨伟东率县人事劳动和社会保障局、公安局、财政局、城建局等部门的负责同志到南昌县信访局，就解决群众上访反映的问题进行现场办公。县领导熊运浪、魏根金、熊鹰、张增和、姜润根等参加接访。

5月29日

上午，市委常委、宣传部长周关带领市教育局、市妇联等有关部门的负责同志，来南昌县看望幼儿园的小朋友，向小朋友们祝贺节日。市委常委、县委书记杨伟东，县领导梅梅、杨文斌、胡显勇等陪同。

▲上午，南昌县人大常委会组织部分代表视察县城莲塘饮用水源保护的情况。县人大主任胡小明，副主任李木旺、陈秀梅参加了视察。县委常委、副县长杨保根，莲塘镇、向塘镇、县环保局、城建局等有关部门负责人陪同视察。

▲下午，省科技厅副厅长吴文峰来南昌县小蓝经济开发区就提高园区企业的科技含量进行调研。县委常委、小蓝经济开发区党工委书记徐海波，副县长刘丽等陪同。

▲下午，市政府参事室主任江春贵，参事室成员，原市教育局副局长周家荣来南昌县，视察县城部分中小学校的校园建设情况。副县长胡显勇等陪同。

▲下午，副省长熊盛文来南昌县视察农业综合开发和造地增粮富民工程。市委常委、副市长卢晓健，市委常委、县委书记杨伟东，县委常委、农工部长魏根金，副县长万敏以及省、市、县有关单位负责同志陪同。

▲下午，省民政厅厅长罗筱玉，副厅长钟起茂等来南昌县，就农村低保政策落实等工作进行调研。县委常委、副县长杨保根陪同。

5月30日

下午，市委常委、县委书记杨伟东，县委常委、常务副县长涂仕华，县委常委、统战部长胡炜，副县长、县公安局长张增和带领县委办、城建局、城管局等部门的负责同志到南昌县东新乡，就影响重大项目建设的乱搭乱建情况开展调研。

【招商引资】

5月9日

上午，香港富联国际集团成衣部总裁任子谦一行来南昌县小蓝经济开发区参观考察。副县长涂莉华及县台办负责人陪同。

▲上午，县委副书记、县长肖玉文在县台办负责人陪同下赴上海参观考察奥特莱斯项目和旺旺集团总部，并与企业方高层进行交流洽谈。

5月14日

县委常委、宣传部长杨文斌，副县长涂莉华在小蓝经济开发区管委会会议室接待了华宇集团总经理刘利民一行，并就酒店项目进行了交流与协商。

5月18日

上午，县委副书记，县长肖玉文，县委常委、小蓝经济开发区党工委书记徐海波，副县长涂莉华在小蓝经济开发区管委会会议室接待了台湾养鹿协会会长林灿杨一行，并就项目投资进行了交流与协商，21 日上午，在香港君悦大酒店江西香港活动周开幕式暨项目推介会上与南昌县小蓝经济开发区签约，县委副书记、县长肖玉文到场，副县长江伟斌作为代表签约。

▲下午，小蓝经济开发区党工委召开规范企业管理和服务集中活动动员大会。县委副书记、

县长、小蓝经济开发区党工委第一书记肖玉文作讲话，县领导徐海波、江伟斌、涂莉华、姜润根等出席。

5月21日

下午，市委常委、县委书记杨伟东在县委接待室会见了来南昌县考察的新西兰中国政策顾问——太平绅士黄德生，新西兰SNT投资有限公司董事长杨光明，县委常委、小蓝经济开发区党工委书记徐海波，副县长、县对外合作局局长涂莉华会见时在座。

【农业与农村工作】

5月8日

下午，南昌县召开鄱阳湖生态环境综合整治专项行动工作会，研究制订综合整治专项行动实施方案。县委常委农工部长魏根金主持，县领导王三毛、张增和、程雷佬等出席。

5月16日

下午，市卫生局副局长陈天鹏带领市农业局、水利局、农业开发办等部门负责人来南昌县泾口乡就血吸虫病防治试点工作进行调研。副县长胡显勇和县有关部门负责人陪同。

5月26日

上午，南昌县召开新农村建设流动现场会，县领导梅梅、胡小明、邓炳根、杨保根、李传强、杨文斌、熊运浪、胡炜、魏根金等参加。

5月30日

上午，县委副书记梅梅，县委常委、农工部长魏根金，县政协副主席吴克芳、李信谆等到南昌县蒋巷镇，就整体推进2007年新农村建设试点村的整治进行现场办公。

【人武工作】

5月15日

下午，南昌县预备役五七高炮营一连在八一乡政府会议室召开点验大会。省预备役作训科科长朱国强、预备役高炮团团长徐幼根，县委常委、县纪委书记、五七高炮营副教导员李传强等出席。

5月17日

下午，南昌县城乡规划建设局民兵便携式地空导弹连点验大会在县城建局会议室召开。市警备区参谋张晓伟，县武装部部长汪火明，副部长张永华及全连官兵参加了点验大会。

5月18日

市警备区参谋张晓伟，县人民武装部部长汪火明，政委姜清波，副部长张永华先后在县卫生局、县电信分公司、县教体局等单位，对基干民兵进行点验。

5月24日

上午，南昌县交通局基干民兵点验大会在县交通局会议室召开。县人民武装部部长汪火明，副部长张永华等参加了点验大会。

5月30日

上午，南昌县莲塘镇基干民兵点验大会在莲塘镇会议室举行，南昌警备区参谋长宋书斌，县委常委、常务副县长涂仕华，县人武部部长汪火明，政委姜清波等出席会议。

【政法工作和社会治安综合治理】

5月18日

上午，县司法局在冈上镇召开全县律师公证工作研讨会。省律师管理处副处长余龙妹，省公证管理处调研员藩建，县委常委、政法委书记熊运浪等参加研讨会。

5月25日

上午，全市各县、区综治办主任工作例会在南昌县召开。会议通报了全市综治工作情况，分析当前综治工作的形势，并就进一步做好综治工作进行部署，市委副秘书长、市政法委副书记胡振正，市综治办副主任邹智敏，县委常委、政法委书记熊运浪，以及各县区综治办主任参加了会议。

【劳动人事和社会保障】

5月17日

上午，南昌县失业保险工作座谈会在洁惠花园宾馆召开。市失业保险管理处处长葛成彬，县委常委、副县长杨保根，县人大副主任、县人事劳动和社会保障局局长熊鹰在会上讲话，县政协副主席张军、县直各部门和乡镇分管领导，中央、省、市驻县单位负责人等参加会议。

【党的建设和干部队伍建设】

5月8日

上午，南昌县县委组织部召开由各乡镇选派到小蓝经济开发区锻炼一年的副科级领导干部（共11名）座谈会。县委常委、组织部长王小文出席并讲话。

5月16日

南昌县政协在县综合楼会议室举办新任委员培训学习班。省政协副秘书长、人口资源环境委员会主任冷芬俊为新任委员授课。县政协主席邓炳根，副主席万德珍、吴克芳、李信谆、李植等参加了学习班。

【科教文卫体和计生工作】

5月10日

下午，副县长胡显勇与教育体育局和向塘镇政府负责同志一起深入南昌县向塘镇中心小学、向塘村小学、剑霞小学，就向塘镇基本普及九年义务教育，基本扫除青壮年文盲工作情况以及教育投入、教学环境、教学设施等情况进行调研。

5月11日

上午，由江西日报策划的“温暖民生，共建和谐——2007年新闻行动‘城乡行’助学活动”仪式在南昌县塘南镇西河小学举行。江西日报社副社长、副总编任辛，副县长胡显勇等出席并讲话。

5月14日

下午，东新乡党委、政府召开计划生育整治整改活动月动员大会。县委常委胡炜，副县长程雷佬出席会议并讲话，县计生委、卫生局、公安局、全乡机关干部、各村委会负责人参加了动员会。

5月17日

上午，南昌县人口与计划生育委员会的计划生育服务宣传车深入莲塘、富山、东新、冈上等乡镇，巡回宣传《中华人民共和国人口与计划生育法》、《江西省人口与计划生育条例》，宣传《南昌市禁止非医学需要鉴定胎儿性别和选择性别人工终止妊娠的规定》等法律法规。

5月22日

上午，市、县科技局和市、县科协组织农技专家在蒋巷镇开展了科技下乡活动。副县长刘丽参加了活动。

▲南昌市科技局、南昌市科协、市水产科研所、市蔬菜科研所、市畜牧兽医站、市第五医院、县科技局、县气象局、县科协、县农业局等单位共同举办的“南昌市科技活动周三下乡活动”在南昌县蒋巷镇举办。副县长刘丽及市、县科技局有关人员等参加了活动。

5月23日

上午，南昌县召开2007年高等院校招生考试工作会议，会议传达了省、市高校招生考试工作会议精神，总结了2006年全县高等院校招生考试工作，部署了2007年全县高等院校招生考试工作。副县长、县高招委主任胡显勇出席会议并讲话。

5月28日

上午，为庆祝“六一”儿童节，南昌县在莲塘体育馆举行了幼儿绘画和广播体操比赛。副县长、县妇女儿童工作委员会主任胡显勇以及县妇联、县教育体育局的负责同志出席了比赛的开幕式。

【城市规划与管理】

5月9日

上午，市公路局高坊岭分局召开2007年工作总结暨环境建设活动动员大会。市公路局局长黄维象，县委常委、副县长杨保根出席会议并讲话。

5月10日

县领导梅梅、杨文斌、胡炜、胡显勇、万敏到南昌县象湖新城，就象湖新城公共设施规划建设工作进行调研。象湖新城、县土地局、县教育局的负责同志陪同调研。

5月13日

下午，南昌县城市规划委员会第二次会议在县综合楼会议室召开。会议听取设计单位就县合力大厦的规划方案介绍，并对此进行了讨论。市委常委、县委书记杨伟东，县领导肖玉文、梅梅、涂仕华、胡炜、徐海波、伍曦、吴克芳、姜润根等出席会议。

5月16日

上午，南昌县城市管道燃气特许经营授权签约仪式在桂花村大酒店举行。市政公用事业局党委书记、局长胡焘，副局长陈安安和县领导梅梅、涂仕华、胡炜、万敏等出席了签约仪式。

5月17日

副市长凌学仁率领市政府副秘书长辛利杰以及市国土局、商贸委、规划局、交通局等部门领导人来南昌县就规划建设向塘铁路物流基地开展调研。县委常委、宣传部长杨文斌，副县长万敏，县城建局、国土局、交通局等有关部门负责同志陪同调研。

5月23日

以省环保局副局长陈劳为组长的鄱阳湖环境综合整治督查组来南昌县就蒋巷镇梅家坟、南新乡塘头村拆除围堰的情况进行现场督查并前往蒋巷镇的热欣养殖公司、小蓝经济开发区的龙共涤纶厂、莲塘漂染厂检查污水处理情况。市政府副秘书长周光华，副县长程雷佬，市、县水利、环保、林业、湖管局的负责人陪同督查。

5月30日

上午，县政协副主席伍目连率县政协城乡建设委员会的委员到南昌县国土局，就今年的主要工作开展情况进行调研。

【民主与法制建设】

5月9日

下午，江西省人大法工委副主任夏宏根，省人大法工委经济法规处副主任科员王苏华来南昌县就《中华人民共和国城乡规划法（草案）》的修改进行调研。县人大常委会主任胡小明，副主任熊鹰及有关部门单位负责人陪同。

5月23日

上午，全市人大内务司法工作座谈会在南昌县综合楼会议室召开，市人大副主任白波，市人大副巡视员熊全柏，县人大主任胡小明，副主任熊鹰等出席会议。

【群团工作】

“五四”青年节前夕，由共青团南昌县委和莲塘镇党委共同主办的纪念“五四”运动88周年暨城镇青年社区文化节文艺晚会在莲塘澄碧湖举行。团市委书记陈吉炜，县领导梅梅、胡显勇、万德珍等观看了晚会。

5月31日

下午，团省委副书记肖洪波，少年部部长康茹及江西师大党委副书记何小平，团委书记曹泽华来南昌县塘南镇渡口村小学，为24名留守儿童带来师大附小的结对伙伴，师大青年志愿者担任的代理家长以及教育出版社提供的儿童读物。副县长胡显勇，团县委书记胡朝辉，塘南镇党委书记赵泽华等陪同。

【防汛、水利工作】

5月10日

上午，南昌县县城饮用水源保护区集中整治动员会在县赣抚平原水利工程管理站召开。会议传达了省、市有关会议精神，安排部署了全县生活饮用地表水源保护区排污口集中整治工作。县委常委、副县长杨保根，县人大常委务副主任，县水利局局长王三毛出席会议并讲话。

5月14日

南昌市副市长刘建洋率市农业局、水利局、林业局和市水上公安分局等单位的主要负责人，来南昌县视察禁渔区的禁渔情况。县委常委魏根金，县人大常委会副主任、水利局局长王三毛等陪同。

5月30日

下午，副市长刘建洋，市水利局局长李克荣等来南昌县视察防汛准备工作。县委常委、农工部长魏根金，县人大副主任、水利局局长王三毛和县防汛总指挥部等有关部门负责人陪同。

【友好往来】

5月8日

上午，由湖北省荆州市市委副书记、市长王祥喜率领的荆州市党政代表团来南昌县小蓝经济开发区参观考察。市委常委、市委秘书长、统战部长蔡社宝，市委常委、县委书记杨伟东，县委副书记梅梅，县委常委、小蓝经济开发区党工委书记徐海波等陪同。

5月9日

上午，湖北省鄂州市市委书记吴永文，市长范锐平率领鄂州市党政代表团来南昌县小蓝经济开发区参观考察。市委常委、副市长卢晓健，市委常委、县委书记杨伟东，县委副书记梅梅，县委常委、小蓝经济开发区党工委书记徐海波等陪同。

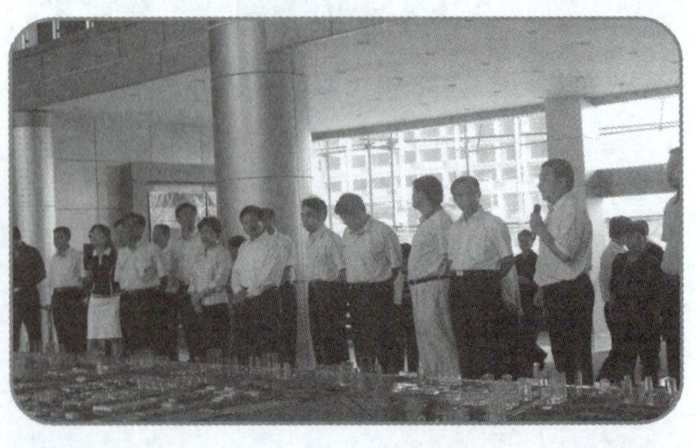

5月15日

下午，由湖北省荆州市监利县县委书记余日福，县委副书记吴祖云率领的监利县党政代表团来南昌县小蓝经济开发区部分企业和县城参观考察。县领导梅梅、涂仕华、徐海波、黄连科、张军等陪同。

▲上午，由萍乡市委组织部副部长曾祥军带领的考察组来南昌县考察非公有制企业党建工作。市委组织部副部长邹绍辉，县委副书记梅梅，县委常委、组织部长王小文，县委常委、小蓝经济开发区党工委书记徐海波等陪同。

5月17日

上午，由湖北省潜江市市委书记张嗣义率领的潜江市党政代表团来南昌县小蓝经济开发区参观考察。副市长黄春平，县领导梅梅、徐海波、江伟斌等陪同考察。

5月22日

伟大领袖毛泽东主席的嫡孙、中国人民解放军军事科学院研究员毛新宇博士，来南昌县小蓝经济开发区视察。市、县领导刘东明、杨伟东、梅梅、李传强、徐海波等陪同。

▲下午，莲塘一中与新西兰南方理工学院奥克兰分院正式结为友好学校。县领导梅梅、胡显勇、涂莉华，新西兰南方理工学院奥克兰分校校长 Ann Isaas Plfua，新西兰 SNT 投资有限公司董事长杨光明，新西兰太平绅士黄德生出席了座谈会。

5月30日

下午，以余干县人民政府县长李晋明为团长的余干县政府代表团来南昌县参观考察"造地增粮富民工程"。县委副书记梅梅，副县长江伟斌、刘丽陪同。

【其他重要工作】

5月16日–18日

全国部分县（市）区第十七次工作研讨会在湖南省沅江市举行。研讨议题是"如何贯彻实施《监督法》"。县人大常委会副主任陈秀梅等人参加研讨会并提交论文《贯彻落实好〈监督法〉应做好四方面工作》。

5月20日

上午，塘南镇举行幸福院搬迁仪式。县领导梅梅、涂仕华、杨保根、黄连科、姜润根等出席。

5月23日

由南昌县总工会主办、县棋类协会承办、县供电局赞助的2007年县"电力杯"棋类比赛，在县工人文化宫举行。比赛项目包括象棋、围棋、国际象棋的团体赛和个人赛，来自各乡、镇，各系统工会，新建企业工会，直属工会的职工以及部分学校的学生参加了比赛。

5月27日

小蓝经济开发区招聘工作人员的考试在南昌县莲塘三中举行。县领导徐海波、熊鹰和县纪委等有关负责同志巡视了考场。

六　月

【“整‘五风’、比实干、争一流”】

6月3日

上午，南昌县“整‘五风’、比实干、争一流”主题教育活动工作会在县综合楼会议室举行。会议总结交流前一阶段主题教育活动的开展情况，并对下一阶段工作进行了安排部署。市委常委、县委书记杨伟东作了重要讲话，县领导梅梅、涂仕华、李传强、杨文斌、王小文、王三毛、熊鹰、涂莉华、姜润根、县法院院长廖群、县检察院检察长张振川等出席会议。

6月8日

下午，南昌县县委宣传部组织召开“整‘五风’、比实干、争一流”主题教育活动第二阶段工作会议。

6月11日

上午，南昌县环保局召开“整‘五风’、比实干、争一流”主题教育活动第二阶段工作动员会。县委常委、副县长杨保根出席会议并讲话。

▲上午，南昌县纪委、监察局组织召开“整‘五风’、比实干、争一流”主题教育活动第二阶段工作会议。县委常委、县纪委书记李传强出席会议并讲话。

▲下午，以市政协副主席陈守国为组长的“整顿‘五风’、提高能力、促进发展”系列主题教育活动督查组来南昌县就“整‘五风’、比实干、争一流”主题教育活动开展情况进行督查。市委常委、县委书记杨伟东，县委副书记梅梅，县委常委、县纪委书记李传强，县人大副主任王三毛，县政协副主席万德珍等出席了督查汇报会。

6月20日

上午，为检验“整‘五风’、比实干、争一流”主题教育活动第一阶段学习成效，南昌县在县综合楼会议室组织全县部分干部开展知识竞赛活动。县委常委、县纪委书记李传强巡视了竞赛考场。

【重要会议】

6月1日

上午，南昌县老年科协组织建设工作会议在综合楼会议室召开。市老年科协会长周鑫群、县老年科协会长王火生、县人大副主任、县老年科协副会长黄连科、副县长刘丽等出席会议。

6月4日

下午，南昌县在政府综合楼会议室组织全县各乡镇分管水利负责人及县水利局和防汛抗旱总指挥部全体人员收听收看了省市防汛抗旱电视电话会议。县委副书记、县长肖玉文，县委副书记梅梅，县人大主任胡小明，县委常委、农工部部长魏根金，县人大副主任、水利局局长王三毛，副县长程雷佬，县人武部部长汪火明等出席了电视电话会。

6月5日

上午，省委“创新创业、共建和谐”专家宣讲团成员胡伯项教授来南昌县举行报告会。县领导肖玉文、梅梅、胡小明、杨保根、李传强、胡炜、徐海波、魏根金、黄连科、李木旺、陈秀梅、王三毛、伍曦、胡显勇、江伟斌、程雷佬、万德珍、县人武部政委姜清波、县法院院长廖群、县检察院检察长张振川等出席报告会，报告会由县委常委、宣传部部长杨文斌主持。

6月8日

上午，南昌县组织县直各单位、各部门负责人在县综合楼会议室收听收看全省开展民主评议政风行风电视电话会。县委常委、常务副县长涂仕华，副县长江伟斌等参加。

6月12日

晚上，南昌县人民政府第三次常务会议在县政府三楼会议室召开。会议主要议题：《关于开展全县城镇居民基本医疗保险工作的方案》、《2007年县城基础设施建设项目推进方案》、《关于尽快启动西舍粮站拍卖程序支持国旺公司做强做大的报告》、《关于解决原招聘下岗工人续聘及新增保洁人员的请示》。县长肖玉文主持会议，县委常委、常务副县长涂仕华，县委常委、副县长杨保根，副县长胡显勇、万敏、江伟斌、刘丽、张增和、涂莉华、程雷佬，县政府党组成员，办公室主任黄云松等出席会议，县人大副主任熊鹰，县政协副主席姜润根等列席了会议。

6月15日

上午，南昌县组织干部收听收看全省贯彻实施《中共中央关于严格禁止利用职务上的便利谋取不正当利益若干规定》电视电话会议。市委常委、县委书记杨伟东，县领导李传强、熊鹰、伍曦、张增和、县法院院长廖群、县检察院检察长张振川等参加。

6月16日

下午，南昌县经济工作调度会在县综合楼会议室召开。会议通报全县1～5月份财政税收，招商引资和出口创汇情况。县委副书记、县长肖玉文会上作了讲话，县领导涂仕华、杨保根、杨文斌、熊运浪、胡炜、徐海波、魏根金、陈秀梅、胡显勇、万敏、江伟斌、刘丽、涂莉华、程雷佬、姜润根等出席了会议。

6月21日

南昌县组织县直有关部门负责人、各乡镇分管领导在县综合楼会议室收听收看了全省食品安全工作电视电话会。县委常委、副县长杨保根，副县长程雷佬等参加了电视电话会。

6月22日

上午，南昌县组织各有关部门负责人在县综合楼会议室收听收看第二次全国土地调查工作电视电话会。

▲下午，南昌县在县综合楼会议室组织有关部门负责人收听收看深化全国禁毒人民战争电视电

话会。县委常委、政法委书记、县禁毒委员会主任熊运浪参加了收听收看。

6月23日

上午，南昌县在县综合楼会议室组织收听收看全市“学浙江、促崛起”主题报告电视电话会。县领导梅梅、胡小明、邓炳根、涂仕华、杨保根、李传强、熊运浪、王小文、徐海波、魏根金、哈力旦等参加了电视电话会。

6月28日

上午，南昌县安全生产委员会扩大会议在县综合楼第三会议室召开。县安全生产委员会主任、副县长江伟斌出席了会议。

【领导活动】

6月1日

上午，市委常委、组织部部长杨人平来南昌县就“深化三项创建、构建和谐班子”主题实践活动开展情况进行调研。市委常委、县委书记杨伟东，县委副书记梅梅，县委常委、组织部部长王小文，县委常委徐海波等陪同。

▲上午，省国土资源厅副厅长李江华等一行来南昌小蓝经济开发区就开发区建设用地情况进行调研。县委常委、常务副县长涂仕华，县委常委、小蓝经济开发区党工委书记徐海波，副县长万敏等陪同。

6月6日

下午，市委常委、县委书记杨伟东，县领导梅梅、胡小明、李传强、杨文斌、伍曦、胡显勇、万德珍等在县教体局、县高招办负责同志陪同下，巡视了2007年普通高校招生考试的各个考点和考场。

6月7日

下午，市人大常委会主任李豆罗，副主任姚燕平、连樟寿、戴和旺、白波等来南昌县视察基层司法所建设和规范化管理。市、县领导杨伟东、吴志明、肖玉文、梅梅、胡小明、熊运浪、熊鹰及市司法局局长吕建民，副局长刘宗光等陪同。

6月12日

上午，南昌县第十四届乡镇老年人运动会在八一乡举行，有来自各乡镇的16支代表队共68名老年运动员参加。县委副书记梅梅，副县长胡显勇，县政协副主席、县老年体协主席张军等出席了开幕式。

6月14日

上午，省档案局业务处处长谭向文来南昌县就村级组织和民营企业档案管理工作进行调研。市、县档案局有关负责人陪同调研。

▲上午，南昌县人大常委会主任胡小明，副主任李木旺到挂点帮扶村——塔城乡秋溪村座谈走访干部群众，围绕农村经济发展等情况进行调研。

6月17日

下午，国家发改委主任马凯来南昌县就企业的节能减排工作开展调研，先后走访汇仁集团、煌上煌集团，了解企业节能减排举措。副省长凌成兴，市长胡宪，省发改委主任姚木根，省政府副秘书长朱希，省经贸委主任涂勤华，市委常委、县委书记杨伟东，县长肖玉文等陪同。

6月20日

下午，南昌县人民政府县长肖玉文，副县长江伟斌在县政府办、小蓝经济开发区相关部门负责人陪同下，深入园区企业，先后到南昌晨阳玻璃有限公司、南昌大和化工机械公司、王力实业公司围绕开展规范管理服务年活动情况进行调研。

6月22日

上午，省工商局党组书记王可忠来南昌县考察了挂点扶贫村——塘南镇蔡家村，在了解该村基础建设和经济发展情况后，走访慰问了部分贫困户。县委副书记、县长肖玉文，县委常委、组织部长王小文等陪同。

▲上午，市政协副主席、市民建主任万宗明带领调研组来南昌县就新时期乡镇职能进行专题调研。县政协主席邓炳根及相关部门负责人陪同调研。

6月27日

上午，市长胡宪来南昌县小蓝经济开发区察看了部分重大项目建设的进展情况。市委常委、县委书记杨伟东，县领导肖玉文、徐海波、江伟斌等陪同。

▲上午，市政协副主席万宗明来到南昌县，就城镇社区建设工作进行调研。县委常委、副县长杨保根，县政协副主席吴克芳等陪同。

▲南昌县人大常委会主任胡小明，副主任黄连科、李木旺、陈秀梅、王三毛率县人大常委组成人员视察了黄马两江生态农业走廊建设项目，副县长程雷佬及黄马乡党政领导陪同视察。

▲下午，省外经贸厅副厅长伍再谦来南昌县就小蓝经济开发区发展情况进行调研。县委副书记、县长肖玉文，县委常委、小蓝经济开发区党工委书记徐海波，副县长、县对外合作局局长涂莉华等陪同。

6月28日

市政协副主席、农工党市主委龙国英带领调研组成员来到南昌县，就发展南昌现代农业市场问题进行调研。副县长刘丽，市农工党副主委、县政协副主席伍目连陪同调研。

▲市委组织部副部长朱东来南昌县走访慰问老党员和生活困难的党员，县委常委、组织部部长王小文陪同。

【招商引资】

6月1日

下午，市委常委、县委书记杨伟东在县委接待室会见了来南昌县考察的深圳加福集团董事长张加达一行。县委常委、宣传部长杨文斌，副县长、对外合作局局长涂莉华等会见时在座。

6月6日

上午，市委常委、县委书记杨伟东在县对外合作局接待室会见了来南昌县考察的珠海中富容器实业股份有限公司董事长黄乐夫一行。县长肖玉文，副县长、对外合作局局长涂莉华等会见时在座。

▲上午，泰豪科技集团总裁黄代放来南昌县小蓝经济开发区，就泰豪科技集团投资项目的建设规划等事项与市委常委、县委书记杨伟东，县长肖玉文，县委常委、小蓝经济开发区党工委书记徐海波等进行蹉商。

▲下午，南昌县小蓝经济开发区召开“学浙江、话崛起”座谈会，邀请浙商企业家代表参加。县委常委、小蓝经济开发区党工委书记徐海波出席了座谈会。

6月8日

下午，江西福昌空调有限公司汽车空调项目正式签约落户小蓝经济开发区。县领导肖玉文、徐海波、江伟斌、涂莉华与伟世通亚太业务规划经理胡书琴、伟世通江西福昌空调有限公司总经理赖长发等出席了签约仪式。

6月13日

上午，省委常委、市委书记余欣荣在市委会客厅会见了来南昌县小蓝经济开发区投资的澳洲亨氏工业企业集团董事长詹姆斯·福布斯，对其来小蓝经济开发区投资表示欢迎，并向其介绍了南昌市经济、社会发展情况。市委常委、市委秘书长蔡社宝，市委常委、县委书记杨伟东，县长肖玉文，县委常委、小蓝经济开发区党工委书记徐海波等会见时在座。

6月20日

下午，远大空调有限公司副总裁孙一凡来南昌县小蓝经济开发区参观考察。县委副书记、县长肖玉文，小蓝经济开发区有关负责人陪同。

▲下午，南昌县委、县政府和杭州蓝天园林集团在杭州召开江西（黄马）两江生态农业走廊建设洽谈会。市委常委、县委书记杨伟东，县领导梅梅、胡小明、涂仕华、杨文斌、徐海波、魏根金、胡显勇、万敏、刘丽、万德珍和赴浙江学习考察团成员与杭州蓝天园林董事长陈相强及浙江临海商会企业家们参加了洽谈会。

6月21日

上午，台湾泰丰集团董事长马绍进来南昌小蓝经济开发区参观考察。县委副书记、县长肖玉文，副县长江伟斌等陪同。

6月22日

上午，南昌县规范企业管理和服务集中活动年座谈会在小蓝经济开发区管委会召开。县委副书记、县长肖玉文，县人大常委会副主任熊鹰，副县长江伟斌，县政协副主席姜润根等出席了座谈会。

6月23日

下午，德国巴斯夫公司岩石工程师、煤矿安全支护项目经理乌伟，巴斯夫公司化学、建材亚太地区高级顾问王长春来南昌县考察县城新区和小蓝经济开发区的建设。市委常委、县委书记杨伟东，县长肖玉文，小蓝经济开发区党工委书记徐海波，副县长、对外合作局局长涂莉华等陪同。

6月27日

上午，台湾和泰集团副总经理刘聿耕一行到南昌小蓝经济开发区参观考察，双方就本田4S店设立等问题进行了会谈。副县长江伟斌、涂莉华等参加座谈。

▲上午，江西煌上煌集团二期工程项目在江西煌上煌食品有限公司工地上举行年产4.55万吨禽肉制品及其禽血骨提取血肽素、超细骨加工项目奠基仪式。副省长胡振鹏，省政协副主席和市、县领导胡宪、杨伟东、汤成奇、肖玉文等出席奠基仪式。

【农业与农村工作】

6月6日

上午，全省早初超高产平衡施肥示范现场会在南昌县广福镇广福村召开。省农业厅粮油局副局长胡恒凯，副县长胡显勇等出席了现场会。

6月10日

下午，副省长熊盛文、省国土资源厅厅长刘积福带领出席全省“造地增粮富民工程”会议的人员来南昌县蒋巷镇国旺实业有限公司参观。市委常委、市委秘书长蔡社宝，市委常委、副市长卢晓健，县领导肖玉文、魏根金、万敏、程雷佬等陪同。

6月12日

上午，南昌县东新乡召开了控制非法建房工作会。县委常委、常务副县长涂仕华，县委常委、统战部部长胡炜等出席了会议。

6月21日

下午，市委常委、政法委书记吴志明，市政府副秘书长、市委农工部长王肇赣率全市新农村建设培训班学员来南昌县参观新农村建设情况。副县长程雷佬陪同。

【人武工作】

6月12日

上午，南昌县民兵舟艇抗洪抢险检验性演练在澄碧湖公园举行。市委常委、南昌警备区司令员陈健，南昌警备区参谋长宋书斌，市水利局局长李克荣，县委副书记、县长肖玉文，县委常委农工部部长魏根金，县人大副主任王三毛，县人武部部长汪火明等观看了演练。

6月18日

下午，省军区副司令员吴品祥，市委常委、南昌警备区司令员陈健，南昌警备区参谋长宋书斌等来南昌县检查民兵组织整顿工作。县委常委、常务副县长涂仕华，县人武部部长汪火明，政委姜清波等陪同。

【政法工作和社会治安综合治理】

6月5日

上午，南昌县2007年首期法制宣传骨干培训班在县委党校正式开班。全县组织各乡镇、小蓝经济开发区分管法制宣传的领导、各司法所所长、各村委会主任及县委各部门、县直各单位、省市驻县单位的法制宣传骨干共300余人参加了培训。市司法局副局长刘宗光，县委常委、县政法委书记熊运浪，副县长、公安局局长张增和等出席了开班动员会。

6月7日

上午，南昌县第二期法制宣传骨干业务培训班在县委党校开班。县政协副主席、县法制宣传领导小组副组长李植出席开班仪式并讲话。

6月11日

上午，南昌县检察院在莲塘洪客隆商场门前开展“举报宣传周”活动。以“群众参与、反腐倡廉、服务和谐”为主题，热情接待群众的咨询与来访。

6月18日

上午，南昌县在县综合楼会议室召开贯彻落实《中纪委关于严格禁止利用职务上的便利谋取不正当利益的若干规定》动员大会。县委常委、纪委书记李传强出席会议并讲话。

6月21日

下午，以市纪委信访室主任刘彪为组长的市纪委督查组来南昌县，就贯彻实施《中纪委关于严格禁止利用职务上的便利谋取不正当利益的若干规定》的情况进行督查。县委常委、纪委书记李传强陪同。

6月22日

县委常委、纪委书记李传强先后到小蓝经济开发区、莲塘镇人民政府就贯彻实施《中央纪委关于严格禁止利用职务上的便利谋取不正当利益的若干规定》的情况进行督促指导。

【劳动人事和社会保障】

6月13日

上午，南昌县城镇居民基本医疗保险工作会在县综合楼会议室召开。会议就实施城镇居民基本医疗保险工作进行了安排部署。县委常委、副县长杨保根，县人大常委会副主任熊鹰，副县长胡显勇等出席了会议。

6月14日

上午，南昌县低保工作座谈会在民政局会议室召开。县委常委、副县长杨保根出席。

6月27日

以省劳动和社会保障厅社会保障局副局长万斌为组长的省政府民生工程检查组来南昌县检查“百姓幸福工程”的实施情况。县委常委、常务副县长涂仕华汇报了“百姓幸福工程”的实施情况，县领导熊鹰、伍曦、姜润根参加了汇报会。

【党的建设和干部队伍建设】

6月26日

煌上煌集团举行“中国共产党江西煌上煌集团有限公司委员会”揭牌仪式。市委组织部副部长邹绍辉、县委副书记梅梅为煌上煌集团党委揭牌。县委常委、组织部长王小文，县委常委、小蓝经济开发区党工委书记徐海波等出席揭牌仪式。

【科教文卫体和计生工作】

6月1日

下午，南昌县人口与计生专题报告会在县综合楼会议室举行。市人口与计划生育委员会副主任孙乐水率报告团就中共中央、国务院《关于全面加强人口与计划生育工作统筹解决人口问题决定》进行宣讲。副县长程雷佬主持了报告会。

6月4日

下午，南昌县2007年高考考务工作会议在县教体局举行。全县9837名考生将于7~8日在莲塘地区六个考点参加全国普通高校招生考试。

6月6日

上午，南昌县在洁惠花园宾馆七楼会议室为前来参加高考监考工作的省市巡视员和兄弟县区监考人员举行欢迎会。副县长、县高招委主任胡显勇出席并讲话。

6月8日

南昌县县委副书记、县长肖玉文，市教育局副局长喻水保，县委副书记梅梅，县委常委、纪委书记李传强，县委常委、宣传部长杨文斌，副县长胡显勇等先后巡视了莲塘一中（新校区）、莲塘二中、莲塘三中等高考考点考场，并看望慰问了监考老师和工作人员。

6月12日

下午，南昌县中等学校招生工作会议在洁惠花园宾馆召开。会议总结2006年中等学校招生工作情况，传达市中等学校招生工作会议精神，并对2007年度中等学校招生工作进行了安排部署。副县长、县中招委主任胡显勇出席会议并讲话。

6月16日

下午，南昌县人民政府副县长、县中招委主任胡显勇到莲塘三中和东方明珠中考考点进行巡视，并检查了考场周边环境整治情况。

6月17日

是全省中等学校招生考试的第一天，18日，省中招办副主任姚颜明，市教育局副局长喻水保带领省市中考巡视组来南昌县中考各考点进行巡视。副县长、县中招委主任胡显勇陪同。

6月28日

上午，南昌县红十字会在莲塘三中纳新楼举行了“6·28”无偿献血暨捐献干细胞采样活动。县红十字会会长、副县长胡显勇，市红十字会副会长李安海等参加了这次活动。

【民主与法制建设】

6月1日

上午，省人大农委副主任汪普生、严卫率省农机局监理总站站长陶其辉等来南昌县就制订《江西省农业机械管理条例》进行调研。县人大常委会主任胡小明，县委常委、农工部部长魏根金，县人大常委会副主任王三毛等陪同。

6月22日

上午，以省人大常委会委员、省人大教科文卫副主任委员孙一尧为组长的省人大执法检查组来南昌县就贯彻实施《江西省出版监督管理条件》情况开展执法检查。市人大教科文卫委主任委员李承先，市新闻出版局局长王建华，县人大常委会副主任伍曦等陪同。

6月25日

上午，南昌县人大常委会在县综合楼举办了县第十四届人大代表培训班。邀请了省人大选任联办公室主任李元生授课。县人大主任胡小明作了讲话，县人大副主任黄连科、李木旺、陈秀梅、王三毛、熊鹰及县第十四届人大代表参加培训。

6月26日

上午，市人大常委会副主任罗为民、连樟寿、戴和旺、白波以及市人大常委会组成人员来南昌县，就贯彻实施《中华人民共和国种子法》、《江西省农作物种子管理条例》和《江西省林木种子管理条例》情况进行执法检查。副市长刘建洋、市农业局局长胡细泉、市林业局局长樊三宝，县领导梅梅、胡小明、魏根金、王三毛、程雷佬等陪同。

【防汛、水利工作】

6月15日

上午，市防汛抗旱指挥部总指挥、副市长刘建洋来南昌县检查防汛工作。实地察看了红旗联圩红旗泵站、红湖电力排灌站等地的防汛准备情况。市委农工部部长王肇赣，市水利局副局长周洪都，县人大常委会副主任、水利局局长王三毛，副县长程雷佬等陪同。

6月20日

上午，省水利厅副厅长朱来发来南昌县察看箭江分洪闸防洪情况。省赣抚平原管理局局长吴克昭，市水利局局长李克农，县人大常委会副主任、水利局局长王三毛等陪同。

【其他重要工作】

6月1日

晚上7点，位于南昌县城区南莲路旁的江西生物科技职业学院一处废弃的学生宿舍楼发生火灾。接到火灾报告后，市委常委、县委书记杨伟东，县委常委、宣传部长杨文斌，县委常委、政法委书记熊运浪，副县长、公安局局长张增和等迅速赶到现场进行协调指挥，调集市、县8辆消防车迅速将大火扑灭，没有造成人员伤亡，火灾原因有关部门将作进一步调查。

6月10日

上午，南昌县大型安全文化进园区宣传咨询活动在小蓝经济开发区举行。活动主题是“关注安全、关爱生命”。省安全生产监督管理局局长邓兴明，副市长汤成奇，县领导肖玉文、熊运浪、徐海波、江伟斌、张军等出席了活动。

6月12日

上午，县委副书记梅梅在县综合楼会见厅会见了来南昌县挂职锻炼的新疆维吾尔自治区阿克陶县的7 名干部。哈力旦·吐尔逊挂职担任县委常委，其他则挂职安排在县工商联、县纪委、县经贸委、县城建局、县畜牧水产局、县林业局，时间为三个月。县委常委、纪委书记李传强，县委常委、组织部长王小文，副县长江伟斌、程雷佬，县政协副主席、县工商联合会长吴克芳等参加了会见。

▲上午，南昌县妇联在莲塘镇埂头村埂头小学举行了“代理家长与留守儿童结对关爱行动”启动仪式。市妇联副主席盛爱凤，副县长胡显勇等出席了启动仪式。

▲下午，来南昌县挂职锻炼的县委常委哈力旦等 7 名干部在县委常委、宣传部长杨文斌，县委常委、统战部长胡炜，县委常委、小蓝经济开发区党工委书记徐海波等陪同下，参观考察了小蓝经济开发区和象湖新城。

6月13日

上午，南昌县房地产开发项目专项检查动员大会在县综合楼第三会议室召开。县委常委、常务副县长涂仕华作了讲话，县领导伍曦、万敏、姜润根等出席会议。

6月14日

上午，新疆阿克陶县来南昌县挂职锻炼干部由县委常委哈力旦带领到黄马乡和三江镇参观考察乡镇经济发展和新农村建设情况。

6月15日

上午，县委常委哈力旦与新疆阿克陶县来南昌县挂职锻炼干部一道，前往八一广场瞻仰了八一起义纪念碑，并参观考察了南昌市城市建设。

▲南昌县组织小蓝经济开发区干部、城管局、土地局、公安局等部门执法人员，在小蓝经济开发区邓埠村沙沟地段依法强制拆除 11 栋违章建筑。县委常委、常务副县长涂仕华在场指挥拆除。

6月26日

上午，县委常委哈力旦带领在南昌县挂职锻炼的新疆阿克陶县的干部到武阳镇进行调研。

6月28日

上午，莲塘镇召开了庆祝中国共产党成立 86 周年暨 2006 年创先争优表彰大会。县人大副主任李木旺出席会议并讲话。

【友好往来】

6月3日

上午，湖北省天门市市委副书记、市长张爱国，市人大常委会主任雷圣祥带领天门市党政代表团来南昌县小蓝经济开发区参观考察。市委常委、副市长卢晓健，县委副书记、县长肖玉文，县人大常委会主任胡小明，县委常委、小蓝经济开发区党工委书记徐海波等陪同。

6月4日

辽宁省葫芦岛市连山区在人大常委会副主任金丽凡带领下来南昌县考察。南昌县人大常委会副主任黄连科陪同。

6月5日

下午，上海市同洲模范学校考察团来南昌县莲塘镇正荣小学、莲塘一中（高中部）、莲塘二中、莲塘三小等地进行参观考察。

6月11日

上午，上海市宝山区教育局局长沈子华、嘉定区教育局长毛长红率领教育代表团来南昌县考察。代表团一行就南昌县教育事业的发展进行了详细了解，并就如何加强两地中小学校的交流与合作进行广泛洽谈。副县长胡显勇陪同考察。

6月12日

下午，由省直机关工委书记陈永华，副书记童水仙、李秋生率领的省直机关党务干部学习考察团来南昌县参观考察。先后到煌上煌集团、江铃汽车发动机有限公司、小蓝经济开发区管委会、澄碧湖等地参观。县长肖玉文，县委副书记梅梅，县委常委、组织部长王小文，县委常委、小蓝经济开发区党工委书记徐海波等陪同。

6月20日－22日

市委常委、县委书记杨伟东，县委副书记梅梅，县人大常委会主任胡小明等县领导与各乡镇党委书记和县直相关部门负责人共40余人组成南昌县赴浙江学习考察团，先后到浙江省杭州市萧山区、嘉兴桐乡市等地考察开发区建设、城市规划、建设、管理及第三产业发展等方面的新方法、新经验。

6月24日

上午，湖北省洪湖市市委书记、市人大主任辜敬华，市委副书记、市长蒋鸿率领洪湖市党政代表团来南昌县参观考察。先后考察县城澄碧湖公园、黄马乡桐树村、小蓝经济开发区、煌上煌集团等地。县委副书记梅梅，县委常委、常务副县长涂仕华，县人大常委会副主任陈秀梅，县政协副主席张军等陪同。

6月29日

辽宁省彰武县人大常委会一行在常委会主任于珠的带领下来南昌县学习考察县乡两级人大换届选举工作。

6月30日

下午，台湾冷冻食品工业同业公会总干事沈达一行来小蓝经济开发区参观考察。县委常委、小蓝经济开发区党工委书记徐海波等陪同。

七　月

【民主评议政风行风】

7月10日

上午，县工商局在县政府综合楼会议室召开2007年系统民主评议政风行风工作动员大会。市工商局副局长张琳，县人大常委会副主任陈秀梅，副县长涂莉华，县政协副主席李信谆等出席了会议。

▲下午，南昌县在县综合楼会议室召开举办全县现场征询群众意见活动的工作部署会。县委常委、常务副县长涂仕华，县委常委、纪委书记李传强等出席会议。

7月11日

上午，南昌县科技局召开民主评议政风行风工作动员会。副县长刘丽，县人大常委会副主任伍曦，县政协副主席张军等出席。

▲上午，南昌县召开财政系统民主评议政风行风工作动员会。县政协副主席、财政局局长姜润根出席会议并讲话。

7月12日

上午，南昌县在综合楼会议室召开民主评议政风行风工作动员大会。县委常委、常务副县长涂仕华，县委常委、纪委书记李传强，县政协副主席姜润根等出席会议。

7月15日

南昌县在澄碧湖举行现场征询群众意见活动。县长肖玉文，县委常委、常务副县长涂仕华，县委常委、纪委书记李传强出席活动现场。

【重要会议】

7月4日

上午，南昌县在综合楼会议室组织收听收看全省林业产权制度改革工作电视电话会议。

7月6日

上午，2007年南昌市第二季度关心下一代工作联席会在南昌县召开。市关心下一代工作委员会常务副主任田新芳、范维祺、罗苏明，县委副书记、县关心下一代工作委员会主任梅梅，副县长、县关心下一代工作委员会副主任胡显勇及全市各县区关工委的主要负责人出席了会议。

7月9日

上午，市委常委、县委书记杨伟东，县长肖玉文，县委副书记梅梅、县委常委、宣传部长杨文斌，县委常委、小蓝经济开发区党工委书记徐海波，副县长江伟斌等到小蓝经济开发区调度重大项目建设、重点基础设施推进、规范管理服务企业及开发区成立五周年庆祝活动筹备工作。

7月10日

上午，市委常委、县委书记杨伟东在县综合楼会议室主持召开“学浙江、促崛起、怎么干”座谈会。县领导肖玉文、梅梅、胡小明、涂仕华、徐海波、魏根金、胡显勇、万敏、江伟斌、涂莉华、程雷佬、万德珍及各乡镇党委书记、小蓝经济开发区、县直有关部门负责同志出席了会议。

7月11日

上午，南昌县在综合楼会议室召开“整治非法用工、打击违法犯罪专项行动”工作会。县委常委、副县长杨保根在会上讲话，副县长江伟斌主持会议。

7月12日

上午，南昌市政府在政府小礼堂举行“千年古县”授证揭牌仪式。南昌、新建、进贤、安义四个县荣获“千年古县”。市委副书记、市长胡宪，副市长罗慧芬，市政府副秘书长朱敏华，联合国地名专家组中国分部主席代表宋久成，国家“千年古县”办公室资深专家李炳炎，县长肖玉文、副县长胡显勇等出席授证揭牌仪式。

7月14日

上午，南昌县在综合楼会议室举行《昌南论坛》报告会，省社科院研究员汪玉奇作了题为《科学发展与昌南崛起》的报告，县委副书记梅梅主持报告会，县领导肖玉文、梅梅、胡小明、邓炳根、李传强、胡炜、王小文、徐海波、李木旺、陈秀梅、伍曦、万敏、程雷佬、吴克芳、张军、姜润根、伍目连、李植、县人武部部长汪火明、县法院院长廖群、县检察院检察长张振川和各乡镇、县委各部门、县直各单位主要负责同志参加了报告会。

7月15日

下午，县长肖玉文主持召开了县政府第四次常务会议。县委常委、常务副县长涂仕华，县委常委、副县长杨保根，副县长胡显勇、万敏、江伟斌、刘丽、张增和、涂莉华，县政府党组成员、办公室主任黄云松出席会议。县领导梅梅、杨文斌、伍曦、万德珍、姜润根、县人武部政委姜清波和县直有关部门负责同志列席了会议。

7月16日

上午，南昌县信访和计生工作调度会在县综合楼会议室召开。会议对做好今年下半年的信访和计生工作进行动员和部署。市委常委、县委书记杨伟东作了讲话。县委副书记、县长肖玉文主持会议。县领导梅梅、杨保根、李传强、杨文斌、熊运浪、胡炜、王小文、徐海波、魏根金、胡显勇、万敏、江伟斌、刘丽、涂莉华出席了会议。

▲上午，南昌县在县政府综合楼会议室召开县城中学教育资源整合动员大会。县委副书记梅梅，县委常委、宣传部长杨文斌，县人大副主任伍曦，副县长胡显勇，政协副主席万德珍出席了会议。

7月19日

上午，南昌县第十届人大常委会在县综合楼会议室召开颁发任命书大会，向当选的新一届县人民政府组成部门、县人大常委会内设机构和县法院、检察院部分人员颁发任命证书。县人大常委会主任胡小明，副主任黄连科、李木旺、陈秀梅、王三毛、熊鹰、伍曦等出席，县法院院长廖群，县检察院检察长张振川列席会议。

▲南昌县第十四届人大常委会第二次会议在县综合楼会议室召开。会议审议并通过了有关人事任免事项，听取和审议了县财政局关于政府采购工作情况汇报，听取和审议了县教育体育局关于农村义务教育“两免一补”政策的落实情况和汇报等。县人大常委会主任胡小明、副主任黄连科、李木旺、陈秀梅、王三毛、熊鹰、伍曦出席了会议。

7月20日

上午，全县科学技术大会在县综合楼会议室召开，会议传达了全国、省、市科技会议精神，全面总结了“十五”期间的全县科技工作，安排部署了“十一五”时期的科技工作。市委常委、县委书记杨伟东，副市长罗慧芬，市科技局局长陈喜民，省农科院副院长谢金水，县领导梅梅、胡小明、邓炳根、杨保根、李传强、王小文、徐海波、哈力旦、汪火明、伍曦、姜清波、刘丽、吴克芳、张军、伍目连、李植等出席会议。

7月25日

上午，南昌县在综合楼会议室召开全县城乡主干道沿线环境整治动员大会。县长肖玉文作了动员讲话，县委常委、农工部长魏根金就整治工作作了安排部署，县人大副主任王三毛，副县长程雷佬和各有关乡镇的负责人参加了会议。

7月26日

上午，县政协在县综合楼会议室召开十届二次常委会，会议听取了县城建局、县城管局、县水利局的工作报告。县政协主席邓炳根，副主席万德珍、李信谆、伍目连、李植出席了会议。县委常委、常务副县长涂仕华，副县长程雷佬应邀出席了会议。会议由政协副主席万德珍主持。

【领导活动】

7月2日

下午，市委常委、纪委书记刘东明来南昌县就“整五风、比实干、争一流”主题教育活动开展情况进行调研。市委常委、县委书记杨伟东，县委副书记梅梅，县委常委、纪委书记李传强等陪同。

7月3日

上午，县委常委、副县长杨保根出席南昌县武阳镇召开的纪念中国共产党建党86周年暨“创先争优”活动总结表彰大会并讲话。

7月4日

上午，县委常委、宣传部长杨文斌出席南昌县向塘镇召开的庆祝中国共产党建党86周年暨2006

年度“创先争优”活动总结表彰大会并讲话。

7月10日

下午，县长肖玉文，县委常委、统战部长胡炜，县政协副主席、县财政局长姜润根等到南昌县象湖新城开发区建设指挥部，就加快推进象湖新城市政工程建设等进行现场办公。提出：克服工作阻力，加快象湖新城的路网，公建配套基础设施的建设。

7月11日

下午，市委副秘书长、办公厅主任李福如来南昌县进行调研，就起草《关于学浙江、找差距、促崛起的意见》广泛征求县、乡意见。县委副书记梅梅，县委常委、宣传部长杨文斌等陪同。

7月12日

下午，省委常委、市委书记余欣荣，市长胡宪等来南昌县小蓝经济开发区，就江铃集团汽车及零部件生产基地推进等工作进行现场办公。市、县领导王詠、卢晓健、杨伟东、汤成奇、肖玉文、徐海波、江伟斌及市委有关部门、市直有关单位负责人参加现场办公会。

7月13日

上午，省人大常委会委员、省人大环境资源委员会副主任王飚、王孝槐带领调研组来南昌县就“鄱阳湖生态环境保护”的执法情况进行调研。县领导肖玉文、徐海波、陈秀梅、王三毛、程雷佬等陪同。

▲上午，由中共南昌县委统战部主办、南昌小商品城协办的“南昌小商品城杯”统一战线知识竞赛在县综合楼会议室举行。民进江西省委专职副主委任江南、民进江西省委专职副主任李志跃、九三学社江西省委常务副主委栾波、市人大副主任、民进南昌市委主委姚燕平，副市长、民盟南昌市委主委罗慧芬、市政协副主席李广振、陈守国、龙国英及县领导梅梅、杨保根、胡炜、伍曦、吴克芳等出席竞赛活动并为获奖者颁发证书及奖品。

7月14日

下午，市长胡宪带领市农业、国土、规划、财政、水利、卫生、教育、公路、交通等部门负责人来南昌县蒋巷镇就加快蒋巷现代农业示范园建设进行现场办公。市委常委、县委书记杨伟东，副市长刘建洋，市政府副秘书长、市委农工部长王肇赣，县领导肖玉文、梅梅、魏根金、王三毛、万敏、刘丽、程雷佬、姜润根等参加了现场办公。

7月17日

上午，省档案局副局长张安南，业务处处长谭向文，机关党委书记刘平原，市档案局局长李国华，副局长彭青来到南昌县，检查指导档案工作。县委副书记梅梅、副县长刘丽陪同。

7月18日

上午，市经贸委副主任詹明发带领督查组来到南昌县，对矿产资源开发秩序的整顿和规范工作进行督促检查。县委常委、副县长杨保根等参加了汇报会。

7月20日

上午，省林业厅副厅长魏运华来南昌县，视察林业产权制度改革和退耕还林等工作。市林业局局长樊三宝和市、县林业局有关负责人等陪同。

7月26日

上午，省政协副主席殷国光带领省政协常委视察团来到南昌县视察开放型经济。省外经贸厅厅长杨洪基、副厅长伍再谦，县领导肖玉文、徐海波、江伟斌、涂莉华、张军等陪同视察。

7月27日

上午，市委常委、市委组织部部长杨人平，市委组织部副部长郑志军等来到南昌县看望新疆阿克陶县在南昌县挂职锻炼的干部。县委副书记梅梅，县委常委、县委组织部部长王小文，县委常务哈力旦·吐尔逊等陪同。

【招商引资】

7月2日

上午，亚洲啤酒(中国)投资有限公司总裁陈永灿，亚洲啤酒(南昌)有限公司总经理张继汉来南昌县小蓝经济开发区就年产40万吨啤酒生产项目的投资建设进行考察。县长、小蓝经济开发区党工委第一书记肖玉文，县委常委、小蓝经济开发区党工委书记徐海波，副县长、县对外合作局局长涂莉华等陪同。

7月3日

上午，县委常委徐海波，副县长涂莉华在小蓝经济开发区管委会会议室会见了台湾韬略集团王泽平、王泽强先生一行，并就项目投资进行磋商。

7月6日

上午，南昌县在综合楼会议室隆重举行商贸项目签约仪式，有喜来登五星级酒店、华宇四星级酒店(由县台办引进项目)、文化东方大酒店、商贸影视娱乐城、好又多超市等五个签约项目将落户在县城新区、小蓝经济开发区和象湖新城。市委常委、县委书记杨伟东，县领导肖玉文、梅梅、胡小明、邓炳根、杨文斌、胡炜、徐海波、魏根金、哈力旦、万敏、涂莉华等出席签约仪式。

7月18日

上午，由中粮可口可乐和美国可口可乐公司这两个世界500强企业联袂打造的中粮可口可乐饮料(江西)有限公司奠基仪式在小蓝经济开发区隆重举行。省委常委、副省长赵智勇，省委常委、市委书记余欣荣，省人大常委会副主任蒋仲平，中粮集团董事长宁高宁、可口可乐(中国)饮料有限公司总裁戴嘉舜、中粮集团副总裁柳丁、市长胡宪，市委常委、常务副市长王泳，市委常委、县委书记杨伟东，县长肖玉文，县委副书记梅梅，县人大常委会主任胡小明，县政协主席邓炳根以及中粮集团负责人等参加奠基仪式。

7月30日

下午，意大利Mediatex集团首席执行官Delladio来南昌县小蓝经济开发区考察，副县长涂莉华等陪同。

【农业与农村工作】

7月3日

上午，在南昌县挂职锻炼的县委常委哈力旦到南昌县冈上镇就农业产化、畜牧水产养殖、新农村建设、基层党组织建设等工作开展调研。

7月5日

下午，市政协副主席、市九三学社主委李广振，市人大常委、九三学社专职副主委黄立发等来南昌县就新农村建设中的村庄规划和职业教育发展问题开展调研。副县长胡显勇、县政协副主席伍目连等陪同。

7月9日

上午，省科技厅组织省内外有关专家来南昌县向塘镇、广福镇，就实施“十一？五”科技支撑计划重大项目——粮食丰产科技工程核心试验区的早稻进行测产验收。江西农大系校长、农学专家刘宜柏，省农科院院长、土肥专家罗奇祥等参加了测产验收。

7月18日

上午，南昌县塘南镇富盛村特种农业专业合作社举行揭牌仪式。市委常委、市委秘书长、统战部长蔡社宝，市委统战部副部长杨启棠、钮润苏，县委常委、统战部长胡炜，副县长刘丽，清华泰豪集团总裁黄代放等出席了揭牌仪式。

7月27日

上午，南昌县在综合楼会议室召开集中整治农村社会治安和娱乐场所专项行动动员大会。县委常委、县政法委书记熊运浪，副县长、县公安局局长张增和出席了会议。

▲南昌县人大常委会组织常委会组成人员对黄马两江生态农业走廊建设项目推进情况进行视察，县人大常委会主任胡小明、副主任黄连科、李木旺、陈秀梅、王三毛参加了视察，副县长程雷佬及有关乡镇负责人陪同视察。

【人武工作】

7月17日

下午，省人防办公室副主任王少东带领检查组来南昌县检查准军事化建设工作。副县长刘丽及县人防办、县人武部负责人陪同。

【政法工作和社会治安综合治理】

7月6日

上午，副县长、县公安局局长张增和视察了南昌县部分基层公安派出所和驻村警务室的硬件设施及规范化建设情况。

【党的建设和干部队伍建设】

7月6日

下午，省纪委秘书长肖为群、江西财经大学党委副书记王金华和江西财大的专家学者来南昌县，就加强领导班子作风建设考核评价工作进行调研。县领导肖玉文、梅梅、李传强、市纪委常委傅碧波等陪同调研。

7月12日

下午，南昌县在向塘镇召开全县基层党风廉政建设工作会议。县委常委、纪委书记李传强出席会议并讲话。

7月27日

下午，县纪委召开县直机关纪检监察工作座谈会。县委常委、纪委书记李传强作了讲话，机关各单位纪委书记、纪检组长参加了会议。

【科教文卫体和计生工作】

7月12日

上午，县委副书记梅梅，县政协副主席万德珍等先后到南昌县卫生监督所、县妇女保健院和县中医院进行视察，就全县卫生事业发展情况开展调研。

7月17日

上午，南昌县在政府综合楼会议室举办了2007年血吸虫防治项目培训班。县委副书记梅梅、县人大副主任伍曦对参加培训班人员提出了要求。

▲上午，市教育局局长熊晓武、副局长喻水保，市基建处处长冷缉龙来南昌县蒋巷镇就新农村建设过程中学校的发展与建设问题进行调研。副县长胡显勇等陪同。

7月21日

下午，南昌县气象局组织专业技术人员来到地处鄱阳湖畔的泾口乡小莲村小学举办讲座，向当地农民宣传防雷知识。

7月25日

上午，市卫生局副局长陈天鹏带领检查组来到南昌县，对南昌县创建国家环境保护模范城工作进行检查指导。县委常委、副县长杨保根陪同。

【民主与法制建设】

7月17日

下午，省人大常委会办公厅副主任傅世平，省人大常委会办公厅研究室主任公艳萍、副主任万强、周同跃来到南昌县，就制订监督法的实施办法开展调研。市人大常委会办公厅研究室主任吴新财，县人大常委会副主任李木旺，县政协副主席，财政局局长姜润根等陪同调研。

7月18日

县政协在莲塘镇政府会议室召开了由各民主党派人士、无党派人士、宗教派人士以及归侨侨属联谊会，通报了上半年各界别开展活动情况，并布置了下半年各界别的工作。县政协主席邓炳根、副主席万德珍、吴克芳、李植等参加了联谊会。

7月26日

上午，全市人大选任联工作横向联系会在南昌县洁惠花园宾馆六楼会议室举行。市人大常委会副主任、秘书长何友德，市人大选任联工委副主任谢文斌出席会议。县人大常委会主任胡小明、副主任黄连科等参加了会议。

【防汛、水利工作】

7月17日

下午，南昌县防汛抗旱指挥部组织各有关单位的负责同志收听收看全国防汛抗洪救灾电视电话会议。县委常委、农工部长魏根金，县人大副主任、水利局党委书记王三毛参加了会议。

7月25日

下午，南昌县在综合楼会议室组织收听收看了全省抗旱工作电视电话会议。县人大常委会副主任、县水利局党委书记王三毛，副县长程雷佬和县直有关部门负责人参加了收听收看。

【走访慰问】

7月1日

“七一”期间，市委常委、县委书记杨伟东，县领导肖玉文、梅梅、胡小明、涂仕华、杨保根、李传强、杨文斌、熊运浪、王小文、胡显勇、王三毛、姜润根、张军等分别深入全县各乡镇走访慰问基层困难老党员，向他们送去了党组织的关怀与温暖，表达了诚挚的问候和良好的祝愿。

7月2日

上午，县委常委组织部部长王小文走访慰问了南昌县解放前入党的部分离退休老干部、老党员。

7月9日

上午，县委常委、统战部长胡炜看望慰问了在高温下坚守岗位的城管工作人员，并向他们送去了慰问品。

7月26日

上午，县委常委哈力旦·吐尔逊在县妇联有关负责人陪同下，走访慰问了部分乡镇的贫困残疾人，给他们送去了慰问品。

7月28日

上午，县委副书记、县长肖玉文和县领导邓炳根、李传强、王小文、黄连科、刘丽，县法院院长廖群及县财政、民政、国税、城建、地税等部门的负责同志一道走访慰问了驻县94981部队和96634部队。

7月28日

上午，县委副书记梅梅和县领导杨文斌、魏根金、哈力旦、陈秀梅、熊鹰、张军带领县科技局、县总工会、县妇联、团县委的负责人走访慰问了驻县94829部队、县人民武装部和预备役高炮营。

▲上午，县领导涂仕华、熊运浪、李木旺、胡显勇、李信谆带领县文化局、工商局、国土局、经贸委等部门的负责人走访慰问了驻县武警江西部队第一支队、南空南昌干休所和空军房地产管理局南昌办事处。

【友好往来】

7月5日

上午，山西省大原市副市长张春根率领太原市党政代表团来南昌县就现代农业和农副产品加工企业的发展情况进行考察。市政府副秘书长、农工部部长王肇赣，副县长程雷佬等陪同。

7月24日

下午，湖北省孝昌县县委书记、县人大常委会主任高楚元带领孝昌县党政代表团来南昌县参观考察。县领导肖玉文、梅梅、胡小明、邓炳根、徐海波等陪同。

7月27日

上午，由广西壮族自治区政府副主席吴恒带领的广西壮族自治区党政代表团来到南昌县小蓝经济开发区参观考察。省中小企业局局长谢碧联、市政府副秘书长吴长金，县长肖玉文，县委常委、小蓝经济开发区党工委书记徐海波等陪同。

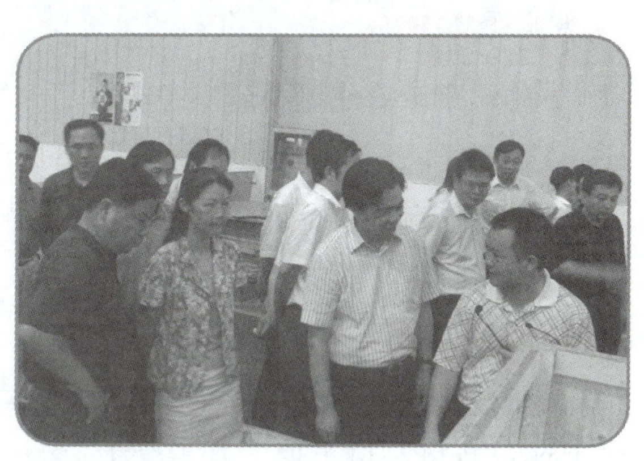

7月29日

辽宁省彰武县人大常委会一行在常委会主任于珠的带领下来南昌县学习考察县、乡两级人大换届选举工作。

【其他重要工作】

7月3日

上午，南昌县政协在县综合楼会议室举办通讯联络员业务培训班。《光华时报》总编辑熊宝华应邀前来授课。县政协主席邓炳根参加培训班并讲话。

7月25日

上午，南昌县根据《土地管理法》和《招标拍卖挂牌出让国有土地使用权规定》等规定，经县人民政府批准、县土地储备交易中心成功挂牌出让了一宗国有土地。这宗土地在莲塘镇辖区内，位于外贸路以西，县市政工程队以北，是原县对外经济贸易公司使用的国有土地，土地面积为1.77亩，规划用途为商住及办公用地，土地使用年限是：商业用地40年，住宅用地70年，办公用地50年。

八 月

【民主评议政风行风】

8月7日

上午，南昌县在八一乡召开民主评议政风行风工作汇报会。县委常委、常务副县长涂仕华，县委常委、纪委书记李传强出席了会议并讲话。

▲上午，市政府办公厅秘书处处长李德平等来到南昌县，对南昌县县政府办公室政风情况进行了测评和座谈。县政府各部门、县人大办公室、政协办公室、各民主党派、各基层站所和社会团体的负责人参加了测评和座谈。

8月9日

下午，市政府法制办公室主任廖荡平等来到南昌县政府法制办民主评议政风行风工作进行测评。县委常委、常务副县长涂仕华出席测评大会。

▲下午，南昌县新型农村合作医疗定点县市医院评议工作会在南昌县卫生局召开。副县长胡显勇出席并讲话。

8月15日

上午，以湾里区副区长焦玉庄为组长的市民主评议政风行政督察组来南昌县检查指导南昌县的民主评议政风行风工作。县委常委、纪委书记李传强，副县长胡显勇参加了汇报会。

8月17日

上午，南昌县地税局举行2007年民主评议政风行风群众满意度测评活动。市地税局纪检组长江华和180位纳税人代表参加了测评活动。

【重要会议】

8月1日

下午，市委常委、县委书记杨伟东在县综合楼会议室，主持召开2007年南昌县规划委员会第三次会议。会议审议县城莲塘和象湖新城五个房地产开发项目规划设计方案。县领导肖玉文、梅梅、涂仕华、胡炜、徐海波、王三毛、万敏、姜润根及县城市规划委员会成员单位的负责人出席会议。

8月3日

下午，南昌市工业园区招商工作经验交流会暨开放型经济工作调度会在南昌县召开。市委常委、常务副市长王詠，市委常委、副市长卢晓健，市委常委、县委书记杨伟东，市政府副秘书长李国根，市经贸委主任丁勇利，县领导肖玉文、徐海波、涂莉华及全市各县、区的分管领导等出席了会议。

8月4日

下午，南昌县委常委（扩大）会议在县综合楼会议室举行。会议传达贯彻落实全省统筹城乡协调发展工作会议精神。市委常委、县委书记杨伟东主持会议并讲话。

8月7日

下午，县委副书记梅梅在南昌县综合楼会议室主持召开了“昌南城市发展方略”征求意见座谈会。县委常委、常务副县长涂仕华，县委常委、统战部长胡炜等出席了座谈会。

8月10日

上午，南昌县在县综合楼第三会议室召开《江西省劳动保障监察条例》执法检查动员大会。县委常委、副县长杨保根，县人大常委会副主任熊鹰等参加了会议。

8月13日

中共南昌县委在县综合楼召开第十一届三次全体（扩大）会议。会议回顾总结了上半年的工作，安排部署了下半年的工作。动员全县上下大气谋事，精细做事，合力成事，强力推进重大项目，倾力推进城市发展方略，着力推进百姓幸福工程，奋力开创经济社会更好更快发展新局面。市委常委、县委书记杨伟东，县领导梅梅、涂仕华、杨保根、李传强、杨文斌、熊运浪、胡炜、王小文、徐海波、魏根金、汪火明、哈力旦等参加会议。会议由县委副书记、县长肖玉文主持。

8月15日

下午，县委统战部在南昌县综合楼会议室召开全县特约人员工作聘任会。县委常委、统战部长胡炜出席并讲话。

8月22日

下午，县长肖玉文在县政府三楼会议室主持召开县政府第五次常务会议。县委常委、常务副县长涂仕华，县委常委、副县长杨保根，副县长胡显勇、万敏、江伟斌、刘丽、张增和、涂莉华，县政府党组成员黄云松、涂爱国、刘小毛等出席会议。县委副书记梅梅，县委常委、农工部长魏根金，县人大常委会副主任王三毛，县政协副主席、县财政局局长姜润根和县直有关部门负责同志列席了会议。

8月23日

上午，南昌县在县综合楼会议室召开全县政协工作会议。市委常委、县委书记杨伟东，县领导肖玉文、邓炳根、黄连科、王三毛、万德珍、吴克芳、张军、李信谆、姜润根、伍目连、李植等出席了会议。

▲下午，南昌县组织有关部门负责人在县综合楼会议室收听收看《全国产品质量和食品安全专项整治工作电视电话会》。县委常委、副县长杨保根参加了收听收看。

8月25日

上午，南昌县在县综合楼召开“深入学习浙江经验，抓住机遇，促进县域经济更好更快地发展”专题报告会。市委常委、县委书记杨伟东，县领导邓炳根、涂仕华、徐海波、魏根金、黄连科、李木旺、陈秀梅、姜润根、李植、县法院院长廖群等参加了报告会。县委常委、宣传部长杨文斌主持了报告会。

8月26日

下午，南昌县在综合楼会议室组织收听收看《中央、全省社会主义法治理念教育》电视电话会议。县委常委、政法委书记熊运浪，副县长、县公安局局长张增和，县人大副主任熊鹰，县政协副主任李植，县政府党组成员、政法委副书记、维稳办主任刘小毛等参加收听收看。

8月27日

上午，全县城镇居民基本医疗保险和创建全国食品安全、全省农村药品“两网”示范县动员大会在县综合楼会议室召开。县委副书记、县长肖玉文，县委常委、副县长杨保根，县人大常委会副主任伍曦，副县长胡显勇，县政协副主席、财政局局长姜润根等出席了会议。

8月28日

上午，全县房地产市场秩序专项整治工作会议在县城建局召开。会议通报了今年上半年全县房地产市场的动作情况，安排部署了全县房地产市场秩序专项整治工作。县委常委、常务副县长涂仕华，市房管局开发处处长胡晓林等出席了会议。

8月30日

上午，第三届全国会计知识大赛南昌县赛区动员大会召开。县政协副主席、财政局局长姜润根出席会议并讲话。

8月31日

南昌县第十四届人大常委会第三次会议在县综合楼会议室举行。会议听取和审议了县政府办公室关于第十四届人大一次会议代表建议、意见办理情况汇报，听取和审议了县人民政府关于小蓝经济开发区重大项目推进情况汇报，审议通过了县人大常委会主任会议关于提请审议《南昌县人民代表大会常务委员会议事项修正案（草案）》的议案。县人大常委会主任胡小明，副主任黄连科、李木旺、陈秀梅、王三毛、熊鹰、伍曦等出席了会议。县委常委、县政府副县长涂仕华、江伟斌、县法院院长廖群，县检察院检察长张振川参加了会议，各乡镇人大主席、县人大各委办副主任、副科级秘书列席会议。

【领导活动】

8月3日

上午，市委常委、县委书记杨伟东，县长肖玉文，县委常委、常务副县长涂仕华，副县长万敏在相关部门负责人陪同下深入一线看望、慰问坚守环卫和建筑工作岗位的职工，送上了降温防暑用品。

8月8日

上午，为庆祝迎奥运倒计时一周年，南昌县在莲塘、向塘举行了老年迈步走向北京奥运会活动。县领导肖玉文、梅梅、胡小明、杨保根、李传强、熊鹰、胡显勇、吴克芳、张军等出席了活动启动仪式。县长肖玉文为活动正式启动鸣信号枪。

▲上午，市委常委、县委书记杨伟东，县委常委、农工部长魏根金，县人大常委会副主任王三毛等来到南新乡，检查指导抗旱和新农村建设工作，接着又来到蒋巷镇慰问奋战在一线的劳动工作的基层干部群众，并给他们送去了防暑降温物品。

8月10日

上午，县长肖玉文到南昌县新修莲塔公路建设工地和武阳工业小区进行调研。县领导杨保根、熊运浪、王三毛、万敏、江伟斌、姜润根和县直有关部门负责同志随同调研。

▲县长肖玉文到南昌县八一、武阳、幽兰三个乡镇，就砖瓦厂关闭工作进行调研。县领导杨保根、熊运浪、王三毛、万敏、江伟斌、姜润根和县直各部门负责同志参加调研。

8月13日

上午，市老干部局活动中心副主任陈燕、邱宝华来到南昌县，走访慰问南昌县副地级以上离休干部。县委常委、组织部部长王小文和县老干部局负责人等陪同。

8月14日

市统计局局长熊一江来南昌县基层统计工作进行调研座谈。县委副书记、县长肖玉文，县委常委、常务副县长涂仕华出席座谈会。

8月15日

上午，以省环保局副局长陈荣带领省安全生产督查组来到南昌县就重点行业和领域的安全生产隐患排查治理专项行动进行督查。副县长江伟斌等陪同。

8月16日

上午，在南昌县挂职锻炼的县委常委哈力旦，前往城乡进行调研。乡主要负责人陪同。

8月17日

上午，副市长凌学仁来南昌县视察夏粮收购工作。市粮食局局长杨小林，副局长魏小俊，县委常委、副县长杨保根等陪同。

▲上午，市检察院检察长沙闻麟一行来南昌县视察工作。县委副书记、县长肖玉文，县委常委、政法委书记熊运浪，县委常委、小蓝经济开发区党工委书记徐海波，县检察院检察长张振川等陪同。

▲上午，县委常委哈力旦来到南昌县泾口乡和塘南镇开展调研。乡主要负责人陪同。

▲下午，县委常委哈力旦在县卫生局开展调研。卫生局主要负责人陪同。

8月21日

国家统计局副局长张为民来南昌县视察。省统计局局长王建农，市委常委、县委书记杨伟东，副市长刘建洋，市统计局局长熊一江，县领导涂仕华、程雷佬等陪同。

8月22日

上午，市委常委、县委书记杨伟东，县领导涂仕华、胡炜、王三毛、万敏等到南昌县东新乡开展调研。县委办公室、县城建局、县城管局等单位负责同志陪同。

▲上午，市长助理戚学林来南昌县就加强农村公路建设与管理问题进行调研。市交通局局长陈

国凤、副局长吴毛里，县委常委、副县长杨保根等陪同。

8月23日

上午，市委常委、县委书记杨伟东，县领导涂仕华、杨文斌、万敏等到南昌县向塘镇进行调研。县委办公室、县城建局、县商业局等部门负责人陪同调研。

8月25日

上午，市委常委、组织部长杨人平来南昌县就加快推进村级组织活动场所“五个之家”建设进行调研。市委常委、县委书记杨伟东，县委副书记梅梅，县委常委、组织部长王小文等陪同调研。

【招商引资】

8月4日

上午，市委常委、县委书记杨伟东在南昌县小蓝经济开发区主持召开了全县重大项目招商引资调度会。会议通报1～7月份重大项目、重点工程进展情况，并就做好下半年重大项目的招商工作进行了部署。县长肖玉文，县委常委、宣传部长杨文斌，县委常委、小蓝经济开发区党工委书记徐海波，副县长江伟斌、涂莉华等出席调度会。

8月6日

晚上，南昌县在县综合楼召开全县招商引资暨重大项目招商工作调度会。市委常委、县委书记杨伟东，县委副书记、县长肖玉文等出席会议并讲话。

8月13日

下午，市委常委、县委书记杨伟东在县委接待室会见长安汽车（集团）有限责任公司副总裁王重生一行，双方就长安集团在小蓝经济开发区的发展和地方政府服务企业等问题进行了广泛而深入的交谈。县长肖玉文，县委常委、小蓝经济开发区党工委书记徐海波，副县长江伟斌等会见时在座。

8月14日

上午，南昌王华批发市场有限公司董事长翁海光来南昌县塘南镇鄱阳湖水禽（水产品）大市场参观考察。县委常委、组织部长王小文等陪同。

8月14日–17日

县领导徐海波率领县台办及有关招商单位负责同志赴昆山参加南昌招商引资宣传推介会，拜访了群光电子、六丰模具、雷克萨斯4S店、华帮电子等有关企业，并就项目的进一步拓展进行了交流。

8月24日

上午，市委常委、县委书记杨伟东，县长肖玉文，县委常委、小蓝经济开发区党工委书记徐海波在小蓝经济开发区，就加快推进江铃控股有限公司整项目建设进行现场办公。

8月28日

上午，中国美旗控股集团战略决策委员会主席、中国台商研究所所长谢秉臻带领中国美旗控股集团有限公司考察团来南昌县参观考察。县长肖玉文，县委常委、宣传部长杨文斌，副县长万敏、涂莉华等陪同。

8月29日

上午，第五届赣台(南昌)经贸研讨会开幕式在南昌隆重召开。市委常委、县委书记杨伟东，县领导杨文斌、徐海波、涂莉华等出席。

▲南昌县政府副县长江伟斌会见了襄樊台协会会长李重震一行，双方就有关汽车配件项目投资情况进行了交流。

▲下午，首届中国南昌台湾周开幕式暨台湾知名企业家恳谈会在萦莫特泰耐克大酒店隆重召开。县委副书记、县长肖玉文，副县长涂莉华等出席。

8月29日-9月1日

2007'赣台（南昌）经贸研讨会在南昌隆重召开。会议期间，南昌县展开宣传活动，小蓝经济开发区内生产的康师傅矿物质水作为大会指定用水，台资企业产品康师傅矿物质水、耐克系列运动鞋及整体介绍小蓝经济开发区宣传专版荣誉展出，并接受了国台办及省、市领导的视察、检阅。

【农业与农村工作】

8月2日

上午，南昌县在冈上镇召开全县新农村建设试点和抗旱工作推进会。县长肖玉文，县人大常委会副主任、县水利局党委书记王三毛，副县长程雷佬等出席会议。

8月3日

上午，县委常委、统战部部长胡炜，市政公用事业局副局长张春禄与青岚食品有限公司负责人，到南昌县黄马乡东边村开展“百家企业帮助百村”活动。

▲上午，县政协副主席吴克芳，市广播电视局副局长肖小毛与洪城汽配城负责人到南昌县幽兰镇东联村开展“百家企业帮助百村”活动。

8月14日

上午，市委常委、副市长卢晓健和市质监局、市五华批发市场有限公司负责同志来南昌县塘南镇新图村考察农村扶贫开发工作。县委常委、组织部长王小文等陪同。

8月30日

上午，国家商务部副司长李文明来到南昌县视察“万村千乡市场工程”建设情况。省国内贸易行业管理办公室主任李青华，市商贸委主任喻德火，县委常委、副县长杨保根等陪同。

【人武工作】

8月13日

下午，县委常委、组织部长王小文到南昌县人民武装部就进一步做好全县专武干部的管理、配备、使用工作进行现场办公。县委常委、人武部长汪火明，政委姜清波等参加了现场办公。

【政法工作和社会治安综合治理】

8月1日

上午，南昌县政府法制办在维也纳广场东举行《中华人民共和国行政复议法实施条例》宣传咨询活动，活动主题：“以人为本，复议为民”。省政府法制办副主任韩德宝，副县长、县公安局局长张增和参加。

8月28日

下午，省司法厅厅长黄寿英来南昌县就基层司法行政工作进行调研。市司法局局长吕建民，副局长涂慧玲，县委常委、政法委书记熊运浪等陪同。

【党的建设和干部队伍建设】

8月8日

上午，市委副书记雷武江来到南昌县就非公有制企业党建工作进行调研。市委组织部副部长邹绍辉，县长肖玉文，县委副书记梅梅，县委常委、组织部长王小文和小蓝经济开发区负责同志陪同调研。

8月28日

上午，市委组织部副部长邹绍辉来南昌县就非公有制企业党建工作进行调研。县委常委、组织部长王小文，县委常委、小蓝经济开发区党工委书记徐海波等陪同。

【科教文卫体和计生工作】

8月3日

上午，南昌县在莲塘三中举行了2007年公开招聘中小学教师的考试。副县长胡显勇巡视了考场。此次公开招聘中学教师68名，小学、幼儿教师185名。

8月8日

南昌市2007年人口计生干部培训班在南昌县综合楼举办。市人口计生委主任任美清，县委副书记、县长肖玉文，副县长程雷佬等出席了培训前的动员会，南昌县分二批组织400多名县、乡、村人口计生干部参加培训。

▲上午，省食品药品监督管理局局长胡长林来南昌县视察指导建设全国食品安全示范县和全省农村药品“两网”示范县工作。市食品药品监察管理局局长张力等陪同。

8月18日

上午，南昌县“凝聚力工程”暨“牵手正荣”捐资助学活动，在正荣大湖之都举行。省委统战部副部长严平，市委统战部副部长钿润苏，县领导胡炜、伍曦、胡显勇、吴克芳、李植等参加活动。

8月22日

上午，南昌县“爱心献血屋”启动仪式在莲塘维也纳广场举行。副县长胡显勇，省血液中心纪委书记彭世球出席，并为“爱心献血屋子”正式启动运行剪彩。县卫生局、教育局、江西科技学院等有关负责人参加了启动仪式。

8月25日

上午，莲塘一中举行2007年高一年级新生军训成果汇报表演。副县长胡显勇、驻县空军94833部队政治部主任饶品武等观摩了表演。

8月27日

上午，莲塘二中举行高一年级新生军训汇报表演。副县长胡显勇、驻县空军94638部队副政委赖文斌观摩了表演。

8月28日

上午，全县新学年工作会在莲塘洁惠花园宾馆召开。副县长胡显勇出席会议并讲话。

8月29日

上午，南昌县南新乡新洲小学举行改扩建工程竣工典礼。市委副书记雷武江，市委副秘书长、农工部长王肇赣，市政协秘书长李建平，县领导肖玉文、梅梅、魏根金、伍曦、胡显勇、江西煌上煌集团公司董事长徐桂芬及有关部门负责同志等出席了竣工典礼。随后，在县领导陪同下，市委副书记雷武江一行视察南新乡新洲村会龙提灌站的水利设施。

▲上午，县委副书记梅梅到南昌县南新乡就南新乡中、小学校的校园建设等进行调研。县委常委、农工部长魏根金，县人大常委会副主任伍曦，副县长胡显勇及有关部门负责同志等陪同。

▲上午，泰豪集团有限公司在塘南中学举行奖学金颁发仪式。市委统战部副部长钮润荪出席发放仪式并讲话。

▲下午，县总工会举行2007年金秋助学受助仪式。县委副书记梅梅，县人大常委会副主任熊鹰出席了受助仪式。

▲下午，副县长胡显勇在南昌县泾口乡主持召开了全县血吸虫病防治工作会议。会议就进一步推进金溪湖泾口片的血防综合试点工作进行了部署。南新、蒋巷、塘南、泾口四个血防工作重点乡镇的负责同志及县直有关部门负责同志参加了会议。

【民主与法制建设】

8月2日

上午，南昌县在县综合楼召开全县乡镇人大工作会议。会议总结了全县上半年乡镇人大工作，并就下半年乡镇人大工作进行了安排。县人大主任胡小明，副主任黄连科出席。

8月8日

上午，莲塘彩虹世纪城举办南昌县工商联界政协委员界别活动，传达学习市委《关于加强人民政协工作的意见》和县政协《关于切实加强政协委员作风建设的意见》。协商安排了下半年的工商联界别活动。县政协主席邓炳根，县政协副主席、县工商联会长吴克芳出席并讲话。

8月14日

上午，南昌县政协妇联界的政协委员在县委统战部会议室召开座谈会，学习市委《关于进一步加强人民政协工作的意见》，总结妇联界上半年的工作，协商安排下半年的工作。县政协主要席邓炳根，副主席伍目连参加了座谈会。

8月15日

上午，县政协副主席伍目连参加了县政协共青团界别在江西科隆种业有限公司举行的界别活动。

8月17日

下午，县教育界政协委员在县教体局召开座谈会，就全县教育事业的发展和教育基础设施建设等积极建言献策。县政协主席邓炳根出席并讲话。

8月28日

上午，市纪委书记、监察局局长曾亦冰来南昌县就加强农村基层党风廉政建设工作进行调研。县委常委、纪委书记李传强等陪同。

【防汛、水利工作】

8月3日

省委常委、市委书记余欣荣，市委常委、秘书长、统战部长蔡社宝，市委常委、县委书记杨伟东，市委常委、政法委书记吴志明、副市长刘建洋在市水利局局长李克荣，县领导肖玉文、魏根金、王三毛等陪同下，来南昌县检查抗旱工作，强调指出：要坚持“抗大旱、夺丰产、促和谐”的指导思想，坚定信心，齐心协力，力争夺取今年抗旱工作的全面胜利。

8月8日

下午，省水利厅副厅长罗小云，省赣抚平原管理局局长吴义泉等来到南昌县赣抚平原灌区视察抗旱工作。县委常委、农工部长魏根金，县人大常委会副主任、水利局党委书记王三毛等陪同。

【群团工作】

8月3日

下午，南昌县第二届“十大杰出青年”、“十大杰出女性”评选活动动员大会在县综合楼会议室召开。县委副书记梅梅出席会议并讲话。县委常委、纪委书记李传强，县委常委、组织部长王小文，县委常委哈力旦·吐尔逊，县政协副主席姜润根等出席会议。

8月24日

上午，由南昌县人口计生委、县卫生局、妇联联合举办的以“关爱妇女，关注健康”为主题的妇女生殖保健服务活动在塔城乡青岚村新岗社区举行。

8月30日

团市委副书记万欣来南昌县考察调研市级青年文明号的创建和复核工作，并授予蒋巷镇中心卫生院住院部、工商分局“青年文明号”荣誉牌。团县委副书记熊卫斌、樊庆华等陪同。

8月31日

团县委分别在南昌县向塘镇向塘村委会、塔城乡青岚村委会开展了“城乡互动，共建共享”送团课到基层活动，团市委副书记、市志愿者行动协调委员会办公室副主任阎志强应邀出席授课。团县委副书记熊卫斌主持活动仪式。

【其他重要工作】

8月8日

上午，南昌县在县老干部局召开离退休老干部征求意见座谈会，30多名担任副县级以上实职的离退休老干部参加了座谈。县委常委、组织部长王小文出席了座谈会。

8月11日

《南昌日报》以《大气谋事找定位、精细做事求实效》为题，在头版头条介绍南昌县学习浙江经验，壮大县域经济的举措和成效。

8月13日

下午，小蓝经济开发区举行“奋战40天，以优美环境迎接建区五周年”动员大会。县委常委、小蓝经济开发区党工委书记徐海波出席并讲话。

8月22日

上午，南昌县财政局在县综合楼举行全县财政系统“创新风、争一流”演讲比赛。县人大副主任伍曦，县政协副主席、县财政局局长姜润根，县政协副主席伍目连为获奖选手颁奖。

8月24日

下午，全县财政惠农补贴资金管理（一卡通）和乡财乡用县监管工作会议在县综合楼会议室召开。县领导涂仕华、程雷佬、姜润根等出席了会议。

8月29日

下午，全省防沙治沙工作会议在南昌玉泉岛大酒店二楼会议室召开，副厅长肖河、魏运华、总工程师胡跃进、厅机关处室及下属单位负责人、市政府副市长刘建洋、市林业局局长樊三宝、市绿委办专职副主任李月明、副县长程雷佬等参加了会议。会议由省林业厅厅长刘礼祖主持。

【友好往来】

8月10日

上午，卢旺达东部省省长德奥奈斯特·姆辛达亚卡率领代表团来南昌县，参观考察现代农业发展情况。省外事办、侨务办助理巡视员王光锡，省外事办侨务办友协处处长汪敏，市外办纪委书记刘崇盛、副县长程雷佬等陪同。

8月15日

上午，省投资集团公司党委书记、副总经理、省政协港澳委员联络组召集人马仲强带领省政协港澳委员来南昌县视察。省政协副主席陈清华，市委常委、常务副市长王詠，市政协副主席万宗明，县领导肖玉文、邓炳根、胡炜、涂莉华、吴克芳等陪同。

8月26日

上午，广东省韶关市市委书记、市人大常委会主任徐建华，市长郑振涛率领韶关市党政代表团来到南昌小蓝经济开发区参观考察。市委常委、秘书长、统战部长蔡社宝，市委副秘书长、办公厅主任李福如，县委副书记梅梅，县委常委、常务副县长涂仕华等陪同。

九 月

【“三项创建”、“整五风”】

9月4日

下午，市政风行风评议评价工作领导小组办公室主任陈辉林来到南昌县，就民主评议政风行风工作和整“五风”、比实干、争一流主题教育活动开展情况进行调研。县委常委、常务副县长涂仕华，县委常委、县纪委书记李传强等参加调研会。

9月5日

下午，全县整“五风”、比实干、争一流主题教育活动第三次工作会议在县综合楼召开。市委常委、县委书记杨伟东作讲话，县领导梅梅、李传强、杨文斌、王小文、姜润根等出席会议。

9月8日

下午，省林业勘察设计院院长武来成带领省林业厅民主评议政风行风工作检查组来到南昌县，对林业系统开展民主评议政风行风活动进行检查。市林业局纪委书记张敏陪同。

9月14日

上午，以吴奕斌为组长的省村级组织活动场所建设工作检查组来到南昌县，检查村级组织活动场所建设进展情况和管理使用情况。县委常委、组织部长王小文陪同。

9月19日

上午，市委组织部副部长朱东带领调研组来到南昌县，就“深化三项创建”的工作进行调研。县委常委、组织部长王小文等陪同。

9月24日

下午，市法制办副主任宗云彪来到南昌县，检查县法制办公室民主评议政风行风活动开展情况。副县长张增和陪同。

【重要会议】

9月3日

下午，南昌县在县综合楼组织收听收看全国政务公开工作先进单位暨全国政务公开示范点命名电视电话会。县委常委、常务副县长涂仕华参加收听收看。

9月7日

下午，县长肖玉文在县政府会议室主持召开县政府第六次常务会议。县委常委、常务副县长涂仕华，县委常委、副县长杨保根，副县长胡显勇、万敏、江伟斌、张增和、涂莉华、程雷佬等出席会议。

9月9日

上午，南昌县城市抗震防灾规划成果评审会在县综合楼会议室举行。国家建设部质量安全司防灾与抗震处处长贾抒、江苏省抗震办主任裴友法、省建设厅抗震办主任钟宪明、副县长万敏以及省、市城市规划设计方面的专家等出席评审会。

9月18日

县人大常委会在洁惠花园宾馆召开人大工作理论研讨会。县人大常委会副主任黄连科出席研讨会并为获得优秀论文奖的作者颁奖。

9月20日

下午，南昌县在县电信局五楼会议室组织收听收看全国安全生产电视电话会。副县长江伟斌等参加收听收看。

9月24日

上午，全县负责干部大会在县综合楼召开。会议安排部署国庆和党的十七大期间的安全稳定、人口和计划生育工作。市委常委、县委书记杨伟东，县领导肖玉文、胡小明、邓炳根、涂仕华、杨保根、李传强、杨文斌、胡炜、徐海波、魏根金、汪火明等出席会议。

▲上午，全县各界人士迎中秋庆国庆茶话会在洁惠花园宾馆举行。市委常委、县委书记杨伟东，县领导肖玉文、梅梅、胡小明、邓炳根、涂仕华、杨保根、李传强、胡炜、徐海波、魏根金、汪火明等出席。

9月26日

下午，南昌县组织收听收看全省森林防火和冬种工作电视电话会议，副县长程雷佬参加收听收看。

【领导活动】

9月7日

上午，省委副书记、省长吴新雄，省委常委、市委书记余欣荣等来到小蓝经济开发区视察。市、县领导蔡社保、杨伟东、汤成奇、肖玉文等陪同。

9月9日

上午，副省长洪礼和来到南昌国际展览中心，参观第四届南昌制造业博览会南昌县展区。市长胡宪，市委常委、常务副市长王詠，副市长汤成奇，副县长江伟斌等陪同。

9月10日

上午，市人大常委会主任李豆罗，市委常委、县委书记杨伟东，市人大常委会副主任罗为民、姚燕平、连樟寿、戴和旺、何友德等来南昌县视察广播电视事业发展情况。县领导肖玉文、胡小明、杨文斌、伍曦、胡显勇等陪同。

9月13日

市长助理戚学林来到南昌县，就新农村建设工作进行调研。市委农工部副部长刘荣根，县委常委、农工部长魏根金，副县长程雷佬等陪同。

9月19日

上午，副省长洪礼和来到小蓝经济开发区泰豪科技股份有限公司进行调研。市委常委、县委书记杨伟东，县长肖玉文，县委常委、小蓝经济开发区党工委书记徐海波等陪同。

9月20日

市政协副主席王水苟、市妇联副主席周笑蓓来到南昌县莲塘镇岗前村走访贫困家庭和贫困母亲。县政协副主席万德珍陪同。

9月21日

上午，南昌县、进贤县省级血防扩大试点工作现场调度会在泾口乡召开。副市长罗慧芬、副县长胡显勇等出席。

9月22日

小蓝经济开发区举行五周年庆典暨重大项目签约仪式。省人大常委会副主任万学文，市长胡宪，省劳动和社会保障厅厅长张勇、省统计局局长王建龙，省质量技术监督局局长朱秉发，省中小企业局局长谢碧联，省科技厅副厅长、省科技院党组书记吴文峰，省工商联会长、泰豪科技股份有限公司总裁黄代放，市委常委、副市长卢晓健，市委常委、县委书记杨伟东，市人大常委会副主任连樟寿，副市长汤成奇，市政协副主席王水苟，江铃集团公司董事长王锡高，县长肖玉文等出席。

9月23日

上午，2007年南昌（小蓝）汽车产业集群峰会在南昌市红角洲国际展览中心多功能厅举行。省委常委、副省长赵智勇，市委常委、常务副市长王詠，市委常委、县委书记杨伟东，经济日报社副总编辑林跃然、编委王若竹，市人大常委会副主任连樟寿，副市长汤成奇，市政协副主席王水苟，江铃集团董事长王锡高，县领导肖玉文、梅梅、胡小明、涂仕华、杨保根、李传强、杨文斌、胡炜、王小文、徐海波等出席。

▲下午，国家发改委产业发展研究所工业研究室主任杨合湘等参加2007南昌（小蓝）汽车产业集群论策峰会的专家来到小蓝经济开发区参观考察。县委常委、小蓝经济开发区党工委书记徐海波，副县长江伟斌等陪同。

9月25日

上午，商务部商改司副巡视员王德生来到南昌县，就生猪定点屠宰以及专项整治工作开展调研。省内贸办主任李青华、市商贸委主任喻德火、副主任高辉红、副县长涂莉华等陪同。

9月26日

上午，省政协副主席、省委统战部部长王林森来到南昌县武阳镇，参观曹雪芹陈列室。市委常委、县委书记杨伟东，县委常委、统战部长胡炜，县人大副主任李木旺等陪同。

【走访慰问】

9月13日

上午，县长肖玉文，县委常委、副县长杨保根，县政协副主席、县财政局局长姜润根等前往闽南沿海某演练靶场，走访慰问正在这里进行高炮实弹演练的57高炮营官兵。

【工交财贸】

9月4日

上午，市委常委、县委书记杨伟东来到小蓝经济开发区，就开发区成立五周年庆祝活动、重大项目建设和招商引资工作进行调度。县领导肖玉文、杨文斌、熊运浪、徐海波、江伟斌、张增和、涂莉华等参加调度会。

9月12日

下午，参加2007南昌经贸恳谈会的部分客商来小蓝经济开发区参观考察。县委常委、小蓝经济开发区党工委书记徐海波，县政协副主席吴克芳等陪同。

9月19日

上午，江铃集团天人汽车零部件有限公司举行生产基地落成典礼。市委常委、县委书记杨伟东为天人汽车零部件生产基地揭牌，县委副书记、县长肖玉文，县委常委、小蓝经济开发区党工委书记徐海波，副县长江伟斌等出席落成典礼。

9月22日

上午，市委常委、县委书记杨伟东，县领导肖玉文、梅梅、胡小明、邓炳根、涂仕华、杨文斌、胡炜、王小文、徐海波、汪火明等县六套班子领导和全县各乡镇，县委各部门、县直各单位的负责人在参加小蓝经济开发区成立五周年暨重大项目签约仪式后，一起来到小蓝经济开发区的江铃控股有限公司、江铃集团天人汽车零部件有限公司参观。

【城市建设与管理】

9月18日

市委常委、县委书记杨伟东在视察县城建设时强调：要加快土方和路网工程的建设，认真做好各项工程拆迁和资金概算工作，确保我县城市建设顺利推进。县长肖玉文，县委常委、常务副县长涂仕华，县委常委、宣传部长杨文斌，副县长万敏等陪同视察。

【农业与农村工作】

9月6日

下午，县长肖玉文来到蒋巷镇，就蒋巷打造成为全省现代农业示范窗口和全省新农村建设示范窗口的工作进行调度。县领导魏根金、王三毛、万敏、姜润根等参加调度会。

9月12日

下午，市委组织部人才处处长徐小鹏带领调研组来到南昌县，了解农村“五个之家”建设情况。县委常委、组织部长王小文陪同。

9月18日

上午，全县新农村建设试点工作推进会在南新乡召开。县委常委、县委农工部部长魏根金，副县长程雷佬出席会议并讲话。

【劳动人事和社会保障】

9月7日

上午，县人事劳动和社会保障局举办城镇居民医疗保障业务培训班。县委常委、副县长杨保根，副县长胡显勇等出席培训动员会。

【政法工作和社会治安综合治理】

9月6日

上午，县政协主席邓炳根，副主席李信谆、伍目连等来到县法院，就今年以来县法院审判工作进行调研。县法院院长廖群等陪同。

9月14日

下午，全县消防工作会议在县综合楼会议室召开。副县长、县公安局局长张增和出席会议并讲话。

9月20日

下午，以国家工商总局市场处处长吴东平为组长的国家农产品质量安全专项整治督查组来到南昌县，对农产品安全专项整治工作进行督查。省农业厅市场处处长邱流文，市农业局副局长郭子东，县委常委、农工部长魏根金等陪同。

【党的建设和干部队伍建设】

9月27日

为期十天的全县第二期青年干部培训班在县委党校举行结业典礼。县委副书记梅梅，县委常委、组织部长王小文出席并为学员颁发结业证书。

▲县委常委、县纪委书记李传强先后来到蒋巷镇、东新乡，就农村基层党风廉政建设工作进行调研。

【群团工作】

9月5日

上午，团中央组织部副部长万超岐来到南昌县，就团组织建设工作进行调研。团省委副书记梅亦，团市委书记陈吉炜，县领导王小文，哈力旦等陪同。

【科教文卫体和计生工作】

9月2日

上午，南昌县在莲塘一中向今年考取高等院校的330名贫困家庭学生发放政府资助金。县长肖玉文、县人大副主任伍曦、副县长胡显勇等出席发放仪式。

9月3日

上午，市爱国卫生运动委员会副主任管琳丽来到南昌县泾口乡检查农村改厕（血防）项目实施情况。副县长胡显勇陪同。

9月10日

县委、县政府在县综合楼举行庆祝第23个教师节暨先进个人表彰大会，向辛勤工作在教育战线的全县广大教师致以节日的祝贺。市委常委、县委书记杨伟东，市教育局局长熊小武，县领导肖玉文、杨文斌、伍曦、胡显勇、万德珍等出席会议。

9月14日

上午，全县农村卫生工作流动现场会在向塘镇召开。副县长胡显勇出席会议并讲话。

9月26日

下午，全县党员教师一帮一扶贫助学活动在莲塘二中举行。副县长胡显勇出席并讲话。

【友好往来】

9月6日

下午，辽宁省沈阳市副市长李宝权率领农业考察团来到南昌县，就农业产业化和新农村建设进行参观考察。市委农工部副部长张晓方，市农业局副局长郭子东，副县长胡显勇等陪同。

【其他重要工作】

9月5日

上午，全县林业工作会议在县林业局召开。副县长程雷佬出席并讲话。

9月11日

上午，县委统战部组织17家参加全市“百企帮百村”活动的企业代表召开工作调度会。县委常委、统战部部长胡炜，县政协副主席、县工商联会长吴克芳等出席会议。

9月12日

下午，农工民主党南昌县总支在县委统战部会议室，召开主题学习教育活动动员会。农工党南昌市委副主委、县政协副主席伍目连等出席会议。

9月18日

上午，全县佛教协会第二次代表大会在县综合楼举行。省佛教协会副秘书长刘仁奇，市民族宗教事务局副局长姚嗣缘，市佛教协会副会长开明，县领导杨保根、胡炜等出席会议。

十 月

【重要会议】

10月11日

上午，南昌县在县综合楼组织收听收看全省责任保险工作电视电话会议。县委常委、常务副县长涂仕华参加收听收看。

10月15日

县委中心组在县综合楼会议室组织收听收看党的十七大开幕式盛况，认真聆听胡锦涛总书记所作的报告。市委常委、县委书记杨伟东，县领导肖玉文、梅梅、邓炳根、涂仕华、王小文、徐海波、魏根金、汪火明、李木旺、伍曦、熊鹰、万敏、江伟斌、刘丽、涂莉华、万德珍、张军、姜润根，县法院院长廖群等参加收听收看。

10月17日

2007年度全市县(区)委办公室主任工作会议在南昌县召开。市委副秘书长、市委办公厅主任李福如，市委办公厅副主任唐席平，县委常委、宣传部长杨文斌等出席会议。

10月18日

上午，全县组织收听收看全省信息化工作电视电话会议。县委常委、常务副县长涂仕华参加收听收看。

▲上午，全县优化经济发展环境工作座谈会在小蓝经济开发区召开。县委常委、县纪委书记李传强出席并讲话。

10月19日

上午，南昌县在洁惠花园宾馆召开全县2007年“九九”重阳节庆祝会。市委常委、县委书记杨伟东，县四套班子在家领导肖玉文、梅梅、邓炳根等出席。

10月23日

上午，县委理论学习中心组在县综合楼会议室举行学习党的十七大精神座谈会。会议强调：要在全县上下迅速掀起学习贯彻党的十七大精神的热潮。全县广大党员干部要在党的十七大精神指引下，努力开创全县经济社会发展的新局面。市委常委、县委书记杨伟东主持会议并讲话，县领导肖玉文、梅梅、胡小明、邓炳根、涂仕华、杨保根、李传强、杨文斌、熊运浪、王小文、徐海波、魏根金、汪火明、姜清波、黄连科、李木旺、王三毛、胡显勇、万敏、江伟斌、刘丽、张增和、涂莉华、程雷佬、万德珍、张军、李信谆、姜润根、李植，县法院院长廖群等参加学习座谈。

▲下午，县人大常委会组织机关党支部集中学习贯彻党的十七大精神。县人大常委会主任胡小明，副主任黄连科、李木旺、王三毛、熊鹰等参加学习。

▲下午，全县2008年度党报党刊发行工作会在县综合楼召开。县委常委、宣传部长杨文斌出席会议并作讲话。

▲下午，全县“百企帮百村”流动现场会在塘南镇召开。县委常委、统战部长胡炜，县政协副主席、县工商联会长吴克芳等出席流动现场会。

10月24日

上午，南昌县在县综合楼会议室组织收听收看全省党员领导干部电视电话会议。县领导肖玉文、梅梅、胡小明、邓炳根、涂仕华、杨保根、李传强、杨文斌、熊运浪、徐海波等和全县各乡镇、县委各部门、县直各单位主要负责人参加收听收看。

▲下午，全县产品质量和食品安全专项整治再动员大会在县综合楼召开。县委常委、副县长杨保根，副县长江伟斌等出席会议。

10月26日

上午，县政协十届三次常委会在黄马乡召开。县政协主席邓炳根，副主席万德珍、吴克芳、李信谆、李植等出席会议，副县长程雷佬等列席会议。

▲上午，全省农村固定观察点工作会在南昌县召开。省委农工部农业处处长姚睿钦，县委常委、农工部部长魏根金和全省各县(市)农工部的领导出席会议。

▲县第十四届人大常委会第四次会议在县综合楼召开。县人大常委会主任胡小明，副主任黄连科、李木旺、陈秀梅、王三毛、熊鹰、伍曦等出席会议。县委常委、常务副县长涂仕华，县政协副主席、县财政局局长姜润根，县法院院长廖群等列席会议。会议听取和审议了县发改委关于全县2007年度1～8月份国民经济和社会发展计划执行情况汇报，听取和审议了县财政局关于全县2006年县本级财政决算、预算外资金管理和2007年1–9月份财政预算执行情况汇报，听取和审议了县审计局关于2006年度县本级预算执行和其他财政收支的审计情况汇报，听取和审议了县人民政府关于经济适用房和廉租房建设情况汇报，听取和审议了县人民政府关于“幸福工程”推进情况汇报。会议审查并批准了县人民政府2006年度县本级财政决算，审议并通过了有关人事任免事项。

10月28日

下午，县委常委班子专题民主生活会在县综合楼召开。省委常委、市委书记余欣荣出席会议并作重要讲话，市委常委、纪委书记刘东明，市委常委、组织部长杨人平，市委常委、县委书记杨伟东，县委副书记、县长肖玉文，县委副书记梅梅，县委常委涂仕华、杨保根、李传强、杨文斌、熊运浪、胡炜、王小文、魏根金、汪火明等出席民主生活会。县人大主任胡小明，县政协主席邓炳根列席会议。

【领导活动】

10月2日

上午，省电力公司总经理毛日峰，副总经理肖黎春来到南昌县，就加快蒋巷镇和小蓝经济开发区电网建设现场办公，并向坚持在工作岗位上的干部职工致以节日的问候。副市长刘建洋，省电力公司经理助理、南昌供电公司总经理滕富莲，南昌供电公司党委书记陈冰，县长肖玉文，县委常委、副县长杨保根，南昌供电公司副总经理邓南平、周其平等陪同。

10月5日

下午，中央统战部副部长、全国工商联党组书记、第一副主席胡德平来到南昌县武阳镇，就曹雪芹祖籍文物保护工作进行调研。全国工商联副主席谢伯阳，全国工商联副主席、科瑞集团董事长郑跃文，全国工商联副主席、中国泛海集团董事长卢志强，省委常委、市委书记余欣荣，省政协副主席、省委统战部部长王林森，省委统战部副部长黎细保和市、县领导蔡社保、杨伟东、肖玉文、梅梅、胡炜、李木旺等陪同。

10月10日

上午，江西陆军预备役步兵师政委罗晓东来到南昌县，就加强五七高炮营基层建设工作进行调研。江西陆军预备役步兵师高炮团政委杨建，县委常委、副县长杨保根，县委常委、县纪委书记李传强，县委常委、县人武部部长汪火明，县人武部政委姜清波等陪同。

10月11日

上午，出席全国知名企业家南昌经贸合作恳谈会的部分代表，来到小蓝经济开发区参观考察。市委常委、副市长卢晓健，市人大常委会副主任姚燕平，县委常委、统战部长胡炜等陪同。

▲上午，市人大副主任连樟寿来到南昌县检查节能降耗工作。县人大常委会副主任黄连科，副县长江伟斌等陪同。

10月15日

省人大常委、省人大农业委员会副主任委员曹泽华带领专题视察组来到南昌县，视察农业机械化推广工作。市人大常委会副主任戴和旺，副市长刘建洋，县人大常委会主任胡小明，副主任王三毛，副县长程雷佬等陪同。

▲下午，市委常委、副市长卢晓健带领市国土、规划、供电、发改委和市外经贸委等部门负责人来到南昌县，就重大项目推进工作进行现场办公。市委常委、县委书记杨伟东，县领导肖玉文、徐海波、万敏、江伟斌等陪同。

10月17日

上午，黄马乡挪威石油希望小学综合楼举行竣工落成仪式。挪威国家石油(东方)有限公司总裁奎斯顿夫妇，副市长、市红十字会会长罗慧芬，副县长、县红十字会会长胡显勇等出席落成仪式。

10月19日

上午，全市纪检监察机关执法监察工作会议在南昌县召开。市委常委、市纪委书记刘东明出席并讲话，市纪委副书记、监察局局长曾亦冰，县委常委、县纪委书记李传强等出席会议。

10月22日

下午，原省委副书记刘仲候来到南昌县视察。县领导肖玉文、胡炜、徐海波等陪同。

10月23日

下午，原省委副书记刘仲候来到南昌县黄马乡，视察农业产业化和两江生态园布局情况。市委常委、县委书记杨伟东，县委常委、农工部部长魏根金，副县长刘丽等陪同。

10月25日

上午，县人民医院举行住院大楼落成典礼和县老科学工作者协会卫生分会老专家门诊部开业仪式。市委常委、县委书记杨伟东，县领导肖玉文、胡小明、涂仕华、杨保根、黄连科、李木旺、王三毛、伍曦、胡显勇、吴克芳等出席。

【城市建设与管理】

10月9日

上午，县公安局办证中心正式落成并投入使用。该中心于今年4月动工兴建，建筑面积460平方米，总投资60万元，共设4个服务窗口，并全部实现电脑管理。可以直接办理临时身份证，出入境件以及治安许可证等。

10月25日

上午，县长肖玉文来到莲塘镇小蓝村，就加强城中村改造，充分挖掘小蓝罗家村的历史文化渊源进行调研。县委常委、宣传部长杨文斌，副县长万敏，县政协副主席、县财政局局长姜润根等陪同。

【农业与农村工作】

10月12日

上午，全县新农村建设试点工作推进会在塘南镇召开。副县长程雷佬出席并讲话。

10月17日

下午，省林业厅厅长刘礼祖，省林业科学院党委书记熊霖珍来到南昌县塔城乡就林业工作和林木种苗示范基地建设进行调研。市林业局局长樊三宝，县长肖玉文，副县长刘丽等陪同。

10月21日

下午，国家农业综合开发办副主任韩国良来到南昌县，就农业综合开发工作进行调研。省农业综合开发办主任章康华，副主任刘光华，副市长刘建洋，市农业开发办陶海龙，县领导肖玉文、魏根金、程雷佬等陪同调研。

10月26日

上午，县委副书记、县长肖玉文，县委常委、政法委书记熊运浪等来到莲塘镇，就农村集体经济发展和安居工程建设等工作开展调研。

10月29日

下午，国家农业综合开发办公室处长吕彤轩带领国家农业综合开发验收考评组来到南昌县，对全县近几年实施的农业综合开发项目和农业高新科技示范项目进行验收考评。省农业综合开发办公室主任章康华、副主任喻云，市农业综合开发办公室主任陶海龙，县领导肖玉文、魏根金、程雷佬、姜润根等参加汇报会。

【劳动人事和社会保障】

10月10日

上午，全县农村富余劳动力转移就业和县城镇居民基本医疗保险工作会议在县综合楼召开。县委常委、副县长杨保根，副县长胡显勇出席会议并讲话。

【政法工作和社会治安综合治理】

10月1日

上午，由省水利厅副厅长罗小云带队的省、市、县三级水利部门就规范河道采砂秩序、维护社会稳定进行联合执法检查。县人大副主任、县水利局党委书记王三毛，副县长程雷佬等陪同。

10月9日

上午，全县维护社会稳定工作调度会在县综合楼召开。县长肖玉文主持会议并讲话，县委常委、纪委书记李传强，县委常委、政法委书记熊运浪，副县长、县公安局局长张增和等出席。

10月13日

上午，省水利厅厅长孙晓山来到南昌县，就规范河道采砂秩序工作进行检查。市水利局局长李克荣，县人大副主任、县水利局党委书记王三毛，副县长程雷佬等陪同。

【党的建设和干部队伍建设】

10月24日

市委组织部检查组来到南昌县，就贯彻执行《党政领导干部选拔任用工作条例》，推进“3010”工程和农村五个之家建设等进行督查。县委副书记梅梅，县委常委、组织部长王小文，县委常委、小蓝经济开发区党工委书记徐海波，副县长江伟斌等陪同。

【人武工作】

10月19日

上午，全县2007年度征兵工作会议在县人武部召开。县委常委、常务副县长涂仕华，县委常委、县人武部部长汪火明，县人武部政委姜清波等出席会议。

10月30日

下午，全县2007年冬季征兵政审工作会议在县人武部召开。县委常委、县人武部部长汪火明，副县长、县公安局局长张增和，县人武部政委姜清波等出席。

【群团工作】

10月9日

上午，团省委机关团委书记汪健莹一行来南昌县，开展“迎接十七大”青年专题调研。

10月26日

下午，全县党建带团建工作推进会在县委组织部召开。县委常委、组织部长王小文出席会议并作讲话。

【科教文卫体和计生工作】

10月10日

下午，全县旅游产业发展暨文物普查工作会议在县综合楼召开。副县长胡显勇出席并讲话。

10月15日

上午，以陕西省卫生厅副厅长范兵为组长的国家卫生部检查组来到南昌县，就贯彻实施《乡村医生从业管理条例》情况进行检查。副县长胡显勇及省、市、县卫生部门相关领导陪同。

10月18日

上午，省科技厅组织省内外农业专家，对南昌县实施的“十一·五”科技支撑计划重大项目——粮食丰产科技工程项目，进行现场测产验收。省科技厅副厅长、省科学院党委书记吴文峰，省农科院党委书记杨兰根，院长罗祥、副院长谢金水，副县长胡显勇等参加测产验收。

10月20日

下午，县老年人体育协会在莲塘三中纳新楼举行重阳节文体汇演，市老年体协主席孔炯，常务副主席易青，县委常委、组织部长王小文，县人大常委会副主任、县水利局党委书记王三毛，副县长刘丽，县政协副主席、县老年体协主席张军等观看文体汇演。

【友好往来】

10月8日

上午，南昌二中老校友会的60多位老校友来南昌县参观。县领导肖玉文、杨文斌、徐海波、胡显勇等陪同。

10月18日

下午，省委党校第31期中青班学员来到南昌县参观。县委副书记梅梅，县委常委、组织部长王小文，县委常委、小蓝经济开发区党工委书记徐海波等陪同。

10月20日

下午由企业家组成的中山大学EMBA赴江西考察团一行来到小蓝经济开发区参观考察。副县长涂莉华等陪同。

10月22日

上午，韩国罗州市市长辛正熏力来到南昌县参观考察，县委副书记、县长肖玉文，县委常委、小蓝经济开发区党工委书记徐海波，副县长涂莉华等陪同。

【其他重要工作】

10月16日

上午，市纪委常委、审理室主任傅碧波带领检查组来到南昌县，就纪律处分决定执行情况进行检查。县委常委、纪委书记李传强陪同。

10月19日

上午，县老科技工作者协会在县农业局举行欢度重阳节暨建言献策座谈会。县委常委、宣传部长杨文斌，县委常委、小蓝经济开发区党工委书记徐海波，县委常委、农工部长魏根金，县人大副主任黄连科，副县长刘丽等出席座谈会。

10月29日－30日

全县统战、宗教干部业务培训班在县委党校举办。县委常委、副县长杨保根，县委常委、统战部部长胡炜等出席培训班开学动员会。省委统战部副部长严平应邀给学员们授课。

十一月

【重要会议】

11月7日

上午，江西日报社2007年新闻宣传高级研讨班在南昌铁路公安局人民警察训练学校举办。省委宣传部副部长陈东有，市委宣传部副部长李家旺，江西日报社副部编辑刘维生等参加研讨班开学仪式。

11月8日

下午，县民主评议“百名科（股）长”活动动员大会在县综合楼召开。县长肖玉文出席会议并讲话，县领导涂仕华、李传强、姜润根等出席会议。

11月9日

全县农田水利基本建设工作会议在县综合楼召开。省赣抚平原水利工程管理局纪委书记易峰山，市水利局副局长崇林风，县领导王三毛、程雷佬等出席会议。

▲下午，全县“和谐2007”社会治安整治集中统一行动动员大会在县公安局召开。县委常委、政法委书记熊运浪，副县长、县公安局长张增和出席会议并讲话。

11月11日

上午，县委理论学习中心组在县综合楼召开理论学习会，认真阅读党的十七大报告中的十八个新亮点，传达省委副书记王宪魁在南昌县视察的重要讲话精神。市委常委、县委书记杨伟东主持，县六套班子领导肖玉文、梅梅、胡小明、邓炳根、杨保根、李传强、杨文斌、熊运浪、胡炜、王小文、徐海波等以及县法院院长、县检察院检察长参加学习。

11月12日

上午，县长肖玉文在县政府三楼会议室主持召开县政府第八次常务会议。研究《南昌县生态示范县建设六大专项行动方案》，听取老莲塔线路面改造工程情况汇报，研究村级组织活动场所建设配套资金和五个三家建设配套资金等问题。县委常委、常务副县长涂仕华，县委常委、副县长杨保根，副县长万敏、江伟斌、刘丽、张增和、涂莉华、程雷佬等出席会议。县委常委、宣传部长杨文斌，县委常委、组织部长王小文，县人武部政委姜清波，县政协副主席、县财政局局长姜润根等列席会议。

▲下午，2007年党风廉政建设和反腐败工作情况通报会在县委统战部召开。县纪委向各民主党派通报了今年以来全县开展党风廉政建设和反腐败工作情况，并征求了各民主党派对全县党风廉政建设和反腐败工作的意见和建议。县委常委、纪委书记李传强，县委常委、统战部部长胡炜，

县人大常委会副主任伍曦，县政协副主席伍目连等出席。

11月15日

下午，南昌县在县综合楼组织收听收看全国冬春农田水利基本建设电视电话会。县人大副主任王三毛、副县长程雷佬等参加收听收看。

11月19日

上午，全省公安看守所工作勤务改革流动现场会在南昌县召开。省武警总队总队长施文求，省公安厅副厅长曹根水，南昌市武警支队支队长周智源，政委周庆民，副县长、县公安局局长张增和等出席流动现场会。

11月23日

上午，中共南昌市委宣讲团来到南昌县，在县综合楼举行党的十七大精神报告会。县领导肖玉文、胡小明、邓炳根、李传强、杨文斌、胡炜、王小文、徐海波、黄连科、李木旺、陈秀梅、王三毛、熊鹰、伍曦、胡显勇、万德珍、吴克芳、张军、伍目连、李植等聆听了报告会。

11月25日

上午，中共南昌市委宣讲团在南昌县莲塘镇，举行党的十七大精神市民论坛专场报告会。

11月27日

全县乡镇“亲民、为民、富民”服务中心规范化建设现场会在八一乡召开。县委副书记梅梅，县委常委、组织部部长王小文等出席会议。

▲下午，全县第一次污染源普查领导小组第一次会议在县政府会议室召开。县委常委、副县长、县第一次污染源普查领导小组组长杨保根，副县长程雷佬等出席会议。

【领导活动】

11月8日

上午，市委常委、县委书记杨伟东来到冈上镇，就学习贯彻落实党的十七大精神，立足当前，谋划明年的工作进行调研。县委常委、纪委书记李传强，县委常委、宣传部长杨文斌，县委常委、组织部长王小文等陪同。

11月10日

上午，省委副书记王宪魁来到小蓝经济开发区、莲塘镇、向塘镇，就学习贯彻落实党的十七大精神进行调研。省委常委、市委书记余欣荣，市长胡宪，市委副书记雷武江，市委常委、市委秘书长、统战部长蔡社宝，市委常委、县委书记杨伟东，县委副书记梅梅，县委常委、组织部长王小文，县委常委、小蓝经济开发区党工委书记徐海波等陪同。

11月11日

上午，省委常委、市委书记余欣荣来到南昌县察看楼房倒塌事故现场，慰问受灾居民。市委常委、县委书记杨伟东，市政府副秘书长、市建委主任龚亚立，市民政局局长梁礼伦，县领导肖玉文、梅梅、涂仕华、杨保根、杨文斌、万敏、张增和等陪同。

11月13日

上午，市委常委、县委书记杨伟东，副市长汤成奇来到莲塘镇，走访慰问在11月10日因房屋倒塌事故中受灾的群众，向他们送去党和政府的关怀和温暖。县长肖玉文，市民政局副局长刘晓平等陪同。

11月17日

上午，市委常委、县委书记杨伟东，县长肖玉文，县委副书记梅梅，县人大常委会主任胡小明，县政协主席邓炳根等县六套班子领导来到南昌大学人民武装学院射击馆，参加一年一度的县级领导干部军事日活动。

11月22日

上午，市人大常委会主任李豆罗，副主任姚燕平、何友德、万先勇、戴和旺、白波等来到南昌县视察。县领导肖玉文、胡小明、黄连科、李木旺、陈秀梅、王三毛、熊鹰、伍曦等陪同。

▲下午，省委副秘书长、省委办公厅主任肖光明来到南昌县，就经济社会发展情况进行调研。市委常委、县委书记杨伟东，县领导肖玉文、涂仕华、杨文斌、胡炜、徐海波、万敏、江伟斌、程雷佬等陪同。

11月26日

上午，江铃汽车股份有限公司小蓝生产基地举行奠基仪式。省委常委、市委书记余欣荣，副省长洪礼和，省政府副秘书长张桃生，市、县领导胡宪、蔡社宝、杨伟东、万先勇、王水苟、肖玉文、梅梅、胡小明、邓炳根等参加奠基仪式。

11月27日

省人大环境资源委员会副主任委员王飚、龚三堂带领视察组，来到小蓝经济开发区，视察节能减排和环境保护工作。市委常委、副市长董化杰，市人大常委会副主任万先勇，市环保局局长申少平，县委常委、副县长杨保根，县人大常委会副主任陈秀梅等陪同。

【工交财贸】

11月9日

全县交通建设与发展恳谈会在八二八宾馆会议室举行。县委常委、副县长杨保根出席会议并讲话。

11月23日

上午，市委常委、县委书记杨伟东来到小蓝经济开发区，就加快推进汽车产业城建设进行调研。县委副书记、县长肖玉文，县委常委、小蓝经济开发区党工委书记徐海波，副县长、县公安局局长张增和等陪同。

11月27日

上午，小蓝经济开发区和南昌亚洲啤酒有限公司举行六十万吨啤酒生产项目签约仪式。县领导肖玉文、胡小明、邓炳根、徐海波、江伟斌、涂莉华、张军和亚洲啤酒（中国）投资有限公司总裁陈永灿等出席签约仪式。

▲上午，江西良友集团与蒋巷镇人民政府举行签约仪式，良友集团粮食加工项目正式落户蒋巷镇。副县长刘丽出席签约仪式并讲话。

11月28日

上午，莲塘至塔城公路举行维修工程开工典礼。县委常委、副县长杨保根，县人大常务会副主任陈秀梅等参加开工典礼仪式。

【走访慰问】

11月16日

上午，县六套班子领导分成七个小组走访慰问在11月10日房屋倒塌事故中受灾的36户居民，向他们送去了党和政府关怀与温暖。

【城市建设与管理】

11月12日

县人民政府与省农业科学院就澄湖北大道东延段的贯通以及澄湖东路北延段的建设等问题在省农科院举行合作协议签字仪式。县领导肖玉文、涂仕华、万敏、姜润根，省农科院党委书记杨兰根、院长罗奇祥、副院长肖争鸣等出席。

11月21日

下午，县人大代表建议、意见督办会在县综合楼第三会议室召开。县委常委、常务副县长涂仕华，县人大常委会副主任黄连科等出席。

11月22日

上午，以市房管局副局长罗其昌为组长的市督查组来到南昌县，对经济适用住房建设和完善廉租住房制度等情况进行督查。县委常委、常务副县长涂仕华等陪同。

11月23日

下午，县长肖玉文来到象湖新城，就南昌小商城建设进行现场办公。县领导胡炜、万敏、姜润根等参加现场办公。

【农业与农村工作】

11月7日

上午，省农业厅农经处处长罗青平带领省农村土地突出问题专项治理督查组来到南昌县督查。

副县长程雷佬等陪同。

11月23日

上午，南昌县首批森林消防员在黄马乡白虎岭林场正式上岗。

【劳动人事和社会保障】

11月12日

上午，县委、县政府在县综合大楼门前举行“11·10”事件献爱心捐赠仪式。市委常委、县委书记杨伟东，县领导肖玉文、胡小明、邓炳根、涂仕华、杨保根、李传强、杨文斌、熊运浪、胡炜、王小文、徐海波、汪火明等参加捐赠活动。

11月16日

下午，市文化局副局长龙任平，纪委书记程思纲带领全市文化系统干部职工的深情厚意来到南昌县，向在“11·10”事件中受灾的居民捐款。县长肖玉文，县委常委、副县长杨保根，县委常委、宣传部长杨文斌等出席捐款仪式。

【政法工作和社会治安综合治理】

11月2日

上午，县人大常委会主任胡小明，副主任黄连科、李木旺、王三毛、熊鹰等来到县看守所视察。副县长、公安局局长张增和等陪同。

11月5日

晚上，县委常委、政法委书记熊运浪，副县长、县公安局局长张增和和莲塘镇的镇、村、居委会干部、社区工作人员、志愿者一道参加治安巡逻。

11月10日

上午，南昌县《物权法》知识讲座在县综合楼会议室举行。县人大常委会主任胡小明，县委常委杨保根、李传强、熊运浪、胡炜，县人大常委会副主任黄连科、王三毛、熊鹰，县政协副主席万德珍、张军，县法院院长廖群等参加这次讲座。省委党校法学研究部副主任、副教授刘云华应邀给大家授课。

11月14日

上午，省国土厅法规处处长盛长生带领省房地产市场秩序专项整治检查组来到南昌县，检查房地产市场秩序专项整治工作。县长肖玉文，县委常委、常务副县长涂仕华，县委常委、统战部部长胡炜，副县长万敏等陪同。

11月24日

上午，全县1000多名副科级以上干部参加全省法律知识统一考试。市委外宣办主任邹时光巡视考场。县委常委、政法委书记、南昌县考区主考熊运浪，县政协副主席、南昌县考区副主考李植等陪同。县委副书记、县长肖玉文，县人大常委会主任胡小明，县委常委、组织部长王小文等参加这次考试。

11月28日

下午，2007年全县公民法律知识考试和“12·4”全国法制宣传日活动工作会在县检察院召开。县委常委、政法委书记、县法制宣传工作领导小组组长熊运浪，县人大副主任熊鹰，县政协副主席李植等出席会议。

▲下午，全县召开2007年度社会治安综合治理年终考核评比工作会。县委常委、政法委书记熊运浪出席会议并讲话。

▲下午，以省纪委常委、省监察厅副厅长范劲松为组长的省检查组来到南昌县，就《行政许可法》贯彻执行情况进行检查。县领导涂仕华、李传强、徐海波等陪同。

【党的建设和干部队伍建设】

11月17日

省委组织部选调生培训班学员到小蓝经济开发区调研。县委常委、组织部部长王小文等陪同。

11月20日

下午，省水利厅纪委书记李东江带领省纪委农村基层党风廉政建设工作考核组来南昌县检查考核。市委常委、县委书记杨伟东，县委常委、纪委书记李传强，县委常委、小蓝经济开发区党工委书记徐海波，县人大常委会副主任王三毛等陪同。

【人武工作】

11月1日

县征兵体检工作正式启动。县委常委、常务副县长涂仕华，县委常委、人武部部长汪火明，政委姜清波等来到县征兵体检站视察体检工作。

11月21日

下午，全县首批赴藏新兵在县人武部集中，参加新兵交接仪式。县委常委、县人武部部长汪火明，县人武部政委姜清波出席交接仪式并作讲话。

【群团工作】

11月5日

下午，共青团南昌县委在县委党校举办党建带团建团干培训班。团省委组织部部长张俊，团市委副书记周仁斌，县委常委、组织部长王小文，县政协副主席万德珍等出席培训班开学动员会。

11月27日

下午，全县妇女干部暨农村妇女实用技术培训班在县委党校举办。市妇联副主席盛爱凤，副县长胡显勇等参加培训开学动员会。

【科教文卫体和计生工作】

11月8日

下午，国家卫生部卫生监督局张凤带领检查组来到南昌县，对餐饮消费安全专项整治工作进行检查。省卫生监督所所长万国林，市卫生局副局长吴春玉等陪同。

11月10日

上午，由南昌县城市娱乐调频100.7广播主办的南昌第一届“华尔街财富高层论坛”在南昌市政府报告厅举行。县委常委、常务副县长涂仕华出席。

11月13日

上午，教育部农村学校艺术教育调研组来到南昌县，就农村学校艺术教育的情况进行调研。省、市、县教育部门的有关负责人陪同。

▲省卫生厅农工处处长肖云昌来到南昌县，对农村初级卫生保健达标工作进行评审。市卫生局副局长吴春玉，县人大副主任伍曦等陪同。

11月14日

下午，省老年体协副主席李爱荪、肖元安，市老年体协主席孔炯，副主席易清、曾锋等来到南昌县，就农村老年体育工作进行调研。县政协副主席、县老年体协主席张军等陪同。

【友好往来】

11月3日

上午，全国政协干部培训中心主任、北戴河管理局局长乔梁，带领全国政协第57期干部培训班的100多名学员，来到小蓝经济开发区参观考察。县委副书记梅梅，县政协主席邓炳根，县委常委、常务副县长涂仕华，县政协副主席万德珍、张军、李信谆、李植等陪同。

11月15日

上午，以赞比亚多党民主运动副主席、外交部长卡宾加·潘德为团长的赞比亚多党民主运动代表团来到南昌县参观考察。中联部副局长钟伟云，省外侨办副主任王雨森，副县长刘丽等陪同。

11月24日

下午，河北省廊坊市信访局副局长张克让带领参观考察团来到南昌县参观考察。县委常委、政法委书记熊运浪陪同。

【其他重要工作】

11月10日

上午，10时50分时，位于县城莲塘外贸街的一栋职工宿舍楼整体倒塌。由于现场处置及时，没有造成人员伤亡。事故发生后，市委常委、县委书记杨伟东，市政府副秘书长、市建委主任龚亚立，县领导肖玉文、梅梅、涂仕华、杨文斌、熊运浪、王小文、万敏、张增和等及时赶到现场，了解情况，并立即组织采取措施进行有效处置。

11月11日

下午，县长肖玉文，县委常委、政法委书记熊运浪，副县长万敏、张增和带领公安、城建等部门的负责同志以及消防官兵，来到现场，指挥部分住户抢救财物，力争把受灾居民的财产损失减少到最低限度。

11月13日

南昌市第三届“中恒杯”钓鱼比赛在南昌县象湖举行。县委常委、宣传部长杨文斌在比赛活动开始前作讲话。

十二月

【重要会议】

12月6日

上午，全县民政工作调度会在县综合楼召开。会议传达了全省农村低保工作会议精神，安排部署了下一阶段敬老院建设和农村低保工作。县委常委、副县长杨保根出席会议并讲话。

▲上午，全县在县综合楼召开全国食品安全示范县创建工作调度会。县委常委、副县长杨保根出席会议并讲话。

12月7日

上午，南昌市第三届农村妇女柑橘大赛颁奖大会在南昌县召开。副市长刘建洋，市政府副秘书长、市委农工部部长王肇赣，市妇联主席李电花，市委农工部副部长吴久铭，市妇联副主席周笑蓓，县领导梅梅、魏根金、程雷佬等出席颁奖大会。

▲下午，县长肖玉文主持召开县政府第九次常务会议。县委常委、常务副县长涂仕华，县委常委、副县长杨保根，副县长胡显勇、万敏、涂莉华、程雷佬等出席会议；县委常委杨文斌、魏根金、县政协副主席姜润根等列席会议。会议讨论了《关于莲塘四小新校建设的实施方案》；讨论并通过了《南昌县关于扶持农民专业合作发展的试行办法》和富山乡人民政府《关于因铁路建设需要而置换土地建设办公楼的报告》等议题。

12月10日

上午，全县冬季防火工作会在县综合楼召开。副县长江伟斌出席并讲话。

12月14日

全市农业综合开发项目实施现场会在塘南镇召开。副市长刘建洋，市农业综合开发办公室副主任陶海龙，市政府办公厅副主任程一征，市财政局副局长万昱原，副县长程雷佬以及新建县、进贤县、安义县的有关领导出席现场会。

12月17日

下午，南昌市经济社会发展质量优化工程现场会在小蓝经济开发区召开。市委常委、市委秘书长、统战部长蔡社宝，市政协副主席侯捷，市委副秘书长、办公厅主任李福如，县委副书记梅梅，县委常委、常务副县长涂仕华，副县长江伟斌等出席现场会。

12月19日

县纪委召开“双创”工作调度会。县委常委、纪委书记李传强出席并讲话。

12月20日

上午，县政协共青团界别委例会在向塘镇召开。县政协主席邓炳根，副主席伍目连出席并讲话。

12月25日

上午，南昌县在县综合楼组织收听收看全市离退休干部“双先”表彰暨形势报告会。县委副书记梅梅，县委常委、组织部长王小文等参加收听收看。

12月27日

上午，县委召开县委主要领导调整交接会议。会上，市委组织部副部长邹绍辉宣布了市委关于南昌县委主要领导职务调整的决定。市委决定，汤成奇同志兼任中共南昌县委委员、常委、书记，杨伟东同志不再担任中共南昌县县委书记、常委、委员职务。市委副书记雷武江、省委组织部部务委员杨伟东和新任南昌县委书记汤成奇先后作讲话，县委副书记、县长肖玉文主持会议。

▲下午，县委副书记、县长肖玉文在县政府会议室主持召开加快蒋巷现代农业示范园和黄马生态农业走廊建设调度会，县委常委、农工部部长魏根金、副县长程雷佬等出席会议。

12月28日

上午，县十四届人大常委会第五次会议在县综合楼召开。县人大常委会主任胡小明，副主任黄连科、李木旺、陈秀梅、王三毛、熊鹰、伍曦等出席会议，县委常委、常务副县长涂仕华，县政协副主席、财政局局长姜润根，县检察院检察长张振川等列席会议。会议听取和审议了县公安局关于重点地区治安工作报告，听取和审议了县检察院关于侦查监督工作报告，听取和审议了县财政局关于2007年财政超收收入安排情况，审议了县人民政府《关于提请审议将塔城互通立交至莲塘连接线工程建设项目资金纳入同期年度财政预算的议案》，审议了县十四届人大常委会代表资格审查委员会关于个别代表的代表资格的报告，审议了县人民政府关于县十届人大常委会第三次会议审议意见办理情况的报告。

12月29日

上午，南昌市民主党派、工商联“我为南昌发展作贡献”活动先进基层组织、先进个人表彰大会在红谷滩会展中心召开。市委常委、秘书长、统战部部长蔡社宝出席大会并讲话，民革南昌县总支等14个先进基层组织和70位先进个人在大会上表彰。南昌县人大常委会副主任、民革南昌县总支主委伍曦代表先进基层组织在会上发言。

▲县长肖玉文在县政府主持召开县政府第十次常务会议。县委常委、常务副县长涂仕华，县委常委、副县长杨保根，副县长胡显勇、万敏、江伟斌、涂莉华、程雷佬等出席会议；县委副书记梅梅，县政协副主席、县财政局局长姜润根等列席会议。会议审议了《关于重新规划和编排县城工作的请示》、《南昌县经济适用房住房建设销售实施意见》、《关于要求做好我县困难企业职工和部分特殊人群参加医疗保险工作的请示》等。

【领导活动】

12月5日

上午，副省长洪礼和，省质量技术监督局局长朱秉发带领出席全省产品质量和食品安全现场会的全体代表来到南昌县，参观考察江西雄鹰乳业有限公司，江西林生堂医药有限公司。县委常委、小蓝经济开发区党工委书记徐海波等陪同。

12月8日

上午，市委副书记、市长胡宪来到南昌县，作党的十七大精神宣讲报告。县领导肖玉文、梅梅、胡小明、涂仕华、杨保根、李传强、杨文斌、熊运浪、王小文、徐海波、魏根金、黄连科、李木旺、陈秀梅、王三毛、伍曦、胡显勇、涂莉华、万德珍、吴克芳、姜润根，县法院院长廖群，县检察院检察长张振川等参加报告会。

12月10日

上午，省委书记苏荣来到小蓝经济开发区，就加快汽车零部件产业发展培植现代农业产业化龙头企业，促进农民增收等进行调研。省委常委、省委秘书长陈达恒，省委常委、市委书记余欣荣，市、县领导胡宪、雷武江、蔡社宝、肖玉文、梅梅、徐海波等陪同。

12月16日

上午，民盟南昌市委、民盟南昌县总支在富山乡三村举行“凝聚力工程”献爱心、送温暖活动启动仪式。副市长、民盟南昌市委主任委员罗慧芬，市委统战部副部长钮润荪，民盟南昌市委副主任委员王永南，县委常委、统战部长胡炜等出席。

12月19日

上午，民革南昌县总支在县委统战部会议室召开民主生活会。市政协副主席、民革南昌市委主委陈守国，民革南昌市委副主委王晓珍、秘书长刘川，县人大常委会副主任、县民革总支主委伍曦等出席。

12月21日

上午，副市长刘建洋带领市政府办公厅、市委农工部、市农业局、水利局、林业局、农业开发办等单位的负责人来到南昌县，视察农业产业化和水利冬修等工作。县领导王三毛、程雷佬等陪同。

12月26日

上午，市委副书记、市长胡宪等来到蒋巷镇，就加快蒋巷中心公路改造和国鸿集团公司百万头生猪屠宰基地建设进行调研。副市长刘建洋，市政府副秘书长、市委农工部部长王肇赣，县委常委、农工部长魏根金，副县长程雷佬等陪同。

▲上午，省水利厅厅长孙晓山，市水利局局长李克农等来到省水利建设公司，就省水利建设公司职工学校改制工作进行调研。县委副书记、县长肖玉文，县人大副主任、县水利局党委书

记王三毛等陪同。

12月29日

下午，副市长、县委书记汤成奇，县长肖玉文来到小蓝经济开发区调研。县委常委、小蓝经济开发区党工委书记徐海波，副县长江伟斌、涂莉华等陪同。

12月30日

上午，市委常委、纪委书记刘东明来到南昌县，就全县基层党风廉政建设宣传工作进行调研。县委常委、纪委书记李传强陪同。

【工交财贸】

12月4日

下午省委台湾工作办公室主任阎钢军来到南昌县，就台资企业的生产经营和发展情况进行调研。省台办秘书处处长王林云，市台办副主任陶森民、饶小敏，县长肖玉文，县委常委、宣传部长杨文斌，县委常委、小蓝经济开发区党工委书记徐海波，副县长涂莉华等陪同。

12月10日

上午，由市监察局副局长李联明带领的检查组来到南昌县检查农村公路改造工程的中央专项资金管理使用情况。县委常委、副县长杨保根等陪同。

12月11日

由市监察局、市发改委、市财政局、市交通局组成的市农村公路建设检查组来到南昌县，就2006年至2007年间中央专项资金支持的农村公路改造工程建设进行检查。县委常委、副县长杨保根，县政协副主席、财政局局长姜润根等听取检查组反馈意见。

12月12日

上午，招商银行昌南支行在南昌县正式开业。江西银监局党委副书记、副局长林勇，人行南昌中支副行长郭云喜，县领导肖玉文、梅梅、胡小明、邓炳根、涂仕华、王小文、姜润根等出席开业庆典。

12月14日

县人大常委会主任胡小明，副主任黄连科、李木旺、陈秀梅、王三毛、伍曦等在县委常委、副县长杨保根陪同下视察莲塔公路建设工地。

12月27日

省公路局县道处副处长尚小亮带领检查组来到南昌县，对全县农村公路改造工程中央专项资金管理和使用情况进行检查。县委常委、副县长杨保根出席汇报会。

【走访慰问】

12月18日－21日

县政协主席邓炳根，副主席万德珍、吴克芳、张军、李信谆、姜润根、伍目连、李植等对全县各界政协委员进行了一次全面走访。

【农业与农村工作】

12月5日

县长肖玉文在黄马乡主持召开“两江”生态农业走廊建设调度会时强调：要以生态农业项目为抓手，加快推进基础设施建设，早日把黄马乡打造成都市型城郊生态农业示范区。县人大常委会副主任、县水利局党委书记王三毛，副县长程雷佬，县政协副主席姜润根等出席调度会。

12月20日

上午，县长肖玉文来到武阳镇、幽兰镇视察农业产业化和小城镇建设工作。副县长万敏等陪同。

【劳动人事和社会保障】

12月4日

下午，县人事劳动局在培训中心大楼举办《劳动合同法》和《就业促进法》辅导讲座。省劳动人事厅工资处处长付任根应邀专题辅导。

12月26日

上午，宜春市劳动就业局副局长彭云南带领省检查组来到南昌县，检查农村富余劳动力转移就业工作。县委常委、副县长杨保根出席汇报会。

【政法工作和社会治安综合治理】

12月4日

全国第七个法制宣传日。县司法局、公安局、法院、检察院等20多个部门在莲塘维也纳广场设立宣传咨询台，开展法律宣传咨询活动。县委常委、政法委书记熊运浪，县法院院长廖群，县检察院检察长张振川等参加咨询活动。

12月7日

上午，公安部考评组来到南昌县，对公安局刑事科学技术室的技术管理，信息化建设等进行考评。省公安厅刑警总队副总队长车大阶，省刑科所所长杨泉根等陪同。

12月10日

上午，以市社会治安综合治理领导小组办公室副主任邹智敏为组长的市考评组来到南昌县，考评社会治安综合治理工作。县委副书记、县长肖玉文，县委常委、政法委书记熊运浪，县法院院长廖群，县检察院检察长张振川等参加考评汇报会。

12月19日

上午，以省信访局副局长冯俊庭为组长的省信访工作巡视检查组来到南昌县，对全县2007年信访工作进行考评。市政府副秘书长、市信访局局长吕汉卿，县委副书记、县长肖玉文，县委常委、政法委书记熊运浪等陪同。

12月25日

省社会治安综合治理委员会办公室一处处长张鹤翔带领考评组来到南昌县，对全县2007年度社会治安综合治理等工作进行考评。市委副秘书长、市政法委副书记胡振正，县委副书记、县长肖玉文，县委常委、政法委书记熊运浪，县委常委、小蓝经济开发区党工委书记徐海波，县检察院检察长张振川等陪同。

【党的建设和干部队伍建设】

12月4日

上午，全县农村党支部(总支)书记学习党的十七大精神培训班，在县委党校举办。县委副书记梅梅，县委常委、组织部长王小文出席培训班开学动员会。

▲下午，县委常委、纪委书记李传强来到县农业机械管理局，就作风建设情况进行调研。

12月7日

上午，全县农村党支部（总支）书记学习党的十七大精神培训班在县委党校举行结业典礼。县委常委、组织部长王小文出席结业典礼并讲话。

12月11日

上午，全县村委会主任学习党的十七大精神培训班在县委党校举办。县委副书记、县委党校第一校长梅梅，县委常委、组织部长王小文等出席培训班开学动员会。

12月14日

上午，全县村委会主任学习党的十七大精神培训班在县委党校举行结业典礼。县委常委、组织部长王小文出席并讲话。

【人武工作】

12月10日

上午，来自全县各乡镇的75名新兵启程赴京。县人武部政委姜清波与接兵部队举行新兵接送仪式。

【科教文卫体和计生工作】

12月3日

上午，全省晚期血吸虫病诊断治疗培训班在南昌县洁惠花园宾馆会议室举行。省血吸虫病地方病防治领导小组办公室主任熊继杰，副县长胡显勇出席培训动员会，来自14个县市血防站的站长和技术骨干参加这次培训。

12月7日

上午省爱国卫生运动委员会办公室副主任李增明带领省健康教育和健康促进工作规划纲要中期督

导组来到南昌县，对开展健康教育情况进行督查。副县长、县亿万农民健康促进行动领导小组组长胡显勇出席督查汇报会。

12月23日

上午，省教育厅副厅长王占铭来到南昌县视察中、小学教师远程培训考试工作，市教育局长熊小斌等陪同。

12月26日

上午，全省特殊教育学校教学开放日活动在南昌县举行。来自全省各地特殊教育学校的负责人和部分教师在南昌县特殊教育学校，观摩开放教学。

【友好往来】

12月6日

上午，安徽省广德县考察团来到南昌县，就经济发展环境，机关作风效能和执法监督等情况进行参观考察。县委常委、纪委书记李传强，副县长涂莉华等陪同。

12月10日

下午，昆明市市委副书记杨远翔率领昆明市党政代表团来小蓝经济开发区参加考察。副市长凌学仁、副县长涂莉华等陪同。

【其他重要工作】

12月18日

上午，民革南昌县总支在县委统战部召开学习中共十七大精神辅导报告会。县人大常委会副主任、县民革总支主委伍曦，县政协副主席、县工商联会长吴克芳等参加。

12月20日

下午，省民族宗教事务局二处处长宗亚平带领检查验收组来到南昌县，对全县开展的“宗教工作主体在县”争先创优活动进行检查验收。市民族宗教事务局副局长姚嗣缘，县委常委、统战部长胡炜等陪同。

12月21日

县人大常委会主任胡小明，副主任黄连科、伍曦，县政协副主席吴克芳等市人大代表视察蒋巷国鸿实业有限公司。

【干部任免】

市委决定：

汤成奇兼任中共南昌县委员会委员、常委、书记；

免去杨伟东同志的中共南昌县委员会书记、常委、委员职务。

免去闵日生同志的南昌县政协副调研员职务，副县级退休；

免去王老敏同志的南昌县人大常委会副调研员职务，副县级退休；

万才根、桑茂龙、高非凡、王文明、魏顺保、万昌根、熊三元、周荼根、应寿延、饶建生、万时珠、涂细牛、熊善义、陈春富、张福生等同志副县级退休。

2008
南昌县大事记
NAN CHANG XIAN DA SHI JI

一 月

【重要会议】

1月3日

上午，省级血防扩大试点工作调度会在泾口乡召开。市卫生局副局长陈天鹏，县委常委、农工部部长魏根金，副县长胡显勇、程雷佬等出席会议。

1月11日

下午，南昌县在电信大楼组织收听收看全国安全生产电视电话会。副县长江伟斌参加收听收看。

1月16日

下午，县委常委、副县长杨保根和县相关部门负责人在县综合楼会议室收听收看全国产品质量和食品安全电视电话会。

1月17日

下午，县纪委召开县领导作风建设考评工作会。会议就领导作风建设考评工作进行安排部署。县委常委、纪委书记李传强出席会议并讲话。

1月18日

上午，全县房地产企业开发商座谈会在银三角翠林高尔夫大酒店召开。县长肖玉文，县委常委、常务副县长涂仕华，副县长万敏，市房管局开发处处长胡晓林，市房协秘书长褚保根等出席座谈会。

▲下午，南昌县在电信局会议室组织收听收看全省安全生产电视电话会。副县长江伟斌参加收听收看。

1月19日

上午，民革南昌县总支在民主党派会议室召开组织生活会。县政协主席邓炳根，县人大副主任、民革主委伍曦，县政协副主席、工商联会长吴克芳等出席会议。

1月21日

上午，南昌县召开领导班子作风建设暨“百名科（股）长”测评会。副市长、县委书记汤成奇，县领导肖玉文、梅梅、胡小明、邓炳根等出席测评会。

▲上午，中共南昌县委十一届四次全体（扩大）会议在县综合楼举行。会议传达省、市委全会精神，部署今年乃至今后一段时期的工作。副市长、县委书记汤成奇作题为《深入贯彻落实党的十七大精神，推进三区建设发展，打造最具实力板块，争当中部地区县域经济社会发展排头兵》的重要讲话。县领导肖玉文、梅梅、涂仕华、杨保根、李传强、杨文斌、熊运浪、

胡炜、王小文、徐海波、魏根金等出席并在主席台就座。

▲下午，县公安局交警大队2007年度工作总结表彰暨2008年春运工作动员大会在洁惠花园宾馆召开。副县长、县公安局局长张增和出席会议并讲话。

1月22日

上午，市人大农业与农村工作座谈会在南昌县召开。市人大常委会副主任戴和旺，市人大农委主任魏文斌，副主任邓卫东、姜宗祥，县人大常委会主任胡小明，副主任王三毛以及各县区人大常委会的领导出席座谈会。

1月25日

上午，全县2008年春运工作会议在县综合楼召开。县委常委、副县长杨保根出席并讲话。

1月27日

上午，南昌县召开冰雪灾情工作调度会，对全县冰雪灾情处理、交通疏导等工作进行全面部署。县委常委、副县长杨保根出席并讲话。

1月28日

上午，南昌县召开抗冻救灾工作会议。县长肖玉文出席会议并讲话，县领导杨保根、张增和、姜润根等出席会议。

▲晚上，市委常委、副市长卢晓健在南昌县主持召开调度会，对公路滞留人员的食品保障供应工作进行部署。县委常委、副县长杨保根，县委常委、政法委书记熊运浪以及进贤县负责同志出席会议。

1月29日

中午，县长肖玉文在县政府主持召开县政府常务会议暨全县抗寒救灾应急处置领导小组例会。会议传达省政府、市政府抗寒救灾工作会议精神，并就本县如何应对未来几天雨雪冰冻灾害天气进行紧急部署。县委常委、常务副县长涂仕华，县委常委、副县长杨保根，副县长胡显勇、万敏、张增和、涂莉华、程雷佬等出席会议，县委常委、政法委书记熊运浪，县政协副主席、财政局长姜润根等列席会议。

▲晚上，南昌县在县综合楼召开电力抢险救灾工作调度会。县委常委、副县长杨保根出席并讲话。

1月30日

下午，县人民武装部召开会议，决定成立一支由驻县部队、预备役和民兵组成的1085人的抗寒救灾应急机动队伍，参加全县抗寒救灾。县委常委、县人武部部长汪火明，县人武部副部长张永华等出席会议。

【领导活动】

1月2日

上午，市委副书记雷武江，市政协主席王样生，市委常委王詠、蔡社宝、卢晓健、刘东明、杨人平、胡焯、周关、陈健、胡志明、董化杰等和出席市委九届四次全体（扩大）会议的领导共200多人来到小蓝经济开发区参观考察。县长肖玉文，县委常委李传强、徐海波等陪同。

1月8日

市十三届人民代表大会第三次会议在南昌举行。当天下午，出席会议的代表分组审议讨论《政府工作报告》。省委常委、市委书记余欣荣出席南昌县代表团的讨论。副市长、县委书记汤成奇主持审议讨论会。县领导肖玉文、胡小明、徐海波、伍曦、吴克芳等参加审议讨论会。

▲下午，副省长熊盛文来到小蓝经济开发区，就农业产业化“双十双百双千工程”省级重点龙头企业发展情况进行调研。省农业厅厅长毛惠忠，纪委书记周新发，副市长刘建洋，县委常委、农工部部长魏根金，副县长程雷佬等陪同。

1月15日

上午，市委常委、纪委书记刘东明带领市纪委干部来到广福镇调研。县长肖玉文，县委常委、纪委书记李传强，副县长、县公安局局长张增和等陪同。

1月18日

下午，省委组织部常务副部长张宝瑜带领调研组来到南昌县，就非公有制企业党建工作进行调研。市委常委、组织部长杨人平，抚州市委常委、组织部长魏建锋，副市长、县委书记汤成奇，市委组织部副市长邹绍辉，县委副书记梅梅，县委常委、组织部长王小文，县委常委、小蓝经济开发区党工委书记徐海波等陪同。

1月24日

上午，市、县妇联在武阳镇开展春节下乡送温暖活动。市人大常委会副主任白波，市政协副主席万玉明，县人大常委会副主任熊鹰，县政协副主席万德珍等参加活动。

1月25日

下午，江西国鸿集团举行年屠宰100万头生猪生产线肉制品加工项目竣工投产仪式。省委副书记、省长吴新雄宣布项目竣工投产。省委常委、常务副省长凌成兴，省委常委、市委书记余欣荣，省人大常委会副主任张海如，副省长熊盛文、洪礼和，省政协副主席、省委统战部部长王林森，省委副秘书长、农工部长吕宾，省政府副秘书长赵泽华、张桃生，省科技厅厅长王海，省台办主任阎钢军，市、县领导胡宪、雷武江、蔡社宝、吴志明、戴和旺、凌学仁、汤成奇、刘建洋、王水苟、肖玉文等出席投产仪式。

1月28日

上午，市人大副主任罗为民，市委副秘书长、市委农工部部长王肇赣等来到南昌县督查抗寒救灾工作，县领导杨保根、王三毛、张增和、程雷佬等陪同。

1月30日

上午，副省长熊盛文来到南昌县三江镇，视察蔬菜生产和市场供应情况。省农业厅厅长毛惠中，副厅长张忠平，市、县领导吴志明、肖玉文、魏根金、程雷佬等陪同。

【走访慰问】

1月3日－4日

县人大常委会主任胡小明，县人大常委会副主任黄连科、李木旺、陈秀梅、王三毛、熊鹰、伍曦分别走访部分乡镇及机关、企事业单位县人大代表，并致以节日的问候和祝福。

1月15日

上午，县领导肖玉文、胡小明、邓炳根、涂仕华、杨保根、杨文斌、熊运浪、徐海波、魏根金、姜清波、黄连科、陈秀梅、王三毛、熊鹰、伍曦、万敏、张增和、万德珍、吴克芳、张军、李信谆、伍目连、张永华等分别先后来到兰丰水泥公司、南昌旋耕机厂、南昌海螺水泥有限公司、富煌钢构公司、江铃专用车辆厂、煌上煌集团、江铃发动机公司、汇仁集团、江铃控股、可口可乐公司、人民电器、江西国药厂、新龙化纤、鸿纺织等企业走访慰问，向他们致以新春的祝福。

▲上午，县领导杨保根、熊运浪、汪火明、王三毛、吴克芳等走访驻县武警消防部队，向他们表示亲切的慰问和新年的祝福。

▲下午，副市长、县委书记汤成奇和县领导胡小明、徐海波、姜清波、熊鹰、张增和、张军以及县检察院检察长张振川等走访驻县94836部队官兵，向他们表示亲切的慰问和新年的祝福。

▲下午，县领导梅梅、李传强、王小文、汪火明、胡显勇、程雷佬等走访驻县94829部队和预备役高炮营。并向他们致以节日的问候和新春祝福。

▲下午，县领导涂仕华、杨文斌、万敏、万德珍、伍目连等走访驻县武警江西总队一支队、空军南昌干休所、空军房地产管理局南昌办事处，向他们致以亲切的问候和新年祝福。

▲下午，副市长、县委书记汤成奇，县领导胡小明、徐海波、姜清波、熊鹰、张增和、张军以及县检察院检察长张振川等走访慰问县食品公司和瓷厂的困难职工，了解他们的家庭生活、工作情况，并向他们表示亲切的问候和新春的祝福。

▲下午，县领导肖玉文、邓炳根、黄连科、伍曦、李信谆、张永华等分别走访原县手套二厂、南昌玻璃三厂困难职工，向他们表示亲切的慰问和新春的祝福。

1月15日－17日

上午，副市长、县委书记汤成奇，县领导肖玉文、梅梅、胡小明、邓炳根、涂仕华、杨保根、李传强、熊运浪、王小文、徐海波、魏根金、姜清波、黄连科、李木旺、陈秀梅、王三毛、伍曦、万敏、江伟斌、程雷佬、万德珍、张军、李信谆、姜润根、伍目连、李植、张永华，县检察院检察长张振川等走访慰问部分离退休老干部，向他们致以亲切的问候和新年的祝福。

1月16日

上午，县领导梅梅、李传强、王小文、李木旺、程雷佬、姜润根等走访慰问部分企业困难职工，并向他们致以新年祝福。

▲上午，省人大常委会副主任万学文来到南昌县，走访慰问敬老院老人，农村困难群众和困

难企业职工。省委政法委副书记宋才火，副市长、县委书记汤成奇，县领导胡小明、杨保根、伍曦等陪同。

▲上午，县领导肖玉文、邓炳根、胡炜、黄连科、伍曦、李信谆、张永华走访驻县94981部队、96634部队，向他们表示亲切慰问和新年祝福。

▲下午，县领导涂仕华、杨文斌、魏根金、陈秀梅、万敏、万德珍、伍目连等走访县交通局、文化局、林业局、粮食局等部分困难职工，并向他们致以亲切的问候和新年祝福。

1月16日-17日

县领导肖玉文、梅梅、胡小明、邓炳根、涂仕华、李传强、杨文斌、王小文、李木旺、陈秀梅、万敏、万德珍、李信谆、姜润根等分别来到莲塘镇、广福镇、向塘镇、蒋巷镇、塘南镇、八一乡、塔城乡、泾口乡等乡镇走访慰问困难党员、特困户、军烈属、五保户、困难计生户，给他们送上慰问金和慰问品，并致以节日的问候和祝福。

1月17日

上午，省工商局党组书记王可忠、助理巡视员杜志刚来到塘南镇蔡家村走访慰问困难群众，向他们致以节日问候和良好祝愿。市工商局副局长樊松廷，县委常委、常务副县长涂仕华，县委常委、政法委书记熊运浪等陪同。

▲下午，县领导杨保根、熊运浪、王三毛、江伟斌、李植等先后走访县供销社、商业局、畜牧水产局等部分企业的困难职工，向他们表示亲切的慰问和新年祝福。

1月18日

上午，省委老干部局副局长肖春云，市委老干部局副局长周世平来到南昌县，走访慰问生活困难的离休老干部以及红军的遗孀。县委副书记梅梅，县委常委、组织部长王小文等陪同。

1月20日

市委常委、副市长卢晓健来到塘南镇新图村，走访慰问困难群众和老党员，给他们送上慰问金和慰问品，祝他们新年快乐。县长肖玉文，县委副书记梅梅，县委常委、组织部长王小文，副县长程雷佬等陪同。

1月21日

上午，省委组织部常务副部长张宝瑜来到南昌县，走访慰问老党员，给他们送上慰问金，并致以新春的祝福。市委常委、组织部长杨人平，市委组织部副部长邹绍辉，县委常委、组织部长王小文等陪同。

▲下午，省委常委、市委书记余欣荣，市委常委、秘书长、统战部长蔡社宝，市委常委、南昌军分区政委宋增建，副市长凌学仁等来到南昌县，走访困难企业职工和驻县部队官兵，向他们表示亲切慰问和新年的祝福。副市长、县委书记汤成奇，县领导肖玉文、杨保根、熊鹰、万敏等陪同。

1月22日

上午，县领导杨保根走访慰问武阳镇困难群众和敬老院老人。给他们送上慰问金和慰问品。

▲上午，县委常委徐海波、副县长涂莉华走访康师傅、钜龙纸业和广宥鞋业等部分台资企业，

向广大员工致以亲切的慰问和节日的祝福。

▲下午，市委副秘书长、办公厅主任李福如，市委办公厅副主任唐席平、于立山，副调研员陈军虎等来到塔城乡走访慰问困难群众。县委常委、组织部长王小文，县政协副主席万德珍等陪同。

1月29日

下午，县委副书记梅梅，县委常委、组织部长王小文走访慰问县机关和企事业单位部分困难的党员，给他们送去慰问金，并致以新年的祝福。

【工交财贸】

1月8日

上午，莲塘镇莲垦综合市场举行揭牌仪式。县委常委、常务副县长涂仕华，副县长万敏、涂莉华等出席揭牌仪式。

▲上午，全县食品安全示范单位命名大会在县综合楼召开。会上授予煌上煌集团等30家食品生产经营单位为“南昌县创建国家食品安全示范县示范单位”荣誉称号。县领导杨保根、伍曦、程雷佬、李信谆等出席会议。

1月11日

上午，国家安全生产监督管理总局副司长刘幼贞，带领检查组来到南昌县，检查指导安全生产工作。省安全生产监督管理局副巡视员郑乐宪、市安全生产监督局副局长孙群力等陪同。

1月13日

下午，副县长涂莉华在小蓝经济开发区管委会会议室会见台湾泉盛股份有限公司总经理林渊池，并就项目落户事宜进行蹉商。

1月14日

上午，全县电网安全隐患整治专项行动工作会在县政府会议室举行。县委常委、副县长杨保根，副县长江伟斌等出席。

1月15日

南昌鸭业协会二届一次会员代表大会在煌上煌食品工业园召开。省畜牧兽医局局长黄峰岩，省绿色食品协会副会长熊伟，市委副秘书长、市委农工部部长王肇赣出席会议并讲话。

1月26日

县委副书记、县长肖玉文，县委常委、副县长杨保根，副县长、县公安局长张增和等来到316国道向塘路段，指挥疏导交通，慰问在一线执勤的公安干警和镇、村干部。

1月27日

下午，县委常委、政法委书记熊运浪实地察看105国道、温厚高速公路的交通情况。

【农业与农村工作】

1月3日

省统计局农业处处长叶德祥率领统计工作调研组来到南昌县，就社会主义新农村建设和农业生产发展等进行调研。市统计局副局长李鸿胜陪同。

▲南昌县在县林业局召开2008年度越冬候鸟保护工作会议。县委常委、农工部长魏根金，副县长程雷佬等出席。

1月31日

省科技厅厅长王海、副厅长吴文峰带领省农业专家及省厅有关处室领导，来到向塘镇高田村指导农业生产抗冰防寒工作。市科技局副局长卢洪献，副县长胡显勇等陪同。

【政法工作和社会治安综合治理】

1月6日

下午，省消防总队副政委徐国龙、省消防总队政治部副主任饶春风带领考评组来到南昌县，对2007年度的消防工作进行考评。市消防支队政委宋锦龙，市消防支队副队长马学义、熊伟，副县长、县公安局长张增和等陪同。

1月16日

下午，县公安局召开动员大会，对2008年“神剑一号”打击侵财犯罪第一次集中统一行动进行部署。副县长、县公安局局长张增和出席并讲话。

1月17日

上午，省工商局党组书记王可忠、助理巡视员杜志刚、市工商局副局长樊松廷等来到南昌县，督查指导社会治安综合治理工作。县长肖玉文，县委常委、政法委书记熊运浪，副县长张增和、涂莉华等陪同。

1月18日

下午，省人大法制工作委员会副主任夏宏根来到南昌县，就《中华人民共和国社会保险法》的制定进行调研。县人大常委会主任胡小明，副主任熊鹰等陪同。

【党的建设和干部队伍建设】

1月25日

上午，市委常委、组织部长杨人平带领市“3010”工程干部业绩考核组来到南昌县，对“3010”工程干部业绩进行考核。县领导肖玉文、梅梅、李传强、杨文斌、王小文、徐海波、涂莉华、姜润根等参加市考核组召开的汇报会。

【科教文卫体和计生工作】

1月1日

由县委宣传部、县文化广播电视旅游局主办的庆祝元旦群众文化大展演在莲塘澄碧湖广场举行。

1月4日

晚上，小蓝经济开发区举行迎新年宣传“十七大”精神文艺汇演。县委副书记、县长肖玉文，县委副书记梅梅，县人大常委会主任胡小明，县政协主席邓炳根，县委常委杨保根、杨文斌、王小文、徐海波，县人大副主任陈秀梅，副县长江伟斌、涂莉华，县政协副主席万德珍、吴克芳、张军、李信谆、姜润根、伍目连、李植等观看演出。

1月7日

上午，全县新型农村合作医疗工作会议在县人民医院会议室召开。

▲上午，省教育厅厅长漆权来到南昌县，就校园建设、教育体制改革、基础教育事业发展等工作进行调研。市教育局局长熊小武、副县长胡显勇等陪同。

1月8日

以云南省卫生厅副厅长段鸿为组长的国务院血防工作督查组来到南昌县，对血吸虫病传染控制工作开展情况进行检查指导。省血地办主任熊继杰，副县长胡显勇等陪同。

1月14日

县老年体协粮食分会在县粮食局召开成立二十周年庆祝大会。县政协副主席、县老年体协主席张军等出席会议。

1月20日

晚上，南昌市妇联、南昌县妇联、金蔷薇美容院等单位在洁惠花园宾馆举办以“美丽健康，情系2008”为主题的金蔷薇——真情满人间大型爱心晚会，市妇联副主席盛爱凤等出席晚会。

【其他重要工作】

1月29日

上午，县总工会在小蓝经济开发区举办“送票助返乡、维权解民愁”活动。县委副书记梅梅，县人大常委会副主任、县总工会主席熊鹰，副县长胡显勇，县政协副主席、财政局长姜润根等出席。

1月29日

下午，县长肖玉文深入莲塘、八一、县人民医院、县广播电台和昌南水厂等地，督查防寒救灾工作。

1月30日

下午，县委常委、纪委书记李传强等先后前往冈上镇、县民政局，督查抗寒救灾工作。

二　月

【抗寒救灾工作】

2月1日

下午，副市长、县委书记汤成奇，县委常委、副县长杨保根等看望在县城主要道路、桥梁清扫积雪的干部群众，并察看交通情况。

▲下午，省台联会长何大欣、省台联秘书长林挺华来到小蓝经济开发区，代表省政府走访落户园区的钜龙纸业、奇鸿包装等台资企业，详细询问了企业的生产运行受灾情况，慰问在岗的企业员工。副县长涂莉华陪同。

▲下午，县委副书记梅梅在黄马、三江两乡镇指导抗冻救灾时强调：当前我们面临着多年未遇的冰雪天气，当务之急是要集中精力做好抗冻救灾工作，要采取有力措施保障电力和蔬菜供应，确保人民群众过上一个欢乐祥和的春节。

2月2日

上午，省委常委、纪委书记董君舒，省纪委副书记、省监察厅厅长汪毓华等来到南昌县，视察抗寒救灾工作。市委常委、纪委书记刘东明，副市长、县委书记汤成奇，市纪委副书记、市监察局局长曾亦冰，县领导肖玉文、杨保根、李传强、魏根金、程雷佬等陪同。

▲上午，县委常委、常务副县长涂仕华来到墨山立交桥看望慰问奋战在抗寒救灾一线的部队官兵 。

▲下午，副市长、县委书记汤成奇在县委常委、副县长杨保根等陪同下，察看抗寒救灾的供电、供气、供水保障情况，并向在抗寒救灾第一线的干部职工表示亲切慰问。

▲下午，副省长谢茹在省科技厅厅长王海、县政府副县长胡显勇陪同下，来到向塘镇剑霞村视察抗冻救灾工作。

▲晚上，市人大副主任罗为民，市委副秘书长、市委农工部长王肇赣，市公路局党委书记戴晓明等来到南昌县，指导大棚集贸市场及危旧房屋的排查工作。县委副书记、县长肖玉文，县委常委、副县长杨保根，副县长、县公安局长张增和，副县长涂莉华等陪同。

2月3日

上午，县委副书记、县长肖玉文在小蓝经济开发区和莲塘镇指导抗寒救灾工作时强调：各级各地要对人民群众生命财产高度负责的态度，坚决打好抗寒救灾这场硬仗。县委常委熊运浪、徐海波，副县长、县公安局长张增和等陪同。

▲省动物疾病预防控制中心副主任钟细苟，市农业局副局长李淑英带领省、市畜牧业抗寒救灾技术指导小组，来到黄马乡和向塘镇，给养猪专业户实地指导抗寒防冻技术，帮助养猪专业户减

少冻灾造成的损失。

2月6日

上午，驻县94836部队政治部主任鞠荣余，代表部队官兵捐赠4万元救灾款。县委副书记、县长肖玉文，县委常委、副县长杨保根，县委常委、人武部长汪火明等出席捐款仪式。

2月9日

上午，原江西省委书记万绍芬在市、县领导吴志明、汤成奇、肖玉文、魏根金等陪同下，来到三江镇视察雨雪冰冻灾情，走访慰问坚守在工作岗位的干部职工，并看望敬老院老人和受灾困难群众。

2月14日

上午，由农业厅组织的2008年春季全省万名农业技术人员送科技下乡活动，在塘南镇正式启动。省农业厅党委书记萧茂普，副厅长马岩波，副市长刘建洋，市农业局局长胡细泉，副县长程雷佬以及省、市、县农技专家出席启动仪式。

2月16日

上午，江西陆军预备役步兵师师长胡金珊来到泾口乡，指导南梅220KV供电线路抢修工作。县委常委、副县长杨保根等陪同。

▲上午，全省科技系统抗冻救灾科技下乡活动在小蓝经济开发区正式启动。省科技厅副厅长杨贵平，市科技局副局长胡向萍，县领导徐海波、胡显勇等出席活动启动仪式。

2月19日

省林业厅湿地办主任刘伟成带领省、市灾后重建工作组来到南昌县。察看果木受灾情况。市林业局副局长徐建平陪同。

2月20日

上午，省妇联主席李亚平来到幽兰镇，向遭受雨雪冰冻灾害经营户表示慰问。市委副书记雷武江、市妇联主席李电花、县委副书记梅梅等陪同。

2月21日

上午，市长胡宪在看望慰问参加南梅220KV线路抢修的工作人员和部队官兵时强调，要抓紧时间，科学调度，确保按时完成电力抢修任务。市政府副秘书长吴长金，县委副书记、县长肖玉文等陪同。

▲下午，省委副书记、省长吴新雄深入南梅220KV线路抢修现场，慰问奋战在一线的电力抢修人员、部队官兵和当地干部群众，并强调：地方政府要加强与部队和电力部门的配合，科学指挥、强化调度，确保按时全面完成抢修任务。市、县领导胡宪、汤成奇、肖玉文、杨保根等陪同。

2月22日

上午，南昌县在县综合楼举行救灾捐赠仪式。副市长、县委书记汤成奇，县领导肖玉文、梅梅、胡小明、邓炳根、涂仕华、杨保根、李传强、杨文斌、熊运浪、徐海波、魏根金、汪火明等出席捐赠仪式并带头捐款。在这次捐赠活动中，共收到捐赠资金158.2万元，其中泰豪科技股份公司捐款30万元，汇仁集团和武藏野生物化工各捐款10万元。

2月23日

上午，因受今年冰雪天气影响，江西输变电220KV南梅线在泾口乡境内有2座铁塔倒塌，10多公里线路受损，抢修任务十分艰巨。驻县96634部队抽调100多名官兵全力支援电力南梅线路抢修。

2月24日

上午，国家电力公司党组成员、副总经理苏印彪来到南昌县南梅电力线抢修现场，看望慰问参加南梅线电力抢修的人员和部队官兵。

2月25日

市国土资源局局长周宏伟、纪检组长徐荣丽带领局机关部分党员组成的志愿救助队，来到东新乡河下村，看望慰问受灾的部分困难群众。

2月27日

上午，省委常委、省纪委书记董君舒来到南昌县蒋巷镇，检查指导灾后生产恢复重建工作。省监察厅厅长汪毓华，省纪委副书记徐必宏，市长胡宪，市委副书记雷武江，市委常委、市纪委书记刘东明，副市长、县委书记汤成奇，市监察局局长曾亦冰，县长肖玉文，县委副书记梅梅，县委常委、县纪委书记李传强等陪同。

2月28日

上午，市委统战部和县委统战部联合组织市、县民主党派人士来到塘南镇，开展送医疗、送技术、送资金“三下乡”活动。市政协副主席陈守国，县领导胡炜、伍曦、伍目连等参加活动。

2月28日

上午，市工商联组织南昌市部分民营企业来到冈上镇安仁村，捐赠人民币、棉被、衣服等生活用品。市工商联会长陈斌，县政协副主席、工商联会长吴克芳等出席捐赠仪式。

【重要会议】

2月5日

上午，全县2008年春节团拜会在洁惠花园宾馆举行。县领导汤成奇、肖玉文、梅梅、胡小明、邓炳根、涂仕华、杨保根、李传强、杨文斌、汪火明等出席团拜会和全县各界人士代表欢聚一堂，共庆新春佳节，共谋发展蓝图。

2月13日

上午，全县负责干部大会在县综合楼召开，会议对当前工作进行了再安排再部署。副市长、县委书记汤成奇，县领导肖玉文、梅梅、胡小明、邓炳根、涂仕华、杨保根、李传强、杨文斌、熊运浪、胡炜、王小文、徐海波、魏根金、汪火明等出席。

2月15日

上午，县政协十届四次常委会在县综合楼召开。县政协主席邓炳根，副主席万德珍、吴克芳、张军、李信谆、姜润根、伍目连、李植等出席会议。

2月16日

上午，县政协在莲塘洁惠花园宾馆举行迎新春联谊会，省政协秘书长胡剑平，市政协副主席万玉明，县委副书记梅梅，县政协主席邓炳根，县政协副主席万德珍、张军、李信谆、伍目连、李植等出席。

2月20日

上午2008年县城市规划委员会第一次会议在县综合楼召开。副市长、县委书记汤成奇主持会议，县领导肖玉文、涂仕华、胡炜、王三毛、万敏、姜润根等出席会议，县委常委、宣传部长杨文斌列席会议。会议研究并审议通过了水岸皇庭、罗马景苑、百城金黄、阳光国际、永通财富广场等一批房地产及商业配套建筑设计方案。

2月22日

上午，全县武装工作暨民兵基层建设推进试点工作部署会在县人武部召开。副市长、县委书记、县人武部党委第一书记汤成奇，县委副书记梅梅，县委常委、常务副县长涂仕华，县委常委、小蓝经济开发区党工委书记徐海波，县委常委、县人武部部长汪火明，县人武部政委姜清波，县人武部副部长张永华等出席会议。

▲上午，南昌县工商行政管理工作总结表彰会在县综合楼召开。市工商局纪检组长邓晓冰，县人大副主任陈秀梅、县政协副主席张军等出席会议。

【领导活动】

2月12日

上午，广福镇振兴家乡经济联谊会在镇政府会议室举行。市人大常委会副主任罗为民，副市长、县委书记汤成奇，县人大常委会副主任陈秀梅，县政协副主席万德珍等出席。

2月25日

上午，省人大常委会副主任蒋茹铭带领部分十届省人大代表和十一届全国人大代表来小蓝经济开发区视察。市人大常委会副主任何友德，副市长、县委书记汤成奇，县领导胡小明、徐海波、涂莉华等陪同。

【走访慰问】

2月5日

上午，县委副书记梅梅、县政协副主席李信谆来到县人民医院和县中医院，分别走访慰问正在医院住院的离退休老干部，向他们表示亲切的问候和新春祝福。

2月6日

上午，副市长、县委书记汤成奇，县委副书记、县长肖玉文等走访慰问在节日期间坚守工作岗位的一线干部职工，向他们致以新春的祝愿。县领导梅梅、胡小明、邓炳根、杨保根、李传强、汪火明等陪同。

2月7日

上午，省消防总队政委吴松荣、政治部主任丁荟平、后勤部部长付荣华等在南昌市消防支队政委宋锦龙、后勤处处长孙海平等陪同下，来到县消防大队，走访慰问工作在一线的大队官兵。

【城市建设与管理】

2月3日

晚上，县长肖玉文，县委常委、政法委书记熊运浪，副县长、县公安局局长张增和等来到莲西农贸市场现场指导农贸市场大棚拆除工作。

2月16日

上午，副市长、县委书记汤成奇来到莲塘镇，就加快县城道路建设和城中村的改造，壮大镇村集体经济等进行调研。县领导杨文斌、熊运浪、李木旺、万敏等陪同。

【工交财贸】

2月16日

上午，南昌县在八二八宾馆举办振兴家乡财政联谊会。省财政厅副厅长辜华荣、副巡视员程龙明等南昌县籍的领导应邀参加联谊会。县委副书记梅梅，县委常委、常务副县长涂仕华，县政协副主席、财政局局长姜润根先后在联谊会上致辞。

2月19日

上午，县长肖玉文、副县长涂莉华在小蓝经济开发区会见新加坡丰益国际有限公司、益海嘉里集团董事长郭孔丰一行，益海嘉里集团是以粮油加工、油脂化工、仓储物流、内外贸易为主，集煤炭经营、清洁能源开发、房地产于一体的多元化企业集团，也是国内最大的粮油加工集团。新加坡益海嘉里集团此次拟在小蓝经济开发区投资3000万美元，征地200亩兴建稻谷加工、米糠加工、粮油库和中、小包装罐装线项，该项目建成后，将成为全省最大的食用油生产和粮食深加工基地。双方就金龙鱼项目投资进行了磋商。

▲副县长涂莉华在小蓝经济开发区会见世界500强飞利浦集团深圳有限公司项目投资部负责人杜小萍女士一行，并就项目投资进行磋商。

2月21日

副县长涂莉华在县对外合作局接待比利美英伟集团公司总经理Jan Van Eys,PH.D.一行，并就土地、税收、南昌县饲料情况进行了洽谈。

2月23日

上午，副市长、县委书记汤成奇，县委副书记、县长肖玉文前往汇仁集团，就加快企业上市步伐，现场办公。县领导涂仕华、徐海波、万敏、江伟斌、姜润根等陪同。

2月25日

上午，深圳台商企业总会副会长蔡守政来到小蓝经济开发区参观考察，县委常委、小蓝开发区党工委书记徐海波等陪同。

2月26日

上午，全县地税工作会议在县综合楼召开。市地税局副局长李瑞平，县委常委、常务副县长涂仕华，县人大常委会副主任陈秀梅，县政协副主席、财政局局长姜润根等出席。

2月28日

上午，昌南水厂西水东送二期工程举行开工仪式。副市长、县委书记汤成奇，县领导肖玉文、梅梅、胡小明、邓炳根、涂仕华、杨保根、李传强、杨文斌、熊运浪、王小文、徐海波、魏根金、汪火明等出席开工仪式。

【农业与农村工作】

2月3日

上午，副市长、县委书记汤成奇在黄马乡调研时强调：要结合实际，发挥优势，突出做好生态、旅游、休闲文章，早日把黄马打造成全市现代农业生态示范园区。县委常委、农工部长魏根金，县人大常委会副主任、县水利局党委书记王三毛，副县长程雷佬等陪同。

2月19日

上午，副市长、县委书记汤成奇，县委常委、副县长杨保根，县委常委、农工部长魏根金，副县长程雷佬等来到武阳镇调研。汤成奇等首先来到胡华大桥，详细询问新莲塔公路建设进展情况，并希望有关部门要加快施工进度，力争在今年底之前完成路面硬化，早日通车。然后来到鑫和源绿色食品生产基地，察看蔬菜基地的受灾情况，鼓励他们要搞好灾后重建工作，继续走农业产业化、规模化发展的路子，把企业不断做强做大，从而让更多的农民发家致富。

▲下午，副市长、县委书记汤成奇，县委常委、副县长杨保根，县委常委、农工部长魏根金，副县长程雷佬等来到泾口乡调研。汤成奇等首先来到泾口乡杨芳村，详细了解了集体经济发展情况，对杨芳村充分结合自身实际，大力发展村集体经济的做法给予了高度评价。

【劳动人事和社会保障】

2月18日

上午，县人事劳动和社会保障局在县人力资源服务中心举办“春风行动”大型专场招聘会。县委常委、副县长杨保根参加招聘会。

【政法工作和社会治安综合治理】

2月25日

下午，市教育局副局长黄小华带领市消防工作考评组来到南昌县，对全县消防工作进行考评。副县长、县公安局局长张增和出席考评组召开的汇报会。

2月28日

上午，县公安局在县综合楼召开2007年总结表彰大会。副市长、县委书记汤成奇，市公安局副局长李国华，县领导肖玉文、胡小明、邓炳根、熊运浪、张增和，县检察院检察长张振川等出席会议。

【科教文卫体和计生工作】

2月15日

下午，县教育体育局在莲塘洁惠花园宾馆召开2008年新学期开学工作会议。县委副书记梅梅，县人大常委会副主任伍曦，副县长胡显勇，县政协副主席万德珍等出席。

2月19日

由江西省文联、中共南昌市委宣传部组织的江西文艺家“送欢乐、下基层”抗冻救灾慰问演出在澄碧湖公园举行。省文联党组书记俞向党、副主席余大喜，市委宣传部副部长魏运花，县领导梅梅、杨文斌、黄连科、胡显勇、万敏、万德珍等观看演出。

2月20日

上午，县文联在县委宣传部会议室召开“南昌县文联新春文艺座谈会”。县委常委、宣传部长杨文斌，县政协副主席伍目连出席并讲话。

2月21日

南昌县在县体育场举行“迎奥运”千人长跑活动暨第二届龙狮大赛。县领导梅梅、胡小明、邓炳根、涂仕华、杨保根、李传强、杨文斌、胡炜、王小文、魏根金、汪火明等出席活动仪式。

2月26日

下午，南昌县在县综合楼召开关于开展清理化解农村义务教育“普九”债务审议锁定工作会议。县委常委、常务副县长涂仕华，县政协副主席、财政局局长姜润根等出席会议，会议由副县长胡显勇主持。

【其他重要工作】

2月13日

上午，副市长、县委书记汤成奇，县领导肖玉文、梅梅、胡小明、邓炳根、涂仕华、杨保根、李传强、杨文斌、熊运浪、胡炜、王小文、徐海波、魏根金、汪火明等来到316国道向塘段，参加2008年新春千人植树活动。

2月16日

上午，塔城乡召开振兴家乡经济恳谈会，县人大常委会主任胡小明，副主任王三毛等出席。

2月23日

上午，国家发改委价格监测中心处长徐连仲、博士王双正来到南昌县，就农资市场的价格情况进行调研。省价格监测中心主任陈朗如、副主席漆时人等陪同。

三 月

【抗寒救灾工作】

3月5日

上午，南昌市市容环境管理局局长张鸿雁、副局长傅任保等来到塔城乡秋溪村，向受灾群众捐款捐物。县人大常委会主任胡小明，副主任、县水利局党委书记王三毛等参加捐赠仪式。

▲上午，团县委和县红十字会在县政府大院举行“抗重灾、捐热血、送温暖”，为生命加油，为和谐添力青年志愿者活动。团市委副书记阎志强，县委副书记梅梅，县委常委、组织部长王小文，县人大副主任伍曦，县政协副主席万德珍等参加活动。

3月7日

上午，市园林绿化局局长、党委书记郑炜带领100多名机关干部职工来到黄马乡徐家村，慰问受灾群众，向他们捐款15万元和生活用品。

3月14日

上午，全市畜牧业暨灾后重建工作会在南昌县召开。省畜牧局局长黄峰岩，市农业局局长胡细泉，副局长李淑荣，副县长程雷佬和全市各县区畜牧水产局负责同志出席会议。

【重要会议】

3月12日

上午，县老年科协在县综合楼会议室召开2007年度总结表彰大会。省老年科协会长张逢雨，市老年科协会长周鑫群，县委副书记梅梅，县人大常委会副主任黄连科，副县长胡显勇，县老年科协会长王火生等出席会议。

▲全县供销工作会议在莲塘洁惠花园宾馆召开。省供销社副主任涂俊伟，市供销社副主任马荣贵，县领导杨保根、陈秀梅、张军等出席会议。

3月13日

上午，全县农业农村暨人口计生工作会在县综合楼召开。会议传达了省、市农业农村工作和全省人口计生工作会议精神，总结了全县2007年农业农村和计生工作，安排部署了今年的工作，对全县2007年度农业农村工作和人口计生工作先进集体和先进个人进行了表彰。副市长、县委书记汤成奇，县领导肖玉文、胡小明、魏根金、王三毛、伍曦、程雷佬、万德珍、张军等出席会议。

▲上午，全县司法行政工作会在县检察院召开。省司法厅助理巡视员简明龙，市司法局局长吕建民，县领导熊运浪、熊鹰、张增和、李植等出席会议。

3月14日

上午，中共南昌县第十一届纪律检查委员会第三次全体会议在县综合楼召开。会议传达了中央纪委十七届二次全会、省纪委十二届三次全会和市纪委九届三次全会精神，总结了去年的全县党风廉政建设和反腐败工作，对今年的工作进行了部署。副市长、县委书记汤成奇，县领导肖玉文、梅梅、邓炳根、杨保根、李传强、杨文斌、熊运浪、胡炜、王小文、徐海波、魏根金、王三毛、熊鹰、涂莉华、姜润根等出席会议。

3月15日

上午，南昌县在县综合楼举行台海形势报告会。县委常委、县人武部部长汪火明作形势报告。县领导梅梅、胡小明、邓炳根、涂仕华、李传强、熊运浪、王小文、徐海波、魏根金、李木旺、陈秀梅、王三毛、熊鹰、伍曦、胡显勇、程雷佬、张军、李信谆、姜润根、张永华等参加报告会。

3月17日

上午，县第十四届人大常委会第六次会议在县综合楼召开。县人大常委会主任胡小明，副主任黄连科、李木旺、陈秀梅、王三毛、熊鹰、伍曦等出席会议。县长肖玉文，县法院院长廖群，县检察院检察长张振川等列席会议。会议审议了有关人事事项；任命朱新民为县交通局局长，免去章海龙的县交通局局长职务；任命李红刚为县法院副院长。会议接受廖群辞去县法院院长职务，任命李红刚为县法院代理院长。

▲上午，全县民政工作会议在莲塘洁惠花园宾馆召开。市民政局副局长钟爱国，县委常委、副县长杨保根，县人大副主任陈秀梅，县政协副主席李植等出席会议。

▲下午，全县2008年度消防工作会议在县综合楼召开。县委常委、政法委书记熊运浪，副县长、县公安局局长张增和出席并讲话。

▲下午，县委副书记、县长肖玉文在县综合楼第一会议室主持召开县政府第十一次常务会议。县委常委、常务副县长涂仕华，县委常委、副县长杨保根，副县长胡显勇、万敏、江伟斌、张增和、涂莉华、程雷佬等出席会议。县委副书记梅梅，县委常委、农工部长魏根金，县人武部政委姜清波，县政协副主席、财政局局长姜润根等列席会议。

3月19日

上午，全县农业农村重大重点项目推进会在县综合楼召开。县委常委、农工部部长魏根金，县人大常委会副主任王三毛，副县长程雷佬，县政协副主席张军等出席。

3月21日

上午，南昌县在县综合楼组织收听收看全省领导干部电视电话会议。县领导梅梅、胡小明、邓炳根、李传强、熊运浪、王小文、徐海波、魏根金、李木旺、陈秀梅、熊鹰、胡显勇、程雷佬、吴克芳、张军、李信谆、伍目连、李植，县法院代院长李红刚，县检察院检察长张振川，向塘经济开发区主任黄志清等参加收听收看。

▲下午，全县劳动保障就业工作会在县综合楼召开。市劳动保障局局长陈匡辉，市就业管理处书记任跃平，县领导肖玉文、杨保根、陈秀梅、万德珍、姜润根等出席。

▲下午，全县环境保护工作会在县综合楼召开。市环保局局长申少平，县领导肖玉文、杨保根、陈秀梅、伍目连等出席。

3月23日-26日

政协南昌县十届二次会议在县综合楼召开。会议期间，副市长、县委书记汤成奇作题为《团结民主、善谋实干，为夺取全面建设小康社会新胜利而努力奋斗》的重要讲话。会议听取并审议了县政协副主席万德珍代表政协常务委员会所作的政协南昌县第十届委员会常务委员会工作报告；听取并审议了县政协副主席李信谆作政协南昌县第十届委员会常务委员会关于一次会议以来提案工作情况的报告。选举谭水林为县政协委员会秘书长。县领导肖玉文、梅梅、胡小明、邓炳根、涂仕华、杨保根、李传强、杨文斌、熊运浪、胡炜、王小文、徐海波、魏根金、汪火明、姜清波、黄连科、李木旺、陈秀梅、王三毛、熊鹰、伍曦、胡显勇、万敏、张增和、涂莉华、程雷佬、万德珍、吴克芳、张军、李信谆、姜润根、伍目连、李植，县法院院长李红刚，县检察院检察长张振川，向塘开发区管委会主任黄志清等出席。

3月24日-27日

南昌县第十四届人民代表大会第二次会议在莲三中纳新楼召开。会议期间，副市长、县委书记汤成奇作重要讲话。会议听取和审议了县人民政府县长肖玉文关于南昌县人民政府工作报告；听取和审议了南昌县2007年国民经济和社会发展计划执行情况与2008年国民经济和社会发展计划（草案）的报告；审查和批准了南昌县2007年国民经济和社会发展计划执行情况的报告及2008年计划；听取和审议了南昌县2007年县本级财政总预算执行情况和2008年县本级财政总预算（草案）的报告；审查和批准了南昌县2007年县本级财政总预算执行情况的报告和2008年县本级财政总预算；听取和审议了县人大常委会主任胡小明关于南昌县人民代表大会常务委员会工作报告；听取和审议了南昌县人民法院工作报告；听取和审议了南昌县检察院工作报告。会议选举李红刚为县人民法院院长，选举毕有昌、龚玉明、涂相鸿、胡叶林为县十四届人大常委会委员。县领导肖玉文、梅梅、胡小明、邓炳根、涂仕华、杨保根、李传强、杨文斌、熊运浪、胡炜、王小文、徐海波、魏根金、汪火明、姜清波、黄连科、李木旺、陈秀梅、王三毛、熊鹰、伍曦、胡显勇、万敏、张增和、涂莉华、程雷佬、万德珍、吴克芳、张军、李信谆、姜润根、伍目连、李植，县法院院长李红刚，县检察院检察长张振川，向塘开发区管委会主任黄志清等出席。

3月28日

上午，全县重大重点项目建年动员暨2007年度工作总结表彰大会在莲塘三中纳新楼举行。会议总结去年的工作，对今年的工作进行部署，动员全县广大干部群众在新一轮发展中争当中部地区县、市排头兵而不懈奋斗。副市长、县委书记汤成奇作题为《深层次解放思想、大力度建设项目、全方位加快发展、为在新一轮发展中争当中部地区县市排头兵而不懈奋斗》重要讲话。会上，县委副书记梅梅宣读了《中共南昌县委，南昌县人民政府关于表彰2007年度经济社会发展先进集体、先进个人的决定》。县领导肖玉文、胡小明、邓炳根、涂仕华、杨保根、李传强、杨文斌、熊运浪、胡炜、王小文、徐海波、魏根金、黄连科、李木旺、陈秀梅、王三毛、伍曦、胡显勇、万敏、涂莉华、程雷佬、万德珍、吴克芳、李信谆、姜润根、伍目连、李植，县法院院长李红刚，县检察院检察长张振川，向塘开发区管委会主任黄志清等出席。

▲小蓝经济开发区召开推进重大重点项目动员大会。县长肖玉文，县委常委、小蓝经济开发区党工委书记徐海波，副县长江伟斌、涂莉华等出席。

▲下午，共青团南昌县十六届五次全体（扩大）会议在县综合楼召开。团市委副书记周仁斌、县委副书记梅梅、副县长胡显勇等出席。

3月29日

上午，全省开展深入学习实践科学发展观活动试点动员大会在南昌召开。南昌县在县综合楼组织收听收看电视电话会。县领导肖玉文、梅梅、胡小明、涂仕华、杨保根、李传强、熊运浪、胡炜、王小文、徐海波、李木旺、王三毛、熊鹰、伍曦、万敏、万德珍、张军、李信谆、姜润根、李植，县检察院检察长张振川等参加收听收看。

【领导活动】

3月12日

上午，上海永乐锦浩影院管理经营有限公司和南昌县电影发行放映公司在南昌凯莱大酒店举行签约仪式。双方将在县城莲塘合作建设星云时尚广场永乐电影城。市委常委、宣传部长周关，省电影公司经理龙学雷，市委宣传部副部长魏运花，县委常委、宣传部长杨文斌，市电影公司经理周强，上海永乐锦浩影院经营有限公司董事长李月明、副董事长章勇、总经理谢鲍鑫等出席签约仪式。

3月14日

上午，市委常委、市警备区司令员陈健来到南昌县，点验民兵应急独立连。县委副书记、县长肖玉文，县委常委、常务副县长涂仕华，县委常委、县人武部部长汪火明，县人武部政委姜清波等出席点验大会。

3月17日

上午，副市长、县委书记汤成奇在县信访局会议室接待群众来访。县领导涂仕华、杨文斌、熊运浪、熊鹰、万敏、张增和等参加。

3月18日

上午，省军区副司令员李怀良来南昌县检查武装工作。副市长、县委书记汤成奇，县领导肖玉文、涂仕华、徐海波、汪火明、姜清波等陪同。

3月22日

上午，省委常委、市委书记余欣荣会见前来小蓝经济开发区投资的青岛啤酒股份有限公司常务副总裁孙明波，副市长、县委书记汤成奇，县领导肖玉文、徐海波、涂莉华会见时在座。

▲下午，市委常委、组织部长杨人平，市规划局局长罗剑云等来到南昌县，就向塘开发区的规划、建设和发展进行调研。县领导梅梅、杨文斌、王小文、万敏、涂莉华等陪同。

3月24日

上午，副市长、县委书记汤成奇，县领导肖玉文、梅梅、胡小明、邓炳根、黄连科、李木旺、陈秀梅、王三毛、伍曦，县法院代院长李红刚看望出席县第十四届人大第二次会议的代表。

【城市建设与管理】

3月8日

上午，副市长、县委书记汤成奇在东新乡调研时强调：要搞好东新乡的商贸、市场、城市化建设，努力把东新建设成为经济繁荣、百姓富裕、充满生机与活力的现代新城。县领导熊运浪、万敏、张增和、姜润根、伍目连等陪同。

【工交财贸】

3月5日

上午，副市长、县委书记汤成奇，县委副书记、县长肖玉文来到江铃集团，就支持江铃集团在小蓝经济开发区做强做大进行现场办公。县领导涂仕华、杨保根、徐海波、江伟斌、万敏、姜润根等陪同。

3月6日

下午，县委常委徐海波、副县长涂莉华在小蓝经济开发区管委会会议室，会见前来参观考察的台湾广盛电子(南昌)有限公司总经理李祖渝一行，并就项目推进事宜进行了磋商。

3月8日

上午，全县今年 三个重点市政建设项目——澄湖北大道东延工程、沿河北路改造工程和繁荣路建设工程正式破土动工。副市长、县委书记汤成奇，省农科院副院长肖争鸣，县领导梅梅、胡小明、邓炳根、涂仕华、李传强、杨文斌、熊运浪、徐海波、汪火明等出席在澄湖北大道举行的开工仪式。

3月11日

上午，小蓝经济开发区召开服务企业座谈会，县长肖玉文，县委常委、小蓝经济开发区党工委书记徐海波，副县长江伟斌等出席座谈会。

3月30日

上午，江西中恒建设集团公司2008年企业发展工作会议在滨江宾馆召开。省建设厅副巡视员吴昌平、省建设厅建管处处长章雪儿，市建委副主任应皓，市城市建设协会会长邹诗耀出席并讲话。

【农业与农村工作】

3月21日

下午，省农业综合开发办主任章康华来到南昌县蒋巷国旺公司视察农业综合开发项目的实施进展情况。副市长、县委书记汤成奇，市委农工部副部长、市农业开发办主任陶海龙，县委常委、农工部部长魏根金，副县长程雷佬等陪同。

3月25日

上午，省林业厅副厅长魏运华、省森工局局长何航伟、省林业厅调查规划研究院副院长宋法生、市林业局局长樊三宝等来到冈上镇、黄马乡，视察林业工作。

【乡镇工作】

3月5日

上午，武阳镇召开第三届人民代表大会第二次会议。县人大常委会副主任陈秀梅出席并讲话。

3月6日–7日

塔城乡召开第十一届人民代表大会第二次会议。县人大常委会主任胡小明出席并讲话。

3月12日

上午，冈上镇第三届人民代表大会第二次会议在镇政府召开。县人大副主任熊鹰、县政协副主席吴克芳等出席。

3月13日

莲塘镇第十四届人民代表大会第二次会议在镇政府召开。县委常委、政法委书记熊运浪，县人大副主任黄连科等出席。

3月18日

上午，向塘镇召开第十三届人民代表大会第二次会议。县委常委、宣传部长杨文斌，县人大副主任黄连科，向塘开发区管委会主任黄志清等出席。

3月19日

上午，八一乡召开第十一届人民代表大会第二次会议。县委常委、组织部长王小文，县人大副主任陈秀梅，副县长胡显勇等出席。

3月20日

上午，东新乡召开第十一届人民代表大会第二次会议。县人大副主任李木旺出席并讲话。

【政法工作和社会治安综合治理】

3月6日

上午，银三角法律服务所在县城莲塘农贸西路挂牌成立。县委常委、政法委书记熊运浪，县人大常委会副主任黄连科，副县长、县公安局局长张增和，县检察院检察长张振川等出席揭牌仪式。

3月8日

上午，县公安局召开动员大会，部署全县社会治安整治“春雷行动”。副县长、县公安局局长张增和出席会议并讲话。

【人武工作】

3月4日

下午，南昌县教育体育局举行2008年基干民兵点验大会。县委常委、人武部长汪火明出席并讲话。

3月5日

上午，蒋巷镇召开2008年基干民兵点验大会。县委常委、县人武部部长汪火明出席并讲话。

3月13日

上午，市警备区政委宋增建、政治部主任汪健康等来到南昌县，视察基层武装工作。县委副书记梅梅，县委常委、县人武部部长汪火明，县人武部政委姜清波等陪同。

【科教文卫体和计生工作】

3月5日

下午，全县庆“三八、迎奥运”腰鼓大赛在莲塘澄碧湖广场举行。省妇联办公室副主任刘丽，市妇联副主席盛爱凤，县领导梅梅、李传强、杨文斌、王小文、陈秀梅、伍曦、胡显勇、万敏、涂莉华、万德珍等出席启动仪式。

3月6日

上午，全县卫生工作会议在县人民医院召开。县委副书记梅梅，县委常委、宣传部长杨文斌，县委常委、组织部长王小文，县人大副主任伍曦，副县长胡显勇，县政协副主席万德珍等出席会议。

3月13日

上午，黄马乡南安小学举行教师宿舍楼开工仪式。市警备区政委宋增建、政治部主任汪健康，县委副书记梅梅，县委常委、县人武部部长汪火明，县人武部政委姜清波等出席开工仪式。

▲上午，全县科协干部培训班在县委党校正式开学。省科协普及部部长黄群言、省农业函授大学校长饶木生，市科协主席姚晓明，县委副书记、县科普领导小组组长梅梅等出席培训班开学动员会。

3月24日

县委宣传部、县文化广播电视旅游局在省送变电建设公司影剧院举行县人大、政协“两会”专场文艺晚会。县领导肖玉文、梅梅、胡小明、邓炳根、李传强、王小文、徐海波、汪火明、黄连科、李木旺、陈秀梅、王三毛、熊鹰、伍曦、张军、姜润根、伍目连、李植等观看演出。

【其他重要工作】

3月6日

上午，全县森林防火和动物重大疫病防治工作会议在县综合楼召开。副县长程雷佬出席并讲话。

3月8日

上午，以省食品药品监督管理局食品安全协调处处长陈琳为组长的省食品安全综合评价考核组来到南昌县，对食品安全生产、销售等工作进行考核。市食品药品监督管理局局长张力，县委常委、副县长杨保根等陪同。

3月10日

上午，县林业局、团县委和县文化广播电视旅游局组织县直机关团员青年和武警消防指挥学院官兵100多人在莲塘镇塔田村开展“建设生态昌南，喜迎北京奥运”植树活动。

3月12日

下午，县人武部组织驻县部队官兵和部分民兵共400多人，来到小蓝经济开发区金沙二路义务植树。县委常委、小蓝经济开发区党工委书记徐海波，县委常委、县人武部部长汪火明，政委姜清波等参加义务植树。

3月14日

下午，出席全市畜牧业暨灾后重建工作会议的人员在省畜牧局局长黄峰岩的带领下，参观江西鑫和源绿色农业开发有限公司生态养鸭示范小区和三江镇畜牧兽医站。副县长程雷佬等陪同。

3月15日

上午，南昌县在莲塘镇维也纳广场举行“3·15”国际消费者权益保护日宣传活动。副县长涂莉华出席并讲话。

3月19日

上午，全县档案工作会议在县政府综合楼召开。市档案局局长李国华、县委副书记梅梅出席会议并讲话，副县长胡显勇主持会议。

3月26日

上午，台湾《经济日报》记者林则宏来到广宥鞋业公司调研采访，市委台办副主任陶森民与县台办负责人陪同。

3月27日

下午，省委组织部人才处处长胡雪梅，电教中心主任李敏芳等来南昌县调研。县委常委、组织部部长王小文陪同。

【友好往来】

3月8日

上午，河南省郑州市委常委、巩义市委书记王小平，市长张春阳带领巩义市党政代表团来到南昌县参观考察。副市长、县委书记汤成奇，县领导肖玉文、梅梅、胡小明、涂仕华、李传强、胡炜、徐海波、程雷佬、万德珍、姜润根等陪同。

3月17日

下午，安徽省霍山县县委常委、副县长袁孝友率考察团来南昌县考察。县人大副主任王三毛等陪同。

3月20日

下午，新疆维吾尔自治区克孜勒苏柯尔克孜州副州长木日扎别克·哈什、州教育局党委书记王国禹，带领教育代表团来南昌县莲塘一中参观考察。省教工委书记、省教育厅副厅长李小南，省教育厅基建处处长杨慧文，市教育局局长熊小武、副局长邵美珍，县委副书记梅梅等陪同参观考察。

【先进表彰】

3月2日

南昌县台办被授予“全省对台工作全面先进单位”荣誉称号，县台办主任闵员根同志被评为“全省对台工作先进个人”。

四 月

【重要会议】

4月3日

上午，全县防汛抗旱动员大会在县综合楼召开。会议总结了2007年度防汛抗旱工作，安排部署了今年的防汛抗旱工作，对2007年防汛抗旱工作先进集体、先进个人进行了表彰。副市长、县委书记汤成奇，省赣管局局长吴义泉，市水利局副局长周洪都，县领导肖玉文、梅梅、胡小明、邓炳根、李传强、熊运浪、王小文、徐海波、魏根金、李木旺、王三毛、伍曦、胡显勇、张增和、程雷佬、万德珍、吴克芳、张军、李信谆、伍目连、李植，县法院院长李红刚，县检察院检察长张振川等出席会议。

▲上午，全县政法、信访工作会议在县综合楼召开。会议传达了全国和省、市政法、信访工作会议精神，总结了去年全县政法、信访工作，部署今年的政法、信访工作，对全县政法、信访工作先进集体、先进个人进行了表彰。副市长、县委书记汤成奇，县领导肖玉文、梅梅、熊运浪、熊鹰、张增和、李植，县法院院长李红刚，县检察院检察长张振川等出席。

4月9日

上午，全县重大重点项目推进调度会在县综合楼召开。副市长、县委书记汤成奇主持会议并讲话。县领导肖玉文、梅梅、胡小明、邓炳根、涂仕华、杨保根、李传强、杨文斌、熊运浪、胡炜、王小文、魏根金、汪火明、黄连科、李木旺、陈秀梅、王三毛、伍曦、张增和、万德珍、吴克芳、李信谆、伍目连、李植，县法院院长李红刚，县检察院检察长张振川，向塘开发区管委会主任黄志清等出席。

▲晚上，县长肖玉文在政府会议室主持召开县政府第十二次常务会议。县委常委、常务副县长涂仕华，县委常委、副县长杨保根，副县长胡显勇、万敏、张增和、涂莉华、程雷佬等出席会议，县人武部政委姜清波，县政协副主席、县财政局局长姜润根等列席会议。

4月11日

下午，2008年全市第一次县区环保例会在南昌县召开。市环保局局长申少平，书记周同根，副局长熊晓峰、袁永昌等出席会议。

4月16日

上午，南昌县在县综合楼召开创建和谐平安鄱阳湖区第六届年会筹备工作会议。市委常委、市政法委书记吴志明，副市长、县委书记汤成奇，省公安厅水警总队队长李健，省委政法委综治一处副处长黄冬生，市委副秘书长、市综治办主任胡振正，市政法委副书记季智勇，县领导梅梅、熊运浪、王三毛、张增和、姜润根等出席会议。

4月18日

上午，县第十四届人大常委会第七次会议在县综合楼召开。县人大常委会主任胡小明，副主任黄连科、李木旺、王三毛、伍曦等出席会议，县委常委、常务副县长涂仕华，副县长程雷佬，县法院院长李红刚，县检察院检察长张振川等列席会议。

▲上午，全县乡镇人大工作暨人大宣传报道工作总结表彰大会在县综合楼召开。县人大常委会主任胡小明，副主任黄连科、李木旺、王三毛、伍曦等出席。

4月25日

上午，全县第二次土地调查工作会在县综合楼召开。县长肖玉文、县人大副主任陈秀梅、副县长万敏、县政协副主席李信谆等出席。

▲上午，县政协十届六次常委会在县综合楼召开。县政协主席邓炳根，副主席吴克芳、张军、伍目连、李植等出席会议，县委常委、农工部部长魏根金，副县长胡显勇等列席会议。

4月28日

下午，县委常委、政法委书记熊运浪，县政协副主席李植和县直各单位、各部门的负责人在县综合楼收听收看省、市维护稳定工作电视电话会。

【领导活动】

4月1日

上午，省水利厅厅长孙晓山来到南昌县，检查赣江东新和富山段全面禁止采砂以及防洪安全保障情况。市人大常委会副主任戴和旺，市水利局局长李克浓，县委常委、农工部部长魏根金，县人大常委会副主任，县水利局党委书记王三毛，副县长程雷佬等陪同。

4月6日

上午，2008中国·昌南乡村生态旅游启动仪式暨江西（黄马）首届樱花节开幕式在黄马乡举行。省委常委、市委书记余欣荣，副省长史文清，省旅游局局长王忠武，省林业厅厅长刘礼祖，省农业开发办主任章康华，省农业厅副厅长张忠平，市委常委、政法委书记吴志明，市人大常委会副主任姚燕平，副市长凌学仁，副市长、县委书记汤成奇，市旅游局局长李芸，县领导肖玉文、梅梅、胡小明、邓炳根等出席开幕式。

4月20日

上午，由市作家协会和县文联共同主办的“生态黄马、诗意乡村”2008谷雨诗会，在黄马中学举行。市政协副主席侯捷，市文联主席李敏，县委常委、宣传部部长杨文斌，副县长胡显勇，县政协副主席伍目连等出席。

4月24日

下午，市人大常委会主任李豆罗，副主任连樟寿、戴和旺、白波等来到南昌县视察。副市长、县委书记汤成奇，县领导肖玉文、梅梅、魏根金、陈秀梅、王三毛、胡显勇、程雷佬等陪同。

4月25日

上午，副市长、县委书记汤成奇在县综合楼会客室会见来南昌县考察的福州港务集团有限公司董事长、总经理刘启闽一行。县委常委、宣传部部长杨文斌，副县长涂莉华，向塘开发区管委会主任黄志清会见时在座。

▲下午，省工商局党组书记王可忠，副局长沈庆中，助理巡视员吴伟等来南昌县小蓝经济开发区参观考察。副市长、县委书记汤成奇，县委副书记、县长肖玉文，县委常委、小蓝经济开发区党工委书记徐海波，副县长涂莉华等陪同。

4月27日

上午，市长胡宪来到南昌县，就春耕生产及农村企业发展情况进行调研。副市长、县委书记汤成奇，副市长刘建洋，市政府副秘书长、市委农工部部长王肇赣，市农业局局长胡细泉，县领导肖玉文、魏根金、程雷佬等陪同。

【城市建设与管理】

4月3日

上午，省委党校研究员孙家驹率领《城市发展南昌论坛》课题组，来到南昌县调研。县委常委、常务副县长涂仕华，县委常委、小蓝经济开发区党工委书记徐海波等陪同。

4月8日

上午，全县城乡规划建设管理工作会议在县城建局召开。县委常委、常务副县长涂仕华出席并讲话。

4月19日

上午，南昌县2008年首批经济适用住房公开摇号活动，在莲塘三中纳新楼举行。副市长、县委书记汤成奇，市房管局局长郭毅，县领导肖玉文、梅梅、胡小明、涂仕华、杨文斌、姜润根等在主席台上就座。

4月28日

上午，县委副书记、县长肖玉文来到象湖新城，就公共设施配套建设和泵站建设进行调研。县委常委、统战部长胡炜，县人大常委会副主任、县水利局党委书记王三毛等陪同。

4月29日

上午，副市长、县委书记汤成奇视察重大重点项目建设情况时强调，要科学组织施工，加快建设进度，保质保量，加快推进各项重大重点项目的建设。县委常委、常务副县长涂仕华，县政协副主席李植等陪同。

【工交财贸】

4月8日

上午，总投资两亿元的澳大利亚文思敦国际学校和南昌中正国际酒店项目签约仪式在县综合楼举行。副市长、县委书记汤成奇，县领导肖玉文、梅梅、杨文斌、徐海波、陈秀梅、胡显勇、万敏、涂莉华、万德珍等出席签约仪式。

▲上午，中国邮政储蓄银行南昌县支行举行挂牌仪式。市邮政局党委书记甘克寒，市邮政储蓄银行行长彭华彬，县委常委、副县长杨保根等出席挂牌仪式。

4月10日

上午，江西新电汽车空调系统有限公司在小蓝经济开发区新厂区举行12周年庆典暨新工厂揭牌仪式。副市长、县委书记汤成奇，江铃汽车集团公司董事长王锡高，县长肖玉文，县委常委、小蓝经济开发区党工委书记徐海波等出席。

▲下午，向塘开发区管委会主任黄志清在管委会会议室会见前来考察的南昌市台协会长陈良鉴，就建设台湾工业园事宜进行具体的磋商。

4月11日

下午，县政府副县长涂莉华在小蓝经济开发区管委会会见群光电子（南昌）有限公司总经理李祖谕，就该项目投资小蓝经济开发区具体事宜进行洽谈。

4月12日

下午，县长肖玉文在小蓝经济开发区党工委书记徐海波等陪同下，来到小蓝经济开发区部分项目生产、施工现场调度工作。

4月15日

江西建设职业技术学院正式签约落户小蓝经济开发区。该项目总投资3.5亿元人民币，占地501亩。

▲上午，副县长涂莉华，县政协副主席、县财政局局长姜润根等在象湖新城指挥部会议会见上海新日投资有限公司董事长肖家守一行。

4月16日

上午，副市长、县委书记汤成奇在县综合楼会客室会见来南昌县考察的朝日国际投资有限公司总裁林勇、董事长李登嵩。县委常委、宣传部长杨文斌，向塘开发区管委会主任黄志清等会见时在座。

▲美国凯雷投资集团有限公司上海代表处副总裁谢颖海、淡马锡控股副总裁吕延翔、美国雷曼兄弟集团直接投资部副总裁陈斌、新外滩资本副总裁魏莱来到南昌县考察，市台办副主任饶小敏，县委常委、小蓝经济开发区党工委书记徐海波等陪同。

4月18日

上午，现代（江苏）华中售后服务配件中心开业仪式在小蓝经济开发区举行。县委常委、小蓝经济开发区党工委书记徐海波出席并讲话。

4月21日

中国国际海运集装箱（集团）股份有限公司与小蓝经济开发区管委会签约征地50亩，投资1亿元，建设车辆销售、配件加工、车辆改装项目。该项目投产后预计实现年销售收入2亿元，创造税收500万元。

4月25日

上午，副县长涂莉华在莲塘镇政府会议室会见上海和凌雷克萨斯董事长陈顺德，就雷克萨期4S店项目推进事宜进行了磋商。

【农业与农村工作】

4月1日

下午，由国家农业开发办副处长芮小峰率领的国家农业开发办调研组来到南昌县，就农业综合开发项目建设工作进行调研。市委农工部副部长、开发办主任陶海龙，副县长程雷佬等陪同。

4月7日

上午，县长肖玉文到黄马乡调度两江生态农业走廊基层设施建设推进工作。县委常委、农工部长魏根金，向塘开发区管委会主任黄志清等陪同。

4月9日

上午，全县强农惠农政策落实监督检查工作业务培训班在县委党校举行。县委常委、农工部长魏根金，副县长程雷佬在培训班上作讲话。

4月10日

下午，县防汛抗旱总指挥部副总指挥、县委副书记梅梅，县人大常委会副主任陈秀梅先后来到赣东大堤的广福、三江、向塘、冈上、富山、东新等乡镇和小蓝经济开发区等堤段进行检查，详细了解今年防汛工作的准备情况，并实地察看卵石、草袋、编织袋等防汛物资的储备情况。在察看时梅梅要求赣东大堤沿线各乡镇和小蓝经济开发区要作好防大洪、抢大险的充分准备，要始终绷紧防汛这根弦，坚决克服麻痹侥幸心理，要切实做好防汛人员、物资和资金的保障工作，要加强赣东大堤涵管闸门的检查维修，保证各项设施的正常运行，同时还要做好清障工作，确保赣东大堤安全度汛。

4月11日

上午，南昌县在省赣抚平原水利工程管理局举办灌区用水户协会业务培训班。省赣抚平原水利工程管理局副局长吕祖云，县人大常委会副主任、县水利局党委书记王三毛，副县长程雷佬等出席培训班动员会。

▲下午，副县长、长乐联圩泾口分指挥部指挥胡显勇来到幽兰、泾口两个乡镇检查防汛准备工作。

▲下午，县委常委、统战部长、抚西大堤防汛指挥部指挥胡炜在黄马乡主持召开抚西大堤防汛指挥部今年第一次防汛工作会议。县人大常委会副主任、抚西大堤防汛指挥部指挥伍曦等出席。

4月14日

上午，全县新农村建设试点村规划工作现场会在蒋巷镇召开。县委常委、农工部部长魏根金出席并讲话。

4月15日

上午，县长肖玉文在东新乡指导防洪抢险时强调：各乡镇党委政府要全力以赴做好防洪准备工作，绷紧抗大洪、抢大险这根弦，做到人员、物资、资金全部到位，为全县经济社会又好又快发展提供可靠保障。县委常委、统战部部长胡炜，县人大副主任、县水利局党组书记王三毛等陪同。

▲县委常委、纪委书记、南新防汛抗旱指挥部指挥李传强，县政协副主席张军，县法院院长李红刚等来到南新乡检查防汛工作。李传强在检查时说：南新乡广大干部群众要齐心协力，做好当前的防汛工作，要提高思想认识，增强水患意识，克服侥幸心理，加大对安全隐患的排查力度，做到不留死角，确保安全度汛。

▲下午，以省国防科工办副主任王福平为组长的省防汛总指挥部检查组来到南昌县，检查防汛准备工作。市委常委、政法委书记吴志明，市水利局局长李克荣，县领导肖玉文、魏根金、王三毛等陪同。

4月16日

上午，市委农工部副部长吴久铭带领市强农惠农督查组来到南昌县，对强农惠农政策落实情况进行督查。县委常委、农工部长、县强农惠农领导小组组长魏根金等参加督查汇报会。

4月18日

上午，副市长、县委书记汤成奇先后来到广福镇、冈上镇，就抓好当前农业生产、水利防洪、城镇规划和招商引资工作进行调研。县委常委、纪委书记李传强，县人大常委会副主任陈秀梅、熊鹰，县政协副主席吴克芳等陪同。

▲下午，国家水利部副部长周英来到南昌县，检查防汛准备工作情况。省水利厅厅长孙小山，市政府副市长刘建洋，市水利局局长李克荣，县人大常委会副主任、县水利局局长王三毛等陪同。

4月22日

县长肖玉文来到南新乡，对重大重点项目建设进行调度。县人大常委会副主任、县水利局党委书记王三毛，副县长万敏、涂莉华、程雷佬，县政协副主席、县财政局局长姜润根等陪同。

4月23日

上午，县委常委、纪委书记李传强带领纪检监察干部来到蒋巷镇，接待上访群众，听取上访群众反映的问题。

▲下午，以省供销社纪检组长马灵为组长的省强农惠农领导小组办公室督导组来到南昌县，就国家强农惠农政策落实情况进行督导。县委常委、纪委书记李传强，县委常委、农工部部长魏根金，副县长程雷佬等陪同。

4月28日

上午，副市长、县委书记汤成奇到塔城乡、八一乡调研。县人大常委会主任胡小明，县委常委、组织部长王小文，副县长胡显勇，县政协副主席万德珍等陪同。

4月29日

上午，副市长、县委书记汤成奇到富山乡开展调研。副县长、县公安局局长张增和，县政协副主席李植等陪同。

【劳动人事和社会保障】

4月9日

上午，省劳动厅副厅长邬建群率领全省各辖区市劳动人事部门的负责人来到南昌县，就人力资源市场功能，推进农村富余劳动力转移就业等进行考察。县委常委、副县长杨保根等陪同。

【政法工作和社会治安综合治理】

4月24日

上午，副市长、县委书记汤成奇在县公安局调研时强调：要把公安工作和经济发展、重大重点项目推进结合起来，为促进全县经济社会又好又快发展提供有力保障。县委常委、常务副县长涂仕华，县委常委、政法委书记熊运浪，县委常委、组织部长王小文，县政协副主席、财政局局长姜润根等陪同。

▲上午，省人大环境资源委员会2008年环保赣江行检查采访组来到南昌县，开展检查采访活动。省人大常委、省人大环境资源委员会副主任委员龚三堂，省人大常委、省人大法制委员会委员涂书田以及省人大《时代主人》杂志、《江西日报》、江西人民广播电台、江西电视台等媒体的编辑与记者参加检查采访活动。县领导杨保根、陈秀梅等陪同。

4月26日

国家环境保护部华东环境保护督查中心副主任刘国才等一行来到武阳镇督查工作。省环保局副局长谭今来，市环保局副局长徐水喜，县委常委、副县长杨保根，副县长万敏等陪同。

4月28日

上午，以国家土地总督察办公室督察指导处处长关文荣为组长的构建保障科学发展新机制调研组来南昌县调研。市国土资源局局长周宏伟，县委常委、组织部长王小文，副县长万敏等参加调研座谈会。

【党的建设和干部队伍建设】

4月15日

全县离退休干部党支部建设培训班在县政府综合楼举办。市社联主席庄西翻，市委老干部局副局长袁金如，县委常委、组织部长王小文等出席培训班动员会。

4月18日

上午，南昌县在县委党校举办第三期青年干部培训班，县委常委、组织部长王小文出席培训班开学动员会并讲话。

4月29日

下午，全县第三期青年领导干部培训班在县委党校举行结业典礼。县委副书记、县委党校第一校长梅梅出席并讲话。

【人武工作】

4月9日

上午，县人民武装部2008年“三长”骨干集训动员大会在县人武部民兵训练基地举行。县人武部政委姜清波出席并作动员讲话。

4月16日

下午，县委常委、人武部部长汪火明先后来到幽兰、泾口、塘南等乡镇，视察基层民兵建设工作。

4月22日

下午，省军区政治部副主任周绍华，南昌警备区政委宋增建带领省军区新任职主官来到南昌县，参观考察民兵基层建设整县推进试点工作。县委常委、常务副县长涂仕华，县委常委、县人武部部长汪火明，政委姜清波等陪同。

【群团工作】

4月10日

下午，市妇联主席王敏、副主任周笑蓓来到南昌县，就农村基层妇女工作和妇女创业等进行调研。县委副书记梅梅、副县长胡显勇等陪同。

【科教文卫体和计生工作】

4月2日

上午，全县人口与计划生育工作形势分析会议在县计生委召开。市计生委副主任俞宗英、副县长程雷佬等出席会议。

4月9日

上午，县老年体协工作总结暨表彰会在县综合楼召开。市老年体协主席孔炯，县委副书记梅梅，县政协副主席、县老年体协主席张军等出席会议。

4月16日

上午，国家食品药品监督管理局食品协调司副司长吴胜华带领考评组来到南昌县，就创建国家食品安全示范县工作进行考评。省食品药品监督管理局副局长孙雅光，市食品药品监督管理局副局长曾性军，副县长胡显勇等陪同。

4月17日

下午，全县政府信息公开指南和目录编制工作会议在县综合楼召开。县委常委、常务副县长涂仕华出席会议并讲话。

4月24日

《南昌日报》、南昌电视台、南昌人民广播电视台等新闻媒体的记者来到南昌县，就重大重点项目建设典型经验和项目推进等进行专题采访。副市长、县委书记汤成奇，县委副书记、县长肖玉文分别会见市新闻媒体的记者。县委常委、宣传部部长杨文斌，县委常委、小蓝经济开发区党工委书记徐海波等会见时在座。

4月25日

下午，全县文化广播电视旅游工作会议在县综合楼召开。县委副书记梅梅，县委常委、宣传部长杨文斌，县人大常委会副主任伍曦，副县长胡显勇等出席。

4月29日

《江西日报》、《信息日报》、《江南都市报》、江西人民广播电台等13家省新闻媒体的记者来到南昌县，就重大重点项目建设典型经验和项目推进等进行专题采访。副市长、县委书记汤成奇，县委常委、常务副县长涂仕华分别会见省级新闻媒体记者。县委常、宣传部长杨文斌，县委常委、小蓝经济开发区党工委书记徐海波，副县长程雷佬，向塘开发区管委会主任黄志清会见时在座。

【其他重要工作】

4月19日

上午，全县领导干部双休日学习知识讲座在县综合楼举行。县领导梅梅、邓炳根、杨文斌、胡炜、王小文、徐海波、汪火明、黄连科、李木旺、王三毛、熊鹰、伍曦、万德珍、吴克芳、张军、李植等参加学习。

4月21日

下午，省委组织部干部一处处长孙正森，副处长尹玉辉等来到南昌县，就开展深入学习实践科学发展观活动进行考察调研。副市长、县委书记汤成奇，县委副书记梅梅，县委常委、组织部长王小文等陪同。

4月22日

上午，市委组织部副部长、市委老干局局长李电花，副局长万群英来到南昌县调研老干部工作。县委副书记梅梅，县委常委、组织部长王小文，县检察院检察长张振川，向塘开发区管委会主任黄志清等陪同。

4月23日

上午，以省政协人口资源环境委员会副主任易光景为组长的省政协调研组来到南昌县，就“五河一湖”源头污染防治工作进行调研。市政协人口环境资源委员会主任王洪昌，县委常委、副县长杨保根，县政协副主席伍目连等陪同。

4月29日

下午，县委统战部举行纪念中共中央发布“五一”口号60周年座谈会。县委常委、统战部长胡炜，县人大常委会副主任伍曦，副县长胡显勇，县政协副主席李植等出席。

【友好往来】

4月5日

上午，广州军区副司令员吕丁文来到南昌县参观考察经济社会发展情况。副市长、县委书记汤成奇，县领导肖玉文、梅梅、胡小明、李传强、汪火明、姜清波等陪同。

4月18日

下午，市委党校副校长蔡水珍带领市委党校第34期青年干部培训班的教师和学员来到南昌县参观调研。县委常委、组织部长王小文，县委常委、小蓝经济开发区党工委书记徐海波等陪同。

4月20日

湖北省监利县政协副主席李元喜率湖北省监利县政协干部来到南昌小蓝经济开发区参观考察。县政协主席邓炳根陪同。

【先进表彰】

南昌县文联被授予“2006、2007年度全省文联系统先进集体”。

五 月

【抗震救灾】

5月15日

上午，江西铭威实业有限公司和阳光丽景社区居民举办“一方有难、八方支援”爱心捐赠活动。江西铭威实业有限公司当场向四川地震灾区人民捐赠人民币6万6千元。该公司的员工和阳光丽景社区的居民自发参加捐赠活动。县委常委、宣传部长杨文斌，县委常委、统战部长胡炜，县政协副主席、县工商联会长吴克芳等出席捐赠活动。

▲上午，南昌市正华农牧有限公司在县政府会议举行捐赠仪式。向四川地震灾区人民捐赠2万元人民币和100床棉被。县委常委、副县长杨保根出席捐赠仪式。

▲上午，县领导召开安排部署向四川地震灾区人民募捐筹备工作会议。县委常委、副县长杨保根，副县长胡显勇出席会议并讲话。

▲下午，江西伟梦集团和下属各公司员工举行“心系灾区、献爱心”捐赠活动。向地震灾区人民共捐赠人民币58万元。其中伟梦集团35万元，员工23万元。

5月16日

上午，全县支援四川地震灾区抗震救灾捐赠仪式在县政府大楼前举行。副市长、县委书记汤成奇，县领导肖玉文、梅梅、胡小明、邓炳根、涂仕华、杨保根、李传强、杨文斌、熊运浪、胡炜、王小文、徐海波、汪火明等出席捐赠仪式。

▲上午，小蓝经济开发区党工委、管委会举行“汶川地震赈灾募捐”活动，共捐款4.5万元。县委常委、小蓝经济开发区党工委书记徐海波和管委会班子成员，各部门各单位负责人，全体机关干部，各村干部以及部分企业代表参加赈灾募捐仪式。

▲上午，县财政局举行捐款献爱心活动，共捐款5200多元。县政协副主席、财政局局长姜润根参加捐款仪式。

▲上午，县民盟总支举行抗震救灾捐款活动。县政协副主席李植参加捐款仪式。

▲上午，蒋巷镇开展向四川地震灾区人民捐款活动。当天，在蒋巷镇山尾村的党员和群众就捐款2万多元。

▲上午，三江镇举行“抗震救灾、献爱心”捐赠活动。镇机关全体干部职工，企事业单位负责人共捐款3.6万多元。

▲上午，南昌兰丰水泥有限公司向地震灾区人民举行捐款活动，共捐款5.3万元。

▲上午，县工商局举行向四川地震灾区人民捐款活动。局机关干部职工共捐款1万多元。

▲在奥运圣火传递的庆典仪式上，煌上煌集团董事局主席徐桂芬向四川汶川地震灾区捐款100

万元。其中员工自发捐款15万元。

▲下午，八一乡开展向地震灾区捐款活动，仅半个小时，捐款就达1.7万多元。

▲下午，莲塘镇举行“抗震救灾、献爱心”捐款活动。镇机关全体干部职工向四川地震灾区人民捐款12万多元。同时，莲塘镇村委会、各社区、居委会也正在开展向地震灾区人民捐款活动。

▲下午，县市场物业管理中心开展“心系灾区、支援汶川”捐款活动。共捐款1.5万多元。

5月16日－19日

向塘镇组织党政班子成员，机关干部和工作人员向地震灾区开展捐款活动，共捐款20.8万元。

5月17日

上午，南昌置业有限公司开展向地震灾区人民捐款活动，全体员工共捐款6万多元。

▲晚上，县农村信用合作社在县综合楼举行向四川汶川地震灾区人民捐款活动。共捐款5万多元。

5月19日

上午，县委老干局在县综合楼举行“献爱心、援灾区”捐赠仪式。县委常委、副县长杨保根，县委常委、组织部长王小文等出席捐赠仪式。当天上午，全县离退休老同志共捐款70600元。

▲上午，南昌顺达土方机械施工有限公司在向塘镇举行捐赠仪式。该公司当场向四川地震灾区人民捐款10万元，员工捐款1.44万元。

▲上午，民革南昌县总支举行向地震灾区人民捐款仪式，共捐款1.6万多元。县人大常委会副主任伍曦，县政协副主席吴克芳出席捐赠仪式。

▲上午，莲塘一中举行向四川汶川地震灾区人民捐款活动。全校师生和退休教师共捐款19万多元。

▲上午，县自来水公司全体员工举行向四川地震灾区人民捐款活动。共捐款2万多元。

▲上午，八一乡涂埠村民自发捐款，向地震灾区人民献爱心。村民共捐款4万多元。

▲上午，团县委组织50多名青年志愿者走上县城街头，开展募捐活动，向四川地震灾区人民捐款。当天上午收到捐款1.7万多元。

▲下午，县畜牧水产局举行向四川汶川地震灾区人民捐款活动。共捐款2万多元。

▲下午，莲塘二小全体师生集聚在学校操场上，为四川汶川大地震遇难的同胞默哀，并向灾区人民捐款6.19万多元。当天上午，东方明珠高级中学也举行了捐款活动，全校600多名师生共向四川汶川地震灾区捐款1.2万多元。

▲下午，南昌阳光学校组织全体师生在操场上默哀三分钟，对四川汶川大地震遇难同胞表深切哀悼，并向地震灾区人民捐款。

▲下午，县地税局再次举行向四川汶川地震灾区人民捐款活动，又捐了4.5万元。

▲下午，黄马乡举行向四川汶川地震灾区人民捐款活动。乡党政机关和下属各单位的干部职工共捐款4.6万多元。

5月20日

上午，县人民法院开展“携手同心，抗震救灾”捐款活动，共捐款3.8万多元。县人民法院院长李红刚参加捐款仪式。

▲上午，江西中恒建设集团公司举行向四川汶川地震灾区人民捐款活动。参加捐款活动的中恒集团各分公司、项目部的员工共捐款35万元。

▲上午，武阳镇举行向四川汶川地震灾区人民捐款活动。武阳镇机关干部职工和社会各界人士共捐款17万多元。

▲上午，县交通局再次举行向四川地震灾区人民捐款活动。局领导班子成员、干部职工和离退休老干部共捐款2.24万元，上次已捐款2.7万多元。

▲上午，全县归侨侨眷在县委统战部会议室举行向四川地震灾区人民捐款活动。他们共捐款4万多元。

▲上午，江西广电大湖之都幼儿园开展情系汶川、赈灾义卖活动。共募集善款1.78万多元。

▲上午，小蓝经济开发区党工委、管委会举行企业赈灾募捐活动。共向灾区人民捐款138万元。县委常委、小蓝经济开发区党工委书记徐海波等出席募捐仪式。

▲下午，莲塘二中全校师生举行向四川汶川地震灾区捐款活动。当天下午，全校师生共捐款7万多元。

▲下午，泾口乡开展向四川地震灾区人民捐款活动。乡党政机关全体干部职工和企事业单位代表共捐款10万多元。

5月21日

上午，八一乡新坊村干部、群众和学校师生在新坊小学举行向四川汶川地震灾区人民捐款活动。当天上午共收到捐款6万多元。

▲上午，全县200多名残疾人自发聚集在澄碧湖畔，向四川地震灾区捐款。共捐款7830元。

▲上午，冈上镇党委、政府组织开展向四川地震灾区人民捐款活动。镇机关全体干部和各村委会、镇属各单位、镇内各企业的负责人共捐款24.7万元。

▲上午，南昌县举行党员交纳“特殊党费”支援四川抗震救灾仪式。县领导胡小明、邓炳根、涂仕华、杨保根、李传强、熊运浪、王小文、徐海波等出席。至22日下午2点半钟全县共收到交纳的“特殊党费”26万多元。

▲莲塘七中开展向四川地震灾区捐款活动。全校师生共捐款2.2万多元。

▲下午，汇仁集团全体员工再次举行向四川地震灾区捐款活动。捐款总额达118万多元。

5月22日

上午，富山乡举行向灾区人民再次捐款活动。乡机关干部和乡属企业、公安、城管、学校等单位共筹集善款8 万多元。

▲下午，向塘镇举行交纳“特殊党费”支援汶川地震灾区仪式。向塘开发区管委会、向塘镇机关全体党员干部以及部分基层党组织，企业党组织的党员，共交纳“特殊党费”5.87万多元。

5月23日

上午，小蓝经济开发区邓埠村举行向四川地震灾区人民捐款活动。当天共筹集善款20万多元。

▲上午，县畜牧水产局组织养殖户、兽药和饲料加工企业户以及基层动物协防员，开展向四川汶川地震灾区人民捐款活动。当天上午，共捐款6.36万多元。

▲向塘镇新村委会举行向四川汶川地震灾区人民捐款活动。全村村组干部、共产党员、私营企业主和部分村民共捐款2.6万多元。

▲莲塘五中开展向四川地震灾区捐款活动。全校师生共筹集善款6 万多元。

5月26日

上午，江西金阳市政综合建设有限公司与县城建局联合向四川汶川地震灾区捐赠价值66万元的救灾物资，运送到江西省慈善总会。

▲南昌县妇联举行向四川地震灾区人民捐款活动，全县妇女干部、女企业家、女能人、三八红旗手、平安家庭、十大杰出女性等，共捐款7.8 万多元。

▲上午，八一乡后曲村的党员、村组干部和村民自发开展向四川地震灾区人民捐款活动。当天上午，全村共捐款3 万多元。

▲下午，县烟草专卖局再次组织本系统干部职工和退休人员向四川汶川地震灾区人民捐款活动。当天下午，共捐款2 万多元。

【重要会议】

5月3日

下午，由市政府主办，县政府承办的2008南昌（香港）承接加工贸易产业转移投资说明会，在香港君悦大酒店举行。市委常委、常务副市长王詠，县长肖玉文，县委常委、小蓝经济开发区党工委书记徐海波，副县长涂莉华，向塘开发区管委会主任黄志清和30多位香港工商界的企业家出席说明会。

5月4日

南昌县在县电信局会议室组织收听收看全省安全生产工作暨督查专项行动电视电话会。副县长江伟斌参加收听收看。

5月7日

上午，全县组织、宣传、统战工作会议在县综合楼召开。副市长、县委书记汤成奇，县委副书记梅梅，县委常委、宣传部长杨文斌，县委常委、统战部长胡炜，县委常委、组织部长王小文，县人大常务副主任王三毛、伍曦，县政协副主席吴克芳、李植，向塘开发区管委会主任黄志清等出席会议。

▲上午，全县公开选拔领导干部动员大会在县综合楼召开。县委副书记梅梅，县委常委、组织部长王小文出席并讲话。

▲上午，第一季度全市党委系统督查和"民声通道"工作会在县综合楼召开。市委办公厅副调研员徐正平，县委常委、纪委书记李传强等出席。

▲全县2008年度抗洪抢险工作军地协调会，在县人民武装部会议室召开。县委常委、县人武部部长汪火明，政委姜清波等出席会议。

5月8日

上午，全县"整'五风'、比实干、争一流"主题教育活动总结通报暨深化机关效能建设动员大会在县综合楼召开。副市长、县委书记汤成奇作重要讲话，县领导肖玉文、梅梅、胡小明、邓炳根、杨保根、李传强、杨文斌、熊运浪、胡炜、王小文、徐海波、魏根金等出席会议。

▲下午，全县境内赣江中下游滩涂造船专项整治调度会在县政府会议室召开。县委常委、副县长杨保根，县人大常委会副主任、县水利局党委书记王三毛出席并讲话。

5月12日

上午，全县在县综合楼组织收听收看国务院和省政府第二次全国经济普查电视电话会。县委常委、常务副县长涂仕华参加收听收看。

5月15日

上午，县政协2008年界别工作会在东新乡南昌小商品城举行。县政协主席邓炳根，副主席万德珍、吴克芳、张军、伍目连等出席会议。

5月19日

全县预防、制止、查处违法建设工作会在县综合楼召开。县委常委、常务副县长涂仕华，县委常委、统战部部长胡炜，向塘开发区管委会主任黄志清，县长助理熊国爱等出席。

5月22日

全县人大宣传工作调度会在县人大会议室召开。县人大常委会副主任黄连科出席并讲话。

5月23日

上午，全市"留守儿童之家"现场会在黄马乡举行。团市委书记陈吉炜，县领导王小文、伍曦、胡显勇、万德珍等出席现场会。

▲下午，全县开展政府采购执行情况专项检查工作会在县综合楼召开。县政协副主席、县财政局局长姜润根出席并讲话。

5月26日

下午，全县迎接南昌市语言文学工作评估动员大会在县综合楼召开。副县长、县语言文字工作评估领导小组组长胡显勇出席并讲话。

5月27日

上午，南昌县在县综合楼组织收听收看2008年江西省实施高校毕业生“三支一扶”计划电视电话会。县委常委、常务副县长涂仕华参加收听收看。

5月30日

上午，南昌县迎接全省鄱阳湖区联谊联防第六届年会动员部署会在县综合楼召开。县委副书记梅梅，县委常委、政法委书记熊运浪，副县长、县公安局长张增和等出席会议。

【领导活动】

5月1日

省电力公司总经理毛日峰来到南昌县视察迎峰度夏输变电工程，副市长刘建洋，省电力公司总经理助理、南昌供电公司总经理滕富莲，南昌供电公司党委书记陈斌，县领导肖玉文、胡炜、徐海波等陪同。

5月7日

由省委常委、常务副省长凌成兴率领的环鄱阳湖生态经济区建设专题调研组来到南昌县，就贯彻落实省委、省政府关于建设环鄱阳湖生态经济区的战略决策进行调研。省委常委、市委书记余欣荣，省政府副秘书长朱希，市、县领导胡宪、王詠、汤成奇、肖玉文、涂仕华、徐海波、王三毛、姜润根等陪同。

5月8日

上午，市人大副主任白波、市妇联副主席周笑蓓和部分市“巾帼建功”协调小组成员，市级“巾帼文明岗”的爱心女企业家来到莲塘镇，看望敬老院老人。县人大副主任李木旺陪同。

5月9日

下午，省农业厅厅长刘礼祖来到南昌县，就平原绿化工作进行调研。副市长刘建洋，市林业局局长樊三宝，县委常委、农工部长魏根金，县人大常委会副主任、县水利局党委书记王三毛，副县长程雷佬等陪同。

5月12日

上午，副省长史文清带领省发改委、省建设厅、省国土资源厅等部门负责同志来到南昌县，检查指导县城污水处理厂的建设。县人大常委会主任胡小明，县委常委、常务副县长涂仕华，副县长万敏等参加汇报会。

5月13日

上午，省委常委、市委书记余欣荣来到南昌县，就农业发展情况进行调研。市委常委、政法委书记吴志明，副市长、县委书记汤成奇，副市长刘建洋，市政府副秘书长、市委农工部部长王肇赣等陪同。

▲上午，市人大常委会副主任罗为民、姚燕平，秘书长邹书珍等来到南昌县，视察乡村旅游工作。市旅游局局长李芸，县委副书记梅梅，县委常委、宣传部长杨文斌，县人大常委会副主任伍曦等陪同。

5月14日

上午，市委常委、政法委书记吴志明，省社会治安综合治理办公室副主任张传发来到南昌县，就做好全省环鄱阳湖地区和谐平安创建第六届年会将在南昌县召开的准备工作进行指导。县委常委、政法委书记熊运浪，副县长、县公安局局长张增和等陪同。

5月15日

省军区政治部主任孙荣正，南昌警备区政委宋增建来到南昌县，视察乡镇民兵组织建设。县委副书记梅梅、县委常委、县人武部长汪火明，政委姜清波等陪同。

5月22日

上午，全市“农家书屋”工程启动仪式在向塘镇举行。市委常委、宣传部长周关，副市长罗慧芬，市新闻出版局局长王建华，县委常委、宣传部长杨文斌，向塘开发区管委会主任黄志清等出席启动仪式。

▲市长助理戚学林来到蒋巷镇，就公路建设、桥梁维护等工作进行调研，县委常委、副县长杨保根等陪同。

▲下午，市人大常委会主任李豆罗，副主任何友德、戴和旺，秘书长邹书珍等来到南昌县，视察气象工作。县领导胡小明、涂仕华、魏根金、王三毛等陪同。

5月23日

上午，市委常委、组织部长杨人平来到南昌县，就农村“五个之家”的建设进行调研。县委常委、组织部长王小文，向塘开发区管委会主任王志清等陪同。

▲中非共享发展经验高级研讨班的学员来到蒋巷镇国旺现代农业示范区进行参观考察，省长助理、省财政厅厅长胡幼桃，市长助理戚学林，市委农工部副部长、市农业综合开发办主任陶海龙，县长助理熊国爱等陪同。

【城市建设与管理】

5月4日

上午，全县首批经济适用住房正式开盘，496套经济适用住房接受购房户选房认购。

5月15日

上午，省建设厅厅长陈俊卿带领省推进新型城镇化课题调研组来到南昌县调研。县委常委、常务副县长涂仕华，县委常委、小蓝经济开发区党工委书记徐海波等陪同。

5月18日

上午，县长肖玉文视察澄碧湖周边重点工程和象湖新城公建配套工程。县委常委、常务副县长涂仕华，县委常委、宣传部长杨文斌，县委常委、统战部长胡炜，县人大常委会副主任王三毛，副县长万敏，县政协副主席姜润根等陪同。

5月29日

县长肖玉文来到莲西大道，察看莲西大道延伸工程拆迁工作进展情况。县人大常委会副主任李木旺等陪同。

【工交财贸】

5月4日

下午，副市长、县委书记汤成奇来到小蓝经济开发区，就部分重点项目建设进行调研。县委常委、小蓝经济开发区党工委书记徐海波陪同。

5月6日

上午，市监察局副局长杨俊峰带领督查组来到南昌县，对“3010”工程项目实施进行督查。县委常委、小蓝经济开发区党工委书记徐海波陪同。

5月11日

下午，县委常委、小蓝经济开发区党工委书记徐海波赴东莞，就东莞台协组织赴昌参加全国台资企业产业转型升级研讨会暨推介会代表团来南昌县考察进行商讨。县台办负责同志陪同拜访。

5月14日

上午，向塘开发区管委会主任黄志清赴深圳市考察深圳市赛盛电子有限公司，就该企业到向塘开发区投资事宜进行磋商。县台办负责同志陪同考察。

5月15日

上午，县政府副县长涂莉华在小蓝经济开发区管委会会议室会见上海和凌雷克萨斯台湾总部室长吕理银。县台办负责同志会见时在座。

5月16日

下午，以东莞市台协会长、岳丰电子科技有限公司董事长叶春荣为团长的东莞市赴昌代表团来到向塘开发区参观考察，向塘开发区管委会主任黄志清会见并与代表团进行座谈。县台办负责同志会见时在座。

5月17日

由国台办、江西省人民政府主办的全国台资企业产业升级转型升级研讨会暨推介会在南昌市召开。县政府副县长涂莉华、向塘开发区管委会主任黄志清等出席会议。

▲东莞市台商投资协会考察团来到南昌县考察。县领导肖玉文、徐海波、涂莉华，向塘开发区管委会主任黄志清等陪同。

5月20日

上午，全县再就业小额贷款联席会议在828会议室召开。县委常委、副县长杨保根出席并讲话。

5月21日

上午，县委常委、常务副县长涂仕华在县城察看重大重点项目建设进展情况。

▲广东省东莞市台商企业家来到南昌县考察。县委常委、小蓝经济开发区党工委书记徐海波，副县长涂莉华等陪同。

5月23日

下午，县长肖玉文，副县长涂莉华赴上海拜访，考察上海和凌公司雷克萨斯项目处，双方就项目落户进行磋商。

5月27日

下午，向塘开发区管委会与南昌市赣昌蓄电池有限公司在向塘镇举行项目签约仪式。南昌市赣昌蓄电池有限公司将在向塘开发区征地400亩，建设蓄电池生产企业，项目总投资为5.5亿元。向塘开发区管委会主任黄志清出席签约仪式。

▲下午，县长肖玉文在县政府会议室会见台湾百大企业群光电子集团南昌项目处负责人李祖渝一行。双方就群光电子小蓝投资专案有关问题进行了商谈并达成了共识。副县长涂莉华和县台办负责同志会见时在座。

5月29日

上午，市委常委、县委书记汤成奇在县综合楼，会见来南昌县考察的北京盛达汇通科技有限公司总经理高坪钢一行。副县长、县对外合作局局长涂莉华，向塘开发区管委会主任黄志清等会见时在座。

【农业与农村工作】

5月4日

上午，以市发改委副主任张小飞为组长的市防汛检查组来到南昌县，检查防汛准备工作。县人大常委会副主任、县水利局党委书记王三毛，副县长程雷佬等陪同。

5月6日

上午，副市长、县委书记汤成奇来到南新乡，就今年防汛准备工作和重大项目建设进行调研。县委常委、农工部长魏根金，县人大常委会副主任、县水利局党委书记王三毛，县人大常委会副主任伍曦等陪同。

5月6日-7日

以省林业厅造林处处长孙勇为组长的省新农村建设考评组来到南昌县，就2007年新农村建设工作进行考评。县长肖玉文，县委常委、农工部长魏根金，县人大副主任、县水利局党委书记王三毛，副县长程雷佬，县政协副主席张军、姜润根等陪同。

5月15日

上午，省水利厅副厅长杨丕龙来到南昌县，就节水灌溉工程试点县申报工作进行调研。县人大常委会副主任、县水利局党委书记王三毛等陪同。

5月29日

上午，市人大农业和农村委员会主任魏文斌，市人大法制工作委员会主任徐永生带领检查组来到南昌县，检查南昌县学习宣传《农产品质量安全法》，农产品质量安全体系建设，实施农产品质量安全标准等情况。县人大常委会副主任王三毛，副县长程雷佬等陪同。

【劳动人事和社会保障】

5月10日–11日

全县2008年度事业单位公开招聘人员考试在莲塘三小举行。县委副书记梅梅，县委常委、县纪委书记李传强，县政协副主席姜润根等先后巡视考场。

5月25日

上午，小蓝经济开发区事业单位工作人员招聘考试在莲塘三中举行。县委常委、小蓝经济开发区党工委书记徐海波巡视考场。

【党的建设和干部队伍建设】

5月14日

下午，市委组织部副部长邹绍辉等来到南昌县，就非公有制企业党组织建设工作进行调研。县委副书记梅梅，县委常委、组织部部长王小文等陪同。

5月27日

下午，省纪委副秘书长、办公厅主任王宏安来到南昌县，就农村基层党风廉政建设工作进行调研。县委常委、纪委书记李传强陪同。

5月28日

上午，市委组织部基层办主任邹艾民一行来到南昌县，就非公有制企业党建工作进行调研。县委常委、组织部长王小文，县委常委、小蓝经济开发区党工委书记徐海波等陪同。

【科教文卫体和计生工作】

5月5日

上午，全县2008春夏传染病防治工作会议在县综合楼召开。副县长胡显勇出席并讲话。

5月10日

上午，全县手足口病防控工作会在县综合楼召开。县委常委、宣传部长杨文斌出席并讲话。

5月22日

市、县科协组织农业、卫生、科技人员，在广福镇开展送科技下乡活动。市科协主席姚小明参加活动。

【友好往来】

5月6日

上午，湖北省应城市市委书记、市长朱高文率领应城市党政代表团来到南昌县参观考察。县委副书记、县长肖玉文，县委常委、常务副县长涂仕华等陪同。

5月16日

上午，副市长、县委书记汤成奇在县综合楼会客厅会见来南昌县考察的法国特瑞纳集团公司董事，副总裁马尔塞·普拉塞一行，双方就加强合作与交流进行座谈。县领导肖玉文、魏根金、程雷佬等会见时在座。

5月28日

上午，九江市庐山区区委书记陈和民带领庐山区党政代表团来南昌县参观考察。副市长、县委书记汤成奇，县委副书记梅梅，县委常委、常务副县长涂仕华，县委常委、小蓝经济开发区党工委书记徐海波等陪同。

【其他重要工作】

5月15日

县委常委、小蓝经济开发区党工委书记徐海波，县人大常委会副主任、县水利局党委书记王三毛，来到东新港码头，调度砂石采集。

▲下午，以省有色金属有限公司办公室副主任饶振华为组长的矿产资源整治规划检查组来到南昌县，检查矿产资源整治规划工作。县委副书记、县长肖玉文，副县长万敏、程雷佬等陪同。

5月18日

全县残疾人日。当天上午，南昌县残联组织100多名残疾人，参加南昌市首届残疾人就业招聘会。

5月21日

上午，市人大财经委主任孙育平带领南昌市新型墙体材料开发应用检查组来到南昌县，检查新型墙体材料开发应用情况。县人大常委会副主任陈秀梅等陪同。

▲全国助残日。当天上午全县在县教育体育局会议室举行助残捐款仪式。在助残捐赠活动中，共向县特殊教育学校捐款23.8万元。

5月23日

下午，县政协主席、《南昌县姓氏志》编纂委员会执行主任邓炳根，在县政协会议室主持召开《南昌县姓氏志》编纂工作会议。副县长胡显勇、县政协副主席万德珍等出席会议。

5月27日

上午，全县民政工作调度会在县综合楼召开。县委常委、副县长杨保根出席并讲话。

5月29日

上午，县长肖玉文，县委常委、常务副县长涂仕华，县委常委、宣传部长杨文斌，县委常委、政法委书记熊运浪等来到县信访局，就解决上访群众反映的问题进行现场办公。

5月30日

上午，全县台胞台属第四届代表大会在县台办会议室召开，会议总结了上届台联工作，选举了新一届台联理事会。县政府副县长涂莉华出席并讲话。

六 月

【重要会议】

6月3日

上午，全省鄱阳湖区联谊联防工作第六届年会在南昌县桂花村大酒店举行。省委常委、省政法委书记，省社会治安综合治理委员会主任，省公安厅厅长舒晓琴，省社会治安综合治理委员会副主任史文清，省政法委副书记、省社会治安综合治理委员会副主任宋才水，省公安厅党委副书记、副厅长章凯旋，市委常委、市公安局局长胡焯，市委常委、县委书记汤成奇，县领导熊运浪、张增和以及环鄱阳湖各县区的负责同志出席会议。

6月4日

下午，全县省级文明单位创建工作表彰会在县委宣传部会议室召开。县委常委、宣传部长杨文斌出席并讲话。

6月13日

上午，全市“深化机关效能建设、优化经济发展环境双月整治”电视电话会议在南昌召开。县领导梅梅、杨保根、李传强、熊运浪、胡炜、徐海波、魏根金等在县综合楼分会场参加收听收看。

6月15日

上午，全县信访工作调度会在县综合楼会议室召开。市委常委、县委书记汤成奇，县领导涂仕华、杨保根、熊运浪、王三毛、胡显勇、万敏、涂莉华、程雷佬，县法院院长李红刚，向塘开发区管委会主任黄志清，县长助理熊国爱等出席会议。

6月17日

上午，南昌县在县综合楼组织收听收看开展2008年“赣鄱农产品质量安全行”活动电视电话会议。副县长程雷佬等参加收听收看。

6月18日

下午，县长肖玉文在县政府三楼会议室主持召开县政府第十四次常务会议。县委常委、常务副县长涂仕华，县委常委、副县长杨保根，副县长万敏、江伟斌、张增和、程雷佬，县长助理熊国爱等出席会议。县委常委、农工部长魏根金，县人武部长姜清波，县人大常委会副主任、县水利局局长王三毛，县政协副主席、县财政局局长姜润根，向塘开发区管委会主任黄志清等列席会议。会议审议了《关于鼓励生产应用新型墙体材料实施办法》、《关于进一步整顿和规范矿产资源开发秩序的实施意见》、《关于关停拆除非法砖瓦企业目标责任书》，听取了县计生委关于计划生育工作的汇报。

6月20日

上午，全县关闭非法砖瓦厂工作会在县综合楼召开。县长肖玉文、副县长程雷佬出席并讲话。

▲上午，全县河道采砂综合整治动员大会在县综合楼召开。县委副书记、县长、县河道采砂管理领导小组组长肖玉文，县人大常委会副主任、县水利局党委书记王三毛，副县长、县公安局局长张增和，副县长程雷佬，县法院院长李红刚等出席会议。

▲全县新农村建设试点工作推进现场会在黄马乡召开。县委常委、农工部部长魏根金出席会议。

6月23日

下午，小蓝经济开发区召开“重大重点项目百日大会战”动员大会。会议要求全区各级干部立即行动起来，掀起重大重点项目“百大会战”高潮，确保今年重大重点项目建设任务全面完成。县长肖玉文，县委常委、小蓝经济开发区党工委书记徐海波，副县长涂莉华等出席会议。

▲晚上，南昌县组织公安、交警和监察局等机关部门负责人在县综合楼会议室收听收看全省道路客超负违规经营专项整治电视电话会。县委常委、副县长杨保根参加收听收看。

6月26日

全市党风廉政建设工作座谈会在南昌县召开。会议传达全省党风廉政建设工作会议精神，安排部署全市党风廉政建设工作。市委常委、市纪委书记刘冬明出席并讲话。县领导梅梅、李传强，向塘开发区管委会主任黄志清以及全市各县区的有关领导参加会议。

6月27日

上午，县第十四届人大常委会第八次会议在县综合楼召开。县人大常委会主任胡小明，副主任李木旺、陈秀梅、王三毛、熊鹰、伍曦等出席会议。副县长胡显勇，县政协主席、县财政局局长姜润根，县法院院长李红刚，县检察院检察长张振川等列席会议。会议听取和审议了关于农田水利基本建设工作的汇报，关于土地利用与保护工作的汇报，关于公共文化服务体系建设工作的汇报等。

【领导活动】

6月2日

由副省长谢茹率领的省科技调研组来到南昌县广福镇调研。省科技厅副厅长吴文峰，省农科院副院长谢金水，江西农大副校长潘晓华，南昌市科技局副局长卢洪献，副县长胡显勇等陪同。

▲下午，全省环鄱阳湖区联谊联防第六届年会在南昌县召开。省委常委、省政法委书记、省综治委主任、省公安厅厅长舒晓琴，副省长、省综治委副主任史文清带领与会人员参观小蓝经济开发区和水上社会治安综合治理工作亮点。省委常委、市委书记余欣荣，市、县领导雷武江、胡焯、汤成奇、肖玉文、梅梅、熊运浪、徐海波、张增和等陪同。

6月3日

上午，省人口和计划生育委员会主任文红莲来到南昌县，就人口与计划生育工作进行调研。副市长刘建洋，市计生委主任任美清，县长肖玉文，县委常委、农工部长魏根金，副县长程雷佬等陪同。

6月4日

上午，市委常委、常务副市长赵东亮来到南昌县，就经济社会发展情况进行调研。市委常委、县委书记汤成奇，县委常委、常务副县长涂仕华，县委常委、小蓝经济开发区党工委书记徐海波，县政协副主席、县财政局局长姜润根等陪同。

6月5日

上午，市人大常委会副主任白波带领调研组来到南昌县检察院，就侦查监督工作开展调研。市检察院副检察长张勇玲，县人大常委会副主任熊鹰，县检察院检察长张振川等陪同。

6月6日

下午，市委常委、县委书记汤成奇和县领导肖玉文、梅梅、胡小明、李传强、杨文斌、伍曦、胡显勇、万德珍等先后来到莲塘一中、莲塘二中、莲塘三中等高考考点视察。

6月9日

上午，市长胡宪来到南昌县，就重大重点项目建设推进情况进行调研。市委常委、县委书记汤成奇，县领导肖玉文、徐海波、涂莉华、姜润根，向塘开发区管委会主任黄志清等陪同。

6月13日

下午，省政协副主席郑小燕带领省政协医药卫生调研组来到南昌县汇仁集团，就工业园的生物医药业发展现状进行调研。市政协副主席陈守国，县委常委、小蓝经济开发区党工委书记徐海波，县政协副主席万德珍等陪同。

6月17日

上午，市人大副主任万先勇来到南昌县，检查环境保护工作。市环保局局长申少平，县委常委、副县长杨保根等陪同。

6月18日

上午，省军区民兵基层建设整县推进现场会在南昌县召开。省委常委、省军区政委王清葆，省军区司令员彭水根、副司令员陈健、参谋长叶志胜、政治部主任孙荣正、后勤部长周念生，市委常委、县委书记汤成奇，南昌警备区政委宋增建、参谋长宋书斌，县委副书记梅梅，县委常委、常务副县长涂仕华，县委常委、人武部长汪火明，县人武部政委姜清波，省军区师团干部理论集训班全体学员以及省军区机关处以上领导干部参加现场会，并参观莲塘镇武装部和斗门村民兵营的基层建设情况。

▲上午，省政协副主席郑小燕带领省政协新型农村合作医疗制度建设调研组来到南昌县，就新型农村合作医疗制度建设进行调研。市政协副主席万玉明，县政协主席邓炳根，副县长胡显勇，县政协副主席万德珍等陪同。

6月19日

省人大常委会委员、省人大农委副主任委员汪普生带领执法检查组来到南昌县，检查《农产品质量安全法》的贯彻实施情况。市人大常委会副主任戴和旺，县人大常委会主任胡小明，副主任王三毛，副县长程雷佬等陪同。

6月22日

上午，省人大常委会副主任蒋茹铭带领部分全国、省人大代表来到南昌县，就环鄱阳湖区生态环境保护工作开展调研。市人大常委会副主任连樟寿，副市长刘建洋，县领导胡小明、魏根金、王三毛、程雷佬等陪同。

6月27日

下午，市政协主席王样生带领部分市政协委员来到南昌县，视察“3010”工程。市委常委、常务副市长赵东亮，副市长凌学仁，市政协副主席王水苟、万玉明、徐荷娣，县领导肖玉文、邓炳根、徐海波、涂莉华等陪同。

6月28日

上午，南昌豫章大桥和蒋巷大道改造全面完成。市长胡宪，市委常委、县委书记汤成奇，副市长刘建洋，市政协副主席王水苟、徐荷娣，市政府副秘书长王肇赣、吴长金，县领导肖玉文、梅梅、胡小明、邓炳根、涂仕华、杨保根、魏根金、程雷佬、姜润根，向塘开发区管委会主任黄志清等出席竣工庆典。

【走访慰问】

6月19日

上午，县委常委、统战部部长胡炜来到参加抗震救灾的医务人员罗燕军家，向罗燕军的家属表示亲切慰问。

6月26日

上午，县人大常委会主任胡小明来到塔城乡走访慰问困难老党员。

6月27日

上午，县政协主席邓炳根来到泾口乡，走访慰问生活困难老党员。

▲下午，县委副书记、县长肖玉文走访慰问莲塘镇部分生活困难老党员，向他们表示亲切的问候。县人大常委会副主任李木旺。县长助理熊国爱等陪同。

6月28日

上午，县委副书记梅梅来到蒋巷镇，走访慰问困难老党员。

【城市建设与管理】

6月17日

上午，省委政策研究室党建政法处处长高建华带领省廉租住房调研组来到南昌县，就进一步完善廉租住房制度问题进行调研。县委常委、常务副县长涂仕华等陪同。

【工交财贸】

6月5日

下午，向塘开发区管委会主任黄志清在向塘开发区会议室会见广东省商业联合会副会长郭玉琨一行，就向塘公路铁路物流及台湾工业园合作项目进行商谈，县台办负责人会见时在座。

6月6日

上午，副县长涂莉华会见台资企业徐福记国际集团南昌分公司总经理刘政。并就徐福记集团新项目投资事宜进行沟通交流。县台办负责人会见时在座。

6月12日

上午，省建设厅规划处处长黄爱平带领省政府百日安全督查组来到南昌县，就安全生产管理工作进行督查。副县长江伟斌等陪同。

6月21日

上午，总投资10．3亿美元的“光优太阳能电池”和“食用菌”项目落户向塘开发区，在县综合楼举行项目签约仪式。市委常委、县委书记汤成奇，县领导肖玉文、梅梅、胡小明、邓炳根、涂仕华、杨文斌、徐海波、涂莉华，向塘开发区管委会主任黄志清，市经贸委副主任戴斌，北京盛达汇通科技有限公司总经理高坪钢等出席签约仪式。

6月25日

上午，南昌市十三届人大代表小组分别在小蓝经济开发区和国旺公司开展第二次活动。县人大主任胡小明，县委常委、小蓝经济开发区党工委书记徐海波，县人大常委会副主任黄连科、伍曦，县政协副主席吴克芳等参加活动。

6月27日

上午，南昌市外商投资企业协会副会长肖小美一行来到小蓝经济开发区参观考察。县委常委、小蓝经济开发区党工委书记徐海波等陪同。

【农业与农村工作】

6月10日

下午，市委常委、县委书记汤成奇在象湖联圩视察防汛排涝工作时强调：要全面落实安全度汛措施，切实做好防汛排涝各项工作，确保人民群众生命财产安全。县委常委、农工部长魏根金，县人大常委会副主任、县水利局党委书记王三毛等陪同。

6月26日

县人大常委会主任胡小明，副主任李木旺、陈秀梅、王三毛、熊鹰、伍曦，在副县长程雷佬及县相关部门负责人的陪同下，视察武阳镇现代农业产业化示范区。

【政法工作和社会治安综合治理】

6月10日

上午，县工商行政管理局在县政府综合楼举办法律知识培训班。省工商局法规处副处长王小庆应邀在培训班上讲课。

6月12日-13日

全市防范系统和普法宣传员业务培训班在南昌县举办。省委防范办副主任余升淮，市委政法委副书记季智勇、樊幽兰，市司法局局长吕建民，县委常委、县政法委书记熊运浪等出席培训班开学动员会。

6月13日

上午，由省船舶工业管理办公室主任熊旭晴为组长的检查组来到南昌县，检查滩涂非法造船整治情况。县委常委、副县长杨保根，县人大常委会副主任、县水利局党委书记王三毛等陪同。

6月26日

上午，县公安局在莲塘维也纳广场开展国际禁毒日宣传活动。县委常委、政法委书记熊运浪参加活动。

【党的建设和干部队伍建设】

6月12日

上午，县委常委、纪委书记李传强来到黄马乡，检查农村基层党风廉政建设工作。在检查中，李传强要求黄马乡党委政府结合当地实际，不断创新便民利民服务措施。要抓好党风廉政建设责任制的落实，把维护人民群众的根本利益作为党风廉政建设工作的出发点和落脚点，切实解决人民群众反映强烈的突出问题。

6月21日

上午，全县领导干部双休日学习活动在县综合楼会议室举行。县领导邓炳根、李传强、熊运浪、王小文等参加学习。省委党校、党史、党建部教授潘泽林应邀给大家作辅导报告。

6月28日

上午，莲塘镇党委组织新党员到革命先烈方志敏的故乡弋阳县漆工镇方志敏文化公园，举行入党宣誓仪式。

【信访工作】

6月2日

上午，县委副书记梅梅来到县信访局接待上访群众，就群众反映的意见和问题进行现场办公。

【群团工作】

6月12日

上午，团县委在县委党校举办全县少先队辅导员培训班。副县长胡显勇出席培训班开学仪式作动员讲话。

【科教文卫体和计生工作】

6月4日

下午，由民盟南昌市委和民盟南昌县总支联合举办的“烛光工程”教师培训基地揭牌仪式在莲塘二小举行。民盟江西省委秘书长凌维平，民盟南昌市委副主委王永南，县委常委、统战部部长胡炜，副县长胡显勇等出席揭牌仪式。

▲下午，全县2008年普通高考考务工作会议在县教育体育局召开。副县长、南昌县考区委员会主任胡显勇出席并讲话。

6月5日

上午，全县第十五届乡镇老年人体育运动会在冈上镇举行。县政协副主席、县老年体协主席张军作动员讲话。

▲世界环境日。上午，县环保局在莲塘澄碧湖公园广场开展大型环保宣传活动。县委常委、副县长杨保根参加活动。

6月13日

下午，全县中等学校招生委员会在县教育体育局召开。副县长、江西省中等学校招生考试南昌县考区主任胡显勇出席会议并讲话。

6月15日

上午，市委常委、县委书记汤成奇在县综合楼会客厅会见前来南昌县采访的《人民日报》群众工作部编辑、记者程少华。市委宣传部副部长李家旺，县委常委、常务副县长涂仕华，县委常委、宣传部长杨文斌，县委常委、小蓝经济开发区党工委书记徐海波，县委常委、农工部部长魏根金等会见时在座。

6月16日

下午，县委副书记梅梅，县人大常委会主任胡小明，县政协主席邓炳根，县委常委、纪委书记李传强，县人大常委会副主任伍曦，副县长胡显勇，县政协副主席万德珍，巡视全县中等学校招生考试的各个考点。

6月19日

上午，以市人口和计生委副主任喻宗英为组长的市委督查组来到南昌县，就全县贯彻落实中共中央、国务院《关于全面加强人口和计划生育工作，统筹解决人口问题的决定》的情况进行督查。县委常委、农工部长魏根金，县政协副主席、县财政局局长姜润根等陪同。

6月21日

全县中小学校教师公开招聘面试在莲塘三小举行。县委副书记梅梅，县委常委、纪委书记李传强巡视考场。

6月22日

莲塘镇党委、政府和南昌县太极拳协会在县体育馆举办“庆七一·迎奥运”祥云杯太极拳赛活动。县政协副主席张军等观看表演。

6月23日

下午，全省老年柔力球比赛组织委员会会议在南昌县召开。省老年体协副主席姜佐周，县政协副主席、县老年体协主席张军等出席会议。

6月24日

上午，2008年全省老年柔力球比赛在南昌县体育中心举行。省老年体协主席张逢雨，市老年体协主席孔炯，县领导肖玉文、梅梅、张军等观看比赛。

6月25日

上午，全县离退休干部“庆七一迎奥运”文艺汇演，在莲塘三中纳新楼举行。省委老干部局副局长陈卫华、一处处长罗林，市老年体协主席孔炯，市委老干部局副局长万群英，县领导梅梅、杨文斌、熊运浪、王小文、张军、李植等观看文艺汇演。

6月26日

下午，四川地震灾区的绵阳东汽高级技工学校20名学生，来到核工业南昌技工学校就读，受到全校师生的热烈欢迎。省核工业局副局长黄江明，局长助理娄福昌，副县长胡显勇，核工业南昌技工学校校长林尊信等出席欢迎仪式。

6月28日

晚上，南昌县“十大杰出青年”和“十大杰出女性”颁奖文艺晚会在县体育馆举行。团市委书记陈吉伟，市妇联主席盛爱凤，县领导梅梅、胡小明、杨保根、李传强、杨文斌、王小文、徐海波、王三毛、伍曦、胡显勇、张军、姜润根等出席。

【友好往来】

6月14日

下午，河南省洛阳市政协主席周宗良带领洛阳市政协考察团来到南昌县参观考察。市政协副主席龙国英，县政协主席邓炳根，县委常委、常务副县长涂仕华，县政协副主席、县财政局局长姜润根等陪同。

6月19日

下午，省人口计划生育委员会纪检组组长叶贤明，带领全省计生系统纪检监察干部培训班的全体学员，来到小蓝经济开发区参观考察。市人口计生委主任任美清，县委常委、纪委书记李传强，县委常委、小蓝经济开发区党工委书记徐海波，县委常委、农工部长魏根金等陪同。

6月20日

上午，吉林省四平市铁东区区长王宇来南昌县参观考察。省台办主任阎钢军，县领导肖玉文、徐海波、涂莉华等陪同。

【其他重要工作】

6月10日

下午，县国税局召开“民主评议政风行风”动员大会，安排部署今年国税系统的“民主评议政风行风”工作任务。

6月14日

上午，县委副书记梅梅，县政协副主席、县财政局局长姜润根来到莲塘三小，巡视全县事业单位公开招聘工作人员面试考场。

6月15日

上午，县质量技术监督局在莲塘洪客隆商场门口开展安全生产日宣传咨询活动。

6月17日

上午，以省委副秘书长钟金根为组长的省委督查组来到南昌县，就贯彻落实省委十二届四次全会精神情况进行督查。市委副秘书长魏国俊，县领导肖玉文、梅梅、徐海波、涂莉华等陪同。

6月24日

上午，县城建局召开加强机关行风效能建设动员大会。县委常委、常务副县长涂仕华，副县长万敏等出席会议。

6月30日

上午，省档案局法规处处长杨柳、副处长苑建平，南昌市档案局副局长赵乐临等来到南昌县档案局就档案登记、执法工作进行调研。县委副书记梅梅陪同。

七 月

【重要会议】

7月1日

上午，县人民防空应急行动方案编制工作会议在县人武部召开。市人防办副主任周建东，县委常委、人武部长汪火明，副县长胡显勇等出席并讲话。

7月2日

上午，南昌县在县综合楼召开全县“抓效能、促项目、兴发展”工作会议。市委常委、县委书记汤成奇，县领导肖玉文、胡小明、邓炳根、涂仕华、杨保根、李传强、杨文斌、熊运浪、胡炜、王小文、魏根金、汪火明等县六套班子领导出席会议。

▲下午，县纪委召开“抓效能、促项目、兴发展”动员会。县委常委、纪委书记李传强出席并讲话。

7月3日

上午，县委理论学习中心组在县综合楼会议室召开专题学习会，集中学习胡锦涛在抗震救灾先进基层党组织和优秀共产党员代表座谈会上的重要讲话。市委常委、县委书记汤成奇，县领导肖玉文、梅梅、胡小明、邓炳根、涂仕华、李传强、杨文斌、熊运浪、胡炜、王小文、徐海波、魏根金、汪火明等参加学习。

▲下午，县人大召开“抓效能、促项目、兴发展”工作动员会。县人大常委会主任胡小明，副主任黄连科、李木旺、陈秀梅、王三毛、伍曦等出席动员会。

▲下午，全县北京奥运期间消防安全保卫再部署工作会议在县政府综合楼召开。市公安消防支队副队长马学义，副县长、公安局局长、县防火办副主任张增和出席会议并讲话。

▲下午，南昌县在县综合楼会议室组织收听收看全省国家规划内病险水库除险加固工作电视电话会。副县长程雷佬等参加收听收看。

7月7日

上午，县政协召开加强机关效能建设动员会，安排部署机关效能建设工作。县政协主席邓炳根，副主席万德珍、张军、李信谆、伍目连、李植等出席会议。

7月8日

下午，全市招商引资重点项目现场调度会在南昌县召开。市委常委、常务副市长赵东亮，市政府副秘书长李国根，县领导肖玉文、徐海波、涂莉华，向塘开发区管委会主任黄志清等出席调度会。

7月10日

上午，国家环境保护部、发改委、监察部等八部门在北京联合召开“2008年全国整治违法排污企业、保障群众健康环保专项行动”电视电话会议。南昌县在县综合楼会议室组织收听收看。

7月14日

上午，全县食品安全工作会议在县综合楼会议室召开。县领导杨保根、陈秀梅、万德珍等出席会议。

7月23日

全县安全生产委员会扩大会议在县综合楼召开。县委常委、常务副县长涂仕华出席会议并讲话。

7月24日

上午，市委常委、县委书记汤成奇主持召开县委今年第七次常委会议。县领导肖玉文、梅梅、胡小明、邓炳根、涂仕华、杨保根、李传强、熊运浪、王小文、徐海波、魏根金、汪火明等出席。会议传达学习了省委书记苏荣，省长吴新雄，省委常委、市委书记余欣荣，市长胡宪在南昌县入选全国百强县后所作的重要指示精神。听取了县政府党组关于全国百强县评选及本县跨入全国百强县行列的情况汇报。

▲下午，全县在县综合楼组织收听收看全国农村环境保护工作电视电话会议。县委常委、副县长杨保根参加收听收看。

7月30日

上午，中共南昌县委十一届五次全体（扩大）会议在县综合楼召开。会议客观总结了进军全国百强县的成绩经验，深刻分析了今后本县面临的发展形势。会议指出在科学发展观的指引下，解放思想，开拓创新，真抓实干，又好又快推进跨越式发展，确保全面和超额完成年初既定的各项目标任务，奋力在全国百强县市行列中争先进位，以优异的发展成绩向改革开放30周年献礼。市委常委、县委书记汤成奇，县领导肖玉文、梅梅、涂仕华、杨保根、杨文斌、熊运浪、胡炜、王小文、徐海波、魏根金、汪火明等出席会议。

▲下午，县长肖玉文在县综合楼主持召开全县土地利用总体规划修编初审会议。县人大常委会副主任、县水利局党委书记王三毛，副县长万敏、程雷佬，县政协副主席、县财政局局长姜润根等出席。

▲晚上，小蓝经济开发区管委会召开全体干部职工大会，传达学习县委十一届五次全会精神。县委常委、小蓝经济开发区党工委书记徐海波出席并讲话。

【领导活动】

7月7日

下午，市委常委、纪委书记刘东明，市物价局局长吴晨，市纪委常委、办公厅主任陶寒光，市物价局纪检组长李三然等来到南昌县调研。县委副书记、县长肖玉文，县委常委、纪委书记李传强，县委常委、小蓝经济开发区党工委书记徐海波等陪同。

7月11日

上午，省人大常委会副主任胡振鹏，省人大环境资源委员会副主任委员龚三堂带领检查组来到南昌县，对全县执行《环境影响评价法》情况进行检查。市委常委、副市长卢晓健，县委副书记、县长肖玉文，县人大常委会主任胡小明，县委常委、副县长杨保根，县人大常委会副主任陈秀梅等陪同。

7月12日

上午，全省武警正规化建设流动现场会在南昌县武警中队召开。省委常委、政法委书记、公安厅长、武警江西省总队第一政委舒晓琴，省公安局副厅长曹根水，南昌市委常委、政法委书记、公安局长、武警南昌市支队第一政委胡焯，县长肖玉文，县委常委、政法委书记熊运浪，副县长、县公安局局长张增和及全省各设区市武警支队队长、公安局局长等出席现场会。

7月13日

上午，埃塞俄比亚人民代表院议长特肖梅来到南昌县蒋巷镇参观考察。省人大常委会副主任朱秉发，市人大常委会副主任连樟寿，县人大常委会主任胡小明，副县长涂莉华等陪同。

▲上午，全国水稻跨区机收启动仪式在南昌县广福镇举行。国家农业部副部长张宝文，省委常委、副省长陈达衡，副市长刘建洋，县长肖玉文等出席启动仪式。

7月22日

上午，县委统战部在县综合楼举办全县统战系统纪念改革开放30周年演讲比赛。市委常委、县委书记汤成奇，市人大副主任姚燕平，市政协副主席李广振、陈守国、龙国英，市委统战部副部长钮润荪，县领导梅梅、杨文斌、胡炜、王小文、伍曦等观摩演讲比赛。

7月30日

下午，市政协副主席龙国英带领农工民主党南昌市委员会部分成员来到南昌县，就公共文化服务体系建设进行调研。副县长胡显勇，县政协副主席伍目连，向塘开发区管委会主任黄志清等陪同。

【走访慰问】

7月1日

上午，县委常委、宣传部长杨文斌走访部分老党员，向塘开发区管委会主任黄志清等陪同走访。

▲上午，县委常委、纪委书记李传强，县人大常委会副主任陈秀梅来到广福镇走访困难老党员。

【城市建设与管理】

7月18日

上午，县政协组织部分县政协委员在县城管局召开2008年城管提案联合办理座谈会。县政协副主席李信谆、伍目连、李植等出席会议。

7月24日

下午，县长肖玉文，县人大常委会主任胡小明，县委常委、常务副县长涂仕华，副县长万敏等实地察看县城污水处理厂的筹建情况，并召开筹建工作会议，研究解决污水收集管网建设和项目用地等方面的问题。

【工交财贸】

7月2日

下午，广东佛山市嘉如纺织实业有限公司总经理邓肇能来到向塘开发区参观考察。向塘开发区管委会主任黄志清陪同。

7月4日

上午，县委宣传部召开“抓效能、促项目、兴发展”动员大会。县委常委、宣传部长杨文斌出席并讲话。

7月9日

上午，县委副书记、县长肖玉文，县委常委、小蓝经济开发区党工委书记徐海波，副县长涂莉华等先后走访亚洲啤酒、江西制药、江西国药、江西涤纶厂四家企业，了解企业发展需求，征求意见和建议，切实为企业排忧解难。

▲县水利局召开“抓效能、促项目、兴发展”暨开展民主评议政风行风动员大会。县人大副主任、县水利局党委书记王三毛出席并讲话。

▲下午，县财政局召开全县财政系统“抓党建、促廉政、强效能、兴发展”工作会。县政协副主席、县财政局局长姜润根出席并讲话。

7月10日

上午，向塘镇召开“抓效能、促项目、兴发展”工作动员大会。向塘开发区管委会主任、向塘镇党委书记黄志清出席并讲话。

▲中央电视台第四频道《中国新闻》栏目，以《小蓝经济开发区逐步形成汽车产业集群优势》为题，报道小蓝经济开发区的发展情况。

▲下午，省污水处理厂建设办公室施工协调和招标组组长，省重大项目稽察办主任刘鲁江带领督查组来到南昌县，检查污水处理厂建设的前期准备工作。县人大常委会主任胡小明等陪同。

7月14日

下午，小蓝经济开发区召开招商引资工作调度会，县长肖玉文，县委常委、小蓝经济开发区党工委书记徐海波，副县长涂莉华等出席会议。

7月15日

上午，康师傅控股公司华中区董事长倪泳政来到小蓝经济开发区参观考察。县委常委、小蓝经济开发区党工委书记徐海波等陪同。

7月16日

下午，全县“机关效能建设与经济发展环境”征求意见工作会在县纪委会议室召开。县委常委、纪委书记李传强出席会议。

▲下午，县政府副县长涂莉华在小蓝经济开发区管委会会见台湾和泰汽车股份有限公司室长吕理银、副总经理龚传生，就该公司在南昌设立雷克萨斯4S店有关问题进行了商谈，并签订了项目投资意向书。

7月17日

下午，市委常委、县委书记汤成奇在市委会见室会见来南昌县参观考察的台湾群光电子集团副董事长兼总经理林茂桂一行。市台办主任李伟，县委常委、小蓝经济开发区党工委书记徐海波，副县长涂莉华等会见时在座。

7月18日

下午，全县召开企业界人士座谈会，征求他们对机关效能建设与经济发展环境的意见和建议。县委常委、纪委书记李传强，县委常委、小蓝经济开发区党工委书记徐海波等出席座谈会。

7月20日

下午，省中小企业局局长谢碧联带领省政府督查组来到南昌县，对重大重点项目推进工作进行督查。市委常委、县委书记汤成奇，县领导肖玉文、徐海波，向塘开发区管委会主任黄志清等陪同。

7月23日

上午，县委副书记、县长肖玉文在小蓝经济开发区主持召开向塘台湾工业园筹建工作会议。县委常委、小蓝经济开发区党工委书记徐海波，副县长涂莉华，向塘开发区管委会主任黄志清等出席会议。

7月24日

下午，全县在小蓝经济开发区召开服务企业现场办公会。县长肖玉文，县委常委、县纪委书记李传强，县委常委、小蓝经济开发区党工委书记徐海波，副县长涂莉华等出席会议。

7月25日

上午，全县"抓效能、促项目、兴发展"工作汇报会在县综合楼召开。县委常委、县纪委书记李传强出席会议并讲话。

7月29日

上午，市委常委、县委书记汤成奇在县综合楼会客厅会见前来小蓝经济开发区参观考察的中国人民电器集团董事长郑元豹。县委常委、小蓝经济开发区党工委书记徐海波会见时在座。

▲下午，县政府副县长涂莉华赴上海拜访考察台湾百大企业一裕汽车集团驻上海办事处，就推进本县汽车产业发展进行磋商。

【农业与农村工作】

7月1日

上午，市委常委、县委书记汤成奇来到塘南镇、幽兰镇，就农业农村工作、新农村建设和农村经济发展等进行调研。县委常委、常务副县长涂仕华，县人大常委会副主任、县水利局党委书记王三毛，县政协副主席张军，县政协副主席、县财政局局长姜润根等陪同。

▲下午，省水利厅厅长孙晓山，副厅长杨丕龙、朱来友、罗小云、文林来到南昌县，就赣东大堤东新路堤结合工程等15个项目的建设进行现场办公。市委常委、县委书记汤成奇，市水利局局长李克荣，县领导肖玉文、梅梅、胡小明、邓炳根、魏根金、王三毛、涂莉华、程雷佬等参加现场办公会。

7月4日

上午，市委常委、县委书记汤成奇，县委副书记梅梅，县人大常委会主任胡小明，县政协主席邓炳根等到鄱阳湖巡视并检查防汛后期工作。

7月7日

上午，国家水利部排灌中心主任李羲带领检查组来到南昌县，检查水利改造项目及经费使用等情况。省水利厅副厅长罗小云，县委常委、农工部部长魏根金，县人大常委会副主任、县水利局党委书记王三毛，副县长程雷佬等陪同。

7月11日

下午，省水利厅副厅长文林来到南昌县南新乡，就河道改造工作进行现场办公。县人大常委会副主任、县水利局党委书记王三毛，副县长程雷佬等陪同。

7月12日

上午，省科技厅、农业厅组织专家来到南昌县，对广福镇广福村粮食科技丰产工程，超级稻示范推广项目进行验收。

7月28日

全县农田灌溉工作会议在县赣抚平原管理站召开。省赣管局副局长向爱龙，县领导魏根金、王三毛、程雷佬等出席会议。

【乡镇工作】

7月1日

上午，八一乡召开庆祝中国共产党成立87周年暨“创先争优”表彰大会。县委常委、组织部长王小文出席会议并讲话。

▲上午，塔城乡召开庆“七一”、深化三项创建活动表彰大会。县政协副主席万德珍出席并讲话。

▲上午，蒋巷镇召开庆祝建党87周年暨“创优争先”表彰大会。县政协副主席李信谆出席并讲话。

▲上午，东新乡召开纪念中国共产党建党87周年暨2007年度“创优争先”总结表彰大会。

▲上午，武阳镇召开庆祝中国共产党建党87周年暨2007年度“创优争先”表彰大会。

7月9日

上午，向塘镇召开编纂《南昌县姓氏志》工作会议，县委副书记、《南昌县姓氏志》编纂委员会主任梅梅，县政协主席、《南昌县姓氏志》编纂委员会执行主任邓炳根，向塘开发区管委会主任黄志清等出席会议。

【政法工作和社会治安综合治理】

7月3日-4日

全县2008年依法行政知识培训班在县委党校举办，市政府法制办公室主任廖南萍，县人大常委会副主任李木旺，副县长、县公安局局长张增和，县政协副主席李植等出席培训班开学动员大会。

7月11日

上午，全县打击“两非”案件查办工作现场会在向塘镇举行。县委常委、农工部部长魏根金，副县长程雷佬，向塘开发区管委会主任黄志清等出席现场会。

7月18日

下午，县公安局召开社会治安整治“闪电行动”动员暨2008年上半年公安工作总结会议。县委常委、政法委书记熊运浪出席并讲话，县人大常委会副主任熊鹰，副县长、县公安局局长张增和，县政协副主席李植等出席会议。

7月30日

上午，市公安局副局长刘海宾来到南昌县，就做好北京奥运会期间的安全保卫工作开展调研。副县长、县公安局局长张增和陪同。

【党的建设和干部队伍建设】

7月16日

上午，全县农村基层党风廉政建设工作汇报会在县综合楼召开。县委常委、纪委书记李传强出席并讲话。

【人武工作】

7月18日

上午，全县民兵基层建设整县推进总结表彰会在县人武部召开。县委副书记梅梅，县委常委、县人武部部长汪火明，县人武部政委姜清波，向塘开发区管委会主任黄志清等出席会议。

【信访工作】

7月7日

县委常委、县委农工部长魏根金在县信访局参加领导信访接待日活动。

7月15日

市委常委、县委书记汤成奇在常委会议室主持召开信访工作会议，县领导肖玉文、梅梅、杨保根、魏根金、万敏、张增和、涂莉华、程雷佬、姜润根等出席。

7月16日

市委常委、县委书记汤成奇来到县信访局开展公开接访活动，现场接待来访群众，为群众排忧解难。县委常委、农工部长魏根金，副县长万敏、张增和、程雷佬，县长助理熊国爱等参加接访活动。

7月18日

县委常委、纪委书记李传强在县信访局参加县级领导公开大接访活动。

7月22日

上午，县长肖玉文来到县信访局，参加“公开大接访”活动。向塘开发区管委会主任黄志清，县长助理熊国爱等陪同。

7月23日

县委常委、政法委书记熊运浪在县信访局公开接访。

7月25日

县委常委、统战部长胡炜在县信访局参加县级领导公开大接访活动。

7月28日

县委常委、副县长杨保根召开信访突出问题包案调度会。

7月28日

下午，省建设厅党组成员、纪检组长邹明泉，省信访局副厅级督查专员沈辉带领省信访督查组来到南昌县督查信访工作。市委常委、县委书记汤成奇，市信访局副局长聂嘉平，县长肖玉文，县委常委、常务副县长涂仕华，县委常委、政法委书记熊运浪，副县长、县公安局局长张增和，县长助理熊国爱等出席信访工作督查汇报会。

7月29日

县委常委、政法委书记熊运浪在县信访局公开接访，调处美嘉园业主办理房产证事宜。

7月30日

县委常委、小蓝经济开发区党工委书记徐海波在县信访局公开接访，调处Ⅰ、N 地块部分业主上访事宜。

【科教文卫体和计生工作】

7月5日

省教育科研所所长李世友带领省考评组来到南昌县，对莲塘二中晋升省重点中学进行评审。副县长胡显勇陪同。

7月8日

县政协组织部分教育界的委员来到南新乡，就农村教育资源状况和实现教育资源合理配置进行专题调研。县政协主席邓炳根，副主席万德珍、李植等参加调研。

7月9日

下午，市新闻出版局局长王建华来到南昌县，就新闻出版的机构设置，人员经费落实等情况进行调研。市委常委、县委书记汤成奇，县委副书记、县长肖玉文，县委副书记梅梅，县委常委、宣传部长杨文斌等陪同。

7月15日

上午，县政协主席邓炳根，副主席万德珍、李植和部分教育界的政协委员来到东新乡，就象湖新城学校布点问题进行调研。

7月21日

下午，县老年科技工作者协会在县政协会议室召开离退休专业技术人员联席会议。县委副书记梅梅，县人大常委会副主任黄连科，副县长胡显勇等出席会议。

7月25日

南昌县科技局举行科技宣传员、科技信息员、科技监督员授聘仪式。市科技局副局长党钢，副县长胡显勇出席并讲话。

【友好往来】

7月5日

下午，武汉市蔡甸区副区长周付民带领考察团来到南昌县，考察南昌化工大市场建设和市场安全生产管理情况。副县长江伟斌陪同。

7月7日

上午，南昌县在县综合楼举行与吉林省四平市铁东区缔结为友好县区签字仪式。市委常委、县委书记汤成奇，县委副书记、县长肖玉文，铁东区区委书记宣晓春，区委副书记、区长王宇，县领导梅梅、胡小明、邓炳根、李传强、徐海波、涂莉华、姜润根，铁东区领导李深科、韩香春、孙举鹏等出席签字仪式。

7月8日

上午，安徽省人防办人事秘书处处长马梅花带领考察团来到南昌县参观考察。市人防办副主任杨水保，县委常委、常务副县长涂仕华等陪同。

7月17日

县领导梅梅、胡小明、邓炳根、魏根金、王三毛、张军，向塘开发区管委会主任黄志清等前往永修县参观考察新农村建设试点及平原绿化工作。

7月21日

下午，由奉新县县委常委、副县长刘锋率领的奉新县党政代表团来到南昌县参观考察。县委常委、小蓝经济开发区党工委书记徐海波，县人大常委会副主任陈秀梅，县政协副主席张军等陪同。

【其他重要工作】

7月1日

上午，市工商联主席陈斌来到南昌县，就加快工商联基础建设进行调研。县委副书记梅梅，县委常委、统战部部长胡炜等陪同。

7月29日

上午，县人大常委会副主任黄连科前往县城建局、教体局、交通局等部门督办人大代表建议。

八　月

【重要会议】

8月5日

上午，南昌县在县综合楼组织收听收看全省食品安全工作电视电话会。

8月6日

下午，南昌县归国华侨联合会和海外联谊会第一次代表大会在县综合楼召开。省侨联副主席周锦，市委统战部副部长、市侨联主席、市海外联谊会副理事长姚向红，县领导梅梅、胡炜、王小文、熊鹰、胡显勇、吴克芳等出席。

8月7日

上午，县总工会在小蓝经济开发区召开开展“建功立业大竞赛，和谐企业大创建，温暖万家大帮扶”活动推进会。市总工会副主席何庆华，县人大副主任、县总工会主席熊鹰等出席。

▲下午，县重大重点项目办公室在县综合楼第三会议室召开“一城”项目推进工作调度会。县领导邓炳根、涂仕华、杨文斌、黄连科、李木旺、陈秀梅、熊鹰、万敏、万德珍、吴克芳、李信谆、姜润根，县检察院检察长张振川等出席。

8月8日

上午，县十四届人大常委会第九次会议在县综合楼召开。县人大常委会主任胡小明，副主任黄连科、李木旺、陈秀梅、王三毛、熊鹰等出席会议。县委副书记、县长肖玉文，县委常委、常务副县长涂仕华，副县长胡显勇，县政协副主席、县财政局局长姜润根，县法院院长李红刚，县检察院检察长张振川等列席会议。

8月9日

上午，市委常委、县委书记汤成奇在县综合楼会议室主持召开第八次县委常委会议。会议传达了省委书记苏荣在南昌县调研时的讲话精神，听取了县城重大重点项目和农业农村重大重点项目建设情况汇报。县委副书记、县长肖玉文，县委副书记梅梅，县委常委涂仕华、杨保根、李传强、杨文斌、熊运浪、王小文、徐海波、魏根金、汪火明等出席会议。县人大主任胡小明，县政协主席邓炳根等列席会议。

▲下午，县长肖玉文在县政府会议室主持召开县人民政府第15次常务会议。县委常委、常务副县长涂仕华，县委常委、副县长杨保根，副县长胡显勇、万敏、涂莉华、程雷佬、县长助理熊国爱等出席会议。县委常委、宣传部部长杨文斌，县委常委、农工部部长魏根金，县人大副主任、县水利局党委书记王三毛，县政协副主席、县财政局局长姜润根等列席会议。

8月10日

上午，南昌县招聘高层次人才座谈会在小蓝经济开发区召开。县委副书记、县长肖玉文，县委副书记梅梅，县委常委、常务副县长涂仕华，县委常委、小蓝经济开发区党工委书记徐海波，副县长胡显勇、万敏，县政协副主席、县财政局局长姜润根等出席。

8月12日

上午，全县污染减排工作会议在县综合楼召开。市环保局局长申少平，县委副书记、县长肖玉文，县委常委、副县长杨保根，县人大副主任陈秀梅，县政协副主席伍目连等出席。

▲下午，南昌县在县林业局召开平原造林绿化工程建设协调会。省森林病虫害检疫局党委书记吴宗仁，市林业局副局长黄才和，副县长程雷佬等出席会议。

8月13日

上午，县政协十届七次常委会议在县综合楼召开。县政协主席邓炳根，副主席万德珍、吴克芳、李信谆、伍目连、李植出席会议，县委常委、宣传部长杨文斌等列席会议。

8月15日

下午，南昌县在县综合楼召开国家级生态示范区工作汇报会，省环保局自然生态处副处长范志刚主持会议。县长肖玉文，县委常委、副县长杨保根出席会议。

8月22日

市委常委、县委书记汤成奇在县委常委会议室主持召开信访工作高层决策会，县委副书记、县长肖玉文，县委副书记梅梅，县委常委、常务副县长涂仕华，县委常委、副县长杨保根，县委常委、宣传部长杨文斌，县委常委、政法委书记熊运浪，县委常委、小蓝经济开发区党工委书记徐海波，县委常委、农工部长魏根金，县人大副主任、县水利局党组书记王三毛，副县长万敏，副县长、县公安局长张增和，副县长涂莉华、程雷佬，县政协副主席、县财政局局长姜润根，县长助理熊国爱等出席。

8月27日

下午，县纪委召开职责范围党风廉政建设形势分析会。县委常委、纪委书记李传强，县人大副主任熊鹰，副县长、县公安局局长张增和，县政协副主席、县财政局局长姜润根等出席会议。

8月28日

上午，南昌县组织收听收看全市领导干部电视电话会议。县领导肖玉文、梅梅、邓炳根、涂仕华、杨保根、王小文、徐海波、汪火明等参加收听收看。

▲下午，南昌市8月份工业经济运行暨经贸工作会议在小蓝经济开发区召开。市经贸委副主任张理国、何彦军，纪检书记万丽，县委常委、小蓝经济开发区党工委书记徐海波等出席会议。

8月29日

上午，南昌县在县环保局召开二00八污染减排工作推进会。县委常委、副县长杨保根出席会议并讲话。

【领导活动】

8月1日

上午，南昌市第一批县污水处理设施暨南昌县污水处理设施建设开工典礼在南昌县八一乡举行。市委常委、常务副市长赵东亮，市委常委、县委书记汤成奇，市、县领导万先勇、黄春平、龙国英、肖玉文、梅梅、胡小明、涂仕华、杨保根、李传强、姜润根等出席开工典礼并为项目建设奠基培土。

▲下午，省委书记苏荣来到南昌县，就新农村建设、重大重点项目建设进行调研。省委常委、市委书记余欣荣，省农业厅厅长毛惠忠，市委副书记、市长胡宪，市委常委、市委秘书长、统战部长蔡社宝，市委常委、县委书记汤成奇，县领导肖玉文、梅梅、徐海波、魏根金、张增和、程雷佬等陪同。

8月7日

上午，市人大副主任姚燕平带领调研组来到南昌县，就农村卫生工作进行调研。县人大常委会副主任陈秀梅，副县长胡显勇等陪同。

8月13日

省人大常委会委员、省人大内务司法委员会副主任委员陈发芳、胡应良带领省人大《行政许可法》执法检查组来到南昌县检查。市人大常委会副主任白波，县人大常委会主任胡小明、副主任熊鹰，副县长张增和、涂莉华等陪同。

8月19日

上午，县委班子“学习和实践科学发展观”专题民主生活会在小蓝经济开发区举行。省委常委、市委书记余欣荣，市委常委、纪委书记刘东明，市委常委、组织部长杨人平出席。市委常委、县委书记汤成奇主持会议。县委副书记、县长肖玉文，县委副书记梅梅，县人大常委会主任胡小明，县政协主席邓炳根，县委常委涂仕华、杨保根、李传强、杨文斌、熊运浪、胡炜、王小文、徐海波、魏根金、汪火明等参加民主生活会。

8月20日

上午，市人大常委会主任李豆罗率领部分市人大代表来到南昌县，就保护和支持南昌采茶戏发展问题进行调研。市委常委、县委书记汤成奇，市人大常委会副主任姚燕平，县领导肖玉文、梅梅、胡小明、杨文斌、胡显勇等陪同。

【城市建设与管理】

8月1日

上午，南昌县在象湖新城奥林匹克花园举行进入全国百强县暨象湖新城公建配套工程正式开工仪式。市委常委、县委书记汤成奇，县委副书记、县长肖玉文，南昌公交公司总经理王立，县领导梅梅、邓炳根、涂仕华、李传强、杨文斌、熊运浪、胡炜、王小文、魏根金、姜清波等出席。

8月20日

上午，县委常委、纪委书记李传强带领县委督查组，对全县“一城两区”重大重点工程项目推进情况进行督查。

8月25日

县委常委、纪委书记李传强带领督查组来到小蓝经济开发区和象湖新城，对重大重点工程项目建设和管理情况进行现场督查。县委常委、小蓝经济开发区党工委书记徐海波陪同。

【工交财贸】

8月1日

上午，向塘开发区管委会主任黄志清在向塘开发区会议室会见深圳市赛盛电子有限公司董事长鲍国保，就该企业到向塘开发区投资事宜进行磋商，县台办负责同志会见时在座。（县台办）

8月3日

下午，县长肖玉文在小蓝经济开发区主持召开全县重大招商引资项目调度会。县委常委、小蓝经济开发区党工委书记徐海波，副县长涂莉华，向塘开发区管委会主任黄志清等出席。

▲下午，全县“四驾马车”及向塘开发区重大项目跟踪推进调度会在小蓝经济开发区管委会召开。县长肖玉文，县委常委徐海波，副县长涂莉华，向塘开发区管委会主任黄志清以及“四驾马车”主要负责人参加此次调度会。

8月4日

上午，县长肖玉文来到小蓝经济开发区的企业和重大重点项目建设工地，看望慰问冒着高温酷暑，奋战在一线的建设者。县委常委、小蓝经济开发区党工委书记徐海波，县人大常委会副主任、县水利局党委书记王三毛等陪同。

8月5日

上午，县供电责任有限公司召开民主评议行风座谈会。县委常委、纪委书记李传强出席并讲话。

8月6日

上午，罗兰·贝格国际管理咨询（上海）有限公司执行总监徐沪初来小蓝经济开发区，就南昌汽车及零部件发展情况进行调研。县长、小蓝经济开发区党工委第一书记肖玉文，省经贸委经济运行处副处长江伟斌，副县长、小蓝经济开发区党工委副书记涂莉华等出席。

▲下午，全市开放型经济工作调度会在市政府二楼小礼堂召开。副县长涂莉华参加会议。

8月7日

上午，市委常委、县委书记汤成奇来到小蓝经济开发区，就重大重点项目及招商引资工作进行调研。县长肖玉文，县委常委、常务副县长涂仕华，县委常委、小蓝经济开发区党工委书记徐海波，县委常委、农工部部长魏根金，副县长万敏、涂莉华，县政协副主席、县财政局局长姜润根等陪同。

▲上午，南昌县在江西煌上煌集团有限公司召开上市工作现场协调会。市委常委、县委书记汤成奇，县领导肖玉文、涂仕华、徐海波、魏根金、万敏、姜润根等出席。

8月8日

上午，县长肖玉文来到小蓝经济开发区检查企业环保工作。他强调，一定要花大力气将小蓝经济开发区打造成生态园区，一定要保护好南昌县的蓝天碧水。

8月11日

上午，县长肖玉文来到莲塔公路建设工地进行现场调度，县政协主席邓炳根，县委常委、副县长杨保根，县人大副主任，县水利局党委书记王三毛，副县长万敏等陪同。

▲下午，市委常委、县委书记汤成奇在视察重大重点项目建设进展情况时强调，要科学组织施工，保质保量，加快推进各个重大重点项目的建设。县政协主席邓炳根，县委常委、常务副县长涂仕华，县委常委、小蓝经济开发区党工委书记徐海波等陪同。

8月12日

上午，市委常委、县委书记汤成奇来到小蓝经济开发区江铃汽车集团公司进行调研。县委常委、小蓝经济开发区党工委书记徐海波，副县长涂莉华等陪同。

8月13日

上午，省经贸委纪委书记周南伶，省经贸委技改处副处长未朝华，运输协调处副处长辛清华来到小蓝经济开发区调研。市经贸委党委书记陈清华，副主任张理国，县委常委、小蓝经济开发区党工委书记徐海波等陪同。

8月14日

上午，全县汽车产业招商业务研讨会在小蓝经济开发区管委会召开。县长肖玉文，县委常委、小蓝经济开发区党工委书记徐海波，副县长涂莉华等出席。

8月18日

上午，小蓝经济开发区16个汽车零部件重大项目开工正式启动。市委常委、县委书记汤成奇，江铃集团董事长王锡高，县领导肖玉文、梅梅、邓炳根、涂仕华、杨保根、李传强、杨文斌、熊运浪、胡炜、王小文、徐海波、魏根金、汪火明等出席开工仪式。

▲上午，副县长涂莉华在县台办会议室会见前来考察的深圳西成电子有限公司总经理堀江凯夫，就该企业投资小蓝经济开发区事宜进行座谈。

▲下午，省人大代表、市中级人民法院院长赖永芳率领部分省市人大代表来南昌县视察重大重点项目建设，县长肖玉文，县委常委、小蓝经济开发区党工委书记徐海波等陪同。

8月21日

下午，县长肖玉文在象湖新城就加快项目推进现场办公。他强调：要以科学务实的作风，加快项目推进速度，早日把象湖新城打造成一个高品位的人居住宅区。县领导胡炜、王三毛、胡显勇、万敏、姜润根等陪同。

8月22日

上午，县长肖玉文主持召开银三角收费站搬迁工作调度会。县委常委、宣传部长杨文斌，县政协副主席、县财政局局长姜润根，向塘开发区管委会主任黄志清，县长助理熊国爱等参加调度会。

▲省人大常委会委员、民革江西省委会副主任委员韩树艺带领省政协调研组来到南昌县，就特色工业园区的建设发展情况进行专题调研。副县长涂莉华、向塘开发区管委会主任黄志清等出席调研座谈会。

8月23日

南昌市交通局局长陈国凤带领督查组来到南昌县，检查改渡建桥工作。县委常委、县政府副县长杨保根等陪同。

8月24日

上午，小蓝经济开发区管委会和县总工会共同举办的企业员工专场招聘会，在莲塘维也纳广场举行。县委常委、小蓝经济开发区党工委书记徐海波，县人大副主任、县总工会主席熊鹰等出席招聘会。

8月25日

上午，蒋巷镇富民北路建设工程正式启动。副县长程雷佬出席开工仪式。

8月27日

上午，省环保局局长邓兴明来到南昌县，就小蓝经济开发区污水处理厂的建设进行调研。市环保局局长申少平，县委副书记、县长肖玉文，县委常委、副县长杨保根，县委常委、小蓝经济开发区党工委书记徐海波等陪同。

8月29日

下午，全县2008年交通基础设施建设工作会在县综合楼召开。市交通局局长陈国凤，县长肖玉文作讲话，县委常委、副县长杨保根主持会议，县政协副主席伍目连等出席会议。

【农业与农村工作】

8月12日

上午，市委农工部副部长吴久铭带领强农惠农政策落实情况检查组来到南昌县检查。县委常委、农工部部长魏根金等陪同。

8月15日

上午，省赣抚平原灌区农业水价综合改革暨末级渠系列改造培训班在南昌县开课。省赣抚平原管理局局长吴义泉，省水利厅计划财务处副处长钟涛，省水利厅农水处副处长冯知礼，省水利院副院长吕祖云，省赣抚平原管理局副局长向爱农，县人大副主任、县水利局党委书记王三毛等出席培训班。

▲下午，市妇联主席王敏、市直机关工委书记傅俊德等来到向塘镇剑霞村调研。县委常委、组织部长王小文，向塘开发区管委会主任黄志清等陪同。

8月25日

下午，市委常委、副市长凌学仁在南昌索菲特大酒店会见前来南昌参观考察的福建交通运输（控股）有限责任公司总经理廉小强一行。市政府副秘书长辛利杰，县委副书记、县长肖玉文，县委常委、宣传部长杨文斌，向塘开发区管委会主任黄志清等会见时在座。

▲下午，省森林防疫局党委书记、省平原绿化工程建设督导组组长吴宗红来到南昌县冈上镇调研。

8月26日

上午，县委副书记梅梅来到黄马乡、塔城乡调研。县委常委、宣传部长杨文斌，县人大副主任、县水利局党委书记王三毛，副县长、县公安局局长张增和等陪同。

【政法工作和社会治安综合治理】

8月15日

下午，省人大环资委副主任彭春兰带领调研组来到南昌县，就《江西省环境污染防治条例》立法工作开展调研。县人大常委会副主任陈秀梅陪同。

【信访工作】

8月3日

上午，市委常委、县委书记汤成奇，省信访督导组副组长沈辉，市政府副秘书长、市信访办主任吕汉清，市信访督导组组长简敏锋等，在县综合楼会议室参加公开大接访活动。

8月5日

上午，县长肖玉文来到县信访局，接待群众来访。市信访督导组组长简敏锋，县委常委、常务副县长涂仕华，县委常委、副县长杨保根，县委常委、政法委书记熊运浪，副县长万敏，县长助理熊国爱等参加接访。

8月8日

上午，县委副书记梅梅来到蒋巷镇，就信访工作进行调研。县委常委、农工部长魏根金，副县长程雷佬　，县长助理熊国爱等陪同。

8月20日

上午，县委副书记梅梅来到县信访局，接待群众来访。县政协副主席、县财政局局长姜润根，县长助理熊国爱等参加接访。

8月22日

县委常委、常务副县长涂仕华在县信访局参加领导公开接访活动。

8月26日

下午，全县信访稳定工作督查情况汇报会在县纪委召开。县委常委、纪委书记李传强，县委常委、政法委书记熊运浪出席并讲话。

8月27日

上午，县长肖玉文来到县信访局，公开接待来访群众。市信访督导组组长简敏锋，县委常委、政法委书记熊运浪，县人大常委会副主任王三毛，副县长万敏，县长助理熊国爱等参加接访。

【群团工作】

8月13日

上午，团省委书记王少云来到南昌县，就基层团组织建设工作进行调研。团市委书记陈吉炜，县委副书记梅梅等陪同。

【科教文卫体和计生工作】

8月4日

上午，县委统战部在县政府办公大楼大厅举办“迎奥运、促和谐”书画作品展。县领导梅梅、王小文、胡炜、吴克芳、伍目连等观看书画展。

▲下午，省人口与计划生育委员会副主任邹国荣来到南昌县，就人口与计划生育工作进行调研。市人口与计划生育委员会副主任万保平，副县长程雷佬等陪同。

8月7日

上午，县领导梅梅、杨文斌、万德珍等就文化、教育体育、卫生等部门的2008年重大重点项目进展情况进行调度。

▲上午，南昌市首场婚育新风进万家人口与计划生育知识讲座在南昌县莲塘三中纳新楼举行。市人口计生委副主任喻宗英，副县长程雷佬等参加讲座。

8月28日

上午，东新乡在乡政府召开奖学助学大会，县委常委、宣传部长杨文斌，副县长胡显勇，县政协副主席伍目连出席。

【其他重要工作】

8月6日

下午，省水利厅厅长孙晓山来到南昌县，就河道采砂管理工作进行调研。市政府副秘书长、市委农工部部长王肇赣，市水利局局长李克荣，县委常委、农工部长魏根金，县人大常委会副主任、县水利局党委书记王三毛，副县长程雷佬等陪同。

8月15日

由省人大环资委原副主任王飚，省政协人资环委主任冷芬俊率领的国家级生态示范区试点建设工作省预验收组来到南昌县，就国家级生态示范区试点建设工作进行检查验收，市、县领导申少平、肖玉文、胡小明、邓炳根、杨保根、陈秀梅、姜润根、伍目连等陪同。

8月20日

上午，向塘镇举行“抓效能、促项目、兴发展”演讲比赛。向塘开发区管委会主任黄志清观看演讲比赛。

九 月

【重要会议】

9月1日

全县第二次全国经济普查工作动员大会在县综合楼召开。县委常委、常务副县长涂仕华出席并讲话。

9月4日

全市排污收费和环境执法工作会议在南昌县环保局召开。市环保局副局长徐水喜出席会议。

9月10日

上午，全市产业招商方案调度会在南昌县召开。市政府副秘书长李国根，县长肖玉文，副县长涂莉华以及市经贸委、市外经贸委、市台办、市发改委、市科技局、南昌高新技术开发区、昌北经济开发区等单位有关负责人出席会议。

▲下午，全县县直和驻县各单位纪委书记、纪检组长座谈会在县综合楼召开。县委常委、纪委书记李传强出席并讲话。

9月11日

上午"2008年全县各界人士中秋茶话会"在莲塘洁惠花园宾馆举行。县领导肖玉文、梅梅、胡小明、邓炳根、涂仕华、杨保根、李传强、杨文斌、熊运浪、胡炜、王小文、黄连科、李木旺、陈秀梅、王三毛、熊鹰、伍曦、吴克芳、张军、伍目连、李植、熊国爱等出席茶话会。

9月16日

全市平原绿化培育研讨会在江西金乔园林有限公司举行。全国人大代表、江西省林科院总工程师博士江香梅，市林业局副局长涂佳建出席研讨会。

9月17日

下午，南昌县召开全县党风廉政建设情况通报会，向全县各民主党派、无党派人士，县工商联通报今年以来全县党风廉政建设和反腐败工作的开展情况。县委常委、纪委书记李传强，县委常委、统战部部长胡炜，副县长胡显勇，县政协副主席李植等出席通报会。

9月18日

下午，全省征收排污费调度会在南昌翠林高尔夫度假大酒店召开。省环保局副局长谭今来，省环监局局长冀常和、党组书记段惠民、副局长庄宏义，县委常委、副县长杨保根及11个设区市的环保局、环境监察支队及有关县区环保局的主要负责人出席会议。

9月19日

上午，县食品药品安全监管工作领导小组会议在县政府会议室召开。县委常委、副县长杨保根，副县长胡显勇、程雷佬等出席会议并讲话。

9月21日

上午，南昌县举行双休日领导干部理论学习活动。省民族宗教事务局局长谢秀琦应邀作题为《依法加强宗教事务管理，发挥宗教在促进社会和谐方面的积极作用》的报告。县委副书记梅梅主持报告会，县领导胡小明、邓炳根、杨保根、李传强、熊运浪、胡炜、王小文、魏根金等出席报告会。

9月22日

南昌县在县综合楼组织收听收看全省森林防火工作电视电话会。副县长程雷佬参加收听收看。

9月24日

下午，南昌县在县电信局组织收听收看全国安全生产工作电视电话会议。县委常委、常务副县长涂仕华参加收听收看。

9月27日

上午，全县2008年污染减排工作调度会在县环保局召开。县委常委、副县长杨保根出席并讲话。

▲上午，全县森林防火工作会议在县综合楼召开。县森林防火指挥部指挥、副县长程雷佬出席并讲话。

9月29日

下午，县长肖玉文在县综合楼主持召开县政府第十六次常务会。县委常委、常务副县长涂仕华，县委常委、副县长杨保根，副县长胡显勇、万敏、张增和、涂莉华、程雷佬，县长助理熊国爱等出席会议，县委常委、宣传部长杨文斌，县委常委、农工部长魏根金，县政协副主席、县财政局局长姜润根，县人武部政委姜清波等列席会议。

【领导活动】

9月2日

南新乡煌上煌新洲村希望小学举行揭牌仪式，市委副书记雷武江，市政协副主席王水苟，县委副书记梅梅等出席揭牌仪式。

9月3日

上午，市委常委凌学仁来到南昌县，就今年早稻收购工作进行调研，市粮食局局长杨小林，县委副书记梅梅，副县长程雷佬等陪同。

9月4日

上午，中央纪委副部级专员戴俭明带领中央信访工作督导组来到南昌县，对信访工作进行督查指导。省联席办副主任，省信访局副局长刘建伟，副市长刘建洋，市政府副秘书长，市信访局局长吕汉清，县领导梅梅、涂仕华、李传强、熊运浪、徐海波、张增和等陪同。

▲以省人大财经委副主任委员胡柏龄为组长的省人大执法检查组来到南昌县，对贯彻实施《统

计法》和《江西省统计管理条例》进行检查。市人大常委会副主任连樟寿，县人大常委会主任胡小明，县委常委、常务副县长涂仕华，县人大常委会副主任陈秀梅，副县长胡显勇等陪同。

9月5日

晚上，在南昌县莲塘一中开设的全省首期新疆克州高中班百名学生抵达南昌。副市长罗慧芬前往南昌火车站迎接。

9月8日

上午，首届江西新疆克维吾自治区克孜勒苏柯尔克孜自治州高中班开班典礼在莲塘一中举行。副省长史文清，省委教育工委书记、省教育厅厅长虞国庆，省委教育工委副书记、省教育厅副厅长李小南，市长胡宪，副市长罗慧芬，新疆克州副州长木日扎别克，县领导肖玉文、梅梅、杨文斌、胡炜、胡显勇、姜润根等出席开班仪式。

9月23日

下午，江铃汽车小蓝A4线厂房主梁吊装仪式在小蓝经济开发区举行。省长吴新雄，副省长洪礼和，福田汽车公司总裁兼首席执行官穆拉利，福利汽车公司执行副总裁兼福特亚太非首席执行官潘克强，市、县领导胡宪、汤成奇、肖玉文、梅梅、胡小明、邓炳根等出席。

▲下午，市人大副主任姚燕平，市文化局局长黄中平等来到向塘镇，视察公共文化服务体系建设。县人大副主任伍曦，副县长胡显勇等陪同。

9月24日

上午，赣鄱农产品质量安全行宣传日开幕式活动在南昌县澄碧湖公园举行。省人大常委会副主任胡振鹏，副省长洪礼和，市、县领导汤成奇、戴和旺、罗慧芬、胡小明、王三毛等出席。

▲上午，省政协副主席、省委统战部部长宋晨光，省委统战部副部长黄小华等来南昌县视察。市委常委、市委秘书长、统战部部长蔡社宝，市委常委、县委书记汤成奇，县领导梅梅、涂仕华、胡炜、徐海波、吴克芳等陪同。

▲下午，国家农业综合开发办副主任刘世江来到南昌县，就农业综合开发工作进行调研。省农业开发办主任章康华，市委常委、副市长董化杰，市农业开发办主任陶海龙，县委常委、农工部部长魏根金等陪同。

9月25日

上午，市领导李豆罗、蔡社宝、姚燕平、王水苟、侯捷、徐荷娣在县领导胡小明、邓炳根等陪同下，来到南昌市金秋经贸活动非公有制经济成果展示会现场南昌县展区参观。

9月28日

上午，南昌县永乐影城开业典礼在莲塘星云时尚广场举行。市委常委、宣传部长周关，市委常委、县委书记汤成奇，省文化厅市场局局长万一君，省电视公司总经理龙学雷，市委宣传部副部长魏运花，市文化局副局长贺思敏，县领导胡小明、杨文斌、伍曦、胡显勇、万德珍、姜润根等出席开业典礼。

▲晚上，南昌县在县体育馆举行“迎国庆、颂清风”大型廉政文艺晚会。省纪委副书记、省监察厅厅长汪毓华，市委常委、市纪委书记刘东明，市委常委、县委书记汤成奇，省纪委常委、省纪委秘书长肖为群，省纪委常委李泉新，市纪委副书记杜志刚，市纪委常委傅碧波，县领导梅梅、胡小明、邓炳根、杨保根、李传强、杨文斌、胡炜、王小文、徐海波等观看文艺晚会。

【走访慰问】

9月9日

上午，县委副书记梅梅，副县长胡显勇等来到莲塘一中、莲塘二中、莲塘四中等学校，走访慰问教师，向他们祝贺节日。

▲上午，向塘开发区管委会主任、向塘镇党委书记黄志清先后来到向塘镇幼儿园、向塘镇中心小学、向塘实验学校、向塘二中走访慰问教师，向他们致以节日的祝贺。

9月11日

上午，民进江西省委员会副主委李志跃等来到南昌县幽兰镇，慰问敬老院的老人。民进南昌市委副主委、民进南昌县总支主委、副县长胡显勇等陪同。

【城市建设与管理】

9月3日

下午，以贵阳市住房和房产管理局局长胡元华为组长的住房与城乡建设部考评组来到南昌县，对全县2008年度房地产交易与权属登记规范化管理工作进行考评。省建设厅住宅与房地产业处处长黄隆规，县委常委、常务副县长涂仕华等陪同。

9月17日

省委办公厅副巡视员张金彪带领省委督查组来到南昌县，对南昌县推进城市化建设情况进行督查。市委副秘书长魏国俊，县领导肖玉文、梅梅、涂仕华、胡炜等陪同。

【工交财贸】

9月10日

上午，南昌县召开象湖新城安全生产、建筑质量和农民工工资工作调度会。县委常委、统战部部长胡炜出席并讲话。

9月11日

下午，副县长涂莉华在县台办会议室会见联宇精密电子（深圳）有限公司总经理李锦雄、弘腾实业有限公司总经理廖伟志，就两家企业投资小蓝经济开发区事宜进行交流。县台办负责同志会见时在座。

▲下午，县委常委、纪委书记李传强走访小蓝经济开发区部分企业，了解企业在规划、施工、招商、融资等过程中存在的困难和问题。

9月16日

县委常委、副县长杨保根带领县环保局、小蓝经济开发区管委会的有关负责同志深入小蓝经济开发区污水处理厂、江西国药有限责任公司、江西煌上煌集团食品有限公司、江西汇仁药业有限公司等污染减排重点单位督促核查污染减排工作的进展情况。

9月22日

上午，第六届赣台（南昌）经贸合作研讨会开幕式在南昌隆重召开。向塘开发区被授牌“江西向塘台商创业园”。市委常委、县委书记汤成奇，向塘开发区管委会主任黄志清及县台办、县对外合作局、小蓝经济开发区招商局负责同志出席会议。

▲下午，南昌投资环境暨“台资企业转移承接推介说明会”在江西饭店举行。市委常委、县委书记汤成奇，向塘开发区管委会主任黄志清出席会议。

9月24日

上午，由县人民政府主办、小蓝经济开发区承办的“江西省汽车零件产业基地和南昌县政府海关事务联络办公室授牌仪式暨重大重点项目签约仪式”在小蓝经济开发区举行。省经贸委副主任张小平，省机械行业办公室副主任李新乐，市委常委、县委书记汤成奇，南昌海关副关长林建平，省经贸委经济运行处处长钟宇辉，省机械行业办处长辜红星，省经贸委经济运行处副处长江伟斌，市经贸委主任程小林，县领导肖玉文、梅梅、胡小明、邓炳根等出席。

▲上午，县长肖玉文在小蓝经济开发区管委会会议室会见澳洲亨氏工业企业集团董事长詹姆斯 。

▲上午，南昌工业支柱产业对接洽谈会在小蓝经济开发区管委会举行。市经贸委主任程晓林，县长肖玉文，县委常委、小蓝经济开发区党工委书记徐海波，副县长涂莉华和上海华瑞集团等50多家企业的负责人代表参加洽谈会。

▲下午，南昌市台资企业转移承接基地推介说明会在索菲特大酒店举行。市委常委、县委书记汤成奇出席会议并致词，向塘开发区管委会主任黄志清作推介。

9月27日

上午，南昌县在浙江省永康市举办“浙赣互动·区域经贸合作交流峰会暨浙江厂商进驻签约仪式”。浙江省社科联党组书记陈荣，浙江省社科院副院长、著名经济学家葛诚，江西省社科联副主席汪玉奇，中共南昌市委常委、县委书记汤成奇，中共永康市委常委、常务副市长施振强，县委常委、小蓝经济开发区党工委书记徐海波，向塘开发区管委会主任黄志清等出席。

【农业与农村工作】

9月2日

上午，县委常委、纪委书记李传强带领重大重点项目督查组，深入蒋巷镇，就重大重点项目建设推进情况进行督查。

9月3日

上午，省水利厅副厅长罗小云来到南昌县，就农业水价综合改革试点工作开展调研。省赣抚平原水利工程管理局局长吴义泉，市水利局副局长崇林风，县领导王三毛、程雷佬等陪同。

9月5日

下午，国家科技部农村中心主任董文带领粮食丰产科技工程项目检查组来到南昌县广福镇广福村，对南昌县“十一五”期间实施的双季稻丰产高效技术项目工程进行检查。省科技厅厅长王海，省农科院党委书记杨兰根，江西农业大学副校长潘晓华，副县长胡显勇等陪同。

9月12日

下午，全县县乡主干道沿线环境整治暨冬种工作会在县综合楼召开。县长肖玉文，县委常委、农工部部长魏根金，副县长程雷佬等出席会议。

9月21日

上午，国家发改委经济贸易司副司长刘小南带领调研组来到南昌县，就粮食调控政策方面的问题进行调研。副县长程雷佬陪同。

9月22日

上午，全县新农村建设试点暨县乡主干道沿线环境整治工作会在广福镇召开。县委常委、农工部部长魏根金，副县长程雷佬等出席。

9月25日

上午，以国家环境保护部评估中心副主任谭民强为组长的国家环保调研组来到南昌县，就全国新增1000亿斤粮食生产能力规划开展调研。省环保局副局长谭会来，市委常委、县委书记汤成奇，县人大常委会副主任王三毛，副县长程雷佬等陪同。

【政法工作和社会治安综合治理】

9月25日

上午，县司法局在翠林高尔夫度假大酒店召开普法、依法治理研讨会。省司法厅副厅长邓奕强，省司法厅法制宣传处处长万筱泓，市司法局局长吕建民，县委常委、政法委书记熊运浪，县人大副主任熊鹰，县政协副主席李植等出席。

【劳动人事和社会保障】

9月27日

上午，省财政厅社保处处长曾文泉带领督查组来到南昌县，就农村富余劳动力转移就业工作进行督查。省劳动就业局副局长邓模，县委常委、副县长杨保根等陪同。

【党的建设和干部队伍建设】

9月20日

上午，南昌县在莲塘二小举行2008年度公开选拔乡镇长助理考试。市委常委、县委书记汤成奇，县委副书记梅梅，县委常委、组织部部长王小文等巡视考场。

【信访工作】

9月3日

县委常委、统战部长胡炜在县信访局参加领导公开接访活动。

9月5日

县委常委、组织部长王小文在县信访局公开接访。

【群团工作】

9月4日

下午，团省委书记王少云来到南新乡，就加强农村基层团组织建设进行调研。团市委书记陈吉炜等陪同。

9月25日

上午，团县委在县综合楼举行纪念改革开放30周年党团知识竞赛活动。团市委副书记阎志强，县委常委、纪委书记李传强，县人大副主任伍曦，副县长胡显勇，县政协副主席万德珍等观看比赛。

【科教文卫体和计生工作】

9月6日

上午，上海市第六人民医院与南昌县人民医院建立协作关系。上海市第六人民医院院长谭申生，市卫生局局长魏国华，县委副书记梅梅，县人大主任胡小明，县政协主席邓炳根，县委常委、宣传部长杨文斌，副县长胡显勇等参加在县人民医院举行的协作医院揭牌仪式。

9月10日

下午，南昌县召开2008年生态黄马金秋赏桂活动协调会。县委常委、宣传部长杨文斌出席并讲话。

9月11日

上午，南昌县关心下一代工作委员会、南昌县妇联在东新乡东岳村中心小学举行“奉献爱心真情、照亮未来前程”金秋捐赠活动。县政协副主席万德珍出席捐赠活动。

9月12日

上午，莲塘三小举行孔子圣像落成仪式暨首届礼乐文化艺术节。县委副书记梅梅，县委常委、宣传部部长杨文斌，副县长胡显勇等出席并为孔子圣像落成剪彩。

▲上午，县委副书记梅梅，县委常委、宣传部部长杨文斌视察县职业高等技术学校新校区建设情况。

▲省卫生厅调研员官春林，省家畜血防站副站长杨琳带领血吸虫病疫情控制达标考核组来南昌县考核血吸虫病疫情控制达标工作。市卫生局副局长陈天鹏，市农业局副局长李淑英，副县长胡显勇等陪同。

9月17日

上午，南昌县计划生育社会抚养费非投诉执行和计划生育难点工作现场会在三江镇召开。县委常委、农工部部长魏根金，副县长程雷佬等出席。

9月18日

下午，省人事厅公务员管理处处长饶丽芬，省科技厅政策法规处处长郝旭昊来到南昌县，就科技工作开展调研。市科技局副局长卢洪献、党钢，副县长胡显勇等陪同。

9月19日

下午，省电视台台长杨玲玲，副台长刘宁、张晓健、李建国等来到南昌县，就省电视台新大楼选址工作进行考察。市、县领导汤成奇、梅梅、杨文斌、万敏等陪同。

9月22日

县委组织部、县委老干部局、县书法协会在县政府综合大楼一楼大厅联合举办迎“重阳”古稀老人书画作品展。县委副书记梅梅，县委常委、组织部长王小文，副县长胡显勇等观看书画作品展。

9月26日

晚上，县委统战部在县人民医院举办“喜迎祖国生日，歌颂改革成果”文艺晚会。县委常委、统战部长胡炜，县人大副主任伍曦，副县长胡显勇，县政协副主席吴克芳、伍目连、李植等观看文艺晚会。

【友好往来】

9月6日

上午，民革南昌市委秘书长刘川带领东湖区民革支部成员来南昌县参观。县人大常委会副主任伍曦等陪同。

9月17日

下午，由永修县县委书记韩胜球，县长徐耀纯率领的永修县党政代表团来南昌县参观考察。县领导肖玉文、徐海波、陈秀梅、万德珍等陪同。

9月19日

俄罗斯钾肥公司首席农学专家亚里科斯等来到南昌县广福镇参观考察。省农科院院长罗奇祥，省农科院土肥所所长刘光荣等陪同。

▲下午，市委常委、县委书记汤成奇，县委副书记、县长肖玉文，县委常委、小蓝经济开发区党工委书记徐海波，副县长涂莉华等前往洪都航空集团公司参观。洪教航空集团董事长、党委书记吴方辉，副总经理黄俊勇等陪同。

【其他重要工作】

9月18日

上午，南昌县市十三届人大代表小组在武阳镇举行第三次活动。县人大常委会主任胡小明

参加。

▲上午，南昌县市十三届人大代表小组在八一乡举行第三次活动，县人大常委会副主任黄连科参加。

▲下午，南昌县进行防空警报试鸣。县政府副县长胡显勇、县人武部政委姜清波在县人防指挥室指导防空警报试鸣工作。

9月19日

上午，县人大2008年人大工作理论研讨会在莲塘洁惠花园宾馆召开。县人大常委会副主任黄连科出席并讲话。

9月25日

上午，纪念南昌县“夕阳红”协会成立十周年庆祝活动在县体育馆举行。县政协副主席、县老年体协主席张军主持并讲话。

▲下午，中国气象局计划财务司副司长赵一平带领调研组来到南昌县调研。省气象局纪检组长刘祖仑，副巡视员姚春林，南昌市气象局局长吴延年，县委常委、农工部部长魏根金等陪同。

9月28日

全县残疾人工作会在县综合楼召开。县委常委、副县长杨保根出席并讲话。

十　月

【重要会议】

10月7日

上午，全县离退休干部形势报告会在县综合楼举行。市委常委、县委书记汤成奇，县委副书记梅梅，县人大常委会主任胡小明，县政协主席邓炳根，县委常委、纪委书记李传强，县人武部政委姜清波等出席会议。

10月9日

下午，江西南昌钢铁交易中心项目投资洽谈会在南昌县举行。县长肖玉文，县委常委、宣传部长杨文斌，县委常委、统战部长胡炜，副县长涂莉华等出席洽谈会。

10月14日

下午，南昌县在县综合楼组织收听收看全国处理信访突出问题及群体性事件电视电话会。市委常委、县委书记汤成奇，县委常委、常务副县长涂仕华，县委常委、政法委书记熊运浪，县长助理熊国爱等参加收听收看。

10月16日

上午，县政协十届九次常委会在县综合楼召开。会议听取了县直有关部门关于南昌县重大重点项目建设情况的汇报。县政协主席邓炳根，副主席万德珍、吴克芳、张军、李信谆、伍目连等出席，县委常委、副县长杨保根应邀出席。

▲下午，县长肖玉文在三江镇主持召开莲塔公路项目建设调度会。县委常委、副县长杨保根，县人大常委会副主任王三毛，副县长万敏，县政协副主席、县财政局局长姜润根等出席。

10月17日

上午，南昌县城市规划委员会第二次会议在县综合楼召开。市委常委、县委书记汤成奇，县领导肖玉文、梅梅、涂仕华、胡炜、徐海波、王三毛、胡显勇、万敏等出席。

10月20日

南昌县在县综合楼组织收听收看全国、全省落实党风廉政建设责任制电视电话会议。市委常委、县委书记汤成奇，县委常委、常务副县长涂仕华等参加收听收看。

10月21日

下午，县长肖玉文主持召开县政府第17次常务会议。县委常委、常务副县长涂仕华，县委常委、副县长杨保根，副县长胡显勇、万敏、张增和、涂莉华，县长助理熊国爱等出席；县人大常委会主任胡小明，县政协主席邓炳根，县人大常委会副主任王三毛，县政协副主席、财政局局长姜润根，县法院院长李红刚，向塘开发区管委会主任黄志清等列席会议。

10月22日

上午，全县非公有制企业（单位）人才资源状况抽样调查工作暨培训会议在县综合楼召开。县委常委、组织部部长王小文出席并讲话。

▲上午，中华人民共和国《道路交通安全法》实施情况检查动员会在县人大会议室召开。县人大副主任熊鹰出席并讲话。

10月24日

上午，县委中心组在县综合楼会议室集中学习十七届三中全会公报和会议精神。市委常委、县委书记汤成奇，县领导肖玉文、梅梅、胡小明、邓炳根、涂仕华、杨保根、李传强、熊运浪、胡炜、王小文、徐海波、魏根金、汪火明、黄连科、李木旺、熊鹰、王三毛、万敏、张增和、涂莉华、李信谆、姜润根、李植，县检察院检察长张振川，县长助理熊国爱等参加学习。

▲上午，江西省血吸虫病联防联控进贤、南昌、余干三县封州禁牧工作会在南昌县召开。省血地办主任熊继杰，省寄生虫病研究所党委书记欧阳源，市卫生局副局长陈天鹏，副县长胡显勇等参加会议。

▲下午，南昌县迎接省卫生县城复审工作协调会在县政府会议室召开。县委副书记梅梅，县人大副主任陈秀梅、伍曦，副县长胡显勇，县政协主席万德珍、伍目连等出席会议。

10月25日

上午，南昌县造林绿化“一大四小”暨农村垃圾处理工程建设动员大会在县综合楼召开。市委常委、县委书记汤成奇，县委副书记梅梅，县委常委、农工部部长魏根金，县人大副主任、县水利局党委书记王三毛等出席。

10月28日

上午，南昌县第十四届人大常委会第十次会议在县综合楼召开。县人大常委会主任胡小明，副主任黄连科、李木旺、陈秀梅、王三毛、熊鹰、伍曦等出席会议，县长肖玉文，副县长胡显勇，县政协副主席、县财政局局长姜润根，县法院院长李红刚，县检察院检察长张振川等列席会议。会议听取和审议了县发展和改革委员会关于“十一五”规划实施情况，中期评估和2008年度上半年国民经济和社会发展情况的报告；听取和审议了县财政局关于2007年度县本级财政决算，预算外资金管理和2008年度上半年财政预算执行情况的报告；听取和审议了县审计局关于2007年度县本级预算执行和其他财政收支和审计工作报告。会议还审议并通过了有关人事任免等事项。

▲上午，全县农村（社区）党组织和村（居）委会换届选举工作会议在县综合楼召开。县委副书记梅梅，县委常委、副县长杨保根，县委常委、组织部长王小文，县人大常委会副主任黄连科等出席。

【领导活动】

10月9日

上午，江西护理职业技术学院新校园在象湖新城举行奠基仪式。副省长谢茹，省卫生厅厅长李利，市委常委、县委书记汤成奇，副市长罗慧芬，县长肖玉文，县委副书记梅梅等出席奠基仪式。

▲上午，市委常委、县委书记汤成奇来到清华泰豪有限公司开展调研。县长肖玉文，县委常委、小蓝经济开发区党工委书记徐海波等陪同。

▲下午，副省长洪礼和带领省直有关部门负责人来到南昌县，视察改渡建桥工作进展情况。副市长刘建洋，市长助理戚学林，县长肖玉文，县委常委、副县长杨保根，向塘开发区管委会主任黄志清等陪同。

10月10日

下午，省委常委、宣传部部长刘上洋，省广播电视局局长黄晔明，江西电视台台长杨玲玲等来到南昌县象湖新城，视察江西电视台迁移选址工作。市委常委、县委书记汤成奇，县委副书记梅梅，县委常委、宣传部长杨文斌，县委常委、统战部长胡炜，副县长万敏等陪同。

10月11日

上午，“2008 生态黄马金秋赏桂活动“在黄马乡开幕。市、县领导周关、汤成奇、戴和旺、肖玉文、梅梅、胡小明、邓炳根、涂仕华、杨文斌、熊运浪、徐海波、魏根金、汪火明，省蚕桑茶叶研究所所长饶建如等出席开幕式。

10月12日

上午，市委常委、县委书记汤成奇和县委、县人大、县政府、县政协四套班子领导肖玉文、梅梅、胡小明、邓炳根、涂仕华、杨保根、杨文斌、熊运浪、王小文、徐海波、魏根金、汪火明、姜清波、黄连科、李木旺、王三毛、伍曦、万敏、张增和、涂莉华、吴克芳、李信谆、姜润根、李植以及县法院院长李红刚，县检察院检察长张振川，向塘开发区管委会主任黄志清，县长助理熊国爱等来到江西陆军学院，参加军事实弹射击比武活动。

10月14日

下午，省人大内务司法委员会副主任委员陈发芳带领省人大执法检查组来到南昌县，检查《台湾同胞投资保护法》贯彻实施情况。市人大副主任姚燕平，县人大副主任熊鹰，副县长涂莉华等陪同。

▲下午，省林业厅厅长刘礼祖在市政府副市长刘建洋，省林业厅计财处处长罗勤，省森防局党委书记吴宗仁，省造林处处长李征，市林业局局长樊三宝，副局长涂传建，县长肖玉文，县委常委、农工部部长魏根金等陪同下，来到南昌县指导造林绿化“一大四小”工作。

10月21日

上午，向塘开发区举行重大重点项目开工建设和招商引资项目签约仪式。市委常委、常务副市长赵东亮，市委常委、县委书记汤成奇，市政府副秘书长李国根，市外经委副主任丁勇利，县领导肖玉文、梅梅、胡小明、邓炳根、涂仕华、杨文斌、熊运浪、胡炜、王小文、徐海波、魏根金等出席签约仪式。

10月22日

上午，省教育厅副厅长彭世东带领调研组来到南昌县，就加快职业教育事业的发展进行调研。

副市长罗慧芬，市教育局局长熊小武，县委副书记梅梅，副县长胡显勇等陪同。

10月24日

上午，省人大财经委员会副主任委员蒲日新带领调研组来到南昌县，就全县“十一五”规划中期实施情况进行调研。市人大副主任连樟寿，县人大副主任陈秀梅，副县长涂莉华等陪同。

10月27日

下午，省司法厅厅长马承祖来到南昌县，就基层司法所的建设进行调研。副市长刘建洋，市司法局局长吕建民，县委副书记梅梅，县委常委、政法委书记熊运浪等陪同。

10月28日

上午，全球领先的汽车零部件供应伟世通和江铃汽车股份有限公司的合资企业伟世通汽车空调（南昌）有限公司，在小蓝经济开发区举行揭牌仪式。市委常委、县委书记汤成奇，市委常委、副市长凌学仁，县领导肖玉文、徐海波、涂莉华，伟世通高级副总裁全球客户业务部总裁庞宝博，伟世通副总裁兼空调产品部总裁格林威等出席揭牌仪式。

10月30日

上午，副省长谢茹来到小蓝经济开发区，就高新技术产品重大项目研发、推广工作进行调研。省科技厅副厅长杨贵平，市政府副秘书长朱敏华，市科技局副局长胡向平，县委常委、小蓝经济开发区党工委书记徐海波，副县长胡显勇等陪同。

【城市建设与管理】

10月29日

上午，县长肖玉文视察县城五一路桥、县城污水处理厂等县城建设项目。县人大常委会主任胡小明，县委常委、常务副县长涂仕华，县委常委、宣传部部长杨文斌，副县长万敏，县政协副主席、县财政局局长姜润根，县检察院检察长张振川等陪同。

【工交财贸】

10月3日

上午，市委常委、县委书记汤成奇在县综合楼会客厅会见来南昌县投资考察的香港宏泰国际投资（集团）有限公司总裁李洁、总经理李明珠。县委常委、宣传部长杨文斌会见时在座。

10月9日

下午，市委常委、县委书记汤成奇，副县长涂莉华，在县委接待室会见来南昌县参加考察的华润协鑫（北京）热片有限公司总经理史宏超。

10月10日

上午，江西南昌钢铁交易中心项目签约仪式在县综合楼举行。总投资6亿元的南昌钢铁交易中心正式落户南昌县象湖新城。市委常委、县委书记汤成奇，县领导肖玉文、梅梅、胡小明、邓炳根、涂仕华、杨文斌、胡炜、徐海波、万敏、涂莉华、姜润根，上海松江钢材市场经营管理有限公司总裁肖家守等出席签约仪式。

10月13日

上午，市委常委、县委书记汤成奇在县综合楼会见室会见江中集团董事长钟虹光一行。县长肖玉文，县长助理熊国爱等会见时在座。

10月14日

上午，市委常委、县委书记汤成奇在县政府综合楼会见室会见南昌温州商会会长、温州（江西）投资发展有限公司董事长方永棣一行。向塘开发区管委会主任黄志清会见时在座。

▲下午，吉林省四平市铁东区人民政府与江西煌上煌集团有限公司项目合作签约仪式在煌上煌集团举行。四平市市委书记王克成，四平市人大常委会主任陈永江，四平市市委副书记、代市长刘喜建，四平市政协主席阎杰，四平市铁东区区委书记宣晓春、代区长王宇，南昌市市委常委、副市长卢晓健，县委副书记、县长肖玉文，县委常委、小蓝经济开发区党工委书记徐海波等出席签约仪式。

10月15日

上午，市委副书记雷武江在青山湖区扬子洲乡政府主持召开南新到扬子洲连接公路工程建设协调会。市公路局局长黄维象，县委副书记、县长肖玉文，青山湖区区委副书记、区长胡小洪，县委副书记梅梅，县委常委、副县长杨保根等出席。

10月16日

上午，县长肖玉文来到向塘镇视察基础设施建设和台湾创业园建设情况。县委常委、宣传部长杨文斌，副县长万敏、涂莉华，县政协副主席、县财政局局长姜润根，向塘开发区管委会主任黄志清等陪同。

▲县长肖玉文在县委常委、农工部部长魏根金，副县长万敏，县政协副主席、县财政局局长姜润根，向塘开发区管委会主任黄志清等陪同下视察蓝园大道建设的进展情况。

10月20日

上午，副县长涂莉华在小蓝经济开发区会议室会见前来南昌县参观考察的世界华人协会台湾分会会长林瑞民。

10月21日

上午，深圳赛盛电子有限公司与向塘开发区管委会顺利签约，管委会主任黄志清参加签约仪式，县台办负责同志签约时在座。

10月22日

上午，全县2008年第二批企业污染减排工作会在县环保局召开。县委常委、副县长杨保根出席并讲话。

▲上午，县委常委、副县长杨保根视察新莲塔公路建设工程，实地了解工程进展情况。

10月26日

上午，江西煌上煌集团食品股份公司成立大会在煌上煌集团举行。市委常委、县委书记汤成奇为江西煌上煌集团食品股份公司揭牌，县委副书记、县长肖玉文，县委常委、小蓝经济开发区党工委书记徐海波等出席揭牌仪式。

10月27日

下午，县长肖玉文在小蓝经济开发区服务企业现场办公会上要求：各部门要本着与企业共成长的理念，加大服务力度，支持企业发展，为开发区快速发展提供最好的发展环境。县委常委、小蓝经济开发区党工委书记徐海波，副县长涂莉华等出席现场办公会。

10月28日

上午，县总工会在小蓝经济开发区江西文丰服饰实业有限公司举办“文丰”职工服装技工大赛。县人大副主任、县总工会主席熊鹰等观看比赛。

10月30日

下午，市外经贸委副主任丁勇利一行对南昌县重大重点项目的开工、投产情况进行检查。

【农业与农村工作】

10月7日

上午，省委农村基层组织处处长刘文胜来到南昌县，走访在村委会任职的大学生。市委农村基层组织建设办公室主任邹艾民，县委副书记梅梅，县委常委、组织部部长王小文，向塘开发区管委会主任黄志清等陪同。

▲下午，市委常委、县委书记汤成奇来到蒋巷镇，就新农村建设、村级集体经济发展等进行调研。县委常委、农工部部长魏根金，县人大常委会副主任王三毛，副县长程雷佬等陪同。

10月8日

上午，市人大农业委员会主任魏文斌带领检查组来到南昌县，检查贯彻实施中华人民共和国《水土保持法》和南昌市《城市水土保持条例》的情况，县人大常委会主任胡小明，县人大常委会副主任、县水利局党委书记王三毛等陪同。

10月9日

下午，省水利厅副厅长罗小云带领省水利厅调研组来到南昌县调研。县领导魏根金、王三毛等陪同。

10月15日

下午，南昌县在县综合楼召开2008年“三支一扶”大学生赴农村基层服务座谈会。副县长胡显勇出席并讲话。

10月16日

县林业局召开“一大四小”造林绿化座谈会。省林业有害生物防治检疫局党委书记吴宗仁，县委常委、农工部部长魏根金等出席。

10月22日

省林业厅计财处处长罗勤带领调研组来到南昌县，就“一大四小”造林绿化工程建设情况进行调研。市林业局副局长黄才和等陪同。

【政法工作和社会治安综合治理】

10月9日

下午，县人大常委会全体成员在县人大会议室集中学习江西省实施《中华人民共和国各级人民代表大会常务委员会监督法》办法，县人大常委会主任胡小明，副主任李木旺、陈秀梅、熊鹰、伍曦等参加学习。

10月14日

下午，省质量技术监督局局长王詠来到南昌县，就加强食品监督工作进行调研。市委常委、县委书记汤成奇，省质监局副局长蔡玮，市质监局局长张正新，县领导肖玉文、杨保根、徐海波等陪同。

10月17日

省委政法委员会秘书长林强、省委政法委机关党委专职副书记刘锡秋，市委政法委副书记、维稳办主任程建兵带领省市“五五”普法工作督导组来到南昌县，检查普法依法治理工作。县领导熊运浪、熊鹰、张增和等陪同。

▲下午，省高级人民法院院长张忠厚来到南昌县，就加强基层人民法庭建设进行调研。市人民法院院长赖永芳，县长肖玉文，县人民法院院长李红刚等陪同。

【劳动人事和社会保障】

10月21日

上午，市物价局副局长詹善平带领检查组来到南昌县，就全县城乡低保政策执行情况和农村敬老院建设情况进行检查。县委常委、副县长杨保根等陪同。

10月23日

下午，省劳动和社会保障厅厅长张勇来到南昌县，检查指导农村劳动力转移就业和小蓝经济开发区用工对接工作。市委常委、县委书记汤成奇，县委副书记梅梅，县委常委、小蓝经济开发区党工委书记徐海波等陪同。

【党的建设和干部队伍建设】

10月13日

上午，县直属机关2008年党支部（总支）书记培训班在县委党校举行。县委常委、组织部长王小文在培训班开班动员会上讲话。

10月22日

下午，全县非公有制企业党建工作推进现场会在煌上煌集团召开。县委常委、组织部长王小文出席并讲话。

10月27日

下午，省直单位民主评议政风行风问卷调查在县教体局开展。省国家安全厅纪委书记潘斌，省纪委纠风室副处级纪检员吴连平，省国家安全厅保密办副主任李国翔等省民主评议政风行风督查组成员对这次问卷调查进行全程监督。市纪委副书记薄成诚，市纪委常委、办公厅主任陶寒光参加这次问卷调查测评会，县委常委、纪委书记李传强，副县长胡显勇向省督查组汇报了这次问卷调查的组织开展情况。

10月28日

上午，市纪委副书记杜志刚，市纪委常委、案件审理室主任傅碧波带领调研组来到南昌县，对南昌县纪检监察工作、廉政文化建设等进行调研。县委常委、纪委书记李传强，县委常委、小蓝经济开发区党工委书记徐海波等陪同。

【人武工作】

10月23日

上午，全县2008年度冬季征兵工作会议在县人武部召开。县委常委、常务副县长涂仕华，县委常委、县人武部部长汪火明，县人武部政委姜清波等出席会议。

▲下午，县人武部政委姜清波带领部分官兵来到向塘江西科技学院，向该校大学生宣传国家的征兵政策，鼓励他们报名参军。

【信访工作】

10月9日

上午，全县信访稳定工作总结部署会议在县综合楼召开。县委常委、政法委书记熊运浪，副县长、县公安局局长张增和，县长助理熊国爱等出席会议。

【群团工作】

10月13日

下午，市人大内务司法委员会主任胡万能，市妇女儿童工作委员会副主任盛爱凤带领督导组来到南昌县，对南昌县《妇女发展规划》和《儿童发展规划》实施情况进行督导。县人大副主任熊鹰、副县长胡显勇等出席汇报会。

10月30日

南昌县召开开展建立健全妇女儿童维权网络工作动员大会。市妇联副主席盛爱凤，县委副书记梅梅等出席。

【科教文卫体和计生工作】

10月8日

上午，南昌二中纪念著名爱国主义教育家熊育锡先生诞辰140周年座谈会在南昌县举行。县长肖玉文，副县长胡显勇，南昌二中校长吴勤等出席座谈会。

10月9日

下午，县委副书记梅梅在省蚕茶研究所主持召开调度会，就即将举行的生态黄马金秋赏桂活动进行调度。省蚕茶研究所所长饶建如出席。

10月12日

上午，江西省赣商联合会助学捐款活动在莲塘镇三楼会议室举行，省赣商联合会副会长朱弈胜为彭家村20名贫困学生捐款。省对外经济技术合作办公室副主任彭林森、省赣商联合会秘书长周文平出席活动。

10月14日

县委副书记梅梅，副县长胡显勇来到武阳镇，对武阳镇即将在红楼文化（国际）旅游产业园举办活动的筹备情况进行检查指导。

10月17日

上午，省科技厅组织省内外专家来到广福镇、向塘镇对核心试验区晚稻进行现场测产验收。省科技厅副厅长吴文锋，市科技局副局长卢洪献，省农科院院长罗奇祥等亲临现场。

10月19日-20日

县人大副主任伍曦来到科技局进行2007～2008年度全县科技投入、发展进行调研。

10月29日

上午，市文化系统老年科技工作者协会会长万金如带领市文化系统老年科协专家、学者，来到黄马乡参观考察。县委副书记梅梅，县老年科技协会会长王火生等陪同。

【友好往来】

10月12日

河南省偃师市人大常委会副主任杨宏儒率考务学习团来南昌县开展人大工作交流。县人大常委会副主任熊鹰陪同。

10月13日

上午，由甘肃省定西市市委书记，市人大常委会主任杨子兴，市委副书记、市长许尔锋率领的定西市党政代表团来南昌县参观考察。市委常委、县委书记汤成奇，县委副书记、县长肖玉文，县人大常委会主任胡小明，县委常委、小蓝经济开发区党工委书记徐海波等陪同。

10月27日

上午，由安徽省霍山县县委书记束学龙、县长陈俊带领的安徽省霍山县党政代表团来南昌县参观考察。县长肖玉文，县委副书记梅梅，县人大常委会主任胡小明，县政协主席邓炳根，县委常委、县纪委书记李传强，县委常委、小蓝经济开发区党工委书记徐海波，副县长涂莉华等陪同。

【其他重要工作】

10月7日

上午，南昌县组织全县离退休干部参加八大山人梅湖景区、象湖新城和小蓝经济开发区。县委副书记梅梅，县委常委、组织部长王小文，县委常委、小蓝经济开发区党工委书记徐海波等陪同。

10月8日

下午，莲塘镇召开《莲塘镇志》编纂动员大会。

10月27日-28日

以省食品安全处副处长蔡恒民为组长的省食品安全综合考评组来到南昌县，对南昌县创建国家食品安全示范县工作进行考评。市食品药品监督管理局副局长曾性军，县委常委、副县长杨保根等陪同。

10月28日

上午，全县“三项创建”活动经验交流现场会在县供电公司召开。市总工会副主席何庆华，县委副书记梅梅，县人大常委会副主任、县总工会主席熊鹰等出席会议。

十一月

【重要会议】

11月3日

上午，全县2009年度党报党刊发行工作会在县综合楼召开。县委副书记梅梅，县委常委、宣传部长杨文斌出席会议并讲话。

11月14日

南昌县造林绿化“一大四小”工程现场会在塘南镇召开。副县长程雷佬出席并讲话。

11月18日

下午，南昌县在县综合楼组织收听收看全国冬春农田水利基本建设电视电话会。副县长程雷佬参加收听收看。

11月21日

下午，县政府第19次常务会议在县综合楼召开。县长肖玉文主持，县委常委、常务副县长涂仕华，县委常委、副县长杨保根，副县长胡显勇、万敏、张增和、涂莉华、程雷佬，县长助理熊国爱等出席会议。县委副书记梅梅、县人大常委会主任胡小明、县政协主席邓炳根等列席会议。

11月22日

上午，全县领导干部双休日知识讲座在县综合楼举行。江西财经大学经济学博士、MBA导师吴志军教授应邀作辅导报告。县领导梅梅、胡小明、杨保根、杨文斌、徐海波、魏根金、黄连科、王三毛、熊鹰，向塘开发区管委会主任黄志清等聆听讲座。

11月24日

下午，全县召开千名党员联系帮扶返乡农民工活动工作会。县委常委、组织部长王小文出席并讲话。

11月26日

上午，县委常委、副县长杨保根在县综合楼主持召开全县铁路建设环境专项整治工作动员会。

11月30日

上午，全县造林绿化“一大四小”工程建设调度会在县综合楼召开。省林业有害生物防治检疫局书记吴宗仁，市林业局副局长黄才和，县领导肖玉文、魏根金、程雷佬等出席。

【领导活动】

11月1日

上午，全市造林绿化“一大四小”工程启动仪式在南昌县蒋巷镇举行。省委常委、市委书记余欣荣，市委副书记、市长胡宪，省林业厅副厅长肖河，市、县领导卢晓健、汤成奇、戴和旺、刘建洋、王水苟、肖玉文、魏根金、程雷佬等出席启动仪式并参加植树活动。

11月3日

上午，市委常委、南昌警备区政委宋增建来到南昌县，视察征兵体检工作。县委常委、人武部部长汪火明等陪同。

11月5日

上午，省政协副主席刘晓庄带领部分省政协委员来到南昌县参观。副市长刘建洋，市政协副主席陈守国，市农业综合开发办主任陶海龙，副县长程雷佬，县政协副主席张军等陪同。

▲下午，市委常委、副市长卢晓健带领市直有关部门负责人来到塘南镇新图村，检查指导扶贫工作。县委常委、组织部长王小文等陪同。

11月6日

上午，市委常委、组织部部长杨人平来到南昌县，对学习贯彻十七届三中全会精神和基层党组织建设情况进行调研。县委常委、组织部部长王小文等陪同。

11月8日

上午，“中国·南昌武阳曹雪芹祖籍地立碑、授牌”仪式在南昌县武阳镇举行。市委常委、县委书记汤成奇，市人大常委会副主任姚燕平，世界文化总会主席范光陵等出席仪式。

11月12日

下午，省委常委、纪委书记尚勇来到南昌县，就贯彻落实党的十七届三中全会精神和加强农村基层党风廉政建设进行调研。省委常委、市委书记余欣荣，省纪委常委、秘书长肖为群，市委常委、市纪委书记刘东明，市委常委、县委书记汤成奇，县委副书记、县长肖玉文，县委常委、县纪委书记李传强等陪同。

11月13日

上午，省委副书记、省长吴新雄在县人民医院会议室主持召开座谈会，与南昌县各界代表共同商讨减轻群众就医负担，提高医疗保障水平的措施和办法。省委常委、市委书记余欣荣，副省长谢茹，省长助理、省财政厅厅长胡幼桃，省政府秘书长谭晓林，省政府副秘书长晏驹腾，省劳动保障厅厅长张勇，省卫生厅副厅长刘富林，市委副书记雷武江，市委常委、市委秘书长、统战部部长蔡社宝，市委常委、县委书记汤成奇，市卫生局局长魏国华，县领导肖玉文、杨保根、杨文斌、胡显勇等出席座谈会。

11月19日

省农业综合开发办公室主任章康华来到黄马乡，就两江生态农业走廊项目推进工作进行调研。副市长刘建洋，市委农工部副部长、市农业开发办主任陶海龙，副县长程雷佬等陪同。

11月20日

全国政协副主席、农工党中央常务副主席陈宗兴率领农工党中央考察团来到南昌县考察。省政协副主席、农工党江西省委主委郑小燕，市、县领导王样生、龙国英、肖玉文、梅梅、邓炳根、徐海波等陪同。

▲下午，省纪委常委、监察厅副厅长黄林开率领全省设区市研讨班的全体学员来到南昌县参观。市委常委、纪委书记刘东明，县领导肖玉文、李传强、徐海波等陪同。

▲下午，省委常委、省军区政委王清葆在市委常委、南昌警备区政委宋增建，政治部主任汪健康等陪同下来南昌县调研。县委副书记梅梅，县委常委、常务副县长涂仕华，县委常委、人武部部长汪火明，县人武部政委姜清波等陪同。

11月21日

上午，国家农业部部长孙政才来到南昌县蒋巷镇江西国旺生态农业示范基地，就农业产业化发展情况进行调研。省委常委、副省长陈达恒，省农业厅厅长毛惠忠，副厅长张忠平，市长胡宪，市农业局局长胡细泉，县领导肖玉文、魏根金、程雷佬等陪同。

【城市建设与管理】

11月11日

上午，《南昌县城市污水处理征收管理暂行办法》讨论会在县环保局召开。县委常委、副县长杨保根出席。

11月18日

下午，省环保局副局长陈荣率领省环保局总量办公室工作人员来到小蓝经济开发区污水处理厂督查污染物总量减排工作。市环保局副局长徐水喜，县委常委、小蓝经济开发区党工委书记徐海波等陪同。

11月27日

县长肖玉文来到东新乡，就象湖新城重大项目推进情况进行调研。县委常委、常务副县长涂仕华，县委常委、统战部部长胡炜，县长助理熊国爱等陪同。

【工交财贸】

11月1日

下午，国家安全生产监督总局三司处长程云书带领国务院安全生产检查组来到南昌县，检查化工企业安全生产情况。省安全生产监督管理局处长周平，市政府副秘书长吴长金，市安全生产监督管理局副局长张安平，县委常委、常务副县长涂仕华，县委常委、小蓝经济开发区党工委书记徐海波等陪同。

11月3日

上午，浙江懿铭电器有限公司总经理陈峰来南昌县考察。县长肖玉文、副县长万敏等陪同。

11月7日

上午，县委常委、宣传部部长杨文斌在县委宣传部会议室会见来南昌县投资考察的深国投商用置业有限公司副董事长李丹柯。

11月10日

下午，市委常委、县委书记汤成奇来到向塘镇就支持向塘开发区做强做大开展调研。县委常委、常务副县长涂仕华，县委常委、宣传部长杨文斌，副县长程雷佬，县政协副主席、县财政局局长姜润根等陪同。

11月19日

下午，省对外合作办区域协作处副处长张永峰，市外经贸委副主任赵俊等来南昌县，对今年新增开工投产的亿元以上工业项目进行实地检查。

▲下午，省外经贸厅投资促进处处长刘文华来到小蓝经济开发区调研“金融危机对重大项目招商、开工、投产的影响”。县委常委、小蓝经济开发区党工委书记徐海波等陪同。

11月22日

上午，小蓝经济开发区组织46家知名企业在省人才市场举办专场招聘会。县委常委、小蓝经济开发区党工委书记徐海波出席招聘会。

11月24日

上午，南昌县在县城莲塘维也纳举办返乡农民工专场招聘会。县委副书记梅梅，县委常委、组织部部长王小文亲临招聘现场。

▲下午，县长肖玉文来到小蓝经济开发区视察重大重点项目建设进展情况。县委常委、小蓝经济开发区党工委书记徐海波，副县长涂莉华等陪同。

11月27日

上午，南昌县开发型经济调度会在小蓝经济开发区召开。县委常委、小蓝经济开发区党工委书记徐海波，副县长涂莉华等出席。

【农业与农村工作】

11月3日

上午，由省新农村建设办公室副主任王志，省委农工部农村处副调研员，省新农村建设办公室宣传组副组长李立新等组成的省委组织部调研组来到南昌县，就农村基层组织建设工作进行调研。市委组织部副部长朱东，县委副书记梅梅，县委常委、组织部部长王小文，县委常委、农工部部长魏根金，向塘开发区管委会主任黄志清等陪同。

11月4日

下午，小蓝经济开发区召开村党组织、村委会换届选举暨造林绿化“一大四小”工程建设动员大会。县委常委、小蓝经济开发区党工委书记徐海波出席并讲话。

11月5日

向塘镇召开村级换届暨造林绿化工作动员大会。向塘开发区管委会主任、向塘镇党委书记黄志清在会上作动员报告。

11月6日

下午，省国土资源厅厅长刘积福来到南昌县，就江西国旺实业有限公司“造地增粮”工程进行调研。县委常委、农工部部长魏根金等陪同。

11月28日

市林业局局长樊三宝等来南昌县指导“一大四小”工程建设。

【政法工作和社会治安综合治理】

11月17日

上午，国家司法部法制宣传司副司长姜金方带领调研组来到南昌县，就“五五”普法依法治理工作进行调研。省司法厅副厅长邓奕强，市司法局局长吕建民，副县长、县公安局局长张增和等陪同。

11月18日

上午，全县冬季防火工作会在县综合楼召开。县委常委、政法委书记熊运浪，副县长、县公安局局长张增和出席并讲话。

11月26日

市司法局副局长刘宗光带领考评组来到南昌县，检查考核2008年社会治安综合治理工作。县委常委、政法委书记熊运浪，副县长、县公安局局长张增和，县法院院长李红刚等出席市考评组召开的汇报会。

11月27日

上午，县委副书记梅梅，县委常委、宣传部部长杨文斌，副县长、县公安局局长张增和来到县看守所视察工作，看望慰问看守所干警和县武警中队官兵。

【党的建设和干部队伍建设】

11月6日

上午，全县乡镇长助理任前培训班在县委党校开班，县委常委、组织部部长王小文出席并讲话。

11月13日

县委常委、县政法委书记熊运浪带领检查组到武阳镇和塔城乡检查考核2008年度落实党风廉政建设责任制情况。

▲下午，县委常委、宣传部长杨文斌带领检查组，到黄马乡检查考核2008年度党风廉政建设责任制落实情况。

11月14日

县委常委、纪委书记李传强带领检查组来到广福镇，对2008年广福镇党委政府落实党风廉政建设责任制情况进行考核。

11月17日

上午，市委常委、县委书记汤成奇来到南昌县公安局就2008年党风廉政建设责任制落实情况进行检查考核。县委常委、纪委书记李传强，副县长、县公安局局长张增和等陪同。

▲上午，县委副书记、县长肖玉文到莲塘镇检查考察党风廉政建设责任制落实情况。县委常委、纪委书记李传强，县委常委、政法委书记熊运浪等陪同。

▲下午，全县第四期青年领导干部培训班在县委党校开班。县委常委、组织部部长王小文出席开班仪式并讲话。

11月18日

下午，县委常委、政法委书记熊运浪带领检查组先后检查考核县检察院、司法局2008年党风廉政建设责任制落实情况。

▲下午，2008年全县非公有制企业党建工作第二次流动现场会在江西洪城汽车配件城举行。县委常委、组织部长王小文，县委常委、小蓝经济开发区党工委书记徐海波等出席现场会。

11月19日

上午，县委常委、纪委书记李传强带领检查组来到县卫生局检查考核党风廉政建设责任制落实情况。

▲上午，县委常委、组织部长王小文带领检查组来到东新乡检查考核党风廉政建设责任制落实情况。

11月20日

上午，县委常委、组织部部长王小文带领检查组来到八一乡检查考核党风廉政建设责任制落实情况。

▲下午，县委常委、组织部部长王小文带领检查组来到县教育体育局检查考核党风廉政建设责任制落实情况。

11月21日

县委常委、纪委书记李传强带领检查组先后来到县城管局和县水利局检查考核党风廉政建设责任制落实情况。

11月24日

县委常委、纪委书记李传强带领检查组来到县交通局、城建局，检查考核党风廉政建设责任制落实情况。

▲县委常委、纪委书记李传强带领检查组来到县财政局检查考核2008年党风廉政建设责任制落实情况。

11月25日

上午，县委常委、农工部部长魏根金带领检查组来到南新乡检查考核党风廉政建设责任制落实情况。

11月26日

下午，县委常委、组织部长王小文带领检查组来到县移动公司和县电信局，检查考核2008年党风廉政建设责任制落实情况。

▲下午，县委常委、纪委书记李传强带领检查组来到小蓝经济开发区检查考核党风廉政建设责任制落实情况。

【人武工作】

11月4日

上午，县委常委、常务副县长涂仕华来到县征兵体检站，视察今年冬季征兵体检工作。县委常委、县人武部部长汪火明陪同。

【科教文卫体和计生工作】

11月11日

下午，全县语言文字工作迎检协调会在莲塘镇召开。副县长胡显勇出席并讲话。

11月16日

上午，三江中学举行建校50周年庆典和万修元教育奖励基金、爱心教育助学基金，蔡冠深教育奖励基金颁奖大会。原中央统战部副部长、中共江西省委书记万绍芬，原省人大常委会副主任万学文，原省政协常委崔林，蔡冠深先生的特别助理李宗伯，省委台办主任阎钢军，省公安厅巡视员曾昭泉，市委常委、县委书记汤成奇，市科协主席姚晓明，市教育局副局长喻水保，县领导胡小明、杨文斌、黄连科、万德珍，向塘开发区管委会主任黄志清等参加庆典仪式。

11月25日

上午，县长肖玉文，县委副书记梅梅，县委常委、宣传部长杨文斌来到莲塘一中，视察体育场所建设等。

【友好往来】

11月6日

江苏省苏州市政协主席王金华来到南昌县参观考察。市政协副主席王水苟，县长肖玉文，县政协主席邓炳根等陪同考察。

11月7日

上午，日本岐阜县日中友好协会副会长中岛正俊，带领考察团来莲塘二小参观考察。

11月15日

上午，福建省莆田市政府副市长李飞亭带领莆田市党政代表团来到南昌县参观考察。市政府副秘书长吴长金，县长肖玉文，副县长涂莉华，向塘开发区管委会主任黄志清等陪同。

11月21日

中韩文化交流会中央会长姜元求、光州市政府文化交流局副主任金明诛带领韩国光州市青少年考察团来莲塘镇考察。副县长涂莉华陪同。

11月26日

上午，山东省烟台市牟平区区委副书记刘天海带领牟平区现代农业和新农村建设考察团来南昌县考察。县委常委、农工部部长魏根金等陪同。

【其他重要工作】

11月6日

南昌县在县纪委召开民主评议服务行业行风动员会。县委常委、常务副县长涂仕华，县委常委、纪委书记李传强出席并讲话。

11月7日

县总工会在县地税局开展加强人力建设，提升服务水平为主题的活动。县人大副主任、县总工会主席熊鹰参加活动。

11月13日

上午，南昌市十三届人大代表小组在南昌五星垦殖厂开展第四次活动。县人大主任胡小明，县政协副主席吴克芳等参加活动。

11月19日

上午，全县2008年能繁母猪、奶牛养殖政策性补贴和保险工作会议在县畜牧水产局召开。副县长程雷佬出席并讲话。

11月25日

上午，市委组织部副部长李电花带领调研组来到南昌县调研。县委副书记梅梅，县委常委、组织部长王小文等陪同。

11月27日

省林业厅副厅长郭家带领督查组来到南昌县，对第二次土地调查工作进行督查。县委常委、常务副县长涂仕华陪同。

十二月

【重要会议】

12月9日

上午，全县造林绿化“一大四小”工作调度会在县农工部召开。省林业厅计财处处长罗勤，驻县督导组组长吴宗仁，县委常委、县委农工部部长魏根金，副县长程雷佬等出席会议。

12月11日

上午，县长肖玉文在向塘主持召开蓝园大道项目工程建设推进调度会。县委常委、农工部部长魏根金，副县长程雷佬，向塘开发区管委会主任黄志清，县长助理熊国爱等出席会议。

12月12日

全市农村计划生育基层基础工作现场会在南昌县召开。市政府副秘书长、市委农工部部长王肇赣，市计生委主任任美清，副县长程雷佬等出席。

12月18日

上午，全县组织各乡镇和林业局负责同志在县林业局收听收看全省造林绿化“一大四小”工程建设电视电话会议。驻县督导组组长、省林业厅有害生物防治检疫局党组书记吴宗仁，县委常委、农工部部长魏根金，副县长程雷佬等参加收听收看。

▲上午，全县水利建设工作会议在县综合楼召开，会议对今冬明春全县水利建设工作进行安排部署。县委常委、农工部部长魏根金出席并讲话。

▲上午，全县各民主党派、无党派人士调研成果交流会在县委统战部会议室召开。县委常委、统战部部长胡炜，县人大副主任伍曦，副县长胡显勇等出席。

12月22日

下午，全县安全生产工作紧急会议在县政府综合楼召开。县长肖玉文，县委常委、常务副县长涂仕华，县委常委、副县长杨保根，县委常委、小蓝经济开发区党工委书记徐海波，副县长、县公安局局长张增和，副县长涂莉华，向塘开发区管委会主任黄志清，县长助理熊国爱等出席会议。

12月23日

全市法律援助工作现场会在南昌县召开。市司法局局长吕建民、副局长邓兴国、省司法厅法援处副处长史方明等出席会议。

12月29日

上午，南昌县组织离退休干部在县综合楼集中收听收看全市纪念改革开放30周年电视电话会。县委副书记梅梅，县委常委、组织部长王小文参加收听收看。

12月30日

上午，县第十四届人大常委会第十一次会议在县综合楼召开。会议听取和审议了县人民政府关于百姓幸福工程推进情况的报告，听取和审议了县政府关于2008年预算超收收入安排情况的报告，听取和审议了县法院关于案件执行工作情况的报告，听取和审议了县人民检察院关于刑事诉讼监督工作情况的报告等。县人大常委会主任胡小明，副主任黄连科、李木旺、陈秀梅、王三毛、熊鹰、伍曦等出席；县委常委、常务副县长涂仕华，县政协副主席、县财政局局长姜润根，县法院院长李红刚，县检察院检察长张振川等列席会议。

【领导活动】

12月7日

上午，市委副书记、市长胡宪来到南昌县蒋巷镇现代农业示范园调研。副市长刘建洋，市政府副秘书长、农工部长王肇赣，县委副书记、县长肖玉文，县委常委、农工部长魏根金，副县长程雷佬，县政协副主席、县财政局局长姜润根，县长助理熊国爱等陪同。

12月8日

上午，省语言文字观摩团、市语言文字工作评估团来到南昌县，就国家三类城市语言文字工作进行评估。省教育厅副厅长王占铭，副市长、市语言文字工作评估团团长罗慧芬出席汇报会，县委副书记梅梅致欢迎词，副县长胡显勇作关于南昌县语言文字自评汇报。

12月12日

下午，副市长刘建洋，市委农工部副部长、市农业开发办主任陶海龙等来到南昌县塘南镇蔡家指导扶贫工作。县委常委、组织部部长王小文等陪同。

12月13日

上午，市委副书记、市长胡宪，副市长刘建洋带领市直有关部门负责同志来到南昌县黄马乡，就“两江”生态农业走廊项目推进工作进行调研。县委副书记、县长肖玉文，副县长程雷佬，县长助理熊国爱等陪同。

12月21日

上午，省委副书记、省长吴新雄来到南昌县东新乡，考察正在施工建设国家重点工程——向莆铁路东新赣江大桥。省委常委、常务副省长凌成兴，省政府副秘书长朱希，省发改委主任姚东根，市委副书记、市长胡宪，市委常委、常务副市长赵东亮，副市长黄春平、刘建洋，县长肖玉文，县委常委、副县长杨保根等陪同。

12月27日

上午，南昌大学第一附属医院象湖新城院区项目签约仪式在县综合楼举行。省委教育工委副书记、省教育厅副厅长李小南，市委常委、县委书记汤成奇，副市长罗慧芬，南昌大学党委书记郑克强，南昌大学一附院院长魏云峰，县领导梅梅、胡小明、邓炳根等出席签约仪式。

12月29日

上午，环保型混合电能超级电容电动汽车项目落户小蓝经济开发区签约仪式和试乘体验活动在南昌红谷滩国际展览中心隆重举行。副省长洪礼和，省政府副秘书长、省安监局局长张桃生，市委副书记、市长胡宪，上海瑞华(集团)有限公司董事长兼总裁帅鸿元，市委常委、县委书记汤成奇，省发改委副主任陈一星，省科技厅副厅长吴文峰，副市长罗慧芬，县领导胡小明、邓炳根、涂仕华、杨保根、李传强、杨文斌、胡炜、徐海波、魏根金等参加活动。

▲下午，市委常委、市纪委书记刘东明来到蒋巷镇，就“便民服务”中心建设情况进行调研。县委常委、县纪委书记李传强等陪同。

12月30日

上午，市委常委、组织部部长杨人平来到南昌县，就农村党建工作开展调研。县委常委、组织部部长王小文陪同。

【走访慰问】

12月1日

上午，县政协副主席万德珍、张军、李信谆等来到县委农工部走访县政协委员。

▲上午，县政协副主席吴克芳走访县政协民革界的政协委员。

12月2日

上午，县政协主席邓炳根、副主席姜润根走访归侨属、少数民族、宗教、无党派、台胞台属等界别的政协委员。

▲上午，县政协副主席李植走访民盟界、九三学社界的政协委员。

12月3日

上午，县政协主席邓炳根，副主席、县工商联会长吴克芳走访工商联界政协委员。

12月4日

上午，县政协副主席张军在县科技局会议室集中走访科技科协界的政协委员。

12月5日

上午，县政协主席邓炳根、副主席李植走访南昌市高新技术开发区的昌东镇和麻丘镇的政协委员。

▲上午，县政协副主席张军来到县农机局集中走访县农机界的政协委员。

12月9日

上午，县政协副主席伍目连在县政协会议室集中走访县农工党、工会、共青团、妇联界政协委员。

12月30日

上午，省委老干部局副巡视员龚友明等在市老干部局副局长晏芳等陪同下，走访慰问南昌县离退休老干部。

【城市建设与管理】

12月17日

上午，县政协主席邓炳根带领调研组来到县城建局，就城镇建设重大重点项目推进工作进行调研。县委常委、常务副县长涂仕华参加调研会并讲话。

【工交财贸】

12月3日

下午，东元集团董事会成员陈良鉴先生一行来到小蓝经济开发区和向塘开发区，就投资高速铁路基础工程项目和商用空调项目进行重点考察。副县长涂莉华、向塘开发区管委会主任黄志清陪同。

▲下午，南昌海关高新办主任游早明来南昌县调研进出口企业出口创汇情况。副县长涂莉华陪同。

12月5日

上午，县人大常委会组成人员视察县城新区和向塘开发区建设。县人大常委会主任胡小明，副主任黄连科、李木旺、陈秀梅、王三毛、熊鹰、伍曦等参加视察。县委常委、常务副县长涂仕华，向塘开发区管委会主任黄志清等陪同。

12月6日

上午，市委常委、县委书记汤成奇来到小蓝经济开发区和县城莲塘，视察重大重点项目的建设进展情况。

12月10日

上午，新莲塔线胡华大桥以东路段路面硬化工程开工仪式在武阳镇保丰村举行。县长肖玉文，县人大常委会主任胡小明，县政协主席邓炳根，县委常委、副县长杨保根，县人大常委会副主任陈秀梅，县政协副主席伍目连等出席开工仪式。

12月11日

上午，县政协主席邓炳根带领部分政协常委，到小蓝经济开发区就重大重点项目推进情况进行调研。县委常委、小蓝经济开发区党工委书记徐海波等陪同。

▲下午，市外经贸委主任涂宗勤来到南昌县，就今年开放型经济工作各项指标目标任务完成情况进行督查。县委常委、小蓝经济开发区党工委书记徐海波陪同。

12月12日

上午，县人大就2008年度全县百姓幸福工程资金使用情况开展调研。县人大副主任黄连科、李木旺、陈秀梅、王三毛、伍曦等参加调研。

12月18日

上午，中国人寿保险股份有限公司南昌县支公司在莲塘举行揭牌仪式。县委常委、常务副县长涂仕华，中国人寿保险公司南昌市分公司总经理陈其义为中国人寿保险股份有限公司南昌县支公司揭牌。

▲下午，部分省、市人大代表来小蓝经济开发区视察。县委常委、小蓝经济开发区党工委书记徐海波等陪同。

12月19日

上午，交通银行南昌分行小蓝支行在小蓝经济开发区举行揭牌暨“蓝银保”合作签字仪式。县委副书记、县长肖玉文，县委常委、小蓝经济开发区党工委书记徐海波等出席。

12月23日

上午，市妇联主席周笑蓓为荣获全市“巾帼文明岗”称号的京福高速公路温莎管理处幽兰收费所授牌。

12月25日

上午，向塘银河购物广场举行开业庆典。县委常委、宣传部长杨文斌，向塘开发区管委会主任黄志清等出席庆典仪式。

▲下午，市委常委、县委书记汤成奇视察县文化会展中心工程的建设进展情况。县委副书记梅梅，县委常委、副县长涂仕华，县委常委、宣传部长杨文斌等陪同。

▲下午，全县交通安全工作会在县综合楼召开。县委常委、副县长杨保根出席并讲话。

12月26日

下午，省台办主任阎钢军陪同台湾工业总会考察团来到南昌县参观考察，市台办主任李伟，副县长涂莉华等陪同。

【农业与农村工作】

12月3日

上午，县委副书记梅梅到蒋巷镇检查指导村党支部、村委会换届选举工作，并看望蒋巷派出所的干警。

▲下午，全县生猪“瘦肉精”集中整治暨能繁母猪保险补贴工作调度会在县畜牧水产局召开。副县长程雷佬出席并讲话。

12月5日

下午，南昌县——东湖区“百居（社区）联百村”帮扶返乡农民工结对仪式在南昌县举行。县委常委、组织部长王小文出席并讲话。

12月10日

上午，南昌县在蒋巷镇玉丰村进行村委会换届自荐直选试点。县委常委、副县长杨保根到现场观摩指导。

12月12日

上午，中央电视现场直播江西国旺生态农业示范基地，卢国平的养鱼场，卢国平与三洞村农民进行土地流转签约仪式，县长肖玉文在签约现场接受中央电视台记者采访和提问。

▲上午，市委组织部副部长朱东带领市委组织部部分处室负责同志来到南昌县，指导党员联系帮扶返乡农民工的工作。县委副书记梅梅，县委常委、组织部部长王小文，向塘开发区管委会主任黄志清等陪同。

12月21日

副县长、县森林防火指挥部指挥长程雷佬深入重点林区白虎岭林场，检查指导森林防火工作。

12月24日

下午，省林业厅厅长刘礼祖带领督导组来到南昌县督导造林绿化“一大四小”建设工程。省林业厅计财处处长、省林业厅造林绿化“一大四小”工程驻南昌市督导组组长罗勤，省森防局党委书记吴宗仁，县委常委、农工部部长魏根金等陪同。

12月30日

上午，南昌县造林绿化“一大四小”工程建设推进会在县委农工部召开。省林业有害生物防治检疫局书记吴宗仁，县委常委、农工部部长魏根金，副县长程雷佬等出席。

【政法工作和社会治安综合治理】

12月4日

上午，县公安局、检察院、法院、司法局、工商局等二十多家单位在莲塘维也纳广场开展普及法律知识宣传活动。县人大副主任熊鹰、副县长张增和、县法院院长李红刚、县检察院检察长张振川等参加活动。

12月19日

上午，以市法制办副主任宗云彪为组长的市政府督查组来到南昌县，检查指导政务公开和政府信息工作。县委常委、常务副县长涂仕华等陪同。

12月24日

上午，市司法局副局长胡磊明带领检查组来到南昌县，进行“五五普法”工作中期检查。

▲下午，南昌县举行公民法律知识考试。县人大常委会副主任熊鹰等巡视考场。

12月25日

上午，县委常委、小蓝经济开发区党工委书记徐海波，副县长涂莉华和县安全生产监督管理局等部门的同志一道对南昌县烟花爆竹经营企业和销售点，以及建筑企业的安全生产情况进行检查。

【党的建设和干部队伍建设】

12月2日

下午，南昌县第四期青年领导干部培训班结业典礼在县委党校举行。县委副书记梅梅出席并讲话。

12月4日

下午，湾里区纪委书记齐宪章带领市民主评议政风行风检查评估组来南昌县检查。县委常委、常务副县长涂仕华，县委常委、纪委书记李传强出席汇报会。

12月5日

南昌市2008年民主评议政风行风检查评估组对南昌县的民主评议政风行风工作进行检查评估。县委常委、纪委书记李传强陪同。

12月9日

上午，市民主评议政风行风检查组来到南昌县，对县政府办公室民主评议政风行风工作进行检查评估。县长助理熊国爱等陪同。

12月10日

上午，南昌县“坚持党建带团建，推动团建新发展”团干队伍骨干培训班在县委党校举办。县委常委、组织部部长王小文出席培训班开班仪式。

12月12日

上午，县委常委、纪委书记李传强带领40名科级干部来到南昌豫章监狱，接受任前警示教育。

12月25日

下午，省委秘书长潘东军，省委组织部部务委员杨伟东带领调研组来到南昌县，就农村基层党组织建设等进行调研。县委副书记梅梅，县委常委、组织部长王小文，向塘开发区管委会主任黄志清等陪同。

【人武工作】

12月10日

上午，全县今年第二批应征青年入伍欢送仪式在县人武部举行。县人武部政委姜清波出席欢送仪式并讲话。

【群团工作】

12月3日

上午，共青团向塘镇第十三次代表大会在向塘镇召开。向塘开发区管委会主任、向塘镇党委书记黄志清出席并讲话。

12月6日

上午，共青团中央组织部组织处处长张华来到南昌县，就基层团组织建设工作进行调研。团省委组织部副部长王成兵、团市委副书记周仁斌、县委副书记梅梅等陪同。

【科教文卫体和计生工作】

12月1日

县红十字会、县疾病控制中心在莲塘维也纳广场举办预防艾滋病知识宣传活动。副县长胡显勇参加。

12月3日

上午，市人口和计划生育委员会副主任万保平带领检查组来到南昌县，检查考核人口和计划生育工作责任制落实情况。县领导肖玉文、魏根金、姜润根等陪同。

12月4日

上午，“全国千村百县”健身气功系列展示活动南昌展示大会在莲塘澄碧湖公园举行。市体育局副局长戴国荣出席并讲话。

12月9日

下午，南昌市语言文字工作委员会对南昌县语言文字工作的检查评估全面结束，南昌县顺利通过了国家三类城市语言文字工作评估。

12月11日

上午，市地震局副局长熊学先带领检查组来到南昌县，就莲塘二小申报市“防震减灾科普示范学校”工作进行检查和指导。副县长胡显勇等陪同。

12月12日

上午，县委常委、宣传部长杨文斌到塔城乡出席塔城乡2009年度至2020年旅游开发规划会。

12月16日

上午，县老年科技工作者协会供电分会成立，市老年科技工作者协会会长周鑫群，县老年科技工作者协会会长王火生出席成立大会。

12月23日

上午，县老年体协年终总结大会在县综合楼召开。市老年体协主席孔炯，副主席吴迈，县政协副主席、县老年体协主席张军等出席。

12月24日

上午，全县新型农村合作医疗工作会议在县综合楼召开。县委副书记梅梅，县委常委、宣传部长杨文斌，县人大常委会副主任伍曦，副县长胡显勇，县政协副主席万德珍等出席。

【环保工作】

12月16日

上午，市环保局纪检组长周同根来到南昌县环保局进行年终工作检查。

12月17日

上午，省环保局副局长谭今来率省环监局局长冀常和、省环监局书记段惠民、市环保局副局长徐水喜来到南昌县调研环境保护工作。县委常委、副县长杨保根等陪同。

12月26日

下午，市优化经济发展环境办公室副主任、市外贸委副主任肖小美带领测评组来到南昌县，对投资环境进行民主测评。县委常委、纪委书记李传强出席测评大会。

【友好往来】

12月8日

上午，县委常委、农工部长魏根金，副县长程雷佬带领部分乡镇村的负责同志，前往高安市参观考察，学习高安市农业综合开发的先进经验。高安市委副调研员付命候陪同。

12月9日

上午，瑞昌市委常委、纪委书记雷高兴等来到南昌县，交流加强机关效能建设的经验。县委常委、纪委书记李传强与瑞昌市纪委的同志进行座谈交流。

12月13日

上午，新疆克州州委副书记、纪委书记、政法委书记孙建峰，州委常委、宣传部长刘全山带领教育代表团来南昌县参观考察。市委常委、宣传部长周关，省人事厅副厅长刘滇鸣，市政府副秘书长朱敏华，市教育局党委书记、局长熊小武，省人事厅人才流动开发处调研员康惠萌，县委常委、宣传部部长杨文斌，县委常委、组织部部长王小文，副县长胡显勇等陪同。

【其他重要工作】

12月2日

上午，县总工会学习贯彻中国工会十五大会议精神工作会在莲塘洁惠花园宾馆召开。市总工会主席何庆华，县人大副主任、县总工会主席熊鹰出席会议并讲话。

12月9日

上午，县侨联一届一次会议在县委统战部召开。县委常委、统战部部长胡炜出席并讲话。

12月16日

上午，南昌县在莲塘洁惠花园宾馆举办退伍军人技能培训班，县委常委、副县长杨保根在培训班上作讲话。

12月19日

上午，市纪律检查委员会举办的纪念党的纪律检查机关恢复重建30周年巡回展览在南昌县莲塘澄碧湖广场展出。县委常委、纪委书记李传强观看展览。

▲下午，县总工会在县职业高级中学举办的职工技能培训班正式开班。市总工会主席李美珍，县人大副主任、县总工会主席熊鹰出席开班仪式。

12月26日

上午，南昌县在莲三小举行“建功立业大竞赛，和谐企业大创建，温暖万家大帮扶”知识竞赛活动。县人大副主任、县总工会主席熊鹰观看竞赛。

2009
南昌县大事记
NAN CHANG XIAN DA SHI JI

一 月

【重要会议】

1月4日

上午，南昌县在县综合楼组织收听收看全省机关效能年活动动员电视电话会议、2008年全省民主评议政风行风工作总结表彰电视电话会议和全市机关效能年活动动员电视电话会议。县长肖玉文，县委常委、纪委书记李传强等参加收听收看。

1月15日

下午，南昌县在县电信大楼组织收听收看全国安全生产工作电视电话会议。

1月16日

下午，县长肖玉文在县政府综合楼主持召开县政府第二次常务会议，专题讨论将在县第十届人民代表大会第三次会议上作的《政府工作报告》（审议稿）。县委常委、常务副县长涂仕华，县委常委、副县长杨保根，副县长胡显勇、万敏、张增和、涂莉华、程雷佬等出席会议，县人武部政委姜清波，县政协副主席、县财政局局长姜润根等列席会议。

1月20日

上午，市委常委、县委书记汤成奇在县综合楼会议室主持召开2009年第1次县委常委会议。县委副书记、县长肖玉文，县委副书记梅梅，县委常委涂仕华、杨保根、李传强、杨文斌、熊运浪、胡炜、王小文、徐海波、魏根金、汪火明等出席会议。县领导胡小明、邓炳根、姜清波、陈秀梅、王三毛、万敏、涂莉华、程雷佬、万德珍、吴克芳、张军、李信谆、姜润根、伍目连以及县法院院长李红刚，向塘开发区管委会主任黄志清等列席会议。会议审议并通过了县人大常委会党组报送的《关于召开县十四届人大三次会议有关具体事项的请示》和县政协党组报送的《关于呈报政协南昌县第十届委员会第三次全体会议有关文件的请示》等有关事宜。

1月21日

县十四届人大常委会第十二次会议在江西国鸿实业有限公司召开。县人大常委会主任胡小明，副主任黄连科、李木旺、陈秀梅、王三毛、熊鹰、伍曦等出席会议。会议听取和审议了县人大常委代表资格审查委员会关于个别代表资格的报告，审议了县十届人大三次会议有关事项和会议材料。

1月23日

上午，县委、县政府、县政协在县文化会展中心举行全县各界人士春节团拜会，向全县各界人士致以新春的祝福。市委常委、县委书记汤成奇，县长肖玉文，县委副书记梅梅，县人大常委会主任胡小明，县政协主席邓炳根，县委常委涂仕华、杨保根、李传强、杨文斌、熊运浪、胡炜、王小文、徐海波、魏根金等出席团拜会。

1月28日

南昌县邀请在政界、商界、学术界卓有建树、颇具名望的各界南昌县籍同乡，在县文化会展中心举行振兴家乡经济恳谈会。原中共江西省委书记万绍芬，市委常委、县委书记汤成奇，县长肖玉文，县委副书记梅梅，县人大常委会主任胡小明，县政协主席邓炳根等县六套班子成员出席。

【领导活动】

1月5日

下午，省委常委、组织部长弘强率领出席全省农村基层组织建设工作会的全体与会人员来到南昌县参观考察农村基层组织建设工作。市委副书记雷武江，市委常委、组织部长杨人平，市委常委、县委书记汤成奇，县长肖玉文，县委副书记梅梅，县委常委、组织部长王小文，向塘开发区管委会主任黄志清等陪同。

1月8日

下午，市长胡宪来小蓝经济开发区就重点企业发展情况进行调研。市委常委、县委书记汤成奇，市政府秘书长、办公厅主任郭曙，市政府副秘书长、农工部部长王肇赣，县长肖玉文，副县长涂莉华等陪同。

1月12日

上午，市委副书记雷武江来南昌县南新乡新洲村走访慰问困难群众和老党员，向他们致以新春良好的祝愿。市政协副主席王水苟，市政协秘书长李建平，县长肖玉文，县委副书记梅梅，县委常委、农工部部长魏根金等陪同。

1月13日

上午，市委组织部副部长、市直属机关工委书记莫继明在县委常委、组织部长王小文的陪同下来到冈上镇石湖村走访慰问困难群众，向他们致以新春的良好祝愿。

▲下午，市委常委、副市长卢晓健在县委常委、组织部长王小文等陪同下，来到南昌县塘南镇新涂村，走访慰问困难群众，给他们送去党和人民政府的关怀与温暖。

▲下午，副市长刘建洋来到南昌县塘南镇走访慰问农村困难群众，向他们致以新年的问候。市政府副秘书长、市委农工部部长王肇赣，市委农工部副部长、市农业开发办主任陶海龙等陪同。

1月16日

上午，市委常委、县委书记汤成奇，市长助理戚学林等在市直有关部门负责人陪同下来南昌县走访慰问驻县部队、敬老院、企业和困难群众，向他们送去党和人民政府的关怀和温暖。向塘开发区管委会主任黄志清等陪同。

1月21日

全市大学生干部座谈会在小蓝经济开发区召开。市委常委、组织部长杨人平，省委组织部农村处处长刘文胜，县委副书记梅梅，县委常委、组织部部长王小文，县委常委、小蓝经济开发区党工委书记徐海波等参加座谈会。

1月23日

下午，副省长孙刚，省政府副秘书长肖毛根，省教育厅副厅长王占铭，省政府办公厅副主任叶磊，市委常委、县委书记汤成奇，副市长罗慧芬，省合作办副主任彭林森，省民族宗教事务局巡视员李红，县领导肖玉文、梅梅、杨文斌、胡炜、胡显勇等来到莲塘一中，走访慰问新疆克州班的师生，与他们一起共庆新春佳节，向他们送去党和政府的关怀和温暖。

【走访慰问】

1月5日

上午，县人大常委会副主任陈秀梅等来到塔城乡走访县人大代表。

▲上午，县人大常委会副主任熊鹰来到向塘镇和广福镇走访县人大代表，向塘开发区管委会主任黄志清陪同。

1月6日

上午，县人大常委会主任胡小明、副主任李木旺等来到小蓝经济开发区走访县人大代表。

▲上午，县人大常委会副主任陈秀梅来到武阳镇走访县人大代表。

▲县人大常委会副主任王三毛来到三江镇、黄马乡走访县人大代表。

▲下午，县人大常委会副主任熊鹰来到麻丘镇走访县人大代表。

1月7日

上午，县人大常委会主任伍曦等来到幽兰、泾口、塘南等乡镇走访县人大代表。

1月8日

上午，县人大常委会副主任王三毛到昌东镇走访县人大代表。

1月12日

下午，团省委副书记李建军，团省委青农部部长李菲，团市委书记陈吉炜，团市委副书记万欣等来到南昌县走访慰问返乡农民工。副县长胡显勇等陪同。

1月13日

上午，市委常委、县委书记汤成奇，县人大常委会主任胡小明，县委常委、小蓝经济开发区党工委书记徐海波，副县长张增和，县政协副主席万德珍等走访慰问在县曾担任副县级以上实职的离退休老干部，向他们致以新年的问候。

▲上午，县委常委、宣传部长杨文斌，副县长胡显勇，县政协副主席、县财政局局长姜润根等走访慰问离退休老干部，向他们致以新春祝福。

▲上午，县委常委、政法委书记熊运浪，县人大副主任李木旺，副县长万敏，县政协副主席伍目连走访慰问离退休老干部，向他们致以新春祝福。

▲上午，县长肖玉文来到县染织厂，走访慰问困难职工，向他们送去党和人民政府的关怀和温暖。副县长涂仕华，向塘开发区管委会主任黄志清，县长助理熊国爱等陪同。

▲下午，县委常委、宣传部部长杨文斌，副县长胡显勇，县政协副主席、县财政局局长姜润根等走访慰问县运输公司的困难职工，向他们致以新春的良好祝福。

▲上午，县委常委、政法委书记熊运浪，县人大常委会副主任李木旺，副县长万敏，县政协副主席伍目连等走访慰问县城管局、莲塘水产场的困难职工，向他们送去党和人民政府的关怀和温暖。

▲县长肖玉文，副县长涂莉华，向塘开发区管委会主任黄志清，县长助理熊国爱等走访慰问老干部，并向他们致以新年问候。

▲县委副书记梅梅、县人大常委会副主任陈秀梅、县法院院长李红刚等走访慰问县离退休老干部。向他们致以新春问候和祝福。

▲县委常委、纪委书记李传强，县委常委、农工部部长魏根金，县人大副主任伍曦，县政协副主席李信谆走访离退休老干部，向他们致以新年的问候和祝福。

▲下午，县委副书记梅梅，县人大常委会副主任陈秀梅，县法院院长李红刚等来到县食品厂走访慰问困难职工，向他们送去党和政府的关心和温暖。

▲下午，县人大常委会主任胡小明，县委常委、小蓝经济开发区党工委书记徐海波，副县长张增和，县政协副主席万德珍等走访慰问县瓷厂的困难职工，向他们送去党和人民政府的关怀和温暖。

▲下午，县委常委、纪委书记李传强，县人大常委会副主任伍曦，县政协副主席李信谆等走访慰问县供销社土产公司、县商业局副食品公司的困难职工，向他们送去党和人民政府的关怀和温暖。

▲下午，县委常委、常务副县长涂仕华，县委常委、统战部长胡炜，县人大常委会副主任王三毛，县政协副主席吴克芳，县检察院检察长张振川等先后走访人民电器、江铃ＶＭ发动机厂，向企业致以新年的问候和良好的祝愿。

▲下午，县委常委、常务副县长涂仕华，县委常委、统战部部长胡炜，县人大常委会副主任王三毛，县政协副主席吴克芳，县检察院检察长张振川等分别走访慰问驻县96634部队和96647部队。向官兵们致以新年的亲切问候和良好祝愿。

1月14日

上午，县委常委、副县长杨保根，县人大副主任黄连科、熊鹰，县政协副主席张军、李植等走访县粮食局、县林业局的困难职工，向他们送去党和人民政府的关怀和温暖。

▲上午，县委常委、常务副县长涂仕华，县人大副主任王三毛，县政协副主席吴克芳，县

检察院检察长张振川等走访慰问县节能变压器厂的困难职工，向他们送去党和人民政府的关怀和温暖。

▲上午，县委常委、常务副县长涂仕华，县政协副主席吴克芳，县检察院检察长张振川等走访慰问离退休老干部。向他们致以新年的问候与祝福。

▲上午，县委常委、副县长杨保根，县人大副主任黄连科、熊鹰，县政协副主席张军、李植等走访慰问离退休老干部。向他们送去了党和政府的关心和温暖。

▲上午，市委常委、县委书记汤成奇，县人大常委会主任胡小明，县委常委、小蓝经济开发区党工委书记徐海波，副县长、县公安局局长张增和，县政协副主席万德珍等先后来到江铃股份、汇仁集团等重点企业，深入了解企业一年来的经营情况和存在的困难。汤成奇代表县委县政府向企业干部职工致以新春的问候，并详细询问了企业的生产建设情况。

▲上午，县长肖玉文，副县长涂莉华，向塘开发区管委会主任黄志清等先后来到南昌海螺水泥有限公司、江西广宥鞋业公司进行走访，了解企业发展情况，祝福他们在新的一年里取得更好业绩。

▲上午，县委副书记梅梅，县委常委、组织部部长王小文，县人大常委会副主任陈秀梅，副县长程雷佬等先后来到煌上煌集团有限公司、江铃控股等企业进行走访，了解企业生产经营、职工待遇等情况。

▲上午，县委常委、副县长杨保根，县人大常委会副主任黄连科、熊鹰，县政协副主席张军、李植等先后来到香港永通和江铃专用车辆厂走访，与企业员工座谈，详细了解企业的生产经营等情况。

▲上午，县委常委、纪委书记李传强，县人大常委会副主任伍曦，县政协副主席李信谆等先后来到江铃汽车改装厂和南昌宝江钢材走访，详细了解企业的生产经营等情况。

▲上午，县委常委、宣传部长杨文斌，县政协副主席、县财政局局长姜润根先后走访中粮可口可乐（中国）饮料有限公司、江西新电汽车空调系统有限公司，详细了解企业的生产管理状况。

▲上午，县委常委、政法委书记熊运浪，县人大常委会副主任李木旺，副县长万敏等先后走访江铃天人集团、协和动力有限公司，详细了解企业的生产经营等情况。

▲上午，县委副书记梅梅，县委常委、组织部部长王小文，县人大常委会副主任陈秀梅，副县长程雷佬等走访慰问驻县94928部队，向官兵们致以新年的祝福。

▲上午，县委常委、副县长杨保根，县人大常委会副主任黄连科、熊鹰，县政协副主席张军、李植等先后走访慰问驻县部队武警江西部队第一支队和武警县消防大队，向他们致以新年亲切问候和良好祝愿。

▲上午，县委常委、政法委书记熊运浪，县人大常委会副主任李木旺，副县长万敏等走访慰问武警省消防总队教导大队和武警县中队。向他们致以新年亲切问候和良好祝愿。

▲县长肖玉文，副县长涂莉华，向塘开发区管委会主任黄志清等来到驻县94981部队走访慰问，向官兵们致以新年的祝福。

▲下午，县人大常委会主任胡小明，县委常委、小蓝经济开发区党工委书记徐海波，副县长、县公安局局长张增和，县政协副主席万德珍等来到94836部队走访慰问，向官兵们致以新年良好的祝愿。

▲下午，县委常委、宣传部长杨文斌，副县长胡显勇，县政协副主席、县财政局局长姜润根等来到县人武部走访慰问，向他们致以节日的问候和崇高的敬意。

▲下午，县人大常委会副主任伍曦，县政协副主席李信谆等来到南空干休所、空军房地产管理局南昌办事处，向官兵们致以新春的问候和祝愿。

1月15日

上午，市委常委、县委书记汤成奇，县委常委、宣传部部长杨文斌，副县长万敏，向塘开发区管委会主任黄志清等来到向塘镇走访慰问困难群众。向他们送去党和政府的关怀和温暖。

▲上午，县长肖玉文，县委常委、政法委书记熊运浪，县人大常委会副主任李木旺等来到莲塘镇走访慰问困难党员、低保户、军属、计生困难户，向他们送去党和人民政府的关怀和温暖。

▲上午，县委副书记梅梅、县政协副主席李信谆等来到蒋巷镇，走访敬老院老人、低保户、老党员、困难户，向他们送去党和人民政府的关怀和温暖。

▲上午，县人大常委会主任胡小明、县政协副主席万德珍来到塔城乡，走访慰问敬老院老人、农村老党员和困难户，向他们送去党和人民政府的关怀和温暖。

▲上午，县政协主席邓炳根、县法院院长李红刚来到泾口乡，走访慰问敬老院老人、低保户、计生困难户，向他们送去党和人民政府的关怀和温暖。

▲上午，县委常委、常务副县长涂仕华，县政协副主席、县财政局局长姜润根等来到塘南镇，走访慰问敬老院老人、困难户，向他们致以新年祝福。

▲上午，县委常委、纪委书记李传强，县人大副主任陈秀梅等来到广福镇，走访慰问敬老院老人、困难户等，向他们致以新年祝福。

▲县委常委、组织部部长王小文，副县长胡显勇等来到八一乡，走访慰问困难群众和困难党员，向他们致以新年祝福。

▲县委常委、小蓝经济开发区党工委书记徐海波，副县长涂莉华等来到小蓝经济开发区，走访慰问困难党员、五保户、低保户、残疾人、纯女户，向他们致以新年的祝福。

1月16日

上午，县委常委、副县长杨保根，县检察院检察长张振川等来到武阳镇，走访慰问困难党员、特困户、军烈属、五保户、困难计生户、伤残军人，向他们致以新年祝福。

▲上午，省宗教局副局长张国培来到南昌县走访慰问莲塘一中的新疆克州班师生，向他们送上慰问金和慰问品，并致以新年的祝福。

1月19日

上午，县委常委、组织部部长王小文来到县人民医院，走访慰问患病住院的老干部，向他们致以节日的问候和良好祝愿。

▲上午，县人武部政委姜清波，副县长程雷佬来到黄马乡，走访慰问困难群众和敬老院老人。向他们致以新年祝福。

1月20日

上午，县委副书记梅梅，县委常委、副县长杨保根，县委常委、统战部部长胡炜走访慰问县各民主党派人士，向他们致以新春的祝福。

▲上午，市公安局党委副书记胡振正，市妇联副主席周笑蓓等来到南昌县八一乡后曲村开展“爱心援助系贫困，共创美好新生活”走访慰问活动。

▲向塘开发区管委会主任黄志清走访慰问向塘镇敬老院老人，向他们致以新年祝福。

1月25日

农历除夕，市委常委、县委书记汤成奇，县委副书记、县长肖玉文，县人大常委会主任胡小明，县政协主席邓炳根，县委常委、纪委书记李传强，县委常委、县人武部部长汪火明等来到县公安局、县人民医院、昌南水厂、县供电公司等单位，向节日期间坚守工作岗位的干部职工拜年，并致以新春良好的祝愿。

【城市建设与管理】

1月6日

上午，市人防办主任，市民防局局长鞠锦章来到南昌县，就南昌县兴建地下人防指挥所和人防应急救援指挥中心进行调研。市委常委、县委书记汤成奇，县长肖玉文，县委常委、常务副县长涂仕华，县委常委、县人武部部长汪火明等陪同。

1月15日

下午，市政协城建委主任、市创建办副主任王洪昌等来南昌县检查指导城市创建工作。县委常委、常务副县长涂仕华陪同。

【工交财贸】

1月4日

上午，以省发改委办公室副调研员刘秋凤为组长的省投资环境十佳县（市、区）考察组来南昌县考察，县委常委、常务副县长涂仕华，县委常委、宣传部长杨文斌等陪同。

1月5日

上午，省交通厅巡视员席芳柏，省交通厅计划处处长梁必康等来南昌县就农村公路和渡改桥建设等进行调研。市交通局副局长吴毛俚，县委副书记、县长肖玉文，县委常委、副县长杨保根等陪同。

1月8日

下午，县公安局交管大队在洁惠宾馆举行2008年度总结表彰暨2009年春运工作动员会。副县长、县公安局局长张增和，市公安交管局局长艾小平等出席。

1月9日

下午，市委常委、县委书记汤成奇在县城莲塘会见南昌亚洲啤酒有限公司总裁陈永灿一行。

县长肖玉文，副县长涂莉华会见时在座。

1月14日

下午，南昌县春运工作调度会在县政府会议室召开。副县长涂莉华出席并讲话。

1月16日

下午，2009年小蓝汽车零部件企业家春节恳谈会在桂花村大酒店举行。省经贸委副主任张小平，市台办副主任饶小敏，市经贸委副主任何琦，县委常委、小蓝经济开发区党工委书记徐海波，副县长涂莉华等出席会议。

▲下午，全县台资企业座谈会在县台办召开，县委常委、小蓝经济开发区党工委书记徐海波，副县长涂莉华出席。

1月18日

上午，全县交通工作表彰会在八二八召开。市交通局副局长吴毛俚，县委常委、副县长杨保根，县人大副主任陈秀梅，县政协副主席伍目连等出席会议。

【农业与农村工作】

1月4日

上午，市委常委、县委书记汤成奇先后来到莲塘、八一、南新等地视察造林绿化“一大四小”工程进展情况。县委常委、农工部部长魏根金，副县长程雷佬等陪同。

1月7日

上午，2009年全县湖区渔业安全生产暨渔船年审工作会议在洁惠花园宾馆召开。市农业局副局长郭子东、副县长程雷佬等出席并讲话。

▲上午，省林业厅计划财务处处长罗勤率领调研组来到南昌县，就造林绿化“一大四小”工程建设进展情况进行调研。省林业有害生物防治检疫局书记吴宗仁、市林业局副局长涂传建等陪同。

1月8日-9日

在市委常委、县委书记汤成奇带领下，参加中共南昌县委十一届六次全体（扩大）会议的人员参观全县各乡镇（开发）经济社会发展成果亮点。县长肖玉文，县委副书记梅梅，县人大常委会主任胡小明，县政协主席邓炳根，县委常委涂仕华、杨保根、李传强、杨文斌、熊运浪、胡炜、王小文、魏根金、汪火明等参加活动。

1月13日

下午，省绿委副主任、省林业厅党组书记、厅长刘礼祖来到南昌县视察“一大四小”工程建设情况。市委常委、县委书记汤成奇，省林业厅驻南昌县督导组组长、省林业有害生物防治检疫局书记吴宗仁，市林业局局长樊三宝，市林业局副局长涂传建，县长肖玉文，县委常委、农工部部长魏根金等陪同。

【乡镇工作】

1月16日

上午，蒋巷镇第三届人民代表大会第三次会议召开。县人大副主任李木旺到会祝贺并讲话。

【政法工作和社会治安综合治理】

1月5日

下午，市消防安全工作考评组来到南昌县检查考评2008年消防安全工作。副县长、县公安局局长张增和等出席汇报会。

1月15日

上午，以市工商局副局长田久泰为组长的市食品安全监管责任制考核组来南昌县，对食品安全监管责任制贯彻落实等进行考核。副县长胡显勇等陪同。

【劳动人事和社会保障】

1月7日

上午，省人大法制委员委主任沈亚平，省人大法工委副主任夏宏根一行来到南昌县，就《江西省就业促进条例（草案)》进行立法调研。县人大常委会主任胡小明，副主任熊鹰等陪同。

1月16日

省社保局局长侯仲华带领省社保局调研组来南昌县调研退休人员养老金调整和还乡农民工养老保险接续工作。市社保处处长陶健根，县委常委、副县长杨保根等陪同。

【党的建设和干部队伍建设】

1月3日

上午，县委副书记梅梅，县委常委、组织部长王小文先后来到莲塘、向塘两镇，就基层党组织建设工作进行调研。向塘开发区管委会主任黄志清等陪同。

1月12日

下午，省纪委效能监察室主任徐小平带领省纪委调研组来到南昌县，就全县机关效能建设工作进行调研。市纪委副书记薄成诚，县委常委、纪委书记李传强等陪同。

【信访工作】

1月20日

副县长涂莉华在县信访局参加领导接待日活动。

1月22日

县委常委、政法委书记熊运浪在信访局接待上访群众。

【群团工作】

1月3日

上午，团省委副书记李建国，团省委青农部部长李菲，团市委书记陈吉炜，团市委副书记万欣等来南昌县与返乡务工青年进行座谈，了解返乡务工青年的基本情况和主要需求。县委副书记梅梅等出席座谈会。

1月14日

下午，南昌县社会群众团体座谈会在县总工会召开。县委副书记梅梅，县委常委、组织部部长王小文，县人大常委会副主任、县总工会主席熊鹰，副县长胡显勇等出席会议。

【科教文卫体和计生工作】

1月7日

上午，由县委统战部主办的2009年侨联迎春联谊会在洁惠花园宾馆举行。市侨联副主席吴欣康，县委副书记梅梅，县委常委、统战部长胡炜，县政协副主席、县工商联会长吴克芳等出席。

1月12日

上午，全县学校校本教材开发、学期结束现场会在莲塘二中召开。

1月14日

南昌县科技局在会议室举行“南昌县新农村建设科技示范村”授牌仪式。副县长胡显勇出席。

【环保工作】

1月13日

上午，省环保局副局长倪忠民来南昌县视察环保工作。

【其他重要工作】

1月20日

上午，2008年度关爱女孩“阳光助学金”、“成才奖励金”在县计生委颁发。市计生委副主任孙乐水，县委常委、农工部部长魏根金，副县长程雷佬出席颁发仪式。

1月21日

上午，县政协举行离退休老干部迎春座谈会。县政协主席邓炳根，副主席万德珍、张军、李信谆、伍目连、李植等出席。

二 月

【重要会议】

2月6日

上午，县政协十届十次常务委员会在县综合楼召开。会议主要是协商通过召开县政协第十届委员会第三次会议的有关事项。县政协主席邓炳根，副主席万德珍、吴克芳、张军、李信谆、姜润根、伍目连、李植等出席会议。

2月13日

上午，全县特种设备和食品质量安全工作总结暨表彰大会在县质量技术监督局召开。市质量技术监督局副局长李伟斌，县委常委、副县长杨保根出席并讲话。

2月17日

上午，江西预备役师高炮团、县五七高炮营营党委扩大会议在东新乡召开。江西预备役高炮团政委杨建，县委常委、副县长、县五七高炮营教导员杨保根，县委常委、组织部部长王小文，向塘开发区管委会主任黄志清，江西预备役师高炮团参谋长熊宇等出席。

2月17日-20日

政协南昌县十届三次会议在县文化会展中心召开。市委常委、县委书记汤成奇作题为《弘扬民主、共谋发展，奋力推动全县政协事业不断向前进》的重要讲话。会议听取并审议了县政协副主席万德珍代表政协常务委员会所作的《政协南昌县第十届委员会常务委员会工作报告》，听取并审议了县政协副主席李信谆作《政协南昌县第十届委员会常务委员会关于二次会以来提案工作情况的报告》。县领导肖玉文、梅梅、胡小明、邓炳根、涂仕华、杨保根、熊运浪、胡炜、王小文、徐海波、魏根金、汪火明、姜清波、黄连科、李木旺、陈秀梅、王三毛、熊鹰、伍曦、胡显勇、万敏、张增和、涂莉华、程雷佬、赵泽华、万德珍、吴克芳、张军、李信谆、姜润根、伍目连、李植，县法院院长李红刚，县检察院检察长张振川，向塘开发区管委会主任黄志清，县长助理熊国爱等出席。

2月18日-20日

南昌县第十四届人民代表大会在县文化会展中心召开。市委常委、县委书记汤成奇作重要讲话。大会听取了南昌县人民政府工作报告，提请审议了南昌县2008年国民经济和社会发展计划执行情况与2009年国民经济和社会发展计划草案的报告（书面）和南昌县2008年县本级财政预算执行情况和2009年县本级财政总预算草案的报告（书面）；大会还听取了南昌县人大常委会工作报告、南昌县人民法院工作报告和人民检察院工作报告。大会还表决通过了以上六个工作报告的决议。县领导肖玉文、梅梅、胡小明、邓炳根、涂仕华、杨保根、熊运浪、胡炜、王小文、徐海波、魏根金、汪火明、姜清波、黄连科、李木旺、陈秀梅、王三毛、熊鹰、伍曦、胡显勇、万敏、张增和、涂莉华、程雷佬、赵泽华、万德珍、吴克芳、张军、李信谆、姜润根、伍目连、李植，县法院院长李红刚，县检察院检察长张振川，向塘开发区管委会主任黄志清，县长助理熊国爱等出席。

2月23日

上午，全县“重大重点项目突破年”动员暨2008年度工作总结表彰大会在县文化会展中心举行。会议由县长肖玉文主持，市委常委、县委书记汤成奇作题为《增强信心、争先进位、为建设经济强县、文化名县、旅游新县、和谐富县而努力奋斗》的重要讲话，县领导梅梅、胡小明、邓炳根、涂仕华、杨保根、熊运浪、胡炜、王小文、徐海波、魏根金、汪火明等出席会议。

▲下午，南昌县2009年度军事工作会议在县人武部召开。市委常委、县委书记、县人武部党委第一书记汤成奇，县委副书记梅梅，县委常委、常务副县长涂仕华，县委常委、小蓝经济开发区党工委书记徐海波，县委常委、县人武部部长汪火明，向塘开发区管委会主任黄志清等出席会议。会议由县人武部政委姜清波主持。

【领导活动】

2月2日

上午，国家司法部副部长张苏军来到南昌县，就五五普法和依法治理工作进行调研。省司法厅厅长马承祖，副市长刘建洋、市司法局局长吕建民，县委副书记、县长肖玉文，县委常委、县政法委书记熊运浪，副县长、县公安局局长张增和等陪同。

2月3日

上午，市十三届人大四次会议在南昌举行，当天下午，出席十三届人大四次会议的代表分组审议讨论《政府工作报告》。省委常委、市委书记余欣荣参加南昌县代表团的讨论。市委常委、县委书记汤成奇主持讨论会。副市长罗慧芬，县领导肖玉文、胡小明、徐海波、伍曦、胡显勇、吴克芳等参加讨论。

2月6日

上午，省委常委、副省长陈达恒带领出席省造林绿化“一大四小”工程建设现场会的人员来到南昌县参观。省林业厅厅长刘礼祖，副市长刘建洋，县委常委、常务副县长涂仕华，县委常委、农工部部长魏根金，副县长程雷佬等陪同。

2月10日

下午，省委常委、市委书记余欣荣会见天津宝迪农业科技集团董事长毕国祥等人。市委常委、县委书记汤成奇，市委常委凌学仁，县领导肖玉文、魏根金等会见时在座。

2月17日

上午，市委常委、市纪委书记刘东明率领调研组来到南昌县，就农村信访工作开展调研。县委副书记梅梅，县委常委、政法委书记熊运浪，向塘开发区管委会主任黄志清等陪同。

2月19日

下午，省委常委、市委书记余欣荣，市长胡宪等市领导带领全市开放经济工作会议的人员来南昌县参观。县长肖玉文，县委副书记梅梅，县委常委、小蓝经济开发区党工委书记徐海波，副县长涂莉华等陪同。

2月24日

上午，副市长刘建洋来到南昌县就渡改桥项目建设情况进行调研。市政府副秘书长、市委农工部部长王肇赣，县委常委、副县长杨保根等陪同。

▲下午，省委常委、市委书记余欣荣会见百事（中国）投资有限公司董事长、百事国际集团大中华区总裁陆文凯一行。市委常委、县委书记汤成奇，县长肖玉文，市外办主任张知明，县委常委、小蓝经济开发区党工委书记徐海波，副县长涂莉华等会见时在座。

2月26日

上午，江西省“环鄱阳湖生态希望小学捐建行动”启动仪式暨南昌县洪银生态希望小学奠基仪式在南新乡山上小学举行。省人大常委会副主任姚亚平，团省委书记王少玄，省政府新闻办主任欧苏勤，市委副书记雷武江，县领导肖玉文、梅梅、胡显勇、万德珍等出席启动仪式。

【工交财贸】

2月3日

下午，市委常委、县委书记汤成奇在南昌嘉莱特和平国际大酒店会见来昌投资考察的中国科学院行政管理局局长吴建国、中生北控生物科技股份有限公司董事长吴乐斌一行。双方就在小蓝经济开发区建立中国科学院（江西）生物产业园事宜进行交流。县长肖玉文，县委常委、小蓝经济开发区党工委书记徐海波等会见时在座。

2月7日

上午，县长肖玉文带领招商部门同志赴天津拜访康师傅控股有限公司，就该企业到南昌县投资事宜进行进一步磋商。

2月8日

上午，县财政局在桂花村大酒店举行振兴家乡财政联谊会。省财政厅副厅长胡强、辜华荣，县委副书记、县长肖玉文，县人大常委会主任胡小明，县政协主席邓炳根，县委常委、常务副县长涂仕华，县政协副主席、县财政局局长姜润根等出席联谊会。

2月11日

上午，全县地税工作会议在桂花村大酒店举行，市委常委、县委书记汤成奇，县委副书记、县长肖玉文为全县地税工作会议的召开发来贺信，对县地税局去年地税收入突破9亿元大关，达到9.5亿元表示祝贺。市地税局副局长李瑞平，县委常委、副县长杨保根，县人大常委会副主任陈秀梅，县政协副主席李信谆等出席会议。

2月12日

上午，市审计局纪检组长刘承万率领检查组来到南昌县，就贯彻落实扩大内需，促进经济增长政策情况进行督查。县委常委、常务副县长涂仕华等陪同。

2月17日–18日

江西省环境监测中心站对小蓝污水处理厂进、出水水质、厂界无组织排放废气、厂界噪声等进行现场验收监测。南昌县环境监测站协同省站验收监测工作。经监测，小蓝污水处理厂试运行状况较好，出水水质基本项目基本能达到《城镇污水处理厂污染物排放标准》GB18918–2002二级标准，各项设备运行正常，已基本具备环境保护验收要求。

2月19日

上午，县工商局管理工作暨机关效能年活动动员大会在县综合楼召开。市工商局纪检组长邓晓冰，副县长涂莉华出席并讲话。

2月24日

上午，小蓝经济开发区举行百事可乐(南昌)有限公司建设项目奠基典礼。市长胡宪、百事(中国)投资有限公司董事长、百事国际集团大中华总裁陆文凯，百事(中国)投资有限公司西区副总裁梁福来，县领导肖玉文、梅梅、胡小明、邓炳根、涂仕华、熊运浪、胡炜、王小文、徐海波等出席项目奠基典礼。

2月26日

下午，小蓝经济开发区召开“重大重点项目突破年”活动动员会。县长肖玉文，县委常委、小蓝经济开发区党工委书记徐海波出席并讲话。

2月28日

下午，全县开放型经济工作调度会在小蓝经济开发区召开。县长肖玉文，县委常委、小蓝经济开发区党工委书记徐海波，副县长涂莉华，向塘开发区管委会主任黄志清等出席。

【农业与农村工作】

2月7日

上午，2009年全县湖区渔业安全生产暨渔船年检年审工作会议在洁惠花园宾馆召开。市农业局副局长郭子东，副县长程雷佬等出席。

2月12日

上午，南昌县农民专业合作社规范化建设工作会在洁惠花园宾馆召开。省农业厅农经处处长罗青平、副县长程雷佬等出席。

【乡镇工作】

2月12日-13日

向塘镇召开第十三届人民代表大会第三次会议。县人大副主任熊鹰，向塘镇开发区管委会主任、向塘镇党委书记黄志清出席并讲话。

2月13日

上午，八一乡第十一届人民代表大会第三次会议召开。县委常委、组织部部长王小文，县人大副主任陈秀梅出席并讲话。

▲上午，黄马乡第十一届人民代表大会第三次会议召开。县人大副主任王三毛出席并讲话。

▲广福镇召开第三届人大三次会议。县人大副主任熊鹰出席会议。

2月16日

上午，莲塘镇举行第十四届人民代表大会第三次会议。县人大副主任黄连科出席并讲话。

2月17日-18日

冈上镇召开第三届人民代表大会第三次会议。县人大副主任熊鹰出席并讲话。

2月24日

上午，东新乡召开第十一届第三次会议。县委常委、统战部部长胡炜，县人大常委会副主任李木旺出席会议并讲话。

2月25日

武阳镇召开第三届人民代表大会第三次会议。县委常委、副县长杨保根，县人大常委会副主任陈秀梅，县检察院检察长张振川等出席会议并讲话。

2月26日

上午，泾口乡召开第十一届人民代表大会第二次会议。县人大常委会副主任黄连科，县法院院长李红刚出席并讲话。

▲上午，塘南镇召开第十一届人民代表大会第三次会议。县人大常委会副主任李木旺出席并讲话。

▲上午，富山乡召开第十一届人民代表大会第三次会议。县人大常委会副主任陈秀梅出席并讲话。

▲幽兰镇召开第十一届人民代表大会第三次会议。县人大常委会副主任王三毛，县政协副主席张军出席并讲话。

【政法工作和社会治安综合治理】

2月10日

下午，县法院召开2008年度工作总结表彰会。县法院院长李红刚出席并讲话。

2月16日

上午，全县司法行政工作会议在县检察院召开。省司法厅副巡视员简明龙，市司法局局长吕建民，县委常委、县政法委书记熊运浪，县人大常委会副主任熊鹰，副县长、县公安局局长张增和，县政协副主席李植等出席。

【劳动人事和社会保障】

2月5日

上午，由县劳动人事社会保障局和小蓝经济开发区联合举办的春节后首场返乡农民工就业创业暨“百日援助系列活动”大型专场招聘会在维也纳广场举行。县委常委、副县长杨保根参加活动现场。

2月10日

上午，由市、县劳动和社会保障局联合主办的送岗下乡专场招聘会在幽兰镇举行。来自全市20多家企业，为农民工提供就业岗位5000多个，签订劳动意向性合同的有800多人。

2月12日

上午，由市委组织部、江西日报社、市劳动和社会保障联合举办的返乡农民工就业专场招聘会在塘南镇举行。江西日报社副总编陈晓云，市委组织部常务副部长朱东，县委副书记梅梅，县委常委、组织部部长王小文等出席现场招聘会。

【科教文卫体和计生工作】

2月26日

上午，在省委宣传部的组织下，江西日报、江西电视台、江南都市报、大江网等15家新闻媒体的记者来到南昌县采访获得江西省投资环境十佳县市区的情况。县委副书记梅梅参加座谈会并讲话。

【友好往来】

2月7日

上午，宜春市上高县考察团在省野生动植物保护管理局副局长郭英荣的带领下来到南昌县参观考察造林绿化“一大四小”工程。县长助理熊国爱陪同。

2月12日

下午，瑞昌市市委常委、组织部部长徐胜率领瑞昌市党建工作考察团来到南昌县，参观考察农村基层党建工作。县委常委、组织部长王小文，向塘开发区管委会主任黄志清等陪同。

【其他重要工作】

2月1日

上午，市委常委、县委书记汤成奇，县长肖玉文，县委副书记梅梅等县六套班子领导和县直机关干部来到蓝园大道，参加全县2009年新春千人植树活动。县领导胡小明、邓炳根、涂仕华、杨保根、杨文斌、熊运浪、胡炜、王小文、徐海波、魏根金、汪火明等参加植树活动。

▲上午，省工商行政管理局局长邝小平、党组书记王可忠、助理巡视员杜志刚，市工商局局长刘东庚等来到塘南镇蔡家小学参加今春绿化植树活动。

2月4日

上午，县人武部召开“一大四小”工程暨植树造林活动部署会。县委常委、县人武部部长汪火明，县人武部政委姜清波等出席会议。

2月7日

上午，县委常委、县人武部部长汪火明，县人武部政委姜清波率部分乡镇民兵预备役人员到黄马乡蓝园大道两旁开展植树造林活动。

2月24日

上午，县城镇管理局召开2008年度工作总结暨先进集体、先进个人表彰大会。市执法局副书记宋亮生，副县长万敏出席会议并讲话。

2月25日

上午，全县档案工作会在县政府综合楼召开。副县长胡显勇出席并讲话。

【先进表彰】

2月6日

南昌县获“2008年全省开放型经济发展综合奖”及“2008年度先进工业园奖”。

2月18日

南昌县获“全省主要污染物总量减排先进县”。

2月23日

南昌县入选全省投资环境“十佳县（市、区）”。

三　月

【科学发展观】

3月20日

下午，县委组织部召开深入学习实践科学发展观活动动员大会。县委常委、组织部部长王小文出席并作动员讲话。

3月24日

下午，由市委宣传部副部长罗水长带领的市委学习实践科学发展观活动指导检查组来到南昌县，就开展学习实践科学发展观活动进行检查指导。县委副书记梅梅，县委常委、组织部部长王小文等陪同。

3月25日

上午，蒋巷镇召开深入学习实践科学发展观活动试点工作动员会。市委检查指导组第十三组组长曾茂明，县人大常委会副主任王三毛出席并讲话。

3月30日

上午，县政府办公室开展学习实践科学发展观活动动员大会。县委副书记、县长肖玉文出席并作动员讲话。

▲县信访局开展深入学习实践科学发展观活动动员大会。副县长、县公安局局长张增和出席会议并作重要讲话。

▲下午，县委统战部召开开展学习实践科学发展观活动动员会。县委常委、统战部部长胡炜出席并讲话。

▲下午，县政协开展学习实践科学发展观活动动员大会。县政协主席邓炳根，县第二批深入学习实践科学发展观活动检查一组组长、县人大常委会副主任黄连科，县政协副主席万德珍、张军等出席。

▲下午，县纪委监察局开展学习科学发展观活动动员大会。县委常委、政法委书记熊运浪出席并讲话。

3月31日

县人大开展学习实践科学发展观活动动员大会。县人大常委会主任胡小明，副主任黄连科、李木旺、陈秀梅、王三毛、熊鹰等出席。

【重要会议】

3月3日

上午，全县粮食工作会议在县粮食局召开。市粮食局党组成员、调研员刘大堂，县委常委、副县长杨保根等出席会议。

3月4日

下午，全县百名干部下基层宣讲“中央一号文件”动员会在县畜牧水产局召开。副县长程雷佬出席并讲话。

3月12日

上午，县政协十届十二次常委会在县综合楼召开。县政协主席邓炳根，副主席万德珍、吴克芳、张军、李信谆、伍目连等出席。

3月16日

上午，2009年度全县消防工作会在县综合楼召开。县委常委、政法委书记熊运浪，副县长、县公安局局长张增和出席并讲话。

3月17日

上午，全县供销工作会在洁惠花园宾馆召开。市供销社副主任樊仁侨，县领导杨保根、王三毛、张军等出席。

3月19日

县统战系统举行学习全国“两会”精神座谈会。县委常委、统战部部长胡炜，县人大常委会副主任伍曦，副县长胡显勇，县政协副主席吴克芳等出席。

▲下午，县长肖玉文在县综合楼主持召开县政府第21次常务会议。县委常委、常务副县长涂仕华，县委常委、副县长杨保根，副县长胡显勇、张增和、涂莉华、程雷佬，县长助理熊国爱等出席会议；县人武部政委姜清波，县人大常委会副主任王三毛，县政协副主席、县财政局局长姜润根等列席会议。

3月21日

上午，全县财税工作调度会在县综合楼召开。县长肖玉文，县政协副主席、县财政局局长姜润根出席会议。

3月23日

上午，市委常委、县委书记汤成奇在县综合楼主持召开第三次县委常委会议。县委副书记、县长肖玉文，县委副书记梅梅，县委常委涂仕华、杨保根、熊运浪、胡炜、王小文、徐海波、魏根金等出席会议；县人大常委会主任胡小明、县政协主席邓炳根等列席会议。

3月24日

下午，南昌县在县综合楼组织收听收看国务院、省市政府第二次廉政工作电视电话会。县长肖玉文，县委常委、常务副县长涂仕华，副县长程雷佬、涂莉华等陪同。

3月25日

上午，全县乡镇人大工作暨人大宣传调研工作总结表彰大会在县综合楼召开。县人大常委会主任胡小明，副主任黄连科、李木旺、陈秀梅、熊鹰、伍曦等出席会议。

▲下午，全市侨联主席会议在莲塘镇召开。市委统战部副部长、市侨联主席姚向红，县委副书记梅梅，市侨联副主席吴欣康、麦建宁等出席会议。

▲下午，全县劳动保障、就业创业和环境保护工作会在县综合楼召开。县委常委、副县长杨保根，县人大副主任陈秀梅，县政协副主席万德珍、李植等出席会议。

3月26日

上午，全县民政工作会在洁惠花园宾馆召开。县委常委、副县长杨保根出席并讲话。

3月27日

上午，县人大组织县人大常委会组成人员以及县人大全体机关干部在县综合楼收听收看省人大常委会有关贯彻吴邦国委员长在十一届全国人大二次会议上所作的全国人大常委会工作报告的专题电视讲座。县人大常委会副主任李木旺、陈秀梅、王三毛、熊鹰等聆听讲座。

▲下午，全县“两会”建设、提案交办会在县综合楼召开。县领导肖玉文、胡小明、邓炳根、涂仕华、李信谆、姜润根等出席会议。

3月30日

全县防汛抗旱暨组织、宣传、统战、政法、信访、农业农村、人口计生工作会在县文化中心召开。市委常委、县委书记汤成奇作重要讲话，县领导肖玉文、梅梅、胡小明、邓炳根、涂仕华、杨保根、胡炜、王小文、徐海波、魏根金等出席会议。

▲下午，县十四届人大常委会第十三次会议在县综合楼召开。县人大常委会主任胡小明，副主任黄连科、李木旺、陈秀梅、王三毛、熊鹰、伍曦等出席会议；县委常委、常务副县长涂仕华，县政协副主席、县财政局局长姜润根，县检察院检察长张振川等列席会议。

【领导活动】

3月10日-11日

市政协、县政协组织部分市县政协委员分别深入蒋巷镇、塔城乡，就有关农村机动地和荒滩、荒洲、荒沟经营和管理开展专题调研。市政协副主席王水苟、县政协主席邓炳根、副县长程雷佬、县政协副主席张军等参加。

3月17日

下午，中央统战部副部长、全国工商联党组书记全哲洙来南昌县考察民营企业发展情况。省政协副主席、统战部部长宋晨光，省工商联会长黄代放，市委常委、县委书记汤成奇，县领导梅梅、胡炜、徐海波等陪同。

3月19日

省委副秘书长、省委农工部部长吕滨来到南昌县，就新农村建设工作进行调研。市委常委、县委书记汤成奇，市委常委凌学仁，市政府副秘书长、市委农工部部长王肇赣，县委常委、农工部部长魏根金等陪同。

3月25日

上午，市委常委、市纪委书记刘东明，市纪委副书记方华清等来南昌县视察便民惠民服务中心创建工作。县委副书记梅梅，县委常委、政法委书记熊运浪等陪同。

▲下午，省委常委、市委书记余欣荣来到南昌县塔城乡调研。市委常委、组织部长杨人平，市委常委、县委书记汤成奇，市委副秘书长、办公厅主任李福如，县长肖玉文，县委常委、组织部部长王小文等陪同。

3月26日

上午，江西省纪念新中国成立六十周年开展的第一项大型群众活动——百乡千村农民趣味运动会，南昌市、南昌县全民健身活动启动仪式暨“中新·幸福时光”杯，南昌市青年登山“樱雄汇”在黄马乡举行。省农业厅党委书记肖茂普，省体育局局长刘鹰，副市长罗慧芬，省农业厅纪委书记周新发，省体育局副巡视员杜雅军，县领导梅梅、伍曦、胡显勇、程雷佬、万德珍、张军等出席。

▲下午，国家工业和信息化部、信息化推进司副司长洪京一等来到南昌县，就市场建设信息化进行调研。市委常委、副市长董化杰，省工业和信息化委员会副主任李江何，副县长程雷佬等陪同。

3月28日

上午，南昌亚洲啤酒有限公司年产60万吨啤酒厂在小蓝经济开发区举行奠基仪式。市委常委、常务副市长赵东亮，市委常委、县委书记汤成奇，副市长曾光辉，县领导肖玉文、梅梅、胡小明、邓炳根，南昌亚啤集团总裁陈永灿等出席奠基仪式。

3月29日

市委常委、副市长董化杰，市委常委、县委书记汤成奇，市政协副主席王水苟、侯捷，县领导肖玉文、梅梅、胡小明、邓炳根等来到黄马乡樱花广场，参观旅游项目及旅游产品。

【城市建设与管理】

3月26日

上午，县长肖玉文视察县城部分重大重点项目建设情况，现场解决项目建设过程中遇到的困难和问题。县人大常委会主任胡小明，县政协副主席、县财政局局长姜润根等陪同。

【工交财贸】

3月10日

上午，以省政府办公厅党组成员、纪检组长胡详圳为组长的省新增中央投资项目检查组来到南昌县检查新增中央投资项目的实施情况。县委常委、常务副县长涂仕华等陪同。

3月11日

上午，县委常委、常务副县长涂仕华实地察看县城部分重大重点项目推进情况，详细了解和协调项目推进工作中存在的问题。

3月13日

下午，县委副书记梅梅到黄马乡调度2009江西（黄马）第二届樱花节和蓝园大道竣工通车典礼等活动准备工作。县委常委、农工部部长魏根金，副县长胡显勇、程雷佬，向塘开发区管委会主任黄志清等出席。

3月17日

下午，省商务厅巡视员王中阳、发展处处长朱元发一行来向塘开发区、小蓝经济开发区专题调研“金融危机对出口创汇企业的影响”。县委常委、小蓝经济开发区党工委书记徐海波陪同。

3月29日

上午，南昌县举行蓝园大道正式通车暨2009江西（黄马）第二届樱花节开幕仪式。市委常委、副市长董化杰，市委常委、县委书记汤成奇，省信访局正厅级督查员冯俊庭，省农业厅副厅长程关怀，市人大常委会副主任戴和旺，副市长刘建洋，市政协副主席王水苟、侯捷，县领导肖玉文、梅梅、胡小明、邓炳根等出席仪式。

3月31日

下午，副县长涂莉华会见台资企业徐福记国际集团南昌分公司总经理刘政，并就徐福记集团新项目投资事宜进行沟通交流。

【农业与农村工作】

3月16日

市委常委、县委书记汤成奇来到塔城乡，就农村社会各项事业发展、农民持续增收等进行调研。县人大常委会主任胡小明，县政协副主席万德珍等陪同。

▲下午，由台湾元耀科技股份有限公司董事长隋台中为团长的台湾电机电子工业同业公会考察团来南昌县参观考察。县长肖玉文，县委常委、小蓝经济开发区党工委书记徐海波，副县长涂莉华等陪同。

3月17日

上午，县长肖玉文在小蓝经济开发区主持召开全县重大重点项目建设用砂调度会。县委常委、小蓝经济开发区党工委书记徐海波，县委常委、农工部部长魏根金，副县长、县公安局局长张增和，副县长程雷佬等出席。

3月20日

上午，县长肖玉文来到小蓝经济开发区邓埠村，就发展壮大村级集体经济进行调研。县委常委、小蓝经济开发区党工委书记徐海波等陪同。

3月24日

下午，市委常委、县委书记汤成奇来到武阳镇，就村级集体经济发展情况开展调研。县委常委、副县长杨保根，副县长胡显勇等陪同。

3月30日

下午，市委常委、县委书记汤成奇来到东新乡，就村集体经济发展情况进行调研。县领导梅梅、胡炜、伍目连等陪同。

【乡镇工作】

3月3日

上午，三江镇召开第十一届人民代表大会第三次会议，县人大常委会副主任王三毛出席并讲话。

3月6日

上午，蒋巷镇举行“重大重点项目突破年”动员暨2008年度总结表彰大会。县政协副主席李信谆出席并讲话。

【政法工作和社会治安综合治理】

3月3日

上午，江西省2009年妇女“法律大讲堂”在莲塘镇举行。省妇联副主席刘屹烈，省司法厅普法教育处处长万筱泓，市妇联副主席盛爱凤，县委副书记梅梅等出席。

3月24日

上午，2008年依法行政工作暨行政执法规范年活动动员大会在县综合楼召开。县委常委、常务副县长涂仕华，县人大副主任熊鹰，副县长、县公安局局长张增和，县政协副主席伍目连等出席会议。

3月25日

上午，县人大法律知识讲座在县综合楼举行。县人大常委会主任胡小明，副主任黄连科、李木旺、陈秀梅、熊鹰、伍曦等听取讲座。

3月26日

下午，南昌县在莲塘综合市场内举行重大火灾应急消防演练。县委常委、副县长杨保根，县公安局政委周庆鲁等观看演练活动。

【信访工作】

3月2日

县委常委、常务副县长涂仕华在县政府会议室主持召开关于玻璃三厂部分拆迁户信访问题调度会。

3月4日

县委常委、政法委书记熊运浪在县信访局主持召开全县信访工作调度会，县长助理熊国爱出席。

3月6日

县委常委、常务副县长涂仕华在县政府会议室主持召开关于康城业主上访问题调度会。

3月17日

县委常委、副县长杨保根在县政府会议室主持召开关于伤残军人医保问题信访调度会。

3月19日

上午，市委常委、县委书记汤成奇来到县信访局参加接访，现场协调解决群众提出的诉求，县委常委、政法委书记熊运浪，副县长、县公安局局长张增和，县长助理熊国爱等陪同。

3月21日

全县信访工作调度会在县综合楼召开。县长肖玉文，县委常委、政法委书记熊运浪，副县长、县公安局局长张增和，向塘开发区管委会主任黄志清，县长助理熊国爱等出席。

3月31日

县政府副县长涂莉华在县信访局接待来访群众，协调处理县水泥厂退休职工信访事项。

▲县委常委、副县长杨保根在县政府会议室主持召开关于参战人员信访问题调度会。县长助理熊国爱出席会议。

【科教文卫体和计生工作】

3月3日

上午，副县长胡显勇来到向塘镇，就全镇基础教育工作教育网点布局和中小学校危房改造情况进行调研。

3月4日

上午，县老年科协2008年度总结表彰大会在莲塘镇召开。市老年科协会长周鑫群，县委副书记梅梅，县人大常委会副主任黄连科，副县长胡显勇等出席。

▲下午，县委副书记梅梅在黄马乡主持召开会议，安排部署2009年江西（黄马）第二届樱花节暨南昌县乡村生态旅游年启动仪式的有关筹备工作。县人大常委会副主任伍曦，副县长胡显勇，县政协副主席万德珍等出席。

3月6日

上午，全县卫生工作会议在县委党校召开。县委常委、组织部长王小文，县人大常委会副主任伍曦，副县长胡显勇，县政协副主席万德珍等出席。

3月13日

上午，县老干部艺术团在县政府综合楼举行庆祝建团5周年、喜迎建国60周年文艺联欢会。市计生委主任任美清，县领导梅梅、胡小明、邓炳根、胡炜、李木旺、陈秀梅、王三毛、熊鹰、伍曦、万德珍、吴克芳、张军、李信谆等出席联欢会。

3月20日

全县首届乡村歌会复赛在莲塘洁惠花园宾馆举行。县领导伍曦、胡显勇、万德珍、伍目连等观看表演。

3月23日

下午，市关工委常务副主任熊全柏等来到南昌县，就关心下一代工作进行调研。县委副书记梅梅等陪同。

3月26日

上午，省农业厅党委书记萧茂普来到塔城乡，视察2009年南昌市第七届青岚湖龙舟大赛的筹备工作。省体育局局长刘鹰，省体育局副巡视员杜雅军，副市长罗慧芬，市体育局副局长韩匡楷，副县长胡显勇等陪同。

【环保工作】

3月18日

上午，小蓝经济开发区污水处理厂一期工程通过了江西省环境保护厅组织的环境保护竣工验收。

3月19日

上午，省环境保护厅副厅长罗来发，市环保局局长陶志等来到小蓝经济开发区污水处理厂检查指导工作。

3月25日

下午，南昌县环境保护工作会议在县综合楼会议室召开。县委常委、副县长杨保根出席会议并作讲话。

【友好往来】

3月1日

上午，县长肖玉文，县委常委、农工部部长魏根金，副县长涂莉华，县政协主席、财政局长姜润根等赴台湾进行为期10天参观访问。

3月2日

下午，崇仁县县委副书记、县政府党组书记、常务副县长彭银贵率崇仁县造林绿化“一大四小”工程建设考察团来南昌县参观考察。县委常委、常务副县长涂仕华，副县长程雷佬等陪同。

3月6日

上午，萍乡市市委常委、纪委书记舒仁庆等来到南昌县，参观考察党风廉政建设和反腐倡廉工作。市纪委副书记杜志刚，市纪委常委傅碧波，县委常委、县政法委书记熊运浪等陪同。

3月19日

上午，湖北省人民政府研究室副主任王昌爽等来南昌县考察县域经济发展情况。县委常委、常务副县长涂仕华等陪同。

【其他重要工作】

3月2日

省委宣传部文明办协调处处长雷健等来到南昌县，为荣获省十大和谐村庄光荣称号的塘南镇渡口村捐赠文化、办公用品，市文明办主任袁井红，副县长胡显勇等出席捐赠仪式。

3月12日

上午，团县委、县林业局组织县直各单位的团干和学生团员来到冈上镇兴农沙漠生态公园开展植树活动。

▲下午，由县委组织部主办，富山乡党委、政府承办的南昌县大学生干部“激情与梦想”主题演讲活动在富山乡举行。市委基层办主任邹艾民，县委副书记梅梅出席并讲话。

3月14日

上午，江西日报社总编辑王晖、副总编辑任辛带领江西日报社工作人员和读者共400多人来到八一乡淡溪村义务植树。

3月28日

南昌县现代远程教育终端站点管理培训班在县综合楼举行。县委常委、组织部部长王小文出席并讲话。

四　月

【科学发展观】

4月1日

上午，市委常委、县委书记汤成奇在县委会见室会见来南昌县采访的市学习实践科学发展观先进典型采访组成员。县委常委、组织部部长王小文会见时在座。

▲上午，市学习实践科学发展观活动先进典型采访组来南昌县采访。县委副书记梅梅，县委常委、组织部部长王小文，县委常委、小蓝经济开发区党工委书记徐海波等接受采访。

▲上午，南昌县在县综合楼组织收听收看全省“科学发展、加速崛起”主题教育活动电视电话动员大会。县委副书记梅梅等参加收听收看。

4月2日

上午，以省人大常委、省人大教科文卫委主任委员严平为组长的省委深入学习实践科学发展观活动指导检查一组，来到南昌县调研深入学习实践科学发展观活动开展情况。市委常委、组织部长杨人平，市委常委、县委书记汤成奇，县委副书记、县长肖玉文，县委副书记梅梅，县委常委、组织部长王小文，县委常委、小蓝经济开发区党工委书记徐海波，县人大常委会副主任王三毛等陪同。

4月3日

上午，县委中心组深入学习实践科学发展观专题学习报告会在县综合楼举行。市委常委、县委书记汤成奇主持学习报告会，县委副书记、县长肖玉文，县委副书记梅梅，县委常委涂仕华、杨保根、熊运浪、胡炜、王小文、徐海波、魏根金等出席。县人大常委会主任胡小明、县政协主席邓炳根等列席。

▲下午，县公安局召开深入开展学习实践科学发展观活动动员大会。县人大副主任王三毛，副县长、县公安局局长张增和，县公安局政委周庆鲁等出席。

4月9日

上午，县财政局举行深入学习实践科学发展观暨效能建设工作人大代表和政协委员座谈会。县政协副主席、县财政局局长姜润根等出席座谈会。

4月12日

上午，小蓝经济开发区举行“科学发展放光芒”主题演讲比赛活动。县委常委、小蓝经济开发区党工委书记徐海波，县人大常委会副主任、县总工会主席熊鹰等观看演讲比赛。

4月15日

下午，以市委农工部副部长吴久铭率领的市政府办深入学习实践科学发展观活动调研组来到南昌县，就关于“加快南昌城乡一体化进程”进行调研。

4月16日

市委深入学习实践科学发展观活动指导检查组组长龚小荣带领检查组来到煌上煌集团指导检查学习实践科学发展观活动进展情况。县人大常委会副主任王三毛等陪同。

4月20日

上午，县委常委扩大会议暨县委中心组深入学习实践科学发展观专题学习会在县综合楼举行。市委常委、县委书记汤成奇主持会议并讲话。县委副书记、县长肖玉文，县委副书记梅梅，县委常委涂仕华、杨保根、熊运浪、胡炜、王小文、徐海波、魏根金等出席，县政协主席邓炳根等参加学习。

4月28日

下午，南昌县召开深入学习实践科学发展观领导小组会议。市委常委、县委书记汤成奇，县长肖玉文，县委副书记梅梅，县委常委、常务副县长涂仕华，县委常委、组织部部长王小文等出席。

4月29日

上午，全县开展深入学习实践科学发展观活动学习调研阶段总结暨分析检查阶段动员大会在县综合楼召开。会议回顾总结了学习调研阶段的工作，安排部署了分析检查阶段的工作任务。市委常委、县委书记汤成奇作重要讲话。县委副书记、县长肖玉文主持会议。县领导梅梅、邓炳根、涂仕华、杨保根、熊运浪、胡炜、王小文、魏根金等出席会议。

4月30日

县人大常委会召开县人大机关深入学习实践科学发展观活动分析检查阶段动员大会。县人大常委会主任胡小明，副主任黄连科、李木旺、王三毛等出席。

【重要会议】

4月2日

下午，县委常委、副县长、县粮食清仓查库工作领导小组组长杨保根在县粮食局主持召开县粮食清仓查库领导小组工作会议，安排部署全县粮食清仓查库工作。

▲下午，南昌县在县综合楼组织收听收看全国普通高校毕业生就业工作电视电话会。副县长胡显勇参加收听收看。

4月3日

上午，全县在县综合楼组织收听收看全省村务公开和民主管理“难点村”治理工作电视电话会。县委常委、副县长杨保根参加收听收看。

4月8日

上午，全县纪检监察工作会在县综合楼召开。县委常委、县政法委书记熊运浪出席并讲话。

4月10日

上午，全市县区信息工作现场点评会在南昌县召开。县委副书记梅梅等出席会议。

▲下午，县长肖玉文在小蓝经济开发区主持召开全县开放型经济工作调度会。县委常委、小蓝经济开发区党工委书记徐海波，副县长涂莉华、程雷佬，县政协副主席、县财政局局长姜润根，向塘开发区管委会主任黄志清等出席。

▲下午，全县统计工作暨第二次全国农业普查总结表彰会在县综合楼召开。县委常委、常务副县长涂仕华出席并讲话。

4月13日

下午，南昌县在县综合楼组织收听收看全国纠风工作电视电话会议。县委副书记、县长肖玉文参加收听收看。

4月14日

上午，县长肖玉文在县职业高中主持召开县职业技能培训实训基地建设调度会，现场调度实训基地的建设。县委副书记梅梅，县委常委、副县长杨保根，副县长胡显勇，县政协副主席、县财政局局长姜润根等出席调度会。

4月16日

上午，南昌县市十三届人大代表小组第一次活动在江西赣泰房地产开发公司召开。县人大常委会主任胡小明，副主任黄连科、伍曦，县政协副主席吴克芳等参加活动。

▲下午，县政府在小蓝经济开发区召开关于莲塘地区居民用水问题专题办公会。县长肖玉文主持会议，县委常委、副县长杨保根，副县长胡显勇、张增和、涂莉华、程雷佬，县长助理熊国爱等出席会议，县人大常委会主任胡小明，县政协主席邓炳根，县委常委、统战部部长胡炜，县政协副主席姜润根、伍目连等应邀列席会议。

4月19日

全县统战系统召开学习全国“两会”精神座谈会。县委常委、统战部部长胡炜，县人大常委会副主任伍曦，副县长胡显勇，县政协副主席吴克芳等出席座谈会。

【领导活动】

4月1日

市政协副主席侯捷、市政协教卫文体文史委主任王健水率领市政协调研组来到南昌县，就新型农村合作医疗制度建设工作进行调研。县委副书记梅梅，副县长胡显勇，县政协副主席万德珍等陪同。

4月2日

副市长曾光辉来小蓝经济开发区调研。县委常委、小蓝经济开发区党工委书记徐海波等陪同。

4月7日

下午，市长胡宪来南昌县就向塘铁路物流基地的建设进行调研。市委常委、副市长董化杰，市委常委、县委书记汤成奇，市长助理高鹰群，市政府副秘书长、市委农工部部长王肇赣，市政府副秘书长辛利杰，县长肖玉文，副县长程雷佬，向塘开发区管委会主任、向塘镇党委书记黄志清，县长助理熊国爱等陪同。

▲下午，省政协常委、港澳台侨委员会主任黎细保率领省政协调研组来南昌县就如何支持江西省港澳台侨企业加快发展开展专题调研。市政协副主席万宗明、万玉明，县政协主席邓炳根，副县长涂莉华，县政协副主席伍目连等陪同。

4月8日

下午，市委常委凌学仁来到南昌县蒋巷镇调研新农村建设工作。市委农工部副部长刘荣根，县委常委、农工部部长魏根金等陪同。

4月13日

下午，省农业综合开发办主任章康华等来蒋巷镇调研农业综合开发工作。省农业综合开发办副主任刘兴华，调研员谢俊峰，副市长刘建洋，市农业开发办主任陶海龙，副主任陶青山，助理调研员何国山，县委常委、农工部部长魏根金等陪同。

▲下午，市长助理戚学林，市交通局副局长吴毛俚等来到泾口乡、幽兰镇，就乡村公路建设情况进行调研。县委常委、副县长杨保根等陪同。

4月14日

上午，由驻教育部纪检组长王立英、国家发改委稽察特派员乐大成率领的第十一中央检查组来南昌县检查经济适用房使用和廉租房建设配套情况。省、市有关领导朱希、熊毅、李梦胜、谢达贵、刘秋生、万晓堂、辛洪波、程赦旭、黄春平，县长肖玉文，县长助理熊国爱等陪同。

4月16日

上午，由国家发改委、财政部、环境保护部、水利部、中科院等23个部委及科研机构组成的国家部委联合调研组，工业和信息化部规划司副司长张高社、顾强，中国工程院院士周后元，工业和信息化部规划司处长周虎、副处长李莉，国家发改委产业协调司处长才立新，国家旅游局规划财务司处长窦群等在副省长洪礼和，省发改委副主任曾文明，省科技厅副厅长王晓鸿，省工信巡视员熊远国，省环保厅副厅长陈荣，省商务厅副厅长刘翠兰，省旅游局副巡视部曾宜福，副市长曾光辉，市政府副秘书长吴长金，县领导肖玉文、徐海波、涂莉华、熊国爱等陪同下来到小蓝经济开发区进行调研。

▲上午，以省人大农业和农村工作委员会主任委员陈毓平、副主任委员严卫为正、副组长的省人大农委调研组来到南昌县调研农业产业化发展情况。市人大常委会副主任戴和旺，市人大农

委主任魏文斌，县人大常委会主任胡小明，副主任王三毛，副县长程雷佬等陪同。

4月18日

上午，2009年南昌市“颂祖国、唱和谐、我们的节日”清明谷雨诗会暨颁奖仪式在黄马乡举行。省文联副主席曹杭、省作家协会副主席李晓君，市政协副主席李广振，市文联主席李敏、市文明办副主任罗小红，市文联副主席杨国俊，县委副书记梅梅，县政协副主席伍目连等出席并为获奖者颁发证书。

4月20日

上午，省人大常委会秘书长、办公厅主任程水凤等来到南昌县，就进一步加强和改进新时期的人大工作进行调研。市人大常委会副主任何友德，县长肖玉文，县人大主任胡小明，县委常委、小蓝经济开发区党工委书记徐海波，县人大常委会副主任黄连科、李木旺等陪同。

▲上午，由中共中央政治局委员、全国政协副主席王刚率领的全国政协常委视察团来到小蓝经济开发区视察。省政协主席傅克诚，省委常委、市委书记余欣荣，市委常委、秘书长、统战部部长蔡社宝，市委常委、县委书记汤成奇，县委常委、小蓝经济开发区党工委书记徐海波等陪同。

4月23日

下午，市委常委凌学仁来南昌县蒋巷镇就农业综合开发工作开展调研。市农业开发办主任陶海龙，县委常委、农工部部长魏根金等陪同。

4月24日

上午，非洲政党与妇女组织干部研修班学员来南昌县考察。全国妇联国际部副部长牟虹，中共中央对外联络部国际交流中心处处长姚建国，全国妇联国际部西亚非洲处处长卢亚民，省妇联副主席林玉华，江西省妇联国际联络部部长陈固，市委副书记雷武江，市委常委、县委书记汤成奇，县委常委、组织部部长王小文等陪同。

4月25日

上午，市委常委、副市长董化杰来到小蓝经济开发区，就旅游产品研发与生产制作情况进行调研。市长助理高鹰群，市政府副秘书长辛利杰，市旅游局局长李芸，副县长胡显勇、涂莉华等陪同。

4月27日

上午，国家农业综合开发办主任王建国来南昌县视察农业综合开发项目建设情况。省政府副秘书长赵泽华，省农业综合开发办主任章康华，市委常委、县委书记汤成奇，市委常委凌学仁，副市长刘建洋，市政府副秘书长、市委农工部部长王肇赣，市农业开发办主任陶海龙，县领导魏根金、程雷佬等陪同。

4月28日

上午，省委书记苏荣来南昌县蒋巷镇，就农业综合开发工作进行调研。省委常委、省委秘书长赵智勇，省委常委、市委书记余欣荣，市长胡宪，省委副秘书长、政研室主任魏民，省农业厅厅长毛惠忠，省农业综合开发办主任章康华，新华社江西分社社长徐金鹏，市委常委、市委秘书长、统战部部长蔡社宝，市委常委、县委书记汤成奇，市委常委凌学仁，副市长刘建洋，市政府副秘书长、市委农工部部长王肇赣，市农业综合开发办主任陶海龙，县委常委、农工部部长魏根金等陪同。

【工交财贸】

4月2日

上午，市委常委、县委书记汤成奇在县政府会见室会见深圳北辰实业有限公司董事、总经理石红岩等。县委常委、小蓝经济开发区党工委书记徐海波等会见时在座。

4月9日

上午，县政协主席邓炳根、副主席李植等率领县政协调研组来到新莲塔线工程建设现场，就新莲塔线工程和渡改桥的建设情况进行调研。县委常委、副县长杨保根等陪同。

4月10日

上午，省商务厅外资处处长喻洪来南昌县进行专题讲座。县委常委、小蓝经济开发区党工委书记徐海波，县人大副主任王三毛等听取了讲座。

4月12日

上午，泰远时代（北京）研究院院长刘泰远等来到小蓝经济开发区考察。县长肖玉文，副县长涂莉华等陪同。

4月13日

上午，市委常委、县委书记汤成奇在县综合楼会见室会见前来南昌县考察投资的江西直方数控动力有限公司考察团成员。县委常委、小蓝经济开发区党工委书记徐海波会见时在座。

4月14日

上午，县长肖玉文，县委常委、副县长杨保根等来到东新乡，就梁氏货运码头项目进行现场办公。

4月16日

江西直方数控动力有限公司投资30亿元建设的车用电喷系统研发与生产项目正式签约落户小蓝经济开发区。

4月21日

上午，县长肖玉文视察县城商贸三产业重点项目的进展情况。副县长涂莉华，县政协副主席、财政局局长姜润根等陪同。

▲下午，县长肖玉文来到东新乡就滨江大道改建项目推进工作进行现场调度，协调解决项目推进中遇到的困难和问题。县政协主席邓炳根，县委常委、常务副县长涂仕华，县委常委、统战部部长胡炜，县人大常委会副主任王三毛，县政协副主席、财政局局长姜润根等陪同。

4月22日

上午，市统计局局长万仁如，副局长张根金等来小蓝经济开发区就工业经济情况进行调研。

4月28日

晚上，小蓝经济开发区举办业务知识培训班。县长肖玉文，县委常委、小蓝经济开发区党工委书记徐海波等聆听讲座。

4月29日

上午，县长肖玉文在县城市投资发展有限公司调研时强调：县城投公司要走市场化、公司化运作道路，做大总资产，做活资产经营文章，努力把公司发展成为一个融资的载体、投资的主体、经营的实体，为加速我县城市化进程作出积极贡献。县长助理熊国爱等陪同。

【农业与农村工作】

4月2日

下午，省环保厅办公室主任石晶来到南昌县黄马乡，考察黄马乡两江生态农业走廊建设等工作 。

4月8日

上午，县委常委、农工部部长魏根金，副县长程雷佬等前往东山排涝站和泾芳排涝站建设现场，检查工程建设进展情况。

4月9日

下午，市委常委、县委书记汤成奇来到蒋巷镇开展调研。县委副书记梅梅，县委常委、农工部部长魏根金，县政协副主席李信谆等陪同。

4月13日

上午，向塘剑霞锦绣农庄举行开业庆典。市委常委、县委书记汤成奇，省科协助理巡视员邬海峰，市直机关工委巡视员傅俊德，市科协主席姚晓明，市妇联主席王敏，县领导梅梅、胡小明、魏根金、程雷佬以及向塘开发区管委会主任黄志清等出席开业庆典。

4月16日

上午，市委常委、县委书记汤成奇来到莲塘镇就村集体经济发展情况进行调研。县委常委、政法委书记熊运浪，县人大常委会副主任李木旺等陪同。

▲以省水利厅副巡视员孙新生为组长的省新农村建设试点考评组来南昌县考评新农村建设试点工作。市委常委、县委书记汤成奇，市委农工部副部长刘荣根，县长肖玉文，县委常委、农工部部长魏根金等陪同。

4月17日

下午，全县家电下乡工作调度会在县综合楼召开。副县长涂莉华出席并讲话。

4月20日

下午，省森林工业局局长何航伟率领省造林绿化“一大四小”工程建设先进县考核组来到南昌县，就全县造林绿化“一大四小”工程建设进行考核。市委常委、县委书记汤成奇，市林业局局长樊三宝，县领导肖玉文、魏根金、程雷佬等出席汇报会。

4月21日

市委常委、县委书记汤成奇来到南新乡，就村级集体经济发展、重大重点项目建设等进行调研。县委常委、小蓝经济开发区党工委书记徐海波，县委常委、农工部部长魏根金，县人大常委会副主任伍曦，副县长程雷佬等陪同。

4月25日

上午，省老年科协会长张逢雨带领省老年科协调研组来南昌县，对粮食生产、农民增收和惠农政策落实等进行调研。市老年科协会长周鑫群，副县长程雷佬等陪同。

【政法工作和社会治安综合治理】

4月8日

下午，市人大农委主任魏文斌、市法制办主任廖南萍等来到南昌县，就立法保护青岚湖事项进行调研。县人大副主任熊鹰等陪同。

4月9日

上午，市政府“守护６０”消防安全工作督导组来南昌县检查指导“守护６０”消防安全工作。副县长、县公安局局长张增和等陪同。

4月10日

下午，全县在县公安局召开打击盗窃破坏电力电信广播电视设施违法犯罪专项斗争工作动员会。副县长、县公安局局长张增和出席并讲话。

4月17日

下午，全县春季瘦肉精等家畜违禁药物专项整治会在县综合楼召开。县委常委、农工部部长魏根金，副县长程雷佬等出席。

【党的建设和干部队伍建设】

4月1日

上午，省委组织部组织处处长胡国庆等来南昌县指导检查非公有制企业党建工作，市委组织部基层办主任邹艾民等陪同。

4月27日

上午，江西广宥鞋业有限公司举行党支部成立揭牌仪式。市委基层办主任邹艾民，县委副书记梅梅，县委常委、组织部部长王小文，向塘开发区管委会主任黄志清等出席揭牌仪式。

4月29日

下午，市委组织部在莲塘镇召开乡镇党委书记抓基层党建工作情况述职大会。市委基层办主任邹艾民，县委副书记梅梅，县委常委、组织部部长王小文，向塘开发区管委会主任黄志清等出席。

【信访工作】

4月7日

县委常委、县政府常务副县长涂仕华在县信访局接待来访群众。

4月17日

上午，国家信访局办信访二司四处处长王月宁来到南昌县，就有关信访件的办理落实情况进行调研。县长肖玉文，县委常委、政法委书记熊运浪，县长助理熊国爱等陪同。

4月21日

上午，县长肖玉文，县委常委、政法委书记熊运浪等来到县信访局信访接待中心，开展接访活动，为解决群众反映的问题进行现场办公。

4月23日

县委常委、组织部部长王小文在县信访局接待来访群众。

4月29日

副县长程雷佬在县信访局接待来访群众，协调处理县地产公司职工信访问题。

【群团工作】

4月10日

下午，副县长胡显勇来到黄马乡，检查指导4月15日在黄马乡举办的“全市妇女采茶大赛”的准备工作。

4月15日

上午，“国税杯”南昌市妇女采茶大赛在黄马乡“乐悠悠农业科技示范园”举行。省妇联副主席刘屹烈，市政协副主席龙国英，市妇联主席王敏，副主席周笑蓓、盛爱凤，县领导梅梅、陈秀梅、胡显勇等观摩采茶大赛。

▲南昌市妇联系统2009年季度工作会在黄马乡召开。市妇联主席王敏，副主席周笑蓓、盛爱凤等出席。

【科教文卫体和计生工作】

4月3日

下午，全县文化广播电视旅游新闻出版工作会在县综合楼召开。县委副书记梅梅，县人大常委会副主任伍曦，县政协副主席万德珍，副县长胡显勇等出席。

4月7日

上午，县委副书记梅梅等来到塔城乡水岚洲，对南昌县承办的江西省龙舟邀请赛暨南昌市第七届龙舟赛的赛事准备、后勤接待、交通安全等工作进行调度，副县长胡显勇参加调度会。

4月8日

下午，县委副书记梅梅，副县长胡显勇就南昌县部分教育重大重点基础设施项目的建设工作进行现场调度，实地了解项目的进展情况，协调解决相关问题。

4月16日

上午，省老年大学办公室主任李维平，原市人大主任、市老年大学校长史骏飞，原市人大副主任罗时杰，市老干局副局长黄素萍等来到南昌县，就老年大学的开办情况进行调研。县委副书记梅梅等陪同。

4月17日

上午，国家教育部发展规划处处长周天明来到南昌县，就校园建设情况进行调研。省教育厅发展规划处副巡视员杨慧文，市教育局局长熊晓武，副县长胡显勇等陪同。

4月21日

上午，县委副书记梅梅、副县长胡显勇、县政协副主席万德珍等前往泾口乡，就村寄宿制学校建设工作进行调研。

4月26日

晚上，由县委、县政府主办，团县委等部门承办的青春立业建“四县”，科学发展放光芒，纪念“五四”运动九十周年歌会在澄碧湖广场举行。团市委书记陈吉炜，县领导梅梅、王小文、李木旺、王三毛、胡显勇、张军、伍目连等观看歌会。

【环保工作】

4月1日

小蓝经济开发区污水处理厂一期工程（规模为日处理污水 3 万吨）通过省环保厅项目竣工环境保护验收的批复。

4月2日

上午，市建委副主任毛顺茂来南昌县视察污水处理厂建设情况。县人大常委会主任胡小明等陪同。

4月23日

上午，县委常委、副县长杨保根来到煌上煌集团食品股份有限公司检查指导污水处理工作。

【友好往来】

4月11日

下午，由湖北省汉川市委常委、市纪委书记、市总工会主席黄毅率领的汉川市党政代表团来南昌县参观考察。县委常委、小蓝经济开发区党工委书记徐海波，县政协副主席张军等陪同。

【其他重要工作】

4月3日

晚上，南昌县在县综合楼设立“民声通道”现场接听热线电话分会场，同时接听市民热线电话，广泛听取老百姓的意见、建议，协调解决老百姓生活中遇到的问题。市委常委、县委书记汤成奇，县领导梅梅、涂仕华、杨保根、熊运浪、王小文、魏根金，向塘开发区管委会主任黄志清等参加接听热线电话活动。

4月13日

下午，省纪委廉政办副主任胡晋茂来南昌县调研便民服务窗口的运行情况。市纪委常委、监察局副局长李联明，县委常委、政法委书记熊运浪等陪同。

4月14日

上午，县政协主席邓炳根率领县政协调研组视察县城莲塘供水情况。县政协副主席伍目连、李植等参加。

4月15日

上午，南昌县在南昌永乐影城举行离退休干部工作会暨电影优惠卡首发仪式。县委副书记梅梅，县委常委、组织部部长王小文等出席。

▲上午，县人大理论宣传工作会在莲塘镇召开。县人大常委会副主任黄连科出席并讲话。

4月16日

上午，县政协召开“解放思想、征求意见”座谈会。县政协主席邓炳根、副主席张军等出席座谈会。

4月20日

上午，市监察局副局长杨俊峰等来到南昌县调研农民公寓（安居工程）建设工作。县委常委、常务副县长涂仕华等陪同。

4月21日

下午，市纪委常委、市监察局副局长李联明，市廉政办主任刘志勇等来到南昌县，视察乡镇便民惠民服务中心建设推进情况。县长肖玉文，县委常委、政法委书记熊运浪，向塘开发区管委会主任黄志清等陪同。

4月22日

市统计局副局长张根全来到南昌县调研统计工作。县委常委、副县长涂仕华出席汇报会。

4月28日

上午，县委保密委员会成员工作例会，在县委综合楼召开。市委保密机要局副局长余俊杰，县委副书记梅梅，县委常委、副县长杨保根等出席会议。

4月29日

南昌县在县政府综合楼举行《南昌县国家机关、事业单位收费目录》发放仪式。县委常委、常务副县长涂仕华出席并讲话。

▲下午，县长肖玉文在小蓝经济开发区主持召开关于莲塘地区居民用水问题专题调度会。县领导胡小明、邓炳根、涂仕华、杨保根、熊运浪、姜润根等出席。

【先进表彰】

4月2日

南昌县台办被授予“全省对台工作全面先进单位”。

五 月

【科学发展观】

5月6日

县人大常委会副主任黄连科来到莲塘镇塔田村，就学习实践科学发展观活动征求群众意见和建议，切实解决影响党委会职能发挥和机关建设中存在的突出问题。

5月15日

上午，县委农工部召开深入学习实践科学发展观专题民主生活会。县委常委、农工部部长魏根金出席并讲话。

【重要会议】

5月8日

下午，市委常委、县委书记汤成奇主持召开县委第四次常委会议。县委副书记、县长肖玉文，县委副书记梅梅，县委常委涂仕华、杨保根、熊运浪、胡炜、王小文、徐海波、魏根金等出席。

▲下午，全县在县综合楼组织收听收看全国中小学校舍安全工程电视电话会。副县长胡显勇参加收听收看。

5月9日

上午，全县领导干部双休日学习知识讲座培训班在县综合楼举行。市委常委、县委书记汤成奇，县人大常委会主任胡小明，县政协主席邓炳根，县委常委涂仕华、熊运浪、王小文等聆听讲座。

5月11日

下午，省委第一巡视组在县综合楼举行见面会，认真听取了县委近两年工作情况的汇报。市委常委、县委书记汤成奇出席见面会并讲话。省委第一巡视组组长樊耀，省委第一巡视组巡视专员董赣波以及巡视组全体成员出席见面会。县领导肖玉文、梅梅、胡小明、邓炳根、涂仕华、杨保根、熊运浪、胡炜、王小文、徐海波、魏根金、汪火明以及县人大、县政府、县政协班子成员出席。

5月12日

上午，县长肖玉文在县政府主持召开全县市容环境整治动员会。县委常委、常务副县长涂仕华，县委常委、副县长杨保根，向塘开发区管委会主任黄志清，县长助理熊国爱等出席。

▲下午，南昌县在县综合楼组织收听收看全省深入开展群众性爱国主义教育活动电视电话会议。副县长胡显勇参加收听收看。

5月13日

下午，县委副书记梅梅在综合楼会议室主持召开教育工作座谈会。县人大常委会副主任伍曦，县政协副主席万德珍等出席。

5月15日

下午，省委第十二届九次全会精神报告会在县综合楼举行。江西财经大学党委书记、博士廖进球作演讲。市委常委、县委书记汤成奇主持报告会，县领导肖玉文、梅梅、胡小明、熊运浪、王小文、徐海波、魏根金等出席。

5月16日

下午，全县人口与计划生育工作会议在县综合楼召开。县长肖玉文，县委常委、农工部部长魏根金，副县长程雷佬，县政协副主席、财政局局长姜润根等出席会议。

▲下午，南昌县在县综合楼召开耕地保护暨执法监察工作会。县长肖玉文，副县长程雷佬出席并讲话。

5月19日

下午，全县纪检监察派驻机构实行统一管理工作动员大会在县综合楼召开。县委副书记梅梅，县委常委、政法委书记熊运浪，县委常委、组织部长王小文等出席。

5月20日

上午，南昌县召开甲型H1N1流感防控工作会议，通报全县甲型H1N1流感防控工作情况，对下一步工作进行部署。县委副书记梅梅出席并讲话。

▲下午，县政协主席邓炳根主持召开县政协党组民主生活会，县政协副主席万德珍、张军、李信谆、姜润根等出席。

5月25日

上午，全省龙舟邀请赛暨南昌市第七届龙舟赛调度会在南昌县举行。市政府副秘书长朱敏华，市公安局副局长叶琳，市体育局局长姜波，市体育局副局长韩匡楷，县委副书记梅梅，县委常委、政法委书记熊运浪，县政协副主席万德珍等出席。

5月27日

上午，南昌县在县综合楼组织收听收看全省深化医疗卫生体制改革工作电视电话会议。会议主要任务是贯彻落实党中央、国务院关于深化医药卫生体制改革重大决策精神，全面安排部署全省深化医药卫生体制改革工作。

【领导活动】

5月1日

上午，省农业综合开发办公室主任章康华来到南昌县蒋巷镇就农业综合开发工作进行调研。副市长刘建洋，市农业综合开发办主任陶海龙，县委常委、农工部部长魏根金，副县长程雷佬等陪同。

5月6日

上午，市委常委、常务副市长赵东亮来南昌县调研。市政府副秘书长胡晓海，县长肖玉文，县委常委、常务副县长涂仕华，县委常委、副县长杨保根等陪同。

▲下午，民革中央组织部副部长但昭颖等来到南昌县，就民革党支部基层建设开展调研。民革省委组织部副部长王华、胡菁平，市政协副主席、民革市委主委陈守国，县领导胡炜、伍曦、吴克芳等出席调研座谈会。

5月8日

上午，市人大常委会主任李豆罗，副主任连樟寿、何友德、戴和旺等来到南昌县视察民生工程建设情况。市、县领导汤成奇、胡小明、杨保根、陈秀梅、胡显勇、姜润根等陪同。

5月9日

上午，市长胡宪来到蒋巷镇的江西国旺实业有限公司，就农业综合开发项目实施情况进行调研。副市长刘建洋，市农业综合开发办主任陶海龙，县长肖玉文，县委常委、农工部部长魏根金，副县长程雷佬等陪同。

5月12日

省林业厅党组书记、厅长刘礼祖来南昌县蒋巷镇视察造林绿化“一大四小”工程建设情况。省林业厅副厅长罗勤、计财处处长倪修平，副市长刘建洋，省森防局书记吴宗仁，市林业局局长樊三保、副局长涂传建，副县长程雷佬等陪同。

5月17日

上午，南昌县在蒋巷镇召开协调会，就做好迎接全国农业综合开发工作会议与会领导来南昌县参观的准备工作进行部署。副市长刘建洋，市农业开发办主任陶海龙，县领导肖玉文、魏根金、张增和、程雷佬，县公安局政委周庆鲁等出席会议。

5月22日

下午，省委常委、省军区政委王清葆，市委常委、南昌警备区政委宋增建，南昌警备区司令员李超等来到南昌县人武部，就县人武部贯彻落实科学发展观情况进行检查。县委副书记梅梅，县委常委、人武部部长汪火明，县人武部政委姜清波等陪同。

5月26日

上午，省军区司令员彭水根来南昌县，就东新乡应急分队的建设情况进行调研。江西预备役师师长胡金珊，参谋长王腊森，江西预备役师高炮团团长徐幼根，县委常委、副县长杨保根等陪同。

▲2009年江西省龙舟邀请赛暨南昌市第七届龙舟赛在南昌县塔城乡青岚湖举行。省体育局局长刘鹰，市人大常委会主任李豆罗，市委常委、宣传部部长周关，市委常委、县委书记汤成奇，副市长罗慧芬，省体育局助理巡视员杜雅军，市体育局局长姜波，县长肖玉文，县委副书记梅梅，县人大常委会主任胡小明，县政协主席邓炳根和省、市有关部门，全市各县区、开发区、红谷滩新区的负责同志以及县六套班子领导出席开幕式观摩龙舟比赛。

5月27日

上午，副省长孙刚来到南昌县进行六一国际儿童节走访，与小朋友们一起共庆六一儿童节。

省教育工委书记、省教育厅厅长虞国庆，省政府副秘书长肖伍根，省教育厅副巡视员宋雷鸣，副市长罗慧芬，市教育局局长熊晓斌，县委副书记梅梅等陪同。

【工交财贸】

5月5日

下午，县长肖玉文来到小蓝经济开发区走访企业，为企业谋划、解忧排难。县委常委、小蓝经济开发区党工委书记徐海波，县政协副主席、财政局局长姜润根，县长助理熊国爱等陪同。

5月7日

上午，县长肖玉文到永通集团就永通商业街项目推进现场办公，协调解决项目建设中遇到的问题。副县长涂莉华，县政协副主席、县财政局局长姜润根等陪同。

▲下午，市委常委、县委书记汤成奇来到象湖新城，就房地产开发项目建设进行调研。县委常委、常务副县长涂仕华，县委常委、统战部部长胡炜，县政协副主席、县财政局局长姜润根等陪同。

5月8日

上午，全市农村客运站、候车亭建设现场调度会在南昌县召开。市交通局副局长吴毛俚和全市各县区分管领导参加会议。

5月13日

上午，市委常委、县委书记汤成奇视察县城污水处理厂等重大重点项目建设情况。县人大常委会主任胡小明，县委常委、常务副县长涂仕华等陪同。

5月14日

上午，县长肖玉文来到黄马、三江两个乡镇，就蓝园大道三期和三江大桥的建设进行现场调度。副县长程雷佬、县长助理熊国爱等出席。

5月15日

上午，县长肖玉文来到东新乡，就东新乡（象湖新城）有关基础设施建设等现场办公。县委常委、统战部部长胡炜，县长助理熊国爱等出席。

5月17日–22日

县长肖玉文，县委常委、小蓝经济开发区党工委书记徐海波，副县长涂莉华等赴港参加2009江西香港活动周活动。

5月18日

上午，全县工业经济运行调度会在县综合楼召开，会议通报了全县今年1～4月份规模以上企业的增速情况，分析了全县当前工业形势，对工业经济统计工作进行了部署。副县长涂莉华出席并讲话。

▲下午，清华大学汽车工程系统教授周明来小蓝经济开发区参观考察。县长肖玉文，县委常委、小蓝经济开发区党工委书记徐海波等陪同。

5月22日

市委常委、县委书记汤成奇视察新莲塔线的建设进展情况和塔城龙舟赛的准备情况。县委常委、副县长杨保根等陪同。

5月25日

上午，新莲塔线胡华大桥以东至塔城路段竣工并正式通车。县长肖玉文，县委常委、副县长杨保根，县人大常委会副主任陈秀梅，县政协副主席李信谆等出席竣工通车仪式。

▲下午，省交通运输厅计划处处长梁必康等来到南昌县三江镇，就三江秀把渡改桥工程进展情况进行督察。市长助理戚学林，市政府副秘书长王肇赣，市交通局局长陈国风，县委常委、副县长杨保根等陪同。

5月28日

上午，县长肖玉文主持召开县城交通调度会。副县长、县公安局局长张增和，县长助理熊国爱等出席。

▲上午，县长肖玉文来到县自来水厂视察老水厂启用准备情况。县长助理熊国爱等陪同。

【农业与农村工作】

5月7日

下午，县长肖玉文来到蒋巷、南新两乡镇开展调研。副县长涂莉华、程雷佬，县长助理熊国爱等陪同。

5月13日

下午，市委常委、县委书记汤成奇来到小蓝经济开发区就村级集体经济发展情况进行调研。县委常委、小蓝经济开发区党工委书记徐海波等陪同。

▲下午，县长肖玉文深入塘南、泾口、幽兰三个乡镇，就贯彻落实科学发展观，加快重大重点项目建设和加强乡镇便民服务中心建设等进行调研。县政协副主席、财政局局长姜润根等陪同。

5月14日

上午，市委常委、县委书记汤成奇来到塘南镇开展调研。县委常委、副县长杨保根，县委常委、农工部部长魏根金，县政协副主席、财政局局长姜润根等陪同。

5月19日

上午，由新华社、人民日报、中央人民广播台、中央电视台、法制日报五家媒体记者组成的采访组来到南昌县集中采访农村饮水安全项目工程建设情况。国家审计署武汉特派办副特派员夏循福，省审计厅副厅长王卫亚，省政府办公厅调研处副处长利继忠，市政府副秘书长、市委农工部部长王肇赣，县委副书记梅梅等陪同。

5月20日

上午，县防汛抗旱总指挥在莲塘镇政府召开第一防汛工作检查会。县人大常委会副主任、象湖防汛分指挥部指挥王三毛出席并讲话。

5月26日

上午，县委常委、常务副县长、泾口防汛分指挥部指挥长涂仕华，县政协副主席、财政局局长姜润根等来到泾口乡检查防汛准备工作。

【政法工作和社会治安综合治理】

5月5日

上午，市公安局党委副书记、副局长叶琳来到南昌县调研，了解社区（村）的治安管理等情况。副县长、县公安局局长张增和等陪同。

5月8日

上午，县公安局交警管理大队塔城中队成立，县公安局政委周庆鲁出席挂牌成立仪式。

【信访工作】

5月4日

省信访局督查处处长田守平，市信访局督查处处长徐美群等来到南昌县协调信访问题。县政府副县长程雷佬参加。

5月8日

上午，市长助理张根水在市司法局局长吕建民，市信访局副局长黄玖金等陪同下来到南昌县调研基层信访工作。县长肖玉文，县委常委、政法委书记熊运浪，县长助理熊国爱等陪同。

5月9日

上午，市委常委、县委书记汤成奇来到县信访局接访，就上访群众提出的问题进行现场办公。县领导涂仕华、熊运浪、姜润根、涂莉华、熊国爱等参加接访。

5月15日

县委常委、政法委书记熊运浪在县信访局主持召开信访问题协调会。

【群团工作】

5月4日

上午，全县青少年工作暨团县委十六届六次全体（扩大）会议在县综合楼召开。团市委副书记阎志强，县委副书记梅梅，县委常委、组织部部长王小文，县人大副主任伍曦，副县长胡显勇，县政协副主席伍目连等出席。

5月16日

上午，团省委副书记曾萍来到南昌县调研。团市委副书记万欣，县委副书记梅梅等陪同。

【科教文卫体和计生工作】

5月4日

晚上，小蓝经济开发区与县移动公司联合举行纪念“五四”运动90周年联谊会。县长肖玉文，县委常委、小蓝经济开发区党工委书记徐海波等出席晚会。

5月5日

下午，县委副书记梅梅与江西师大旅游学院、南昌市民俗文化馆的专家、学者一道，来到塘南镇、幽兰镇调研旅游项目开发情况。

5月6日

上午，县委副书记梅梅在黄马乡主持召开全县旅游产业规划发展会议，听取有关省、市专家的意见和建议。副县长胡显勇等出席。

▲县委副书记梅梅来到塔城乡主持召开在塔城乡举办的江西省龙舟邀请赛暨南昌市第七届龙舟赛准备工作调度会议。副县长胡显勇等出席。

5月7日

上午，县长肖玉文来到县人民医院标准化建设工作开展调研。副县长胡显勇，县政协副主席、财政局局长姜润根等陪同。

5月9日

上海市交通大学附属第六人民医院血液内科主任医生石军来到南昌县八一乡，为白血病患者余伟义诊。县委常委、组织部部长王小文，副县长胡显勇等陪同。

5月14日

上午，2009年南昌县高招委（扩大）工作会议在洁惠花园宾馆举行。副县长、县高招委主任胡显勇出席并讲话。

▲下午，县委副书记梅梅主持召开乡村旅游领导小组办公室第一次会议。副县长胡显勇等出席。

5月15日

下午，副县长胡显勇在塔城乡主持召开江西省龙舟邀请赛暨南昌市第七届龙舟赛工作调度会，就龙舟赛比赛期间的有关事项进行安排和部署。

5月25日

上午，县长肖玉文来到塔城乡现场察看2009年江西省龙舟邀请赛暨南昌市第七届龙舟赛的准备情况。县委常委、副县长杨保根等陪同。

▲晚上，“塔商杯”江西省龙舟邀请赛暨南昌市第七届龙舟竞赛组委会在洁惠花园宾馆举行。市体育局副局长韩匡楷，县委副书记梅梅及各参赛队的领队、教练员等出席会议。

【环保工作】

5月20日

上午，县政协2009年度环保提案商办会在县环保局举行。县政协副主席李信谆出席并讲话。

【友好往来】

5月4日

上午，抚州市副市长黄赛荣率领抚州市农业考察团来蒋巷镇参观考察农业产业化发展情况。副市长刘建洋，市政府副秘书长、市委农工部部长王肇赣，县委常委、农工部部长魏根金，副县长程雷佬等陪同。

5月8日

上午，赣州市委常委、纪委书记刘卫平来南昌县考察开发区建设情况。市纪委副书记薄成诚，县长肖玉文等陪同。

5月26日

上犹县政协副主席李美述率领考察团来到南昌县莲塘镇和东新乡，考察“城中村”改造工作，县政协主席邓炳根等陪同。

5月27日

上午，由湾里区人大常委会主任李传强带领的湾里区人大考察团来南昌县参观考察。县人大常委会主任胡小明，副主任李木旺等陪同。

【其他重要工作】

5月5日

上午，市纪委副书记、监察局长曾亦冰来南昌县调研公共资源交易中心建设情况。县长肖玉文，县委常委、常务副县长涂仕华，县委常委、政法委书记熊运浪，县政协副主席、财政局局长姜润根等陪同。

六　月

【科学发展观】

6月4日

上午，县委副书记梅梅，县人大副主任、县委学习实践活动第三指导组组长王三毛，出席蒋巷镇召开的学习实践科学发展观活动专题民主生活会并作讲话。

6月11日

下午，县委常委“学习实践科学发展观”专题民主生活会在小蓝经济开发区举行。省委常委、市委书记余欣荣作重要讲话，市委常委、县委书记汤成奇主持会议。市纪委副书记、监察局长曾亦冰，市委组织部常务副部长朱东，市委学习实践科学发展观第一指导检查组罗水长，县领导肖玉文、梅梅、胡小明、邓炳根、涂仕华、杨保根、熊运浪、胡炜、王小文、徐海波、魏根金、汪火明等出席会议。

6月26日

下午，县领导班子贯彻落实科学发展观情况分析检查报告评议座谈会在县综合楼举行。县委副书记、县委学习实践活动领导小组副组长梅梅，县委常委、组织部部长王小文等出席。

6月29日

上午，南昌县在县综合楼举行开展深入学习实践科学发展观活动分析检查阶段总结暨整改落实阶段动员大会。市委常委、县委书记汤成奇，县委副书记、县长肖玉文，市委深入学习实践科学发展观活动第一指导检查组组长罗水长，县委副书记梅梅，县人大常委会主任胡小明，县政协主席邓炳根，县委常委、常务副县长涂仕华，县委常委、副县长杨保根，县委常委、统战部部长胡炜，县委常委、组织部部长王小文，县委常委、小蓝经济开发区党工委书记徐海波，县委常委、农工部部长魏根金，县委常委、县人武部部长汪火明等出席会议。

【重要会议】

6月9日

上午，南昌县在县综合楼会议室组织收听收看地方县级纪检监察机关建设工作电视电话会。县委常委、政法委书记熊运浪，县委常委、组织部部长王小文，县政协副主席、财政局局长姜润根等参加收听收看。

6月11日

上午，全县集中打击传销工作会在县政府会议室召开。副县长、县公安局局长张增和出席并讲话。

6月12日

下午，南昌县在县综合楼组织收听收看全省退役士兵安置工作电视电话会议。县委常委、副县长杨保根等参加收听收看。

6月13日

县长肖玉文主持召开县政府第二十三次常务会议。县委常委、常务副县长涂仕华，县委常委、副县长杨保根，副县长胡显勇、张增和、涂莉华、程雷佬，县领导章光文，县长助理熊国爱等出席会议，县委常委、农工部部长魏根金，县政协副主席、财政局局长姜润根等列席会议。

6月16日

下午，南昌县在县政府综合楼组织收听收看全省巩固退耕还林成果工作电视电话会。副县长程雷佬参加收听收看。

6月17日

上午，全市综治巡视督查员聘任暨综治干部培训开班动员大会在南昌县八二八酒店召开。市委常委、政法委书记、市综治委主任、市公安局局长胡焯作动员讲话。市委副秘书长、政法委副书记、市综治委副主任李智勇主持会议，市委政法委副书记、市综治办主任樊幽兰等出席会议。

▲上午，南昌县在县综合楼召开姓氏志编撰工作会议。县委副书记梅梅、县政协主席邓炳根等出席。

6月18日

上午，全县党政机关和事业单位“小金库”治理自查自纠工作动员会召开。县政协副主席、县财政局局长姜润根出席并讲话。

6月22日

下午，南昌县在县政府综合楼组织收听收看全省农村党员干部现代远程教育工作领导协调小组（扩大）电视电话会。县委常委、组织部部长王小文等参加收听收看。

6月23日

县委常委、常务副县长涂仕华在县综合楼主持召开“五车”整治工作会议，县长肖玉文，县长助理熊国爱等出席。

▲下午，全县财税工作调度会在县综合楼召开。县长肖玉文作讲话，县委常委、常务副县长涂仕华主持会议，县政协副主席、县财政局局长姜润根，向塘开发区管委会主任黄志清等出席。

6月24日

上午，南昌县在县政府综合楼组织收听收看全省中小学校舍安全工程电视电话会。副县长胡显勇等参加收听收看。

6月25日

上午，市环保系统机关效能年活动情况汇报会在南昌县环保局召开。会议由市环保局纪检组长李三然主持，省环保厅纪检组长罗小璋，省环保厅监察室主任曾道红等出席。

▲下午，县长肖玉文在县综合楼主持召开县政府第24次常务会议。县委常委、常务副县长涂仕华，县委常委、副县长杨保根，副县长胡显勇、涂莉华、程雷佬，县领导章光文，县长助理熊国爱等出席会议。

6月26日

上午，市委常委、县委书记汤成奇在县综合楼主持召开2009年第5次县委常委会议。县委副书记、县长肖玉文，县委副书记梅梅，县委常委涂仕华、杨保根、熊运浪、胡炜、王小文、徐海波、魏根金、汪火明等出席，县人大常委会主任胡小明，县政协主席邓炳根等列席会议。

6月29日

上午，全县在县综合楼会议室举行纪念中国共产党成立88周年暨表彰大会。市委常委、县委书记汤成奇，县委副书记、县长肖玉文，县委副书记梅梅，县人大常委会主任胡小明，县政协主席邓炳根，县委常委、常务副县长涂仕华，县委常委、副县长杨保根，县委常委、统战部部长胡炜，县委常委、组织部部长王小文，县委常委、小蓝经济开发区党工委书记徐海波，县委常委、农工部部长魏根金，县委常委、县人武部部长汪火明等出席会议。

【领导活动】

6月1日

上午，市“三八”留守儿童家庭教育指导中心现场工作会在塔城乡青岚村召开。市人大副主任姚燕平，市政协副主席龙国英，市妇联主席王敏，副县长胡显勇等出席。

6月3日

下午，市委副书记、市长胡宪在市政府会见厅会见中粮可口可乐饮料有限公司总裁栾秀菊等，就推进中粮可口可乐饮料（江西）有限公司开业庆典事宜进行会谈。市政府副秘书长吴长金，市外经贸委主任涂宗勤，县委副书记、县长肖玉文，副县长涂莉华等会见时在座。

6月4日

下午，国家民委副主任吴仕民来到南昌县考察莲塘一中新疆班办班情况。副省长熊盛文，省民族宗教局局长谢秀琦、副局长张国培，省教育厅副厅长王占铭，市委常委、县委书记汤成奇，市政府党组成员刘家富，市长助理高鹰群，市民族宗教局局长邓春元，县委副书记梅梅，县委常委、统战部部长胡炜等陪同。

6月8日

下午，部分全国、省人大代表来到南昌县，就农村土地的承包与流转进行调研。市人大常委会副主任戴和旺，市政府副秘书长、市委农工部部长王肇赣，县人大常委会主任胡小明、副主任王三毛，副县长程雷佬等陪同。

6月9日

上午，南昌国际动漫产业园项目签约仪式在江西宾馆举行。清华同方公司、江西泰豪集团和小蓝经济开发区签署协议，联手在小蓝经济开发区打造江西乃至中部最大的动漫产业园——南昌国际动漫产业园。副省长孙刚、清华同方董事长荣泳霖为南昌国际动漫产业园项目建设主体“同方泰豪动漫产业发展有限公司”揭牌。省政府副秘书长肖任根，省工商联主席、泰豪集团董事长黄代放，省文化厅厅长李玉英，市、县领导胡宪、汤成奇、肖玉文、梅梅、徐海波、涂莉华等出席签约仪式。

6月12日

上午，全市推进返乡农民工就业创业“温暖工程”现场会在莲塘镇举行。市委常委凌学仁出席并讲话，副市长刘建洋，市委农工部部长王肇赣，市委农工部副部长陶海龙，市农村工作办公室副主任叶修堂，县委常委、农工部部长魏根金，副县长程雷佬等出席。

6月16日

上午，省委副书记、省长吴新雄在江西宾馆会见前来南昌参加合作签约仪式的上海夏星集团董事长郭广昌等客商。副省长熊盛文，省政府秘书长谭晓林，市委副书记、市长胡宪，省政府副秘书长吴志明，省发改委副主任曾文明，市委常委、县委书记汤成奇，县委副书记、县长肖玉文，县政协副主席、县财政局局长姜润根等会见时在座。

6月18日

上午，省人大财经委副主任委员胡柏龄率省人大调研组来南昌县就经济运行情况和保障性住房工作情况进行调研。省人大教科文卫委副主任委员李国强，省建设厅副厅长高浪，省财经厅财政决策咨询研究中心主任陈向明，省房改办副主任李韦等参加调研。市人大副主任连樟寿，市政府副秘书长龚亚立，市人大财经委主任委员孙育平，市政府办公厅副调研员李剑玲，市人大财经委处处长邓峰，县人大副主任陈秀梅，县长助理熊国爱等陪同。

6月19日

上午，全市农村基层党风廉政建设暨创建乡镇“便民惠民服务中心”工作经验交流会在南昌县东新乡召开。市委常委、纪委书记刘东明，市纪委副书记杜志刚，市纪委常委、监察局副局长李联明，县委副书记梅梅，县委常委、政法委书记熊运浪等出席。

6月22日

下午，省委常委、常务副省长凌成兴在江西宾馆会见可口可乐全球总裁穆泰康一行。副省长洪礼和，省政府副秘书长胡世忠，省商务厅厅长伍再谦，市长胡宪，省外办副主任赵慧，市县领导汤成奇、曾光辉、肖玉文、徐海波以及中粮集团董事长宁高宁等会见时在座。

6月23日

上午，由可口可乐公司与中粮集团两家世界500强企业合资建立的可口可乐第37家中国瓶装厂——中粮可口可乐饮料（江西）有限公司在小蓝经济开发区举行开业庆典。副省长洪礼和，中粮集团董事长宁高宁，可口可乐公司董事长兼全球总裁穆泰康，可口可乐太平洋集团总裁耿卓栋，可口可乐大中华区总裁戴嘉舜，省政府副秘书长胡世忠，市长胡宪，团省委书记王少云，市委常委、常务副市长赵东亮，市委常委、县委书记汤成奇，副市长曾光辉，省经贸委副主任张小平以及省、市有关部门负责人，县六套班子领导出席开业庆典。

6月24日

下午，省政协副主席、省委统战部部长宋晨光率领参加全省省、市、县(区)统战部部长培训班的全体成员，来到南昌县参观考察统战工作和民族宗教等工作。市委常委、秘书长、统战部部长蔡社宝，县长肖玉文，县委副书记梅梅，县委常委、统战部部长胡炜，副县长胡显勇等陪同。

6月26日

市委常委凌学仁等来到南昌县，就禽蛋市场产品加工产业发展情况进行调研。县委常委、农工部部长魏根金，副县长程雷佬等陪同。

6月28日

上午，莲塘二中举行晋升省重点中学庆典仪式。副市长罗慧芬，省科协副主席彭玲华，市教育局局长熊晓武，市文化局局长杨文斌，县长肖玉文，西湖区区委书记姜玉林，县委副书记梅梅，县政协主席邓炳根以及县六套班子领导等出席。

【工交财贸】

6月3日

下午，县长肖玉文在小蓝经济开发区会见交通银行南昌分行行长张常顺等。肖玉文对交通银行南昌分行长期以来对南昌县的关心、支持表示感谢，并希望交通银行南昌分行在项目资金和流动资金上进一步给予支持。

6月4日

上午，中国食品工业（集团）公司副总经理周伟都等来南昌县参观考察。市政府副秘书长吴长金、县长肖玉文、副县长涂莉华等陪同。

▲上午，县长肖玉文会见江铃汽车集团董事局主席王锡高等，双方就推进江铃汽车集团在小蓝经济开发区的有关投资项目进行了探讨和交流。县委常委、小蓝经济开发区党工委书记徐海波等会见时在座。

6月10日

上午，浙江宁波奥克斯集团董事长郑坚江一行来到南昌县考察投资环境。县委常委、小蓝经济开发区党工委书记徐海波，县委常委、统战部部长胡炜等陪同。

6月11日

上午，县长肖玉文，县委常委、小蓝经济开发区党工委书记徐海波会见台湾康师傅集团经理王安平一行，就该项目投资情况进行进一步磋商。

6月16日

上午，江西国鸿集团与上海夏星集团、深圳东方富海投资管理公司合作签约仪式在江西宾馆举行。副省长熊盛文，原省人大常委会副主任孙用和，市长胡宪，夏星集团董事长郭广昌，省政府副秘书长吴志明，省农发行行长鲍建安，省发改委副主任曾文明，市委常委、县委书记汤成奇，副市长刘建洋，东方富海投资管理公司董事长陈玮，县长肖玉文，副县长程雷佬，县政协副主席、县财政局局长姜润根等出席签约仪式。

6月18日

上午，县长肖玉文率领县供电、国土、财政、农机等部门的负责同志来到小蓝经济开发区企业开展调研，帮助企业协调解决在发展中遇到的困难和问题。

6月19日

下午，由省“小金库”治理办公室副主任，省财政厅监督局局长张具合，省“小金库”治理办公室副主任、省审计厅行政事业处副处长陈宝钢率领的省“小金库”治理工作督导组来到南昌县，就“小金库”治理工作进行督查。县政协副主席、县财政局局长姜润根等陪同。

6月24日

上午，县人大常委会副主任黄连科、王三毛来到县公安局交通管理大队，就今年人大代表提出的建议办理情况进行调研。

【城市建设与管理】

6月4日

上午，县长肖玉文来到小蓝经济开发区视察道路等基础设施建设进展情况。县委常委、小蓝经济开发区党工委书记徐海波等陪同。

6月19日

下午，以省发改委财经处副处长苏玉生为组长的省委、省政府推进新型城镇化和规划建设管理督查考核组来南昌县检查指导工作。市政府副秘书长龚亚立，副县长胡显勇等陪同。

【政法工作和社会治安综合治理】

6月4日

上午，省司法厅党组书记潘玉兰来到南昌县调研司法行政工作。市司法局局长吕建民、副局长涂慧玲，副县长、县公安局局长张增和等陪同。

6月12日

上午，县长肖玉文来到小蓝经济开发区视察小蓝派出所和司法所的建设情况。县委常委、政法委书记熊运浪，副县长、县公安局局长张增和等陪同。

6月15日

下午，市委常委、县委书记汤成奇来到县法院、县检察院调研。县人大常委会主任胡小明，县政协主席邓炳根，县委常委、政法委书记熊运浪，县委常委、组织部部长王小文，副县长、县公安局局长张增和，县法院院长李红刚，县检察院检察长张振川等陪同。

6月19日

上午，由市政府法制办公室和县政府联合主办的“学习实践科学发展观、行政复议宣传进园区”活动启动仪式在小蓝经济开发区举行。省政府法制办主任张玉印，市政府秘书长郭曙，市法制办主任廖南萍，县长肖玉文，副县长、县公安局局长张增和等出席启动仪式。

6月26日

上午，县公安局、县法院、县妇联在县城维也纳广场联合开展禁毒宣传教育活动。县委常委、政法委书记熊运浪，副县长、县公安局局长张增和等来到现场指导。

【科教文卫体和计生工作】

6月4日

下午，全县召开高考考务工作暨主考、副主考培训会议。

6月12日

下午，全县2009年中招委工作会议在洁惠花园宾馆召开。副县长胡显勇出席并讲话。

6月17日

上午，中国老科协会今日科苑杂志社总编辑刘书良来到南昌县，就老科协工作进行调研。省老科协副会长陈兰洲、谢怀宁，县老科协会长王火生等陪同。

6月18日

上午，省文化厅纪委副书记刘礼安来到南昌县检查复评文化模范县工作。县委副书记梅梅、副县长胡显勇等陪同。

6月27日

上午，武阳镇郭上小学举行捐资助学仪式。从美国远道而来的全美江西同乡会会长钟国燕为郭上小学捐资20万元。县委副书记梅梅，县委常委、统战部部长胡炜，副县长涂莉华，省外侨办副处长杨征宇，市外侨办副主任黄小燕等出席捐资助学仪式。

【党的建设和干部队伍建设】

6月15日

上午，南昌县百名领导干部江西财经大学财经专题培训班举行开班仪式。市委常委、县委书记汤成奇，县委副书记梅梅，县委常委、组织部部长王小文，江西财经大学法学院院长邓辉、党总支书记姜红仁等出席开班仪式。

6月16日

下午，南昌县第五期青年科级领导干部培训班在县委党校开班。县委副书记梅梅，县委常委、组织部部长王小文等出席开班仪式。

6月19日

上午，全县百名领导干部江西财经大学财经专题培训班结业典礼在江西财经大学举行。县委副书记梅梅，江西财经大学法学院院长邓辉，江西财经大学法学院党总支书记姜红仁等出席结业典礼。

【劳动人事和社会保障】

6月20日

上午，县委常委、县政法委书记熊运浪，县政协副主席、县财政局局长姜润根等来到莲塘三小巡视全县事业单位集中公开招聘工作人员考试情况。

【信访工作】

6月6日

市委常委、县委书记汤成奇在县信访局接访，协调向塘液化气站整顿重组等问题。县委常委、政法委书记熊运浪，副县长涂莉华，县政协副主席、财政局长姜润根，向塘开发区管委会主任黄志清，县长助理熊国爱等参加接访。

6月9日

省信访局副处长刘宗友在省农科院会议室主持召开信访问题协调会。县委常委、副县长杨保根等出席。

6月11日

上午，县长肖玉文在县信访局接访，县委常委常务副县长涂仕华，县委常委、副县长杨保根，县委常委、政法委书记熊运浪，副县长、公安局局长张增和，县长助理熊国爱等参加接访。

6月20日

上午，市委常委、县委书记汤成奇在县委会议室主持召开信访高层决策会议，针对当前部分群众反映的信访突出问题进行决策讨论。县委副书记梅梅，县委常委、常务副县长涂仕华，县委常委、政法委书记熊运浪，副县长、县公安局局长张增和，县长助理熊国爱等出席会议。县委常委、农工部部长魏根金，副县长程雷佬，县政协副主席、县财政局局长姜润根，向塘开发区管委会主任黄志清等列席有关议题的决策。

6月29日

县委常委、政法委书记熊运浪在县信访局接访，协调县水泥厂退休职工要求解决医疗补助问题。

【环保工作】

6月9日

下午，省信访局在江西省农业科学院主持召开"关停江西省作物土壤调理剂开发中心复合肥生产线工作"的协调会议。会议由省信访局接访处副处长刘宗友主持，副县长杨保根，省农科院副院长陈光宇等出席。

6月30日

下午，国家环保部华东督察中心副主任刘国才率省、市环保局领导来到南昌县，对南昌县污染减排工作进行核查。

【友好往来】

6月10日

上午，湖北省咸宁市市委常委、常务副市长胡立山率党政代表团来到南昌县，参观考察县城建设和县域经济社会发展情况。县长肖玉文，县委常委、常务副县长涂仕华等陪同。

6月12日

上午，湖北省经济委员会副主任刘进文和湖北省委组织部有关领导来到小蓝经济开发区考察。县长肖玉文，县委常委、组织部部长王小文等陪同。

▲下午，由四川小金县县委常委、纪委书记金绍强带领的小金县党政代表团来小蓝经济开发区考察。县人大常委会主任胡小明，县委常委、政法委书记熊运浪等陪同。

6月18日

下午，县委副书记梅梅，县委常委、组织部部长王小文率领南昌县百名领导干部财经专题培训班的全体学员，来到南昌经济技术开发区参观考察。南昌经济开发区党工委副书记、管委会副主任梅茂发等陪同。

6月20日

下午，由陕西省甘泉县县委副书记、县长任小林带领的甘泉县党政代表团来南昌县参观考察农业产业化发展情况。县委常委、农工部部长魏根金，县人大常委会副主任王三毛，副县长程雷佬，县政协副主席张军等陪同。

【其他重要工作】

6月24日

上午，市“五车办”督导组副组长丁惠兴、市残联理事长魏小俊等来到南昌县检查动员五车整治工作。县委常委、常务副县涂仕华，县委常委、副县长杨保根，县长助理熊国爱等出席汇报会。

▲江西师范大学正大研究院院长兼文化研究所所长王东林在小蓝经济开发区讲学授课。县长肖玉文，县委常委、小蓝经济开发区党工委书记徐海波等聆听讲课。

▲下午，县委统战部、县各民主党派、工商联、无党派在县城澄碧湖公园文化广场，联合举行共建昌南新城咨询服务活动，为广大市民提供各种有关咨询服务。县人大常委会副主任伍曦，副县长胡显勇，县政协副主席吴克芳、伍目连、李植等参加咨询服务活动。

6月26日

上午，市人大农业和农村委员会主任委员魏文斌等来到南昌县，检查《南昌市城市湖泊保护条例》贯彻落实情况。县人大副主任王三毛，副县长程雷佬等陪同。

【乡镇工作】

6月26日

上午，向塘镇举行纪念中国共产党成立88周年暨2008年度创先争优工作总结表彰大会。向塘开发区管委会主任、向塘镇党委书记黄志清出席并讲话。

七月

【科学发展观】

7月1日

上午，县政协召开学习实践科学发展观活动整改落实阶段动员会。县政协主席邓炳根，副主席万德珍、张军、李信谆等出席会议。

▲下午，县纪委监察局召开“做党的忠诚卫士、当群众贴心人”分析检查阶段总结暨整改落实阶段动员会。县委常委、县政法委书记熊运浪出席并讲话。

7月2日

县人大深入学习实践科学发展观活动整改落实阶段动员会在县人大会议室召开。县人大常委会主任胡小明，副主任李木旺、陈秀梅、王三毛、熊鹰等出席。

▲上午，县卫生局、县环保局分别召开深入学习科学发展观分析检查阶段总结暨整改落实阶段动员大会。县人大常委会副主任王三毛出席并讲话。

▲上午，县财政局召开学习实践科学发展观活动转段动员会。县政协副主席、县财政局局长姜润根作讲话。

▲下午，县教体局召开深入学习实践科学发展观活动整改落实阶段动员大会。县政协副主席万德珍出席并讲话。

▲下午，县委办召开深入学习实践科学发展观活动整改落实阶段动员会。

7月3日

蒋巷镇召开深入学习实践科学发展观活动整改落实阶段动员大会。县人大常委会副主任、县委学习实践科学发展观活动第三检查指导组组长王三毛出席并讲话。

▲下午，县委组织部召开深入学习实践科学发展观活动整改落实阶段动员会。县委常委、组织部部长王小文出席并讲话。

7月8日

下午，县公安局召开深入学习实践科学发展观活动分析检查阶段总结暨整改落实阶段动员会。副县长、县公安局局长张增和出席并讲话，县公安局政委周庆鲁主持会议。

7月15日

上午，南昌县在县综合楼召开党政领导班子工作执行力群众评议会。市委深入学习实践科学发展观第一指导检查组组长罗水长，县委副书记梅梅，县委常委、常务副县长涂仕华等出席。

【重要会议】

7月2日

上午，全县召开安全生产基本情况及危险源普查工作会。市安全管理监督局副局长孙群力，副县长涂莉华出席并讲话。

7月3日

上午，市委常委、县委书记汤成奇在县委会议室主持召开县委常委办公会议，专题研究南昌大学第一附属医院象湖新城院区项目和象湖新城公建配套推进问题。县委副书记、县长肖玉文，县委副书记梅梅，县委常委涂仕华、胡炜等出席，县领导邓炳根、张增和、姜润根等列席会议。

▲下午，全县召开“法治县”创建动员大会。市委常委、县委书记汤成奇，市司法局局长吕建明，县委副书记、县长肖玉文，县委副书记梅梅，县委常委、县政法委书记熊运浪，县委常委、组织部部长王小文，县人大常委会主任熊鹰，县政协副主席伍目连，县法院院长李红刚，县检察院检察长张振川等出席。

▲下午，全县在县综合楼召开2008年民主评议政风行风、领导班子作风建设考评、优化经济发展环境工作总结表彰暨机关效能年活动再动员大会。县长肖玉文，县委常委、常务副县长涂仕华，县委常委、政法委书记熊运浪等出席。

▲下午，全县召开互联网上服务营业场所清理整治专项行动工作会。县人大常委会副主任伍曦，副县长胡显勇等出席。

7月8日

上午，全市农家书屋工程建设座谈会在南昌县召开。市新闻出版局局长王建华，副局长熊伟等出席。

7月10日

下午，全县“五车”整治动员大会在县文化会展中心举行。县长肖玉文，县委常委、常务副县长涂仕华，县委常委、副县长杨保根，县委常委、政法委书记熊运浪，县人大常委会主任熊鹰，副县长、县公安局局长张增和，县长助理熊国爱等出席。

7月14日

全县消防安全专项整治工作会议在县综合楼举行。副县长、县公安局局长张增和出席并讲话。

7月17日

南昌县市十三届人大代表第二次小组活动分别在富山乡、黄马乡召开。市科协主席姚晓明，县人大常委会主任胡小明，副主任伍曦，县政协副主席吴克芳参加小组活动。

7月22日

县政协党组扩大会议在县政协会议室召开。县政协主席邓炳根，副主席万德珍、吴克芳、张军、李信谆、伍目连、李植等出席。

▲下午，全县政策性水稻种植保险（试点）工作会在县综合楼召开。县委常委、常务副县长涂仕华，县委常委、农工部部长魏根金，副县长程雷佬等出席。

▲下午，全县党风廉政建设和反腐败工作情况通报会在县委统战部会议室召开。县委常委、政法委书记熊运浪，县委常委、统战部部长胡炜，县人大常委会副主任伍曦，县政协副主席吴克芳、伍目连、李植等出席。

7月24日

上午，全县食品安全工作会在县综合楼召开。县委常委、副县长杨保根，县人大常委会副主任伍曦，副县长涂莉华、程雷佬等出席会议。

▲上午，南昌县召开“五车”整治工作阶段总结会议。县长助理熊国爱出席并讲话。

▲下午，2009年全县党管武装工作会议暨“军事日”活动在南昌警备区教导大队举行。市委常委、县委书记汤成奇，县委副书记、县长肖玉文，县委副书记梅梅，县人大常委会主任胡小明，县政协主席邓炳根，县委常委杨保根、胡炜、王小文、徐海波、魏根金、汪火明等出席。

7月30日

上午，市政协系统秘书长联系会在八二八宾馆召开。市政协副主席、秘书长徐荷娣，市政协副秘书长、办公厅主任李建平，县政协主席邓炳根等出席会议。

▲上午，县农村信用联社召开政银企座谈会。县委常委、常务副县长涂仕华，省信用联社南昌管理部总经理苏海东等出席并讲话。

【领导活动】

7月2日

下午，副市长刘家富来到蒋巷镇，就改渡建桥工作进行调研。县委常委、副县长杨保根等陪同。

7月3日

上午，省精神文明建设“看特色、看亮点”流动现场会在莲塘三小举行，省文明办主任张天清，副市长罗慧芬，县人大常委会副主任伍曦等出席。

▲上午，副市长曾光辉来到南昌县，就工业重大项目推进工作进行调研。县委常委、小蓝经济开发区党工委书记徐海波，副县长涂莉华，向塘开发区管委会主任黄志清等陪同。

7月8日

上午，中国核工业集团公司总经理康日新、副总经理邱建刚等来到核工业二七0研究所视察工作。中国核工业地质局局长李德连，省国防工办主任王福平，县长肖玉文，核工业二七0研究所党委书记孙称喜等陪同。

▲下午，市委常委凌学仁来到南昌县，就农业产业化发展情况进行调研。县委常委、农工部部长魏根金，副县长程雷佬等陪同。

7月14日

下午，市委常委凌学仁来到南昌县就农产品加工企业的发展情况开展调研。县委常委、农工部部长魏根金等陪同。

7月15日

下午，全市法制南昌创建试点工作会在南昌县召开。市委副书记、法制南昌创建工作领导小组常务副组长雷武江出席并讲话，市委常委、政法委书记胡焯主持会议，市委常委、宣传部部长周关，市人大副主任白波，县委副书记、县长肖玉文，县委常委、政法委书记熊运浪等出席。

7月20日

上午，江西人民输变电股份有限公司举行江西人民输变电超高压生产基地落成庆典仪式。省委常委、常务副省长凌成兴，省委常委、市委书记余欣荣，副省长洪礼和，省政协副主席王林森，省政府副秘书长胡世忠，市长胡宪，省委统战部副部长、省工商联党组书记舒国华，抚州市市长张勇，市政协主席王样生，市委常委、常务副市长赵东亮，市委常委、秘书长、统战部部长蔡社宝，市委常委、县委书记汤成奇，副市长曾光辉，县长肖玉文以及原国家机械工业部常务副部长、中国机械工业联合会名誉会长陆燕荪，中国工程院院士、国家电网特高压专家组组长朱英浩，中国人民电器集团董事长郑元豹等出席落成庆典仪式。

7月21日

下午，市委常委、秘书长、统战部部长蔡社宝，副部长邓春元、钮润荪、徐峰等来到南昌县调研统战工作。市委常委、县委书记汤成奇，县长肖玉文，县委常委、统战部部长胡炜，县人大副主任伍曦，副县长胡显勇，县政协副主席吴克芳、伍目连、李植等出席汇报会。

7月28日

上午，由省人大常委会副主任、省总工会主席姚亚平率领的省人大常委会检查组来到南昌县检查《工会法》实施情况。省人大内司委主任委员胡波，省人大内司委委员刘昌持、周山印，省总工会常务副主席郭学勤随同检查。市委常委、常务副市长赵东亮，市委常委、县委书记汤成奇，市人大常委会副主任、市总工会主席万先勇，县长肖玉文，县委副书记梅梅，县人大常委会主任胡小明，县人大常委会副主任、县总工会主席熊鹰等陪同。

【走访慰问】

7月1日

上午，县人大常委会主任胡小明来到塔城乡走访慰问困难老党员，向他们送去党组织的关怀和节日的问候。

▲上午，县委常委、副县长杨保根走访慰问县供销社、县交通局生活困难的老党员，向他们送去党组织的关怀和节日的问候。

▲上午，县人大常委会副主任王三毛来到幽兰镇走访慰问困难党员，向他们送去党组织的关怀和节日的问候。

▲下午，县委副书记、县长肖玉文来到莲塘镇走访慰问生活困难的老党员，向他们送去党组织的关怀和节日的问候。

7月14日

上午，市妇联主席王敏来到南昌县莲塘镇定岗村走访慰问省、市女劳模王凤英老人。

7月17日

上午，省妇联权益部部长李桂菁，副部长熊晓斌，市妇联副主席盛爱凤等来到莲塘镇定岗村，走访慰问全国三八红旗手王凤英。

7月21日

上午，市委常委、县委书记汤成奇先后来到小蓝经济开发区百事可乐建设工地、昌南自来水厂、小蓝供电所等走访慰问高温酷暑下奋战在工作一线的干部职工。县委常委、常务副县长涂仕华，县委常委、副县长杨保根，县委常委、小蓝经济开发区党工委书记徐海波等陪同。

7月29日

上午，向塘开发区管委会主任、向塘镇党委书记黄志清带领开发区、镇党政班子成员走访94836部队和94833部队的官兵，向他们致以节日的问候。

7月30日

县委副书记梅梅，县委常委、组织部部长王小文，县人大常委会主任陈秀梅、王三毛，县政协副主席张军、伍目连，向塘开发区管委会主任黄志清等先后走访武警江西总队第一支队、南空南昌干休所和空军房地产管理局南昌办事处，向驻县官兵致以节日问候。

▲县政协主席邓炳根，县委常委、统战部部长胡炜，县人大常委会副主任李木旺，副县长、县公安局局长张增和，县政协副主席、县工商联会长吴克芳等走访驻县94829部队、96634部队和96647部队官兵，向他们致以节日的问候。

7月31日

市委常委、县委书记汤成奇，县人大常委会主任胡小明，县人武部政委姜清波，副县长胡显勇，县政协副主席万德珍，县法院院长李红刚先后来到94981部队和94836部队走访，向驻县部队官兵致以节日问候。

▲县委常委、副县长杨保根，县领导章光文，县政协副主席李植等走访慰问县人武部官兵。县委常委、县人武部部长姜清波代表县人武部参加座谈。

【工交财贸】

7月2日

上午，县长肖玉文在小蓝经济开发区会见中国银行江西省分行副行长黄金岳一行，就银行与小蓝经济开发区发展问题交流了意见。

7月8日

下午，市新增中央投资项目检查组组长、市纪委执法室副主任汪军伟等来到南昌县，检查新增中央投资项目实施情况。县委常委、常务副县长涂仕华等出席汇报会。

7月13日

晚上，县委常委、常务副县长、县“五车”整治办主任涂仕华主持召开县“五车”整治工作调度会。县长助理熊国爱等出席。

7月14日

上午，市委常委、县委书记汤成奇在县综合楼会见室会见来县投资发展的江西直方数控动力有限公司董事长汪伦等。双方就柴油发动机电喷项目进行洽谈。县长肖玉文，县委常委、小蓝经济开发区党工委书记徐海波等会见时在座。

7月17日

上午，县政协主席邓炳根来到冈上镇就杨村到市汉公路的规划准备工作进行调研。县政协副主席李植等陪同。

▲下午，南昌县召开整治“五车”工作调度会。县委常委、常务副县长涂仕华，县长助理熊国爱等出席。

7月22日

下午，县长肖玉文来到向塘镇广宥鞋业现场办公，帮助企业解决实际问题。县人大常委会副主任熊鹰，副县长涂莉华，县政协副主席、县财政局局长姜润根，向塘开发区管委会主任黄志清等参加。

7月23日

上午，市委常委、县委书记汤成奇在县委会见室会见江西广宥鞋业有限公司总经理张荣梧一行。向塘开发区管委会主任黄志清会见时在座。

7月28日

上午，省商务厅厅长伍再谦率领“百人服务团”成员，来到南昌县调研重点出口企业和重大招商引资项目经营情况。市委常委、县委书记汤成奇，市外经贸委主任涂宗勤，县委常委、小蓝经济开发区党工委书记徐海波，向塘开发区管委会主任黄志清等陪同。

▲下午，县长肖玉文来到落户在小蓝经济开发区内的江西省农机大市场现场办公，帮助企业解决当前面临的困难和问题。县委常委、常务副县长涂仕华，副县长涂莉华、程雷佬，县政协副主席、县财政局局长姜润根等参加现场办公。

7月30日

上午，县信用联社综合办公大楼举行落成庆典仪式。省农村信用社联合社党委书记肖四如，县委常委、常务副县长涂仕华，省信用联社南昌管理部总经理苏海东等出席落成仪式并剪彩。

【农业与农村工作】

7月9日

科技部处长蒋茂生、国家粮食丰产专家李春喜等来南昌县，视察第二期国家粮食丰产课题实施情况。省农科院党委书记杨兰根，副院长谢金水，江西农大副校长潘晓华，市科技局副局长卢洪献，副县长胡显勇等陪同。

7月14日

上午，省科技厅组织省内外有关专家来到广福镇，对“十一五”科技支撑计划重大项目粮食丰产科技工程——长江中下游南部（江西）双季稻生产高效技术集成研究与示范项目广福镇25亩超高产攻关田、广福镇2500亩核心试验区、广福镇百亩超高产栽培示范区的早稻，进行测产验收。省农科院党委书记杨兰根、副院长谢金水，副县长胡显勇，专家验产组组长四川省农科院水稻高粱研究所研究员郑家奎，副组长、国际水稻研究所（菲律宾）首席科学家、博士谢放鸣等参加现场测产。

7月15日

南昌市和南昌县联合在幽兰镇幽兰村举行2009年水稻“双抢”农机作业现场会。省农机局局长郭小巩等观摩现场。

【政法工作和社会治安综合治理】

7月8日

下午，县公安局召开2009年上半年工作总结及下半年工作部署会议。副县长、县公安局局长张增和，县公安局政委周庆鲁出席并讲话。

7月27日

上午，省司法厅法宣处处长万筱泓，团省委权益部部长许桂芳率省未成年保护现状调研工作组来到南昌县调研。团市委副书记阎志强，县委常委、政法委书记熊运浪等陪同。

▲县人大驻会委员视察乡镇“两所一庭”建设工作。县人大常委会主任胡小明，副主任李木旺、陈秀梅、王三毛、熊鹰、伍曦，副县长、县公安局局长张增和，县法院院长李红刚等参加视察。

【科教文卫体和计生工作】

7月10日

县人大举行第二季度宣传报道工作调度会。县人大常委会副主任黄连科出席并讲话。

7月22日

上午，南昌县首期新闻发言人和新闻助理培训班在县委党校开班。县委副书记梅梅等出席开班仪式。

7月27日

以国家图书馆副馆长陈力为组长的文化部检查组来到南昌县，复评检查“全国文化先进县”工作。省文化厅副厅长王晓庆、市文化局纪委书记程恩纲、县委副书记梅梅、副县长胡显勇等陪同。

【党的建设和干部队伍建设】

7月15日

上午，全县第五期青干班结业典礼在县委党校举行。县委常委、组织部部长王小文出席并讲话。

【劳动人事和社会保障】

7月5日

上午，南昌县在莲塘三小举行事业单位公开招聘考试入围面试。县委副书记梅梅，县委常委、政法委书记熊运浪，县政协副主席、县财政局局长姜润根等巡视考场。

7月22日

上午，由市人事局副局长伍三根带队的市整治非法用工打击违法犯罪专项督查组来到南昌县，检查整治非法用工打击违法犯罪专项活动。

【信访工作】

7月1日

上午，县委副书记梅梅来到蒋巷镇督办信访案件包案工作，现场协调解决群众提出来的问题。

7月9日

上午，县委常委、农工部部长魏根金在县信访局接访。

7月13日

县委常委、武装部长汪火明在县信访局参加领导信访接待日活动，接待来访群众。

7月23日

下午，以省委维稳办副主任罗俊峰为组长的省联席办督导组来到南昌县。就有关信访工作文件落实情况进行督导检查。市政府副秘书长、信访局局长吕文清，县长肖玉文，县委常委、常务副县长涂仕华，县委常委、政法委书记熊运浪，县长助理熊国爱等陪同。

【环保工作】

7月17日

上午，由环保部华东环保督察中心副主任缪旭波带队的全国主要污染物总量减排核查组，在江西宾馆海阔厅对南昌县小蓝经济开发区污水处理厂减排台账进行仔细认真的核查核算，详细地了解小蓝经济开发污水处理厂半年来的运行情况。

7月23日

上午，国家环保部华东环保督查中心副主任缪旭波带领检查组来到小蓝经济开发区污水处理厂进行核查。省环保厅副厅长罗来发，市政协办公厅副秘书长胡焘，市环保局副局长熊晓峰、徐水喜，县长肖玉文，县委常委、副县长杨保根等陪同。

7月28日

上午，由省政府法制办副主任廖晓凌，省住房和城建厅总工程师章雪儿带领的省立法调研组来到南昌县，就县城污水处理设施和监管情况进行调研。县委常委、副县长杨保根等陪同。

【友好往来】

7月2日

上午，由湖北省经贸委副主任刘文进率领的湖北省干部赴赣学习考察团，来到小蓝经济开发区参观考察。县长肖玉文，省委组织部干部教育处处长陈峰，县委常委、组织部长王小文，县领导章光文等陪同。

7月22日

上午，由湖北省孝感市孝南区区委书记、区人大主任仇平贵率领的党政考察团来到小蓝经济开发区参观考察。县长肖玉文，县人大常委会主任胡小明，县政协主席邓炳根，县委常委、常务副县长涂仕华等陪同。

7月23日-24日

湖北省大冶市党政考察团在大冶市市委常委、副市长侯国俊带领下，来到南昌县参观考察农业、水利、林业投融资平台建设情况。副县长程雷佬等陪同。

【其他重要工作】

7月1日

上午，县委常委、组织部长王小文来到向塘广宥鞋业，并向这家企业党支部赠送电教设备和教材。

▲下午，县水利局召开纪念中国共产党成立88周年表彰大会。县委常委、组织部长王小文，县政协副主席万德珍等出席。

7月2日

上午，全县组织各民主党派到方志敏烈士陵园接受革命传统教育，深切缅怀老一辈无产阶级革命家和革命先烈的丰功伟绩。县委常委、县委统战部部长胡炜，县人大常委会副主任伍曦，县政协副主席李植等参加活动。

7月8日

上午，全县在黄马乡乐悠悠农庄举行大学生村官辩论赛。县委常委、组织部部长王小文，市委组织部基层办主任邹艾民等观摩比赛。

7月25日

上午，县电信局天翼手机城举行开业庆典。县委常委、副县长杨保根，县委常委、统战部部长胡炜，县委常委、小蓝经济开发区党工委书记徐海波，县人大常委会副主任熊鹰等出席。

7月28日

上午，市委常委、县委书记汤成奇在县综合楼会见室会见“介冈——八大山人故居”考察组一行。县委副书记梅梅等会见时在座。

▲下午，《江西省人民政府公报》副主编卢柏松来到南昌县，调研落实政务公开工作开展情况。县委常委、常务副县长涂仕华陪同。

【乡镇工作】

7月1日

上午，莲塘镇召开纪念建党88周年暨“七一”表彰大会。县委副书记、县长肖玉文，县人大副主任李木旺等出席。

▲上午，蒋巷镇举行建党88周年暨2008年度创先争优表彰大会。县委副书记梅梅出席并讲话。

▲上午，塔城乡举行建党88周年暨2008年度创先争优表彰大会。县人大常委会主任胡小明出席并讲话。

▲上午，八一乡举行2009年重点工作推进动员暨“七一”表彰大会。县委常委、组织部长王小文出席并讲话。

▲上午，幽兰镇举行“七一”表彰大会。县人大常委会主任王三毛出席并讲话。

▲上午，冈上镇举行庆祝建党88周年暨表彰大会。县人大常委会副主任熊鹰出席并讲话。

▲武阳镇召开庆“七一”表彰大会。县委常委、副县长杨保根出席并讲话。

7月2日

上午，黄马乡举行庆祝建党88周年暨“创先争优”表彰大会。县委常委、县人武部部长汪火明出席并讲话。

八 月

【重要会议】

8月1日

上午，全县新农村建设环境整治（垃圾处理）暨河道采砂、滩涂造船专项整治工作会议在县政府综合楼召开。县长肖玉文、县委常委、副县长杨保根，县委常委、农工部部长魏根金，县人大常委会副主任王三毛，副县长程雷佬等出席会议。

8月4日

上午，市委常委、县委书记汤成奇在县综合楼会议室主持召开县委第六次常委会议。县委副书记、县长肖玉文，县委副书记梅梅，县委常委、常务副县长涂仕华，县委常委、统战部长胡炜，县委常委、组织部长王小文，县委常委、小蓝经济开发区党工委书记徐海波，县委常委、武装部长汪火明等出席。

▲下午，县长肖玉文在县综合楼会议室主持召开县政府第二十五次常务会议。县委常委、常务副县长涂仕华，县委常委、副县长杨保根，副县长胡显勇、张增和、涂莉华、程雷佬，县领导章光文等出席会议；县人武部政委姜清波，县政协副主席、县财政局局长姜润根等列席会议。

8月7日

上午，全县信访工作会议在县综合楼召开。市委常委、县委书记汤成奇，县长肖玉文，县委常委、副县长杨保根，县委常委、政法委书记熊运浪，县委常委、统战部部长胡炜，县委常委、小蓝经济开发区党工委书记徐海波，副县长胡显勇，副县长、县公安局局长张增和，县长助理熊国爱等出席。

▲上午，县第十四届人大常委会第十五次会议在县综合楼召开。县人大常委会主任胡小明，副主任黄连科、李木旺、陈秀梅、王三毛、熊鹰、伍曦等出席会议。县长肖玉文，县委常委、副县长杨保根，县领导章光文，县法院院长李红刚，县检察院检察长张振川等列席会议。会议根据县长肖玉文的提请，经审议通过，决定任命：章光文为南昌县人民政府副县长；危桂春为南昌县财政局局长等事项。

8月12日

下午，省赣抚平原管理局南昌县灌区管委会在县赣管站召开第18次会议。省赣抚平原管理局局长吴义泉，副局长向爱农，副县长程雷佬等出席会议。

8月13日

下午，南昌县在县综合楼组织收听收看全国维护稳定暨信访工作第二次电视电话会议，中共中央政治局常委、中央政法委书记周永康作重要讲话。市委常委、县委书记汤成奇，县长肖玉文，县委常委、常务副县长涂仕华，县委常委、政法委书记熊运浪，县委常委、小蓝经济开发区党工委书记徐海波，县人武部政委姜清波，副县长胡显勇，副县长、县公安局局长张增和，副县长程雷佬，县法院院长李红刚，县长助理熊国爱等参加收听收看。

8月19日

下午，全县非法营运残疾人帮扶稳控工作调度会在县综合楼召开。县长肖玉文，县委副书记梅梅，县委常委、常务副县长涂仕华，县委常委、副县长杨保根，县委常委、组织部长王小文，副县长、县公安局局长张增和，向塘开发区管委会主任黄志清，县长助理熊国爱等出席。

8月25日

下午，市委常委、县委书记汤成奇在县委会议室主持召开县委第七次常委会。县长肖玉文，县委副书记梅梅，县委常委涂仕华、杨保根、熊运浪、王小文、魏根金、汪火明等出席。

8月26日

上午，中共南昌县委十一届七次全体（扩大）会议在县综合楼召开。会议总结了全县深入学习实践科学发展观活动取得的成效和今年以来全县经济社会发展取得的成绩，分析了当前形势，研究部署了下一步的工作。市委常委、县委书记汤成奇，县委副书记、县长肖玉文，县委副书记梅梅，县委常委、常务副县长涂仕华，县委常委、副县长杨保根，县委常委、组织部长王小文，县委常委、小蓝经济开发区党工委书记徐海波，县委常委、农工部部长魏根金等出席会议。

8月29日

上午，南昌县在县综合楼召开工程建设领域突出问题专项治理工作动员会。县长肖玉文出席并讲话，县委常委、常务副县长涂仕华，县委常委、政法委书记熊运浪等出席。

【领导活动】

8月7日

市政协副主席、市民建主委万宗明带领市民建委员会调研组来到南昌县，调研城乡建设用地增减挂钩改革试点工作。副县长程雷佬、县政协副主席李植等陪同。

8月27日

上午，省政协副主席任江南带领调研组来到南昌县，就“五河一湖”环境保护工作开展调研。县长肖玉文，县委常委、副县长杨保根，副县长程雷佬，县政协副主席李植等陪同。

▲下午，省人大原副主任张海如等来到小蓝经济开发区视察指导工作。市委常委、县委书记汤成奇，县委常委、组织部长王小文，县委常委、小蓝经济开发区党工委书记徐海波等陪同。

【工交财贸】

8月5日

全县“五车”整治工作阶段会在县政协会议室召开。县委常委、常务副县长涂仕华，县长助理熊国爱等出席。

8月7日

上午，市委常委、县委书记汤成奇在县综合楼会见室会见来县投资发展的益海嘉里集团公司副总经理涂长明等。双方就“金龙鱼”项目开工建设进行洽谈。县委常委、小蓝经济开发区党工委书记徐海波会见时在座。

8月9日

下午，南昌县在小蓝经济开发区举行开放型经济跨文化交流知识讲座。县长肖玉文，县委常委、小蓝经济开发区党工委书记徐海波，副县长涂莉华、章光文等参加讲座。

8月10日

上午，县长肖玉文先后来到小蓝经济开发区、武阳镇，就重大重点项目落户进行调研。县委常委、小蓝经济开发区党工委书记徐海波等陪同。

8月12日

下午，市公路局局长黄维象来到冈上镇，就向塘丁坊至冈上市汊公路的规划建设进行调研。县长肖玉文，县委常委、副县长杨保根，市公路局副局长杨宗富，总工程师文顺保，向塘开发区管委会主任黄志清等陪同。

8月18日

上午，市委常委、县委书记汤成奇在县综合楼会见室会见来县投资发展的香港铜锣湾投资集团董事局主席胡斌等。县委常委、常务副县长涂仕华，副县长涂莉华等会见时在座。

▲上午，县长肖玉文出席中国电信小蓝经济开发区营业厅成立仪式，并到县行政服务中心、公共资源交易中心进行调研。县委常委、小蓝经济开发区党工委书记徐海波，中国电信南昌分公司总经理胡文化等出席成立仪式。

8月20日

上午，县长肖玉文来到南昌和凌雷克萨斯汽车销售服务有限公司建设基地和莲塘镇定岗村，就工程的建设推进、村级集体经济发展情况进行调研。

8月26日

上午，省纪委驻省政府办公厅纪检组组长胡详圳率省新增中央投资项目检查组来南昌县检查新增中央投资项目实施情况。省重大项目稽查办副主任聂文龙等随同检查，县委常委、常务副县长涂仕华等陪同。

【农业与农村工作】

8月6日

上午，中央储备粮江西分公司副总经理由伟来到南昌县调研早稻收购工作情况。县长肖玉文，县委常委、副县长杨保根等陪同。

▲上午，市督察组来到南昌县，督察河道采砂专项整治工作。副县长程雷佬等陪同。

8月7日

上午，省政协常委、经济科技委员会主任李发昌等来到南昌县调研“稳定粮食生产、增加农民收入、拉动农村消费”情况，省政协常委、经济科技委员会副主任李良泉，省政协办公厅副巡视员余卫华等随同调研。县政协主席邓炳根，副县长程雷佬，县政协副主席张军等陪同。

8月13日

下午，市委常委、县委书记汤成奇来到塔城乡开展调研。县政协主席邓炳根，县委常委、统战部部长胡炜，县委常委、小蓝经济开发区党工委书记徐海波等陪同。

8月28日

下午，市委常委、县委书记汤成奇来到广福镇、向塘镇视察早稻粮食收购工作。县委常委、副县长杨保根，县委常委、农工部部长魏根金，向塘开发区管委会主任黄志清等陪同。

【城市建设与管理】

8月11日

上午，县长肖玉文在铭威·阳光丽景召开加快铭威时代广场项目建设调度会。县委常委、常务副县长涂仕华，副县长涂莉华、程雷佬等出席。

8月16日

上午，南昌县召开象湖新城控制性详细规划专家评审会。县长肖玉文，县委常委、常务副县长涂仕华以及4位省市规划专家出席评审会。

【政法工作和社会治安综合治理】

8月24日

上午，由省法制办主任张玉印带领的省推进依法行政工作组来南昌县就贯彻执行《国务院关于加强市、县政府依法行政的决定》进行检查。市政府副秘书长陈武，市法制办主任廖南萍，副县长、县公安局局长张增和，副县长涂莉华等陪同。

8月25日

下午，全县“守护60”消防安全决战决胜工作动员会在县综合楼召开。副县长、县公安局局长张增和，市消防支队党委委员、政治处主任黄贻君等出席。

8月28日

上午，南昌县召开互联网服务营业场所专项整治工作会。县委副书记梅梅，县政协主席邓炳根，县委常委、统战部长胡炜，县人大副主任伍曦，副县长胡显勇，县政协副主席万德珍等出席。

【群团工作】

8月18日

上午，市妇联主席王敏率领督察组来到南昌县，就妇女儿童发展规划进行督查。副县长胡显勇等陪同。

8月26日

省妇联副主席刘屹烈来到向塘镇剑霞村进行调研。市妇联副主席周笑蓓、县委副书记梅梅等陪同。

【科教文卫体和计生工作】

8月4日

下午，市委常委、县委书记汤成奇先后来到县委党校和莲塘四中、莲塘三小、莲塘一中等学校调研。县委副书记梅梅，县委常委、统战部长胡炜，县委常委、组织部长王小文，副县长胡显勇等陪同。

8月13日

上午，县长肖玉文来到小蓝经济开发区就富山中学临时租用教学楼进行现场调度。副县长胡显勇等陪同。

▲上午，县人大召开宣传报道调度会。县人大常委会副主任黄连科出席并讲话。

8月15日

上午，全县中小学校舍安全工程动员会在县综合楼召开。县长肖玉文出席并讲话，副县长胡显勇，县政协副主席姜润根等出席。

▲上午，全县秋季人口计划生育工作会在县综合楼召开。县长肖玉文，副县长程雷佬等出席。

8月27日

上午，全县新学年教育体育工作会在莲塘一中召开。县委副书记梅梅，县人大副主任伍曦，副县长胡显勇，县政协副主席万德珍等出席。

▲下午，县委副书记梅梅组织召开全县教育系统重大重点项目建设推进工作调度会。县人大副主任伍曦，副县长胡显勇，县政协副主席万德珍等出席。

8月28日

上午，县长肖玉文来到县中医院，就中医院新院建设和加快发展等进行调研。县委副书记梅梅、副县长胡显勇，县长助理熊国爱等陪同。

【劳动人事和社会保障】

8月15日

上午，全县事业单位岗位设置管理动员大会在县综合楼召开。县长肖玉文出席并讲话。

【人武工作】

8月4日

下午，县人武部在武阳镇召开党管武装工作暨军事日活动会。县委常委、县人武部部长汪火明出席。

【信访工作】

8月10日

县委常委、组织部部长王小文在县信访局接访。

8月13日

上午，县委常委、副县长杨保根在县政府会议室主持召开信访协调会议。

8月19日

县委常委、政法委书记熊运浪在市信访局接待上访群众。

8月20日

上午，全县信访工作调度会在县信访局会议室召开。县委常委、政法委书记熊运浪，县长助理熊国爱出席会议并讲话。

8月21日

上午，县委副书记梅梅，县委常委、副县长杨保根到县信访局开展接访活动，帮助来访群众解决实际问题。

8月22日

上午，市委常委、县委书记汤成奇来到县信访局公开接访，现场协调解决群众反映的问题。县委常委、常务副县长涂仕华，县委常委、副县长杨保根，县委常委、政法委书记熊运浪，县委常委、农工部部长魏根金，副县长程雷佬，县长助理熊国爱等陪同。

8月29日

上午，市委常委、县委书记汤成奇来到县信访局公开接访，现场协调解决群众反映的问题。县委副书记梅梅，县委常委、常务副县长涂仕华，县委常委、政法委书记熊运浪，县委常委、组织部长王小文，县委常委、农工部长魏根金，副县长、县公安局长张增和，副县长程雷佬，县法院院长李红刚，县长助理熊国爱等参加接访。

▲下午，县委常委、小蓝经济开发区党工委书记徐海波接访群众，现场调解辖区群众反映的问题。

【环保工作】

8月18日

上午，市环保局局长陶志、副局长曾晓翔来到南昌县指导督察污染减排工作。

8月25日

全县污染减排工作调度会在县环保局召开。县委常委、副县长杨保根出席并讲话。

8月27日

下午，县长肖玉文来到县污水处理厂视察工程建设进展情况。县人大常委会主任胡小明陪同。

8月29日

全县2009年上半年污染减排工作座谈会在县政府会议室召开。县长肖玉文，县人大常委会主任胡小明，县委常委、副县长杨保根，县委常委、小蓝经济开发区党工委书记徐海波，县人大常委会副主任王三毛等出席。

【友好往来】

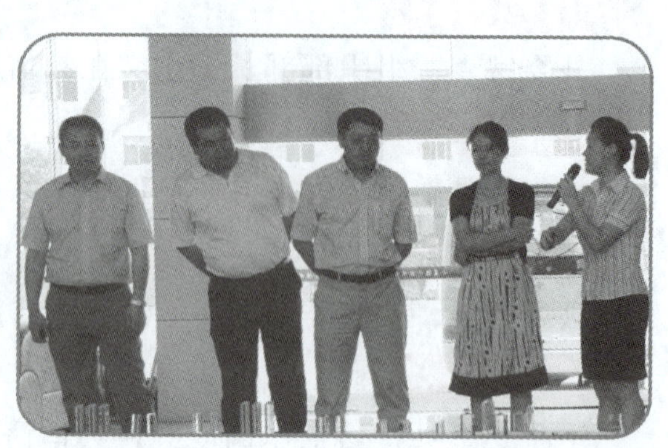

8月1日

由黑龙江省大庆市让胡路区区委书记刘景新带领的党政代表团来到南昌县参观考察。县委副书记梅梅，县领导章光文等陪同。

8月25日

上午，湖北省十堰市市委常委、常务副市长涂明安带领党政代表团来南昌县参观考察。市政府副秘书长关长金，县长肖玉文，县委常委、常务副县长涂仕华等陪同。

【其他重要工作】

8月5日

上午，省档案局处长钟向文，副处长谭海鹰，市档案局副局长彭青等来到南昌县就行政村档案工作进行调研。

▲下午，县政协归侨侨属界、无党派界、台胞台属界、少数民族、宗教界委员联谊活动在县房管局举行。县政协主席邓炳根，副主席李信谆、伍目连等出席。

8月8日

下午，县政协召开上半年工作总结暨下半年工作安排会议。县政协主席邓炳根出席并讲话，县政协副主席万德珍、吴克芳、李信谆、姜润根等出席会议。

8月11日

下午，市委常委、县委书记汤成奇来到新县行政服务中心进行调研。县委常委、常务副县长涂仕华，县委常委、政法委书记熊运浪，县委常委、小蓝经济开发区党工委书记徐海波，副县长涂莉华，县长助理熊国爱等陪同。

8月13日

上午，县工商联界别政协委员座谈会在八二八宾馆举行。县政协主席邓炳根，副主席万德珍、吴克芳等出席。

8月17日

下午，县纪委常委（扩大）理论学习会在县纪委会议室召开。县委常委、政法委书记熊运浪出席并讲话。

8月26日

下午，县委组织部召开学习实践科学发展观活动群众满意度测评会。县委常委、组织部部长王小文出席并讲话。

九 月

【科学发展观】

9月2日

上午，南昌县在县综合楼收听收看全省深入学习实践科学发展观活动第二批总结暨第三批动员电视电话会。市委常委、县委书记汤成奇，县委副书记、县长肖玉文，县政协主席邓炳根，县委常委、常务副县长涂仕华，县委常委、组织部长王小文，县委常委、小蓝经济开发区党工委书记徐海波，县委常委、农工部长魏根金，县委常委、人武部长汪火明，县人大常委会副主任黄连科、陈秀梅、王三毛、熊鹰，副县长章光文，县政协副主席万德珍、张军、姜润根，县法院院长李红刚，县检察院检察长张振川，县长助理熊国爱等参加收听收看。

9月10日

上午，南昌县深入学习实践科学发展观活动第二批总结暨第三批动员大会在县综合楼召开。会议学习贯彻了省、市委召开的学习实践活动第二批总结暨第三批动员会精神，总结了全县第二批学习实践活动，对第三批学习实践活动进行了动员、部署。市委常委、县委书记、县委深入学习实践科学发展观活动领导小组组长汤成奇，县委副书记、县长肖玉文，市委第一巡回检查组组长姜方保，县委常委、常务副县长涂仕华，县委常委、副县长杨保根，县委常委、政法委书记熊运浪，县委常委、组织部长王小文，县委常委、小蓝经济开发区党工委书记徐海波，县委常委、县人武部部长汪火明，县人大常委会副主任王三毛，县政协副主席万德珍等出席会议。

9月16日

县人大召开学习实践科学发展观活动总结大会。县人大常委会主任胡小明，副主任李木旺、陈秀梅、王三毛、熊鹰等出席。

▲三江镇召开第三批深入学习实践科学发展观活动动员大会。

9月17日

上午，向塘镇召开深入学习实践科学发展观活动动员大会。向塘开发区管委会主任、向塘镇党委书记黄志清出席并作动员讲话。

▲下午，小蓝经济开发区召开开展深入学习实践科学发展观活动动员会。县委常委、小蓝经济开发区党工委书记徐海波，副县长章光文等出席。

▲下午，塘南镇召开第三批学习实践科学发展观活动动员大会。

9月18日

上午，市委深入学习实践科学发展观活动办公室总结会在南昌县召开。市委常委、市委组织部部长杨人平作讲话。市委学习实践科学发展观活动领导小组副主任朱东、陶江华、龚小荣，县委副书记梅梅，县委常委、组织部长王小文，县委常委、小蓝经济开发区党工委书记徐海波等出席会议。

▲上午，东新乡召开第三批深入学习实践科学发展观活动动员会。县委常委、统战部部长胡炜出席并讲话。

▲上午，幽兰镇召开第三批深入学习实践科学发展观活动动员大会。县人大常委会副主任王三毛，县政协副主席张军出席并讲话。

▲上午，富山乡召开第三批深入学习实践科学发展观动员会。副县长、公安局长张增和出席并讲话。

▲上午，广福镇召开第三批深入学习实践科学发展观活动动员大会。

▲下午，由省人大常委会、农委副主任委员王树林任组长的省委第一巡回检查组来到南昌县，就乡镇、村第三批深入学习实践科学发展观活动进展情况进行调研。县委副书记梅梅，县委常委、组织部长王小文，市委第一巡回检查组组长、市信息办副主任姜方保，县人大常委会副主任、县委第三指导小组组长王三毛等陪同。

▲下午，县教体局召开深入学习实践科学发展观活动第二批总结暨第三批动员大会。

9月21日

上午，塔城乡召开第三批深入学习实践科学发展观活动动员大会。县人大常委会主任胡小明出席并讲话。

▲上午，八一乡召开第三批深入学习实践科学发展观活动动员大会。县委常委、组织部长王小文出席并讲话。

9月22日

上午，南新乡召开第三批深入学习实践科学发展观活动动员大会。县委常委、农工部长魏根金出席并讲话。

9月24日

上午，泾口乡召开深入学习实践科学发展观活动动员大会。

9月25日

冈上镇召开第三批深入学习实践科学发展观活动动员大会。县人大常委会副主任熊鹰等出席并讲话。

【重要会议】

9月4日

上午，市委常委、县委书记汤成奇在县综合楼主持召开县委第8次常委会。县委副书记、县长肖玉文，县委常委涂仕华、杨保根、熊运浪、胡炜、王小文、徐海波、魏根金、汪火明等出席。

▲下午，南昌县在县综合楼召开庆祝新中国成立60周年系列活动调度会。县委常委、统战部

长胡炜出席并讲话。

9月9日

上午，市委常委、县委书记汤成奇在县综合楼主持召开县规划委员会2009年第一次会议。县委副书记、县长肖玉文，县委常委、常务副县长涂仕华，县委常委、小蓝经济开发区党工委书记徐海波等出席，县政协副主席邓炳根列席会议。

9月12日

上午，全县安全生产工作会在县综合楼召开。县长肖玉文出席并讲话，副县长涂莉华主持。

9月15日

下午，县长肖玉文在县综合楼主持召开县政府第二十六次常务会议。县委常委、常务副县长涂仕华，县委常委、副县长杨保根，副县长胡显勇、张增和、涂莉华、程雷佬、县长助理熊国爱等出席会议。县人武部政委姜清波等列席会议。

9月22日

下午，县长肖玉文在县综合楼主持召开县政府第27次常务会议。县委常委、常务副县长涂仕华，县委常委、副县长杨保根，副县长张增和、涂莉华、章光文，县长助理熊国爱等出席会议。向塘开发区管委会主任黄志清等列席会议。

9月23日

上午，南昌市人大代表第三次代表小组活动分别在县国税局和广福镇举行。县人大常委会主任胡小明，副主任黄连科、伍曦，县政协副主席吴克芳等参加活动。

9月24日

上午，县委召开常委(扩大)会议，传达学习党的十七届四中全会精神，并就做好国庆期间的各项工作进行研究部署。市委常委、县委书记汤成奇主持会议并讲话，县领导肖玉文、梅梅、涂仕华、杨保根、胡炜、王小文、徐海波、魏根金、汪火明等出席会议。

9月25日

上午，县十四届人大常委会第十六次会议在县综合楼召开。县人大常委会主任胡小明，副主任黄连科、李木旺、陈秀梅、熊鹰、伍曦等出席会议，副县长章光文、县检察院检察长张振川等列席会议。

【领导活动】

9月8日

上午，以全国政协常委、经济委员会副主任张左已，经济委员会副主任李德水为组长的全国政协经济委员会赴赣调研组来到南昌县蒋巷镇，就“稳定粮食生产、增加农民收入、拉动农村消费”进行调研。省政协副主席朱张才，省政协常委、经济科技委员会主任李发昌，市委常委凌学仁，市政协副主席王水苟，县政协主席邓炳根，县委常委、农工部长魏根金，副县长程雷佬，县政协副主席张军等陪同。

▲上午，全市廉政阳光工程建设现场会在南昌县召开。市委常委、常务副市长赵东亮，市委常委、纪委书记刘东明，市委常委、县委书记汤成奇，市政府副秘书长陈武、胡晓海，县领导肖玉文、涂仕华，熊运浪等出席。

9月10日

市委常委凌学仁来南昌县调研农业项目整合和蔬菜种植情况。市农业开发办主任陶海龙，县委常委、县委农工部长魏根金等陪同。

9月16日

上午，省工业和信息化委员会主任涂勤华率领出席全省工业流动现场会的全体人员来南昌县小蓝经济开发区参观考察。副市长曾光辉，县长肖玉文，县委常委、小蓝经济开发区党工委书记徐海波等陪同。

9月17日

上午，江西黄马“两江”生态农业走廊项目推进现场会，在黄马乐悠悠农庄会议室举行。副市长刘建洋，市政府副秘书长、市委农工部长王肇赣，县委常委、农工部部长魏根金，副县长程雷佬等出席。

9月28日

下午，市人大常委会副主任连樟寿等来南昌县调研工业经济发展情况。县人大常委会副主任陈秀梅，副县长涂莉华等陪同。

9月29日

上午，蒋巷镇湖光山舍田园农庄正式投入使用，省政协副主席、民革江西省委主委陈清华，省农业厅利用外资办公室主任汤庆春，市农业开发办主任陶海龙，县委副书记梅梅，县委常委、统战部长胡炜等出席开业仪式。

【工交财贸】

9月2日

下午，县长肖玉文来到县经贸委就本县国有工业企业改制工作进行调研。副县长涂莉华等陪同。

9月3日

上午，县长肖玉文来到小蓝经济开发区协调解决江西直方数控动力有限公司有关项目融资、设计施工报建手续等问题。县委常委、小蓝经济开发区党工委书记徐海波，副县长涂莉华、章光文等参加。

9月10日

上午，县长肖玉文在县综合楼会见室会见台湾和泰汽车公司大陆执行长陈顺德，双方就和凌雷克萨斯项目建设进行洽谈。副县长、县公安局局长张增和会见时在座。

9月12日

上午，县长肖玉文来到小蓝经济开发区江西荣和特种消防设备制造有限公司进行调研。县委常委、小蓝经济开发区党工委书记徐海波等陪同。

9月14日

下午，交通运输部水运局局长助理李关鹏带领渡口安全检查组来南昌县检查指导渡口安全工作，省交通厅副厅长胡琳，县委常委、副县长杨保根等陪同。

9月17日

下午，县长肖玉文来到小蓝经济开发区污水处理厂视察一期工程技术改造和二期工程扩建情况，并会见了马来西亚联喜水处理有限公司执行董事黄国滨。

9月17日–19日

县长肖玉文，副县长涂莉华等赴北京、上海等地拜访客商。

9月23日

上午，南昌第八届金秋经贸活动月在南昌国际展览中心广场开幕，会上南昌县小蓝经济开发区与清华同方签约投资16亿元的动漫产业园项目。县长肖玉文，县委常委、小蓝经济开发区党工委书记徐海波，副县长涂莉华，向塘开发区主任黄志清等出席开幕式。

9月24日

下午，县长肖玉文来到向塘镇调研。县委常委、小蓝经济开发区党工委书记徐海波，向塘开发区管委会主任、向塘镇党委书记黄志清，县长助理熊国爱等陪同。

9月28日

下午，县长肖玉文来到旋耕机厂有限责任公司就企业今后的发展问题进行调研。

▲下午，县长肖玉文来到江西洪城汽配城帮助企业协调解决在发展中遇到的问题。副县长涂莉华、程雷佬等参加。

9月29日

上午，南昌老福山至塘南镇公交车开通仪式在塘南中学举行。市委常委、县委书记汤成奇，全国政协常委、省工商联主席、清华泰豪集团董事长黄代放，县人大常委会主任胡小明，县政协主席邓炳根，县委常委、常务副县长涂仕华，县人大常委会副主任黄连科，副县长赵泽华，县政协副主席李信谆，向塘开发区管委会主任黄志清，市公交总经理郑克一等出席公交车开通仪式。

▲上午，县长肖玉文来到南新乡调研市控规区经济发展情况。副县长涂莉华，县长助理熊国爱等陪同。

9月30日

“小蓝经济开发区清华大学高级工商管理研究生课程进修班开学典礼暨南昌小蓝经济开发区高端论坛”在小蓝经济开发区管委会举行。清华大学继续教育学院副院长阎桂芝、省中小企业局工业园区处处长万俊明到会讲话，县领导肖玉文、徐海波、章光文、涂莉华等参加。

【农业与农村工作】

9月10日

下午，省森林工业局局长何伟航率领的省造林绿化“一大四小”工程建设检查组来到南昌县检查“一大四小”工程建设情况。县委副书记、县长肖玉文，副县长程雷佬等出席汇报会。

【政法工作和社会治安综合治理】

9月1日

上午，南昌县在县政府综合楼召开全县互联网服务营业场所集中整治动员会。县委常委、统战部长胡炜出席并讲话，县人大常委会副主任伍曦，副县长胡显勇，县政协副主席万德珍等出席。

▲上午，市人大农委会主任魏文斌率执法检查组来到南昌县检查农产品质量安全工作。县人大常委会副主任王三毛，副县长程雷佬等陪同。

9月3日

下午，县长肖玉文来到县国土资源局就加强土地执法，切实保障全县经济发展用地需求进行现场办公。副县长程雷佬参加。

9月4日

上午，由省人大法制委副主任委员、常委会法工委主任李锐率领的省人大调查组来南昌县调研《江西防震减灾条例》立法质量评价工作。省人大常委会法工委副主任韩军、省地震局副局长宁为民等参加调研。

9月7日

上午，南昌县召开“黑网吧”专项整治工作会，县委常委、统战部长胡炜，县人大常委会副主任伍曦，县政协副主席万德珍等出席会议。

▲上午，全县成品油、肉类和酒类专项整治工作动员大会在县综合楼召开。副县长涂莉华出席并作动员讲话。

9月12日

上午，南昌县在县综合楼举行领导干部《宪法》法制专题讲座。省司法厅法制教育处处长李沪学应邀授课。市委常委、县委书记汤成奇，县领导邓炳根、熊运浪、徐海波、李木旺、王三毛、张增和、程雷佬、章光文等聆听讲座。

9月21日

上午，南昌县加强国庆、中秋期间食品安全监管工作会在县综合楼召开。县委常委、副县长杨保根，副县长涂莉华等出席。

9月22日

下午，国家司法部监狱局副局长孟宪军来到南昌县调研刑释解教回籍人员帮教安置工作，省司法厅副巡视员简明龙，市司法局副局长涂慧玲，县委常委、小蓝经济开发区党工委书记徐海波，县人大常委会副主任熊鹰等陪同。

9月24日

市政公用局副局长李跃华等来南昌县检查“安全生产大检查”落实情况。副县长涂莉华陪同。

9月25日

下午，副县长涂莉华率县安监局等单位人员开展安全生产大检查。

【科教文卫体和计生工作】

9月3日

上午，县政协主席邓炳根带领专题调研组来到幽兰镇，就南昌县乡镇旅游开发工作开展调研。县政协副主席张军、李植等参加调研。

9月7日

下午，莲塘一中举行江西新疆克州高中班2009年秋季开学典礼。省教育厅基教处处长何少加，市教育局副局长邵梅珍，副县长胡显勇，新疆克州教育局副局长万利平等出席。

9月10日

下午，南昌县在县综合楼组织收听收看全国进一步做好甲型H1N1流感防控工作电视电话会。

9月15日

莲塘七中教学大楼举行开工仪式。县委副书记梅梅，县委常委胡炜等出席。

9月18日

晚上，全县统战系统庆祝新中国成立60周年联欢晚会在莲塘一中举行。县委常委、统战部长胡炜，县人大常委会副主任伍曦，县政协副主席、县工商联主席吴克芳等观看联欢晚会。

9月21日

上午，县委副书记梅梅，县委常委、统战部长胡炜等来到澄碧湖文化中心广场察看国庆系列活动现场布置情况，并就有关工作进行调度。

9月22日

上午，江西省国庆六十周年全民健身活动暨全国千村健身气功交流展示活动在南昌县澄碧湖公园广场举行。市体育局副局长戴国荣出席并宣布活动开幕。

9月25日

晚上，县水利局在桂花村大酒店举办建国60年联欢晚会。县委常委、副县长杨保根，县委常委、统战部长胡炜观看演出。

9月27日

下午，县委副书记梅梅，县委常委、统战部长胡炜调度中国红歌会走进南昌县国庆晚会暨南昌县首届澄碧湖文化艺术节开幕式筹备工作。

9月28日

晚，中国红歌会走进南昌县国庆晚会暨南昌县首届澄碧湖文化艺术节开幕式在县文化会展中心举行。市委常委、县委书记汤成奇，县长肖玉文，县委副书记梅梅，县人大常委会主任胡小明，县政协主席邓炳根等出席开幕式。

9月29日

下午，小蓝经济开发区举行庆祝建国60周年联欢会。县领导肖玉文、胡炜、王小文、徐海波、章光文等观看演出。

▲下午，塔城乡举行庆祝建国60周年文艺汇演。县人大常委会主任胡小明，县政协副主席万德珍等观看演出。

【党的建设和干部队伍建设】

9月16日

下午，由市委组织部副部长、市老干局局长袁井红率领的检查组来南昌县调研基层党建工作。县委副书记梅梅，县委常委、组织部长王小文等陪同。

9月24日

上午，县委常委、组织部长王小文来到武阳镇楞上村视察基层党组织建设工作。

【信访工作】

9月1日

县委常委、小蓝经济开发区党工委书记徐海波在县信访局参加领导信访接待日活动。

9月3日

县委常委、副县长杨保根在县信访局接待来访群众。

▲下午，县长肖玉文来到县信访局，就切实做好当前信访工作进行调研。县委常委、政法委书记熊运浪，县长助理熊国爱等陪同。

9月5日

上午，市委常委、县委书记汤成奇来到县信访局接待中心公开接访。县委常委、常务副县长涂仕华，县委常委、政法委书记熊运浪，县委常委、小蓝经济开发区党工委书记徐海波，副县长、县公安局长张增和，县长助理熊国爱等参加接访。

9月6日

以最高人民法院副院长苏泽林为组长的中央信访督导组来南昌县督导。省委副秘书长、省信访局局长魏旋君，省信访局副局长刘建伟，省信访局督查处处长聂明慧，市委常委、政法委书记、公安局长胡焯，市委常委、县委书记汤成奇，市中级人民法院院长赖永芳，市政府副秘书长、市信访局局长吕汉清，市信访局副局长聂嘉平，市信访局督查处副处长刘莉及县领导肖玉文、涂仕华、熊运浪、张增和、李红刚、熊国爱等出席汇报会。

9月7日

下午，县长肖玉文来到县信访局接访。县委常委、常务副县长涂仕华，县委常委、县政法委书记熊运浪，县长助理熊国爱等参加接访。

9月11日

下午，以市委办公厅副主任唐席平为组长的市下访督导工作组来南昌县督导信访工作。县委常委、政法委书记熊运浪，县政府副县长、县公安局长张增和，县政府县长助理熊国爱等出席汇报会。

9月12日

上午，市委常委、县委书记汤成奇来到县信访局公开接访，现场协调解决群众反映的问题。县委常委、常务副县长涂仕华，县委常委、副县长杨保根，县委常委、政法委书记熊运浪，县长助理熊国爱等参加接访。

9月14日

上午，县委常委、常务副县长涂仕华来到县信访局进行公开接访，现场协调解决群众反映的问题。

9月16日

上午，县委副书记梅梅在县信访局主持召开原南昌县染织厂子弟学校以工代教老师信访问题协调会议。

▲上午，县长肖玉文来到县信访局公开接访。县委常委、副县长杨保根，县人大副主任黄连科，县长助理熊国爱等参加。

9月21日

上午，县委常委、小蓝经济开发区党工委书记徐海波在县信访局参加领导信访接待日活动。

▲上午，县委常委、政法委书记熊运浪在县信访局召开全县信访工作会议。

9月23日

下午，县委常委、农工部长魏根金在县信访局约访群众。

9月25日

上午，县长肖玉文在县信访局接待来访群众，调处解决信访问题。县委常委、副县长杨保根，副县长、县公安局局长张增和，县长助理熊国爱等参加接访。

9月26日

市委常委、县委书记汤成奇到县信访局公开接访，现场协调解决群众反映的问题。县委常委、常务副县长涂仕华，县委常委、副县长杨保根，副县长、公安局长张增和，副县长涂莉华，县长助理熊国爱等陪同。

9月30日

县委副书记梅梅来到县信访接待中心公开接访。

【环保工作】

9月15日

南昌县在县综合楼召开打击违法排污企业保障群众健康专项行动动员暨污染减排工作会。县委常委、副县长杨保根，县人大常委会副主任陈秀梅，县政协副主席李植等出席会议。

9月24日

南昌县在县环保局召开污染减排工作调度会。县委常委、副县长杨保根出席。

【友好往来】

9月10日

下午，山西省太原市政府副秘书长安龙柱，太原市政府地方史志办公室主任安捷等，来到南昌县考察地方志编纂等工作。市委史志办主任姜爱兰，副主任谭小荣、熊就滨，县委常委、统战部长胡炜等陪同。

9月11日

上午，辽宁省辽阳县人大常委会主任温晓岚率领考察团来南昌县考察人大工作。县人大常委会副主任黄连科、李木旺、陈秀梅、王三毛、熊鹰、伍曦等陪同。

【其他重要工作】

9月2日

上午，省气象局局长常国刚来南昌县检查指导气象工作。市气象局局长吴延年，县委常委、农工部长魏根金等陪同。

9月3日

上午，县长肖玉文来到县统计局调研。县委常委、副县长涂仕华，副县长涂莉华等陪同。

▲上午，县城建局召开县城建设系统工程建设领域突出问题专项治理暨机关作风、效能建设动员会，县委常委、常务副县长涂仕华出席并讲话。

9月15日

上午，南昌县在凤凰名苑防空地下室举行2009年防空警报试鸣暨人员疏散隐蔽演习预演。县委常委、县人武部部长汪火明，市人防办副主任周建东等到现场指导。

9月17日

上午，全县保密工作人员培训班在洁惠花园宾馆举行。市委保密机要局副局长吴凤泉、余俊杰，县委副书记梅梅等出席开班仪式。

9月18日

上午，南昌县在凤凰名苑防空地下室举行“9·18”防空紧急疏散掩蔽演习。县委常委、县人武部长汪火明等参加演习。

▲省委办公厅副巡视员、省国家保密局副局长胡名义来到南昌县，为各单位保密工作人员进行保密知识讲课。

9月23日

上午，省文物局执法处处长潘之钰率领省文物专家组，对南昌县被推荐为全国文物工作先进候选县工作进行调研。县委常委、常务副县长涂仕华等陪同。

9月28日

上午，南昌县社会福利院开工奠基仪式在莲塘镇莲塘村举行。省民政厅副厅长饶剑明，省慈善总会副会长兼秘书长卢坤生，省民政厅福利处处长柳永健，县长肖玉文，县人大常委会主任胡小明，市民政局副局长黄广新，县人大常委会副主任陈秀梅，县政协副主席吴克芳、伍目连等出席奠基仪式。

十 月

【科学发展观】

10月12日

上午，县委副书记梅梅，县委常委、组织部长王小文等来到塔城乡调研第三批深入学习实践科学发展观活动开展情况。

10月14日

下午，由市委第一巡回检查组组长、市信息办副主任姜方保率领的市委第一巡回检查组来到小蓝经济开发区，就第三批深入学习实践科学发展观活动进展情况进行调研。县委常委、组织部长王小文，副县长章光文等陪同。

10月15日

向塘镇举行学习实践科学发展观活动培训班，向塘开发区管委会主任黄志清出席并讲话。

10月20日

为期7天的全县村党支部书记学习实践科学发展观活动培训班在县委党校举办。县委副书记梅梅，县委常委、组织部长王小文出席并作动员讲话。

10月23日

上午，塔城乡举办外出务工党员学习实践科学发展观培训班。县委常委、组织部长王小文出席并讲话。

10月24日

上午，市委常委、县委书记汤成奇为全县村党支部书记讲课。县委副书记梅梅主持培训。县委常委、组织部长王小文，向塘开发区管委会主任黄志清等出席培训班。

10月25日

上午，为期7天的村党支部书记培训班在县委党校结业。县委常委、组织部长王小文出席结业典礼并讲话。

10月26日

上午，县委学习科学发展观指导组第三组学科工作汇报会在莲塘镇召开。县人大常委会副主任、县委指导组第三组组长王三毛出席并讲话。

10月27日

上午，全县村委会主任学习实践科学发展观活动培训班在县委党校举办。县委副书记梅梅，县委常委、组织部长王小文等出席。

【重要会议】

10月14日

上午，全市国有企业改革维稳工作调研座谈会在县综合楼召开。市委常委、常务副市长赵东亮，市政协副主席侯捷，市委副秘书长季智勇，县长肖玉文，副县长、县公安局长张增和等出席座谈会。

▲上午，市人大第三季度通讯报道组长会在南昌县召开。市人大办公厅副主任万仁余，县人大副主任黄连科等出席。

▲下午，南昌县在县政府会议室召开国企改革维稳工作会议。县长肖玉文，副县长、县公安局长张增和等出席会议。

10月19日

上午，全县负责干部大会在县综合楼召开。会议传达了省市委全会精神，安排部署了下阶段工作。市委常委、县委书记汤成奇作重要讲话。县领导梅梅、胡小明、邓炳根、涂仕华、杨保根、熊运浪、胡炜、王小文、徐海波、魏根金等出席会议。

10月20日

下午，南昌县“光明·微笑工程”工作调度会在县综合楼召开。县委副书记梅梅，副县长胡显勇等出席。

10月26日

上午，南昌县在县文化会展中心隆重举行庆祝“九九”重阳节大会。市委常委、县委书记汤成奇，县长肖玉文，县委副书记梅梅，县政协主席邓炳根，县委常委、组织部长王小文，县人大常委会副主任黄连科出席。

10月27日

市委常委、县委书记汤成奇在县综合楼主持召开2009年第10次县委常委会议。县委副书记、县长肖玉文，县委副书记梅梅，县委常委涂仕华、杨保根、熊运浪、胡炜、王小文、魏根金、汪火明等出席。县人大常委会主任胡小明，县政协主席邓炳根等列席会议。

【领导活动】

10月1日

下午，省委常委、市委书记余欣荣，市长胡宪来到南昌县小蓝经济开发区走访慰问国庆节期间坚守工作岗位的干部职工。市委常委、常务副市长赵东亮，市委常委、统战部部长蔡社宝，市委常委、县委书记汤成奇，副市长曾光辉，市政协副主席侯捷，县长肖玉文等陪同。

10月14日

上午，程杨公路（南新段）截弯取直工程竣工。市委副书记雷武江，市政协副主席王水苟，县委副书记梅梅，县政协主席邓炳根，县委常委、副县长杨保根，县人大常委会副主任伍曦等出席通车仪式。

▲上午，第十八届金鸡百花电影节“泥土芳香”活动在南昌县塔城乡举行。市委常委、县委书记汤成奇，市人大常委会副主任姚燕平，中国电影家协会秘书长许柏林，著名导演高希希，首届电影百花奖最佳女演员祝希娟，县领导梅梅、胡小明、胡炜、徐海波等以及部分电影艺术家代表出席。

▲上午，副市长刘建洋来到蒋巷镇就加快推进蒋巷现代农业示范园基础设施和农业产业化项目建设现场办公。市政府副秘书长、市委农工部长王肇赣，县委常委、农工部长魏根金，副县长程雷佬等参加。

10月16日

上午，落户南新乡的益海嘉里（南昌）粮油食品有限公司正式开工建设。市长胡宪，市委常委、县委书记汤成奇，副市长曾光辉，县长肖玉文，县人大常委会主任胡小明，县政协主席邓炳根，益海嘉里（南昌）粮油食品有限公司总经理吴会祥等出席开工奠基仪式。

10月23日

上午，罗珠暨南昌筑城学术研讨会在南昌县召开。市人大常委会主任李豆罗，市委常委、县委书记汤成奇，市人大常委会副主任罗为民，县领导胡炜、胡显勇等出席会议，市社科联副主席张恒立主持会议。

10月28日

参加中国“五会”南昌经贸洽谈会的客商来小蓝经济开发区参观考察。市政协副主席龙国英等陪同。

【走访慰问】

10月10日

上午，市委常委、县委书记汤成奇，县委副书记梅梅，县人大常委会主任胡小明，县政协主席邓炳根，县委常委、组织部长王小文等走访慰问离退休老干部，向他们送去党和政府的关怀和温暖。

【工交财贸】

10月1日

上午，南昌县首届地产展示会在澄碧湖公园文化广场举行。县委副书记梅梅、副县长涂莉华出席开幕式。

10月10日

上午，县长肖玉文主持召开会议，研究安排德昌高速公路建设中的土地征迁、农民安置等工作。县委常委、副县长杨保根，县委常委、政法委书记熊运浪，副县长程雷佬等出席会议。

10月11日

下午，南昌在浙江宁波国会展中心举办2009南昌·宁波（江铃）汽车零部件产业对接洽谈会。宁波市经委总工程师陈成海，市经贸委副主任何琦，县长肖玉文，县委常委、小蓝经济开发区党工委书记徐海波，副县长涂莉华等出席。

10月19日

上午，市委常委、县委书记汤成奇在县综合楼会见室会见清华同方股份有限公司董事长荣泳霖等。省工商联主席、泰豪科技集团董事长黄代放，县委常委、小蓝经济开发区党工委书记徐海波等会见时在座。

10月21日

上午，县委常委、副县长杨保根，县政协副主席吴克芳、李植等先后来到新莲塔线公路、县社会福利院、县殡仪馆工地视察全县民生重大重点工程推进情况。

10月23日

县长肖玉文来到小蓝经济开发区就解决重大重点项目的用砂问题进行协调办公。副县长程雷佬等参加。

10月26日

上午，县委副书记梅梅来到澄碧湖大厦项目工地进行现场调度。

10月27日

下午，县长肖玉文在小蓝经济开发区会见南昌长力钢铁股份有限公司董事长钟崇武一行。

【农业与农村工作】

10月15日

下午，县长肖玉文来到塔城乡，就进一步抓好今冬明春造林绿化“一大四小”工程建设进行调研。县委常委、农工部长魏根金，副县长程雷佬等陪同。

10月26日

上午，全县农业“三冬”工作会在县综合楼召开。县委常委、农工部长魏根金，副县长程雷佬等出席。

10月27日

上午，县长肖玉文来到莲塘镇岗前村，就村级集体经济发展、促进农民增收等工作进行调研。

【政法工作和社会治安综合治理】

10月11日

上午，全县政府法制工作暨规划行政处罚自由裁量权实务培训班在洁惠花园宾馆举行。县人大常委会副主任熊鹰，副县长、县公安局长张增和等出席开班仪式。

10月12日

下午，省人大常委法制委副主任委员张友南等来到南昌县，就《江西省军人抚恤优待办法》修订草案征求意见。县人大常委会主任胡小明，县委常委、副县长杨保根，县人大常委会副主任熊鹰等出席座谈会。

【科教文卫体和计生工作】

10月1日

上午，全县庆祝新中国成立60周年“爱国歌曲大家唱”暨首届澄碧湖文化艺术节在澄碧湖广场举行。

10月1日-8日

南昌县在澄碧湖公园广场举行辉煌60年大型成就成果展。

10月9日

晚上，南昌县在澄碧湖广场举行首届澄碧湖文化艺术节闭幕式暨乡村歌会颁奖仪式文艺晚会。县委副书记梅梅，县委常委、统战部长胡炜，县委常委、小蓝经济开发区党工委书记徐海波，县人大常委会副主任王三毛、伍曦，副县长、县公安局长张增和，县政协副主席万德珍、吴克芳、张军、李信谆、姜润根、李植，县检察院检察长张振川，向塘开发区管委会主任黄志清等观看演出。

10月12日

上午，莲塘镇举行镇卫生院改扩建工程开工仪式。县委常委、统战部长胡炜，副县长胡显勇等出席。

10月16日

上午，全县计划生育工作调度会在南新乡召开。县长肖玉文，县委常委、农工部长魏根金，副县长程雷佬等出席。

10月17日

上午，2009年全省少数民族毽球邀请赛在莲塘一中举行。省民族宗教局副局长张国培，省体育局群体处副处长曾伟，市民族宗教局副局长朱龙宝，县委常委、副县长杨保根，县委常委、统战部长胡炜到现场观看比赛。

10月22日

上午，全省第三届老年人健身体育运动会（南昌县赛区）展示项目启动仪式在澄碧湖广场举行。市委常委、县委书记汤成奇出席并宣布仪式启动。原省人大常委会法制工作委员会主任，省老年体协常务副主席胡德祖，原市人大常委会副主任、市老年体协主席孔炯，县委副书记梅梅，副县长胡显勇，县政协副主席张军等出席。

▲下午，南昌县2009年老年体协重阳节文体展示大会在县文化会展中心举行。县政协副主席、县老年体协主席张军观看表演。

【人武工作】

10月22日

下午，县征兵领导小组工作会在县人武部召开。县长肖玉文作讲话，县委常委、常务副县长涂仕华主持会议，县委常委、县人武部部长汪火明，县人武部政委姜清波等出席。

▲下午，全县2009年度征兵工作会在县人武部召开。县委常委、常务副县长、县征兵领导小组组长涂仕华，县委常委、县人武部部长汪火明，县人武部政委姜清波等出席。

【环保工作】

10月15日

上午，由省人大常委、民盟省委组委温锐带领的省政协调研组来到南昌县环保局，就全县农村环境保护工作进行调研。县政协副主席李植等陪同。

▲县长肖玉文来到八一乡就加快推进农村垃圾处理工程建设进行调研。县委常委、农工部长魏根金，副县长程雷佬等陪同。

10月27日

县长肖玉文来到县污水处理厂视察污水处理试运行情况。县人大常委会主任胡小明等陪同视察。

10月28日

上午，县委常委、副县长杨保根率领执法检查组来到小蓝经济开发区检查企业污染减排工作。

10月29日

上午，县委常委、副县长杨保根率领执法检查组来到小蓝经济开发区检查企业污染减排工作。

10月30日

上午，县委常委、副县长杨保根在县环保局召开小蓝经济开发区重点企业环境监管工作调度会 。

【友好往来】

10月14日

上午，新疆克州党委组织部常务副部长赵新利率当地优秀基层干部来到南昌县参观考察，并看望莲塘一中的新疆班师生。县委常委、组织部长王小文，向塘开发区管委会主任黄志清等陪同。

10月20日

上午，由山东省即墨市副市长管元江带领的即墨市政府代表团来到南昌县，参观学习基层医疗服务和医疗保障体系建设等工作。副县长章光文等陪同。

10月25日

下午，由齐齐哈尔市市委常委、市政法委书记马占江带领的齐齐哈尔党政代表团来到南昌县蒋巷镇参观。市政府副秘书长、市委农工部部长王肇赣，县委常委、农工部长魏根金等陪同。

【其他重要工作】

10月10日

上午，县长肖玉文来到县公共资源交易中心，就当前遇到的问题现场办公。县长助理熊国爱等参加。

10月15日

上午，县委常委副县长杨保根先后来到县劳动培训中心和职业高级中学进行调研。

10月20日

上午，由市委宣传部副部长、市社科联党组书记李建一带领的市社联调研组来南昌县调研，市社科联副主席张恒立参加调研。县委副书记梅梅，县委常委、统战部长胡炜，向塘开发区管委会主任黄志清等陪同。

10月21日

下午，方志敏烈士的长孙、南昌市纪委副书记方华清来小蓝经济开发区作报告。县委常委、小蓝经济开发区党工委书记徐海波主持报告会。副县长章光文等出席。

10月22日

上午，以南京市政府驻上海办事处主任耿立选为组长的国务院各部委、各省市自治区驻上海办事机构联合会第四小组考察组来南昌县考察。县长肖玉文、副县长章光文等陪同考察。

▲上午，由省老科协会长张逢雨、副会长吴永乐带领的省属老科协分会会长、专家来蒋巷镇参观。省科协副主席彭玲华，市老科协会会长周鑫群，县老科协会长王火生等陪同。

10月24日

上午，县委党校学术中心大楼竣工并正式投入使用。市委常委、县委书记汤成奇，县委副书记梅梅，县委常委、组织部长王小文，向塘开发区管委会主任黄志清等出席竣工仪式。

10月26日

市政府办公厅的老干部来到南昌县象湖新城、小蓝经济开发区、澄碧湖公园、黄马乡等地视察。县委常委、常务副县长涂仕华等陪同。

10月28日

下午，全县2009年度“三支一扶”大学生座谈会在县综合楼召开。副县长胡显勇出席并讲话。

十一月

【科学发展观】

11月1日

上午，全县村委会主任学习实践科学发展观活动培训班结业典礼在县委党校举行。县委常委、组织部长王小文出席并讲话。

11月4日

下午，市委学习实践科学发展观活动指导协调二组组长杨启棠等来南昌县指导督察新经济组织党组织开展深入学习实践科学发展观活动情况。县委常委、县委统战部长胡炜，县委常委、组织部长王小文等陪同。

11月9日

下午，全县深入学习实践科学发展观活动领导小组（扩大）会议在县综合楼召开。县委副书记梅梅，县委常委、常务副县长涂仕华，县委常委、组织部长王小文，县人大常委会副主任黄连科、陈秀梅、王三毛，县政协副主席万德珍、姜润根，向塘开发区管委会主任黄志清等出席。会议传达学习省委、市委深入学习实践科学发展观活动领导小组会议精神，通报了全县第三批学习实践科学发展观活动的前一阶段情况，对下一步工作进行了安排和部署。

11月21日

上午，市委常委、市委秘书长、市统战部部长蔡社宝来到南昌县塘南镇，对基层深入开展学习实践科学发展观活动情况进行视察。市委统战部副部长徐峰，市委副秘书长、办公厅主任李福如，县委副书记梅梅，县委常委、组织部长王小文等陪同。

11月23日

下午，省委常委、市委书记余欣荣来到塔城乡，就第三批深入学习实践科学发展观活动进行调研和指导。市委常委、秘书长、统战部长蔡社宝，市委常委、组织部长杨人平，市委副秘书长、市委办公厅主任李福如，县委副书记、县长肖玉文，县委副书记梅梅，县委常委、组织部长王小文等陪同。

11月26日

上午，全县第三批深入学习实践科学发展观学习调研阶段总结暨分析检查阶段动员大会在县综合楼召开。会议回顾总结学习调研阶段工作，研究部署分析检查阶段工作。县委副书记、县长肖玉文，县委副书记梅梅，县委常委、常务副县长涂仕华，县委常委、组织部长王小文，县人大常委会副主任黄连科、王三毛，县政协副主席万德珍、姜润根，向塘开发区管委会主任黄志清等出席。

11月27日

下午，东新乡召开深入学习科学发展观活动学习调研阶段总结暨分析检查阶段动员会。县委常委、统战部长胡炜出席并讲话。

【重要会议】

11月3日

上午，全县2009年度党报党刊发行工作会在县综合楼召开。县委常委、统战部长胡炜出席并讲话。

11月4日

上午，全县纪检监察工作座谈会在县综合楼召开。会议传达学习市纪委第九届五次全会，市纪检监察机关查办案件和信访工作座谈会以及全市专项治理违反廉洁自律规定四个问题动员会精神，安排部署了下一阶段的纪检监察工作。县委常委、政法委书记熊运浪主持并讲话。

11月5~7日

江西省第三次全国文物普查实地调查验收试点现场会在南昌县举行。省文化厅党组成员、省文物局局长、省普查办主任史文斌，省文物局文保处处长杜学萍，市文化局副局长喻风林，县委副书记梅梅，副县长胡显勇等出席5日下午会议。

11月9日

下午，县长肖玉文主持召开县长办公会议，安排部署当前重点工作。县委常委、常务副县长涂仕华，县委常委、副县长杨保根，副县长胡显勇、涂莉华、程雷佬，县长助理熊国爱等出席会议，县人武部政委姜清波等列席会议。

11月11日

上午，县委中心组理论学习（扩大）会在县综合楼召开。县委副书记、县长肖玉文，县委副书记梅梅，县人大常委会主任胡小明，县政协主席邓炳根，县委常委涂仕华、杨保根、熊运浪、胡炜、徐海波、汪火明等参加学习。

11月13日

下午，县长肖玉文在县综合楼主持召开县政府第二十八次常务会议。县委常委、常务副县长涂仕华，县委常委、副县长杨保根，副县长胡显勇、张增和、涂莉华、程雷佬、章光文，县长助理熊国爱等出席会议。县政协副主席姜润根，向塘开发区管委会主任黄志清等列席会议。

11月16日

上午，全县2009年冬季防火工作会在县综合楼召开。会议传达学习全市冬季防火会议精神，通报今年1~10月份全县火灾情况，安排部署全县今冬防火工作。市消防支队副队长张小新，副县长、县公安局张增和等出席。

11月18日

下午，县委副书记、县长肖玉文在县综合楼主持召开县委第11次常委会议。县委副书记梅梅，县委常委涂仕华、杨保根、熊运浪、胡炜、徐海波、魏根金、汪火明等出席会议。县领导胡小明、邓炳根、黄连科、李木旺、王三毛、熊鹰、伍曦、张增和、涂莉华、万德珍、吴克芳、李信谆、姜润根，县法院院长李红刚，县检察院检察长张振川，向塘开发区管委会主任黄志清，县公安局政委周庆鲁，县长助理熊国爱等列席会议。会议听取了县政府党组报送的《全县财政税收情况汇报》、《全县工业经济运行情况汇报》和对外开放领导小组报送的《全县开放型经济工作汇报》，听取并审议了造林绿化“一大四小”工程领导小组报送的《全县“一大四小”工作推进情况汇报》，审议了县发改委呈送的《全县医疗卫生体制改革情况汇报》。

11月19日

上午，县老年科协召开第一届八次理事会。县人大常委会副主任黄连科、县老年科协会长王火生出席并讲话。

▲下午，县长肖玉文在县综合楼主持召开县规划委员会2009年第二次会议。县委副书记梅梅，县委常委、常务副县长涂仕华，副县长涂莉华、程雷佬等参加。

11月20日

上午，全县在县文化会展中心举行“森林城乡、花园南昌”建设动员会。县长肖玉文，县委副书记梅梅，县委常委、常务副县长涂仕华，县委常委、农工部长魏根金，县人大常委会副主任王三毛，副县长程雷佬，县政协副主席张军、姜润根，向塘开发区管委会主任黄志清等出席。

▲下午，全县民生工程调度会在县政府会议室召开。县委常委、常务副县长涂仕华出席并讲话。

11月21日

上午，全县深化医药卫生体制改革工作会议在县综合楼召开。县长肖玉文，县委常委、常务副县长涂仕华，副县长胡显勇等出席。

11月24日

下午，全县召开关于查处取缔无证无照经营行为专项联合整治工作会。副县长涂莉华出席并讲话。

11月25日

下午，县委第12次常委会议在县综合楼召开。会议传达学习贯彻省委常委、市委书记余欣荣在塔城乡调研指导第三批学习实践科学发展观活动时的重要讲话精神，通报省委第一巡视组对本县巡视工作的反馈意见，审议县学科办《关于全县第三批学习实践科学发展观活动转段工作事项的请示》，听取县委政法委关于《全县社会治安集中整治月活动启动仪式相关情况汇报》。县委副书记、县长肖玉文主持会议。县委副书记梅梅，县委常委、常务副县长涂仕华，县委常委、副县长杨保根，县委常委、政法委书记熊运浪，县委常委、统战部长胡炜，县委常委、组织部长王小文，县委常委、农工部长魏根金，县委常委、县人武部长汪火明等出席，县人大常委会主任胡小明，县政协主席邓炳根等列席会议。

11月26日

南昌县在县综合楼组织收听收看全国、全省食品安全整顿工作电视电话会。县委常委、副县长杨保根参加收听收看。

11月27日

上午，县第十四届人大常委会第十七次会议在县综合楼召开。县人大常委会主任胡小明，副主任黄连科、李木旺、熊鹰等出席；县委常委、常务副县长涂仕华，副县长、县公安局长张增和，县法院院长李红刚，县检察院检察长张振川等列席会议。会议审议了县人大常委会主任胡小明，县法院院长李红刚分别提请的有关人事任免事项；听取和审议了县人民政府关于民生工程推进情况报告，县人民法院关于刑事审判工作情况报告，县人民检察院关于监所检察工作情况报告，县公安局关于打击经济犯罪、优化发展环境工作情况报告等。

11月29日

上午，县老科技工作者协会第二次会员代表大会在县综合楼召开。省老科协会长张逢雨，省老科协副会长、秘书长陈兰洲，市老科协会长周鑫群，市老科协常务副会长肖永政，市科协主席姚晓明，县委副书记梅梅，县人大副主任黄连科，副县长胡显勇，县政协副主席张军，县老科协会长王火生等出席。

【领导活动】

11月1日

下午，国家司法部部长吴爱英在省委常委、纪委书记尚勇，省委常委、市委书记余欣荣，司法部监狱管理局局长邵雷，司法部劳教局局长王进义，省司法厅厅长马承祖，省司法厅党组书记潘玉兰，司法部办公厅副主任罗厚如等陪同下来到南昌县视察司法所建设工作。市、县领导刘建洋、肖玉文、熊运浪等陪同视察。

11月6日

上午，南昌警备区司令员李超来到南昌县征兵体检站，视察征兵体检工作。县委常委、人武部部长汪火明等陪同。

11月8日

上午，县人民医院门诊医技综合大楼举行奠基典礼仪式。省发改委副主任熊毅，副市长罗慧芬，市卫生局局长魏国华，县领导肖玉文、梅梅、胡小明、邓炳根、涂仕华、杨保根、胡炜、王小文、徐海波、汪火明、伍曦、胡显勇、万德珍、姜润根等出席。

11月12日

省军区参谋长倪海峰在南昌警备区司令员李超等陪同下来到南昌县人武部，就基层人武部工作开展情况和基础建设等工作进行调研。县委副书记、县长肖玉文，县委常委、常务副县长涂仕华，县委常委、县人武部部长汪火明，县人武部政委姜清波等出席汇报会。

11月24日

上午，煌上煌集团肉鸭屠宰加工及副产品综合利用深加工项目一期工程竣工。副省长熊盛文，省政协副主席王林森，省政协原副主席金异，市长胡宪，市人大常委会主任李豆罗，省农业厅厅长毛惠忠，省台办主任阎钢军，省工信委党组书记李春燕，省总工会副主席郭学勤，省工商联营组书记舒国华，市委常委凌学仁，省农业综合开发办主任章康华，市人大常委会副主任戴和旺，市政协副主席王水苟，县领导肖玉文、梅梅、胡小明等出席竣工投产仪式。

▲上午，落户小蓝经济开发区金沙二路的江西省赣粮实业有限公司产业化基地举行开工奠基仪式。副省长熊盛文，省农业厅厅长毛惠忠，中国工程院院士颜龙安，市委常委凌学仁，县领导肖玉文、梅梅、胡小明等出席。

▲下午，市人民检察院检察长沙闻麟来到南昌县视察县人民检察院办案基地的建设情况。县长肖玉文，县委副书记梅梅，县委常委、政法委书记熊运浪，县人民检察院检察长张振川等陪同。

【工交财贸】

11月5日

上午，县长肖玉文、县长助理熊国爱等来到县城建局召开建筑企业改制工作调度会，就中恒建设集团公司的企业改制试点工作进行现场调度，协调解决相关问题。

▲上午，全县交通基础设施建设工作会在县综合楼召开。县委常委、副县长杨保根，县政协副主席李植等出席。

11月6日

下午，出席全国工业和信息化“十二五”规划编制工作会的代表来南昌县参观。省工业和信息化委员会副主任张小平，县委常委、小蓝经济开发区党工委书记徐海波等陪同。

11月8日

上午，南昌县环境自动监控中心大楼开工奠基仪式在小蓝经济开发区举行。

11月9日

上午，小蓝经济开发区举行食品产业规划分析工作会，邀请世界著名的罗兰·贝格国际管理咨询有限公司高层管理人员对小蓝经济开发区的食品产业发展做分析讲解。县长肖玉文，县委常委、小蓝经济开发区党工委书记徐海波等出席。

11月14日

下午，浙江永康企业家代表团来小蓝经济开发区参观考察。县长肖玉文，县委常委、统战部长胡炜，县委常委、小蓝经济开发区党工委书记徐海波，副县长章光文等出席投资说明会。

11月17日

上午，小蓝经济开发区银湖片区控制性详细规划、江西省汽车零部件产业基地概念规划专家评审会在小蓝经济开发区举行。县长肖玉文，县委常委、常务副县长涂仕华，县委常委、小蓝经济开发区党工委书记徐海波，副县长涂莉华等出席。

▲上午，县长肖玉文视察县城道路交通安全及市政环卫、供电保障情况。县委常委、常务副县长涂仕华，县委常委、副县长杨保根，副县长、县公安局长张增和，县长助理熊国爱等陪同。

11月18日

上午，以台湾峰鼎电子股份有限公司董事长游文光为团长的台湾区电机电子工业园业公会汽车电子产业联盟大陆参访团来南昌县参观考察。县长肖玉文，县委常委、小蓝经济开发区党工委书记徐海波等陪同。

11月20日

上午，2010年县本级部门预算编制工作会在县综合楼召开。县委常委、常务副县长涂仕华等出席。

▲下午，县长肖玉文来到小蓝经济开发区调度南昌国际动漫产业园项目的建设，现场协调解决有关问题。县委常委、小蓝经济开发区党工委书记徐海波等参加协调会。

【城市建设管理】

11月6日

县长肖玉文来到莲塘镇小蓝村就村级集体经济发展，城中村改造、安居工程和重大重点项目推进等工作进行调研。副县长程雷佬，县长助理熊国爱等陪同。

【农业与农村工作】

11月6日

上午，市粮食局局长杨小林等来到南昌县就粮食收购和仓储工作进行调研，市粮食局副局长赵智平，县长肖玉文等陪同。

11月27日

上午，省委农工部副部长许德仁来到南昌县，就2009年的农业农村工作和2010年农业农村工作思路进行调研。市委农工部调研员利盛生，县领导肖玉文、魏根金、姜润根等陪同。

【政法工作和社会治安综合治理】

11月17日

下午，全省法律知识暨《道路交通安全法》知识考试南昌县考区正式开考，全县1000多名副科级以上干部集中参加考试。县委常委、政法委书记熊运浪，县人大副主任熊鹰，副县长、县公安局长张增和等巡视考场。

11月23日

上午，县人大常委会组成人员来到县看守所视察。县人大常委会主任胡小明，副主任黄连科、李木旺、王三毛、熊鹰、伍曦等参加视察。副县长、县公安局长张增和，县检察院检察长张振川等陪同。

11月26日

上午，全县社会治安集中整治月活动仪式在澄碧湖公园举行。县长肖玉文宣布全县社会治安集中整治月活动正式启动。县领导梅梅、胡小明、邓炳根、涂仕华、杨保根、熊运浪、胡炜、魏根金、汪火明等出席活动仪式。

【科教文卫体和计生工作】

11月10日

上午，中国体彩高频游戏“多乐彩”首发仪式暨捐资助学活动在南昌县举行。省体育彩票管理中心党委书记张聪，副县长胡显勇出席并讲话。

▲下午，省卫生厅厅长李利来到向塘中心医院，就深入学习实践科学发展观活动情况进行调研。市卫生局副局长唐旭平，副县长胡显勇，向塘开发区管委会主任黄志清等陪同。

11月13日

下午，全县首批甲流感疫苗在县人民医院开始接种，第一批接种对象为一线医疗卫生人员和教师、公安等单位从事一线公共服务岗位的人员。

11月14日

上午，全县血吸虫病防治工作会议在县综合楼召开，会议传达了全市血吸虫病防治工作会议精神，布置了全县血吸虫病防治工作。县长肖玉文，副县长胡显勇、程雷佬等出席。

▲上午，县委统战部举行统战系统趣味运动会。市委统战部副部长钮润苏，县委常委、统战部长胡炜，县人大常委会副主任伍曦，县政协副主席、县工商联会长吴克芳，县政协副主席伍目连等出席开幕式并观看比赛。

11月20日

全县组织有关部门和单位的负责人在县综合楼会议室收听收看全省关于落实国家基本药物制度试点工作电视电话会。副县长胡显勇参加收听收看。

11月21日

下午，县长肖玉文，县委副书记梅梅，副县长胡显勇等前往幽兰镇南湖小学，现场协调解决该校办学设施等问题。

11月25日

上午，南昌县《南昌水岚洲旅游景区总体发展规划》评审会在桂花村大酒店召开。县委副书记梅梅、副县长胡显勇等出席评审会。

【党的建设和干部队伍建设】

11月6日

上午，2009年南昌县大学生村干部系列主题活动之三——“激情收获”述职演讲活动在八一乡举行。县委常委、组织部长王小文等观看演讲。

11月9日

上午，全县2009年度领导干部财经专题培训班在江西财经大学开班。县委常委、组织部长王小文出席开班仪式并作动员讲话。

11月13日

全县百名领导干部江西财经大学专题培训班结业。县委副书记梅梅，江西财经大学法学院院长邓辉出席结业典礼。

11月26日

全县在县综合楼组织收听收看王彦生先进事迹报告会。县委常委、组织部长王小文参加收听收看。

【劳动人事和社会保障】

11月18日

上午，县人事劳动和社会保障局在县城维也纳广场举办县市属国有工业企业改革分流人员再就业专场招聘会。县委常委、副县长杨保根，县人大常委会副主任熊鹰等来到现场察看招聘情况。

【信访工作】

11月7日

上午，县长肖玉文在县政府会议室主持召开信访工作协调会，分析总结当前的突出信访问题，研究部署下一阶段的信访工作。县委常委、政法委书记熊运浪，副县长、县公安局长张增和，县长助理熊国爱等出席。

▲下午，县长肖玉文来到县信访局接待来访群众。县委常委、常务副县长涂仕华，县委常委、政法委书记熊运浪，副县长、县公安局长张增和，县检察院检察长张振川，县长助理熊国爱等参加。

11月14日

上午，县长肖玉文在县信访局约访，现场协调解决群众反映的问题。县委常委、常务副县长涂仕华，县委常委、政法委书记熊运浪，县委常委、农工部长魏根金，副县长、县公安局长张增和，副县长程雷佬，县长助理熊国爱等参加约访。

11月17日

上午，县委副书记梅梅来到县信访接待中心公开接访，现场协调解决群众反映的问题。

11月21日

上午，县长肖玉文来到县信访接待中心公开约访，现场协调解决群众反映的问题。县委常委、县政法委书记熊运浪，副县长、县公安局长张增和等参加约访。

▲上午，县委常委、小蓝经济开发区党工委书记徐海波在开发区约访，协调解决企业和群众反映的有关问题。

【环保工作】

11月2日

上午，南昌市环保岗位技能培训在县环保局举行。市环保局副局长徐水喜出席并作动员讲话。

11月30日

上午，县委常委、副县长杨保根在县环保局主持召开全县污染减排工作调度会。

【友好往来】

11月11日

下午，由吉安县委常委、副县长胡江川率领的吉安县城市建设考察团来到南昌县，就城市建设等进行参观考察。县委常委、常务副县长涂仕华等陪同。

11月27日

上午，由九江市委书记钟利贵、市长曾庆红率领的九江市党政代表团来南昌县参观考察。市委副书记雷武江，市委常委、常务副市长赵东亮，县领导肖玉文、梅梅等陪同。

【其他重要工作】

11月7日

上午，南昌县顺利通过江西省第三次全国文物普查调查验收。省文物局局长史文斌，副县长胡显勇等陪同调查。

11月11日

由省档案局党组书记刘平原率领的考评小组来南昌县就年度档案工作进行考核。县委副书记梅梅、副县长胡显勇等陪同。

11月12日

上午，全县统战、宗教工作干部培训班在县委党校开班。县委常委、副县长杨保根，县委常委、统战部长胡炜出席开班仪式并作动员讲话。

11月17日

上午，全县各民主党派成员、无党派代表人士统战理论辅导班在县综合楼举办。市委统战部副部长钮润荪应邀进行授课。县委常委、统战部长胡炜，县人大常委会副主任伍曦等出席。

11月25日

上午，省委巡视组组长樊耀来到南昌县调研。县长肖玉文，县委副书记梅梅，县人大常委会主任胡小明，县委常委、组织部长王小文等陪同。

▲上午，县总工会职工互助保险培训暨工作任务推进会在洁惠花园宾馆召开。县人大副主任、县总工会主席熊鹰出席并讲话。

11月26日

上午，县政协社会法制三胞委员会组织部分政协委员来到县民政局，就各项民生工程的落实情况进行调研。县政协主席邓炳根、副主席伍目连出席并讲话。

▲上午，市委老干部局在南昌县开展帮创和谐平安进向塘和综治帮扶工作“五个一”活动。市委组织部副部长、市委老干局局长袁井红，县委常委、组织部长王小文，向塘开发区管委会主任黄志清等参加。

【乡镇工作】

11月3日

上午，黄马乡工商联分会第三届代表大会召开。县政协副主席、县工商联会长吴克芳出席并讲话。

11月6日

向塘镇工商联分会第八届会员代表大会召开。县政协副主席、县工商联会长吴克芳出席并讲话。

11月10日

上午，富山乡工商联第八次会员代表大会召开。县委常委、统战部长胡炜，县政协副主席、县工商联会长吴克芳出席并讲话。

11月12日

下午，小蓝经济开发区工商联分会举行第二次会员代表大会。县委常委、统战部长胡炜，县委常委、小蓝经济开发区党工委书记徐海波，县政协副主席、县工商联会长吴克芳等出席。

11月21日

上午，莲塘镇工商联分会第八届会员代表大会召开。县政协副主席、县工商联会长吴克芳出席并讲话。

11月22日

蒋巷镇工商联分会第八届会员代表大会召开。县政协副主席、县工商联会长吴克芳出席并讲话。

11月27日

上午，向塘镇召开“森林城乡、花园南昌”建设动员大会。向塘开发区管委会主任、向塘镇党委书记黄志清出席并讲话。

十二月

【科学发展观】

12月1日

上午，县委常委、组织部长王小文等来到八一乡中心小学、伟梦饲料厂、望族塑料厂等地，就开展学习实践科学发展观活动进行调研。

▲上午，八一乡、南新乡、幽兰镇、冈上镇等召开深入开展学习实践科学发展观活动调研阶段总结暨分析检查阶段动员会，认真总结了学习实践活动调研阶段的工作，对分析检查阶段的工作进行了全面部署。县领导王小文、黄连科、王三毛、熊鹰、张军等分别出席了这些乡镇的会议并作讲话。

▲县教体局举行第三批深入学习实践科学发展观活动学习调研阶段总结暨分析检查阶段动员会，县委副书记梅梅出席并讲话。

12月2日

富山乡、莲塘镇、塘南镇、黄马乡、广福镇、武阳镇等召开深入开展学习实践科学发展观活动调研阶段总结暨分析检查阶段动员会，认真总结了学习实践活动学习调研阶段的工作，对分析检查阶段的工作进行了全面部署。副县长、县公安局长张增和出席富山乡的会议并作讲话。

12月3日

向塘镇召开深入学习实践科学发展观活动学习调研阶段总结暨分析检查阶段动员大会。县委常委、组织部长王小文，向塘开发区管委会主任、向塘镇党委书记黄志清等出席。

12月3日-4日

泾口乡、三江镇、海汇集团等召开深入开展学习实践科学发展观活动调研阶段总结暨分析检查阶段动员会，认真总结学习实践活动学习调研阶段的工作，对分析检查阶段的工作进行全面部署。县人大常委会副主任黄连科出席泾口乡的会议。

12月16日

下午，全县第二批深入学习实践科学发展观活动整改落实“回头看”动员大会在县综合楼召开。县委副书记梅梅，县委常委、组织部长王小文，县人大常委会副主任黄连科、陈秀梅、王三毛，县政协副主席万德珍等出席。

12月17日

上午，以省人大常委、农委副主任委员王树林为组长的省委巡回检查组一组来到南昌县塔城乡，就第三批开展深入学习实践科学发展观活动情况进行检查。县委副书记梅梅，县委常委、组织部长王小文，县人大副主任陈秀梅等陪同。

12月18日

上午，县委常委、组织部长王小文深入第三批学习实践科学发展观活动联系点八一乡参加专题民主生活会。

12月20日

下午，县委副书记、县长肖玉文参加莲塘镇党政班子2009年民主生活会。县委常委、政法委书记熊运浪，县人大常委会副主任李木旺、王三毛等出席。

12月21日

上午，县委常委、常务副县长涂仕华出席海汇集团的学习实践活动专题民主生活会。

▲下午，市委常委、秘书长、统战部部长蔡社宝，县委常委、常务副县长涂仕华，县政协副主席姜润根等出席塘南镇领导班子深入学习实践科学发展观活动专题民主生活会。

▲下午，县人大常委会副主任王三毛出席幽兰镇召开的学习实践科学发展观活动专题民主生活会。

12月22日

上午，向塘镇召开学习实践活动党政班子专题民主生活会。县委常委、组织部长王小文，向塘开发区管委会主任、向塘镇党委书记黄志清等出席。

12月24日

上午，黄马乡召开学习实践活动专题民主生活会。县委常委、县人武部部长汪火明出席并讲话。

▲下午，南昌县在县综合楼组织收听收看全省第三批深入学习实践科学发展观活动电视电话会。县委常委、组织部长王小文参加收听收看。

12月28日

下午，省委常委、市委书记余欣荣来到深入学习实践科学发展观活动联系点向塘镇，了解乡镇班子民主生活会开展情况，就深入开展学习实践活动、加强基层党组织建设、推动经济更好更快发展进行调研。市委常委、市委秘书长、统战部部长蔡社宝，市委常委、组织部部长杨人平，市委副秘书长、市委办公厅主任李福如随同调研。县委副书记、县长肖玉文，县委副书记梅梅，向塘开发区管委会主任黄志清等陪同。

▲下午，市委组织部常务副部长朱东，市委办公厅副主任唐席平来到塔城乡参加党政班子民主生活会。县人大常委会主任胡小明，县委常委、组织部长王小文，县政协副主席万德珍等出席。

【重要会议】

12月3日

晚上，县委第13次常委扩大会议在县综合楼召开。学习传达市委学习实践科学发展观领导小组扩大会议精神和省委常委、省纪委书记尚勇，省委常委、市委书记余欣荣在南昌县考察时的重要讲话精神。县委副书记、县长肖玉文主持会议，县委副书记梅梅，县委常委涂仕华、杨保根、熊运浪、胡炜、王小文、魏根金、汪火明等出席会议，县人大常委会主任胡小明，县政协主席邓炳根等列席会议。

12月5日

全市污染减排暨环保专项行动调度会在南昌县召开。市长胡宪出席并讲话，市委常委、副市长卢晓健主持会议，副市长黄春平，县委副书记、县长肖玉文等出席。

12月7日

下午，南昌县召开"森林城乡、花园南昌"建设座谈会。县委常委、农工部长魏根金，副县长程雷佬，县政协副主席姜润根等出席。

12月12日

下午，县委副书记、县长肖玉文主持召开县委常委办公会议，研究审议了《关于加强和改进新形势下新闻宣传工作若干意见》等事项。县委副书记梅梅，县委常委涂仕华、熊运浪、胡炜、王小文等出席会议，副县长胡显勇，副县长、县公安局局长张增和，县长助理熊国爱等列席会议。

12月15日

上午，县委副书记梅梅在县政府会议室主持召开全县"光明微笑"工程工作会。会议通报了各乡镇唇腭裂和白内障手术完成情况，分析了存在的问题，安排部署了下一阶段的工作。

12月16日

上午，县委副书记、县长肖玉文在县政府会议室主持召开2009年第14次县委常委会议。县委副书记梅梅，县委常委涂仕华、杨保根、熊运浪、胡炜、王小文、汪火明等出席，县人大常委会主任胡小明，县政协主席邓炳根，副县长张增和、章光文，县长助理熊国爱等列席会议。会议审议了县委宣传部代拟的《中共南昌县委关于进一步加强和改进新形势下新闻宣传工作的若干措施》、县委办代拟的《关于召开全县领导干部工作研讨会的筹备方案》。

▲晚上，县委副书记、县长肖玉文在县综合楼主持召开县规划委员会第三次会议。县委副书记梅梅，县人大常委会主任胡小明，县政协主席邓炳根，县委常委、常务副县长涂仕华，副县长涂莉华、程雷佬，向塘开发区管委会主任黄志清等出席。

12月17日

下午，全县2009年经济社会发展情况通报会在县综合楼举行。县委副书记、县长肖玉文，县委副书记梅梅，县委常委、统战部长胡炜，县人大常委会副主任、民革县主委伍曦，副县长、民进县主委胡显勇，县政协副主席、县工商联会长吴克芳，县政协副主席李植等出席。

12月18日

上午，南昌市十三届人大代表第四次小组会议在汇仁集团召开。市科协主席姚晓明，县人大常委会主任胡小明，副主任伍曦，县政协副主席吴克芳等参加会议。

▲上午，全县2009年冬季防火再动员再部署大会在县公安局召开。

▲下午，全县土地执法工作会在县政府综合楼召开。副县长程雷佬出席并讲话。

12月22日

上午，全县标准化工作会在县质监局召开。市质监局副局长邹建华，县委常委、副县长杨保根等出席。

12月25日–29日

全县领导干部研讨会在县委党校举行。县委、县人大、县政府、县政协、县人武部班子成员，县法院院长、县检察院检察长；各乡镇、开发区主要负责人，县委各部门、县直各单位主要负责人等参加。研讨会围绕2006年县委换届以来“过去怎么看、现在怎么想、未来怎么干”开展研讨，共谋全县未来发展大计。研讨会上，对每人发言进行现场录音，并整理成册。县委副书记、县长肖玉文，县委副书记梅梅，县人大常委会主任胡小明，县政协主席邓炳根，县委常委涂仕华、杨保根、熊运浪、胡炜、王小文、徐海波、魏根金、汪火明等出席。

12月26日

下午，南昌县在县委党校举行学习贯彻党的十七届四中全会精神宣讲报告会，邀请省委宣传部常务副部长陈东有教授作专题报告。县委副书记梅梅，县政协主席邓炳根，县委常委、常务副县长涂仕华，县委常委、副县长杨保根，县委常委、政法委书记熊运浪，县委常委、统战部长胡炜，县委常委、组织部长王小文，县委常委、农工部长魏根金等参加报告会。

【领导活动】

12月2日

上午，省委常委、纪委书记尚勇受省委苏荣的委托来到南昌县就加强党风廉政建设和反腐败工作等进行调研。省委常委、市委书记余欣荣，省纪委常委、秘书长肖为群，省委组织部部务委员杨伟东和市、县领导刘东明、肖玉文、梅梅、胡小明、邓炳根等陪同。

▲市委常委、副市长卢晓健来到挂点帮扶的塘南镇新图村，就第三批深入学习实践科学发展观活动进行调研并指导。市质量技术监督局副局长史俊龙，县政协副主席姜润根等陪同。

12月3日

下午，市委常委凌学仁来到南昌县视察“森林城乡、花园南昌”建设工作情况。市林业局副局长黄才和，县委常委、农工部长魏根金，副县长程雷佬等陪同。

▲下午，由新疆克孜勒苏哥尔孜自治州委副书记、州长帕尔哈提·吐尔地率领的克州党政代表团来到南昌县莲塘一中考察，并看望新疆克州高中班的学生。省教育工委副书记、省教育厅副厅长李小南，市委副书记雷武江，副市长罗慧芬，市委组织部常务副部长朱东，市委组织部副部长、人事局局长申人平，市教育局局长熊晓武，县领导肖玉文、梅梅、胡炜、王小文、胡显勇等陪同。

12月5日

上午，市委常委、市委统战部部长蔡社宝，副市长刘建洋来到南昌县，就“森林城乡、花园南昌”工程建设情况进行调研。县委副书记、县长肖玉文，县委常委、农工部长魏根金，副县长程雷佬等陪同。

▲上午，市委常委、副市长卢晓健，副市长黄春平来到南昌县污水处理厂视察。县委副书记、县长肖玉文，县委常委、常务副县长涂仕华，县委常委、副县长杨保根等陪同。

12月7日

上午，省委常委、市委书记余欣荣来到南昌县，就“森林城乡、花园南昌”工程建设进行调研。省林业厅厅长刘礼祖，市委副书记、市长胡宪，市委常委、市委统战部部长蔡社宝，市委常委、副市长卢晓健，市委常委凌学仁，副市长刘建洋等随同调研。县委副书记、县长肖玉文，县委常委、农工部长魏根金，副县长程雷佬等陪同。

12月11日

下午，市委常委、秘书长、统战部部长蔡社宝，市委常委凌学仁率领出席全市“森林城乡、花园南昌”建设现场会的代表来到幽兰镇、蒋巷镇，参观“一大四小”造林绿化工程建设情况。省林业厅副厅长罗勤，市人大常委会副主任戴和旺，市政协副主席陈守国，市委副秘书长、农工部长王肇赣，市林业局局长樊三宝，县委副书记、县长肖玉文，副县长程雷佬等陪同。

12月17日

上午，市委常委、常务副市长赵东亮来到南昌农药厂、南昌链条厂、江西建材机械厂走访慰问企业困难职工，向他们送去党和政府的关怀和温暖。县委副书记、县长肖玉文，县委常委、常务副县长涂仕华等陪同。

▲下午，市委常委凌学仁来到南昌县调研农村饮水安全工程建设情况，市政府副秘书长、市委农工部长王肇赣，副县长程雷佬等陪同。

12月19日

上午，广福镇龙成山庄举行开业庆典仪式，市长助理张根水，市文化局局长杨文斌，县人大常委会主任胡小明，县委常委、县委统战部长胡炜，县委常委、组织部长王小文，县人大常委会副主任陈秀梅，副县长胡显勇，县政协副主席万德珍等出席。

【走访慰问】

12月9日

上午，县政协主席张军、李植等走访慰问莲塘镇的民盟界政协委员。

12月10日

上午，县政协副主席张军、姜润根等来到县财政局走访农工界政协委员。

12月14日

上午，县政协主席邓炳根，副县长胡显勇，县政协副主席张军、李植等来到莲塘镇中心小学走访看望县政协教育界委员。

12月15日

县政协主席邓炳根，副主席万德珍、吴克芳、张军、姜润根、伍目连分别走访中共、文化、新闻、归侨属、少数民族、宗教、无党派、共青团、妇联、医药卫生界的政协委员，了解委员们一年来履行职能的情况，并向大家征求意见和建议。

12月16日-17日

县政协副主席万德珍、吴克芳、张军、李信谆、伍目连、李植等分别走访民革、台胞台属、工商联、农林、民进、科技、科协、企业、九三学社界政协委员，了解委员们一年来的履行职能的情况，并就进一步做好政协工作向大家征求意见和建议。

12月18日

上午，县政协主席邓炳根，副主席张军、李植分别走访特邀界、工会界政协委员，对委员们履行好职责，发挥好作用提出了希望。

【工交财贸】

12月1日

下午，省交通运输厅党委书记程受锭来到南昌县，就农村公路建设和改渡建桥工作进行调研。副市长刘建洋，市交通局局长陈国凤，市公路局局长黄维象，县委常委、副县长杨保根等陪同。

12月2日

上午，县长肖玉文在小蓝经济开发区会见百事公司大中华区——饮料副总裁梁家祥一行，双方就百事饮料（南昌）有限公司小蓝基地建成投产等相关事宜进行洽谈。县委常委、小蓝经济开发区党工委书记徐海波会见时在座。

12月4日

上午，县政协经济科技人资环境委员会组织部分政协委员来到县交通局，就全县农村公交村村通工程进行专题调研。县政协主席邓炳根、副主席李植等出席调研会并讲话。

12月7日

下午，县委副书记、县长肖玉文在县综合楼会见室会见江西金球房地产开发有限公司董事长胡建华一行。

12月8日

下午，县委副书记、县长肖玉文来到江西国药有限责任公司进行走访，了解企业改制工作进展等情况。

12月10日

下午，2009上海证券报——申银万国证券投资教育全国行第六站走进南昌投资报告会在洁惠花园宾馆举行。县政协副主席李植等出席。

12月12日

下午，省建设厅纪检书记邹明泉来南昌县视察重大重点项目建设情况。市建委副主任毛利茂，副县长涂莉华等陪同。

12月15日

上午，以国家住房和城乡建设部科技发展中心主任张小玲为组长的全国建设领域节能减排监督检查组来到南昌县，就建筑领域节能减排工作进行专项监督检查。县委常委、常务副县长涂仕华等陪同。

12月16日

下午，县委副书记、县长肖玉文在县综合楼会见室会见江铃汽车集团公司董事长王锡高，双方就进一步加强合作进行交流。县委副书记梅梅，县人大常委会主任胡小明，县政协主席邓炳根，县委常委、常务副县长涂仕华，副县长涂莉华、章光文，县政协副主席姜润根等会见时在座。

12月17日

下午，由市安监局纪检组长吴跃华带领的考评组来南昌县考评安全生产工作，副县长涂莉华等陪同。

12月19日

下午，2009中国绿色食品博览会投资项目签约仪式在南昌国际展览中心贵宾厅举行。投资5000万元人民币的三江源绿色蔬菜、种植基地项目与三江镇成功签约。副县长涂莉华出席了签约仪式。

12月23日

上午，县委副书记、县长肖玉文来到小蓝经济开发区视察重大重点项目推进情况。副县长章光文等陪同。

12月30日

上午，省台办主任阎钢军来到南昌县，就台资企业生产经营情况进行调研。市台办主任李伟，县委常委、小蓝经济开发区党工委书记徐海波，向塘开发区管委会主任黄志清等陪同。

【城市建设管理】

12月8日

上午，县人大常委会组成人员视察南昌县部分重大重点项目建设情况。县人大常委会主任胡小明，副主任黄连科、李木旺、陈秀梅、王三毛、伍曦等参加视察，县委常委、常务副县长涂仕华，副县长章光文等陪同。

12月10日

下午，县委副书记、县长肖玉文来到省农科院现场办公，协调解决县城路网建设等问题。县委常委、常务副县长涂莉华，县长助理熊国爱等陪同。

【农业与农村工作】

12月3日

上午，全市农业综合开发项目实施现场会在蒋巷镇召开。会议全面分析了农业综合开发面临的新形势，部署了当前和今后一个时期全市的农业综合开发工作。市委常委凌学仁，副市长刘建洋，市委农工部副部长、市农业综合开发办主任陶海龙，县领导梅梅、魏根金、程雷佬、姜润根等出席会议。

12月4日

上午，全县新农村村点建设和农村垃圾处理工作推进会在县委农工部举行。会议通报分析了新农村村点建设和农村垃圾处理工作形势，安排部署了下阶段工作。县委常委、农工部长魏根金，副县长程雷佬出席并讲话。

12月7日

上午，县委常委、副县长杨保根来到幽兰镇小小春泉饲养有限公司视察。

【政法工作和社会治安综合治理】

12月1日

上午，县政协社会法制三胞委员会组织委员来到莲塘镇派出所，就莲塘地区的社会治安状况进行调研，县政协副主席伍目连等参加调研。

12月4日

上午，南昌县在莲塘维也纳广场开展12·4全国法制宣传日活动。县人大常委会副主任熊鹰，县政协副主席伍目连，县人民法院院长李红刚，县检察院检察长张振川等参加活动。

【科教文卫体和计生工作】

12月1日

上午，县委副书记梅梅、副县长胡显勇来到莲塘二中现场办公，协调解决有关莲塘二中科技实验大楼建设立项等问题。

12月10日

下午，县委副书记梅梅，副县长胡显勇等来到县妇幼保健院、县人民医院和县中医院的工程建设工地，视察本县卫生系统重大重点建设等情况。

12月11日

上午，全市第二届老年门球赛在南昌县莲塘公园举行。市老年体协主席孔炯，副县长胡显勇，县政协副主席张军等出席开幕式。

12月15日

下午，市血地办副主任、市卫生局副局长陈天鹏带领的市血防工作检查组来到南昌县检查血吸虫病防治工作。副县长胡显勇等陪同。

12月16日

下午，国家基础教育部基础教育司特教处调研员周德茂率全国特殊教育工作会的代表来南昌县特殊学校参观。省教育厅基础教育处副处长杨美珍、副县长胡显勇等陪同。

12月18日

下午，县委副书记梅梅在黄马乡主持召开乡村生态旅游项目推进调度会。副县长胡显勇等出席。

12月22日

下午，省林业厅造林处处长曹志远率省血吸虫病防治工作检查组来南昌县检查血吸虫病防治工作。副市长罗慧芬、副县长程雷佬等陪同。

12月23日

下午，南昌县顺利通过省血吸虫病防治工作检查组验收。副县长程雷佬出席意见反馈会。

12月25日

上午，县委党校举行建校五十周年庆典。省委党校副校长袁小平，市委党校校长赵刚平，县领导肖玉文、梅梅、胡小明、邓炳根、涂仕华、杨保根、胡炜、王小文、魏根金等出席庆典大会。

▲上午，南昌京师学堂并购金牌外语学校签字仪式在南昌县阳光丽景社区举行。县政协主席邓炳根，县人大副主任李木旺，副县长胡显勇等出席。

12月31日

上午，全县实施国家基本药物制度试点工作启动仪式在向塘中心医院举行。县委副书记、县长肖玉文宣布全县实施国家基本药物制度试点工作正式启动，市卫生局副局长唐旭平，县领导梅梅、涂仕华、伍曦、胡显勇、万德珍以及向塘开发区管委会主任黄志清等出席。

12月31日

上午，全县新型农村合作医疗工作会议在县综合楼召开。会议总结了2009年全县新型农村合作医疗工作，表彰先进，部署了2010年的工作。县委副书记梅梅，县人大常委会副主任伍曦，副县长胡显勇，县政协副主席万德珍等出席。

【党的建设和干部队伍建设】

12月7日

市委组织部副部长、市老干局局长袁井红带领市老干部局检查组来南昌县检查指导离退休党支部建设工作。县委副书记梅梅，县委常委、组织部长王小文，副县长、县公安局局长张增和，县检察院检察长张振川等陪同。

12月9日

上午，全市非公有制企业党务干部、经营业主培训班在南昌县党校开班。市委常委、市委组织部部长杨人平，县委副书记、县长肖玉文，县委副书记梅梅，县委常委、组织部长王小文等出席开班仪式。

12月14日

下午，县委副书记、县长肖玉文来到向塘镇就农村基层党组织建设等进行调研。县委常委、组织部长王小文，向塘开发区管委会主任黄志清，县长助理熊国爱等陪同。

【人武工作】

12月17日

下午，江西预备役师政委罗晓东来到南昌县东新乡视察五七高炮营一连连部建设和训练情况。江西预备役师参谋长王腊森，政治部主任黄恩华，高炮团团长徐幼根，参谋长熊宇，县委常委、副县长、五七高炮营教导员杨保根等陪同。

12月19日

出席全省预备役师三级党委书记集训班的学员来到南昌县东新乡，参观应急常驻连的建设情况。江西预备役师师长胡金珊，政委罗晓东，县委副书记、县长肖玉文，县委副书记梅梅，县委常委、副县长杨保根，县委常委、统战部长胡炜，县委常委、组织部长王小文，县政协副主席姜润根，县检察院检察长张振川，向塘开发区管委会主任黄志清等陪同。

【信访工作】

12月7日

上午，县委副书记梅梅在县信访局接待中心公开接访，现场协调解决群众反映的有关问题。副县长胡显勇参加接访。

12月12日

上午，县委副书记、县长肖玉文在县信访局公开约访，现场协调解决群众反映的问题。县委常委、常务副县长涂仕华，县委常委、政法委书记熊运浪，副县长、县公安局长张增和，向塘开发区管委会主任黄志清，县长助理熊国爱等参加接访。

12月19日

上午，县委副书记、县长肖玉文来到县信访接待中心公开约访，现场协调解决群众反映的问题。县委常委、常务副县长涂仕华，县委常委、政法委书记熊运浪，县检察院检察长张振川，县长助理熊国爱等参加约访。

【群团工作】

12月12日

下午，全县妇联干部培训班在县委党校举行。县委副书记梅梅出席开班仪式并讲话。

【友好往来】

12月17日

上午，由吉安市青原区区委书记徐明、区长肖兵率领的青原党政代表团来南昌县参观考察工业园区建设情况。县委副书记、县长肖玉文，副县长章光文等陪同。

12月21日

上午，由安徽省广德县县委常委程利，县人大常委会常务副主任吴昌国率领的广德县党政代表团来南昌县参观考察。县人大常委会主任胡小明，副县长涂莉华等陪同。

12月25日

上午，由安徽省肥西县委常委、宣传部长姚则邦率领的肥西县党政代表团来南昌县小蓝经济开发区参观考察。县委常委、统战部长胡炜等陪同。

【其他重要工作】

12月4日

上午，县委宣传部组织机关干部传达贯彻县委扩大会议精神。县委常委、统战部长胡炜出席。

▲上午，县委统战部召开传达贯彻县委扩大会议精神。县委常委、统战部长胡炜，副县长胡显勇等出席。

▲上午，县委组织部召开传达贯彻县委扩大会议精神。县委常委、组织部长王小文出席并讲话 。

▲下午，县政协学习贯彻县委扩大会议精神。县政协主席邓炳根，副主席张军、李信谆、伍目连、李植等参加学习传达会。

▲下午，县人武部召开传达贯彻学习县委扩大会议精神。县委常委、县人武部长汪火明，县人武部政委姜清波等出席。

12月6日

上午，全县2009年度第二次事业单位集中公开招聘考试在县实训基地举行。县委常委、县政法委书记熊运浪巡视考场。

12月10日

下午，县人大常委会副主任黄连科出席泾口乡县人大代表述职评议大会。

12月11日

上午，以省档案局机关党委专职副书记刘平原为组长的省档案工作考评检查组来到南昌县考评档案建设管理工作。市档案局副局长彭青，县委副书记梅梅，副县长胡显勇等陪同。

12月15日

上午，省纪委宣传主任周小朗率领全省廉政文化示范点建设观摩组来南昌县参观考察。县委常委、县政法委书记熊运浪等陪同。

【先进表彰】

12月27日

南昌县被国家科技部授予“2007～2008年全国科技进步先进县”、“国家科技进步示范县”。县长肖玉文、副县长胡显勇、县科技局局长崇福林被科技部授予“全国县区科技进步工作先进个人”。

2010
南昌县大事记
NAN CHANG XIAN DA SHI JI

一 月

【科学发展观】

1月6日

下午，市委宣传部副部长罗水长率市委学习实践科学发展观活动第一指导检查组来到南昌县，就第二批学习实践活动整改落实情况进行检查指导。县委副书记梅梅，县委常委、组织部部长王小文，县委常委、小蓝经济开发区党工委书记徐海波，向塘开发区管委会主任黄志清等陪同。

1月13日

上午，县第二批深入学习实践科学发展观活动整改落实“回头看”群众评议会在县综合楼召开。县委副书记，县长肖玉文，市委第二批深入学习实践科学发展观活动第一指导检查组组长罗水长，县领导梅梅、涂仕华、王小文、黄连科、王三毛、万德珍、姜润根以及向塘开发区管委会主任黄志清等出席。

【重要会议】

1月4日

上午，南昌县在县综合楼会议室组织收听收看全省机关效能年活动暨创业服务年活动动员电视电话会。县委副书记、县长肖玉文，县委常委、常务副县长涂仕华，县委常委、政法委书记熊运浪，向塘开发区管委会主任黄志清等参加收听收看。

▲下午，南昌县在县政府会议室召开应对强降雪、降温天气调度会。县委常委、副县长杨保根出席并讲话。

1月8日

晚上，县委副书记、县长肖玉文主持召开县政府第二十九次常务会议。县委常委、常务副县长涂仕华，县委常委、副县长杨保根，副县长胡显勇、张增和、涂莉华、程雷佬、章光文，县长助理熊国爱等出席，县政协副主席姜润根等列席会议。会议讨论研究了《关于南昌县科技进步示范县建设与发展规划》的请求、《关于南昌县“无网工程”建设工作的请示》、《南昌县关于加快第三产业发展的实施意见》草案，听取了《杭长客运专线、京九电气化改造等铁路重点工程工作汇报》等。

1月18日

下午，南昌县在县政府综合楼组织收听收看全国安全生产电视电话会。副县长涂莉华参加收听收看。

1月23日

上午，2010年第一次县委常委（扩大）会议在县综合楼召开。会议传达学习全省推进新型城镇化和城市建设工作现场和市委常委（扩大）会议精神，并就抢抓鄱阳湖生态经济区建设上升为国家战略的重大历史性机遇，高水平、快速度强力推进南昌县新型城镇化工作进行研究部署。县委副书记、县长肖玉文主持会议并作讲话。县委副书记梅梅，县委常委涂仕华、杨保根、熊运浪、胡炜、王小文、徐海波、魏根金、汪火明等出席。县人大常委会主任胡小明、县政协主席邓炳根等列席会议。

▲下午，南昌县在县综合楼组织收听收看全省应急管理电视电话会议。副县长涂莉华等参加收听收看。

【领导活动】

1月1日

上午，市委常委、市委秘书长、统战部长蔡社宝来到南昌县调研“森林城乡、花园南昌”工程建设情况，市林业局局长樊三宝，县委常委、小蓝经济开发区党工委书记徐海波，副县长程雷佬等陪同。

1月5日

上午，市政协副主席万玉明来南昌县走访慰问八一乡敬老院的老人和部分困难群众，向他们送去党和人民的关怀与温暖，并致以节日的问候。市妇联主席王敏、县委副书记梅梅，县政协主席邓炳根，副主席伍目连等陪同。

▲下午，市委常委、常务副市长赵东亮来到南昌县视察江铃股份、百事可乐等重大重点项目建设情况。县委副书记、县长肖玉文，县委常委、小蓝经济开发区党工委书记徐海波等陪同。

1月6日

副市长刘建洋来到南昌县武阳镇江西鑫和源绿色农业开发有限公司，视察蔬菜种植和市场供应情况。市政府副秘书长、市委农工部部长王肇赣，县委常委、农工部部长魏根金，副县长程雷佬等陪同。

1月7日

下午，省人大常委会副主任胡振鹏，省人大环保委主任委员肖远湛率省人大城镇污水处理厂和管网建设专项调研组来到南昌县，就污水处理厂处理及试运行情况调研。市人大常委会副主任万先勇，市人大城建环保委主任委员王新平，市政府副秘书长胡焘，县人大常委会主任胡小明，县委常委、常务副县长涂仕华等陪同。

1月8日

下午，由中国银行监督管理委员会原常委书记、副主席阎海旺率领的中央巡视组来小蓝经济开发区视察指导工作。省委常委、市委书记余欣荣，省委副秘书长潘东军，市、县领导刘东明、梅梅、熊运浪、徐海波以及省市有关部门负责同志陪同。

1月13日

下午，副市长刘建洋来到南昌县塘南镇蔡家村就农业扶贫开发工作进行调研。市政府副秘书长、市委农工部长王肇赣，市政府办公厅副主任程一征，市林业局局长樊三宝随同调研，县委常委、农工部部长魏根金等陪同。

1月14日

上午，南昌县在会展中心举行百辆农村垃圾运输车集中发放仪式。省委副秘书长、省委农工部部长、省新农村建设办公室主任吕滨，省委农工部副部长许德仁，市委常委凌学仁，副市长刘建洋，市委农工部部长王肇赣，副部长刘荣根，县领导肖玉文、魏根金、程雷佬等出席。

▲下午，省军区政委朱争平来到南昌县，就党管武装和基层武装部建设工作进行调研。市委常委、南昌警备区政委宋增健，县委副书记、县长肖玉文，县委常委、县人武部部长汪火明，县人武部政委姜清波等陪同。

1月15日

上午，省委常委、市委书记余欣荣来到蒋巷镇走访慰问困难群众。省委组织部副部长、省老干局局长李春良，省司法厅厅长马承祖，省卫生厅党组书记胡春林，市司法局局长吕建民，市卫生局局长魏国华，市民政局局长梁礼仁，市老干局局长袁井红，县委副书记、县长肖玉文，县委常委、副县长杨保根等陪同。

1月19日

下午，省委常委、市委书记余欣荣来到南昌县代表团讨论点，与代表们一道审议政府工作报告，市人大常委会副主任余根水，副市长罗惠芬，县委副书记、县长肖玉文，县人大常委会主任胡小明，县委常委、小蓝经济开发区党工委书记徐海波，县人大常委会副主任伍曦，副县长胡显勇，县政协副主席吴克芳等参加讨论。

【走访慰问】

1月5日–7日

县人大常委会副主任黄连科、李木旺、陈秀梅、王三毛、熊鹰、伍曦等走访全县各乡镇县人大代表，倾听大家的意见和建议。

1月29日

上午，县委常委、副县长杨保根，县委常委、统战部长胡炜，县政协副主席吴克芳等走访慰问南昌县各民主党派和无党派、工商联、宗教界的部分人士，向他们致以新春的问候和美好祝福。

【工交财贸】

1月5日

上午，县委副书记、县长肖玉文就县城“畅通工程”的实施进行现场办公。县委常委、常务副县长涂仕华，县委常委、副县长杨保根，副县长、县公安局局长张增和，县长助理熊国爱等参加。

1月6日

上午，县委副书记、县长肖玉文在小蓝经济开发区会见江西广宥鞋业有限公司董事长张荣梧，副县长涂莉华，县长助理熊国爱等会见时在座。

1月8日

下午，南昌县县城污水处理厂特许经营权出让签约仪式在桂花村大酒店举行。县委常委、常务副县长涂仕华，县委常委、副县长杨保根，县人大常委会副主任陈秀梅等出席。

1月9日

下午，南昌县2010年规划委员会第一次会议在县综合楼召开。县委副书记、县长肖玉文，县委副书记梅梅，县委常委、常务副县长涂仕华，县委常委、小蓝经济开发区党工委书记徐海波，副县长胡显勇、涂莉华、程雷佬等出席。

▲晚上，县对外合作局在小蓝经济开发区召开工作研讨会。县委副书记、县长肖玉文，县委常委、小蓝经济开发区党工委书记徐海波，副县长涂莉华等出席。

1月15日

晚上，小蓝经济开发区召开机关干部工作研讨会。县委副书记、县长肖玉文，县委常委、组织部长王小文，县委常委、小蓝经济开发区党工委书记徐海波，副县长章光文等出席。

1月16日

上午，县交通局召开2009年度工作总结表彰会。县人大常委会主任胡小明，县委常委、副县长杨保根，县政协副主席李植等出席。

1月19日

晚上，县委副书记、县长肖玉文主持召开小蓝——莲塘组团概念性规划座谈会。县委副书记梅梅，县人大常委会主任胡小明，县政协主席邓炳根，县委常委、常务副县长涂仕华，县委常委、小蓝经济开发区党工委书记徐海波，副县长程雷佬等出席。

1月20日

上午，县委副书记、县长肖玉文在县综合楼会见室会见南昌和凌雷克萨斯汽车销售服务有限公司总经理陈诚文一行。

1月21日

上午，县委副书记、县长肖玉文在小蓝经济开发区会见室会见绿星(福州)居室用品有限公司董事长王春松一行。县委常委、小蓝经济开发区党工委书记徐海波，副县长涂莉华等会见时在座。

▲上午，县委副书记、县长肖玉文在小蓝经济开发区听取国际管理咨询公司罗兰·贝格关于小蓝经济开发区发展食品产业专业分析报告。

1月26日

上午，县委常委、常务副县长涂仕华来到县廉租房、经济适用房建设工地，实地查看工程建设情况。

▲上午，南昌县小额贷款担保工作座谈会议在八二八召开。县委常委、副县长杨保根等出席会议。

1月27日

县公安局交通管理大队举办2009年度总结表彰暨2010年春运工作动员会。市公安交管局副局长刘文保，副县长、县公安局局长张增和出席并讲话。

1月28日

下午，县委副书记、县长肖玉文在小蓝经济开发区会见前来南昌县投资考察的莱昂国际投资控股公司董事长杨旸。县委常委、小蓝经济开发区党工委书记徐海波会见时在座。

▲下午，县委副书记、县长肖玉文在小蓝经济开发区会见前来南昌县投资考察的台湾客商代表——台湾亚中农垦集团（香港）开发有限公司、江西和庆祥茶叶有限公司董事长章志雄。

1月29日

上午，小蓝经济开发区举行首届“政、银、保、企”对接会。县委副书记、县长肖玉文，县委常委、小蓝经济开发区党工委书记徐海波，副县长章光文等出席。

【农业与农村工作】

1月6日

县委常委、农工部部长魏根金先后来到塘南镇、泾口乡和幽兰镇，就种植、养殖带基地建设项目进展情况进行调研。副县长程雷佬，县政协副主席姜润根等陪同。

1月24日

上午，省林业厅林业处处长严成率省造林绿化“一大四小”工程检查指导组来到南昌县，检查造林绿化“一大四小”工程建设情况。

1月30日

上午，小蓝经济开发区农村工作研讨会召开。县委副书记、县长肖玉文，县领导王小文、徐海波、章光文等出席。

【政法工作和社会治安综合治理】

1月12日

上午，市文化局副局长贺思敏率领市消防考评组来到南昌县，就2009年度消防工作进行考评检查。副县长、县公安局局长张增和等陪同。

1月15日

上午，县政协组织政协常委视察全县公安工作。县政协主席邓炳根，副主席万德珍、吴克芳、张军、李信谆、姜润根、伍目连、李植等参加视察。副县长、县公安局局长张增和汇报全县公安工作。

1月28日

上午，省法制办副巡视员王家利来到南昌县，就应急救援工作进行调研。县委常委、常务副县长涂仕华陪同。

1月29日

上午，县公安局2009年度总结表彰大会在县综合楼召开。会议总结了2010年的工作任务。市公安局副局长叶琳，县委副书记、县长肖玉文作重要讲话，县领导梅梅、胡小明、邓炳根、熊运浪、张增和以及县检察院检察长张振川，县公安局政委周庆鲁等出席。

【科教文卫体和计生工作】

1月9日

上午，2009年度全县老年人体育协会年会在县综合楼召开。市老年体协会长孔炯，县委副书记梅梅，县政协副主席张军等出席。

1月16日

南昌县召开冈上镇心远教育主题园旅游规划评审会。县委副书记梅梅，县人大常委会副主任熊鹰，副县长胡显勇，县政协副主席吴克芳等出席。

1月22日

下午，全县2010年第一期新闻工作例会在县委宣传部召开。县委常委、统战部长胡炜出席并讲话。

1月26日

下午，由市旅游局局长李芸为组长的市旅游产业发展年度综合目标检查考评小组来南昌县就旅游产业发展情况进行综合目标考评。县委副书记梅梅，县委常委、统战部长胡炜等陪同。

1月27日

下午，县委副书记梅梅在黄马乡主持召开第三届樱花节推进调度会，现场协调第三届樱花节筹备工作。

【党的建设和干部队伍建设】

1月14日

上午，县委副书记梅梅，县委常委、组织部长王小文来到向塘镇，就新形势下加强基层党建工作进行调研。向塘开发区管委会主任黄志清等陪同。

1月25日

上午，市委组织部副部长莫继明一行来到南昌县，就2009年度基层党组织目标管理工作进行考评。县委副书记梅梅，县委常委、组织部部长王小文等陪同。

1月28日

下午，由县委组织部主办，东新乡党委、政府承办的2009年南昌县大学生村干部系列主题活动之四——“激情·启示”联欢活动在东新乡举行。县委副书记梅梅，县委常委、组织部长王小文等出席并观看演出。

【人武工作】

1月12日

上午，预备役五七高炮营党委（扩大）会议在县城管局召开。预备役师高炮团政委杨建，县委常委、副县长、五七高炮营教导员杨保根出席并讲话，县委常委、组织部长王小文主持会议，向塘开发区管委会主任黄志清等出席。

1月29日

下午，2010年度全县武装工作会议召开，会议总结了2009年度全县武装工作，表彰了先进，安排部署了2010年工作。县委副书记、县长肖玉文出席并讲话。县领导涂仕华、徐海波、汪火明，县人武政委姜清波，向塘开发区管委会主任黄志清等出席。

【信访工作】

1月16日

下午，县委副书记、县长肖玉文来到县信访接待中心公开接访，现场协调解决群众反映的问题。县委常委、常务副县长涂仕华，县委常委、政法委书记熊运浪，副县长、县公安局局张增和，副县长程雷佬，县长助理熊国爱等参加。

1月18日

上午，县委副书记梅梅来到县信访接待中心公开接访，现场协调解决群众反映的问题。

1月22日

上午，县委常委、统战部长胡炜在县信访局接待来访群众。

1月23日

下午，县委副书记、县长肖玉文来到县信访接待中心公开接访，现场协调解决群众提出的问题。县委常委、政法委书记熊运浪，县委常委、小蓝经济开发区党工委书记徐海波，县委常委、农工部部长魏根金，副县长、县公安局局长张增和，副县长程雷佬，县长助理熊国爱等参加。

1月29日

下午，南昌县在县综合楼组织收听收看全国、全省信访局长电视电话会议。县委常委、常务副县长涂仕华，县委常委、政法委书记熊运浪，副县长、县公安局局长张增和，县长助理熊国爱等参加收听收看。

1月30日

下午，县委副书记、县长肖玉文在县信访局主持召开2010年第一次信访工作例会。县委常委、副县长杨保根，县委常委、政法委书记熊运浪，副县长、县公安局局长张增和，副县长涂莉华，县长助理熊国爱等出席。

【群团工作】

1月6日

上午，“快乐妈妈江西行”捐赠仪式在南昌县莲塘镇举行。省妇联主席李亚平，省妇联助理巡视员李明瑛、计荣，市妇联主席王敏，县委副书记梅梅，副县长胡显勇等出席。

1月19日

下午，出席共青团江西省委十四届三次全会的代表在向塘镇江西广有鞋业有限公司举行走进向塘，走进青年座谈会。团省委副书记郭美荐，团市委副书记万欣，县委副书记梅梅，向塘开发区管委会主任黄志清等出席。

【友好往来】

1月21日

上午，新疆木垒哈萨克自治县县委常委、纪委书记潘莉莉，副县长叶尔宝等率新疆木垒哈萨克自治县党政代表团来南昌县参观考察反腐倡廉工作和公共行政服务体系建设。县委常委、政法委书记熊运浪等陪同。

1月27日

上午，县委副书记梅梅率领南昌县考察团来到进贤县前坊镇西湖李家村，就旅游开发区作进行考察和调研。县政协副主席姜润根等参加。

【其他重要工作】

1月15日

上午，县委副书记、县长肖玉文来到莲塘镇就落实党风廉政建设责任制和惩防体系建设情况进行检查考核。县委常委、政法委书记熊运浪等陪同。

1月16日

上午，上海浦东新区金杨社区阳光驿站党总支的十多名党员，来到武阳镇大仪村捐助贫困学生，并宣传上海世博会的知识。县委常委、统战部部长胡炜，县委常委、组织部部长王小文出席捐赠仪式。

1月26日

下午，全县《公共机构节能条例》培训会在县政府综合楼举办。市机关事务管理局副局长高道理，县委常委、常务副县长涂仕华等出席。

1月28日

上午，全县春节期间食品安全监督管理工作会在桂花村大酒店召开。县委常委、副县长杨保根出席并讲话。

1月29日

上午，市纪委副书记杜志刚，市纪委常委李联明来到南昌县就惩防体系建设情况进行督察。

县委常委、政法委书记熊运浪等陪同。

▲南昌县召开欢送新疆福海县挂职锻炼干部座谈会。县委副书记梅梅，县委常委、组织部长王小文出席座谈会并讲话。

【乡镇工作】

1月22日

上午，向塘镇召开第十三届人大第四次会议。县人大常委会副主任李木旺、向塘开发区管委会主任黄志清出席并讲话。

1月28日

上午，泾口乡第十一届人民代表大会第四次会议召开。县政协主席邓炳根，县人大常委会副主任陈秀梅，县法院院长李红刚等出席。

二 月

【重要会议】

2月2日

上午，南昌县组织离退休干部收听收看全省离退休干部形势报告会。县委常委、组织部长王小文参加收听收看。

▲下午，全县安全生产暨春运工作会议在县综合楼召开。县委常委、小蓝经济开发区党工委书记徐海波出席并讲话。

2月3日

下午，县长肖玉文在县综合楼主持召开县政府第30次常务会议。县委常委、常务副县长涂仕华，县委常委、副县长杨保根，副县长胡显勇、张增和、程雷佬、章光文，县长助理熊国爱等出席会议；县人武部政委姜清波，县政协副主席姜润根等列席会议。会议审议通过了县林业局《关于南昌县城市、园林绿化工程建设管理办法（试行）的请示》等事项。

2月4日

下午，全县各界人士迎春茶话会在洁惠花园宾馆召开，县六套班子领导肖玉文、梅梅、胡小明、邓炳根、杨保根、熊运浪、胡炜、王小文、魏根金、汪火明等与全县各界人士欢聚一堂，共叙浓情友谊，畅谈发展大计。

▲下午，全县2010年邮政工作会在县邮政局召开。市邮政局副局长雷武高，县委常委、副县长杨保根等出席。

2月5日

上午，南昌县组织收听收看全省、全市民生领域三个突出问题专项治理活动电视电话会议。县委常委、政法委书记熊运浪等参加收听收看。

▲下午，县政协离退休干部迎春座谈会召开。县政协主席邓炳根，副主席张军、伍目连、李植等出席。

2月8日

上午，南昌县组织收听收看全省消防工作电视电话会议。副县长、县公安局局长张增和参加收听收看。

▲下午，县委副书记、县长肖玉文在县综合楼主持召开第二次县委常委扩大会议。会议传达学习省委常委、市委书记余欣荣在向塘调研时的讲话精神，审议县委十一届八次全会工作报告（讨论稿）。县委副书记梅梅，县委常委涂仕华、杨保根、熊运浪、胡炜、徐海波、魏根金等出席会议。县人大常委会主任胡小明、县政协主席邓炳根等列席会议。

2月9日

下午，南昌县在县综合楼组织收听收看全省安全生产工作电视电话会。副县长章光文参加收听收看。

2月12日

上午，中共南昌县委十一届八次全体（扩大）会议在县综合楼召开。这次全会的主要任务是：深入贯彻落实党的十七届四中全会、中央经济工作会议和省、市经济工作会议以及人大、政协“两会”精神，在全县领导干部研讨会的基础上，进一步分析发展形势，明确任务，动员和号召全县各级党组织和广大党员干部求真务实，奋勇争先，积极发挥鄱阳湖生态经济区绿色崛起与统筹发展的排头兵作用，努力开创我县经济社会更好更快发展的崭新局面。

2月23日

上午，南昌县在县综合楼收听收看中央、省、市贯彻落实《中国共产党党员领导干部廉洁从政若干准则》电视电话会议。县领导胡小明、邓炳根、涂仕华、熊运浪、胡炜、王小文、汪火明、黄连科、李木旺、陈秀梅、王三毛、熊鹰、章光文、万德珍、姜润根以及县人武部政委清波，县法院院长李红刚，县检察院检察长张振川，县长助理熊国爱等参加收听收看。

2月27日

县政协在县委党校举行2010年省、市、县政协乡亲新春联谊会。省政协秘书长胡剑平，市政协副秘书长、办公厅主任龚代如，县领导肖玉文、梅梅、邓炳根、万德珍、吴克芳、张军、李信谆、伍目连等出席。

【领导活动】

2月4日

上午，市政协副主席王水苟来到南新乡新洲村走访慰问困难群众。市政协副秘书长、办公厅主任龚代如，县政协主席邓炳根，县人大常委会副主任伍曦等陪同。

▲上午，南昌和凌雷克萨斯特约经销店正式开业。市长助理高鹰群，县委副书记、县长肖玉文出席开业仪式并剪彩。县领导胡小明、杨保根、熊运浪、徐海波等出席。

2月6日

上午，市委常委、秘书长、统战部长蔡社宝来到南昌县走访慰问驻县部队官兵和农村困难群众，向他们致以新春的祝福。市人大常委会副主任万先勇，市政协副主席李广振，市长助理高鹰群，县委副书记、县长肖玉文，县委副书记梅梅以及市有关部门负责同志陪同走访。

2月11日

上午，向塘的向北、莲塘的南农、莲武路三家居委会成立授牌仪式在向塘镇举行。市委常委、常务副市长赵东亮，市政协副主席侯捷，市政府副秘书长吴长金，县委副书记、县长肖玉文，县委常委、副县长杨保根，向塘开发区管委会主任黄志清等出席仪式。

2月12日

上午，国家卫生部部长陈竺来到南昌县蒋巷镇视察医疗改革推进情况，并慰问基层医疗工作人员。副省长谢茹、副市长罗慧芬、市卫生局局长魏国华、副局长唐旭平、副县长胡显勇等陪同。

▲上午，省委常委、省政法委书记、省公安厅厅长舒晓琴来到南昌县看望慰问一线执勤的交通民警，并检查春运安全工作。省公安厅副厅长罗永银，市委常委、市政法委书记、市公安局局长胡焯，省交警总队队长郁耀平，市公安局副局长、市交管局局长吁小平，县委常委、政法委书记熊运浪，副县长、县公安局局长张增和，县公安局政委周庆鲁等陪同。

2月18日

大年初五上午，市委副书记、市长胡宪来到小蓝经济开发区，走访慰问节日期间坚守工作岗位的企业干部职工，给他们送去党和政府的亲切关怀和新春祝福。副市长曾光辉，市政府副秘书长吴长金，县委副书记、县长肖玉文，市人力资源和社会保障局局长申少平，市外经贸委主任涂宗勤，县委常委、小蓝经济开发区党工委书记徐海波等陪同。

2月23日

上午，副市长曾光辉、市外经贸委主任涂宗勤来到南昌县，就全市开放型经济工作现场会市委市政府主要领导来视察百事可乐进行踩点。县委常委、小蓝经济开发区党工委书记徐海波等陪同。

▲上午，全市2010年“春风行动”暨新春大型系列招聘活动在小蓝经济开发区正式启动。市委副书记、市长胡宪，省人力资源和社会保障厅副厅长刘滇鸣，市长助理张根水，市人力资源和社会保障局局长申少平，县领导肖玉文、梅梅、徐海波、陈秀梅、万德珍等出席启动仪式。

▲副省长熊盛文来到南昌县就农村就业和园区企业用工情况进行调研。省政府副秘书长吴志明，省人力和社会保障厅副厅长刘金炎，市委常委、常务副市长赵东亮，市人力资源和社会保障局局长申少平，县委副书记、县长肖玉文，县委常委、副县长杨保根，县委常委、小蓝经济开发区党工委书记徐海波，副县长章光文，向塘开发区管委会主任黄志清等陪同。

2月24日

上午，副省长孙刚来到南昌县视察环境保护工作。省政府副秘书长肖任根，省环保厅副厅长罗来发，市环保局副局长徐水喜，县领导梅梅、杨保根、徐海波、张军等陪同。

【走访慰问】

2月1日-2日

县领导肖玉文、梅梅、胡小明、邓炳根、胡炜、王小文、徐海波、魏根金、汪火明、黄连科、李木旺、陈秀梅、王三毛、胡显勇、万德珍、吴克芳、张军以及县法院院长李红刚、向塘开发区管委会主任黄志清等走访慰问离退休老干部，向他们致以新春的问候和诚挚的祝福。

2月1日-3日

县领导肖玉文、梅梅、胡小明、邓炳根、涂仕华、熊运浪、胡炜、王小文、徐海波、魏根金、汪火明、黄连科、李木旺、陈秀梅、王三毛、胡显勇、万德珍、吴克芳、张军、姜润根、伍目连、李植以及县人武部政委姜清波，县法院院长李红刚，县长助理熊国爱等分别走访慰问全县部分困难职工，向他们送去党和政府的关怀和温暖，并致以新春的祝福和节日的问候。

2月1日-4日

县领导肖玉文、梅梅、胡小明、邓炳根、涂仕华、胡炜、王小文、徐海波、魏根金、汪火明、伍曦、胡显勇、万德珍、李信谆、姜润根、伍目连以及县法院院长李红刚、向塘开发区管委会主任黄志清等分别走访慰问全县各乡镇和开发区困难群众，向他们致以新春的祝福，为他们送去党和政府的关怀和温暖。

2月1日-5日

县领导肖玉文、梅梅、胡小明、杨保根、熊运浪、胡炜、王小文、魏根金、黄连科、陈秀梅、王三毛、熊鹰、伍曦、张增和、程雷佬、章光文、万德珍、吴克芳、姜润根、伍目连、李植以及县人武部政委姜清波，县法院院长李红刚，县检察院院长张振川等走访慰问驻县部队官兵，向他们致以新年的祝福和良好的祝愿。

2月2日-3日

县领导肖玉文，梅梅、胡小明、邓炳根、胡炜、魏根金、黄连科、王三毛、熊鹰、程雷佬、万德珍、吴克芳、张军、姜润根、李植以及县人武部政委姜清波、县法院院长李红刚、向塘开发区管委会主任黄志清等分别走访部分企业，向他们致以新年的问候与祝福。

2月3日-5日

县领导涂仕华、杨保根、熊运浪、伍曦、程雷佬、章光文、姜润根、伍目连、李植以及县人武部政委姜清波、县检察院检察长张振川等分别走访慰问南昌县部分离退休老干部，向他们致以亲切的问候和美好的祝福。

2月4日

上午，省教育厅副巡视员万普海、市教育局副局长王安娅等来到南昌县走访慰问困难师生，副县长胡显勇等陪同。

2月6日

下午，市委组织部副部长、市老干局局长袁井红来到南昌县向塘镇山背村走访慰问困难群众和贫困学生。县委常委、组织部长王小文，向塘开发区管委会主任黄志清等陪同。

2月8日

上午，县委常委、副县长杨保根，县人民检察院检察长张振川等来到武阳镇走访慰问困难老党员、困难群众和敬老院老人。

2月9日

上午，县委常委、小蓝经济开发区党工委书记徐海波等走访部分重点外贸出口企业，向广大企业家和企业职工拜年。

2月10日

上午，县委常委、副县长杨保根，县委常委、统战部部长胡炜等来到莲塘一中走访慰问新疆班的学生，向他们致以新春的祝福和亲切的问候。

2月13日

农历大年三十，县六套班子主要领导肖玉文、梅梅、胡小明、邓炳根、熊运浪、汪火明等走访慰问南昌县坚守一线的干部职工。

【工交财贸】

2月2日

上午，湖南中粮可口可乐饮料有限公司总经理张克细、刘淼来到南昌县考察。县委副书记、县长肖玉文，县委常委、小蓝经济开发区党工委书记徐海波等陪同。

2月4日

上午，省食品药品监督管理局局长刘理来到南昌县小蓝经济开发区视察指导工作。县委副书记、县长肖玉文，县委常委、小蓝经济开发区党工委书记徐海波，副县长章光文等陪同。

▲上午，南昌县渡改桥工作调度会在县委党校召开。县委常委、副县长杨保根，县人大常委会副主任陈秀梅，县政协副主席李植等出席。

▲上午，全县农村公路建设与养护工作座谈会在县委党校召开。县委常委、副县长杨保根出席并讲话。

2月5日

下午，向塘铁路——公路枢纽型物流基地项目推介会在小蓝经济开发区举行。县委副书记、县长肖玉文，县委常委、小蓝经济开发区党工委书记徐海波，县长助理熊国爱以及中铁二院——向蒲线总体设计负责人汪强、向塘物流园科研报告总编陈刚等出席。

2月6日

小蓝经济开发区召开劳动就业工作座谈会。县委常委、小蓝经济开发区党工委书记徐海波，县人大常委会副主任熊鹰，副县长章光文等出席。

2月8日

上午，县委副书记、县长肖玉文在小蓝经济开发区会见天津宝迪农业科技（集团）股份有限公司董事长毕国祥一行。县委常委、小蓝经济开发区党工委书记徐海波等会见时在座。

▲晚上，小蓝经济开发区举行2010年新春联欢晚会。县领导梅梅、熊运浪、胡炜、王小文、徐海波、章光文等与开发区全体干部职工欢聚一堂，共庆新春佳节。

2月9日

上午，副市长曾光辉来到南昌县检察安全生产工作。市安监局局长邓建新、副局长张安平，县委常委、小蓝经济开发区党工委书记徐海波，副县长章光文等陪同。

2月9日-10日

县委副书记、县长肖玉文先后主持召开2010年县规划委员会和小蓝——莲塘组团概念性规划汇报会。县领导梅梅、胡小明、邓炳根、涂仕华、熊运浪、胡炜、王小文、徐海波、魏根金、汪火明、黄连科、李木旺、陈秀梅、王三毛、伍曦、胡显勇、程雷佬、章光文、万德珍、吴克芳、张军、姜润根、伍目连，向塘开发区管委会主任黄志清以及省住房和建设厅规建处处长李道鹏，省交通运输厅规划办主任冯义卿，省城市规划设计院院长陈振寿、副院长万敏，市规划局副局长徐静等分别参加会议。

2月10日

上午，南昌县县城"社区巴士"开通暨公交线路优化调整启动仪式在县文化会展中心举行。县委副书记、县长肖玉文，市政控股集团董事长熊一江，市公交总公司经理郑克一，县领导梅梅、胡小明、邓炳根、涂仕华、杨保根、熊运浪、胡炜、王小文、徐海波、魏根金、汪火明等出席启动仪式。

▲上午，县委副书记、县长肖玉文在小蓝经济开发区会见南昌八王寺实业有限公司总经理邹彦一行。县委常委、小蓝经济开发区党工委书记徐海波，副县长章光文会见时在座。

2月12日

下午，县委常委、副县长杨保根来到蒋巷镇滁北渡口码头进行检查。

2月23日

下午，县长肖玉文视察百事可乐项目。县委常委、小蓝经济开发区党工委书记徐海波陪同。

2月26日

上午，全县地税工作会暨创业服务年动员会在桂花村大酒店召开。市地税局纪检组长刘炳生，县委常委、常务副县长涂仕华，县人大副主任陈秀梅，县政协副主席李信谆等出席。

2月27日

南昌县在桂花村大酒店举行振兴家乡财政联谊会。省财政厅副厅长辜华龙，省财政厅助理巡视员程明龙，市财政局局长陈以荻，县领导肖玉文、梅梅、胡小明、涂仕华、陈秀梅、姜润根等参加联谊会。

【城市建设与管理】

2月3日

上午，县委常委、常务副县长涂仕华召集县人武部、县城建局、县城管局等有关部门的负责人，就县人武部住宅区住房地基塌陷的问题现场办公。

【农业与农村工作】

2月3日

上午，市林业局局长樊三宝率市工作督察组来南昌县检察造林绿化“一大四小”工程进展情况。县委常委、农工部部长魏根金，副县长程雷佬等陪同。

2月6日

上午，省林业厅厅长刘礼祖来南昌县视察造林绿化“一大四小”工程建设工作。市林业局局长樊三宝，县委副书记、县长肖玉文，县委常委、农工部部长魏根金，副县长程雷佬等陪同。

2月11日

上午，县委副书记、县长肖玉文，县委常委、副县长杨保根，向塘开发区管委会主任黄志清等来到向塘镇农资市场进行调研。

2月24日

上午，省委宣传部常务副部长陈东有来到南昌县蒋巷镇的江西国旺现代化农业示范园，考察现代农业综合开发工作。市委宣传部副部长李家旺，县委常委、统战部长胡炜，县人大常委会副主任王三毛等陪同。

【政法工作和社会治安综合治理】

2月3日

上午，2010年全县司法行政工作会议在县检察院召开。省司法厅副巡视员简明龙，市司法局局长吕建民，县领导熊运浪、熊鹰、张增和、伍目连，县检察院检察长张振川等出席。

2月11日

下午，副县长程雷佬率领执法组来到向塘镇，就非法采砂行为进行现场查处。

【科教文卫体和计生工作】

2月2日

南昌县举行关爱女孩“建房补助金”、“成才奖励金”、“阳光助学金”发放仪式。市人口计生委副主任孙乐水，县委常委、农工部部长魏根金，副县长程雷佬等出席活动。

2月3日

上午，全县首届民俗文化节活动调度会在蒋巷镇召开。县委副书记梅梅、县政协副主席李信谆等出席。

2月11日

上午，县委副书记梅梅来到县委党校，就党校有关项目推进工作进行现场办公。县委常委、组织部长王小文等出席。

2月11日

县委副书记梅梅来到莲塘镇街上村、埂头村、墨山村，就三所村小合并选址重建一所新的学校进行现场办公。副县长胡显勇等参加。

2月20日

下午，中国·南昌县首届民俗文化节暨民俗文化高峰论坛在南昌县蒋巷镇举行。副县长胡显勇、市社科院院长庄西翻等民俗文化艺术专家参加。

2月22日

下午，2010年全县教体系统新春开学工作会在桂花村大酒店举行。县人大常委会副主任伍曦出席并讲话。

▲晚上，县教体局在莲塘六中纳新楼举行第八届“教育之春”春节文艺晚会。县人大常委会副主任伍曦、副县长胡显勇观看演出。

2月26日

下午，南昌县在蒋巷湖光山舍田园农庄举办首届南昌县籍新闻宣传界新春联谊会。县委常委、统战部长胡炜出席并讲话。

【信访工作】

2月3日

上午，副县长章光文在县信访局接待来访群众。

2月8日

下午，县委常委、政法委书记熊运浪在县信访局主持召开信访协调会。

2月9日

上午，县委常委、政法委书记熊运浪在县信访局接待来访群众。

▲上午，县委常委、县政府副县长杨保根在县信访局接待来访群众。

【友好往来】

2月22日

由赣县县委书记李明生，赣县县委副书记、县长温庆锋等率领的赣县党政代表团来到南昌县参观考察。县委副书记、县长肖玉文，县委副书记梅梅，县委常委、小蓝经济开发区党工委书记徐海波等陪同。

【其他重要工作】

2月4日

上午，全县离退休干部迎春座谈会在县委党校召开。县委副书记、县长肖玉文出席并讲话，县领导梅梅、胡小明、王小文、李木旺、李信谆等出席。

2月20日

上午，县委副书记、县长肖玉文，县委副书记梅梅，县人大常委会主任胡小明等县委、县政府、县政协、县纪委、县人武部六套班子成员和千名县直机关干部来到莲塔公路植树造林。

2月23日

下午，南昌县在莲塔公路开展军民联合打造“国防林”植树造林活动。县委常委、县人武部部长汪火明，县人武部政委姜清波等和驻县部队、民兵预备役部队的1000多名官兵参加活动。

2月24日

上午，莲塘镇莲武路社区居委会成立。县委常委、副县长杨保根，昌东控股集团党委副书记陈和茂等为莲武路居委会成立揭牌。

【乡镇工作】

2月2日

上午，塘南镇第十一届人大四次会议召开。县人大常委会副主任陈秀梅等出席。

▲八一乡举行全乡干部工作座谈会。县委常委、组织部长王小文，副县长胡显勇等出席。

2月4日

上午，广福镇第三届人大四次会议召开。县人大常委会副主任陈秀梅等出席。

▲上午，蒋巷镇第三届人大四次会议召开。县人大常委会副主任王三毛等出席。

2月5日

上午，象湖新城迎春座谈会在东新乡举行。县委常委、常务副县长涂仕华等出席。

▲上午，幽兰镇第十一届人大四次会议召开。县人大常委会副主任王三毛等出席。

▲上午，塔城乡第十一届人大四次会议召开。

2月6日

莲塘镇第十四届人大四次会议召开。县人大常委会副主任李木旺、伍曦等出席。

2月9日

上午，向塘镇举办驻镇单位迎春茶话会。向塘开发区管委会主任黄志清等出席。

2月18日

上午，象湖新城举行家官乡贤座谈会。解放军某炮兵指挥部主任蒋国平、原省水利厅副厅长邓勤琛、县政协主席邓炳根等出席。

▲上午，黄马乡举行家官乡贤恳谈会。县委常委、县人武部部长汪火明等出席。

2月19日

上午，塘南镇在南昌中日友好会馆召开振兴家乡恳谈会。县委常委、常务副县长涂仕华，县政协副主席姜润根，向塘开发区管委会主任黄志清等出席。

2月25日

上午，南新乡第十一届人民代表大会第四次会议召开。县人大副主任王三毛等出席。

【先进表彰】

2月1日

南昌县被授予“全省主要污染物总量减排先进县”，联熹(南昌)污水处理有限公司(小蓝经济开发区污水处理厂)荣获“全省主要污染物总量减排先进企业”。

三 月

【重要会议】

3月1日

下午，南昌县在县综合楼组织收听收看全国森林防火工作电视电话会议。副县长程雷佬等参加收听收看。

3月2日

下午，省住房和城乡建设厅在南昌县组织召开南昌县总体规划（2008～2030）纲要专家论证会。省住房和城乡建设厅规建处处长李道鹏，市规划局局长罗剑云，省城规院院长陈振寿，县领导肖玉文、胡小明、涂仕华、杨保根、程雷佬以及市规划局副局长徐静，省城规院副院长万敏等参加会议。

3月3日

下午，县委学习实践科学发展观活动领导小组（扩大）会议在县综合楼召开。会议学习贯彻中央、省、市有关会议精神，研究部署南昌县第三批学习实践活动整改落实工作以及整个学习实践活动的收尾工作。县委副书记、县委学习实践活动领导小组常务副组长梅梅，县委常委、组织部长、县委学习实践活动领导小组副组长、办公室主任王小文，县领导陈秀梅、王三毛、万德珍，向塘开发区管委会主任黄志清等出席。

3月4日

上午，南昌县2009年度推进惩防体系建设民主评议大会在县综合楼举行。省委常委、市委书记余欣荣作重要讲话，市委常委、纪委书记刘东明主持会议，市纪委副书记杜志刚，县四套班子领导肖玉文、梅梅、胡小明、邓炳根等出席会议。

3月5日

上午，南昌县在县文化会展中心召开“三八”国际劳动妇女节100周年庆祝大会。市妇联主席王敏，县领导肖玉文、梅梅、胡小明、邓炳根、熊运浪、胡炜、陈秀梅、伍曦、胡显勇、万德珍、吴克芳、伍目连等出席。

3月7日

县委副书记、县长肖玉文主持召开县委常委办公会议。会议研究了2009年度财政执行情况及2010年度县财政收支预算安排等议题。县委副书记梅梅，县委常委涂仕华、杨保根、熊运浪、王小文、徐海波等出席会议。县领导胡小明、邓炳根、张增和、程雷佬、章光文、姜润根，向塘开发区管委会主任黄志清，县长助理熊国爱等列席会议。

3月14日

上午，县委副书记、县长肖玉文在县综合楼主持召开2010年第四次县委常委会议。县委副书记梅梅，县委常委涂仕华、杨保根、熊运浪、胡炜、王小文、徐海波、魏根金、汪火明等出席会议。县人大常委会主任胡小明，县政协主席邓炳根，副县长程雷佬，县法院院长李红刚，县公安局政委周庆鲁等列席会议。

▲下午，县委副书记、县长肖玉文主持召开第五次县委常委（扩大）会议。县委副书记梅梅，县委常委涂仕华、杨保根、熊运浪、胡炜、王小文、徐海波、魏根金、汪火明等出席会议；县人大常委会主任胡小明，县政协主席邓炳根等列席会议。会议传达学习了省委常委、市委书记余欣荣在南昌县推进惩防体系建设暨落实党风廉政建设责任制检查评议大会上的重要讲话精神，通报和部署了全县“森林城乡、花园南昌”建设推进工作情况。

3月17日

晚上，县委副书记、县长肖玉文在小蓝经济开发区主持召开县委常委办公会议，会议研究了全县重大重点项目安排、推进情况和全县开放型经济发展以及小蓝经济开发区建设等事宜。县委副书记梅梅，县委常委涂仕华、徐海波等出席会议，副县长涂莉华、程雷佬、章光文，向塘开发区管委会主任黄志清等列席会议。

3月18日

上午，南昌县在县综合楼组织收听收看全省领导干部电视电话会，会议传达了全国人大十一届三次会议和全国政协十一届三次会议精神。县领导肖玉文、梅梅、胡小明、邓炳根、涂仕华、杨保根、熊运浪、胡炜、王小文、徐海波、魏根金等参加收听收看。

3月19日

上午，全县统战工作会在县综合楼召开。县委副书记梅梅出席并讲话，县领导杨保根、胡炜、伍曦、吴克芳、李植，向塘开发区管委会主任黄志清等出席。

▲上午，全县组织、宣传工作会议在县综合楼召开。会议传达贯彻中央和省、市组织、宣传工作会议精神，对全县今年的组织、宣传工作进行安排部署。县领导梅梅、胡炜、王小文，向塘开发区管委会主任黄志清等出席。

▲下午，全县纪检监察工作会议在县综合楼召开。会议传达学习了市纪委九届六次全会精神，总结了2009年党风廉政建设和反腐败工作，安排部署了2010年全县纪检监察工作。县委副书记、县长肖玉文，县委常委、政法委书记熊运浪出席并讲话。

3月22日

上午，全县防汛抗旱动员大会在县综合楼召开。省赣管局总工程师黄国水，市水利局副局长邓文茂，县领导梅梅、胡小明、邓炳根、涂仕华、杨保根、熊运浪、王小文、魏根金、汪火明等出席。

▲上午，全县“机关效能年”活动、优化投资环境工作总结表彰暨“创业服务年”活动

再部署大会在县综合楼召开。县委常委、常务副县长涂仕华，县委常委、政法委书记熊运浪等出席。

3月23日

上午，全县粮食工作会召开。市粮食局副局长刘大堂，县委常委、副县长杨保根等出席。

▲下午，南昌县在县综合楼组织收听收看国务院、省、市政府廉政工作电视电话会。县委常委、常务副县长涂仕华，副县长、公安局局长张增和等参加收听收看。

▲晚上，县委副书记、县长肖玉文在小蓝经济开发区主持召开第六次县委常委会议。县委副书记梅梅，县委常委涂仕华、杨保根、熊运浪、胡炜、王小文、魏根金、汪火明等出席会议；县领导胡小明、邓炳根、李木旺、熊鹰、胡显勇、程雷佬、姜润根，向塘开发区管委会主任黄志清，县长助理熊国爱等列席会议。

3月24日

下午，全县国土资源工作会议在县综合楼召开。副县长程雷佬出席并讲话。

3月29日

上午，南昌县在县综合楼组织收听收看中央、省、市扩大内需促进经济增长政策落实暨治理工程建设领域突出问题监督检查工作电视电话会。县委常委、政法委书记熊运浪等参加收听收看。

【领导活动】

3月4日

上午，省委常委、市委书记余欣荣来到小蓝经济开发区就支持企业加快发展进行调研。市委常委、纪委书记刘东明，县领导肖玉文、徐海波等陪同。

3月11日

下午，市人大常委会副主任连璋寿率领市人大财政经济委员会调研组一行来南昌县调研广宥鞋业、汉华工贸、欣隆纺织等出口企业。市外经贸委副主任高健、县人大副主任陈秀梅等陪同。

3月12日

上午，市委副书记、市委秘书长、统战部长蔡社宝率领出席全市“森林城乡、花园南昌”建设现场推进会的代表来到南昌县参观考察。市委常委凌学仁，市人大常委会副主任戴和旺，市政协副主席陈守国、徐荷娣等参加。县委副书记、县长肖玉文，县委常委、农工部长魏根金，向塘开发区管委会主任黄志清等陪同。

▲上午，由国家国土资源部土地整理中心主任吴海洋率领的国土资源部调研组来到南昌县，就土地节约集约利用和建设用地增减挂等情况进行调研。省国土资源厅副厅长项尝培、省国土资源部耕地保护司副巡视员刘仁英，市国土局党组副书记吴勋华，副局长艾亮辉，县领导徐海波、程雷佬等陪同。

3月18日

下午，全市落户外来投资项目推进专题协调会在小蓝经济开发区召开。市委常委、常务副市长赵东亮，市政府副秘书长、市工信委主任吴长金，市政府副秘书长胡晓海，市外经贸委主任涂宗勤，县领导肖玉文、涂莉华等出席。

3月21日

上午，省政协副主席朱张才，江西省现代生态农业示范园领导小组副组长、省农业厅厅长毛惠忠，江西省现代生态农业示范园领导小组副组长赵泽华，省人大环资委副主任龚三堂，省政府办公厅副主任谢茂林，市委常委凌学仁，省新农村建设办公室副主任晏苏节，省科协副主席、省农业厅副厅长张忠平，省科技厅副厅长王晓鸿，市人大副主任姚燕萍，县领导肖玉文、梅梅、胡小明、邓炳根等省、市有关部门负责同志，县六套班子领导出席2010年江西省现代生态农业示范园黄马第三届樱花节开幕式。

3月23日

市委常委、宣传部长周关率市宣传文教负责人来到南昌县，就宣传文化工作进行调研。市宣传部副部长魏运花、罗水长，县领导肖玉文、梅梅、胡小明、邓炳根、胡炜、胡显勇等陪同。

3月25日

上午，全县农村书屋出版物统一配送仪式在八一乡板联村启动。市文化新闻出版局副局长赵军，县委常委、统战部长胡炜出席启动仪式并剪彩。

3月27日

上午，以“和谐社会，美好家园”为主题的全市第二届农村“乡村歌会”、社区“歌声飘到家门口”群众歌咏大赛启动仪式在南昌县蒋巷镇湖光山舍农庄举行。市委常委、宣传部长周关，副市长罗慧芬，市政协主席侯捷，市文化新闻出版局局长杨文斌，市委宣传部副部长魏运花，县领导肖玉文、梅梅、胡炜等出席启动仪式。

3月30日

上午，市委常委、常务副市长赵东亮在市政府会见室会见在南昌县投资的新加坡丰益国际集团总裁郭孔丰一行。市政府副秘书长吴长金，县领导肖玉文、胡炜、徐海波、涂莉华等会见时在座。

【工交财贸】

3月5日

下午，县委副书记、县长肖玉文来到江铃控股有限公司调研。县委常委、小蓝经济开发区党工委书记徐海波，县政协副主席姜润根等陪同。

3月6日

下午，县委副书记、县长肖玉文在小蓝经济开发区主持召开全县投融资工作研讨会。县委副书记梅梅，县委常委、组织部长王小文，县委常委、小蓝经济开发区党工委书记徐海波，副县长章光文，县政协副主席姜润根，向塘开发区管委会主任黄志清，省城市规划院副院长万敏等出席。

3月10日

下午，南昌县首届电子商务论坛在小蓝经济开发区举行。县委常委、小蓝经济开发区党工委书记徐海波等出席。

3月15日

上午，省政协常委、省政协人口资源环境委员会副主任陈双溪率省政协专题调研组，来到南昌县就“积极发展低碳经济，推动鄱阳湖生态区建设”进行专题调研。市政府副秘书长胡晓海，市政协人口资源环境城建委员会主任王洪昌，市政协常委、市社联副主席张恒立，市发改委副主任涂建平，县委常委、常务副县长涂仕华，县政协副主席李植等陪同。

▲县委常委、副县长杨保根来到冈上、黄马等地视察渡改桥工程建设推进工作。

3月17日

下午，县委副书记、县长肖玉文在小蓝经济开发区会见室会见储科电子股份有限公司董事长陈炳聪一行。县委常委、小蓝经济开发区党工委书记徐海波等会见时在座。

3月24日

南昌县在富山乡举行创建和谐平安路线宣传日活动。省护路办处长王永平，市政法委副书记、市综治办主任樊幽兰，副县长、县公安局局长张增和等出席。

3月25日

上午，南昌县在县体育馆举行民生工程农村体育健身器材发放仪式。市教体局副局长顾建勇，县委副书记梅梅，县人大常委会副主任伍曦，县政协副主席万德珍等出席。

3月26日

下午，全县召开安全生产委员（扩大）会议。副县长、县安全生产委员会主任涂莉华出席并讲话。

3月27日

上午，全县财政工作会议暨“创业服务年”动员会在县综合楼召开。县领导涂仕华、陈秀梅、张军、姜润根等出席。

3月29日

上午，小蓝经济开发区举办洪都农村商业银行与园区中小企业对接专场活动。县领导徐海波、章光文等出席。

3月30日

上午，新加坡丰益国际集团总裁郭孔丰来南昌县南新乡考察，察看集团旗下益海嘉里（南昌）粮食加工项目的建设进展情况。县领导肖玉文、胡炜、徐海波、涂莉华等陪同。

▲南昌县县属国有工业企业改革动员暨培训会在昌南迎宾馆举行。县领导肖玉文、涂仕华、杨保根、熊运浪、王小文、熊鹰、涂莉华、程雷佬、章光文，县长助理熊国爱等出席。

【城市建设与管理】

3月23日

上午，市委政研室副主任胡友胜率县城建设与发展专题调研组来到南昌县调研。县委常委、常务副县长涂仕华等陪同。

3月24日

上午，县城建局召开城乡规划建设工作会。县委常委、常务副县长涂仕华出席并讲话。

【农业与农村工作】

3月8日

下午，省委农工部副部长桑昌武率领省新农村建设考评组来南昌县考评新农村村点建设和农村垃圾处理工作。省委农工部综合处副处长徐清华，市委农工部副部长刘荣根，县委副书记、县长肖玉文，县委常委、农工部长魏根金，副县长程雷佬，县政协副主席姜润根等陪同。

3月10日

下午，省林业厅副厅长罗勤来到南昌县视察造林绿化“一大四小”工程建设情况。市林业局局长樊三宝，县领导徐海波、魏根金，向塘开发区管委会主任黄志清等陪同。

3月16日

上午，省林业厅党组书记、厅长刘礼祖来到南昌县视察造林绿化“一大四小”工程建设情况。省林业厅副厅长罗勤，市委常委凌学仁，市林业局局长樊三宝，县委常委、农工部长魏根金等陪同。

3月21日

上午，由国家水利部安监司副司长张汝石率领的集中供水检查组来到南昌县黄马乡，检查农村集中供水情况。省水利厅副厅长文林、市水利局局长李克荣，副县长程雷佬等陪同。

3月23日

上午，由省委组织部、省科协联合举办的全省第三期农村党员群众创业实用技术春训示范培训班在南昌县开班。省委组织部党员教育管理处调研员熊桂生，省科协普及部部长黄群言，省农村致富技术函授大学校长廖红英，市科协主席姚晓明，县委常委、组织部长王小文等出席开班仪式。

▲下午，县委副书记梅梅主持召开全县软弱涣散村、矛盾纠纷突出村、村务管理薄弱村整改工作对接会。县领导熊运浪、王小文、李木旺、熊鹰、李信谆等出席会议。

3月24日

上午，南昌县举行插秧机“以奖代补”发放仪式。副县长程雷佬等出席。

3月29日

上午，县委常委、政法委书记熊运浪，县人大常委会副主任李木旺等来到莲塘镇彭家村、梗头村，就两村集体在发展中存在的突出问题进行调研。

【政法工作和社会治安综合治理】

3月1日

上午，副县长、县公安局局长张增和带领公安、消防等有关部门负责人，来到南昌县公众聚集场所进行消防大检查，确保全国“两会”期间的安全稳定。

3月4日

上午，市检察院检察长沙闻麟来到南昌县，就涉法涉诉信访维稳工作进行调研。市检察院副检察长薛有旺，县领导肖玉文、熊运浪等陪同。

3月25日

上午，省纪委驻省科学院纪检组组长潘克森，省重大项目稽查办副主任刘秋凤率省扩大内需促进经济增长政策落实暨工程建设领域突出问题专项治理检查组来到南昌县，就扩大内需、中央投资项目和专项治理情况进行检查。市监察局副局长黄清玉，县委常委、常务副县长涂仕华等陪同。

【科教文卫体和计生工作】

3月11日

上午，县老年科协召开2009年度总结表彰大会。市老科协副会长李诗权，副县长胡显勇等出席。

3月12日

上午，全县2010年卫生工作会议暨2009年“光明·微笑”工程总结表彰大会在县委党校召开。县委副书记梅梅作讲话，县领导胡炜、伍曦、胡显勇、万德珍等出席。

3月19日

上午，南昌县科普知识下乡启动仪式在广福镇举行。市科协主席姚晓明，副县长胡显勇等出席启动仪式。

3月24日

上午，全县农业农村暨人口计生工作会在县综合楼召开。县委常委、农工部长魏根金主持会议并讲话。县领导王三毛、伍曦、程雷佬、张军、姜润根、李植，向塘开发区管委会主任黄志清等出席。

3月25日

上午，全县政法综治工作会议在县综合楼召开。县委副书记、县长肖玉文对全县政法综治工作作出重要批示。县委常委、县政法委书记熊运浪，县人大常委会副主任熊鹰，副县长、县公安局局长张增和，县政协副主席伍目连，县法院院长李红刚，县检察院检察长张振川等出席。

【党的建设和干部队伍建设】

3月24日

下午，全县农村基层党组织建设工作研讨会召开。县委常委、组织部长王小文出席并讲话。

【人武工作】

3月2日

上午，南昌警备区政治部主任汪健康等来南昌县检查指导人武工作。县委副书记梅梅，县委常委、人武部部长汪火明，县人武部政委姜清波等陪同。

【劳动人事和社会保障】

3月24日

上午，以省委老干部局副局长陈卫华为组长的省委老干部局检查组来南昌县，就南昌县贯彻落实中央组织部、人力资源和社会保障部《关于印发〈关于进一步加强新形势下离休干部工作的意见〉》和省委办公厅、省政府办公厅《关于转发〈省委组织部、省委老干局、省人力资源和社会保障厅关于进一步加强新形势下离休干部的实施意见〉的通知》等情况进行检查。市委组织部副部长、市委老干局局长袁井红，县委常委、组织部长王小文，向塘开发区管委会主任黄志清，县检察院检察长张振川等陪同。

3月26日

上午，市委常委、组织部长杨人平带领市委组织部课题调研组来到南昌县，就《关于加强乡镇党委书记管理问题研究》这一课题进行调研。县委副书记、县长肖玉文，县委副书记梅梅，县委常委、组织部长王小文，向塘开发区管委会主任黄志清等陪同。

【信访工作】

3月2日

上午，全县信访工作会议在县综合楼召开。县委副书记、县长肖玉文，县委副书记梅梅，县领导涂仕华、熊运浪、李木旺、张增和、伍目连，向塘开发区管委会主任黄志清，县长助理熊国爱等出席。

3月6日

上午，县委副书记、县长肖玉文来到县信访接待中心公开约访，现场协调解决群众反映的有关问题。县委副书记梅梅，县委常委、常务副县长涂仕华，县委常委、政法委书记熊运浪，副县长、县公安局局长张增和，向塘开发区管委会主任黄志清，县长助理熊国爱等参加约访。

3月9日

上午，县委常委、组织部长王小文在县信访局接待来访群众。

3月10日

上午，县委常委、小蓝经济开发区党工委书记徐海波在县信访局接待来访群众。

3月13日

上午，县委副书记梅梅来到县信访接待中心公开约访，现场协调解决群众反映的有关问题。副县长胡显勇，副县长、县公安局局长张增和，副县长程雷佬，县长助理熊国爱等参加约访。

【群团工作】

3月19日

上午，县妇联举行“电脑下基层”活动发放仪式。县委副书记梅梅出席发放仪式。

【环保工作】

3月8日

上午，县委常委、副县长杨保根在县环保局主持召开南昌县主要污染物总量减排工作调度会。

3月26日

上午，全县劳动保障工作会议在县综合楼召开。县领导杨保根、陈秀梅、万德珍等出席。

▲上午，全县环境保护工作会议在县综合楼召开。县领导杨保根、陈秀梅、李植等出席。

▲上午，市人大农委主任魏文斌率调研组来到南昌县，就农业面临的污染问题进行专题调研。县领导王三毛、程雷佬等陪同。

【友好往来】

3月24日

鄱阳县政协主席张信行、副主席康黎率领政协考察团来到南昌县，就策应鄱阳湖生态区建设情况进行参观考察。县政协主席邓炳根，副主席张军、李植等陪同。

【其他重要工作】

3月1日

下午，南昌县首次“国际民防日”宣传教育活动现场会在梦里水乡举行。市人防办巡视员肖玉松，副县长胡显勇等出席。

3月4日

上午，全市福利彩票工作会在南昌县召开。省福利彩票中心主任朱海滨、书记章水森，市民政局党委书记梁礼伦，县委常委、副县长杨保根等出席。

3月10日

上午，南昌县召开2010年春季重大动物疫病防控工作会。副县长程雷佬出席并讲话。

3月16日

上午，全县2010年福利彩票工作会在洁惠花园宾馆召开。市福利彩票管理中心主任万迅，县委常委、副县长杨保根等出席。

3月17日

下午，县政协、县人武部组织部分驻县部队和乡镇民兵预备役官兵在县城澄碧湖公园开展“森林城乡、花园南昌”义务植树活动。县政协主席邓炳根，县政协副主席万德珍、张军、伍目连、李植等参加。

3月18日

上午，县工商联执委扩大会议在县综合楼召开。县政协副主席、县工商联会长吴克芳出席并讲话。

3月26日

上午，南昌县在县委党校举行年鉴（2010年）编纂工作动员大会暨主笔业务培训班。副县长胡显勇作动员讲话，市史志办副主任熊庆滨授课。

3月29日

上午，县委副书记、县长肖玉文，县委副书记梅梅等县六套班子领导来到澄碧湖公园参加绿化植树活动。

【乡镇工作】

3月1日

八一乡十一届人大四次会议召开。县委常委、组织部长王小文，县人大常委会副主任黄连科等出席。

3月2日

上午，象湖新城（东新乡）召开2009年工作总结暨2010年城市化建设推进动员会。县委常委、统战部长胡炜，副县长涂莉华，县政协副主席伍目连等出席。

3月3日

上午，三江镇十一届人大四次会议召开。县人大常委会副主任黄连科出席并讲话。

3月5日

上午，黄马乡十一届人大四次会议召开。县人大常委会副主任王三毛等出席。

3月11日

上午，富山乡召开十一届人大四次会议。县人大常委会副主任伍曦出席并讲话。

3月12日

上午，武阳镇召开三届人大四次会议。县人大常委会副主任熊鹰出席并讲话。

3月16日

上午，蒋巷镇三级干部表彰暨“三区”建设启动年动员大会召开。县委副书记梅梅，县政协副主席李信谆等出席。

3月26日

上午，冈上镇召开重大重点项目推进年动员暨“2009年度先进集体、先进个人表彰大会”。县人大副主任熊鹰，县政协副主席吴克芳等出席。

四 月

【重要会议】

4月1日

上午，南昌县在县综合楼组织收听收看省、市“建设鄱阳湖生态经济区、探索科学发展新路子”主题教育活动电视电话会议。县委常委、统战部长胡炜参加收听收看。

▲全县民政工作暨低保资金发放专项治理工作会在桂花村大酒店召开。县委常委、副县长杨保根，县人大常委会副主任陈秀梅，县政协副主席伍目连等出席。

4月6日

上午，南昌县在县综合楼组织收听收看全党深入学习实践科学发展观活动总结电视电话会。中共中央总书记、国家主席、中央军委主席胡锦涛发表重要讲话，中共中央政治局常委吴邦国、温家宝、贾庆林、李长春、李克强、贺国强、周永康等出席大会。大会由中共中央政治局常委习近平主持。县委副书记、县长肖玉文，市委第一巡回检查组组长姜方保，县领导梅梅、涂仕华、熊运浪、胡炜、王小文、徐海波、汪火明等参加收听收看。

▲上午，全县深入学习实践科学发展观活动总结大会在县综合楼召开。县委副书记、县长肖玉文，市委第一巡回检查组组长姜方保，县委副书记梅梅，县委常委、常务副县长涂仕华，县委常委、组织部长王小文，县人大常委会副主任黄连科、王三毛，县政协副主席万德珍，向塘开发区管委会主任黄志清等出席。

4月8日

下午，南昌县在县综合楼组织收听收看全国和省、市纠风工作电视电话会。县委常委、政法委书记熊运浪等参加收听收看。

4月9日

上午，市纪委推进乡镇机关“廉政灶”建设座谈会在南昌县召开。市纪委常委、监察局副局长李联明，县委常委、政法委书记熊运浪等出席。

▲下午，南昌县在县综合楼组织收听收看2010年全国、全省环保专项行动电视电话会。县委常委、副县长杨保根等参加收听收看。

4月12日

上午，建设鄱阳湖生态经济报告会在县综合楼召开。省委宣传部常委副部长陈东有作专场报告。县委副书记、县长肖玉文主持报告会。市委宣传部副部长罗水长，县领导梅梅、胡小明、邓炳根、涂仕华、杨保根、熊运浪、胡炜、徐海波、汪火明等出席报告会。

4月13日

上午，南昌县民主党派工作会在县统战部召开。县委常委、统战部长胡炜，县人大常委会副主任伍曦，县政协副主席李植等出席。

4月14日

上午，南昌县市人大代表小组第一次会议在县行政服务中心召开。市科协主席姚晓明，县人大常委会主任胡小明，县委常委徐海波，县人大常委会副主任伍曦等出席。

▲下午，全县政策性水稻种植保险工作会议在县政府会议室召开。县委常委、常务副县长涂仕华，副县长程雷佬等出席。

4月16日

上午，全县2010年老干部工作会在县政府综合楼召开。县委副书记梅梅出席并讲话。

▲上午，南昌县乡镇人大工作暨人大宣传报道工作总结表彰会在黄马乡召开。县人大常委会主任胡小明，副主任黄连科、李木旺、陈秀梅、王三毛、熊鹰等出席。

4月17日

南昌县在县综合楼召开政府机构改革动员会。县委副书记、县长肖玉文，县委副书记梅梅，县人大常委会主任胡小明，县政协主席邓炳根，县委常委涂仕华、杨保根、熊运浪、胡炜、王小文、徐海波、汪火明等出席。

4月19日

上午，南昌县“建设鄱阳湖生态经济区、探索科学发展新路子”主题教育活动动员大会在县综合楼召开。县委常委、统战部长胡炜，县人大常委会副主任伍曦，副县长章光文，县政协副主席万德珍等出席。

▲下午，南昌县在县综合楼组织收听收看全国食品安全电视电话会。县委常委、副县长杨保根等参加收听收看。

4月20日

晚上，南昌县2010年规划委员会第二次会议在县综合楼召开。县委副书记、县长肖玉文，县委副书记梅梅，县委常委、常务副县长涂仕华，县委常委、小蓝经济开发区党工委书记徐海波，副县长胡显勇、涂莉华、程雷佬等出席。

4月21日

下午，九三学社南昌县支社参政议政工作会议在县统战部召开。县委常委、统战部长胡炜，副县长涂莉华等出席。

4月22日

下午，南昌县在县综合楼组织收听收看国务院、省、市切实做好当前农业生产工作电视电话会。县委副书记、县长肖玉文，副县长程雷佬，县政协副主席姜润根等参加收听收看。

▲晚上，县委副书记、县长肖玉文在小蓝经济开发区主持召开县委常委办公会议。县委常委

涂仕华、熊运浪、胡炜、王小文、徐海波、魏根金、汪火明等出席；县人大常委会主任胡小明，县政协主席邓炳根等列席。

4月23日

上午，南昌县在县综合楼组织收听收看全省安全生产电视电话会议。

▲下午，南昌县在县综合楼组织收听收看全国以及省、市纪检监察系统主题实践活动总结暨加强自身建设电视电话会。县委常委、政法委书记熊运浪等参加收听收看。

4月28日

上午，县第十四届人大常委会第十八次会议在县综合楼召开。会议审议了县人民政府提出的《南昌县生态县建设规划（2009～2012年）》等议案。县人大常委会主任胡小明，副主任黄连科、李木旺、陈秀梅、王三毛、伍曦等出席。县委常委、常务副县长涂仕华，县法院院长李红刚，县检察院检察长张振川等列席会议。

4月29日

上午，南昌县在县综合楼召开第六次人口普查工作会议。县委常委、常务副县长涂仕华出席并讲话。

▲下午，南昌县在县综合楼组织收听收看全国人口计生系统基础文明执法专项活动电视电话会。县委常委、农工部长魏根金，副县长程雷佬等参加收听收看。

4月30日

上午，县总工会召开十二届九次全委（扩大）会暨“建功立业大竞赛、和谐企业大创建、温暖万家大帮扶”活动总结表彰大会，庆祝“五一”国际劳动节，表彰两年来在“三次活动”中涌现出来的先进集体和先进个人。县委副书记、县长肖玉文，县委副书记梅梅，县人大常委会主任胡小明，县政协主席邓炳根，县委常委、常务副县长涂仕华，县委常委、副县长杨保根，县委常委、统战部长胡炜等出席。

【领导活动】

4月7日

下午，由市委组织部、市委农工部和市委党校联合举办的全市“双带两服务”工作动员暨培训会在南昌县召开。市委常委、组织部长杨人平，市委常委凌学仁，县委副书记、县长肖玉文，市委党校校长赵刚平，市委组织部基层办主任邹艾民，县领导梅梅、王小文、魏根金等出席；市委农工部副部长、市农业开发办主任陶海龙主持会议。

4月10日

上午，省委常委、市委书记余欣荣来到蒋巷联圩西舍段水利防汛护坡工程建设现场，实地察看南昌县当前防汛准备工作情况。市委常委凌学仁，市委副秘书长、办公厅主任李福如，市政府副秘书长、市委农工部部长王肇赣，市水利局党组书记沈杰，市水利局局长李克荣，县委副书记、县长肖玉文等陪同。

4月15日

下午，市人大常委会主任雷武江，市人大副主任连樟寿、万先勇等来到南昌县视察民生工程建设情况。县委副书记、县长肖玉文，县委副书记梅梅，县人大常委会主任胡小明，县委常委、副县长杨保根，县人大常委会副主任万德珍，副县长程雷佬等陪同。

4月18日

上午，全市2010“相约象湖·诗咏新城”谷雨诗会暨颁奖仪式在南昌县东新乡举行。省文联主席刘华，市人大副主任姚燕平，市政协副主席侯捷，市委宣传部副部长罗水长，市文联主席、党组书记李敏，市文明办副主任罗小红，县领导胡小明、涂莉华等出席。

4月19日

上午，省住房和城乡建设厅厅长陈俊卿、副厅长王建平率出席省住建厅2010年第一次推进新型城镇化和城市建设现场督查调度会的全体与会人员来到南昌县督查调度推进新型城镇化和城市建设工作。市、县领导赵东亮、黄春平、肖玉文、涂仕华、徐海波，县长助理熊国爱等陪同。

4月22日

上午，由省人大常委会委员、环境与资源保护委员会主任委员肖远湛带领的省人大常委会2010年环保赣江行调研组来到南昌县调研。市委常委、副市长卢晓健，市人大常委会副主任万先勇，县人大常委会副主任陈秀梅，副县长章光文等陪同。

▲全市环保能力建设工作调度会在南昌县召开。市委常委、副市长卢晓健，市环保局局长陶志，县委常委、统战部长胡炜等出席。

▲下午，省政协副主席朱张才率领省政协专题调研组来到南昌县，就“大力发展战略性新兴产业，促进我省经济结构调研”进行专题调研。市政协副主席王水苟，市政府副秘书长胡晓海，市政协经济科技委员会主任李建平，市发改委副主任张小飞，县领导徐海波、涂莉华、张军等陪同。

▲下午，南昌县在小蓝经济开发区召开豫章罗氏忠孝祠建设工作调度会。市人大常委会副主任罗为民，县委副书记、县长肖玉文，豫章罗珠文化研究会会长罗时杰、副会长罗炳贵等出席。

4月23日

上午，省委常委、市委书记余欣荣来到南昌县长乐联圩、红旗联圩视察防汛准备工作情况。市委常委凌学仁，市委副秘书长、办公厅主任李福如，市水务局党组书记沈杰，市水务局局长李克荣，县委副书记、县长肖玉文等陪同。

▲ 下午，由省人大常委、省人大内司委主任委员胡波率领的省人大常委会妇女权益保障法执法检查组来到南昌县，就贯彻实施《妇女权益保障法》情况进行检查。市人大常委会副主任白波主持座谈会，县人大常委会副主任熊鹰，副县长胡显勇等出席。

4月24日

上午，市委常委、常务副市长赵东亮，市委常委、副市长卢晓健，副市长黄春平等来到南昌县督查“五大组团”开发建设情况。县委副书记、县长肖玉文，县委常委、常务副县长涂仕华，县长助理熊国爱等陪同。

4月26日

下午，国家商务部部长陈德铭来到南昌县调研商贸流通工作。省长吴新雄，省委常委、市委书记余欣荣，副省长熊盛文，省商务厅厅长伍再谦，市委常委、常务副市长赵东亮，市长助理高鹰群，县委副书记、县长肖玉文等陪同。

4月27日

下午，以省人大常委、省人大内司委主任委员胡波为组长的专题调研组来到县人民法院，就人民陪审员工作进行专题调研。省高级人民法院副院长方晓春，市人大常委会副主任白波，市中级人民法院院长赖永芳，市人大内司委副主任委员耿承军，县委常委、政法委书记熊运浪，县人大常委会副主任熊鹰，县法院院长李红刚等陪同。

【工交财贸】

4月6日

上午，市旅游局纪检组长陈丹率领市扩大内需促进经济增长政策落实检查组来到南昌县，对扩大内需促进经济增长政策落实暨工程建设领域突出问题专项治理工作进行检查。县委常委、常务副县长涂仕华等陪同。

▲下午，县委副书记、县长肖玉文会见中食集团总经理蔡永峰一行。副县长涂莉华等会见时在座。

4月15日

上午，以市纪委常委、干部室主任李紫敬为组长的市“三大工程”检查组来到南昌县，就“经济大发展、城乡大变样、文明大提升”三大工程建设推进情况进行检查。县委常委、常务副县长涂仕华等陪同。

4月18日

上午，南昌永康五金城，中国门都南昌市场授牌仪式暨永康产品交易开盘庆典在东新乡南昌小商品城举行。县委副书记、县长肖玉文，县委副书记梅梅，浙江永康市委副书记、政法委书记徐华水，永康市委常委、副市长陈美蓉，中国门业协会副会长徐步云等为南昌永康五金城、中国门都南昌市场授牌。县委常委、小蓝经济开发区党工委书记徐海波，副县长涂莉华等出席授牌仪式。

4月20日

由国家发展改委重大项目稽察办特派员孙波率领的中央扩大内需促进经济增长政策落实暨治理工程建设领域突出问题检查组来到南昌县开展专项检查。县委常委、常务副县长涂仕华等陪同。

4月23日

上午，“口岸物流专题调研会”在县对外合作局举行。省商务厅口岸管理处处长黄四方，副处长罗江辉，市外经委副主任赵国华等出席。

4月27日

上午，县委副书记、县长肖玉文来到小蓝经济开发区江西直方数控动力有限公司，就项目推进情况现场办公，帮助企业协调解决当前遇到的困难和问题。

4月28日

下午，县委常委、政法委书记熊运浪在县经贸委主持召开国有工业、企业改革推进工作调度会。

【城市建设与管理】

4月8日

上午，县委副书记、县长肖玉文在视察县城莲塘部分重点项目进展时强调：要下决心，排除万难，快速推进县城莲塘新型城镇化建设，要突出重点、破解难点、呈现亮点，力争实现莲塘镇城镇化建设水平在全省排名争先进位。县委副书记梅梅，县长助理熊国爱等陪同视察。

4月9日

上午，县委副书记、县长肖玉文率领县直有关部门负责人来到莲塘镇调度县城莲塘新型城镇化建设工作，现场协调解决相关问题。县委常委、常务副县长涂仕华，县人大常委会副主任李木旺，县长助理熊国爱等参加。

【农业与农村工作】

4月2日

上午，县委常委、常务副县长涂仕华，副县长胡显勇来到幽兰、泾口两个乡镇，检查防汛准备工作。

▲下午，县委副书记梅梅来到赣东大堤视察防汛组织机构、防汛物资储备和堤顶公路通车等情况。县人大常委会副主任熊鹰，县政协副主席万德珍等陪同。

4月7日

上午，由重庆市市委常委、秘书长范照兵，农业部副部长高鸿宾，湖北省人大常委会副主任周坚卫，北京市副市长夏占义，青海省省委常委，西宁市市委书记王建军组成的中央党校省部级研修班调研组来到南昌县，就农业增长方式转变的课题进行调研。省农业厅副厅长张忠平、马岩波，市农业局局长程其调，副县长程雷佬等陪同。

4月8日

上午，县委常委、统战部部长胡炜，县人大常委会副主任伍曦等来到抚西大堤，检查防汛准备工作情况。

4月12日

下午，县委副书记、县长肖玉文来到塔城乡检查防汛准备工作和农业产业化发展情况。县人大常委会副主任李木旺、王三毛，县政协副主席万德珍等陪同检查。

4月15日

上午，县委副书记、县长肖玉文来到南新乡察看当地农田受灾情况和现场调度防汛排涝工作。县人大常委会副主任伍曦，县政协副主席张军，县法院院长李红刚，县长助理熊国爱等陪同。

▲上午，由省林业厅森林病虫害防治局局长熊起明带领的省造林绿化工程检查组来到南昌县检查“森林城乡、花园南昌”造林绿化工程建设情况。市林业局局长樊三宝，副县长程雷佬等陪同。

4月18日

上午，县委副书记、县长肖玉文召集相关部门和泾口乡部分受灾村负责人召开内涝救灾协调会，现场解决相关问题。县委常委、农工部长魏根金，县人大常委会副主任王三毛等参加。

4月19日

县委常委、农工部长魏根金先后来到泾口乡、南新乡，检查指导防汛排涝工作。

4月27日

县委副书记、县长肖玉文先后来到广福镇、黄马乡，就农村垃圾处理和信访稳定工作进行调研。

4月28日

上午，全市农村党员群众创业技能培训示范班在南昌县开班。省委组织部党员教育管理处处长李长根，市委组织部常务副部长朱东，市科协主席姚晓明，县委常委、组织部长王小文等出席。

【政法工作和社会治安综合治理】

4月23日

上午，南昌县在东新乡与新建县生米镇联合成立人民调解委员会。县委常委、政法委书记熊运浪，新建县政协副主席、司法局局长毛盛杰等出席成立大会。

【科教文卫体和计生工作】

4月1日

南昌县在县委党校举行旅游理论知识讲座。县委副书记梅梅、副县长胡显勇、县政协副主席万德珍等聆听讲座。

▲上午，全县文化广播电视旅游新闻出版工作会议在昌南迎宾馆召开。副县长胡显勇，县政协副主席万德珍等出席会议。

4月9日

下午，县教体局召开深入学习实践科学发展观活动总结大会。

4月21日

上午，中国文物信息咨询中心主任游庆桥来到南昌县开展文物调查和数据库管理系统建设项目数据审核工作。省文化厅博物馆处处长孙家骅，副县长胡显勇等陪同。

4月22日

上午，县委常委、统战部长胡炜来到塔城乡，就乡镇旅游产业发展情况进行调研。

4月23日

上午，武阳镇举行建设曹雪芹文化纪念馆研讨会。县政协主席邓炳根，县人大常委会副主任李木旺，副县长胡显勇等出席。

4月29日

下午，南昌县在县综合楼召开人口和计划生育重点工作推进会。县委常委、农工部长魏根金，副县长程雷佬等出席。

【人武工作】

4月1日

上午，县预备役五七高炮营党委（扩大）会议在县质监局召开。县委常委、副县长、县预备役五七高炮营教导员杨保根出席并讲话。

4月16日

下午，南昌县民兵双25高炮一连点验大会在南昌警备区举行。南昌警备区政治部主任汪健康，县委常委、统战部长胡炜，县委常委、县人武部部长汪火明，县人武部政委姜清波等出席点验大会。

【信访工作】

4月9日

下午，县委副书记、县长肖玉文在小蓝经济开发区主持召开全县信访工作紧急调度会，就解决近期以来全县信访突出问题进行安排部署。县委副书记梅梅，县委常委、政法委书记熊运浪，县委常委、统战部长胡炜，县委常委、小蓝经济开发区党工委书记徐海波，副县长胡显勇，县法院院长李红刚，向塘开发区管委会主任黄志清，县长助理熊国爱等出席调度会。

4月10日

下午，县委副书记、县长肖玉文在县信访局公开接访。县委副书记梅梅，县委常委、常务副县长涂仕华，副县长、县公安局局长张增和，县法院院长李红刚，县长助理熊国爱等参加接访。

4月16日

上午，县委常委、政法委书记熊运浪在县信访局接待上访群众。

4月17日

上午，县委副书记、县长肖玉文来到县信访接待中心公开约访，现场协调解决群众反映的有关问题。县委副书记梅梅，县委常委、副县长杨保根，县委常委、政法委书记熊运浪，副县长、县公安局长张增和，县长助理熊国爱等参加约访。

4月20日

县委常委、政法委书记熊运浪，县人大副主任李木旺，副县长涂莉华等在县信访局接待上访群众。

4月21日

县委副书记、县长肖玉文在县政府会议室接待上访群众代表，副县长、县公安局局长张增和等参加接待。

4月29日

县委常委、政法委书记熊运浪在县信访局接待上访群众。

【群团工作】

4月29日

上午，南昌县在县文化会展中心举行“传唱经典·青春之歌”暨纪念“五四”运动91周年主题集会。团市委副书记万欣，县委常委、统战部长胡炜，县人大常委会主任伍曦，副县长胡显勇，县政协副主席伍目连等出席。

【环保工作】

4月16日

上午，由国家环保部监察局副局长王清华率领的工程建设领域突出环境保护问题排查工作专项监督检查组来到南昌县实地指导检查工程建设领域的规划环评、项目环评、环境管理以及环保设施等情况。县委副书记、县长肖玉文，县委常委、副县长杨保根等陪同检查。

4月20日

上午，市工信委副主任姜方保等一行来到小蓝经济开发区，对小蓝经济开发区的生态工业园区总体发展与建设进行调研。

【友好往来】

4月16日

余干县政协主席张自生来到南昌县参观考察鄱阳湖生态区建设情况。县政协主席邓炳根，县委常委、小蓝经济开发区党工委书记徐海波，县政协副主席姜润根、李植等陪同。

4月19日

下午，由北京市通州区人大常委会副主任罗明光带领的人大考察团来到南昌县参观考察，县人大常委会副主任黄连科、伍曦等陪同。

【其他重要工作】

4月8日

上午，全县供销工作会在昌南迎宾馆召开。县委常委、副县长杨保根，县人大副主任陈秀梅，县政协副主主席张军，市供销社副主任樊保仁等出席。

4月10日

上午，以原国家农业部副部长宋树有带队的国家发改委总部经济课题组来到南昌县塘南镇，就鄱阳湖生态经济区开发建设进行调研。

4月13日

上午，以市纪委副书记薄成诚为组长的市督查组来到南昌县，就民生领域三个突出问题专项治理工作进行督查。县委常委、常务副县长涂仕华，县委常委、政法委书记熊运浪等出席汇报会。

4月16日

上午，南昌县2010年“创新——感恩活动年”启动仪式在澄碧湖广场举行。市关工委常务副主任经自麟，县委副书记梅梅，县委常委、统战部长胡炜，县人大常委会副主任伍曦，县政协副主席万德珍等出席。

▲下午，小蓝经济开发区召开深入学习实践科学发展观活动总结大会。副县长章光文出席并讲话 。

4月19日

下午，“建设鄱阳湖生态经济区、探索科学发展新路子”宣讲团分三组来到莲塘镇、冈上镇、南新乡进行宣讲。县委常委、统战部长胡炜出席莲塘镇的宣讲报告会。

4月20日

下午，由省鄱阳湖水利枢纽工程办公室副主任齐红带领的省鄱阳湖水利枢纽工程调研组来到南昌县，就鄱阳湖水利工程建设征求意见和建议。县委常委、县委农工部长魏根金等陪同。

4月23日

上午，中央电视台《购物街》欢乐南昌行来到南昌县黄马乡凤凰沟景区进行选拔活动。县委常委、统战部长胡炜参加并致辞。

4月27日

上午，县工商联塔城分会开展向玉树地震灾区捐款活动。县委常委、统战部长胡炜，副县长、县红十字会会长胡显勇，县政协副主席、县工商联会长吴克芳等出席。

▲下午，省节能目标责任评价考核组在组长汪剑平带领下，来到南昌县检查2009年度节能工作情况。副县长胡显勇等陪同。

4月29日

上午，南昌县“低碳生活 · 青春之行”村级团支部自行车发放暨青年企业家协会授牌仪式在县文化会展中心举行。共青团江西省委书记王少玄作讲话并宣布“低碳生活 · 青春之行”活动正式启动。县委副书记、县长肖玉文，团省委办公室主任蔡清平，县人大常委会主任胡小明，团省委组织部副部长黄煜，团市委副书记万欣，县领导胡炜、伍曦、胡显勇、伍目连等出席。

【乡镇工作】

4月2日

上午，蒋巷镇柏岗山村召开全体党员和村组干部动员大会，就“三责村”整改工作进行动员部署。县委副书记梅梅，副县长、县公安局局长张增和，市“三责村”整改工作组成员等出席。

4月7日

上午，三江镇召开深入学习实践科学发展观活动总结大会。县政协副主席万德珍出席并讲话。

4月8日

上午，南新乡召开深入学习实践科学发展观活动总结大会。县人大常委会副主任黄连科出席并讲话。

4月9日

上午，塔城乡召开深入学习实践科学发展观活动总结大会。县人大常委会副主任陈秀梅出席并讲话。

▲上午，向塘镇召开深入学习实践科学发展观活动总结大会。向塘开发区管委会主任黄志清出席并讲话。

4月13日

下午，莲塘镇召开深入学习实践科学发展观活动总结大会。县人大常委会副主任王三毛出席并讲话。

4月14日

上午，广福镇召开深入学习实践科学发展观活动总结大会。县政协副主席万德珍出席并讲话。

4月16日

上午，八一乡召开深入学习实践科学发展观活动总结大会。

4月16日

幽兰镇召开深入学习实践科学发展观活动总结大会。县政协副主席张军出席并讲话。

▲下午，象湖新城（东新乡）召开深入学习实践科学发展观活动总结大会。县人大常委会副主任王三毛出席并讲话。

五 月

【重要会议】

5月3日

上午，南昌县在县综合楼会议室组织收听收看全国综治维稳工作电视电话会。县委副书记、县长肖玉文，县委常委、政法委书记熊运浪，县法院院长李红刚等参加收听收看。

5月5日

下午，南昌县召开民生领域“三个突出问题”专项治理工作调度会。县委常委、常务副县长涂仕华出席并讲话。

5月6日

下午，南昌县在县综合楼组织收听收看全省重大项目建设动员电视电话会。县委副书记、县长肖玉文，县委常委、常务副县长涂仕华等参加收听收看。

5月7日

县人大宣传工作会在县综合楼召开。县人大常委会副主任黄连科出席并讲话。

5月11日

上午，南昌市第六次人口普查综合试点工作动员会在南昌县召开。省人口处处长、省人口普查办常务副主任韩志生，市第六次人口普查领导小组副组长、市统计局局长万仁如，市统计局副局长、市人口普查办主任曾庆道，县委常委、常务副县长涂仕华等出席。

▲上午，南昌县在县综合楼组织收听收看全市贯彻实施四项监督制度进一步提高选人用人公信度视频会议。县委常委、政法委书记熊运浪，县委常委、组织部长王小文等参加收听收看。

5月14日

上午，南昌县在县综合楼组织收听收看全省“创先争优”活动电视电话会议。县委副书记、县长肖玉文，县委副书记梅梅，县委常委、组织部长王小文，向塘开发区管委会主任黄志清，县公安局政委周庆鲁等参加收听收看。

5月15日

下午，县委副书记、县长肖玉文在县综合楼主持召开县政府第31次常务会议。县委常委、常务副县长涂仕华，县委常委、副县长杨保根，副县长胡显勇、张增和、涂莉华、程雷佬、章光文，县长助理熊国爱等出席会议；县人武部政委姜清波等列席会议。

5月18日

上午，县委副书记、县长肖玉文在县综合楼主持召开第八次县委常委（扩大）会议，听取英雄经济开发区交接情况汇报，分析研究南昌县经济指标增幅在全市排位情况和重大重点项目推进工作。县委副书记梅梅，县委常委涂仕华、杨保根、熊运浪、胡炜、王小文、徐海波等出席；县人大常委会主任胡小明，县政协主席邓炳根等列席会议。

▲下午，县委副书记、县长肖玉文在县综合楼主持召开2010年县规划委员会第三次会议。县人大常委会主任胡小明，县政协主席邓炳根，县委常委、常务副县长涂仕华，县委常委、小蓝经济开发区党工委书记徐海波，副县长涂莉华、程雷佬等出席会议；县委常委、人武部长汪火明等列席会议。

5月24日

下午，县委副书记、县长肖玉文在县综合楼主持召开2010年第九次县委常委（扩大）会议。县委副书记梅梅，县委常委涂仕华、杨保根、熊运浪、胡炜、徐海波、魏根金等出席会议；县人大常委会主任胡小明、县政协主席邓炳根等列席会议。

5月28日

上午，南昌县国民经济和社会发展“十二五”规划编制工作动员会在县综合楼召开。县委常委、常务副县长涂仕华出席并讲话。

▲上午，南昌县召开第六次人口普查领导小组工作会。县委常委、常务副县长涂仕华出席并讲话。

【领导活动】

5月11日

下午，副市长刘家富来南昌县调研。县委副书记、县长肖玉文，副县长涂莉华等陪同。

5月13日

下午，副市长刘家富来到南昌县赣江南支蒋巷段检查非法采砂管理工作。市水利局局长李克荣，市水利局纪检书记杨剑波，市公安局副局长马世国，县委常委、农工部长魏根金等陪同。

5月16日

上午，副省长熊盛文来到南昌县，视察农家书屋工程建设情况，看望农家书屋的残疾人管理员。省政府副秘书长吴志明，省残联党组书记李秋生，巡视员熊德福，市委常委、副市长卢晓健，省残联副理事长宋寅安、李芳萍，省新闻出版局副局长刘平，市残联副理事长丁惠兴，市文化新闻出版局副局长熊伟，县委副书记梅梅，县委常委、副县长杨保根，副县长胡显勇等陪同。

5月20日

下午，省纪委常委、监察厅副厅长刘卫平来到南昌县，就规范、提高公共资源交易中心建设工作开展调研。市委常委、纪委书记刘东明，市纪委副书记、监察局局长曾亦冰，县委常委、常务副县长涂仕华，县委常委、政法委书记熊运浪，向塘开发区管委会主任黄志清等陪同。

5月22日

上午，以全国政协副主席、农工党中央党务副主席陈宗兴为团长的无党派人士界全国政协委员赴江西调研团来到南昌县蒋巷镇，就“鄱阳湖生态保护和生态补偿”情况进行调研。副省长谢茹，省政协副主席刘晓庆，省政协秘书长、人口资源环境委员会主任冷芬俊，市政协副主席龙国英，市政协城建人口环资委主任王洪昌，县政协主席邓炳根，县委常委、副县长杨保根，副县长程雷佬，县政协副主席伍目连等陪同。

▲上午，以国务院参事刘坚为团长，郎志正和曲淮枝参事为副团长的国务院参事“江西鄱阳湖生态经济调研组”来南昌县调研。市政协副主席侯捷、副县长章光文等陪同。

5月25日

市委常委凌学仁来到南昌县塔城、向塘、黄马等地检查指导新农村建设工作。市政府副秘书长、市委农工部部长王肇赣，市委农工部副部长刘荣根，县委常委、农工部长魏根金，向塘开发区管委会主任黄志清等陪同。

5月26日

上午，省检察院检察长曾页九来到南昌县检察院调研督导工作。副市长刘家富，市检察院检察长沙闻麟随同调研。县委常委、政法委书记熊运浪，县检察院检察长张振川等陪同。

【工交财贸】

5月7日

副县长涂莉华会见软银中国创业投资有限公司高级顾问陈琪航一行，就该企业在南昌县投资软银江西事业处及汽车4S店项目进行商谈。

5月10日

上午，县委副书记、县长肖玉文在县综合楼会见室会见来南昌县投资考察的江苏新航程房地产开发有限公司董事长谢建。县委常委、农工部长魏根金，副县长程雷佬等会见时在座。

▲ 县人大常委会副主任李木旺，副县长涂莉华在小蓝经济开发区会见台湾日捷集团国际尖端股份公司董事长邓忠仁，就日捷集团在南昌县投资锡球生产项目进行洽谈。

▲副县长涂莉华在小蓝经济开发区会见长荣集团联络人庄秋万、台湾士邦物流江西大区总经理林美雪，就长荣集团在南昌县投资连锁酒店项目交换了意见。

5月11日

上午，县委副书记、县长肖玉文在县综合楼会见室会见台湾润泰集团康成投资（中国）有限公司中国区发展部开发经理薛念谷一行，双方就推进大润发超市项目建设进行了商谈。县委常委、常务副县长涂仕华，副县长涂莉华等会见时在座。

▲下午，县委副书记、县长肖玉文，县委常委、小蓝经济开发区党工委书记徐海波等在小蓝经济开发区会见中粮可口可乐有限公司战略规划总监庆立军一行。

5月13日

上午，县委副书记、县长肖玉文来到莲塘大道，就沿线的有关项目推进情况进行视察和调度。

县委常委、副县长杨保根，副县长程雷佬，县长助理熊国爱等陪同。

5月15日

台湾华容集团宝全股份有限公司副总刘瑞安一行到南昌县小蓝经济开发区、塔城乡参观考察。县人大常委会副主任王三毛会见并陪同考察。

5月17日

县委副书记、县长肖玉文，县人大常委会副主任李木旺，副县长涂莉华在小蓝经济开发区会见台湾长荣集团长净国际开发有限公司总经理张金万、日捷集团董事长叶坤城一行，就两企业在南昌县投资长荣桂冠酒店项目及锡球生产项目进行交谈。

5月19日

副县长涂莉华在县政府办公室会见软银中国创业投资有限公司高级顾问陈琪航一行，就软银在南昌县投资江西事业处及汽车4S店项目的合同具体条款进行进一步洽谈。

5月20日

下午，县委统战部组织各民主党派的专家学者来到泾口乡，开展“环鄱阳湖经济区”建设调研活动。县委常委、统战部长胡炜，县政协副主席、县工商联主席吴克芳，县政协副主席伍目连等出席座谈会。

5月24日–28日

县委副书记、县长肖玉文，县委常委、小蓝经济开发区党工委书记徐海波，副县长涂莉华等前往香港参加江西（香港）招商引资活动周，在香港成功承办了2010南昌（香港）食品产业投资环境说明会，并完成了省、市下达的客商邀请及项目签约任务。

5月25日

上午，县委常委、副县长杨保根先后来到莲塘大桥、莲塘大道、莲塘客运站规划用地以及莲武路社区、彭家村等地视察县城环境整改和绿化美化情况。

5月28日

上午，县委副书记、县长肖玉文在小蓝经济开发区会见天纳同泰（大连）排气系统有限公司总经理庞雪峰。县委常委、小蓝经济开发区党工委书记徐海波会见时在座。

【城市建设与管理】

5月14日

上午，国家土地督察南京局副专员李恩才在南昌县主持召开土地宏观调控政策座谈会，认真听取对国家土地宏观调控政策落实情况的建议和意见。市国土资源局局长徐茂辉，县委副书记、县长肖玉文，县委常委、小蓝经济开发区党工委书记徐海波，副县长程雷佬等出席。

5月24日

上午，全县科级领导干部城乡规划建设管理知识培训班开学典礼在县委党校举行。县委副书记、县长肖玉文，县委副书记梅梅，县委常委、组织部长王小文，向塘开发区管委会主任黄志清等出席。

5月26日

下午，省国土资源厅厅长胡宪来到南昌县，就城乡建设用地增减挂钩试点工作进行调研。省国土资源厅总规划师张圣泽，市国土资源局局长徐茂辉，副局长陈献忠，县委副书记梅梅，副县长程雷佬等陪同。

▲下午，市政府副秘书长、市建委主任龚亚立带领全市2010年第一次推进小城镇建设现场督查组成员来到南昌县向塘镇和莲塘镇，就城镇建设有关情况进行检查指导。县委常委、常务副县长涂仕华，县长助理熊国爱等陪同。

5月28日

下午，全县科级领导干部城乡规划建设管理知识培训班圆满结束。县委常委、组织部长王小文出席结业典礼并为学员颁发结业证书。

【农业与农村工作】

5月8日

上午，全县失地农民基本保障专项治理工作调度会在县综合楼召开。县委常委、副县长杨保根出席并讲话。

【政法工作和社会治安综合治理】

5月8日–9日

县公安局组织全体民警到江西警察学院开展手枪实弹射击训练和比赛。副县长、县公安局长张增和，县公安局政委周庆鲁等来到现场检查指导。

5月11日

上午，省公安厅副巡视员刘刚率领校园安全稳定督导组来南昌县视察校园安全稳定工作。省综治办副调研员衷国华，副县长、县公安局局长张增和等陪同。

5月19日

上午，省公安厅党委副书记、副厅长罗永银率省政府安全生产督查组来到南昌县，督促检查安全生产工作。市公安局副局长李勇，市安监局副局长孙群力，副县长涂莉华等陪同。

5月20日

县检察院检察长张振川带领案件承办人及控申检察人员来到向塘镇，开展检察长下乡巡回接访活动。

5月21日

上午，全县“五五”普法依法治县考核验收工作动员大会在县综合楼召开。县委常委、政法委书记、县法宣领导小组组长熊运浪，县人大常委会副主任熊鹰，副县长、县公安局长张增和，县政协副主席伍目连等出席。

▲下午，县法院举行“党在心中、人民在心中、正义在心中”主题演讲比赛。县人大副主任熊鹰，县政协副主席伍目连，县法院院长李红刚等观摩演讲活动。

5月28日

上午，县工商局在县委党校举行《食品安全法》知识讲座。县委常委、副县长杨保根出席并讲话。

【科教文卫体和计生工作】

5月7日

上午，市旅游局党组成员、调研员林军带领市旅游局调研二组来到南昌县，就旅游产业发展情况进行调研，市旅游局副调研员帅晓萍随同调研，县委常委、统战部长胡炜等陪同。

5月8日

上午，县委统战部组织各民主党派、团体代表来到冈上镇万舍村开展统一战线“送医疗、送科技、送文化”下乡村活动。县委常委、统战部长胡炜，县人大常委会主任伍曦等参加活动。

5月11日

上午，南昌县在县综合楼组织收听收看全省中小学校安全工作电视电话会。副县长胡显勇、县公安局政委周庆鲁参加收听收看。

5月14日

下午，南昌县2010年高等院校招生考试委员会（扩大）工作会议在洁惠花园宾馆召开。副县长、县高招委主任胡显勇出席并讲话。

5月15日

上午，莲塘一小举行建校八十五周年校庆庆典。县委副书记梅梅，县人大常委会主任胡小明，县政协主席邓炳根，县人大常委会副主任黄连科、李木旺、熊鹰、伍曦，县政协副主席吴克芳、李信谆、伍目连，县检察院检察长张振川等出席。

5月17日

下午，县委副书记梅梅，县委常委、统战部长胡炜视察莲塘三中新校园项目和县中医院整体搬迁项目建设进展情况。

5月19日

上午，省科技厅党组成员、纪检组长卢健来到南昌县调研科技创新发展情况。市科技局纪检组长曾茂明、副县长胡显勇等陪同。

5月29日

晚上，南昌县第二届“乡村歌会”暨八一乡第二届“乡村歌会”启动仪式在八一乡举行。

县委副书记梅梅，县委常委、统战部长胡炜，县政协副主席万德珍，市群众艺术馆馆长王薇等出席。

【人武工作】

5月11日

上午，南昌县专武干部集训班在县武装部训练基地举行。县委常委、县人武部长汪火明，县人武部政委姜清波等出席。

【信访工作】

5月8日

上午，县委副书记、县长肖玉文来到县信访接待中心公开约访，现场协调解决群众反映的有关问题。县委副书记梅梅，县委常委、政法委书记熊运浪，县委常委、小蓝经济开发区党工委书记徐海波，副县长、县公安局长张增和，副县长涂莉华，县长助理熊国爱等参加约访。

5月29日

上午，县委副书记、县长肖玉文来到县信访接待中心公开约访，现场协调解决群众反映的有关问题。县委副书记梅梅，县委常委、副县长杨保根，县委常委、政法委书记熊运浪，县委常委、农工部长魏根金，副县长、县公安局长张增和，县长助理熊国爱等参加约访。

【环保工作】

5月13日

上午，国家环保总局华东督察中心处长杨军华来到南昌县督查污染减排工作。省环保厅总量控制处处长龙刚，市环保局副局长熊晓丰，县委常委、副县长杨保根等陪同。

【友好往来】

5月6日

上午，湖口县政协副主席邹任清率湖口县政协考察团来到南昌县，参观考察鄱阳湖生态经济区建设情况。县政协副主席张军、李植等陪同。

5月7日

下午，以新建县县委常委、组织部长谭三国为团长的新建县党政代表团来到南昌县参加考察新型城镇化建设、农村违章建筑管理工作。县委常委、组织部长王小文等陪同。

【其他重要工作】

5月5日

下午，县委副书记、县英雄开发区南园交接领导小组副组长梅梅，县人大常委会副主任李木旺率交接领导小组成员来到省良种繁殖场、省种鸡场等地，就英雄开发区南园交接工作开展调研。

5月8日

上午，蒋巷镇聘请省社科院经济所所长麻智辉、省社科院社会事务所所长马雪松、省发改委能源局局长赖南京等三位专家为蒋巷镇建设鄱阳湖生态经济先行区，打造江西省绿色崛起后花园建言献策。省委宣传部副部长陈东有应邀参加座谈会。县委常委、统战部长胡炜等出席。

5月8日

上午，八一乡江南云俊农庄举行开业庆典。原市人大常委会副主任姜任保，原市人大常委会副主任、市老年体协孔炯，原市人大常委会副主任、市老年科协副主席肖永政，原市政协副主席钟乐初，县人大常委会主任胡小明，县政协主席邓炳根，县委常委、县人武部长汪火明，副县长程雷佬等出席并剪彩。

5月12日

市地震局和南昌县分别在梦里水乡和莲塘二小联合举办5·12“防灾减灾日”、地震科普宣传咨询和防震应急演练活动。省地震局副局长郑栋、市地震局局长龚来水、市地震局副局长李莉、市科技局副局长卢洪献、副县长章光文等出席并观摩活动。

5月14日

上午，南昌县在县特殊学校举行全国第二十个残疾日助残活动启动仪式。县委常委、副县长杨保根等出席并讲话。

5月19日

下午，县委副书记、县长肖玉文在小蓝经济开发区会见中国著名的八大山人研究专家、教授萧鸿鸣。

六 月

【防汛工作】

6月18日

上午，全县防汛工作紧急部署会在县综合楼召开。会议通报了当前气象情况和防汛形势，传达了省委常委、市委书记余欣荣对下阶段防汛工作作出的重要批示，并部署了全县防汛工作。县委副书记、代县长陈匡辉出席并讲话。县委常委、农工部长魏根金主持会议。

6月20日

上午，县委副书记、代县长陈匡辉在调度当前防汛工作时强调：要把防汛工作作为当前工作的重中之重来抓，加强险情排查、落实防汛责任，确保群众生命财产安全，确保全县安全度汛。县委常委、农工部长魏根金，副县长程雷佬等参加。

6月21日

上午，江西某预备役师师长张群年来到向塘镇看望奋战在抗洪抢险一线的部队官兵。县委常委、副县长杨保根，向塘开发区管委会主任黄志清等陪同。

▲县委书记肖玉文，县委副书记、代县长陈匡辉，县委副书记梅梅，县人大常委会主任胡小明，县政协主席邓炳根等来到长乐圩堤北防堤段、塔城水岚洲圩堤等防汛危险地段，察看并指挥防汛工作。

▲县委常委、副县长杨保根，向塘开发区管委会主任黄志清来到抚河大堤险工险段视察抗洪抢险工作。

▲下午，南昌警备区司令员李超来到长乐联圩北防圩堤武阳段，察看险情、慰问抗洪抢险的部队官兵。南昌警备区参谋长刘静波，县委常委、县人武部长汪火明等陪同。

▲下午，县委常委、县委统战部长胡炜，县人大常委会副主任伍曦，县政协副主席伍目连等来到抚西大堤指挥抗洪抢险工作。

▲下午，县人大常委会副主任熊鹰等来到赣东大堤视察防汛准备工作。

▲晚上，市委常委、南昌警备区政委宋增建，市人大常委会副主任戴和旺，副市长刘家富，南昌警备区司令员李超，市政府副秘书长、市委农工部长王肇赣先后来到南昌县塔城乡水岚洲视察防汛除险工作。县领导肖玉文、胡小明、梅梅、魏根金、汪火明、王三毛等陪同。

▲晚上，县委书记肖玉文，县委副书记、代县长陈匡辉，县委副书记梅梅，县人大常委会主任胡小明，县政协主席邓炳根，县委常委、农工部长魏根金，县人大常委会副主任王三毛等先后来到塔城水岚洲圩堤南州段、长乐联圩北防段进行巡查，实地了解水情，检查各项防汛措施的落实情况。

▲晚上，县防汛抗旱总指挥部召开一室三组二队负责人工作调度会，传达县委书记肖玉文，县委副书记、代县长陈匡辉对全县抗洪抢险作出的指示精神。副县长程雷佬主持会议。

▲晚上，县人大常委会副主任李木旺等来到长乐联圩塔城至武阳段，察看汛情，指挥防洪抢险。

6月22日

上午，省委副书记王宪魁，省委常委、市委书记余欣荣等来到南昌县塔城乡，现场指挥抗洪抢险。省委副秘书长潘东军，市委常委凌学仁，市人大常委会副主任戴和旺，市政府副秘书长、市委农工部长王肇赣，市水务局长李克荣，县领导肖玉文、陈匡辉、胡小明、魏根金、王三毛等陪同。

▲上午，县委副书记、代县长陈匡辉来到抚西大堤检查指导抗洪抢险工作。县委常委、统战部长胡炜，县人大常委会副主任伍曦，县政协副主席伍目连等陪同。

▲下午，县委书记肖玉文来到蒋巷镇、南新乡检查指导防汛工作，县委常委、政法委书记熊运浪，县人大常委会副主任王三毛，副县长张增和，县政协副主席张军、李信谆，县法院院长李红刚，县长助理熊国爱等陪同。

▲下午，县委副书记、代县长陈匡辉来到幽兰、泾口防洪一线指导抗洪抢险工作。县委常委、常务副县长涂仕华，副县长胡显勇，县政协副主席姜润根等陪同。

▲下午，县委副书记梅梅在赣东大堤指挥部召开防汛抢险调度会，就防汛抢险工作进行部署。县人大常委会副主任陈秀梅、熊鹰，县政协副主席万德珍等出席。

▲晚上，县委副书记、代县长陈匡辉来到中洲联圩抚河干流向塘段，视察险情处置和防汛准备工作。县委常委、副县长杨保根等陪同。

▲晚上，县委副书记梅梅，县政协主席邓炳根，县人大副主任熊鹰、县政协副主席万德珍等来到赣东大堤现场指挥抢险工作。

6月23日

上午，县委副书记、代县长陈匡辉来到象湖联圩视察防汛准备工作。县人大常委会主任胡小明，县委常委、小蓝经济开发区党工委书记徐海波等陪同。

▲上午，南昌县组织720名民兵预备役人员来到蒋巷、南新圩堤，清理圩堤上的杂草、树木，消除安全隐患。南昌警备区司令员李超，县委常委、县武装部长汪火明等来到现场进行指导。

▲市委副书记、市委秘书长、统战部长蔡社宝，市人大常委会副主任白波，市政协副主席王水苟等来到南昌县指导防汛工作。县领导肖玉文、邓炳根、熊运浪、魏根金、李木旺、王三毛、张增和、张军、李信谆，县法院院长李红刚，县公安局政委周庆鲁，县长助理熊国爱等陪同。

▲县委常委、小蓝经济开发区党工委书记徐海波，县人大常委会副主任王三毛，副县长章光文先后来到象湖联圩、沥山排灌站、八一排水道、冈上兴农航道北堤、广福航道南堤，检查指导防汛工作。

▲下午，县委副书记、代县长陈匡辉分别来到南新、蒋巷联圩检查指导防汛工作。县人大常委会主任胡小明，县政协主席邓炳根，县委常委、纪委书记、政法委书记熊运浪，副县长、县公安局长张增和，县政协副主席张军、李信谆，县公安局政委周庆鲁等陪同。

▲下午，县委常委、副县长杨保根，县政协副主席吴克芳，向塘开发区管委会主任黄志清等来到棠墅港左堤检查指导防汛工作。

▲晚上，县委书记肖玉文前往长乐联圩、红旗联圩进行巡查。县人大常委会副主任王三毛等陪同。

▲晚上，县委副书记、代县长陈匡辉在县防总会议室主持召开防汛工作调度会。县委常委、农工部长魏根金，副县长程雷佬等出席会议。

6月24日

上午，县委书记肖玉文在县防总会议室主持召开全县防汛工作调度会。会议分析了当前防汛工作形势，部署了下一步工作。县委副书记、代县长陈匡辉，县委常委、农工部长魏根金，县委常委、人武部长汪火明，副县长程雷佬等出席。

▲上午，以省水利规划设计院副总工程师胡永林为组长的省防总检查组来到南昌县，检查指导当前防汛工作。县委常委、副县长杨保根，县政协副主席吴克芳、李植，向塘开发区管委会主任黄志清等陪同。

▲晚上，县委副书记、代县长陈匡辉来到冈上镇检查指导防汛抢险工作。副县长涂莉华等陪同。

▲晚上，县防总工作例会在县防总会议室召开。副县长程雷佬出席并讲话。

6月25日

上午，市警备区司令员李超来到南昌县三江镇检查指导防汛抢险工作。县人武部政委姜清波，县政协副主席李植等陪同。

▲上午，县委副书记梅梅，县人大常委会主任胡小明，副主任陈秀梅、熊鹰，县政协副主席万德珍等来到赣东大堤指挥调度防汛抢险工作。

▲上午，省委副书记王宪魁，省委常委、市委书记余欣荣来到南昌县南新乡中徐电排站和蒋巷镇联圩五丰段等险工险段检查指导防汛工作。市委副书记、市委秘书长、统战部长蔡社宝，市人大副主任白波，市政协副主席王水苟，县领导肖玉文、熊运浪、王三毛、张增和、张军、李信谆，县法院院长李红刚，县长助理熊国爱等陪同。

▲省委组织部人才处处长胡雪梅，市委组织部副部长郑志军来到南昌县黄马乡看望慰问抗洪抢险战斗中涌现出的先进党员。县委常委、统战部长胡炜等陪同。

▲中午，省委书记苏荣亲自给南昌县委主要领导打电话，向全县防汛抗洪一线的广大干部群众、驻县部队官兵、公安干警、武警战士表示亲切的慰问！并要求全县上下继续发扬不畏艰险、不怕牺牲、连续作战的精神，克服麻痹松懈的思想，坚守岗位职责，奋力夺取抗洪抢险的全面胜利！

6月26日

上午，市委副书记、市委秘书长、统战部长蔡社宝来到南昌县就防汛工作开展调研。县委书记肖玉文，县委副书记、代县长陈匡辉，县委常委、农工部长魏根金，县委常委、人武部长汪火明，副县长程雷佬等陪同。

▲上午，县政协主席邓炳根，副县长、县公安局长张增和，县政协副主席张军，县法院院长李红刚，县长助理熊国爱等在南新乡中徐电排站现场指导防汛抢险，排除安全隐患。

▲上午，赣东大堤沿线各乡镇在县防总的统一部署下，对大堤两侧的杂草杂物进行了集中清理。县领导梅梅、陈秀梅、熊鹰、万德珍等巡查清理工作。

▲下午，市委副书记、市委秘书长、统战部长蔡社宝来到南昌县长乐联圩、红旗联圩部队险情险段，现场督导防汛工作。县领导肖玉文、邓炳根、涂仕华、王小文、魏根金、黄连科、李木旺、胡显勇、姜润根，县检察院检察长张振川等陪同。

▲下午，县委副书记、代县长陈匡辉来到南新乡和蒋巷镇慰问坚守在一线的防汛清障部队官兵，为他们送去了食物和防暑药品，县人大常委会主任胡小明，县委常委、人武部长汪火明，副县长、县公安局长张增和等陪同。

▲晚上，县委常委、副县长杨保根，向塘开发区管委会主任黄志清等来到棠墅港左堤沙潭村

樟树段现场指导处置险情。

▲晚上，县防总召开抗洪抢险调度会，传达市委副书记、秘书长、统战部长蔡社宝对南昌县抗洪抢险工作作出重要指示精神，分析当前防汛形势，部署下一阶段工作。副县长程雷佬主持会议。

▲晚上，县委常委、常务副县长涂仕华来到长乐联圩泾口段指导电排站二坡加固。

▲晚上，以省河道船舶管理局局长郭志杰为组长的省防总检查组来到南昌县，检查指导当前的防汛工作。县委常委、副县长杨保根，向塘开发区管委会主任黄志清等陪同。

6月27日

上午，市督查组来到南昌县三江联圩检查指导防汛工作。县政协副主席李植等陪同。

▲下午，县委副书记、县防总副总指挥梅梅来到蒋巷联圩视察防汛清障工作，对奋战在清障一线的北京武警森林机动支队驻赣部队官兵表示慰问。

▲晚上，县委常委（扩大）会议在县综合楼会议室召开。会议传达贯彻省委书记苏荣来南昌县南新联圩视察指导防汛工作时所作的重要讲话精神和市委常委（扩大）会议精神。分析总结南昌县前阶段防汛抢险工作，对下一阶段防汛和各项经济指标双过半工作进行研究部署。县委书记肖玉文主持会议，县委副书记、代县长陈匡辉传达省委书记苏荣在南新联圩视察指导防汛工作时所作的重要讲话精神。县委副书记梅梅，县委常委涂仕华、杨保根、熊运浪、胡炜、王小文、徐海波、魏根金、汪火明等出席会议；县人大常委会主任胡小明、县政协主席邓炳根等列席会议。

▲晚上，县委书记、县防总总指挥肖玉文来到抚河干流向塘段、中洲抗洪分指挥所、棠墅港左堤等地督查防汛工作。县委常委、副县长杨保根，向塘开发区管委会主任黄志清等陪同。

6月28日

上午，省纪委常委李泉新率省纪委督导组来南昌县督导防汛工作。市委常委、纪委书记刘东明，市纪委副书记、监察局长曾亦冰，县委书记肖玉文，县委常委、纪委书记、政法委书记熊运浪，副县长、县公安局长张增和，县长助理熊国爱等陪同。

▲上午，县委副书记、代县长陈匡辉来到赣江大堤检查指导防汛工作。县委副书记梅梅，县人大常委会副主任陈秀梅、熊鹰，县政协副主席万德珍等陪同。

▲下午，南昌县在蒋巷镇召开蒋巷联圩防汛工作再动员、再部署、再落实会议，传达学习。27日晚上，召开的县委常委（扩大）会议精神，安排部署下一阶段的防汛工作。市人大常委会主任白波作讲话，县委书记肖玉文主持会议，县委常委、纪委书记、政法委书记熊运浪，县政协副主席李信谆，县公安局政委周庆鲁等出席。

▲晚上，县防总召开抗洪抢险调度会，传达省纪委督查组督查南昌县防汛工作的情况和县委常委扩大会议精神，分析当前形势，部署下一阶段工作。副县长程雷佬主持会议。

▲晚上，县委副书记、代县长陈匡辉来到泾口乡小莲电排站察看险情处置情况，与水利技术

员一道集中会商解决险情的办法。县委常委、常务副县长涂仕华，县政协副主席姜润根等陪同。

【重要会议】

6月5日

下午，市委副书记、秘书长、统战部长蔡社宝，市委组织部常务副部长朱东来到南昌县传达宣布省委、市委关于南昌县委县政府主要领导调整的决定。根据省委决定，肖玉文同志任中共南昌县委书记；根据市委决定，陈匡辉同志任中共南昌县委委员、常委、副书记，提名为县长候选人。

6月7日

下午，南昌县在县综合楼组织收听收看全省公共卫生与基层医疗卫生事业单位实施绩效工资暨返城安置就业知青养老保障实施工作电视电话会。县委常委、副县长杨保根等参加收听收看。

▲晚上，县委书记肖玉文在县综合楼主持召开第十次县委扩大会，县委副书记陈匡辉、梅梅，县委常委涂仕华、杨保根、熊运浪、王小文、徐海波、汪火明等出席会议；县领导胡小明、邓炳根、李木旺、王三毛、熊鹰、胡显勇、张增和、涂莉华、程雷佬、章光文、万德珍、吴克芳、张军、李信谆、姜润根、伍目连、李植，县人武部政委姜清波，县法院院长李红刚，县检察院检察长张振川，向塘开发区管委会主任黄志清，县公安局政委周庆鲁，县长助理熊国爱等列席会议。

6月8日

下午，副县长涂莉华在县对外合作局会议室主持召开全县开放型经济工作调度会议。

6月10日

上午，南昌县在县综合楼组织收听收看全市开展创先争优活动电视电话会。县委书记肖玉文，县委副书记梅梅，县委常委、组织部长王小文，向塘开发区管委会主任黄志清等参加收听收看。

6月11日

上午，县政协十届十五次常委会在县综合楼召开，会议决定县政协十届四次会议于6月23日至26日在县城莲塘举行。县政协主席邓炳根，副主席万德珍、吴克芳、张军、姜润根、伍目连、李植等出席。

▲上午，全市组工信息、网宣、《江西组工通讯》通联工作例会在南昌县召开。县委常委、组织部长王小文等出席。

▲下午，南昌县在县综合楼组织收听收看全省进一步加强改进道路安全工作电视电话会。县委常委、副县长杨保根等参加收听收看。

6月12日

南昌县在县委党校召开以“谈工作、谈不足、谈办法”为主题的全县转变经济发展工作座谈会。县委书记肖玉文主持座谈会；县委副书记陈匡辉、梅梅，县人大常委会主任胡小明，县政协主席邓炳根，县领导涂仕华、杨保根、熊运浪、王小文、徐海波、魏根金、汪火明、胡显勇、涂莉华、章光文、姜润根，向塘开发区管委会主任黄志清，县长助理熊国爱等出席。

6月17日

上午，县第十四届人大常委会第十九次会议在县综合楼召开，会议审议了有关人事任免事项和县十四届人大四次会议的有关事项。县人大常委会主任胡小明，副主任黄连科、李木旺、陈秀梅、王三毛、熊鹰、伍曦等出席会议；县委书记肖玉文，县委副书记陈匡辉，县法院院长李红刚，县检察院检察长张振川等列席会议。会议决定：接受肖玉文辞去南昌县人民政府县长职务的请求，并报南昌县第十四届人民代表大会第四次会议备案。会议决定，任命：陈匡辉为南昌县人民政府副县长、代理县长。（县人大办）

▲上午，全县滩涂造船专项整治工作调度会在富山乡召开。县委常委、副县长杨保根出席并讲话。

▲下午，南昌县在县综合楼组织收听收看全国强农惠农资金专项清理和检查工作电视电话会。副县长涂莉华、县政协副主席姜润根等参加收听收看。

6月18日

上午，全县“双拥”工作领导小组（扩大）会在县政府综合楼召开。会议就创建全省双拥模范县“五连冠”工作进行安排部署。县委副书记、代县长、县双拥工作领导小组组长陈匡辉出席并讲话，县委常委、副县长杨保根，县委常委、县人武部长汪火明，县法院院长李红刚等出席会议。

【领导活动】

6月4日

上午，市委常委凌学仁来到南昌县南新乡就高标准农田建设和农业重大重点项目推进工作进行调研。市委副秘书长、农工部长王肇赣，市委农工部副部长、农业开发办主任陶海龙等随同调研。县领导肖玉文、魏根金、程雷佬，县长助理熊国爱等陪同。

▲上午，市人大副主任连樟寿，市人大财经委主任孙育平，市安监局局长邓建新，副局长熊保根等来到南昌县检查贯彻实施《安全生产法》和《南昌市安全生产条例》情况。县委常委、小蓝经济开发区党工委书记徐海波，县人大副主任陈秀梅，副县长涂莉华等陪同。

6月19日

上午，市委统战部组织党外专家来到塘南镇开展扶贫捐赠和送法律、送医药、送科技“三下乡”活动。市政协副主席龙国英，市科协主席姚晓明，市委统战部副部长徐峰，县委常委、统战部长胡炜等参加活动。

【工交财贸】

6月1日

下午，县委副书记、县长肖玉文就加快转变经济发展方式，促进县域经济发展以及昌南组团建设等，接受《江西日报》、《南昌日报》、南昌电视台等3家省市主流新闻媒体的联合采访，县委常委、统战部长胡炜等陪同。

6月2日

上午，省商务厅副厅长陶莉萍来到南昌县，就招商引资和外贸出口企业的发展情况进行调研。县委副书记、县长肖玉文，县委常委、小蓝经济开发区党工委书记徐海波，副县长涂莉华等陪同。

6月3日

下午，福建达利食品集团有限公司副总裁许世明来南昌县小蓝经济开发区参观考察。县委副书记、县长肖玉文，县委常委、小蓝经济开发区党工委书记徐海波等陪同。

6月7日

上午，县委书记肖玉文、县委副书记陈匡辉等来到小蓝经济开发区调研。县委常委、小蓝经济开发区党工委书记徐海波，副县长涂莉华、章光文等陪同。

▲上午，县委书记肖玉文在小蓝经济开发区会见福建华莱士食品有限公司董事张仰枝一行，县委常委、小蓝经济开发区党工委书记徐海波会见时在座。

▲下午，县委副书记陈匡辉来到莲塘镇和向塘镇就经济社会发展情况进行调研。向塘开发区管委会主任黄志清参加在向塘镇的调研活动。

6月8日

副县长涂莉华在县台办会议室会见老庆祥阳光社区项目负责人，就该项目推进有关事宜进行会谈 。

6月9日

上午，泉州江西商会来南昌县考察。市外经贸委副主任赵俊、副县长涂莉华等陪同。

▲下午，县委副书记陈匡辉来到南新乡，就该乡的工业经济发展情况进行调研。县委常委、农工部长魏根金等陪同。

▲下午，以市政府副秘书长胡晓海为组长的市“百大重点项目”督查组来到南昌县督查。县委常委、常务副县长涂仕华，县委常委、小蓝经济开发区党工委书记徐海波，副县长涂莉华，县长助理熊国爱等陪同。

6月11日

下午，县委书记肖玉文在小蓝经济开发区会见泰豪集团董事长黄代放一行，县委常委、小蓝经济开发区党工委书记徐海波会见时在座。

6月13日

县委副书记陈匡辉察看昌南组团核心圈层重大重点项目的前期准备和建设工作，县委常委、常务副县长涂仕华等陪同。

▲下午，县委副书记陈匡辉来到武阳镇，就工业化建设进行调研。

6月14日

县委书记肖玉文到福建达利集团考察，并就达利集团在小蓝经济开发区投资饮料生产基地一事与集团董事长许世辉进行洽谈。县委常委、小蓝经济开发区党工委书记徐海波随同考察。

▲在省台办经济处处长喻志东的陪同下，台湾苗栗县中小企业协会考察团一行来到小蓝经济开发区、向塘开发区参观考察，副县长涂莉华，向塘开发区管委会主任黄志清会见考察团。

6月18日

上午，县委副书记、代县长陈匡辉在县综合楼会见室会见浙江新蓝天园林集团董事长王振宇一行。双方就蓝天园林黄马项目进行了商谈。县委常委、农工部长魏根金，副县长程雷佬等会见时在座。

6月19日

上午，县委副书记、代县长陈匡辉来到小蓝经济开发区就企业发展情况进行调研。县委常委、小蓝经济开发区党工委书记徐海波，副县长章光文等陪同。

6月26日

上午，直方数控柴油发动机电喷系统建设项目正式开工建设。市委常委、常务副市长赵东亮，副市长曾光辉，市政府副秘书长罗增明、胡晓海，县领导肖玉文、陈匡辉、徐海波、涂莉华、章光文，市外经贸委副主任赵俊以及直方数控董事长汪伦等出席开工仪式。

6月28日

副县长涂莉华在小蓝经济开发区管委会会议室会见前来考察的厦门向阳坊食品有限公司董事长黄俊凯、特助简昭雄，就该企业投资食品烘培基地项目进行商谈。

6月29日

上午，2010南昌县重大重点客商恳谈会在县文化会展中心举行。副市长曾光辉，市政府副秘书长罗增明，县委书记肖玉文，县委副书记、代县长陈匡辉，市外经委主任涂宗勤，县委副书记梅梅，县委常委、小蓝经济开发区党工委书记徐海波，副县长涂莉华以及福建达利集团董事长许世辉等近百位客商代表出席。

▲上午，省委常委、市委书记余欣荣在南昌园中源大酒店会见来南昌县投资发展的福建达利集团总裁许世辉一行。副市长刘家富，市委副秘书长、办公厅主任李福如，县委书记肖玉文，县委副书记、代县长陈匡辉，县委常委、小蓝经济开发区党工委书记徐海波等会见时在座。

▲上午，副市长曾光辉在县文化会展中心会见室会见华电集团新能源发展有限公司副总经理霍广钊，市政府副秘书长罗增明，县委书记肖玉文，县委副书记、代县长陈匡辉，市发改委副主任张小飞等会见时在座。

▲下午，县委书记肖玉文在小蓝经济开发区会见室会见来南昌县投资考察的北京大北农集团董事长助理、执行董事、集团投资公司总经理钟灵一行。县委常委、组织部长王小文等会见时在座。

【城市建设与管理】

6月3日

上午，县委副书记、县长肖玉文率县政府办、县发改委、县财政、城建、国土、城管、小蓝经济开发区、房管部门的主要负责同志来到莲塘镇，就推进小蓝北路改造建设工作现场办公，协调解决相关问题。县长助理熊国爱等参加。

6月7日

上午，县委副书记陈匡辉来到东新乡、象湖新城开展调研，副县长涂莉华等陪同。

6月13日

下午，县委副书记陈匡辉来到八一乡，就对接昌南组团，大力实施新型城镇化建设情况进行调研。

6月16日

上午，县委副书记陈匡辉来到县城莲塘视察市容市貌，县委常委、副县长杨保根陪同视察。

【农业与农村工作】

6月2日

上午，以省人大常委会委员、农委主任陈毓平为组长的省人大农委调研组来到南昌县，就生态农业发展情况进行调研。市人大农委主任委员魏文斌，市人大农委调研员邓卫东、姜宗祥，县人大常委会副主任王三毛，副县长章光文等陪同。

6月4日

上午，县委副书记、县长肖玉文来到南新乡和蒋巷镇，就项目推进和农村垃圾处理情况进行调研。副县长程雷佬、县长助理熊国爱等陪同。

6月7日

下午，省农业综合开发办主任章康华来到南昌县，就南新乡旋风湖高标准农田建设示范工程推进工作进行调研。市委农工部副部长、市农业开发办主任陶海龙等陪同。

6月17日

下午，县委副书记、代县长陈匡辉来到三江镇，就新型城镇化建设和蔬菜产业发展情况进行调研。

▲下午，县委副书记、代县长陈匡辉来到黄马乡，就黄马两江生态农业走廊建设和旅游产业发展情况进行调研。

6月20日

县委副书记、代县长陈匡辉来到广福、冈上两镇开展调研，详细了解两镇的经济社会发展情况，部署当前防汛工作。副县长程雷佬等陪同。

【科教文卫体和计生工作】

6月1日

县领导肖玉文、梅梅、胡炜、伍曦、万德珍等先后来到县二幼、县三幼、县特殊教育学校、莲塘三小等地走访慰问少年儿童，祝小朋友“六一”节日快乐，学习进步，为他们送去了节日礼物，并向广大辛勤耕耘的教职工致以亲切的慰问。

6月4日

国际象棋特级大师、世界冠军谢军应邀来到莲塘二中，向师生们面对面讲学传艺。

▲下午，2010年普通高考南昌县考区考务工作暨主考、副主考培训会在县教体局举行。副县长、县高招委主任胡显勇出席并讲话。

6月6日

上午，南昌县在洁惠花园宾馆举行欢迎省市巡视员、外县监考员会议。副县长、县高招委主任胡显勇出席并讲话。

▲下午，县委书记肖玉文，县委副书记陈匡辉、梅梅来到莲塘一中、莲塘二中、莲塘四中三个高考点进行巡视检查，要求各有关部门为考生提供良好的考试环境，努力营造“平安高考”的良好氛围。县人大常委会副主任伍曦、副县长胡显勇、县政协副主席万德珍随同参加巡视。

6月13日

上午，南昌县2010年中等学校招生考试委员会（扩大）工作会议在洁惠花园宾馆举行。副县长胡显勇出席并讲话。

6月13日–14日

河北社科院研究员、红学作家、全国著名红学专家王畅，著名红学专家周汝昌之子周建临等四位红学专家来到南昌县考察，县人大常委会副主任李木旺等陪同。

6月16日

下午，县人大常委会主任胡小明，县委常委、统战部长胡炜，县人大常委会副主任伍曦，县政协副主席万德珍等先后来到莲塘一中、莲塘二中、莲塘六中等中考考点，巡视中考准备工作情况。

6月17日

下午，以中国红学会副会长胡文彬为组长的中国红学专家来到南昌县考察。县人大常委会副主任李木旺等陪同。

【党的建设与干部队伍建设】

6月1日

县委常委、组织部长王小文来到南新乡、蒋巷镇两地，实地调研农村基层党建工作。

6月3日

上午，县委常委、组织部长王小文来到原英雄开发区南园银三角管理处，就党组织建设工作进行调研。

6月9日

上午，省委组织部检查组来南昌县检查在农村外出务工人员中发展党员工作。县委常委、组织部长王小文等陪同。

6月29日

下午，煌上煌集团有限公司党委召开第一届换届选举党员大会暨深入开展“创先争优”

动员会。县委副书记梅梅，县委常委、组织部长王小文，县委常委、小蓝经济开发区党工委书记徐海波等出席。

【信访工作】

6月10日

上午，县委副书记梅梅来到县信访局公开接访。

【友好往来】

6月11日

下午，由宜春市委常委、丰城市委书记冷新生，丰城市市长涂水泉率领的丰城市党政代表团来到南昌县参观考察。南昌市市长助理张根水，县委书记肖玉文，县领导陈匡辉、梅梅、胡小明、邓炳根、徐海波等陪同。

【其他重要工作】

6月10日

南昌县在赣江中支南新乡段水域举行2010年南昌县水生生物资源人工增殖放流活动。省鄱阳湖渔政局副局长黄晓平，副县长程雷佬等参加。

6月17日

下午，县公安局举办爱民实践活动演讲比赛。副县长、县公安局长张增和，县公安局政委周庆鲁观摩演讲比赛。

【干部任免】

6月5日

根据省委决定，肖玉文同志任中共南昌县委书记；根据市委决定，陈匡辉同志任中共南昌县委委员、常委、副书记，提名为县长候选人。

6月17日

根据十四届人大常委会第十九次会议决定，任命：陈匡辉为南昌县人民政府副县长、代理县长。

七 月

【重要会议】

7月1日

上午，南昌县在县综合楼召开深入开展创先争优活动动员暨农村基层党组织建设工作会议。县委书记肖玉文，县委副书记梅梅，县委常委、统战部长胡炜，县委常委、组织部长王小文，县委常委、小蓝经济开发区党工委书记徐海波，向塘开发区管委会主任黄志清等出席。

7月2日

上午，县委副书记梅梅在赣东大堤防汛分指挥部主持召开防汛抢险前一阶段工作小结会，县人大常委会副主任陈秀梅、熊鹰，县政协副主席万德珍等出席。

▲下午，县委书记肖玉文在县综合楼主持召开2010年县规划委员会第四次会议。县委副书记、代县长陈匡辉，县委副书记梅梅，县人大常委会主任胡小明，县政协主席邓炳根，县委常委、常务副县长涂仕华，县委常委、小蓝经济开发区党工委书记徐海波，副县长程雷佬等出席。

7月7日–10日

政协南昌县十届四次会议在县文化会展中心召开。县委书记肖玉文作题为《凝心聚力，奋发进取，为加快我县“四区”建设积极主动作为》的重要讲话。会议听取并审议了县政协副主席万德珍代表政协常务委员会所作的《政协南昌县第十届委员会常务委员会工作报告》；听取并审议了县政协副主席李信谆所作的《政协南昌县第十届委员会常务委员会关于十届三次会议以来提案工作情况的报告》。县领导陈匡辉、梅梅、胡小明、邓炳根、涂仕华、杨保根、熊运浪、胡炜、王小文、徐海波、魏根金、汪火明、姜清波、黄连科、李木旺、陈秀梅、王三毛、熊鹰、伍曦、胡显勇、张增和、涂莉华、程雷佬、章光文、万德珍、吴克芳、张军、李信谆、姜润根、伍目连、李植，县政协调研员刘东平、况志强、张斗，县法院院长李红刚，县检察院检察长张振川，向塘开发区管委会主任黄志清，县人武部副部长欧阳慧勇，县公安局政委周庆鲁，县长助理熊国爱等出席。

7月8日–11日

南昌县第十四人民代表大会第四次会议在县文化会展中心召开。县委书记肖玉文作重要讲话。大会听取和审议了南昌县人民政府工作报告；审查和批准了南昌县2009年国民经济和社会发展计划执行情况的报告与2010年国民经济和社会发展计划；审查批准了南昌县2009年县本级财政总预算执行情况的报告和2010年县本级财政总预算；听取审议了南昌县人大常委会工作报告、南昌县人民法院工作报告和人民检察院工作报告；补选了陈匡辉为南昌县人民政府县长。大会还表决了以上六个工作报告的决议。县领导陈匡辉、梅梅、胡小明、邓炳根、涂仕华、杨保根、熊运浪、胡炜、王小文、徐海波、魏根金、汪火明、姜清波、黄连科、李木旺、陈秀梅、王三毛、熊鹰、伍曦、胡显勇、张增和、涂莉华、程雷佬、章光文、万德珍、吴克芳、张军、李信谆、姜润根、伍目连、李植，县政协调研员张斗、况志强，县法院院长李红刚，县检察院检察长张振川，向塘开发区管委会主任黄志清，县公安局长周庆鲁，县长助理熊国爱等出席。

7月9日

下午，南昌县在县综合楼组织收听收看全省交通基础设施灾后重建电视电话会。县委常委、副县长杨保根等参加收听收看。

7月12日

上午，2010年全县三级干部大会在县文化会展中心举行。会议由县委副书记、县长陈匡辉主持，县委书记肖玉文作题为《加大力度建设“四区”，加足马力争先“百强”，奋力夺取科学发展、进位跨越的新胜利》的重要讲话。县领导梅梅、胡小明、邓炳根、涂仕华、杨保根、熊运浪、胡炜、王小文、徐海波、魏根金、汪火明等出席。

7月21日

下午，南昌县在县综合楼会议室组织收听收看全国组织系统开展创先争优活动电视电话会。县委常委、组织部长王小文参加收听收看。

7月22日

下午，小蓝经济开发区召开“大提升、大重组、大推进”工程动员，深入开展创先争优活动动员暨农村基层党组织建设工作会议。县委书记、小蓝经济开发区党工委第一书记肖玉文作讲话，县委常委、小蓝经济开发区党工委书记徐海波等出席。

▲下午，南昌县在县综合楼组织收听收看全省深入推进创先争优电视电话会。县委常委、组织部长王小文参加收听收看。

7月24日

下午，县委副书记、县长陈匡辉在县综合楼主持召开县政府第三十二次常务会议。县委常委、常务副县长涂仕华，县委常委、副县长杨保根，副县长胡显勇、张增和、涂莉华、程雷佬、章光文，县长助理熊国爱等出席；县人武部政委姜清波，县政协副主席姜润根等列席会议。

7月27日

下午，县委副书记、县长陈匡辉在东新乡主持召开昌南新城建设推进工作协调会。县委常委、常务副县长涂仕华，副县长胡显勇、涂莉华、程雷佬等出席。

7月28日

上午，南昌县行政事业单位公务卡制度改革暨资产核查和信息系统建设工作会在县综合楼召开。县委常委、常务副县长涂仕华出席并讲话。

7月29日

上午，南昌县召开"森林城乡、花园南昌"建设林木管护现场会。县委常委、农工部长魏根金，副县长程雷佬，向塘开发区管委会主任黄志清等出席。

7月30日

上午，县第十四届人大常委会第二十次会议在县综合楼召开，会议审议了有关人事任免等事项。县人大常委会主任胡小明，副主任黄连科、李木旺、陈秀梅、王三毛、熊鹰、伍曦等出席；县委常委、常务副县长涂仕华，副县长程雷佬，县法院院长李红刚等列席会议。

【领导活动】

7月2日

上午，省委副书记王宪魁来到南昌县长乐联圩、红旗联圩指导防汛抗洪工作。市委副书记、秘书长、统战部长蔡社宝，县委书记肖玉文，县委副书记、代县长陈匡辉，县委常委、组织部长王小文，县委常委、农工部长魏根金，县人大常委会副主任黄连科，县检察院检察长张振川等陪同。

7月7日

上午，省委常委、市委书记余欣荣来到南昌县蒋巷镇检查指导防汛抗洪与生产自救工作。市委副书记、市委秘书长、统战部长蔡社宝，市委常委、纪委书记刘东明，市委常委凌学仁，市委常委、南昌警备区政委宋增建，市人大常委会副主席戴和旺、白波，市政协副主席王水苟、徐荷娣、龙国英，市长助理高鹰群，市委副秘书长、办公厅主任李福如，县领导肖玉文、陈匡辉、熊运浪、李信谆，县公安局政委周庆鲁等陪同。

7月11日

上午，全市"百大重点项目"巡查考核组来到南昌县，就"百大重点项目"建设情况进行巡查考核。市委常委、常务副市长赵东亮，市委常委、副市长卢晓健，市委常委、组织部长杨人平，市人大副主任万先勇、白波，副市长黄春平、曾光辉、刘家富，市政协副主席徐荷娣、陈守国等参加巡查考核。县领导肖玉文、陈匡辉、涂仕华、徐海波、涂莉华，县长助理熊国爱等陪同。

7月18日

上午，总投资超过30亿元的江铃股份小蓝基地30万辆整车项目正式启动。省委书记苏荣出席并宣布项目启动。省委常委、省秘书长赵智勇出席项目启动仪式。省委常委、市委书记余欣荣，副省长洪礼和讲话。福特汽车全球副总裁、福特汽车（中国）公司首席执行官葛致诺致辞。省政府副秘书长胡世忠，市领导蔡社宝、雷武江、赵东亮、卢晓健、刘东明、杨人平、胡焯、周关、凌学仁、罗慧芬、黄春平、曾光辉、刘家富、王水苟，市长助理张根水、高鹰群，江铃集团董事长王锡高，县领导肖玉文、陈匡辉、梅梅、邓炳根、杨保根、熊运浪、徐海波、涂莉华、程雷佬、章光文及省、市有关部门负责同志、200 多家汽车零部件客商等出席项目启动仪式。

▲上午，省委常委、市委书记余欣荣在滕王阁会见厅会见法国弗吉亚公司亚太区副总裁阿诺德·雷逊等来昌参加江铃股份小蓝基地30万辆整车项目启动仪式的世界500强代表。市委常委、常务副市长赵东亮，副市长曾光辉，县委书记肖玉文，县长陈匡辉等会见时在座。

▲上午，省委常委、市委书记余欣荣在滕王阁会见厅会见了台湾全兴工业集团有限公司董事长黄玉麟等来昌参加江铃股份小蓝基地30万辆整车项目启动仪式的台湾知名汽车零部件供应商代表。市委常委、常务副市长赵东亮，副市长曾光辉，县委书记肖玉文，县长陈匡辉等会见时在座。

7月19日

上午，由省政协常委、人口资源环境委员会副主任陈双溪带领的省政协“关于我省野生动植物产业发展情况”调研组来到南昌县南新乡进行调研。省政协常委、副秘书长、人口资源环境委员会专职副主任龚林儿，省政协委员、省委办公厅巡视员黄绍芳，省政协委员、省地矿局原巡视员于龙江，省林业厅党组成员、副厅长詹春森，市政协副主席龙国英，省林业厅野生动植物保护管理局局长朱云贵，市政府副秘书长、农工部长王肇赣，市林业局局长樊三宝，县政协主席邓炳根，副县长、县公安局长张增和，县政协副主席张军等陪同。

▲下午，省军区政委陶正明来到南昌县南新联圩，看望慰问奋战在抗洪抢险一线的南京军区某部队官兵，勉励大家继续发扬抗洪抢险精神，坚决完成党和人民赋予的各项任务，为夺取抗洪救灾全面胜利作出更大贡献。市委常委、南昌警备区政委宋增建，南昌警备区司令员李超、参谋长刘静波，县委副书记梅梅，县委常委、县人武部长汪火明，县人武部政委姜清波等陪同。

7月21日

上午，省委常委、副省长、省防总总指挥陈达恒来到南昌县南新联圩检查指导防汛工作。市委常委凌学仁，县委书记肖玉文，市水务局局长李克荣，副县长、县公安局长张增和，副县长程雷佬，县政协副主席张军，县法院院长李红刚等陪同。

7月23日

上午，市委常委、常务副市长赵东亮来到南昌县小蓝经济开发区指导和调度“百大重点项目”推进工作，市政府副秘书长罗增明、吴长金、胡晓海、陈武、曹吉清等参加，县委书记肖玉文，县委副书记、县长陈匡辉，县委常委、常务副县长涂仕华，县委常委、小蓝经济开发区党工委书记徐海波，县长助理熊国爱等陪同。

▲上午，市委常委、市纪委书记刘东明来到南昌县，就当前防汛工作进行督导检查。县委书记肖玉文，县委常委、纪委书记、政法委书记熊运浪，县委常委、组织部长王小文，县人大常委会副主任黄连科，副县长、县公安局长张增和，县政协副主席张军，县法院院长李红刚，县检察院检察长张振川等陪同。

7月27日

上午，省委常委、市委书记余欣荣走访慰问支援南昌县抗洪抢险的部队官兵，向他们致以节日的问候和衷心的感谢。省军政治部主任汪健康，市委常委凌学仁，市委副秘书长、办公厅主任李福如，县领导肖玉文、汪火明、张增和、张军，县法院院长李红刚等陪同。

▲上午，市委副书记、市委秘书长、统战部部长蔡社宝，市委常委、副市长卢晓健，副市长刘家福带领出席全市“森林城乡、花园南昌”的人员来南昌县参观。县委副书记、县长陈匡辉，县委常委、农工部长魏根金，副县长程雷佬，向塘开发区管委会主任黄志清等陪同。

▲下午，由省工信委副主任刘正明带领的省厂务公开民主管理工作调研检查组一行来到南昌县调研检查。市人大常委会副主任、市总工会主席万先勇，市总工会常务副主席付玉芳，县委副书记梅梅，县人大常委会副主任熊鹰等陪同。

7月30日

上午，以省政协副主席郑小燕为组长的省政协社区矫正工作调研组来到南昌县，就社区矫正工作推进和安置帮教工作进行调研。市政协副主席郭曙，市长助理高鹰群，市政府副秘书长、市信访局局长黄耀华，市司法局局长吕建明，县政协主席邓炳根，县委常委、纪委书记、政法委书记熊运浪，副县长、县公安局长张增和，副县长章光文，县政协副主席伍目连等陪同。

【走访慰问】

7月22日

上午，县委常委、副县长杨保根，县人武部副部长张晓伟来到蒋巷、南新两个乡镇，看望慰问参加抗洪抢险的南京军区部队官兵，感谢他们对南昌县抗洪抢险工作的支持和帮助。

7月23日

下午，解放军总后勤部卫生部副部长王玉民看望慰问来南昌县支援防汛抗洪的解放军指战员，并检查部队的卫生防病工作。支援南昌县防汛抗洪的某集团军副政委王新海，南京军区联勤部卫生部副部长张亚坤，解放军总后勤部卫生部综合局副局长徐勤耕，防疫局副局长马纯刚，省军区后勤部部长周念生，南昌警备区司令员李超，副市长罗慧芬，县委常委、县人武部长汪火明，县人武部副部长尹头根等陪同。

7月30日

上午，县委副书记梅梅，县委常委、组织部长王小文，县人大常委会主任王三毛，县政协副主席张军，向塘开发区管委会主任黄志清，县人武部副部长尹头根等先后来到94836部队、武警江西部队第一支队、南空南昌干休所和空军房地所管理局南昌办事处进行走访慰问。

▲县委常委、常务副县长涂仕华，县人大常委会副主任熊鹰，县政协副主席姜润根，县人武部副部长张晓伟等先后走访慰问武警县中队、武警消防总队教导大队、武警县消防大队官兵。

7月31日

上午，县委书记肖玉文，县人大常委会主任胡小明，县委常委、纪委书记、政法委书记熊运浪，县委常委、县人武部长汪火明，县人大常委会副主任黄连科，县政协副主席万德珍等先后来到解放军96647和96634部队驻地，走访慰问驻县部队官兵。

▲上午，县委副书记、县长陈医辉，县政协主席邓炳根，县委常委、统战部长胡炜，县人武部政委姜清波，县人大常委会副主李木旺，县政协副主席吴克芳，县检察院检察长张振川走访慰问驻县94981部队和94829部队官兵。

▲上午，县委常委、副县长杨保根，副县长章光文，县政协副主席李植等先后来到县人武部，预备役高炮营，省预备役陆军步兵师部、团部走访慰问官兵。

【工交财贸】

7月1日

上午，昌南组团新型城镇化示范镇建设13个项目集群开工。

7月13日

上午，县委副书记、县长陈医辉在小蓝经济开发区召开现场办公会，就开发区重大重点项目推进相关问题进行协调。县委常委、常务副县长涂仕华，县委常委、开发区党工委书记徐海波，副县长、开发区党工委副书记涂莉华，副县长程雷佬等出席。

7月20日

上午，以“建设鄱阳湖生态区、探索科学发展新路子”为主题的2010年第一期泰豪论坛在小蓝经济开发区举行。省委宣传部常务副部长、教授、博士陈东有主持论坛，省社科院院长、研究员汪玉奇，省政府办公厅副主任陈石俊，省工信委副主任刘正明，江西财大副校长、教授、博士生导师卢福财，县委书记肖玉文等就“发展战略型新兴产业、加快江西崛起步伐”作精彩演讲。省广电局局长黄晔明，江西日报社总编辑王晖，省社联党组书记、主席祝黄河，省人大环资委副主任委员彭春兰，县委副书记、县长陈医辉，泰豪科技股份有限公司副总裁邵建生，市委宣传部副部长罗水长，县委常委、统战部长胡炜等出席。

7月21日

上午，县委书记肖玉文来到位于105国道上的茵梦湖工地视察项目推进情况，并就项目施工进度和土地报批等进行调度。县委副书记、县长陈医辉，县委副书记梅梅，县人大常委会副主任李木旺，副县长涂莉华等陪同。

7月22日

上午，中粮可口可乐饮料江西有限公司拉罐生产线正式投产。县委常委、小蓝经济开发区党工委书记徐海波等出席投产仪式。

7月23日

上午，县委副书记、县长陈匡辉在小蓝经济开发区会见天津宝迪农业科技集团副总裁夏毅强一行。县委常委、小蓝经济开发区党工委书记徐海波等会见时在座。

▲下午，县委常委、统战部长胡炜主持召开昌南组团莲塘示范镇重大重点项目建设推进工作调度会。

7月25日

下午，县委书记肖玉文来到小蓝经济开发区部分企业开展调研，详细了解企业的开工建设、生产经营等情况，协调解决企业生产、建设中遇到的困难和问题。

【城市建设与管理】

7月4日

上午，县委副书记、代县长陈匡辉在调度七月一日开工的昌南组团新型城镇化示范镇十三个项目建设进展情况时强调：要加大拆迁力度，加快项目建设进度，努力把项目打造成惠及百姓的民心工程、阳光工程、廉政工程。县委常委、常务副县长涂仕华，县长助理熊国爱等参加。

7月19日

上午，由省委党校经济发展战略研究所所长、研究员黄世贤，省委党校经济学教研部副主任、副教授、博士李吉雄等人组成的江西省委党校专家组来到南昌县，就抓住建设鄱阳湖生态经济区，实施“山江湖”综合开发的重大战略机遇，全面规划“十二五”期间南昌经济社会、城市建设管理方面的发展思路等进行调研。县委常委、常务副县长涂仕华等出席座谈会。

7月21日

上午，县委副书记、县长陈匡辉来到莲塘镇调度新型城镇化莲塘片区推进工作。县委常委、统战部长胡炜等陪同。

【政法工作与社会治安综合治理】

7月6日

上午，全县特约人员工作现场会在县检察院召开。市委统战部副部长钮润荪，县委常委、统战部长胡炜，县政协副主席李植，县检察院检察长张振川等出席。

7月27日

上午，由省人大常委会办公厅副主任刘小华带领的省人大调研组来到南昌县就贯彻落实《中华人民共和国各级人民代表大会常务委员会监督法》和《江西省实施〈中华人民共和国各级人民代表大会常务委员会监督法〉》的情况进行调研。省人大常委会办公厅研究室副主任周同跃，省人大常委会办公厅《时代主人》编辑室主任江先贞，省人大常委办公厅研究室调研员练继红，市人大常委会副秘书长谢晓亮随同调研。县人大常委会主任胡小明，县委常委、常务副县长涂仕华，县人大常委会副主任李木旺、陈秀梅、熊鹰、伍曦等陪同。

【农业与农村工作】

7月1日

上午，县委常委、农工部长魏根金来到南新联圩察看南新联圩水利工程运行情况，指导汛后恢复生产工作。副县长、县公安局长张增和，副县长程雷佬，县政协副主席张军等随同察看。

7月8日

晚上，县委书记肖玉文冒雨赶赴长乐联圩泾口乡大沙湖段抗洪抢险现场进行指挥调度。县政协主席邓炳根，县委常委、常务副县长涂仕华，县委常委、农工部长魏根金，县人大副主任王三毛，副县长胡显勇、程雷佬，县政协副主席姜润根等陪同。

7月25日

上午，省防总秘书长、省水利厅副厅长罗小云来到南昌县蒋巷镇检查指导防汛工作。县委副书记、县长陈匡辉，市水务局副局长周洪都，副县长程雷佬，县政协副主席李信谆等陪同。

7月26日

上午，南昌县2010年二晚插秧机插秧现场会在泾口乡举行。省农机局副局长孙员到现场观摩。

7月30日

上午，省农业厅党委书记、厅长毛惠忠等来到南昌县武阳镇鑫和源绿色农业开发有限公司，就莲藕种植情况进行调研。市农业局局长程其调，县委常委、农工部长魏根金等陪同。

【科教文卫体和计生工作】

7月6日

上午，全县特约人员工作现场会在县检察院召开。市委统战部副部长钮润荪，县委常委、统战部长胡炜，县政协副主席李植，县检察院检察长张振川等出席。

▲下午，全县新闻宣传例会在县委宣传部召开。县委常委、统战部长胡炜出席并讲话。

7月20日

上午，省科技厅组织省内外有关专家来到广福镇广福村，对“十一五”科技支撑计划重大项目粮食丰产科技工程——“长江中游南部（江西）双季稻丰产高效技术集成研究与示范”项目南昌县25亩超高产早稻攻关田、广福镇2500亩核心试验区的早稻进行现场测产验收。省农科院院长谢金水、副院长陈光宇，河南师范大学教授李春喜，江西省生态经济学会教授刘宜柏等参加验收。

▲下午，以市计生委主任任美清为组长的调研组来到南昌县，就人口计生工作进行调研。县委副书记、县长陈匡辉，县委常委、农工部长魏根金，副县长程雷佬等陪同。

7月22日

上午，民盟省委、民盟市委会、民盟县总支、县科协在梦里水乡小区联合举办“健康知识教育”讲座，民盟省委会副巡视员廉秘书长凌维平，民盟省委会、社会服务部部长虞德辉，民盟市委副主委谢华等参加讲座活动。

7月27日

晚上，南昌县在抗洪部队官兵的驻地蒋巷中学举行“军民鱼水情”抗洪抢险慰问演出，向奋战在南昌县抗洪抢险一线的南京军区某部队官兵致以崇高的敬意和亲切的慰问，表达南昌县人民对子弟兵的深情厚谊。支援南昌县抗洪抢险的73023部队团长陈金中，县委副书记、县长陈匡辉，县委副书记梅梅，县委常委、纪委书记、政法委书记熊运浪，县人武部政委姜清波，副县长程雷伦，县政协副主席李信谆，73023部队副团长郭国平和部队官兵、当地干部群众一道观看演出。

【人武工作】

7月30日

上午，县预备役57高炮营在县人武部训练基地举行“八一”建军节座谈会，隆重纪念中国人民解放军建军83周年。县委常委、副县长、县预备役高炮营教导员杨保根，县委常委、组织部长王小文，县人武部政委姜清波，县政协副主席姜润根，江西预备役高炮团参谋长熊宇，向塘开发区管委会主任黄志清等出席座谈会。

7月31日

上午，南昌县在洁惠花园宾馆举行“八一”军地联席会，共庆建军佳节、共商双拥大计，共叙鱼水深情，进一步加强军地联系，促进军地共同发展。县委书记、县人武部党委第一书记肖玉文，县委副书记、县长陈匡辉，副县长杨保根，县委常委、县人武部部长汪火明，县人武部政委姜清波以及驻县部队首长出席联席会。

【环保工作】

7月16日

上午，由环保部华东环保督察中心副主任缪旭带领的全国主要污染物总量减排核查组一行来到南昌县，对南昌县城污水处理厂的运行情况进行现场核查。省环保厅副厅长罗来发，市环保局调研员熊晓峰，副县长杨保根等陪同。

7月21日

上午，全县2010年整治违法排污企业保障群众健康环保专项行动工作会议在县综合楼召开。县委常委、副县长杨保根，县人大常委会副主任王三毛，县政协副主席李植等出席。

▲上午，南昌县召开小蓝污水处理厂二期工程建设推进领导小组工作会议。县委常委、副县长杨保根出席并讲话。

7月29日

县长陈匡辉主持召开南昌县旭亮卫生纸品厂停产整顿督办会。

【友好往来】

7月5日

上饶市信丹区人大常委会副主任陈其和来蒋巷镇参观农业产业化龙头企业示范点。县人大常委会副主任王三毛等陪同。

【其他重要工作】

7月4日

上午，全县2010年度集中公开招聘事业单位人员面试在莲塘三小举行。县委常委、组织部长王小文巡视考场。

7月19日

上午，以进贤县政协副主席吴友金为组长的全市民生领域三个突出问题专项治理检查组来到南昌县，就民生领域三个突出问题专项治理工作进行检查。县委常委、常务副县长涂仕华出席汇报会。

7月20日

市民生领域三个突出问题专项治理检查组在南昌县举行意见反馈会。县委常委、常务副县长涂仕华，县委常委、纪委书记、政法委书记熊运浪出席意见反馈会。

7月23日

下午，驻县九六六四七部队组织官兵积极参加无偿献血活动。

7月30日

上午，由市监察局副局长黄清玉带领的检查组来到南昌县，就上半年纠风工作四项实施方案开展情况进行检查。

【乡镇工作】

7月5日

上午，蒋巷镇举行纪念中国共产党八十九周年暨“创先争优”表彰、动员大会。县委副书记梅梅，县政协副主席李信谆等出席。

八 月

【重要会议】

8月3日

县委书记肖玉文在小蓝经济开发区主持召开县委常委办公会议，会议研究了县政府党组提请的《关于小蓝丰溢实业发展有限公司增资扩股的请示》、《关于南昌县城市管理工作有关事项的请示》等事宜。县委副书记、县长陈匡辉，县委副书记梅梅，县委常委涂仕华、杨保根、熊运浪、胡炜、王小文、徐海波、魏根金等出席会议；县人大常委会主任胡小明等列席会议。

▲下午，市检查组在南昌县举行强农惠农资金专项清理检查情况反馈会。县委常委、常务副县长涂仕华等出席。

8月4日

晚上，县委书记肖玉文在小蓝经济开发区主持召开第12次县委常委会，会议听取了县“森林城乡、花园南昌”领导小组报送的《关于全县造林绿化情况汇报》，研究了县委办代拟的《南昌县信息》创刊事宜等。县委副书记、县长陈匡辉，县委副书记梅梅，县委常委涂仕华、杨保根、熊运浪、胡炜、王小文、徐海波、魏根金、汪火明等出席；副县长程雷佬、向塘开发区管委会主任黄志清等列席。

▲晚上，县委书记肖玉文在小蓝经济开发区主持召开县委常委办公会，会议听取了县属国有工业企业改革领导小组报送的《关于国有企业改革有关工作汇报》和县纪委代拟的《关于县乡纪检监察机构管理体制改革的实施方案》。县委副书记、县长陈匡辉，县委副书记梅梅，县委常委涂仕华、杨保根、熊运浪、胡炜、王小文、徐海波、魏根金、汪火明等出席；县人大常委会副主任熊鹰，副县长张增和、程雷佬、章光文等列席会议。

8月6日

上午，南昌县市人大代表第二次小组活动分别在塘南、三江两个乡镇举行。县人大常委会主任胡小明，副主任黄连科等出席。

8月9日

上午，县委副书记、县长陈匡辉在小蓝经济开发区主持召开推进小蓝经济开发区项目重组工作领导小组第一次会议，研究部署推进小蓝经济开发区项目重组工作，以进一步增强小蓝经济开发区的竞争力，促进县域经济社会更好更快的发展。县委常委、小蓝经济开发区党工委书记徐海波，副县长、县公安局局长张增和，副县长涂莉华、程雷佬、章光文等出席。

8月11日

下午，县委书记肖玉文在县综合楼主持召开2010年县规划委员会第5次会议。县长陈匡辉，县委副书记梅梅，县人大常委会主任胡小明，县政协主席邓炳根，县委常委、常务副县长涂仕华，县委常委、副县长杨保根，副县长程雷佬等出席。

8月13日

下午，国家发改委城市和小城镇改革发展中心调研座谈会在小蓝经济开发区举行。国家发改委城市和小城镇改革发展中心主任李铁，县领导肖玉文、陈匡辉、梅梅、胡小明、邓炳根、涂仕华、熊运浪、王小文、汪火明、胡显勇等出席。

8月14日

上午，全县领导干部城市化和统筹城乡发展主题报告会在县文化会展中心举行。国家发改委城市和小城镇改革发展中心主任李铁应邀作中国城市化与城乡统筹发展主题报告。县委书记肖玉文主持报告会，县领导胡小明、邓炳根、涂仕华、杨保根、熊运浪、胡炜、王小文、魏根金、汪火明、黄连科、李木旺、陈秀梅、王三毛、熊鹰、伍曦、程雷佬、万德珍、吴克芳、张军、李信谆、姜润根、伍目连、李植，县法院院长李红刚、县检察院检察长张振川，县公安局政委周庆鲁等聆听报告会。

8月20日

上午，全县城乡建设用地增减挂钩工作座谈会在县国土资源局召开。国家发改委城市和小城镇改革发展中心政策研究处处长窦红等出席。

8月21日

上午，南昌县在县文化会展中心召开全县防汛抗洪总结表彰大会。市委副书记、市委秘书长、统战部长蔡社宝，市政协副主席王水苟，县委书记肖玉文，县长陈匡辉，县委副书记梅梅，县人大常委会主任胡小明，县政协主席邓炳根，县委常委杨保根、熊运浪、胡炜、王小文、魏根金、汪火明等出席。

▲上午，全县争创双拥工作5连冠暨城乡低保资金发放专项治理工作迎检会在县综合楼召开。县委常委、副县长杨保根出席并讲话。

8月23日

上午，县长陈匡辉在小蓝经济开发区主持召开小蓝经济开发区项目重组工作调度会。县委常委、小蓝经济开发区党工委书记徐海波，副县长、县公安局长张增和，副县长涂莉华、章光文等出席。

▲晚上，县委书记肖玉文在小蓝经济开发区主持召开第14次县委常委会议。县委副书记、县长陈匡辉，县委副书记梅梅，县委常委涂仕华、杨保根、熊运浪、胡炜、王小文、徐海波、汪火明等出席会议，县人大常委会主任胡小明等列席会议。

8月25日

下午，全县信访工作会议在县综合楼召开。会议总结今年上半年的信访工作，分析当前的信访形势，部署下半年的信访工作。县长陈匡辉作讲话，县领导梅梅、涂仕华、熊运浪、王小文、张增和，县检察院检察长张振川，向塘开发区管委会主任黄志清，县长助理熊国爱等出席。

▲晚上，2010 年县人大代表建议政协提案交办会在县综合楼召开。会议总结2009 年“两会”建议、提案办理情况，部署今年的“两会”建议、提案办理工作。县长陈匡辉，县人大常委会主任胡小明，县政协主席邓炳根，县委常委、常务副县长涂仕华，县人大常委会副主任黄连科，县政协副主席李信谆等出席。

8月26日

上午，县委副书记、县长、县非工业七大系统国有企业改革工作领导小组组长陈匡辉在县综合楼主持召开县非工业七大系统国有企业改革工作领导小组第一次会议。县领导杨保根、熊运浪、王小文、李木旺、熊鹰、张增和、涂莉华、章光文以及省种鸡场书记、场长张斗，县长助理熊国爱等出席。

▲南昌县在银三角管委会召开全体负责干部会议，宣布县委的有关决定，谋划银三角地区经济社会发展。县委书记肖玉文，县长陈匡辉，县委副书记梅梅，县委常委、组织部长王小文，县人大常委会副主任李木旺等出席。

▲下午，县委书记肖玉文在小蓝经济开发区主持召开县委常委办公会议，专题研究小蓝经济开发区沥山老张自然村城中村改造问题。县委副书记、县长陈匡辉，县委副书记梅梅，县委常委涂仕华、熊运浪、胡炜、王小文、徐海波等出席。

8月27日

上午，全县深化县乡纪检监察机构管理体制改革工作推进会议在县综合楼召开，会议传达学习了全市深化县乡纪检监察机构管理体制改革工作推进会精神，部署了全县乡纪检监察机构管理体制改革工作。县委副书记梅梅，县委常委、纪委书记、政法委书记熊运浪，县委常委、组织部长王小文等出席会议。

8月28日

上午，南昌县在县文化会展中心召开全县城市管理工作暨城市市容环境五大整治活动动员大会。县委书记肖玉文，县长陈匡辉，县委副书记梅梅，县人大常委会主任胡小明，县政协主席邓炳根，县委常委、常务副县长涂仕华，县委常委、副县长杨保根，县委常委、县纪委书记、政法委书记熊运浪，县委常委、小蓝经济开发区党工委书记徐海波，县委常委、县人武部长汪火明等出席。

▲下午，县长陈匡辉在县综合楼主持召开县政府第三十三次常务会议。县委常委、常务副县长涂仕华，县委常委、副县长杨保根，副县长胡显勇、张增和、涂莉华、程雷佬、章光文，

县长助理熊国爱等出席；县委常委、小蓝经济开发区党工委书记徐海波等列席。

【领导活动】

8月2日

下午，省纪委常务副书记、监察厅厅长汪毓华来到南昌县东新乡检查公共资源交易站运行情况，市委常委、纪委书记刘东明，市纪委副书记、监察局局长曾亦冰，县委书记肖玉文，县委副书记、县长陈匡辉，县委常委、纪委书记、政法委书记熊运浪等陪同。

8月7日

上午，副市长刘家富来到蒋巷镇北望村和高新区滁北村，现场协调解决两地有关渡改桥过程中存在的问题。市交通局局长陈国风，副县长杨保根等陪同。

8月13日

下午，副市长罗慧芬来到莲塘二小就校园文化建设情况进行调研。县长陈匡辉等陪同。

8月17日

上午，市委常委、常务副市长赵东亮，市委常委凌学仁，市政府副秘书长、市委农工部部长王肇赣率领出席全市新农村建设暨农村清洁工程现场会的代表，来到蒋巷镇参观新农村建设暨农村清洁工程试点村和垃圾压缩中转站。县长陈匡辉，县委常委、农工部长魏根金，副县长程雷佬等陪同。

8月18日

下午，落户南昌县的三一重工江西6S 中心正式开业。省人大常委会副主任、省委政法委副书记陈安众，省工业和信息化委员会助理巡视员马勇，县长陈匡辉等为三一重工 6S 中心开业剪彩。县人大常委会主任胡小明，县委常委、小蓝经济开发区党工委书记徐海波等出席开业庆典。

8月23日

下午，省纪委常务副书记、监察厅厅长汪毓华来到南昌县检查县公共资源交易中心、行政服务中心等“廉政阳光工程”建设情况。市委常委、纪委书记刘东明，市纪委副书记、监察局局长曾亦冰，县委书记肖玉文，县委常委、纪委书记、政法委书记熊运浪等陪同。

8月25日

上午，副市长刘家富来到南昌县调研夏粮收购工作。市粮食局局长杨小林、副局长赵智平、刘健随同调研。县长陈匡辉，县委常委、副县长杨保根，向塘开发区管委会主任黄志清等陪同。

8月30日

下午，全市2010 年到村任职高校毕业生岗前培训班在县委党校开班。市委常委、组织部长杨人平，县委书记肖玉文，市委组织部常务副部长朱东，县委副书记、县长陈匡辉，县委副书记梅梅，县委常委、组织部长王小文，市委组织部基层办主任邹艾民等出席开班仪式。

【走访慰问】

8月1日

下午，武警江西省消防总队总队长房凌春，政委王林波来到南昌县走访慰问武警县消防大队官兵，向他们致以节日的祝福和良好祝愿。武警南昌市支队支队长徐伟保，政委黎学军，县委常委、纪委书记、政法委书记熊运浪，县委常委、统战部部长胡炜，副县长、县公安局局长张增和等陪同。

8月5日

下午，县委副书记、县长陈匡辉来到县供电有限责任公司慰问奋战在一线的电力系统干部职工，并协调解决全县迎峰度夏用电问题。县委常委、副县长杨保根等陪同。

8月12日

上午，县委书记肖玉文，县委常委、常务副县长涂仕华，县委常委、统战部长胡炜等来到重点项目工程施工现场，看望慰问奋战在一线的高温室外作业人员。

【工交财贸】

8月1日

上午，县委书记肖玉文来到八一乡就千乡万村工程建设和南昌县旭亮卫生造纸厂全面整改情况进行调研。县委常委、副县长杨保根，县人大常委会副主任李木旺等陪同。

8月3日

上午，南昌大丰村镇银行有限责任公司创立大会在南昌县小蓝经济开发区召开。县委常委、常务副县长涂仕华，主发起行南昌银行副行长徐继红等出席。

8月8日

晚上，南昌县2009年度经济适用住房第二批暨2010年度廉租住房实物配租公开摇号活动在县文化会展中心举行。县领导陈匡辉、梅梅、胡小明、涂仕华、熊运浪、王小文、徐海波、魏根金、汪火明、张增和、涂莉华、程雷佬、章光文，县长助理熊国爱等出席；市房管局副局长李斌、市房改办主任罗俊应邀出席。

8月9日

上午，县交通运输局正式挂牌成立。

8月10日

上午，县委常委、统战部长胡炜来到莲塘大道施工现场，现场调度施工。

▲县委常委、常务副县长涂仕华来到县棚户区改造项目现场，视察棚户区改造工作。

8月12日

上午，全县农村道路交通安全设施建设工作会议在塘南镇举行。县政协主席邓炳根，县人大常委会副主任熊鹰，副县长、县公安局局长张增和，县政协副主席李植等出席会议。

8月13日

下午，县委常委、小蓝经济开发区党工委书记徐海波在小蓝经济开发区主持项目重组工作调度会。

▲晚上，县委常委、副县长杨保根来到县供电有限责任公司，就迎峰度夏期间全力保障居民生活用电进行调度。

8月14日

下午，南昌县在县政府会议室召开杭长铁路客运专线项目征地拆迁工作调度会。县长陈匡辉，县委常委、副县长杨保根，副县长程雷佬等出席。

8月15日

第十届全国县域经济基本竞争力与科学发展评价报告在辽宁海城发布，在全国县域经济基本竞争力百强县(市)的名单上，南昌县的排名再前移2位，由第88位升至第86位，位列全省县(市)第一名，排名中部百强县(市)第十二名。

8月16日

上午，县长陈匡辉来到银三角管委会察看茵梦湖项目施工进展情况，并就茵梦湖项目征地拆迁、规划和土地报批等工作进行调度。县人大常委会副主任李木旺，副县长涂莉华，县政协调研员刘东平等陪同。

▲上午，县长陈匡辉来到莲塘镇看望慰问拆迁一线的工作人员，并就县城重大重点项目拆迁工作进行调度。县委常委、统战部长胡炜等陪同。

▲上午，县委常委、副县长杨保根来到冈上内湖、黄马岭西、三江秀挹察看渡改桥工程进展情况，现场协调解决影响工程进度的制约因素，并向奋战在一线的施工人员表示亲切慰问。

8月19日

国家发改委城市和小城镇改革发展中心政策研究处处长窦红带领调研小组来到南昌县，就城乡建设用地增减挂钩等进行调研。

8月20日

上午，县委常委、统战部长胡炜带领莲塘镇等有关部门负责人来到昌南组团重点项目澄湖东路征地拆迁现场进行调度和指导。

▲下午，县委书记肖玉文来到小蓝经济开发区的企业江铃股份小蓝30万辆整车基地项目和江西沃尔福发动机有限公司开展调研，了解企业的建设和生产经营等情况，帮助企业解决生产发展中遇到的实际困难。县委常委、小蓝经济开发区党工委书记徐海波等陪同。

8月21日

下午，县长陈匡辉来到莲塘核心片区视察重大重点项目道路建设进展情况。县委常委、统战部长胡炜等陪同。

8月22日

上午，县委书记肖玉文，县长陈匡辉在小蓝经济开发区会见江铃集团董事长王锡高一行。县领导徐海波、涂莉华、姜润根等会见时在座。

8月27日

下午，县委书记肖玉文，县委常委、副县长杨保根率领县委办、县发改委、县城建局、县国土局、县环保局等部门主要负责人来到江西国鸿集团，就解决10万吨猪肉制品精深加工项目建设问题现场办公。

8月29日

上午，县长陈匡辉视察县城莲塘部分“三产”服务业项目建设推进情况，协调解决项目建设推进过程中遇到的有关问题。县委常委、常务副县长涂仕华，县委常委、统战部长胡炜，副县长涂莉华等陪同。

8月30日

上午，县委常委、小蓝经济开发区党工委书记徐海波先后来到江西兴发门窗幕墙中空玻璃有限公司、江西梅氏实业发展有限公司、江西华顺设备安装施工有限公司，对这些闲置用地企业的联合执法工作进行现场调度。

【政法工作与社会治安综合治理】

8月3日

下午，省土地资源领域突出问题专项治理督查组来到南昌县，就土地领域突出问题专项治理工作情况进行督查。市监察局副局长黄清玉，市国土局副局长裘小勇，副县长程雷佬等陪同。

8月4日

由省统计局副巡视员黄奕祯率领省统计执法检查组来到南昌县，就南昌县贯彻执行《统计法》和《统计违法违纪行为处分规定》情况进行检查。县委书记肖玉文，县委副书记、县长陈匡辉，市统计局调研员熊崇东，县委常委、常务副县长涂仕华等陪同。

8月6日

上午，县综合应急救援大队在小蓝消防站正式挂牌成立，成立全市首家“一专多能”县级综合应急救援队伍，标志着南昌县综合应急救援管理工作迈向专业化、规范化。省消防总队政委王林波，市政府副秘书长黄耀华，县委书记肖玉文，市政府应急办副主任张建平，市公安局副局长马世园，市消防支队支队长徐伟保、政委黎学军，县领导涂仕华、胡炜、徐海波、汪火明、张增和等出席挂牌成立仪式。

8月10日

副县长程雷佬、县公安局政委周庆鲁来到蒋巷镇就河道采砂管理专项行动开展情况进行检查。

8月17日

上午，以省住房和城乡建设厅巡视员张继胜为组长的省夏季治安综合整治行动督导组来到南昌县，就南昌县夏季治安综合整治情况进行督查。市委政法委书记扶登财，副县长、县公安局长张增和等陪同。

8月27日

上午，南昌县在县政府综合楼组织收听收看全国依法行政工作电视电话会议。副县长、县公安局长张增和等参加收听收看。

【农业与农村工作】

8月7日

下午，县长陈匡辉来到塘南镇就经济社会发展情况进行调研。副县长程雷佬等陪同。

8月10日

上午，县委书记肖玉文来到向塘镇就经济社会发展情况开展调研，向塘开发区管委会主任黄志清，县长助理熊国爱等陪同。

8月25日

上午，县政协副主席张军组织县政协经科委的部分委员来到蒋巷镇，就水利工程的建设和管理情况进行调研。

【科教文卫体和计生工作】

8月18日

上午，县长陈匡辉来到县文化广电旅游新闻出版局开展调研。县委常委、统战部长胡炜，副县长胡显勇等陪同。

8月23日

上午，全省中小学教师招聘考试南昌县面试在莲塘三小举行。副县长胡显勇巡视考场。

8月26日

上午，县委副书记梅梅，县委常委、统战部长胡炜出席东新乡召开的奖学助学大会，并为获奖学生颁奖。

8月31日

下午，全县首届“慈善阳光班”开班暨助学金发放仪式在莲塘一中举行。南昌慈善总会会长陈绍翔，市教育局局长熊晓斌，县委常委、副县长、县慈善总会会长杨保根，副县长胡显勇，南昌市筑城房地产开发公司总经理任小军等出席。

【环保工作】

8月13日

下午，国家环保部总量司副司长刘长根来到南昌县就农业污染节能减排工作进行调研。国家环保部总量司统计处干部江启沛随同调研。省环保厅总量处处长龙刚、副处长郑文育，市环保局局长陶志、副局长徐水喜，县委常委、副县长杨保根等陪同。

8月25日

下午，以新余市环保局纪检组长敖善祥为组长的国家生态乡镇、生态村庄考核验收组来到南昌县考核验收。市环保局副局长徐水喜等陪同。

【其他重要工作】

8月4日

上午，省安监局副局长龙卿吉，省安监局职业安全健康监管处处长王小清等来到南昌县检查指导职业病防治工作开展情况。副县长胡显勇等陪同。

8月5日

下午，县委副书记梅梅，县委常委、组织部长王小文等来到县烟草专卖局检查指导“创先争优”活动开展情况。

8月13日

中国气象局减灾司调研员潘亚茹一行，就加强农业气象服务体系建设和加强农村气象灾害防御体系建设来南昌县调研。省气象局副局长詹丰兴，市气象局局长吴延年，副县长程雷佬等陪同。

8月25日

全县统战系统“我为鄱阳湖生态经济区建设献一策——金点子”评审会在县环保局举行。市委统战部副部长钮润荪，县委副书记梅梅，县委常委、统战部长胡炜，县委常委、组织部长王小文，县人大常委会副主任伍曦，县政协副主席、县工商联主席吴克芳等出席。

九 月

【重要会议】

9月1日

上午，全县国有工业企业改革阶段性工作总结暨全县非工业七大系统国有企业改革动员大会在县综合楼召开，会议认真贯彻落实省市有关精神，总结全县国有工业企业改革工作，就全县非工业七大系统国有企业改革进行安排部署。县委书记肖玉文作重要讲话，县领导涂仕华、杨保根、熊运浪、王小文、魏根金、李木旺、熊鹰、张增和，县政协调研员刘东平、张斗等出席。

9月4日

晚上，县委书记肖玉文在小蓝经济开发区主持召开县委常委办公会议。县委副书记、县长陈匡辉，县委副书记梅梅，县委常委涂仕华、熊运浪、胡炜、徐海波等出席会议；向塘开发区管委会主任黄志清等列席会议。

9月5日

下午，县委书记肖玉文在小蓝经济开发区主持召开第15次县委常委会议。县委副书记、县长陈匡辉，县委副书记梅梅，县委常委涂仕华、杨保根、熊运浪、胡炜、王小文、徐海波、魏根金、汪火明等出席会议；县人大常委会主任胡小明，县政协主席邓炳根，副县长章光文，县长助理熊国爱等列席会议。

9月6日

上午，县委在银三角管委会召开大会，宣布有关银三角党工委、管委会领导干部任职的决定。县委副书记、县长、银三角党工委第一书记陈匡辉，县委常委、组织部长王小文，县人大常委会副主任李木旺，县政协调研员刘东平、况志强、张斗等出席。

▲晚上，县城市管理委员会在县综合楼召开第一次全体会议。会议主要是贯彻、落实县城市容貌环境五大整治千人动员会议精神，对近期专项整治工作进行研究和部署。县委副书记、县长、县城管委主任陈匡辉，县委常委、副县长、县城管委常务副主任杨保根，县人武部政委姜清波，县人大常委会副主任陈秀梅，副县长胡显勇，县政协副主席李植，县公安局政委周庆鲁，县长助理熊国爱等出席。

9月7日

上午，县委在小蓝经济开发区组织召开开发区全体干部职工大会，宣布县委对开发区有关领导干部任职的决定。县委书记肖玉文，县委常委、组织部长王小文，县委常委、小蓝经济开发区党工委书记徐海波，副县长章光文等出席。

9月8日

上午，南昌县在县综合楼组织收听收看全省灾后农田水利基本建设动员电视电话会。县长陈匡辉，副县长程雷佬，县政协副主席姜润根等参加收听收看。

9月9日

下午，县委书记肖玉文在县综合楼主持召开县委常委（扩大）会议。县委副书记、县长陈匡辉，县委常委涂仕华、杨保根、熊运浪、胡炜、王小文、徐海波等出席；县人大常委会主任胡小明，县政协主席邓炳根等列席会议。

▲晚上，县委书记肖玉文在小蓝经济开发区主持召开县委常委办公会议，专题研究县政协调研组提交的关于全县水利建设问题。县委副书记、县长陈匡辉，县委常委、纪委书记、政法委书记熊运浪，县委常委、统战部长胡炜，县委常委、农工部长魏根金等出席；县人大常委会主任胡小明，县政协主席邓炳根等列席会议。

9月13日

下午，县城管委第二次会议在县综合楼召开。县委常委、副县长杨保根，县人大常委会副主任陈秀梅，县政协副主席李植，县长助理熊国爱等出席。

9月14日

下午，县委书记肖玉文，县长陈匡辉与部分离退休老干部欢聚一堂，交流感情，通报发展情况，听取意见建议。县委副书记梅梅，县人大常委会主任胡小明，县政协主席邓炳根等出席座谈会。

9月15日

上午，全县老农保险缴费证换证工作会在县综合楼召开。县委常委、副县长杨保根出席并讲话。

9月17日

上午，全县中博会及“两节”期间消防保卫暨构筑社会消防安全“防火墙”工程推进会在县综合楼召开。会议传达学习了市有关会议精神，通报了近期消防大排查情况和1～8月份火灾形势，对下一步火灾隐患排查整治专项行动进行部署。副县长、县公安局长张增和，市消防支队政治处主任黄贻君出席并讲话。

9月20日

上午，县长陈匡辉在小蓝经济开发区主持召开小蓝经济开发区项目重组工作领导小组第二次全体会议，主要传达省、市闲置建设用地清理处置及专项整治工作会议精神，总结前一阶段清理闲置用地工作，部署下一阶段工作任务。县委常委、小蓝经济开发区党工委书记徐海波，县人大常委会副主任李木旺、王三毛，副县长、县公安局长张增和，副县长涂莉华、章光文等出席。

9月20日

下午，县城管委在县综合楼召开第三次会议。县委常委、副县长杨保根，县人大常委会副主任陈秀梅，县政协副主席李植，县长助理熊国爱等出席。

9月21日

上午，南昌县在洁惠花园宾馆举行各界人士迎中秋茶话会。县委书记肖玉文，县长陈匡辉，县委副书记梅梅，县人大常委会主任胡小明，县政协主席邓炳根，县委常委、副县长杨保根，县委常委、统战部长胡炜，县委常委、农工部长魏根金和来自全县担任副县级以上实职的离退休老干部、各民主党派、无党派人士、工商联、企业界人士、台胞台属、归侨侨眷、民族宗教界人士以及奋战在南昌县城镇化建设一线的代表等欢聚一堂，庆佳节、叙友情、话发展，共同展望南昌县的美好未来。

9月27日

下午，全县民主评议基层站所暨“百名科长”工作动员大会在县文化会展中心召开。市纪委副书记薄成诚，县委副书记、县长陈匡辉，市纪委纠风室主任徐友根，县委常委、常务副县长涂仕华，县委常委、纪委书记、政法委书记熊运浪等出席。

9月28日

上午，县政协十届十八次常委会在县综合楼召开。会议主要听取了县城管局、县水务局有关工作汇报。县政协主席邓炳根，副主席万德珍、吴克芳、张军、李信谆、姜润根、伍目连、李植等出席会议。县委常委、副县长杨保根，县委常委、农工部长魏根金，县政协调研员刘东平、况志强、张斗等列席会议。

9月29日

上午，县第十四届人大常委会第二十一次会议在县综合楼召开。县人大常委会主任胡小明，副主任黄连科、李木旺、陈秀梅、王三毛、熊鹰等出席会议。县委常委、常务副县长涂仕华，副县长程雷佬，县法院院长李红刚等列席会议。会议听取和审议了县人民政府关于推进小蓝经济开发区项目重组工作情况汇报，听取和审议了县人民政府关于2010年1～8月份国民经济和社会发展计划执行情况汇报，听取和审议了县人民政府关于2009年度县本级财政决算和2010年1～8月份财政预算执行情况报告，听取和审议了县人民政府关于2009年度县本级预算执行和其他财政收支情况的审计工作报告，审查和批准了县人民政府2009年县本级财政决算等。

▲下午，县长陈匡辉在县综合楼主持召开县政府第三十四次常务会议。县委常委、常务副县长涂仕华，县委常委、副县长杨保根，副县长胡显勇、张增和、涂莉华、程雷佬，县长助理熊国爱等出席；县政协副主席姜润根等列席会议。会议审议了《关于加强我县社会抚养费征收管理工作有关问题》等有关事项。

▲下午，县委常委、常务副县长涂仕华主持召开县国有工矿棚户区改造工程推进会议，协调解决有关问题，部署下一步工作。

【领导活动】

9月5日

上午，省委常委、市委书记余欣荣来到小蓝经济开发区就江铃股份30万辆整车项目建设情况开展调研。副市长曾光辉，市委副秘书长、市委办公厅主任李福如，市政府副秘书长吴长金、罗增明，县领导肖玉文、陈匡辉、徐海波等陪同。

9月6日

下午，全市重大招商引资活动调度会在小蓝经济开发区召开。副市长曾光辉，市政府副秘书长罗增明，县领导陈匡辉、徐海波、涂莉华、章光文等出席。

9月7日

上午，省长吴新雄，省委常委、市委书记余欣荣来到江西（黄马）两江农业生态走廊视察现代农业生态示范园建设情况。省政府副秘书长赵泽华，省农业厅厅长毛惠忠，副厅长张忠平，县委书记肖玉文，县长陈匡辉等陪同。

▲下午，市委副书记、代理市长陈俊卿来到小蓝经济开发区视察江铃股份30万辆整车项目建设情况。市政府秘书长辛利杰，副秘书长吴长金，县领导肖玉文、陈匡辉、徐海波、涂莉华等陪同。

9月8日

上午，县纪委、监察局第1～8纪工委、监察分局揭牌仪式在县城莲塘举行。市委常委、纪委书记刘东明，市纪委常委、干部室主任李紫敬，县领导肖玉文、陈匡辉、胡小明、邓炳根、熊运浪、胡炜、王小文、徐海波、魏根金等出席。

9月14日

下午，市委副书记、代市长陈俊卿来到南昌县，就经济社会发展、重大重点项目推进、实现进位赶超等进行调研。市政府秘书长辛利杰，县委书记肖玉文，县长陈匡辉，县委副书记梅梅，县人大常委会主任胡小明，县政协主席邓炳根等陪同。

9月17日

上午，省双拥工作领导小组副组长、省军区副政委戴勇一行来到南昌县，就争创省双拥模范县“五连冠“工作进行检查考评。市委常委、副市长卢晓健，市委常委、南昌警备区政委宋增建，市民政局党委书记梁礼伦、局长应荣全，县长陈匡辉，县委常委、副县长杨保根，县人大常委、人武部长汪火明，县人武部政委姜清波，县人大常委会副主任熊鹰等出席汇报会。

9月26日

下午，省委常委、市委书记余欣荣在红谷滩前湖迎宾馆滕王阁厅会见参加“第五届中博会”的世界500强客商，南昌县邀请的皇朝家俬集团主席谢锦鹏参加了会见，县长陈匡辉会见时在座。

【走访慰问】

9月13日

上午，县人大常委会副主任、县总工会主席熊鹰来到益海嘉里（南昌）粮油食品有限公司走访慰问企业职工。

【工交财贸】

9月3日

上午，县委常委、统战部长胡炜来到五一路桥头，察看建设情况。

9月8日

下午，南昌县项目重组工作调度会在小蓝经济开发区召开。县委常委、小蓝经济开发区党工委书记徐海波等出席。

9月9日

上午，南昌县非工业七大系统国有企业改革工作研讨班在县委党校举行。县委常委、纪委书记、政法委书记熊运浪等出席开班仪式并讲话。

9月10日

上午，县委书记肖玉文在小蓝经济开发区会见来南昌县投资考察的皇朝家俬常务副总经理谢焕章。副县长涂莉华、向塘开发区管委会主任黄志清等会见时在座。

▲上午，县人大常委会主任胡小明到小蓝经济开发区就项目重组工作进行调研。县委常委、小蓝经济开发区党工委书记徐海波，县人大常委会副主任李木旺、陈秀梅、王三毛、熊鹰等陪同。

▲下午，南昌县召开2010年全县秋季动物防疫暨能繁母猪保险工作会议。副县长程雷佬出席并讲话。

9月11日

下午，省国土资源厅党组成员、巡视员、省测绘局党委书记刘保华来到南昌县，就工业重大重点建设项目用地报批和城乡建设用地增减挂试点工作进行调研，并协调解决小蓝经济开发区项目用地等工作中遇到的问题。县长陈匡辉，市国土资源局副局长陈献忠，县委常委、小蓝经济开发区党工委书记徐海波，副县长程雷佬等陪同。

9月12日

上午，县人大常委会副主任李木旺，副县长涂莉华来到银三角管委会协调解决就茵梦湖项目在推进中遇到的问题。

9月13日

上午，县委副书记、县长、银三角党工委第一书记陈匡辉，来到银三角管委会开展调研，并协调解决重大重点项目推进和银三角发展中所遇到的问题。县政协调研员刘东平随同调研。

▲上午，县人大常委会副主任李木旺、王三毛来到小蓝经济开发区就项目重组工作进行调研。县委常委、小蓝经济开发区党工委书记徐海波等陪同。

9月13日-14日

县政协主席邓炳根，副主席万德珍、张军、李植分别来到县供电责任有限公司和县教体局，就《关于尽快改造居民用电线路，确保居民用电安全的建议》，《关于对农村中小学教师住房危房进行改造的建议》等县政协2010年重点提案进行督办。

9月15日

上午，县政协主席邓炳根来到县公安局交通管理大队，就全县农村道路交通安全设施建设工作进行调研。县人大副主任熊鹰，县政协副主席李植等随同调研。

9月17日

晚上，县长陈匡辉，副县长涂莉华、章光文会见南昌县邀请来昌参加2010中国·江西（南昌）生物与新医药产业合作推进会的来自丹麦、日本、韩国等国家和地区的客商和嘉宾。

9月18日

上午，扬子江药业集团董事长徐镜人等30多位出席2010中国江西（南昌）生物和新医药产业合作推进会的客商来到南昌县参观考察。副县长章光文等陪同。

9月20日

下午，县委书记肖玉文来到小蓝经济开发区部分企业进行调研，了解企业的生产、建设等情况，县委常委、小蓝经济开发区党工委书记徐海波等陪同。

9月21日

上午，小蓝经济开发区项目重组工作领导小组召开项目重组联合执法碰头调度会。县委常委、小蓝经济开发区党工委书记徐海波出席并讲话。

9月25日

下午，县委书记肖玉文，县长陈匡辉在江西宾馆会见应邀来南昌参加中博会的中国华电集团公司副总经济师、中国华电集团新能源发展有限公司董事长杨家朋等。双方就进一步加强分布式能源发展项目进行了交流。县委常委、小蓝经济开发区党工委书记徐海波，副县长涂莉华会见时在座。

▲下午，天津一汽丰田汽车集团党委常务副书记、纪委书记王兵，江西省人民政府驻天津办事处副处长徐漪来到南昌县，参观考察小蓝经济开发区汽车产业发展情况。县委书记肖玉文，县委常委、小蓝经济开发区党工委书记徐海波等陪同。

9月26日

上午，香港皇朝家俬控股有限公司董事会主席谢锦鹏来到南昌县参观考察。县委书记肖玉文，副县长涂莉华，向塘开发区管委会主任黄志清等陪同。

▲上午，江西省人民政府驻天津办事处副处长徐漪率领参加中博会的天津市有关企业家来到南昌县，参观考察小蓝经济开发区汽车及零部件产业发展情况。县长陈匡辉，县委常委、小蓝经济开发区党工委书记徐海波等陪同。

9月27日

上午，应邀来南昌参加中博会的菲律宾华商联合总会永久名誉理事长、南昌亚洲啤酒有限公司董事长陈永栽率领菲律宾企业界知名人士，察看南昌亚啤小蓝新厂建设和设备安装情况。县委书记肖玉文，县委常委、小蓝经济开发区党工委书记徐海波等陪同。

▲上午，落户小蓝经济开发区，总投资30亿人民币的同方泰豪动漫产业园项目在中国·南昌服务外包产业合作推进会上成功签约。

9月28日

上午，县人大常委会主任胡小明，副主任黄连科、李木旺、陈秀梅、王三毛、熊鹰等来到小蓝经济开发区，就项目重组工作进行调研。县委常委、小蓝经济开发区党工委书记徐海波等陪同。

▲下午，县委书记肖玉文来到小蓝经济开发区调度项目重组工作。县委常委、小蓝经济开发区党工委书记徐海波等陪同。

▲下午，县长陈匡辉主持召开县公共资源交易中介机构库评审领导小组第一会议，审议有关协议。县委常委、常务副县长涂仕华，县委常委、纪委书记、政法委书记熊运浪，县长助理熊国爱等出席。

【城市建设与管理】

9月1日

上午，县政协主席邓炳根来到县城管局就县城房前屋后植树绿化工作进行调研。县政协副主席李植等陪同。

9月3日

上午，县委书记肖玉文来到东新乡就征地拆迁和昌南新城项目建设工作进行调研。肖玉文先后来到昌南新城诚信路、诚义路、八月湖路和汇仁大道等建设工地，实地了解拆迁和项目推进情况，在大洲村象湖路拆迁点，肖玉文详细了解了当地拆迁工作情况，并给予了充分肯定。

▲下午，县委常委、副县长杨保根主持召开环境卫生整治工作会，对县城环境卫生整治活动进行安排和部署。

9月8日

上午，国家发改委城市和小城镇发展改革中心规划研究部主任顾慧芳、土地规划室主任吴斌率领调研组来到南昌县，就“十二五”规划编制的发展定位、总体思路等进行为期三天的调研。县委书记肖玉文，县委常委、常务副县长涂仕华，向塘开发区管委会主任黄志清等出席座谈会。

▲上午，县政协主席邓炳根、副主席伍目连率领县政协社会法制三胞委员会和部分政协委员来到县城管局，就县政协2010年重点提案《关于加大居民区内养殖家禽、家畜查处力度的建议》情况进行现场督办。

▲下午，国家发改委城市和小城镇发展改革中心规划研究部主任顾慧芳率领调研组来到南昌县，就“十二五”规划编制的发展定位、总体思路进行调研。县长陈匡辉，县委常委、常务副县长涂仕华，县公安局政委周庆鲁等出席座谈会。

9月9日

上午，县政协主席邓炳根、副主席万德珍率领县政协委员来到县城建局，就县政协2010年重点提案《关于加快规划兴建游泳馆的建议》进行督办。

9月10日

上午，由国家发改委城市和小城镇发展改革中心规划研究部主任顾慧芳率领的调研组，就“十二五”规划编制的发展定位、总体思路进行交流和研讨，在小蓝经济开发区举行座谈会。市财政局副局长万昱原、市建委副主任应皓、市统计局副局长李鸿胜，县委常委、常务副县长涂仕华等出席座谈会。

9月14日

上午，市政府副秘书长、市建委主任龚亚立率领全市2010年第二次推进小城镇建设督查组来到南昌县，对南昌县新型城镇化建设推进工作进行现场督查。县委书记肖玉文，县长陈匡辉，县委常委、常务副县长涂仕华，县委常委、统战部长胡炜，向塘开发区管委会主任黄志清，县长助理熊国爱等陪同。

9月15日

下午，县政协副主席、县城管委副主任李植召开临街建筑物立面及店面招牌工作调度会。

9月16日

上午，县委常委、副县长、县城管委常务副主任杨保根在县政府会议室主持召开市容环境五大整治推进工作调度会。县人大常委会副主任陈秀梅，县长助理熊国爱等出席。

9月21日

下午，县长陈匡辉来到南昌县推进新型城镇化建设主战场莲塘镇小蓝村，看望慰问奋战在征地拆迁一线的镇村干部，了解拆迁工作进展情况。县委常委、统战部长胡炜等陪同。

9月27日

下午，县委常委、副县长杨保根在县综合楼主持召开县城环境卫生集中大扫除活动动员会。县人大常委会副主任李植，县长助理熊国爱等出席。

9月28日

上午，县委书记肖玉文在莲塘镇调研新型城镇化征地拆迁工作时强调：要以担当的精神和精细的方法，强力推进新型城镇化征地拆迁工作，快速推进路网和公建配套项目建设，尽快提升县城形象，为我县加快建设新型城镇化实验区建功立业。县委常委、统战部长胡炜等陪同调研。

▲上午，县长陈匡辉来到澄碧湖水上公园视察亮化改造工程，要求施工单位加紧施工，确保国庆节前主灯亮化改造完毕，努力营造浓厚的节日氛围。县委常委、副县长杨保根，县政协副主席李植，县长助理熊国爱等陪同。

9月29日

上午，县领导肖玉文、陈匡辉、梅梅、胡小明、邓炳根、杨保根、熊运浪、王小文、徐海波、魏根金、汪火明等县六套班子成员与县直机关干部、城管队员、环卫、市政、园林工人以及驻县部队，民兵预备役官兵等一道，在县城区部分地段开展环境卫生集中大扫除活动。

▲晚上，县委常委、副县长杨保根在澄碧湖公园察看亮化改造情况时强调：亮化改造工程要精雕细琢，突出景观效果，加快施工速度，争取在最短的时间内打造出最好的效果。

【农业与农村工作】

9月3日

上午，县政协副主席张军等来到富山乡，就水利工程的基础设施，圩堤建设和管理，堤顶公路的维修建设等进行调研。

9月8日

下午，县政协主席邓炳根、县政协副主席张军来到县水务局，就全县水利工作进行调研。县委常委、农工部长魏根金等陪同。

9月10日

上午，全市农村党员干部群众生产自救技术培训南昌县蔬菜种植示范班在向塘剑霞村举办。省委组织部调研员余正琨、市科协主席姚晓明等出席开班仪式。

▲由省林业厅副厅长罗勤率领的省造林绿化“一大四小”调研评估组来到南昌县就造林绿化“一大四小”工程建设进行调研评估。县委书记肖玉文，市林业局副局长涂传建，县委常委、农工部长魏根金，副县长程雷佬等陪同。

9月13日

上午，国家统计局农村司副司长万东华来到南昌县，就农村经济发展形势进行调研。县长陈匡辉，副县长章光文等陪同。

9月16日

上午，县委常委、农工部部长魏根金，县人大常委会副主任李木旺，副县长程雷佬，县政协副主席姜润根等来到银三角管委会，就银三角管委会农口工作进行对接。

9月19日

下午，国家林业局华东设计院副院长何时珍，省林业厅巡视员肖何带领有关专家来到南昌县对造林绿化“一大四小”工程进行核查实习，为全省造林绿化“一大四小”工程建设验收选定标准打好基础。市林业局局长樊三宝，县委常委、农工部长魏根金，向塘开发区管委会主任黄志清等陪同。

▲下午，以省农业开发办副主任谭健为组长的农业综合开发省级检查验收组来到南昌县，就2009年国家农业综合开发项目进行检查验收。市委农工部副部长、市农业开发办主任陶海龙，县委常委、农工部长魏根金等陪同。

9月22日

上午，2010凤凰沟（黄马）桂花节暨江西省现代生态农业示范园开幕，省农业厅党委书记、厅长毛惠忠，省农业厅副厅长张忠平，省农业厅副巡视员邓建平，县委副书记梅梅等出席开幕式。

【科教文卫体和计生工作】

9月3日

上午，全县科普报告会在县综合楼举行。县委常委、组织部长王小文主持并讲话。

9月6日

下午，由县委宣传部、县文化广电旅游新闻出版局主办的2010年“南昌县读书周”暨“南昌县书香节”活动启动仪式在县文化会展中心举行。县委常委、统战部长胡炜等出席。

9月8日

上午，2010年“南昌县读书周”暨“南昌县书香节”市民讲坛在莲塘镇体育馆小区举行。市社联副主席张恒立作题为《名人怎样读书》的授课。

9月11日

上午，莲塘二小举行庆祝第二十六个教师节暨校园文化展示活动。县人大常委会主任胡小明，市教育局副局长陈瑜，县委常委、副县长杨保根，县委常委、统战部长胡炜，县人大常委会副主任熊鹰、伍曦，县政协副主席万德珍，县公安局政委周庆鲁，县长助理熊国爱等出席会议。

9月14日

市人大科教文卫委员会主任李承先来到南昌县，就推进义务教育均衡发展工作进行调研。县人大常委会副主任伍曦等陪同。

9月15日

上午，市人力资源和社会保障局副局长涂小凤带领市深化医药卫生体制改革检查组来到南昌县，就2010年深化医药卫生体制改革工作进行检查，副县长涂莉华等陪同。

9月18日

上午，省“农村卫生工作先进县”复评检查组组长，省卫生监督管理所副所长唐音反馈“农村卫生工作先进县”复评检查意见。县委副书记梅梅，副县长胡显勇等出席意见反馈会。

9月29日

晚上，小蓝经济开发区举行庆祝中华人民共和国成立61周年文艺晚会。县委书记肖玉文，县长陈匡辉，县委副书记梅梅，县委常委胡炜、王小文、徐海波等观看演出。

【党的建设和干部队伍建设】

9月3日

上午，为期五天的南昌市2010年到村任职高校毕业生岗前培训班在县委党校举行结业典礼。市委组织部副部长郑志军，县委常委、组织部部长王小文等出席。

【信访工作】

9月13日

上午，县委书记肖玉文以约访的方式在县信访局接待来访群众，协调解决群众的有关问题。县委常委、副县长杨保根，县委常委、农工部长魏根金，副县长程雷佬，县法院院长李红刚，县长助理熊国爱等参加。

【环保工作】

9月28日

上午，环境保护部门华东督查中心三处处长杨军华在省环保厅固废中心副主任付忠诚、市环保局副局长徐水喜等陪同下，来到南昌县专项检查企业的危险废物处置工作。

▲上午，江西省环保厅副厅长谭今来，省环监局局长曹永琳一行在南昌县环保局负责人的陪同下来到南昌县旭亮卫生纸品厂，现场检查该厂全面停产整改工作的进展情况。

【友好往来】

9月6日

下午，广西壮族自治区政府发展研究中心副主任梁赞安率考察组来到南昌县，就政务服务、政务公开、政府信息公开等工作参观考察。省政府办公厅信息处处长陈钢、市行政服务中心管委会主任吕汉清、县长助理熊国爱等陪同。

【其他重要工作】

9月1日

下午，以市审计局党组成员、纪检组长刘承万为组长的市委创先争优活动第二检查组来到南昌县，指导检查创先争优活动开展情况。县委副书记梅梅，县委常委、统战部长胡炜，县委常委、组织部长王小文等陪同。

9月6日

上午，市关工委调研组来到南昌县，就关心下一代工作开展情况进行调研。副县长胡显勇等陪同。

9月7日

下午，省妇联副主席黄海燕来到南昌县就婚前医学检查工作进行调研。副县长胡显勇等陪同。

9月8日

南昌县在县综合楼召开创建省级双拥模范县迎检调度会。县委常委、副县长杨保根等出席并讲话。

9月15日

市直机关工委委员、纪工委书记、市委创先争优活动领导小组办公室指导组组长龚小荣，市委基层办副主任、市创先争优活动领导小组办公室指导组副组长廖宇峰等来到南昌县调研指导创先争优活动。县委副书记梅梅等陪同。

9月20日

上午，省关工委常务副主任吕登山来到南昌县，就南昌县创新感恩年教育活动开展情况进行调研。市关工委第一副主任田新芳，常务副主任经自麟、熊全柏，县委副书记、县关工委主任梅梅等陪同。

▲上午，由共青团市委主办的“南昌市先进青年与团员青年面对面活动”在南昌县小蓝经济开发区举行。县委常委、小蓝经济开发区党工委书记徐海波等出席。

▲由省审计厅科研所办公室副主任张时槐，省专项整治办主任谢韶华，省发改委环资处高级工程师饶勇等组成的省扩大内需促进经济增长政策落实检查组来到南昌县，对扩大内需促进经济增长政策落实和工程建设领域突出问题专项治理工作进行督促检查。县委常委、常务副县长涂仕华等陪同。

9月27日

上午，由县委宣传部、人防办、教体局联合举办的纪念人民防空创立60周年暨中学人防知识竞赛在县文化会展中心举行。县委常委、统战部长胡炜，县人武部政委姜清波，副县长胡显勇等观摩竞赛。

▲上午，以省国土厅法规调研员涂相安为组长的全省2007～2009年重大项目和保障性住房建设项目用地督查组来到南昌县督查。市国土局副局长陈忠，副县长程雷佬等陪同。

9月28日

上午，全市关心下一代工作联系会在县委党校召开。市关工委第一副主任田新芳，市关工委常务副主任经自麟、熊全柏等出席，县委书记肖玉文，副书记梅梅等陪同。

【乡镇工作】

9月7日

上午，南新乡召开2009年度创先争优暨2010年防汛抗洪总结表彰会。县委常委、农工部长魏根金出席并讲话。

十 月

【创先争优活动】

10月18日

下午，全县创先争优活动推进暨开展干部基层“访民情、解民忧、保民安”百日行动动员大会召开，会议贯彻省市有关创先争优活动重要会议精神，安排部署近期全县创先争优活动工作，掀起全县创先争优活动新的更高热潮。县委副书记梅梅，县委常委、统战部长胡炜，县委常委、组织部长王小文，向塘开发区管委会主任黄志清等出席。

10月25日-26日

向塘镇、县委办、县政府办分别召开创先争优活动推进暨集中开展干部下基层“访民情、解民忧、保民安”百日行动动员会。向塘开发区管委会主任黄志清出席向塘镇动员会。

10月26日

上午，市纪委副书记、监察局长曾亦冰，县委常委、纪委书记、政法委书记熊运浪等来到八一乡开展“访民情、解民忧、保民安”下访接访活动，了解群众所想所盼，切实帮助群众化解矛盾纠纷，解决生产生活上的困难。

10月29日

以省政协常委、港澳台侨委员会主任黎细保为组长的省委第三督查指导组来到南昌县，就“创先争优”活动开展情况进行检查指导。市委创先争优活动办公室副主任、指导组组长、市直机关纪工委书记龚小荣，市委第二检查组组长、市审计局党组成员、纪检组长刘承万，县委副书记、县长陈匡辉，县委副书记梅梅，县委常委、统战部长胡炜，县委常委、组织部长王小文，向塘开发区管委会主任黄志清等陪同。

【重要会议】

10月6日

上午，县长陈匡辉在县综合楼主持召开全县非工业七大系统国有企业改革工作推进、调度会，传达近期省市国企改革会议精神，就南昌县非工业七大系统国有企业改革工作进行推进、调度。县委常委、副县长杨保根，县委常委、纪委书记、政法委书记熊运浪，县委常委、农工部长魏根金，县人大常委会副主任李木旺，副县长程雷佬，县政协调研员张斗等出席。

10月7日

上午，县长陈匡辉来到蒋巷镇主持召开国鸿集团猪肉制品精深加工项目推进工作协调会。县委常委、常务副县长涂仕华，县委常委、副县长杨保根，县委常委、农工部长魏根金，副县长、县公安局长张增和，副县长程雷佬等出席。

10月9日

下午，全县整体推进农村土地整治工作动员会在县综合楼召开，会议传达贯彻省政府整体推进农村土地整治示范建设动员大会精神，安排部署南昌县的农村土地整治工作。县长陈匡辉出席并讲话，副县长程雷佬主持会议。

10月10日

下午，县委书记肖玉文在县综合楼会议室主持召开第18次县委常委会议。县委副书记、县长陈匡辉，县委副书记梅梅，县委常委涂仕华、熊运浪、胡炜、王小文、徐海波、魏根金、汪火明等出席会议。县人大常委会主任胡小明，县政协主席邓炳根等列席会议。会议研究了全县1～3季度主要经济指标运行情况，听取了县推进小蓝经济开发区项目重组工作领导小组提交的《关于小蓝经济开发区项目重组工作汇报》，审议了县政府党组提交的《关于规范社会扶养费征收管理工作的请示》等有关事项。

10月11日

上午，县委常委、常务副县长涂仕华在县政府会议室主持召开综合性应急救援工作协调会，进一步完善综合性应急救援工作机制、明确相关职责。

▲下午，中央编委召开全国乡镇机构改革工作电视电话会议。县委书记肖玉文，县委常委、组织部长王小文，县委常委、农工部长魏根金等在县综合楼分会场参加收听收看。

10月13日

上午，全县工会工作会暨工会干部业务素质培训班动员会在县综合楼召开。县人大常委会副主任、县总工会主席熊鹰出席并讲话。

10月15日

上午，南昌县在洁惠花园宾馆举行“九九”重阳节庆祝大会。县委书记肖玉文向各位老领导、老前辈，以及全县离退休老同志、老年朋友致以节日的亲切问候和良好祝愿，向关心支持老干部工作的各级各部门和全县老干部工作者表示衷心感谢和崇高的敬意，并向老同志通报了今年以来全县经济社会发展情况。市社联主席庄西翻，县领导梅梅、杨保根、熊运浪、王小文、姜清波、黄连科、王三毛、万德珍、吴克芳、李植，县检察院检察长张振川，县政协调研员尹头根等与全县500多位老领导、老同志一起欢度重阳佳节。

10月20日

下午，全县2010年度征兵工作会议在县人武部召开。县委常委、常务副县长、县征兵领导小组组长涂仕华出席并讲话。县委常委、县人武部长汪火明，县人武部政委姜清波等出席会议。

▲下午，县城管委第四次会议在县委综合楼召开。县委常委、副县长、县城管委常务副主任杨保根，县人大常委会副主任陈秀梅，县政协副主席李植等出席。

10月21日

上午，县人大召开2010年工作理论研讨会。县人大常委会主任黄连科等出席。

▲县委书记肖玉文在小蓝经济开发区主持召开第19次县委常委会。会议专题学习贯彻党的

十五届五中全会精神，传达贯彻省委常委（扩大）会议和市委常委（扩大）会议精神，研究部署当前全县各项工作。县委副书记、县长陈匡辉，县委副书记梅梅，县委常委涂仕华、杨保根、熊运浪、胡炜、王小文、徐海波、魏根金、汪火明等出席，县人大常委会主任胡小明，县政协主席邓炳根等列席会议。

▲下午，全县森林防火工作会在县林业局举行，会议传达省、市森林防火工作会议精神，研究部署全县今冬明春的森林防火工作。副县长、县森林防火指挥部常务副指挥程雷佬出席并讲话。

10月22日

下午，县委书记肖玉文在县综合楼主持召开2010年县规划委员会第6次会议。县长陈匡辉，县委副书记梅梅，县人大常委会主任胡小明，县政协主席邓炳根，县委常委、副县长杨保根，县委常委、统战部长胡炜，省城乡规划设计研究院院长、县政府首席规划顾问陈振寿，省城乡规划设计研究院副院长，县政府规划顾问万敏等出席。

10月23日

上午，县委中心组理论学习（扩大）会议在县综合楼召开。会议邀请了省城乡规划设计研究院院长、县政府首席规划顾问陈振寿就《城乡规划的编制与鉴赏》进行专题讲座。县领导肖玉文、胡小明、邓炳根、胡炜、王小文、徐海波、李木旺、王三毛、熊鹰、万德珍、吴克芳、姜润根、伍目连等聆听讲座。

10月27日

下午，县委书记肖玉文在小蓝经济开发区主持召开2010年度县委领导班子专题民主生活会，会议以“认真贯彻落实《党员领导干部廉洁从政若干准则》，切实加强领导干部作风建设”为主题，通过开展批评与自我批评，统一思想认识，明确努力方向，促进班子建设，进一步推动全县经济社会更好更快发展。县委副书记、县长陈匡辉，县委副书记梅梅，县委常委涂仕华、杨保根、熊运浪、胡炜、王小文、徐海波、魏根金、汪火明等出席。县人大常委会主任胡小明，县政协主席邓炳根，向塘开发区管委会主任黄志清等列席。

▲晚上，县委书记肖玉文在小蓝经济开发区主持召开县委常委会，讨论研究全县棚户区改造以及廉租住房建设工作。县委副书记梅梅，县委常委涂仕华、杨保根、熊运浪、胡炜、王小文、徐海波、魏根金、汪火明等出席。县人大常委会主任胡小明，县政协主席邓炳根，向塘开发区管委会主任黄志清等列席会议。

10月28日

上午，南昌县市人大代表小组第三次小组会分别在幽兰镇和泾口乡召开，市科协主席姚晓明，县人大常委会主任胡小明，副主任黄连科、伍曦，县人大调研员罗炳贵等出席会议。

▲上午，2010年度党报党刊发行工作会在县综合楼召开。县委常委、统战部长胡炜出席并讲话。

▲上午，江西省召开2010年廉洁征兵专题授课电视电话会议。县委常委、人武部部长汪火明，县人武部政委姜清波，副部长张晓伟等在县人武部分会场参加收听收看。

10月29日

全县城乡建设用地增减挂钩项目建设工作布置会在县综合楼召开。县长陈匡辉，副县长程雷佬，向塘开发区管委会主任黄志清等出席。

▲下午，县城管委第五次会议在县综合楼会议室召开，会议总结了前一阶段城市市容环境五大整治活动，安排部署了下一阶段的工作任务。县长、县城管委主任陈匡辉，县委常委、副县长杨保根，县人大常委会副主任陈秀梅，副县长胡显勇，县政协副主席李植，县长助理熊国爱等出席会议。

10月30日

上午，全县农田水利基本建设动员大会在县会展中心召开，会议动员全县各级、各有关部门认真贯彻落实省市有关农田水利基本建设会议精神，积极投入农田水利基本建设，确保圆满完成农田水利建设各项任务。省水利厅副厅长罗小云，市水务局副局长邓文茂到会并讲话。县领导陈匡辉、梅梅、胡小明、邓炳根、杨保根、熊运浪、胡炜、王小文、徐海波、魏根金等出席会议。

【领导活动】

10月9日

上午，国家科技部副部长张来武率领出席全国粮食丰产科技工程现场观摩会的院士、专家、学者等来到南昌县广福镇，参观考察南昌县粮食丰产科技工程的实施情况。省政府副秘书长晏驹腾，省科技厅厅长王海、副厅长吴文峰，省农科院院长谢金水，副市长罗慧芬，市科技局局长陈喜民，副局长卢洪献，县长陈匡辉，副县长胡显勇等陪同。

10月12日

下午，以省司法厅副厅长、省普法办副主任邓奕强为组长的省“五五”普法检查验收组来到南昌县，检查验收“五五”普法依法治理工作。市政协副主席郭曙，市司法局局长吕建民，副局长聂早生，县长陈匡辉，县委常委、纪委书记、政法委书记熊运浪，县政协副主席伍目连，县公安局政委周庆鲁等陪同。

▲下午，省人大内司委主任委员胡波，副主任陈发芳、刘昌持等来到南昌县视察社会治安视频“天网”工程运行和管理情况。省公安厅治安总队总队长张冬庆，市人大副主任白波，市政府副秘书长黄耀华，县人大常委会副主任熊鹰，县长助理熊国爱等陪同。

10月19日

上午，市委常委、常务副市长赵东亮来到南昌县指导非工业七大系统国有企业改革工作。县委书记肖玉文，县长陈匡辉，县委常委、副县长杨保根，县委常委、农工部长魏根金等出席座谈会。

10月20日

上午，农工党南昌市委会、农工党南昌县总支社会主义新农村共建联系点在塘南镇富盛村挂牌成立。市政协副主席、农工党南昌市委会主委龙国英，市委统战部副部长徐峰，县委常委、统战部长胡炜出席挂牌仪式并讲话。

10月22日

南昌市“我们的节日”之重阳节系列活动开幕式《爱在重阳大型公益活动——我们的60年》大型活动在蒋巷镇湖光山色举行。市政协副主席侯捷，市文明办主任李新建，县委常委、统战部长胡炜等参加活动。

10月25日

上午，豫章罗氏忠孝祠奠基仪式在小蓝经济开发区柏林村举行。市政协副主席龙国英，县委副书记梅梅，县委常委、小蓝经济开发区党工委书记徐海波，县人大调研员罗炳贵等出席。

10月28日

上午，南昌县教育园区莲塘三中新校奠基暨“省重点建设高中”揭牌仪式在昌南新城举行。省政府办公厅副主任叶磊，省教育厅巡视员杨寿庆，副市长罗慧芬，省教育厅办公室主任刘润保，副主任雷杰华，省教育厅基础教育处处长刘雪平，县领导陈匡辉、梅梅、胡小明、邓炳根等出席仪式并为莲塘三中新校奠基培土。

10月29日

上午，省林业厅厅长刘礼祖、副厅长罗勤来到南昌县，视察造林绿化“一大四小”工程建设高速公路通道绿化情况。市委常委凌学仁，市林业局局长樊三宝，县委常委、农工部长魏根金，副县长程雷佬等陪同。

▲上午，副市长黄春平来到南昌县，对廉租住房二期工程建设情况进行检查。县委常委、常务副县长涂仕华等陪同。

▲下午，副省长洪礼和率领省直有关部门负责人来到南昌县，就工业经济发展情况开展调研。省政府副秘书长胡世忠，市、县领导陈俊卿、曾光辉、陈匡辉、徐海波、涂莉华等陪同。

10月30日

上午，市委副书记、市委秘书长、统战部部长蔡社宝来到南昌县视察温厚高速、乐温高速沿线通道及连接线的造林绿化“一大四小”工程建设推进情况。省林业厅森防局书记、造林绿化“一大四小”工程建设南昌县督导组组长吴宗仁，市林业局局长樊三宝，副县长程雷佬等随同视察。

【工交财贸】

10月8日

上午，上海奔达机电有限公司董事长侯山宝一行来到小蓝经济开发区参观考察。县委副书记、县长陈匡辉，县委常委、开发区党工委书记徐海波，副县长涂莉华等陪同。

10月9日

上午，清华大学中小企业高级工商管理研究生课程进修项目江西小蓝经济开发区二期班在小蓝经济开发区举行开学典礼。县委常委、小蓝经济开发区党工委书记徐海波等出席。清华大学继续教育学院中小企业培训中心副主任王建敏应邀授课。

10月12日

上午，市国资委主任王铁汗率市七系统国企改革推进督查组来到南昌县，就非工业七个系统国有企业改革工作进行督查。县委常委、纪委书记、政法委书记熊运浪等陪同。

10月13日

上午，县委书记肖玉文在小蓝经济开发区会见上海斯麟特种设备有限公司董事长汪世华。县委常委、小蓝经济开发区党工委书记徐海波会见时在座。

▲上午，经南昌县人民政府批准，受县国土资源局委托，江西省银海拍卖有限公司以公开拍卖的方式，在县公共资源交易中心出让一宗国有建设用地使用权。该宗国有建设用地位于县城莲塘小蓝南路以南，香港永通用地以东，土地面积62.5亩，规划用途为商住用地，江西中力地产有限公司最终以每亩228万元价格竞买成功，获得该宗土地使用权。县长陈匡辉，县委常委、纪委书记、政法委书记熊运浪，副县长程雷佬等观摩拍卖会。

10月14日

上午，县委书记肖玉文来到银三角管委会，就项目推进和银三角地区的发展等开展调研。县长助理熊国爱等陪同。

10月15日

上午，南昌县在澄碧湖广场举办以“服务园区、促进就业、成就人才”专场招聘会。县委常委、小蓝经济开发区党工委书记徐海波来到现场察看招聘情况。

10月19日

下午，县长陈匡辉来到小蓝经济开发区调度汽车城项目推进工作。县委常委、小蓝经济开发区党工委书记徐海波等出席调度会。

10月20日

上午，县委书记肖玉文在视察丽晶酒店等重点商业、三产项目建设时强调：要加快推进商业、三产项目的建设，尽快提升县城莲塘的商业品位和城市形象。县委常委、统战部长胡炜，副县长涂莉华等陪同视察。

▲上午，县长陈匡辉来到南新乡，就益海嘉里（南昌）粮油食品有限公司、南昌建华管桩有限公司两个重大重点项目推进工作进行调度。副县长涂莉华，县长助理熊国爱等出席调度会。

▲下午，南昌县2010年现汇进资调度会在县商务局召开。县委常委、小蓝经济开发区党工委书记徐海波，副县长涂莉华等出席。

10月22日

江西省“十二五”重大项目规划调研组专家来到小蓝经济开发区调研。省发改委产业处处长马小平，市发改委党组书记、主任罗蜀强，县委常委、开发区党工委书记徐海波等陪同。

10月23日

上午，江铃汽车集团改装车有限公司新基地奠基仪式在小蓝经济开发区举行。江铃集团董事长王锡高、党委书记蒋林生，县领导肖玉文、梅梅、胡小明、邓炳根、徐海波等出席奠基仪式。

▲上午，世界500强华润集团入驻永通澄湖国际商业街签约仪式在县文化会展中心举行。县委常委、统战部长胡炜等出席。

10月26日

下午，县委副书记梅梅在县委会见室会见美国中腾燃气集团行政总裁何布声一行，就双方加强合作进行了交流。

10月28日

上午，塘南镇小城镇项目合作开发暨合资成立南昌县城乡建设投资发展有限公司签约仪式在县综合楼举行。省外办巡视员王雨森，省外办副主任张知明，农发行省分行行长熊建国，县长陈匡辉，县委副书记梅梅，县委常委、副县长杨保根，县委常委、小蓝经济开发区党工委书记徐海波，县委常委、农工部长魏根金，副县长涂莉华、程雷佬，中国振乾坤投资集团董事局主席胡建华，北京鑫利大通投资有限公司副总裁王敬凯等出席签约仪式。

10月29日

上午，县人大常委会副主任熊鹰来到县公安局交通管理大队，就县十四届人大四次会议人大代表建议意见落实情况进行督办。

【城市建设与管理】

10月1日

上午，南昌县在澄湖东路与澄湖北路交叉路口处举行2010年昌南组团新型城镇化示范镇第二批公建项目开工仪式，标志着南昌县加快推进新型城镇化建设，加速昌南组团开发进入了一个崭新的阶段。县委书记肖玉文，县长陈匡辉，县委副书记梅梅，县人大常委会主任胡小明，县政协主席邓炳根，县委常委、常务副县长涂仕华，县人大常委会副主任陈秀梅，县政协副主席李植，县长助理熊国爱等出席项目开工仪式。县委书记肖玉文宣布2010年昌南组团新型城镇化示范镇第二批公建项目正式开工，县长陈匡辉在开工仪式上作讲话。

10月2日

上午，县委常委、统战部长胡炜在小蓝北路西延工程现场指导拆迁工作时强调：要抓紧时间，加快拆迁进度，为工程的顺利推进奠定坚实的基础。

10月4日

下午，县长陈匡辉来到莲塘镇拆迁现场，慰问国庆期间奋战在拆迁工作第一线的镇村干部，对他们在拆迁工作中付出的艰苦努力和作出的贡献表示感谢，鼓励广大拆迁工作人员继续保持良好的精神状态，全力以赴推动新一轮的拆迁工作，以加快南昌县推进新型城镇化建设的进程。县委常委、统战部长胡炜等陪同。

10月7日

下午，县委常委、统战部长胡炜分别来到溪南路、康莲路西段、小南路西延段的道路排水工程等项目工地，调度和指导征地拆迁工作。

10月9日

上午，县政协主席邓炳根，副主席李植等来到县城建局，督办县政协2010年重点提案《关于规划建设与科学设置停车场地、停车线的建议》。

10月16日

上午，由县城管委、团县委、县教体局联合主办的“小手牵大手、争做文明人、倡导新风尚”主题实践活动启动仪式在澄碧湖公园南苑广场举行。县委副书记梅梅，县委常委、副县长杨保根，县政协副主席李植等出席启动仪式。

10月27日

上午，由江西电视台、江西日报、信息日报、南昌日报、南昌电视台的记者组成的采访团来到南昌县，就昌南组团开发建设情况进行采访。县委常委、统战部长胡炜等陪同。

10月29日

下午，县长陈匡辉在县综合楼主持召开南昌绿地山庄（兰宫）违章搭建专项整治工作领导小组第一次会议。县领导涂仕华、杨保根、张增和、涂莉华等出席。

【政法工作与社会治安综合治理】

10月13日

县政协副主席伍目连率部分政协委员来到县公安局，就南昌县构建立体防控体系，维护社会和谐稳定工作进行调研。县公安局政委周庆鲁等陪同。

10月14日

下午，县政协副主席伍目连率部分政协委员来到县人民检察院，就南昌县构建立体防控体系，维护社会和谐稳定工作进行调研。

10月5日

县政协副主席伍目连率部分政协委员来到向塘镇和县司法局就南昌县全力构建立体防控体系，维护社会和谐安定工作进行调研。向塘开发区管委会主任黄志清等陪同。

10月19日

上午，省委政研室副主任、省科协党组书记龚绍林率省委政研室调研组来到县公安局就全县社会稳定情况进行专题调研。省委政研室经济社会处调研员张晓勇，省委政研室党建政法处副处长洪三宝随同调研。市委副秘书长、政研室主任赵海东，县委书记肖玉文，县委常委、纪委书记、政法委书记熊运浪，副县长、县公安局长张增和等陪同。

▲上午，全县行政执法人员换证综合法律知识培训班在县委党校举行。省政府法制办执法监督处副处长周清，县委常委、纪委书记、政法委书记熊运浪，县人大常委会副主任熊鹰，副县长、县公安局长张增和，县政协副主席伍目连等出席。

10月21日

上午，全县第二期行政执法人员换证综合法律知识培训班在县委党校举行。县人大常委会副主任熊鹰，县政协副主席伍目连等出席。

10月26日

上午，全县第三期行政执行人员换证综合法律知识培训班在县委党校举行。省政府法制办执法监督处处长周靖，县人大常委会副主任熊鹰等出席第三期开学典礼。

10月28日

上午，全县第四期行政执法人员换证综合法律知识培训班在县委党校举行。省政府法制办执法监督处处长周靖，县人大常委会副主任熊鹰，副县长、县公安局长张增和等出席。

【农业与农村工作】

10月12日

上午，市人大农业和农村委员会主任委员魏文斌，调研员邓卫东、姜宗祥等来到南昌县，就农业综合开发高标准农田建设项目进行调研。市农业综合开发办副调研员王蕴文，县人大常委会副主任王三毛等陪同。

10月26日

下午，省水利厅副厅长罗小云，省委政研室研究员祝剑锋，市水利局局长李克荣、副局长杨宏富等来到南昌县就加强防汛工作的几个重点问题进行调研。县委常委、农工部长魏根金，副县长程雷佬等陪同。

【科教文卫体和计生工作】

10月6日

上午，新疆维吾尔自治区克孜勒苏自治州党委常委、组织部长韦新辉来到莲塘一中，看望在莲塘一中学习的新疆克州班学生，了解他们的学习生活情况。县长陈匡辉，县委常委、统战部长胡炜，县委常委、组织部长王小文，副县长、新疆克孜勒苏自治州招商局副局长赵泽华等陪同。

10月8日

晚上，驻县省市单位二七0研究所、供电公司、送变电、国税局、赣西地质大队在澄碧湖广场联合举办文艺晚会。县委常委、统战部长胡炜观看演出。

10月9日

晚上，南昌县第二届乡村歌会颁奖晚会暨第二届澄碧湖文化艺术节闭幕式在澄碧湖公园广场举行。县委常委、统战部长胡炜，副县长胡显勇，县政协副主席张军等出席。

10月13日

上午，香港龙山基金会考察团在市委统战部副部长、侨联主席姚向红，县委常委、统战部长胡炜等陪同下，前往捐助学校进行实地考察和爱心探访。

▲下午，全市理论骨干暨中心组秘书培训班在南昌县举行。市委宣传部副部长罗水长出席开班仪式并讲话。

10月14日

上午，县委副书记梅梅来到莲塘一小和莲塘六中，就校园建设工作进行调研。

▲上午，省财政厅社保处调研员万新全率省医改领导小组来到南昌县，就南昌县实施国家基本药物制度试点工作进行督导检查。市发改委副主任刘达辉、市编办副主任孔令源，市财政局副局长刘鹏，市卫生局副局长唐旭平，副县长胡显勇等陪同。

▲上午，2010年全市中考中招工作总结会在莲塘一中召开。市教育局副局长、市中招办主任邵梅珍出席并讲话。

▲下午，省委宣传部常务副部长陈东有来到南昌县，为全市理论骨干中心组学习培训班学员作题为《大力推进学习型党组织建设》的授课。

10月15日

上午，县政协副主席李信谆来到莲塘五中，督办提案《关于对莲塘五中西门进行综合整治的建议》。

10月18日

下午，县政协副主席伍目连率部分政协委员来到县卫生局就《关于实行住院医疗费每日明单建议提案》办理情况进行调研。

10月19日

上午，南昌县老年人体育协会柔力球队成立大会在澄碧湖公园广场举行。省老年体协副主席任魁庆，市老年体协主席孔炯，县政协副主席、县老年体协主席张军等出席并观看柔力球表演。

▲县委副书记梅梅，县人大常委会副主任伍曦，副县长胡显勇，县政协副主席万德珍等率领全县各乡镇和各乡镇中心小学校长赴上高县和高安市参观考察教育发展情况。

10月20日

上午，南昌县农村小学撤校并点现场交流会在南新乡召开。县委副书记梅梅，县人大常委会副主任伍曦，副县长胡显勇，县政协副主席万德珍等出席会议。

10月22日

上午，县委副书记梅梅来到莲塘四小、莲塘四中调度教育部门有关重大重点项目的推进工作。副县长胡显勇等陪同。

▲下午，为期三天的莲塘一中第三十八届运动会拉开帷幕。省教育厅体卫处处长曹连平，县委副书记梅梅，县委常委、统战部长胡炜，县人大常委会副主任伍曦，县政协副主席万德珍等

出席开幕式并观摩文体表演。

10月23日

上午，黄马旅游规划评审会在黄马乡举行。县委副书记梅梅，副县长胡显勇和由江西师大历史文化与旅游学院教授田勇等组成的黄马乡旅游规划评审专家组成员等出席。

【群团工作】

10月26日

上午，“全国妇女基层组织建设示范村”授牌仪式在南昌县八一乡后曲村举行。市妇联主席周笑蓓，副县长胡显勇等出席。

【环保工作】

10月8日

上午，省政协人资环委副主任余当贵率领省政协调研组来到南昌县，就县城污水处理厂建设及运营情况进行调研。市政协副主席徐荷娣，市委副秘书长、农工部长王肇赣，副县长程雷佬，县政协副主席李植等陪同。

【友好往来】

10月16日

下午，新疆克孜勒苏柯尔克孜自治州政协副主席姜丰率领克州爱国宗教人士考察团来到南昌县参观考察。省委统战部副巡视员胡志平，市委统战部副部长邓春元，县委常委、统战部长胡炜等陪同。

【其他重要工作】

10月12日

上午，市委督查室主任龚建峰等来到南昌县，就《关于推进人民政协制度建设的意见》和《关于加强人民政协民主监督工作的意见（试行）》贯彻落实情况进行检查。县委副书记梅梅，县政协主席邓炳根，县政协副主席李信谆等出席汇报会。

▲上午，全省土地领域突出问题交叉检查组来到南昌县，就土地领域突出问题专项治理工作进行检查。县委常委、农工部长魏根金等陪同。

10月20日

上午，小蓝经济开发区召开民主评议基层站所公开评议大会。市纠风办主任徐友根，县委常委、开发区党工委书记徐海波等出席会议。

▲下午，省委老干部局副巡视员龚友明等来到南昌县，就贯彻落实中央及省市有关老干部工作精神进行调研。市委老干部局局长袁井红，副局长袁金如，县委常委、组织部长王小文，向塘开发区管委会主任黄志清等陪同。

10月21日

上午，2010年度“三支一扶”大学生座谈会在县政府综合楼召开。副县长胡显勇出席并讲话。

10月27日

上午，南昌县在县综合楼举行2010年度全县保密知识抢答赛。县委副书记、县保密委主任梅梅，市保密机要局副局长余俊杰，县委常委、副县长杨保根，县人武部副部长尹头根等观摩比赛。

10月28日

下午，小蓝经济开发区举行社区矫正对象交接现场观摩会。县委常委、纪委书记、政法委书记熊运浪出席并讲话。

10月29日

下午，省民政厅救灾处副调研员张晓明等来到南昌县，就灾后恢复重建资金物资管理使用情况进行检查，市民政局副局长黄广新，县委常委、副县长杨保根等陪同。

【先进表彰】

10月22日

中共南昌县委史志地名办公室被江西省人力资源和社会保障厅、中共江西省委党史研究室授予“全省党史系统先进集体”。全省仅表彰了6个先进单位，中共南昌县委史志地名办公室是南昌地区唯一受表彰的单位。

十一月

【创先争优活动】

11月11日

上午，县委副书记梅梅在指导《中共南昌县地方简史》学习活动时强调：全县各级党组织和广大党员干部要把《中共南昌县地方简史》作为深入开展创先争优的教材，迅速掀起学习的热潮，推动创先争优活动深入开展。县委常委、组织部长王小文等出席。

11月12日

下午，县城管局在县文化会展中心举行创先争优活动动员大会。县委常委、副县长杨保根出席并讲话。

11月19日

下午，全县创先争优活动阶段性工作会在县委组织部召开。县委常委、组织部长王小文出席并讲话。

11月25日

下午，市委组织部常务副部长朱东来到南昌县督导检查创先争优活动。县委常委、组织部长王小文等陪同。

11月30日

上午，南昌市举行“万名干部下基层，民情夜访促和谐”活动出征仪式。市委副书记、代市长陈俊卿作动员讲话，市委副书记蔡社宝主持。市人大常委会主任雷武江，市委常委、纪委书记刘东明，市委常委、组织部长杨人平，副市长刘家富，市政府副秘书长、市委农工部长王肇赣，市委组织部常务副部长朱东，县委常委、组织部长王小文等出席仪式。

▲上午，全县“千名干部下基层、民情夜访促和谐”活动动员大会在县文化会展中心举行。会议全面学习贯彻党的十七届五中全会精神，全省“十万干部下基层，排忧解难促和谐”活动和全市“万名干部下基层，民情夜访促和谐”活动。县委书记肖玉文，县长陈匡辉，县人大常委会主任胡小明，县政协主席邓炳根，县委常委熊运浪、胡炜、王小文、徐海波、魏根金、汪火明等出席会议。

【重要会议】

11月2日

全市县区人大常委会办公室主任联席会第二次会议在南昌县举行，市人大常委会副秘书长谢晓亮，办公厅副主任王应才，县人大常委会副主任李木旺等出席。

11月4日

上午，全县安生生产委员会(扩大)会在县综合楼召开。会议传达学习了市安全生产会议精神，通报了全县1～3季度安全事故发生情况，安排部署了下一步工作。副县长涂莉华出席并讲话。

11月5日

上午，南昌县在县综合楼组织收听收看国务院召开的全国知识产权保护与执法工作电视电话会议。副县长胡显勇参加收听收看。

▲下午，全县新闻宣传暨党报党刊征订工作调度会在八一乡召开。县委常委、统战部长胡炜出席并讲话。

11月8日

下午，县委常委、副县长杨保根在县政府会议室主持召开县城管委第六次会议。县人大常委会副主任陈秀梅，县政协副主席李植，县长助理熊国爱等出席。

11月9日

上午，县政协十届十九次常委会在县文化会展中心举行。县政协主席邓炳根，副主席万德珍、吴克芳、张军、姜润根、伍日连、李植等出席会议；县委常委、统战部长胡炜应邀出席会议，县政协调研员况志强、张斗等列席会议。

▲上午，全省博物馆展览提升工作汇报会在南昌县召开。省文化厅博物馆处处长孙家骅，市文化新闻出版局副局长喻凤林，副县长胡显勇等出席。

▲县第十四届人大常委会第二十二次会议在县综合楼召开。县人大常委会主任胡小明，副主任黄连科、李木旺、陈秀梅、王三毛、熊鹰、伍曦等出席会议。县委常委、常务副县长涂仕华，县法院院长李红刚，县检察院检察长张振川等列席会议。会议听取和审议了县人民政府关于县十四届人大四次会议代表建议办理情况报告，听取和审议了县人民政府关于城镇化建设推进情况汇报，听取和审议了县人民政府关于城镇化建设推进情况汇报，听取和审议了县人民政府关于食品药品监督管理工作情况报告等。

11月10日

上午，南昌县在县综合楼会议室组织收听收看全省实施国家基本药物制度电视电话会。县委常委、常务副县长涂仕华参加收听收看。

▲下午，南昌县杭长铁路客运专线项目征地拆迁工作调度会在县政府会议室召开。县长陈匡辉，县委常委、副县长杨保根，副县长程雷佬，向塘开发区管委会主任黄志清，县长助理熊国爱等出席。

11月11日

上午，南昌县在县综合楼组织收听收看全国冬春农田水利基本建设电视电话会议。副县长程雷佬等参加收听收看。

11月13日

上午，全县人大工作会议在县综合楼召开，会议深入贯彻省、市人大工作会议精神，进一步加强和改进党对人大工作的领导，回顾总结近年来南昌县人大工作，研究部署新形势下加强和改进人大工作的措施，充分发挥全县各级人大在推进科学发展、进位赶超、绿色崛起中的积极作用。县委书记肖玉文，县长陈匡辉，县领导梅梅、胡小明、邓炳根、涂仕华、杨保根、熊运浪、胡炜、王小文、魏根金等出席会议。

11月16日

晚上，县长陈匡辉在县综合楼主持召开县政府第三十五次常务会议。县委常委、常务副县长涂仕华，县委常委、副县长杨保根，副县长张增和、涂莉华、程雷佬，县长助理熊国爱等出席。县政协副主主席姜润根等列席会议。

11月18日

上午，县委常委、常务副县长涂仕华主持召开棚户区改造工作调度会，分析目前南昌县棚户区改造工作形势，部署下一阶段的工作。

11月22日

下午，县城管委第六次会议在县综合楼召开。县委常委、副县长、县城管委常务副主任杨保根，县人大常委会副主任陈秀梅，县政协副主席李植，县长助理熊国爱等出席。

11月25日

下午，全市老干部工作县、区片联席会在南昌县召开。市老干局局长袁井红，县委常委、组织部长王小文等出席。

11月26日

晚上，县委书记肖玉文在小蓝经济开发区主持召开第20次县委常委会。县委副书记、县长陈匡辉，县委常委涂仕华、杨保根、熊运浪、胡炜、王小文、徐海波、魏根金等出席会议。县人大常委会主任胡小明，县政协主席邓炳根，副县长程雷佬，县政协副主席姜润根，向塘开发区管委会主任黄志清，县公安局政委周庆鲁，县长助理熊国爱等列席会议。

11月27日

上午，南昌县在县文化会展中心召开全县建设和谐平安昌南工作大会，会议贯彻落实省、市有关会议精神，分析当前全县社会稳定形势，对下一步和谐平安昌南建设进行安排部署。市委副秘书长、市政法委常务副书记季志勇，县领导肖玉文、陈匡辉、胡小明、邓炳根、涂仕华、熊运浪、胡炜、王小文、徐海波、魏根金、汪火明等出席会议。

▲下午，南昌县在县文化会展中心召开“森林城乡、花园南昌”建设和新型农村社会养老保险工作动员大会。会议总结表彰了2009年度全县“森林城乡、花园南昌”建设工作，动员和部署今冬明春的“森林城乡、花园南昌”建设工作，启动全县新型农村社会养老保险工作。县领导肖玉文、陈匡辉、胡小明、邓炳根、涂仕华、熊运浪、王小文、徐海波、魏根金、

汪火明等出席会议。

【领导活动】

11月1日

上午，省委常委、副省长、省征兵领导小组组长陈达恒，省军区司令员郑水成、参谋长倪海峰、政治部主任李宇来到南昌县征兵体检站，看望慰问征兵工作人员、体检医务人员和参加体检的应征青年，检查指导征兵体检工作的组织实施。市委常委、南昌警备区政委宋增建，南昌警备区司令员李超、参谋长刘静波、政治部主任汪健康，市政府秘书长辛利杰，县长陈匡辉，县委常委、县人武部部长汪火明，县人武部政委姜清波、副部长张晓伟等陪同。

▲下午，全省现代农业示范区建设工作座谈会在南昌县黄马乡向浪湖度假村召开。省农业厅党组书记、厅长毛惠忠出席并讲话，省农业厅副厅长张忠平，市委常委凌学仁，省农业厅总经济师徐金星，省农业厅计财处处长刘建堂，市农业局局长程共调，县长陈匡辉，副县长程雷佬等出席。

11月4日

上午，省委常委、副省长陈达恒，省林业厅厅长刘礼祖率领出席全省造林绿化“一大四小”工程建设流动现场会的代表来到南昌县参观乐温高速公路幽兰连接线的绿化情况。市委副书记、代市长陈俊卿，市委常委凌学仁，县领导陈匡辉、梅梅、胡小明、邓炳根、张增和、程雷佬等陪同。

▲下午，副市长黄春平来到南昌县协调了解东新乡储备用地事项和向塘镇昌厦房地产公司拆迁事宜，市中级人民法院副院长熊春安，副县长程雷佬，向塘开发区管委会主任黄志清等参加。

11月16日

下午，省人大常委会视察组来到南昌县视察渡改桥工程建设情况。省委常委、常务副省长凌成兴，省人大常委会副主任蒋如铭、魏小琴、陈安众，秘书长程水凤和部分省人大常委参加视察活动。省政府副秘书长朱希，省交通运输厅厅长马志武，市委副书记、代市长陈俊卿，市人大常委会副主任万先勇，副市长刘家富，市政府副秘书长曹志清，市交通局局长陈国风，县领导陈匡辉、胡小明、杨保根、李植，向塘开发区管委会主任黄志清等陪同。

11月17日

下午，省政协副主席、民进江西省委会主委汤建人，省政协教体文卫委员会主任王振东，团省委书记王少玄，副书记郭美荐，团市委副书记万欣等来到小蓝经济开发区调研。县长陈匡辉，县委副书记梅梅，县委常委、小蓝经济开发区党工委书记徐海波等陪同。

11月24日

下午，副市长刘家富来到南昌县，就“供销新网工程网络建设”进行调研。市供销社主任李小保，县委常委、副县长杨保根等陪同。

11月25日

上午，市政协副主席徐荷娣，市政协城建委员会主任王洪昌率部分市政协委员来到南昌县，视察城镇化建设情况。县委书记肖玉文，县政协主席邓炳根，县委常委、统战部长胡炜，县政协副主席李植等陪同。

11月26日

下午，省委书记苏荣在南昌县视察水利设施建设时强调：要全力变大灾之年为大兴水利之年，迅速掀起农田水利基本建设高潮。省委常委、副省长陈达恒，省委常委、省委秘书长赵智勇，省委常委、市委书记余欣荣，省水利厅厅长孙小山，市委副秘书长、办公厅主任李福如，市政府副秘书长、市委农工部长王肇赣，市水利局局长李克荣，县领导肖玉文、陈匡辉、魏根金、程雷佬等陪同。

【走访慰问】

11月4日

上午，市纪委副书记、监察局长曾亦冰来到南昌县走访慰问八一乡挂点村的困难老党员和困难群众，向他们送去党和政府的温暖和关怀。县委常委、纪委书记、政法委书记熊运浪等陪同。

11月11日

上午，团市委副书记周仁斌来到小蓝经济开发区柏林村走访困难群众。

11月29日

下午，省外事侨务办公室副主任张知明来到南昌县走访慰问归侨侨眷涂希元，向他们送去党和政府的关怀，市政府副秘书长罗增明，县委常委、常务副县长涂仕华等陪同。

【工交财贸】

11月1日

上午，县推进小蓝经济开发区项目重组工作领导小组召开项目重组联合执法调度会。县委常委、小蓝经济开发区党工委书记徐海波出席并讲话。

▲下午，中国土地勘测规划院地政研究中心主任、研究员唐健带领国务院江西省院“鄱阳湖生态经济区土地管理制度改革调研组”来到南昌县，就土地利用总体规划与年度设计、耕地保护、耕地占补平衡、农村集体建设用地等进行调研。省国土资源勘测规划院院长李爱新，副县长涂莉华等陪同。

11月2日

上午，南昌大丰村镇银行开业典礼在澄湖北大道举行。市长助理张根水，市政府副秘书长胡晓海，县长陈匡辉，南昌银行董事长徐荣生，县人大常委会主任胡小明等出席仪式并为南昌大丰村镇银行开业剪彩。

▲上午，县长陈匡辉在小蓝经济开发区召开项目重组工作领导小组汇报会。县委常委、小蓝经济开发区党工委书记徐海波，副县长张增和、涂莉华、章光文及小蓝经济开发区全体成员出席会议。

11月4日

上午，胜家快捷酒店有限公司、鑫达电力发展有限公司董事长郭和辉来到向塘开发区考察，向塘开发区管委会主任黄志清等陪同。

11月5日

上午，由中央纪委监察部执法监察室副处长邵海岳率领的中央工程治理调研组来到南昌县调研。省纪委常委、省监察厅副厅长刘卫平，省住建厅招标办主任黄国贤，市纪委监察局副局长黄清玉，县委副书记、县长陈匡辉，县委常委、纪委书记、政法委书记熊运浪等陪同。

▲上午，县委常委、副县长杨保根来到蒋巷镇、南新乡就北旺大桥、滁北大桥、楼前大桥建设进行现场调度。

11月8日

上午，省交通运输厅副厅长邓经国等来到南昌县，就渡改桥工作推进情况进行调研。市交通运输局局长陈国凤，县委常委、副县长杨保根等陪同。

▲下午，副县长涂莉华在县政府会议室主持召开安全生产紧急会议。

11月9日

下午，省商务厅国内投资促进处处长陈德群来到南昌县检查亿元以上招商引资项目工业项目工作。县委常委、小蓝经济开发区党工委书记徐海波，副县长涂莉华等陪同。

11月10日

上午，县委常委、副县长杨保根，县人大常委会副主任陈秀梅等先后来到莲塘综合市场、恒达市场、小蓝定岗市场，实地察看市场的整治情况，协调解决整治过程中存在的问题。

▲上午，小蓝经济开发区召开“大干百日”鼓劲动员大会。县委常委、小蓝经济开发区党工委书记徐海波出席并讲话。

▲晚上，小蓝经济开发区举行业务研讨会。县委书记肖玉文，县委常委、小蓝经济开发区党工委书记徐海波，副县长涂莉华、章光文，向塘开发区管委会主任黄志清等出席。

11月11日

上午，县政协副主席万德珍、李信谆组织部分政协委员来到县公安局交通管理大队，就2010年有关交通管理方面的政协提案进行督办。

11月15日

上午，县长陈匡辉先后来到向塘镇、黄马乡、三江镇视察渡改桥项目建设情况。县委常委、副县长杨保根等陪同。

11月17日

上午，湖南西湖电线电缆有限公司董事长侯少斌来到小蓝经济开发区和武阳镇参观考察，副县长涂莉华等陪同。

11月23日

下午，市委常委、统战部长李小豹，市委统战部副部长姚向仁、徐峰等来到南昌县，就经济社会发展和统一战线工作开展调研。县委书记肖玉文，县长陈匡辉，县委副书记梅梅，县委常委、统战部长胡炜，县委常委、小蓝经济开发区党工委书记徐海波等陪同。

11月25日

上午，为期两天的银三角发展规划论坛在南昌翠林高尔夫度假酒店举行。省社科院院长、研究员汪玉奇，国家发改委投资研究所所长助理汪文祥，省委研究室副主任陈强，省城乡规划设计研究院院长陈振寿，市委副秘书长、研究室主任赵海东，省社科院经济研究所所长麻智辉，省城乡规划设计研究院副院长、总工程师万敏，县长、银三角党工委第一书记陈匡辉，县委常委、常务副县长涂仕华，县委常委、小蓝经济开发区党工委书记徐海波，县人大常委会副主任李木旺，向塘开发区管委会主任黄志清，县政协调研员刘东平等出席。

▲下午，县委常委、副县长杨保根，县人大常委会副主任陈秀梅、伍曦，县政协副主席李信谆、李植先后来到南新楼前大桥、蒋巷滁北大桥、蒋巷旺北大桥，实地视察渡改桥工作进展情况。

▲下午，出席银三角发展规划论坛的专家学者围绕银三角区域功能定位、产业经济研究、区域发展战略规划进行研讨。县委书记肖玉文作讲话，国家发改委投资研究所所长助理汪文祥，省委研究室副主任陈强，省城乡建设厅规划处处长李道鹏、村建处处长熊春华，省城乡规划设计研究院副院长，总工程师万敏等作专题发言。县领导陈匡辉、涂仕华、胡炜、徐海波、李木旺，向塘开发区管委会主任黄志清等出席论坛，并认真听取专家学者的发言。

【城市建设与管理】

11月21日

下午，县委书记肖玉文，县长陈匡辉视察县城莲塘新型城镇化项目推进情况，县委副书记梅梅，县委常委、统战部长胡炜等陪同。

【政法工作与社会治安综合治理】

11月2日

上午，省人大法制委副主委员张友南，省人大法工委副主任夏宏根，省人大法工委行政法规处调研员万祥裕等来到南昌县，就《中华人民共和国国家通用语言文字法》办法（草案修改征求意见稿）进行调研。县人大副主任熊鹰等陪同。

11月11日

下午，市人大法制工委主任徐永立来到南昌县，就控制二手烟草烟雾危害条例（草案）征求意见，县人大常委会副主任熊鹰等陪同。

11月25日

上午，省消防总队总队长房凌春，政委王林波，副总队长邓晓钧，后勤部队欧阳漾，后勤部副部长赖慰冰，市消防支队支队长徐伟保等来到南昌县消防大队检查指导工作。县委书记肖玉文，县委常委、副县长杨保根，副县长、县公安局长张增和等陪同。

▲上午，县长陈匡辉出席全县综治维稳信访干部培训班开班仪式并作讲话。县委常委、组织部长王小文主持开班仪式。

11月26日

上午，南昌县在县综合楼召开“人大评议全县基层公安派出所工作布置会议”。县人大常委会主任胡小明，县人大常委会副主任黄连科，县公安局政委周庆鲁等出席会议。

11月29日

下午，国家人力资源社会保障部工伤司副司长颜清辉，国家安监总局职业健康监管司副司长徐少斗率联全督察组来到南昌县，对粉尘与高毒物品危害治理工作开展情况进行专项督查。省安监局副局长龙卿去，市政府副秘书长吴长金，市安监局局长邓建生，副县长涂莉华等陪同。

【农业与农村工作】

11月1日

下午，县长陈匡辉沿温厚高速、南昌东外环高速对黄马、武阳等乡镇的造林绿化“一大四小”工程的通道绿化工作推进情况进行督查。

11月2日

上午，省林业厅厅长刘礼祖，副厅长罗勤等来到南昌县视察造林绿化“一大四小”工程建设高速公路通道绿化情况。市林业局局长樊三宝，县委常委、农工部长魏根金等陪同。

11月3日

上午，省科技厅组织省内外有关专家来到广福镇，对南昌县“十一五”科技支撑计划重大项目粮食丰产科技工程项目——广福镇2500亩核心试验区和25亩超高产攻关田的晚稻，进行测产验收。以中国水稻研究员章秀福为组长的测产验收专家组，详细听取了有关情况汇报，对广福项目示范区的晚稻进行了现场考察。

▲下午，县长陈匡辉调度造林绿化“一大四小”工程通道绿化推进情况，并沿温厚高速、南昌东外环高速对向塘、幽兰等乡镇的通道绿化推进情况进行督查。县委常委、农工部长魏根金，副县长程雷佬等陪同。

11月10日

下午，省国土厅规划处调研员赵中干率省排水管网督查组来到南昌县督查排水管网专项规划情况。市水务局副局长周洪都，县委常委、常务副县长涂仕华等陪同。

11月16日

上午，县长陈匡辉来到塔城乡，就社会经济发展、土地增减和民生工作进行调研。

11月17日

上午，全县“村村互帮共促”活动结对仪式在县委党校举行。县委常委、组织部长王小文出席并讲话。

11月19日

下午，县委常委、农工部长魏根金，副县长程雷佬等先后来到幽兰镇玉林兴生态农业科技园和武阳镇鑫和源绿色农业开发有限公司，督促检查指导绿化造林工作。

11月23日

下午，县委常委、农工部长魏根金，副县长程雷佬来到黄马乡南徐大堤、向塘镇中洲联圩、冈上镇抚河故道、象湖联圩视察指导冬修水利工作。

11月24日

上午，县委常委、农工部长魏根金来到幽兰镇和泾口乡督查冬修水利工程建设情况。

【科教文卫体和计生工作】

11月3日

上午，县政协副主席伍目连率部分政协委员来到县教体局，就校园治安防控体系建设进行调研 。

11月4日

上午，县人大常委会副主任黄连科等来到县教体局，就县十四届人大四次会议人大代表建议意见的落实情况进行督办。

11月5日

上午，以市教育局局长熊晓武为组长的市学前教育调研组来到南昌县，就学前教育开展情况进行调研。副县长胡显勇等陪同。

11月10日

上午，三江小学蔡冠深教育奖励基金第十四次颁奖、三江中学万修元教育奖励基金第四次颁奖和“爱心”教育助学金第四次颁发大会在三江中学举行。三江镇212名师生获得了近10万元的奖助学金。原江西省委书记、中央统战部副部长万绍芬，原全国人大常委、省人大常委会副主任万学文，市委副书记、代市长陈俊卿，香港新华集团总裁、蔡冠深教育奖励基金理事会主席蔡冠深的特别助理李宗伯，万修元教育奖励基金会主席刘凤桂的儿子万良发，省教育厅巡视员杨寿庆，县委书记肖玉文，县长陈匡辉等出席颁奖大会并为获奖师生颁奖。

11月11日

上午，省委宣传部常务副部长陈东有来到南昌县，就建设学习型党组织和全县文化建设工作进行调研。县委书记肖玉文，县委副书记梅梅，县委常委、统战部长胡炜，县委常委、小蓝经济开发区党工委书记徐海波等陪同。

11月26日

下午，省人口和计划生育工作目标管理责任制考核评估组来到南昌县，对计生工作进行年终考核验收。并反馈了考核评估结果。市计生委主任任美清，副主任万保平，县领导肖玉文、陈匡辉、魏根金、程雷佬等出席反馈会。

【党的建设和干部队伍建设】

11月10日

下午，南昌县首期县直机关2010年党支部书记培训班结业典礼在县委党校举行。县委常委、组织部长王小文出席并讲话。

11月12日

上午，全县村党支部（总支）书记培训班在县委党校举办。县委副书记梅梅，县委常委、组织部长王小文出席开班仪式并讲话。

11月15日

上午，县委书记肖玉文为参加全县村党支部（总支）书记培训班的全体学员授课。县委副书记梅梅，县委常委、组织部长王小文，向塘开发区管委会主任黄志清等参加。

11月17日

上午，全县村党支部书记培训班结业典礼在县委党校举行。县委常委、组织部长王小文出席并讲话。

11月19日

上午，南昌县在县委党校举行村主任培训班。县委常委、组织部长王小文出席开班仪式并讲话。

11月22日

上午，县委常委、纪委书记、政法委书记熊运浪为全县村委会主任培训班的学员进行授课。县委常委、组织部长王小文等参加。

11月23日

上午，县长陈匡辉为参加全县村委会主任培训班的学员授课。县委常委、农工部长魏根金等参加。

11月24日

上午，县委副书记梅梅来到县委党校出席全县村主任培训班结业典礼并作讲话。

11月26日

县委常委、组织部长王小文出席全县第六期青干班开学典礼并讲话。

【人武工作】

11月2日

上午，县委常委、人武部长汪火明，副部长张晓伟等察看征兵体检工作。

11月13日

下午，县委书记肖玉文，县长陈匡辉，县人大常委会主任胡小明，县政协主席邓炳根，县委常委涂仕华、杨保根、熊运浪、胡炜、王小文、魏根金、汪火明等县四套班子成员与县直有关部门负责同志、各乡镇（开发区）党委书记到驻县部队参观，集体参加“军事日”活动，体验军事生活，接受国防教育。

11月23日

上午，江西省军区政治部秘群处处长侯毅军来到南昌县，就南昌县二七高炮营创建标兵营情况进行考评。江西预备师政治部主任黄恩华，县委常委、县人武部部长汪火明，县人武部政委姜清波等陪同。

11月29日

下午，县人武部举行新兵仪式。县人武部政委姜清波出席并讲话。

【信访工作】

11月24日

下午，县长陈匡辉来到县信访接待中心公开约访，为群众排忧解难。县委常委、副县长杨保根，县委常委、纪委书记、政法委书记熊运浪，副县长、县公安局长张增和，县长助理熊国爱等参加接访。

11月29日

上午，县委书记肖玉文以约访的方式，在县信访局接待来访群众，现场协调解决群众的合法、合情、合理诉求。县委常委、常务副县长涂仕华，县委常委、纪委书记、政法委书记熊运浪，副县长胡显勇，县长助理熊国爱等参加。

【环保工作】

11月25日

上午，南昌县举行首届环保杯“低碳家庭”表彰大会。副县长胡显勇等出席。

【友好往来】

11月5日

下午，新疆维吾尔自治区克孜勒柯尔克孜自治州党委副书记、政协主席买买提·努尔和自治州政协副主席张殿江带领克州经贸代表团来到南昌县考察。省建设厅副厅长、省对口援疆工作领导小组办公室副主任吴昌平，县委副书记、县长陈匡辉，县委常委、统战部长胡炜，县委常委、组织部长王小文，副县长、克州招商局副局长赵泽华等陪同。

11月11日

上午，九江县政协副主席卢党恩率九江县政协代表团来到南昌县小蓝经济开发区，就加快县域经济发展、提升工业园区发展水平进行参观考察。县政协副主席吴克芳等陪同。

11月17日

下午，吉安县委副书记、县长陈敏率吉安县党政代表团来到南昌县参观考察。县委副书记、县长陈匡辉，县委常委、常务副县长涂仕华，县人大常委会副主任王三毛等陪同。吉安县县委常委、农工部部长郭玉山，吉安县人大常委会副主任刘先刚，吉安县政协副主席肖华等参加考察。

11月19日

下午，抚州市委常委、农工部部长熊云鹏，副市长黄赛荣率领抚州市党政代表团来到南昌县，实施参观考察南昌县植树造林工作。市政府副秘书长、农工部长王肇赣，市林业局局长樊三宝，副局长涂传建，县领导魏根金、程雷佬等陪同。

【其他重要工作】

11月1日

下午，县委常委、常务副县长涂仕华等来到莲塘镇检查指导人口普查登记工作。

11月2日

上午，中国社会科学院城市发展环境研究所副所长魏后凯率课题组来到南昌县开展国情调研。省社会科学院经济研究所长麻智辉，市委宣传部副部长罗水长，县委常委、统战部长胡炜等陪同。

11月5日

上午，市人大农委主任魏文斌来到南昌县就气象为农服务工作进行调研。市气象局局长吴延年，县人大常委会副主任王三毛等陪同。

11月8日

上午，省人口普查办公室主任、省统计局副巡视员韩志生来到南昌县视察指导第六次人口普查工作。市统计局局长万仁如，市统计局副局长、市人口普查办主任张根全，县委常委、常务副县长涂仕华等陪同。

▲上午，中福在线南昌县销售厅开业典礼在县城莲塘举行。市民政局局长应学全，市民政局副调研员杨航等出席并为销售厅开业剪彩。

11月9日

上午，南昌县在澄碧湖广场举行全国第二十个消防日暨新《江西省消防条例》正式实施活动。县委常委、纪委书记、政法委书记熊运浪出席并讲话。

11月9日

由中共南昌县委组织部和中共南昌县委史志地名办公室编纂的《中共南昌县地方简史》正式出版发行。《中共南昌县地方简史》是以中国共产党领导南昌县人民进行革命和建设为主线，综合反映全县人民在新中国成立前的革命斗争和新中国成立后对社会主义的探索和建设等历史过程，是一部党员干部学习的教科书。

11月10日

上午，县政协副主席伍目连率部分政协委员来到县政法委，就构建立体防控体系建设情况进行调研。

11月15日

下午，市委统战部副部长、市工商联党组书记杨启棠，市工商联副主席张文木等率企业家来到南昌县蒋巷镇胜利村小学进行爱心帮扶。

11月16日

由市纪委常委、干部室主任李紫敬带领的市“三类村”整改工作验收组来到南昌县，就“三类村”整改工作进行检查验收。县委常委、组织部长王小文，县委常委、小蓝经济开发区党工委书记徐海波，县人大常委会主任李木旺、熊鹰等陪同。

11月19日

上午，县政协主席邓炳根，副主席伍目连来到县人力资源和社会保障局，就“构建立体防控体系、维护社会和谐安宁”进行调研。

▲下午，省档案业务处处长谭向文、市档案局副局长彭青等来到南昌县档案局（馆），就晋升国家二级档案馆进行检查指导。

11月21日

上午，全市“万人评议作风效能”活动问卷调查来到南昌县测评，全县300多名机关干部、个私企业代表和企业管理人员参加测评。市纪委常委、办公厅主任陶寒光巡查测评情况。

11月22日

下午，档案局业务处处长谭向文和市档案局副局长彭青等来到南昌县检查指导档案工作，并就南昌县档案馆晋升国家二级馆提出明确要求。

11月24日

由中共南昌县委、南昌县人民政府主办，中共南昌县委史志地名办实施编纂的2010年《南昌县年鉴》正式出版。《南昌县年鉴》如实记载南昌县经济建设和社会发展情况，是一部集资料、知识、信息为一体的地方年鉴。

11月25日

上午，市老干局局长袁井红带领出席全市离退休干部创先争优动员暨“五好支部”创建现场会的人员来南昌县参观。向塘开发区管委会主任黄志清等陪同。

11月29日

上午，全县文明单位创建工作培训班在县委党校举行。县委常委、统战部长胡炜出席开班仪式并讲话。

▲下午，省文明办主任张天清应邀为南昌县文明单位创建工作培训班的学员进行授课。市文明

办副主任罗小红，县委常委、统战部部长胡炜等出席。

【乡镇工作】

11月11日

向塘镇召开农田水利建设及计划生育工作会议。向塘镇开发区管委会主任黄志清出席并讲话。

11月17日

上午，富山乡召开县人大代表向选民述职会议。县人大代表常委会副主任黄连科出席并讲话。

11月18日

上午，广福镇召开县人大代表向选民述职评议会议。县人大常委会副主任黄连科出席并讲话。

11月26日

上午，富山乡举行招商引资项目集中签约仪式。县政协副主席李植出席并讲话。

十二月

【创先争优活动】

12月1日

上午，南昌县“党团共建、创先争优”专题研讨班在县委党校举行。团市委副书记万欣，县委常委、组织部长王小文，副县长胡显勇等出席开班仪式。

12月3日

上午，塔城乡召开“百名干部下基层、民情夜访促和谐”活动动员大会。县人大常委会主任胡小明，县政协副主席万德珍出席并讲话。

▲上午，幽兰镇召开“百名干部下基层，民情夜访促和谐”活动动员会。县人大常委会副主任王三毛出席并讲话。

▲上午，向塘镇召开“百名干部下基层，民情夜访促和谐”活动动员大会。向塘开发区管委会主任黄志清出席并讲话。

▲下午，小蓝经济开发区召开农村社会养老保险试点和“百名干部下基层，民情夜访促和谐”工作动员会。县委常委、小蓝经济开发区党工委书记徐海波，副县长章光文等出席。

▲下午，富山乡召开“百名干部下基层，民情夜访促和谐”活动动员大会。县公安局政委周庆鲁出席并讲话。

12月7日

下午，昌南新城（东新乡）召开“千名干部下基层，民情夜访促和谐”活动动员大会。县委常委、统战部长胡炜，县政协副主席伍目连出席并讲话。

12月8日

下午和晚上，县长陈匡辉来到蒋巷镇了解“千名干部下基层，民情夜访促和谐”活动开展情况，并来到活动联系点高梧村开展“民情夜访”活动。县政协副主席李信谆等陪同。

12月10日

县委书记肖玉文在莲塘镇下基层开展“民情夜访”时强调：要围绕群众最急、最盼、最想之事，怀着亲民、为民、爱民之心，去和群众说情、说理、说法，倾听群众呼声、解决群众迫切需要解决的问题，真正使“千名干部下基层，民情夜访促和谐”活动搞得更加深入，更加扎实，更加富有成效。县委常委、统战部长胡炜等陪同。

12月13日

下午，县长陈匡辉来到莲塘镇小蓝村开展下基层，促和谐活动，上门征询村民代表对南昌县在推进新型城镇化建设中有关征地拆迁工作的意见和建议。

12月14日

晚上，县委常委、小蓝经济开发区党工委书记徐海波来到小蓝经济开发区霞山村开展下基层“民情夜访促和谐”活动。副县长章光文等陪同。

12月15日

下午，副县长章光文来到小蓝经济开发区虎山村委会和群众家中，开展“民情夜访”活动。

12月16日

下午，县人大常委会主任胡小明来到塔城乡开展“民情夜访”活动。县政协副主席万德珍等参加。

▲下午，县政协副主席李信谆来到蒋巷镇开展“民情夜访”活动。

▲晚上，县委常委、县人武部长汪火明来到黄马乡徐家村开展“民情夜访促和谐”活动。县人武部副部长张晓伟参加。

12月20日

晚上，县委常委、统战部长胡炜，县人武部政委姜清波，县人大常委会副主任陈秀梅，副县长程雷佬，县政协副主席伍目连等分别来到东新乡、黄马乡、广福镇开展“民情夜访”活动，到农户家中宣传党的富民政策，了解民情，帮助群众解决生产生活中的实际困难，努力营造和谐发展环境。

12月21日

县委常委、农工部长魏根金，县人大常委会副主任伍曦来到南新乡开展“民情夜访”活动，到村民家中了解生产生活情况，征求村民对县委、县政府工作的意见和建议。

▲晚上，县委书记肖玉文来到八一乡开展“民情夜访”活动，走村入户，倾听群众呼声，解决群众迫切需要解决的问题。副县长胡显勇等陪同。

12月22日

县人大常委会副主任黄连科、李木旺分别来到三江镇和银三角管委会开展“民情夜访”活动。

12月23日

下午，县人大常委会副主任王三毛来到幽兰镇开展“民情夜访”活动，了解群众的生产生活情况，广泛倾听群众的呼声。

12月24日

县人大常委会副主任熊鹰，副县长涂莉华，县政协副主席吴克芳等分别来到冈上镇兴农村、小蓝经济开发区塔田村，开展“民情夜访”活动，了解群众在生产生活中遇到的困难和问题，切实为他们排忧解难。

12月27日

下午，县委常委，县人武部部长汪火明来到黄马乡冯家村开展“民情夜访”活动。

【重要会议】

12月1日

下午，县委书记肖玉文在县综合楼主持召开2010年县城城市规划委员会第7次会议。县长陈匡辉，县人大常委会主任胡小明，县政协主席邓炳根，县委常委、常务副县长涂仕华，县委常委、小蓝经济开发区党工委书记徐海波，副县长涂莉华等出席。县规划顾问陈振寿、万敏、高霞等参加议题审议。

▲晚上，县委书记肖玉文在小蓝经济开发区主持召开第21次县委常委会。会议学习《省纪委、省委组织部关于规范全县权力公开透明运行的意见（试行）》的通知精神，研究了县纪委、县委组织部代拟的《中共南昌县委关于进一步加强作风建设的意见》。县委副书记、县长陈匡辉，县委常委涂仕华、杨保根、熊运浪、王小文、徐海波、魏根金、汪火明等出席；县人大常委会主任胡小明，县政协主席邓炳根等列席会议。

12月6日

上午，全县圩堤应急防渗处理工程协调会在小蓝经济开发区召开，会议对南昌县南新、蒋巷等8条重点圩堤应急防渗处理工程进行了协调。县长陈匡辉，县委常委、农工部长魏根金，县政协副主席姜润根等出席。

12月8日

下午，县委书记肖玉文在小蓝经济开发区主持召开全县开放型经济工作务虚会。县委常委、小蓝经济开发区党工委书记徐海波，副县长涂莉华，县长助理熊国爱等出席。

12月10日

下午，县长陈匡辉在县综合楼主持召开全县经济运行调度会。县委常委、常务副县长涂仕华，副县长涂莉华等出席。

12月15日

上午，县长陈匡辉在县政府会议室主持召开国土工作会议，传达市国土工作会议精神，部署全县的有关土地工作。副县长程雷佬等出席。

▲上午，县委常委、常务副县长涂仕华在县委会议室召开全县做好应当前强降温暴雪天气工作紧急调度会。

12月16日

上午，南昌县在县综合楼组织收听收看全省整顿和规范成品油市场经营秩序电视电话会。县委常委、常务副县长涂仕华等参加收听收看。

▲下午，南昌县在县综合楼组织收听收看2009年度土地卫片执法检查情况电视电话会。副县长程雷佬参加收听收看。

12月24日

上午，南昌县召开全县“森林城乡、花园南昌”建设现场推进会，会议通报了全县造林绿化推进情况，总结交流工作经验，安排部署今冬明春的造林绿化工作。县委书记肖玉文，县委常委、农工部长魏根金，副县长程雷佬，向塘开发区管委会主任黄志清等出席。

▲下午，全县反腐倡廉工作情况通报会在县委统战部召开。县委常委、纪委书记、政法委书记熊运浪，县委常委、统战部长胡炜，县人大常委会副主任伍曦，县政协副主席吴克芳、伍目连、李植等出席。

12月28日

下午，县委书记肖玉文在县综合楼主持召开2010年县规划委员会第8次会议。县人大常委会主任胡小明，县政协主席邓炳根，县委常委、常务副县长涂仕华，县委常委、统战部长胡炜，县委常委、小蓝经济开发区党工委书记徐海波，副县长程雷佬，县政府规划顾问万敏、高霞等出席。

12月29日

上午，南昌县第十四届人大常委会第二十三次会议在县综合楼召开。会议听取和审议了县政府关于全县法律援助工作情况报告；听取和审议了县政府关于县特警工作情况报告；听取和审议了县法院关于人民法庭工作情况报告；听取和审议了县检察院关于职务犯罪预防工作情况报告等有关事项。县人大常委会主任胡小明，副主任黄连科、李木旺、陈秀梅、王三毛、熊鹰、伍曦等出席；副县长章光文，县法院院长李红刚，县检察院检察长张振川等列席会议。

▲下午，全县农田水利基本建设现场会召开，会议通报全县水利基本建设进展情况，安排部署了今冬明春的水利建设任务。县长陈匡辉，县委常委、农工部长魏根金，县政协副主席姜润根等出席。向塘开发区管委会主任黄志清参加了在向塘镇的参观活动。

▲晚上，县委书记肖玉文在小蓝经济开发区主持召开第22次县委常委会。县委副书记、县长陈匡辉，县委常委涂仕华、杨保根、熊运浪、胡炜、王小文、徐海波、魏根金、汪火明等出席会议；县人大常委会主任胡小明，县政协主席邓炳根等列席会议。

【领导活动】

12月1日

上午，省纪委常委、省监察厅副厅长黄林开来到南昌县视察民主评议基层站所试点工作，市委常委、纪委书记刘东明，省纪委纠风室副主任吴连平，市纪委副书记薄成诚，市纪委纠风室主任徐友根，县领导肖玉文、涂仕华、熊运浪，向塘开发区管委会主任黄志清等陪同。

12月2日

上午，全市农田水利基本建设主攻战启动暨塘南镇集中供水工程开工仪式在塘南镇举行。市委常委、市委秘书长凌学仁，省水利厅安监处调研员沈洁，县委常委、农工部长魏根金，副县长程雷佬等出席。

12月3日

下午，由省住房和城乡建设厅副巡视员曾绍平率领的省督查组来到南昌县，对推进新型城镇化和城市建设工作进行现场督查。市委副书记、代市长陈俊卿，市委常委、常务副市长赵东亮，副市长黄春平，市政府副秘书长、市建委主任龚亚立，县领导肖玉文、陈匡辉、涂仕华、胡炜、王三毛、张增和、涂莉华，县长助理熊国爱等陪同。

12月17日

下午，市委常委、纪委书记刘东明来到向塘镇就“万名干部下基层，民情夜访促和谐”活动进行督导。县委常委、纪委书记、政法委书记熊运浪，向塘开发区管委会主任黄志清等陪同。

12月20日

上午，市委常委、纪委书记刘东明来到南昌县，就党务公开工作开展情况进行调研。市纪委副书记杜志刚，市纪委廉政室主任刘志勇，县委常委、纪委书记、政法委书记熊运浪等陪同。

12月21日

上午，在昌的省人大代表和部分市人大代表来到小蓝经济开发区江铃股份进行视察。省人大代表、省人大常委会原副主任万学文，市人大常委会主任雷武江，市人大常委会党组副书记罗为民，市人大常委会副主任姚燕平、连樟寿、何友德、万先勇、戴和旺、白波，副市罗慧芬等参加视察活动；县人大常委会主任胡小明，县委常委、小蓝经济开发区党工委书记徐海波等陪同。

12月27日

上午，为期两天的小蓝经济开发区供热专项规划暨华电小蓝分布式能源站工程初步可行性研究披告审查会在江西宾馆举行。副市长曾光辉，省发改委能源局副局长刘静，县长陈匡辉，中国华电集团新能源发展有限公司副总经理霍广钊，市发改委副主任张小飞，县委常委、小蓝经济开发区党工委书记徐海波等出席。

12月29日

上午，江西奇佳(农资)物流中心举行首期工程竣工暨开业仪式。市人大常委会主任雷武江，市委常委、常务副市长赵东亮，副市长曾光辉，市政协副主席侯捷，市政府副秘书长吴长金，县委书记肖玉文，县长陈匡辉，市发改委主任罗蜀强，市工信委党委书记程晓林，向塘开发区管委会主任黄志清等出席。

12月30日

上午，鄱阳湖南岸片血吸虫综合防治示范区建设启动仪式在南昌县泾口乡举行。副省长谢茹出席并宣布鄱阳湖南岸片血吸虫病综合防治示范区建设启动。省政府副秘书长晏驹腾主持仪式，国家卫生部疾控局副局长郝阳，省卫生厅副厅长关晏民出席并讲话；省农业厅副厅长马岩波，省水利厅副厅长、省鄱建办主任朱来友，省人力资源和社会保障厅副厅长裴菲，省新农办副主任王志，副市长罗慧芬，上饶市政府副秘书长廖庆荣，县长陈匡辉，副县长胡显勇等出席。

【走访慰问】

12月15日

下午，县人大常委会副主任李木旺，副县长涂莉华来到银三角管委会，走访慰问部分困难户、老党员和孤寡老人，给他们送去党和政府的关怀和温暖。

12月16日

下午，县委常委、小蓝经济开发区党工委书记徐海波来到小蓝经济开发区柏林村、雄溪村、邓埠村委会走访慰问部分困难户、孤寡老人和老党员，给他们送去党和政府的关怀和温暖，副县长章光文等参加。

▲下午，县委常委、小蓝经济开发区党工委书记徐海波，县人大常委会副主任熊鹰，副县长章光文等来到江西金沙彩印包装有限公司和江西九木堂实业有限公司以及江西煌上煌集团食品有限公司走访慰问企业的部分困难职工，给他们送去党和政府的关怀和温暖。

12月17日

上午，副县长、县公安局长张增和，县政协副主席李植，县公安局政委周庆鲁等来到富山乡村民家中进行走访，了解群众生产生活情况。

▲上午，副县长涂莉华来到小蓝经济开发区岗前村走访慰问困难群众，为他们送去党和政府的关怀和温暖。

12月21日

晚上，副县长胡显勇来到八一乡走访慰问困难群众，了解村级集体经济发展情况。

12月24日

县政协主席邓炳根，副主席万德珍、张军、李信谆、姜润根等来到县环保局，走访中共界政协委员，了解委员们一年来履职、工作和生活情况。

12月28日

上午，县人大常委会主任胡小明、县政府副主席万德珍等来到塔城乡走访慰问困难群众，为他们送去党和政府的关怀和温暖。

▲上午，县政协主席邓炳根，副主席吴克芳、张军、伍目连、李植等分别走访特邀界、民盟界、文化艺术界、归侨侨眷界、少数民族宗教界、无党派界、共青团界、妇联界的政协委员，听取委员们一年来履行职责和工作生活情况，征求他们对政协工作的意见和建议。

12月29日

上午，县政协副主席万德珍、吴克芳、姜润根、伍目连分别走访科技界、科协界、教育界、企业界，台胞台属界的政协委员，了解委员们一年来履行职能和工作生活情况。

12月30日

上午，县政协副主席万德珍、张军、姜润根等分别走访农林界、民革界、九三、医药卫生界政协委员，了解委员们一年来履行职能和工作生活情况。

【工交财贸】

12月6日

上午，县长陈匡辉分别主持召开推进“八二八”项目开发及昌南大道东延工程征地拆迁工作协调会。县委常委、常务副县长涂仕华，县人大常委会副主任李木旺，副县长程雷佬等出席。

12月8日

上午，县长陈匡辉来到莲塘镇定岗村，就定岗农贸市场规划选址建设等进行调度。县委常委、常务副县长涂仕华，县委常委、统战部长胡炜，副县长涂莉华等参加。

▲下午，县长陈匡辉来到蒋巷镇，就国鸿集团猪肉制品精深加工项目推进工作进行调度。县委常委、农工部长魏根金，副县长、县公安局局长张增和等出席。

▲下午，省交通运输厅党委书记程受锭，党办主任严允率省交通运输厅督查组来到南昌县，就2010年改渡建桥工作进行督查。市交通运输局局长陈国风，副局长彭孝福，副县长章光文等陪同。

12月9日

下午，省国土资源厅党组书记、厅长胡宪来到南昌县调研小蓝经济开发区项目重组工作，市国土资源局局长徐茂辉，副局长裘小勇，县委书记肖玉文，县长陈匡辉，县委常委、小蓝经济开发区党工委书记徐海波等陪同。

12月15日

上午，县委常委、常务副县长涂仕华来到部分重大重点项目建设现场，对项目建设推进工作进行调度。

12月23日

下午，县长陈匡辉来到小蓝经济开发区，就落户企业的项目推进工作进行调研，了解企业和建设情况，协调解决有关问题。县委常委、小蓝经济开发区党工委书记徐海波等陪同。

【城市建设与管理】

12月2日

上午，县长陈匡辉视察澄碧湖大厦、城南路等县城莲塘新型镇化建设项目推进情况。县委常委、常务副县长涂仕华，县人大常委会副主任王三毛，副县长涂莉华，县长助理熊国爱等陪同。

12月15日

上午，县委书记肖玉文在调研莲塘河综合整治工作时强调：要高标准规划、高起点整治、高水平运营推动莲塘河综合整治工作，力争把莲塘河打造成南昌县的“玉带河”，使莲塘河成为造福全县人民的一条清洁、生态、环保的母亲河。县委常委、小蓝经济开发区党工委书记徐海波，县人大常委会副主任王三毛等陪同。

12月23日

上午，县委书记肖玉文，县长陈匡辉等视察莲塘大道、澄碧湖大厦等重大重点项目建设进展情况。县委常委、常务副县长涂仕华，县委常委、统战部长胡炜，县人大常委会副主任王三毛等随同视察。

【政法工作与社会治安综合治理】

12月3日

上午，南昌县在县城莲塘维也纳广场开展2010年“12·4”全国法制宣传日十周年纪念法律咨询活动。县人大常委会副主任熊鹰等来到现场指导。

12月7日

上午，县长陈匡辉来到县消防大队视察指导工作。副县长、县公安局长张增和等陪同。

12月8日

上午，县委书记肖玉文在县公安局调研时强调：全县公安机关要最大限度地化解社会矛盾、维护社会稳定、为党委政府分忧、为人民群众解难，全力维护社会和谐稳定，提升群众安全感，为加快建设赣鄱第一县，奋力拼争全国五十强保驾护航。副县长、县公安局局长张增和，县公安局政委周庆鲁等陪同。

12月17日

下午，南昌县召开会议，对“两节、两会”期间的消防安全工作进行动员和部署。副县长、县公安局局长张增和出席并讲话。

【农业与农村工作】

12月11日

上午，省水利厅建管处副处长李学红等来到南昌县，检查重点中小河流治理莲塘河防洪治涝工程建设情况。县人大常委会副主任王三毛等陪同。

12月13日

上午，南昌神龙渔业有限公司五万吨草鱼苗种产业基地落成典礼暨鱼苗孵化基地揭牌仪式在向塘镇黄山村举行。市科协主席姚晓明，市农业局副局长龚绍华，纪检书记万俊，县委常委、农工部长魏根金，向塘开发区管委会主任黄志清等出席。

12月17日

上午，县政协主席邓炳根来到泾口乡就农村水利设施建设、农村小学危房改造等民生工程建设情况进行调研。

▲上午，国家农业部规划设计院规划所所长、高级工程师肖运来率专家组来到南昌县，就南昌县建设国家现代农业示范区规划进行调研。副县长程雷佬等陪同。

【科教文卫体和计生工作】

12月1日

上午，南昌县在县综合楼组织收听收看全国学前教育工作电视电话会。

12月9日

以景德镇市教育局副局长吴子仁为组长的2010年省普通高中评估组来到莲塘一中，对新课程实验工作、学校管理等进行评估。县长陈匡辉，副县长胡显勇等陪同。

12月10日

上午，新疆维吾尔族自治区克孜勒苏自治州党委常委木太力夫·吾布力率领新疆克州党政教育汇报团成员来到莲塘一中，看望在该校学习的新疆克州班学生。新疆克州人民政府副秘书长，教育督导室主任贾成礼、克州教育工委书记、教育局党委书记王国禹等参加。省援疆前方指挥部副总指挥郭新宇，市教育局局长熊晓武，县委常委、统战部长胡炜，副县长胡显勇等陪同。

12月13日

上午，省教育厅基础教育处副处长程裕秋，率全省九年义务教育均衡发展现场会的部分代表来到南昌县，参观考察九年义务教育均衡发展现场教学情况。副县长胡显勇等陪同。

12月15日

上午，全县血防工作调度会在泾口乡召开。副县长胡显勇出席并讲话。

12月16日

上午，南昌县银三角实验学校举行揭牌仪式。市教育局副局长喻水保，副县长胡显勇出席并为银三角实验学校揭牌。

12月17日

上午，由深圳京宛国际旅游发展有限公司董事长袁雪萍带领的考察团来到黄马乡参观考察。市委副秘书长、办公厅主任李福如，副县长胡显勇等陪同。

12月23日

上午，以“体育器材送下乡、健身知识讲下乡、健身项目传下乡”为内容2010年全市“体育三下乡”活动在南昌县体育馆举行。市体育局副局长谷建勇等出席启动仪式。

12月24日

上午，南昌县在县综合楼召开新型农村合作医疗工作会。县委常委、统战部长胡炜出席并讲话，县人大常委会副主任伍曦、副县长胡显勇，县政协副主席万德珍等出席。

12月28日

上午，南昌县在泾口乡召开“鄱阳湖血吸虫病综合防治示范区建设”调度会。副县长胡显勇出席并讲话。

12月29日

上午，全县一般乡镇卫生院实施国家基本药物制度工作启动仪式在塔城乡举行。副县长胡显勇出席并宣布一般乡镇卫生院实施国家基本药物制度工作正式启动。

【党的建设和干部队伍建设】

12月17日

上午，中组部组织二局二处处长周训国来到南昌县就城关镇社区党建工作开展调研。省委组织部组织处处长王敦范，市委组织部常务副部长朱东，县领导肖玉文、熊运浪、胡炜等陪同。

【信访工作】

12月7日

县长陈匡辉在县政府会议室公开约访，现场协调解决群众反映的有关问题。副县长、县公安局长张增和，向塘开发区管委会主任黄志清，县长助理熊国爱等参加约访。

【群团工作】

12月30日

下午，由九江市妇联副主席邱黎明率领的省“平安家庭”活动创建活动领导小组来到南昌县蒋巷镇山尾村北樊新村，对“平安家庭”创建工作进行考评检查。市妇联副主席盛爱凤，县人大常委会副主任熊鹰等陪同。

【友好往来】

12月21日

上午，新余市林业考察团在市林业局局长樊三宝的带领下来到南昌县，参观考察造林绿化工作。

【其他重要工作】

12月3日

上午，以省档案局业务处处长谭向文率领的测评组来到南昌县，就南昌县档案馆晋升国家二级馆进行测评。经测评组综合评议，南昌县档案馆达到了国家二级档案馆的标准，并晋升为国家二级档案馆。省档案局业务处副处长钟海鹰、市档案局局长李国华等参加，副县长胡显勇等陪同。

12月5日

下午，银三角党工委、管委会召开领导班子民主生活会。县长、银三角党工委第一书记陈匡辉，县政协调研员刘东平、张斗等出席。

12月16日

上午，县人大常委会主任胡小明，副主任李木旺、陈秀梅等率县人大机关干部走上街头，开展扫雪除冰活动。

12月18日

上午，县书法协会召开会员年会。县委常委、统战部长胡炜出席并讲话。

12月27日

下午，市直工委副书记刘建忠率领市综合目标管理考核工作调研组来到南昌县调研。县委常委、常务副县长涂仕华等陪同。

12月30日

上午，县政府与市林业局联合在市五星垦殖场协调解决城乡建设用地增减挂试点等有关工作。县长陈匡辉主持协调会，市林业局局长樊三宝，副局长黄才和，副县长程雷佬，市五星垦殖场场长杨琦等出席。

▲上午，由香港乐善行慈善基金会会长吴兆伟率领的考察团来到南昌县考察。市外事侨务办副主任黄小燕，副县长胡显勇等陪同。

▲市创建办常务副主席魏小俊，市创建办副主任胡道虬率领考核组来到南昌县，对2010年综合目标管理创建工作进行考核。县委常委、副县长杨保根，县政协副主席李植等出席汇报会。

【乡镇工作】

12月7日

上午，黄马乡召开民主生活会，县人武部政委姜清波出席并讲话。

▲向塘镇召开新型农村社会养老保险及“森林城乡、花园南昌”工作动员大会。向塘开发区管委会主任黄志清出席并讲话。

12月16日

上午，东新乡召开县人大代表述职评议会议。县人大常委会副主任黄连科出席并讲话。

【先进表彰】

12月17日

上午，中共南昌县委史志地名办公室主任陈摧飚在北京人民大会堂，由中国地方志工作领导小组办公室授予“2006～2010年度全国方志工作先进个人”荣誉称号。江西省受此表彰的仅有6人。

2011
南昌县大事记
NAN CHANG XIAN DA SHI JI

一 月

【创先争优活动】

1月3日

上午，县委常委、组织部长王小文来到八一乡八一村开展“民情夜访”活动，广泛倾听群众的呼声。

1月4日

县委常委、副县长杨保根来到武阳镇开展民情夜访，与群众亲切交谈，详细了解他们的生产生活情况。

▲由市委创先争优活动领导小组办公室副主任、综合组长、第一检查组组长邹艾民率领的市委创先争优检查考评组来到南昌县，就2010年创先争优活动进行检查考评。县委书记肖玉文，县委常委、统战部长胡炜，县委常委、组织部长王小文等陪同。

1月10日

上午，南昌县“创先争优”活动“领导点评”会在莲塘镇召开。省委常委、市委书记余欣荣就南昌县“创先争优”活动进行点评。省工信委党组书记李春燕，省法制办主任张玉印，省农业开发办主任章康华，市委常委、秘书长凌学仁，县委书记肖玉文等出席会议。

1月11日

下午，南昌县在县综合楼组织收听收看全省基层党建带团建暨共青团系统深入开展创先争优视频会，县委常委，组织部长王小文参加收听收看。

1月15日

上午，县委深入开展“创先争优”活动领导小组（扩大）会议在县综合楼召开。会议认真学习贯彻中组部副部长王秦丰的重要指示精神和省委常委、市委书记余欣荣在南昌县“创先争优”活动点评会上的讲话精神，总结全县“创先争优”活动前一阶段开展情况，安排部署下一步“创先争优”活动有关工作。县委书记肖玉文，县委副书记、县长陈匡辉，县人大常委会主任胡小明，县政协主席邓炳根，县委常委涂仕华、熊运浪、胡炜、王小文、徐海波、魏根金、汪火明等出席。

1月18日

县领导邓炳根、杨保根、徐海波、熊鹰、涂莉华、章光文，县法院院长李红刚，县检察院检察长张振川等分别来到泾口乡、武阳镇、小蓝经济开发区、冈上镇开展“创先争优”点评工作。

1月19日

向塘镇召开创先争优工作领导点评大会，向塘开发区管委会主任黄志清出席并作点评。

▲县领导胡小明、王小文、魏根金、汪火明、李木旺、陈秀梅、王三毛等分别来到塔城乡、八一乡、南新乡、黄马乡、银三角、广福镇、幽兰镇开展“创先争优”点评工作。

1月20日

上午，市委副书记蔡社宝来到南昌县检查指导“万名干部下基层、民情夜访促和谐”活动开展情况。市委组织部常务副部长朱东，县委常委、组织部长王小文，向塘开发区管委会主任黄志清等陪同。

1月21日

晚上，副市长黄春平来到莲塘镇斗柏路社区进行“民情夜访”。县委常委、常务副县长涂仕华等陪同。

1月22日

下午，塘南镇召开创先争优活动领导点评会。县委常委、常务副县长涂仕华，县政协副主席姜润根等参加点评活动。

▲下午，三江镇召开创先争优活动领导点评大会。副县长赵泽华作点评。

【重要会议】

1月4日

上午，南昌县在县综合楼组织收听收看全省创业服务年活动总结暨发展提升年活动动员电视电话会。县委书记肖玉文，县委常委、常务副县长涂仕华，县委常委、纪委书记、政法委书记熊运浪，向塘开发区管委会主任黄志清等参加收听收看。

1月5日

下午，南昌县2010年综合目标管理考评动员大会在县综合楼召开。县委常委、常务副县长涂仕华，县委常委、组织部部长王小文等出席。

1月8日

上午，中共南昌县委提高选人用人公信度交心谈话会在县综合楼举行。会议通报2010年县委选人用人工作情况，强调县乡换届工作纪律，切实提高县委选人用人公信度。县委书记肖玉文，县人大常委会主任胡小明，县政协主席邓炳根，县委常委、常务副县长涂仕华，县委常委、副县长杨保根，县委常委、纪委书记、政法委书记熊运浪，县委常委、统战部长胡炜，县委常委、组织部长王小文，县委常委、农工部长魏根金，县委常委、人武部长汪火明，副县长、县公安局局长张增和，县法院院长李红刚，县检察院检察长张振川，向塘开发区管委会主任黄志清等出席。

1月10日

下午，南昌县组织收听收看全省应急管理工作电视电话会议。副县长、县公安局局长张增和等参加收听收看。

1月11日

上午，市“七城会”（南昌县片区）项目推进工作会在小蓝经济开发区召开。市工信委调研员、市“七城会”项目推进第一小组组长吴高强出席并讲话，市行政服务中心纪检组长肖虹，县委常委、常务副县长涂仕华，县委常委、小蓝经济开发区党工委书记徐海波，县人大常委会副主任黄连科，副县长涂莉华，县政协副主席李植等出席。

1月12日

下午，南昌县在县综合楼组织收听收看全国安全生产电视电话会议。副县长涂莉华等参加收听收看。

1月13日

上午，县委书记肖玉文在小蓝经济开发区主持召开全县重大重点产业项目及推进工作领导小组2011年第一次会议，就全县重点产业项目的招商及推进工作进行研究部署。县长陈匡辉，县委常委、小蓝经济开发区党工委书记徐海波，副县长涂莉华，县长助理熊国爱等出席会议，向塘开发区管委会主任黄志清列席有关议题的研究讨论。

▲下午，县第十四届人大常委会第二十四次会议在县综合楼召开。县人大常委会主任胡小明，副主任黄连科、李木旺、陈秀梅、王三毛、伍曦等出席会议。会议审议了县人民政府关于提请审议将南昌县土地储备中心收储用地及基础设施建设项目资金列入财政预算的议案。会议以投票的方式补选了陈匡辉为南昌市第十三届人民代表大会代表等有关事项。

▲下午，南昌县召开鄱阳湖区候鸟保护专项行动工作会，传达贯彻省、市鄱阳湖候鸟保护紧急会议精神，为开展打击破坏鄱阳湖候鸟资源违法专项整治行动进行部署。副县长程雷佬出席会议并讲话。

1月17日

上午，南昌县在县综合楼组织收听收看省纪委十二届八次全会电视电话会议。县委书记肖玉文，县委副书记、县长陈匡辉，县人大常委会主任胡小明，县政协主席邓炳根，县领导涂仕华、杨保根、胡炜、王小文、徐海波、魏根金、汪火明、熊鹰、张增和、程雷佬、赵泽华、章光文、吴克芳，县法院院长李红刚，县检察院检察长张振川，向塘开发区管委会主任黄志清等参加收听收看。

▲下午，县委书记肖玉文参加小蓝经济开发区业务研讨会。会议围绕2010年12月8日全县开放型经济工作务虚会议精神，就推动工业地产和产业转型升级进行广泛研讨。县委常委、小蓝经济开发区党工委书记徐海波等出席。

▲下午，县长陈匡辉在县综合楼主持召开县政府第三十六次常务会议。会议研究讨论《南昌县“十二五”规划的实施意见》、《关于南昌县深化乡镇机构改革实施意见》、《南昌县推进“中心村”改造试点实施方案》、《南昌县土地开发工作实施方案》等。县委常委、常务副县

长涂仕华，县委常委、副县长杨保根，副县长胡显勇、张增和、涂莉华、程雷佬、赵泽华、章光文等出席；县委常委、农工部长魏根金，县人武部政委姜清波，县政协副主席姜润根等列席会议。

▲下午，南昌县在县综合楼组织收听收看全省质量兴省工作电视电话会。县委常委、副县长杨保根等参加收听收看。

▲下午，南昌县在县综合楼组织收听收看全国、全省、全市信访电视电话会。县人大常委会副主任熊鹰，副县长赵泽华，县检察院检察长张振川等参加收听收看。

1月18日

上午，全市工作执行力情况考核南昌县测评会在县综合楼举行。市政府办公厅纪检组长林厚道，市政府办公厅监察室主任应美华，县委常委、副县长杨保根，向塘开发区管委会主任黄志清等出席。

▲上午，2010年度全县重点外资外贸企业座谈会在小蓝经济开发区举行，会议总结了2010年度南昌县外资外贸工作，谋划2011年度全县外资外贸工作。县委常委、小蓝经济开发区党工委书记徐海波，副县长涂莉华等出席。

▲上午，落户小蓝经济开发区的森达美信昌机器工程（江西）有限公司COE举行落成典礼。副县长涂莉华出席并为企业落成剪彩。

▲上午，县公安局2010年总结表彰大会在县文化会展中心举行。会议总结了全县2010年度公安工作，表彰了先进，安排部署了2011年公安工作。县委书记肖玉文作重要讲话，市公安局副局长叶琳，县人大常委会主任胡小明，县政协主席邓炳根，副县长、县公安局局长张增和，县法院院长李红刚，县检察院检察长张振川，县公安局政委周庆鲁等出席。

▲全县离退休老干部座谈会在县政府会议室举行。县长陈匡辉出席并讲话。县委常委、组织部长王小文等出席。

1月19日

上午，全市农业综合开发办主任会议在南昌县召开。会议总结“十一·五”期间全市农业综合开发工作，部署今年和“十二·五”期间的农业综合开发项目实施工作。市委农工部副部长、市农业综合开发办主任陶海龙出席并讲话。

▲上午，南昌县在县综合楼组织收听收看全省离退休干部形势报告电视电话会议。县委常委、组织部长王小文等参加收听收看。

▲晚上，县委书记肖玉文在小蓝经济开发区主持召开2011年第一次县委常委会议，会议首先研究并原则同意了县政府党组提交的《南昌县国民经济和社会发展第十二个五年规划纲要》（征求意见稿）。会议审议了县政府党组织提交的《南昌县申报全国农村改革试验区及推进中心村改造试点实施方案》等有关事项。县委副书记、县长陈匡辉，县委常委涂仕华、杨保根、熊运浪、胡炜、王小文、徐海波、魏根金、汪火明等出席。县人大常委会主任胡小明，县政协主席邓炳根等列席会议。

1月20日

上午，全县司法行政工作会在县文化会展中心召开，会议总结了2010年全县司法行政工作，对2011年的司法行政工作进行了部署。省司法厅副巡视员简明龙，市司法局局长吕建民，县委常委、纪委书记、政法委书记熊运浪，县人大常委会副主任熊鹰，县政协副主席伍目连等出席。

1月22日

上午，中共南昌县委十一届九次全体（扩大）会议在县综合楼召开。会议回顾总结了2010年及“十一五”工作，审议《南昌县国民经济和社会发展第十二个五年规划纲要（草案）》，研究部署今年及今后五年的工作任务，动员全县上下进一步统一思想，创新实干，为“建设赣鄱第一县、拼争全国五十强”而不懈奋斗。县委书记肖玉文主持会议并代表县委常委会作工作报告，县委副书记、县长陈匡辉就《南昌县国民经济和社会发展第十二个五年规划纲要（草案）》编制情况作说明。县领导胡小明、邓炳根、涂仕华、杨保根、熊运浪、胡炜、王小文、徐海波、魏根金、汪火明等出席会议。

▲上午，南昌县干部选拔任用工作“一报告三评议”工作会议在县综合楼召开。县委书记肖玉文作2010年度干部选拔任用工作专题报告。县委副书记、县长陈匡辉主持会议，县领导胡小明、涂仕华、熊运浪、胡炜、王小文、徐海波、魏根金、汪火明等出席。

1月24日

下午，2011年全县邮政工作会议召开，会议总结了去年的邮政工作，安排部署了今年的工作任务。市邮政局党委书记甘克寒，县委常委、副县长杨保根出席并讲话。

1月25日

上午，全县食品药品安全监管工作会议在县综合楼召开。县委常委、副县长杨保根出席并讲话。

▲县慈善会义工分会成立暨第一次会员代表大会在县综合楼召开。省慈善总会副会长卢坤生，市慈善总会副会长余根水，县委常委、副县长、县慈善会会长杨保根等出席。

▲下午，县委组织部全体机关干部在县综合楼收听收看全省农村党员干部现代远程教育网络、全省基层党建工作手机信息系统暨“大组工网”开通仪式视频会。县委常委、组织部长王小文参加收听收看。

1月26日

上午，全县圩堤应急防渗处理工程建设现场调度会在三江镇召开，会议就加快推进重点圩堤应急防渗处理工程建设工作进行调度，部署安排下一步的工作。县长陈匡辉主持会议并讲话，副县长程雷佬等出席。

1月28日

下午，县长陈匡辉在县综合楼主持召开县政府第三十七次常务会议。审议并讨论《政府工作报告》（征求意见稿）等事项。县委常委、常务副县长涂仕华，县委常委、副县长杨保根，副县长胡显勇、张增和、涂莉华、程雷佬、赵泽华、章光文，县长助理熊国爱等出席会议；县政协副主席姜润根等列席会议。

1月30日

上午，南昌县在县文化会展中心举行全县各界人士迎春茶话会。县六套班子领导肖玉文、陈匡辉、胡小明、涂仕华、杨保根、熊运浪、胡炜、王小文、徐海波、魏根金、汪火明等与全县各界人士欢聚一堂，共叙辉煌成就，展望美好未来。

▲下午和晚上县委书记肖玉文在小蓝经济开发区主持召开2011年第2次县委常委会.会议首先审议并原则同意了县政府党组提交的2011年《政府工作报告（送审稿）》，《南昌县2010年国民经济和社会发展计划执行情况与2011年国民经济和社会发展计划草案的报告（送审稿）》以及《南昌县2010年财政预算执行情况和2011年财政预算草案的报告（送审稿）》。会议研究并同意了县政府党组提交的《南昌县深化乡镇机构改革实施意见》；听取了县水务局党委提交的《全县农田水利基本建设情况汇报》；会议审议并同意了县人大党组提交的《关于召开南昌县十四届人大五次会议的请示》和县政协党组提交的《关于召开政协南昌县十届五次会议的请求》等有关事项。县委副书记、县长陈匡辉，县委常委涂仕华、杨保根、熊运浪、胡炜、王小文、徐海波、魏根金、汪火明等出席；县人大常委会主任胡小明，县政协主席邓炳根，县人大常委会副主任黄连科、李木旺、陈秀梅、王三毛、伍曦，副县长胡显勇、张增和、涂莉华、程雷佬、赵泽华、章光文，县政协副主席万德珍、吴克芳、李信谆、姜润根、伍目连、李植，县法院院长李红刚，县检察院检察长张振川，向塘开发区管委会主任黄志清，县长助理熊国爱等列席会议。

【领导活动】

1月5日

下午，市委副书记蔡社宝来到南昌县视察造林绿化“一大四小”工程建设推进情况。副市长张根水，市政府副秘书长、市委农工部部长王肇赣，市林业局局长樊三宝，县委书记肖玉文，县委常委、农工部部长魏根金，副县长程雷佬等陪同。

1月6日

上午，市委常委、副市长卢晓健来到南昌县视察旅游工作，市长助理高鹰群，市政府副秘书长陈武，市旅游局副局长佟焕哲，县委书记肖玉文，县委常委、统战部长胡炜等陪同。

1月10日

上午，省委常委、市委书记余欣荣来到南昌县走访慰问老党员、困难群众和基层信访干部，代表省委、省政府向他们致以新年的祝福，送去党和政府的关怀与温暖。省委副秘书长、省信访局局长朱荣辉，省工信委党组书记李春燕，省法制办主任张玉印，省农业开发办主任章康华，市委常委、市委秘书长凌学仁，县委书记肖玉文等陪同。

1月11日

下午，市委常委、纪委书记刘东明，市纪委副书记杜志刚，市纪委常委、监察局副局长李联明，市纪委党风廉政室主任刘志勇等来到南昌县调研县委权力公开透明运行工作。县委书记肖玉文，县委常委、纪委书记、政法委书记熊运浪，县委常委、统战部长胡炜，县委常委、小蓝经济开发区党工委书记徐海波等陪同。

1月12日

下午，市委常委、组织部长杨人平来到南昌县视察重大重点项目建设进展情况。市政府副秘书长罗增明，市外经贸委主任涂宗勤，县委书记肖玉文，县长陈匡辉，县委常委、组织部长王小文，县委常委、小蓝经济开发区党工委书记徐海波，副县长涂莉华等陪同。

1月18日

下午，全县安全生产暨2011年春运工作会在县综合楼召开。副县长、县安委会主任涂莉华出席并讲话。

1月19日

上午，昌南新城召开楼盘开发商迎春座谈会。副县长涂莉华出席并讲话。

1月24日

下午，出席市十三届人大六次会议的代表在江西前湖迎宾馆分组审议讨论《政府工作报告》和《十二五规划纲要（草案）》。省委常委、市委书记余欣荣参加南昌县代表团的审议。副市长罗慧芬，市人大常委会原副主任余根水，县领导肖玉文、陈匡辉、胡小明、徐海波、伍曦、胡显勇、吴克芳等参加。

1月25日

上午，省委常委、政法委书记、省公安厅厅长舒晓琴来到南昌县视察基层司法所建设，看望慰问基层司法干部。副省长朱虹，省司法厅厅长马承祖，市委常委、政法委书记、市公安局局长胡焯，市司法局局长吕建民，县领导肖玉文，熊运浪、徐海波等陪同。

1月28日

上午，市委常委、纪委书记刘东明，市人大常委会副主任万先勇，市政协副主席龙国英等率领市直有关部门负责同志来到南昌县走访慰问驻县部队、企业和困难群众，向他们致以新年的祝福。县委书记肖玉文，县委常委、纪委书记、政法委书记熊运浪，县人大常委会副主任熊鹰，副县长、县公安局长张增和，县政协副主席万德珍，县公安局政委周庆鲁等分别陪同走访。

【走访慰问】

1月5日

上午，县人大常委会副主任李木旺来到塔城乡敬老院，走访慰问敬老院的老人，向他们送去党和政府的关怀与温暖。

▲县人大常委会副主任李木旺、陈秀梅、伍曦先后来到莲塘镇、八一乡、三江镇、黄马乡等地集中走访县人大代表，详细了解代表们一年来的履职情况，并向他们征求对县人大常委会工作的意见和建议。

▲下午，县人武部政委姜清波来到黄马乡走访慰问部分困难党员和群众，向他们送去党和政府的关怀和温暖。

1月6日

下午，市委常委、副市长卢晓健冒着严寒来到“挂点村”——塘南镇新图村走访慰问困难群众，向他们送去慰问金和慰问品，并致以新春的祝福与问候。县委常委、统战部长胡炜等陪同。

1月11日

下午，县人大常委会副主任王三毛来到广福镇走访慰问县人大代表，详细了解代表们一年来的工作、生活情况，征求代表对县人大工作的意见和建议。

1月12日

上午，县人大常委会副主任王三毛来到向塘镇走访看望县人大代表，详细了解代表们一年来的工作、学习和生活情况，广泛征求代表们的意见和建议。向塘开发区管委会主任黄志清随同走访。

1月14日

上午，副县长赵泽华来到三江镇走访慰问困难群众，向他们送去党和政府的关怀和温暖。

1月19日

上午，南昌市妇联、南昌仁爱女子医院和县妇联，联合开展“情暖洪城妇女儿童、共建温暖之家”新年送温暖活动，向莲塘镇街上村27户困难户送上慰问品和慰问金。市妇联副调研员吴福妹，副县长胡显勇等参加活动。

1月20日

上午，县政协主席邓炳根，县人大常委会副主任李木旺，县政协副主席吴克芳等走访慰问部分困难职工，向他们致以新春祝福和问候。

▲上午，省残联福利和基金会理事长沈冬华、办公室调研员龚国华等来到南昌县，走访慰问残疾人和贫困户。县委常委、副县长杨保根等陪同。

▲下午，县人大常委会主任胡小明，副主任王三毛，副县长胡显勇，县公安局政委周庆鲁等走访慰问部分困难职工，向他们送去党和政府的关怀与温暖。

1月21日

上午，县委常委、常务副县长涂仕华，县人大常委会副主任熊鹰，副县长程雷佬，县政协副主席李植，县人武部副部长尹头根等来到县交通局走访慰问困难职工，向他们致以新年的问候和祝福。

▲上午，县委常委、副县长杨保根，县人大常委会副主任伍曦，县政协副主席李信谆，县人民检察院检察长张振川等走访慰问困难户，向他们送去党和政府的关怀和温暖。

▲上午，县人大常委会主任胡小明，县政协副主席万德珍来到塔城乡走访慰问困难老党员、五保户和困难群众，为他们送去党和政府的关怀与温暖。

▲上午，县政协主席邓炳根，县委常委、县人武部部长汪火明，县人大常委会副主任李木旺，县政协副主席吴克芳等先后走访小蓝经济开发区南昌宝迪农业科技有限公司，江西直方数控动力有限公司，江西绿滋肴实业有限公司等企业，向企业致以新春的祝福和问候。

▲上午，县委常委、常务副县长涂仕华，县人大常委会副主任熊鹰，副县长程雷佬，县政协副主席李植，县人武部副部长尹头根等先后来到人民电器、亚洲啤酒和可口可乐等企业进行走访慰问，向企业致以新年的问候和祝福。

▲上午，县政协主席邓炳根，县委常委、人武部部长汪火明，县人大常委会副主任李木旺，县政协副主席吴克芳等先后走访驻县96647、96634部队，向部队官兵致以新春问候和祝福。

▲上午，县委常委、常务副县长涂仕华，县人大常委会副主任熊鹰，副县长程雷佬，县政协副主席李植，县人武部副部长尹头根等来到省武警总队第一支队和县消防大队走访慰问，向他们致以新年的问候和祝福。

▲上午，县委常委、副县长杨保根，县人大常委会副主任伍曦，县政协副主席李信谆，县检察院检察长张振川等走访武警省消防总队教导大队和武警县中队，向他们致以新年的问候和祝福。

▲县人大常委会副主任李木旺来到银三角走访慰问老党员、五保户和困难群众，向他们送去党和政府的关怀与温暖。

▲县委常委、组织部长王小文，副县长涂莉华，向塘开发区管委会主任黄志清等走访94981部队，向部队官兵致以节日的问候和祝福。

▲下午，县人大常委会主任胡小明，副主任王三毛，副县长胡显勇等分别来到江铃车辆改装厂、清华泰豪、新电空调三家企业进行走访慰问，向企业致以新春的祝福和问候。

▲下午，县委常委、统战部长胡炜，县人大常委会副主任陈秀梅，县政协副主席张军等来到南昌宝钢材加工配送有限公司进行走访慰问，向企业致以新年的问候和祝福。

▲下午，县人大常委会主任胡小明，副主任王三毛，副县长胡显勇等来到94829部队进行走访，向部队官兵致以节日的问候和祝福。

▲下午，县委常委、统战部长胡炜，县人大常委会副主任陈秀梅，县政协副主席张军等先后来到南空南昌干休所、空军房地产管理局南昌办事处进行走访，向部队官兵们致以新春佳节的美好祝愿。

▲下午，县委书记肖玉文，县委常委、小蓝经济开发区党工委书记徐海波，县人大常委会副主任黄连科，副县长张增和，县政协副主席万德珍等来到94836部队进行走访，向他们致以亲切的问候和美好的祝愿。

1月22日

下午，县委常委、常务副县长涂仕华，县政协副主席姜润根等来到塘南镇走访慰问敬老院老人、残疾人和困难老党员，向他们致以新春的祝福和节日的问候。

▲下午，县委常委、统战部部长胡炜，县政协副主席伍目连等来到东新乡大洲村和利用村走访慰问困难群众和困难老党员，给他们送去党和政府和关怀与温暖。

▲下午，县委常委、组织部长王小文，副县长胡显勇来到八一乡走访慰问困难群众、老党员和敬老院的老人，向他们致以新春的祝福和良好祝愿。

▲下午，县委常委、小蓝经济开发区党工委书记徐海波，副县长涂莉华等来到小蓝经济开发区，走访慰问老党员、军烈属、困难户、残疾人等，向他们致以新春的问候和良好的祝愿。

▲下午，副县长赵泽华等来到三江镇走访慰问困难群众、困难老党员、敬老院老人，向他们送去党和政府的关怀和温暖。

▲下午，县委常委、纪委书记、政法委书记熊运浪走访慰问困难户，向他们送去党和政府的关怀和温暖。

▲下午，副县长胡显勇等来到县教育局、县医院走访慰问南昌县援疆的教师和医生，向他们致以新春的问候和祝福。

1月24日

上午，省委教育工委副书记史蓉蓉，省委教育工委组织部部长杨波，市教育局副局长邵美珍等来到南昌县走访慰问部分困难教职工和贫困学生，给他们送去慰问金和新春的祝福。

▲县委常委、纪委书记、政法委书记熊运浪、县人武部政委姜清波，县政协副主席姜润根等先后来到草珊瑚科技、江铃汽车改装厂、伟世通等企业进行走访慰问，向企业致以新年的问候和祝福。

▲下午，县委常委、农工部长魏根金等来到南新乡走访慰问困难群众，向他们致以新春的问候和良好的祝愿。

▲下午，市供销社纪检书记涂贵生来到挂点乡镇冈上镇，走访慰问困难群众，向他们致以新春的祝福和良好祝愿。

▲下午，县委常委、政法委书记熊运浪，县人武部政委姜清波，县政协副主席姜润根等来到县人武部和预备役高炮营走访慰问，向他们致以新年的问候和祝福。

1月25日

下午，省总工会常务副主席郭学勤，市人大副主任、市总工会主席万先勇，市总工会副主席肖鲁健等来到南昌县走访慰问困难劳模和困难职工，县人大常委会副主任、县总工会主席熊鹰等陪同。

1月26日

上午，县委常委、副县长杨保根，县检察院检察长张振川等来到武阳镇走访慰问困难群众、残疾人、困难计生户和敬老院的老人，向他们致以新春的祝福和节日问候。

▲县政协主席邓炳根，县法院院长李红刚来到泾口乡，走访慰问困难党员、特困户、伤残军人等，为他们送去党和政府的关怀与温暖，向他们致以新春的祝福。

▲县委常委、副县长杨保根，副县长章光文，县政协副主席李信谆，县检察院检察长张振川等先后来到百事可乐、昊业科技、达利园食品有限公司走访慰问，向企业致以新年的问候和祝福。

1月27日

上午，县委常委、纪委书记、政法委书记熊运浪走访慰问县纪委退休老干部，向他们送去党和政府的关怀与温暖。

1月28日

上午，县人大常委会副主任伍曦等来到南新乡走访慰问困难老党员、困难群众，向他们致以新春问候和良好祝愿。

▲上午，县委常委、副县长杨保根，县委常委、统战部长胡炜等走访慰问新疆班学生和各民主党派、工商联和无党派统战对象，向他们送去党和政府的关怀和温暖。

1月29日

下午，县长陈医辉带着党和政府的关怀和温暖，走访慰问南昌县部分离退休老干部、困难职工、农村困难党员、特困户、军烈属、五保户、计生户等，向他们表示亲切的问候和新春的祝福。县委常委、组织部长王小文，副县长涂莉华，向塘开发区管委会主任黄志清，县长助理熊国爱等随同走访。

1月31日

上午，县委书记肖玉文，县委常委、小蓝经济开发区党工委书记徐海波，县人大常委会副主任黄连科，副县长、县公安局局长张增和，县政协副主席万德珍等走访慰问离退休老干部、困难职工、信访干部和企业，给他们送去了党和政府的关怀和新年的祝福。

【工交财贸】

1月4日

上午，县委常委、副县长杨保根来到县供电有限责任公司，视察调度全县供电工作。

1月6日

《江西日报》头版刊登《南昌县财政收入突破35亿元——财政收入和地方一般预算收入均居全省各县(市、区)第一》一文。省委常委、市委书记余欣荣阅后作重要批示。

1月6日-7日

县人大常委会副主任陈秀梅、王三毛、伍曦等先后来到富山乡、小蓝经济开发区、麻丘镇、昌东镇等地集中走访县人大代表，了解代表们依法履职发挥作用的情况，征求他们对县人大工作的意见和建议，并向他们致以新年的祝福与问候。

1月7日

上午，江西江盐实业有限公司在小蓝经济开发区举行开业庆典仪式。省盐业集团董事长、党委书记胡世平，省盐业集团党委副书记兼纪委书记王卓，县委书记肖玉文，县委常委、小蓝经济开发区党工委书记徐海波，副县长章光文等出席庆典仪式。

1月12日

上午，县委常委、副县长杨保根，副县长赵泽华来到冈上镇现场调度内湖大桥和杨市公路工程建设，协调解决项目推进中存在的问题。

1月17日

由湖南西湖电线电缆有限公司投资10亿元兴建电线电缆加工生产基地项目与武阳镇成功签约。该项目共分三期建设，占地约600亩，计划在6年内完成全部投资，达产后可实现年产值50亿元，实现利税1.5亿元以上。

▲下午，县公安局交管大队举行2010年度总结表彰暨2011年春运工作动员会。市公安交管局副局长刘文保，县公安局政委周庆鲁出席并讲话。

1月20日

下午，驻县96647部队100多名官兵，向塘镇60多名村民以及20多名城管队员来到沪昆高速向塘段清扫积雪，确保高速公路车辆顺畅通行。县长陈匡辉来到现场察看和指导清扫积雪。

1月21日

上午，小蓝经济开发区举行“架金桥——纳贤才”新春政介校企用工对接会。县委常委、小蓝经济开发区党工委书记徐海波出席并讲话。

1月25日

上午，市灾后恢复重建资金物资管理使用检查组来到南昌县检查灾后恢复重建资金管理使用情况。市纪委执法室主任池建林等参加，县委常委、副县长杨保根等陪同。

▲上午，县交通运输局召开“重服务、促发展、呈亮点、争先进”主题教育动员大会。副县长赵泽华出席并讲话。

1月28日

上午，县委常委、小蓝经济开发区党工委书记徐海波出席县项目重组工作座谈会，对南昌县2010年开展的项目重组工作进行总结，对2011年工作进行安排部署。

1月29日

上午，县委常委、纪委书记、政法委书记熊运浪在县综合楼主持召开全县国有企业改革工作协调会，协调解决改革企业职工安置、医疗保险、社会管理职能移交等工作。

1月30日

上午，县城第二批“社区巴士”开通仪式在县文化会展中心广场举行。县委书记肖玉文出席并宣布第二批社区巴士开通。市政公用集团董事长熊一江，市公交总公司总经理郑克一等出席并为仪式剪彩。县领导胡小明、涂仕华、杨保根、熊运浪、胡炜、王小文、魏根金、汪火明、姜清波、李木旺、陈秀梅、王三毛、熊鹰、伍曦、胡显勇、张增和、程雷佬、赵泽华、章光文、万德珍、吴克芳、李信谆、姜润根、伍目连、李植，县法院院长李红刚，县检察院检察长张振川，县人武部副部长尹头根、张晓伟，县公安局政委周庆鲁等出席。

【城市建设与管理】

1月6日

下午，以市建委副主任王向阳为组长的全市2010年第三次推进小城镇建设现场督查组来到南昌县，对推进小城镇建设工作进行督导。县委书记肖玉文，县委常委、常务副县长涂仕华，县委常委、统战部长胡炜，县人大常委会副主任王三毛，向塘开发区管委会主任黄志清，县长助理熊国爱等陪同。

1月7日

上午，县委常委副县长杨保根在县政府主持召开全县渡改桥在建项目建设调度会。县人大常委会副主任陈秀梅，副县长赵泽华，县政协副主席李植等出席。

▲上午，县委常委、统战部长胡炜来到莲塘镇重大重点项目施工现场，督查各项目建设拆迁推进工作。

▲下午，县委常委、副县长、县城管委常务副主任杨保根在县综合楼主持召开县城管委第七次会议。会议总结前一阶段的市容环境五大整治工作，安排部署春节前工作。县人大常委会副主任陈秀梅，县政协副主席李植，县长助理熊国爱等出席。

1月12日

下午，县委常委、常务副县长涂仕华在县政府会议室主持召开全县推进新型城镇化迎接省市考核评价工作调度会。

1月14日

上午，县委常委、副县长、县城管委常务副主任杨保根先后来到县城站前路、振兴大道、城东停车场等地，对市容环境整治点的整治工作推进情况进行现场督察。县政协副主席、县城管委、副主任李植参加督察。

1月15日

上午，澄碧湖北苑广场景观设计方案讨论会和汽车大道走向方案协调会在县综合楼举行。县委书记肖玉文，县委副书记、县长陈匡辉，县委常委、常务副县长涂仕华，县委常委、小蓝经济开发区党工委书记徐海波，省城市规划设计院副院长、县规划顾问万敏等出席。

1月23日

上午，县城管局召开2010年度工作总结表彰大会。县委常委、副县长杨保根，县人大常委会副主任陈秀梅等出席。

【政法工作与社会治安综合治理】

1月18日

上午，以省财政厅副厅长王斌，省消防总队后勤部副部长赖慰冰率领的省政府2010年消防工作检查考评组来到南昌县，就南昌县2010年度消防工作进行检查考评。市政府副秘书长陈武，市公安局副局长马世国，市财政局副局长万昱原，市消防支队支队长徐伟保，副县长章光文等陪同。

1月24日

上午，县委常委、副县长杨保根来到昌南烟花爆竹仓库，检查指导安全工作。

1月25日

上午，市政府副秘书长陈武率市消防工作检查组来到南昌县，检查2010年度消防工作。县委常委、小蓝经济开发区党工委书记徐海波，副县长、县公安局长张增和等陪同。

【农业与农村工作】

1月29日

上午，南昌县圩堤应急防渗处理工程建设现场调度会在县政府会议室召开。省河湖局副局长刘小明，县委常委、农工部长魏根金出席并讲话，副县长程雷佬主持会议。

▲上午，由中共南昌市委组织部组织开展的农村党员外出务工常识培训和“科普知识下乡”活动在南昌县三江镇举行。县委常委组织部长王小文等出席。

【科教文卫体和计生工作】

1月1日

下午，南昌县昌南足球协会成立仪式暨“贺岁杯”2011年首届足球邀请赛在县田径运动场举行。县公安局政委周庆鲁出席并宣布南昌县昌南足球协会正式成立暨“贺岁杯”2011年首届足球邀请赛开赛。

1月10日

上午，省委宣传部干部处处长、纪检员饶淑华，市委宣传部副部长罗水长等来到南昌县，就2010年宣传思想工作进行调研。

1月12日

上午，县老年体育协会第五次代表大会暨2010年年会在县综合楼召开。市老年体协主席孔炯，县委常委、统战部长胡炜，县委常委、组织部长王小文，副县长胡显勇，县政协副主席、县老年体协主席张军等出席。

1月13日

上午，县老年体协粮食分会在县粮食局召开2010年年会。县政协副主席、县老年体协主席张军出席并讲话。

1月14日

上午，县计生委举行人口和计划生育“三下乡”宣传服务暨计生家庭慰问金发放启动仪式。县委常委、农工部部长魏根金，市人口计生委副主任黄立发等出席并讲话。

1月16日

上午，南昌县在小蓝经济开发区举办南昌县籍宣传、新闻界人士迎春联谊会，县委宣传部和来自省委宣传部、江西日报、江西电视台、江西人民广播电台、市委宣传部、南昌日报等宣传新闻部门南昌县籍的领导和记者们欢聚一堂，互叙友谊、共谋发展。县委常委、统战部长胡炜出席并讲话。

1月25日

上午，南昌县儿童大病救助款集中发放仪式在县综合楼举行。省慈善总会副会长卢坤生，市慈善总会副会长余根水，县委常委、副县长杨保根等出席。

1月25日

上午，县委常委、组织部长王小文，副县长胡显勇等来到县委党校巡视全县卫生系统“公推竞职”部分乡镇卫生院副院长答辩现场。

1月26日

上午，省市县三级老年书画组织来到蒋巷镇开展送文化下乡活动。副县长胡显勇参加活动。

1月29日

晚上，由小蓝经济开发区和江西移动南昌分公司共同主办的2011年迎新春联欢晚会在小蓝经济开发区举行。县委书记肖玉文，县长陈匡辉，县人大常委会主任胡小明，市文化新闻出版局局长杨文斌，县领导胡炜、徐海波、章光文，向塘开发区管委会主任黄志清等观看演出。

1月31日

上午，县委书记肖玉文在县委农工部会议室听取南昌县申报全国农村改革试验区工作情况汇报，并参加南昌县申报全国农村改革试验区方案研究讨论。县委常委、农工部长魏根金，副县长程雷佬等出席。

【党的建设和干部队伍建设】

1月12日

下午，市委党校副校长蔡水珍来到南昌县调研干部培训需求工作。向塘开发区管委会主任黄志清等出席座谈会。

【环保工作】

1月30日

上午，县长陈匡辉来到县环保局小蓝经济开发区环保分局，协调小蓝经济开发区污水处理厂二期工程建设筹备工作。县委常委、副县长杨保根等参加。

【群团工作】

1月30日

下午，市妇联2011年春节联欢会在南昌县桂花村大酒店召开。市妇联党组书记、主席梅梅，副主席周笑蓓、盛爱凤等出席。

【友好往来】

1月11日

上午，由新干县县长助理黄小华，县政协副主席、城建局副局长杨九根率领的党政考察团来到南昌县，就城乡建设用地增减挂钩试点工作进行参观考察。副县长程雷佬等陪同。

【其他重要工作】

1月12日

上午，省国土厅副厅长侯克常来到南昌县检查2010年农村土地整治工作。副县长程雷佬等陪同。

1月14日

上午，2011年大学生村干部新春座谈会在向塘镇举行。全县三届大学生村干部欢聚一堂，共叙一年来的工作、学习、生活情况。县委常委、组织部长王小文，向塘开发区管委会主任黄志清出席并讲话。

1月27日

上午，县政协召开迎春离退休老干部座谈会。县政协主席邓炳根，副主席万德珍、李信谆、姜润根、伍目连等出席。

1月30日

上午，县委书记肖玉文察看县委权力公开运行宣传栏、电子显示屏等公开平台的建设情况，县委常委、统战部长胡炜等陪同。

▲县委书记肖玉文为开发区雄溪村村民饮水安全工程竣工通水。县委常委、小蓝经济开发区党工委书记徐海波，副县长章光文等参加通水仪式。

【先进表彰】

1月11日

南昌县被中共江西省委、江西省人民政府、江西省军区授予“全省双拥模范县”。自1996年以来连续五届获得“全省双拥模范县”荣誉称号。

二 月

【经济恳谈会】

2月7日

上午，东新乡举行2011年春节家官乡贤恳谈会。县政协主席邓炳根，县委常委、统战部部长胡炜，县政协副主席伍目连等出席。

▲上午，2011年莲塘镇籍在外成功人士振兴家乡经济恳谈会在桂花村大酒店举行。

2月8日

上午，蒋巷镇举行2011年振兴家乡经济恳谈会。县委副书记、县长陈匡辉，县政协副主席李信谆，向塘开发区管委会主任黄志清，原市人大常委会副主任肖永正，省工商局副巡视员肖长角，省工商局副巡视员、市工商局局长刘东庚，青云谱区委书记熊桂金等出席。

▲下午，广福同乡经济文化促进会第二届会员大会暨2011年振兴家乡经济恳谈会在南昌嘉莱特国际和平大酒店举行。县委常委、组织部长王小文出席并讲话。

2月13日

上午，南昌县振兴家乡财政联谊会在黄马乡白浪湖度假村举行。省财政厅副厅长毛祖逊、辜华龙，助理巡视员程明龙，市财政局副局长万小平、万翌元，县长陈匡辉，县委常委、常务副县长涂仕华，县人大常委会副主任陈秀梅，县政协副主席姜润根等出席。南昌县籍省、市财政系统的家官乡贤等参加了联谊会。

▲上午，南新乡2011年振兴家乡经济恳谈会在镇政府召开。省人大常委会委员、省人大环资委副主任委员龚三堂，省国土资源厅党组成员、纪检组长聂赣良，县人大常委会副主任伍曦等出席。

2月17日

上午，富山乡在桂花村大酒店举办欢庆元宵联谊会。副市长罗慧芬，县政协副主席张军、李植，县公安局政委周庆鲁等出席。

2月19日

上午，县政协在桂花村大酒店举行2011年省、市、县政协乡亲新春联谊会。原省政协第十届委员会、秘书长胡剑平，省政协副秘书长、人员资源环境委员会专职副主任龚林儿，省政协办公厅副巡视员熊宝华，省政协办公厅副主任曾粮，省政协教科文卫委员会专职副主任陈坚，县政协主席邓炳根，副主席万德珍、吴克芳、张军、李信谆、姜润根、伍目连、李植，县政协调研员况志强、张斗等参加联谊会。

【重要会议】

2月9日

上午，县委书记肖玉文，县长陈匡辉来到县委农工部参加南昌县申报全国农村改革试验区工作研究讨论。县委常委、农工部长魏根金，副县长程雷佬，县公安局政委周庆鲁等参加。

2月10日

下午，南昌县在县综合楼组织收听收看全国粮食生产电视电话会议。副县长程雷佬等参加收听收看。

2月12日

上午，县政协十届二十次常委会在县综合楼召开。会议协商通过了县政协十届五次会议有关事项、县政协十届委员会常务委员工作报告（草案）和县政协十届委员会常务委员会关于十届四次会议以来提案工作情况报告（草案）等有关事项。县政协主席邓炳根，副主席万德珍、吴克芳、李信谆、姜润根、伍目连、李植，县政协调研员况志强、张斗等出席。

2月15日

下午，南昌县在县综合楼组织收听收看全国深化医药卫生体制改革电视电话会。副县长章光文等参加收听收看。

2月17日

上午，县长陈匡辉在县政府会议室主持召开迎接全省新型城镇化综合指标考核调度会。县委常委、统战部长胡炜等出席。

2月19日

上午，民革南昌县总支部召开2010年度总结表彰大会。民革南昌市委会副主任刘川、熊馨华，县人大常委会副主任、民革南昌县总支部主委伍曦，县政协副主席吴克芳等出席。

2月23日

上午，全县农房普查工作动员会在县综合楼召开。县委常委、常务副县长涂仕华出席并讲话。

▲晚上，县委书记肖玉文在小蓝经济开发区主持召开第4次县委常委会，县委副书记、县长陈匡辉，县委常委涂仕华、杨保根、胡炜、王小文、徐海波、魏根金、汪火明等出席会议；县人大常委会主任胡小明，县政协主席邓炳根等列席会议。会议传达学习了市委常委会议精神，通报了全市“三看”活动情况，审议了县政府党组提交的《政府工作报告》、研究讨论了《全县“三看三比”活动工作方案》。

2月24日

上午，县委常委、常务副县长涂仕华主持召开县棚户区改造领导小组工作会，协调解决棚户区改造项目推进中存在的问题。

2月26日-28日

政协南昌县十届五次会议在县文化会展中心召开。县委书记肖玉文作重要讲话。会议听取并审议了县政协主席邓炳根代表政协常务委员会所作的《政协南昌县第十届委员会常务委员会工作报告》；听取并审议了县政协副主席李信谆所作的《政协南昌县第十届委员会常务委员会关于十届四次会议以来提案工作情况的报告》。县领导陈匡辉、胡小明、邓炳根、涂仕华、杨保根、熊运浪、胡炜、王小文、徐海波、魏根金、汪火明、姜清波、黄连科、李木旺、陈秀梅、王三毛、熊鹰、伍曦、胡显勇、张增和、涂莉华、程雷佬、章光文、万德珍、吴克芳、张军、李信谆、姜润根、伍目连、李植，县政协调研员刘东平、况志强、张斗，县法院院长李红刚，县检察院检察长张振川，向塘开发区管委会主任黄志清，县人武部副部长尹头根、张晓伟，县公安局政委周庆鲁，县长助理熊国爱等出席。

2月27日

下午，南昌县在县综合楼组织收听收看全省森林防火电视电话会。副县长程雷佬参加收听收看。

2月27日–3月1日

南昌县第十届人民代表第五次会议在县文化会展中心召开。县委书记肖玉文作重要讲话。会议听取和审议了南昌县人民政府工作报告；听取和审议了南昌县国民经济和社会发展第十二个五年规划纲要；审查和批准了南昌县2010年国民经济和社会发展计划执行情况的报告与2011年国民经济和社会发展计划；审查批准了南昌县2010年县本级财政总预算执行情况的报告和2011年县本级财政总预算；听取审议了南昌县人大常委会工作报告、南昌县人民法院工作报告和南昌县人民检察院工作报告；会议还通过了以上工作报告的决议。县领导陈匡辉、胡小明、邓炳根、涂仕华、杨保根、熊运浪、胡炜、王小文、徐海波、魏根金、汪火明、姜清波、黄连科、李木旺、陈秀梅、王三毛、熊鹰、伍曦、胡显勇、张增和、涂莉华、程雷佬、章光文、万德珍、吴克芳、张军、李信谆、姜润根、伍目连、李植，县政协调研员刘东平、况志强、张斗，县法院院长李红刚，县检察院检察长张振川，向塘开发区管委会主任黄志清，县人武部副部长尹头根、张晓伟，县公安局政委周庆鲁，县长助理熊国爱等出席。

2月28日

下午，县政协在洁惠花园宾馆召开十届二十一次常委会议。会议听取了县政协十届五次会议秘书处关于会议讨论情况的汇报，讨论通过了政协南昌县十届五次会议决议草案。县政协主席邓炳根，副主席万德珍、吴克芳、张军、李信谆、姜润根、伍目连、李植等出席。

【领导活动】

2月9日

上午，市委副书记蔡社宝来到南昌县视察温厚高速沿线通道及连接线的造林绿化“一大四小”工程建设推进情况。市委常委、秘书长凌学仁，市委常委刘建洋，副市长张根水，县长陈匡辉，县委常委、农工部部长魏根金，副县长程雷佬，向塘开发区管委会主任黄志清等陪同。

2月11日

下午，省水利厅厅长孙晓山来到南昌县，就农村饮水安全工程建设工作进行调研。市委常委刘建洋，市政府副秘书长、市委农工部部长王肇赣，市水务局局长李克荣，党委书记沈杰，县长陈匡辉，县委常委、农工部部长魏根金，副县长程雷佬等陪同。

2月18日

上午，省委组织部副部长杨伟东来到南昌县莲塘镇调研党委联系服务群众和基层党建工作。市委常委、组织部长杨人平，市委组织部副部长朱东，市委基层办主任邹艾民，县委书记肖玉文，县委常委、组织部长王小文等陪同。

2月19日

下午，省委常委、市委书记余欣荣，市委副书记、市长陈俊卿，市委副书记蔡社宝，市人大常委会主任雷武江，市政协主席王样生等率领市委、市人大、市政府、市政协领导班子成员，市法检两长，市纪委副书记，各县区（开发区、新区）党政主要领导和市委各部门、市直各单位党政主要领导来到南昌县，全面开展“看变化、看思路、看作风”活动。县委书记肖玉文，县长陈匡辉，县政协主席邓炳根等随同参加“三看”活动。

2月25日

下午，副省长孙刚来到小蓝经济泰豪（南昌）国际动漫产业园、泰豪动漫学院小蓝校区实训中心，就发展动漫产业开展调研。省政府副秘书长肖伵根，省委宣传部副部长、省文化厅党组书记、厅长李玉英，团省委书记王少玄，省委教育工委委员、省教育考试院党委书记万普海，县长陈匡辉，县委常委、小蓝经济开发区党工委书记徐海波等陪同调研。

【走访慰问】

2月1日

上午，县委副书记、县长陈匡辉带着县委、县政府的关怀和问候，分别走访慰问江西陆军预备役步兵师、南昌预备役高炮团官兵、新型城镇化建设拆迁一线的莲塘镇镇村干部以及坚守岗位的环卫、园林职工，向他们致以新春美好的祝愿。县委常委、副县长杨保根，县委常委、统战部部长胡炜，县检察院检察长张振川，向塘开发区管委会主任黄志清等陪同。

2月2日

上午，农历大年三十，县委书记肖玉文，县长陈匡辉，县人大常委会主任胡小明，县政协主席邓炳根，县委常委、纪委书记、政法委书记熊运浪，县委常委、人武部部长汪火明等县六套班子领导先后来到县公安局“110”指挥中心、县人民医院、县电信局澄碧湖营业厅、昌南水厂、县供电公司莲塘配网运行中心等地，向坚守在工作岗位上的干部职工致以亲切的慰问和新年的美好祝愿。

【工交财贸】

2月9日

下午，县长陈匡辉来到向塘镇，就重大重点项目推进工作进行调研。县委常委、农工部部长魏根金，副县长程雷佬，向塘开发区管委会主任黄志清等陪同。

2月17日

上午，县委书记肖玉文在小蓝经济开发区会见深圳车仆汽车用品发展有限公司总经理王刚。县委常委、小蓝经济开发区党工委书记徐海波等会见时在座。

2月23日

中午，县委书记肖玉文在小蓝经济开发区会见广东彩艳股份有限公司主席邱德厚一行。县委常委、小蓝经济开发区党工委书记徐海波等会见时在座。

2月24日

上午，以樊耀为组长的省委第一巡视组来到南昌县开展巡视回访督查工作。县领导肖玉文、陈匡辉、邓炳根、徐海波、汪火明、李木旺、陈秀梅、王三毛、熊鹰、伍曦、胡显勇、张增和、章光文、万德珍、吴克芳、张军、姜润根、伍目连、李植以及县检察院检察长张振川，县公安局政委周庆鲁，县长助理熊国爱等出席汇报会。

2月24日-25日

省委第一巡视组在组长樊耀的带领下，来到南昌县部分重大重点项目、三产服务业和民生工程现场，实地了解南昌县经济社会发展情况。24日下午，在县委书记肖玉文，县委常委、统战部长胡炜，县人大常委会主任王三毛的陪同下，巡视组先后来到澄碧湖公司、澄碧湖大厦、永通商业街、莲塘大道、县污水处理厂、城东幸福庆园廉租住房、茵梦湖、恒大超五星级酒店等地视察。25日上午，在县长陈匡辉，县委常委、小蓝经济开发区党工委书记徐海波的陪同下，巡视组先后来到江铃股份、县环境监控中心、县行政服务中心、天纳克、达利集团、亚洲啤酒、省委机关干部宿舍、东新大洲安居一期工程等地视察。

2月25日

下午，县委书记肖玉文在小蓝经济开发区会见来南昌县考察的江西长运股份有限公司董事长葛黎明一行，双方就南昌公路物流港项目进行磋商。县长助理熊国爱等会见时在座。

2月27日

上午，县长陈匡辉来到银三角管委会，就有关银三角片区项目推进工作进行调度。县委常委、常务副县长涂仕华，县人大常委会副主任李木旺，副县长涂莉华、程雷佬，县政协调研员刘东平等参加。

【城市建设与管理】

2月18日

上午，以省建设厅副巡视员曾绍平为组长的2010年度全省推进新型城镇化和城市考核组来到南昌县，就推进新型城镇化建设工作进行考核。市政府副秘书长、市建委主任龚亚立，县委书记肖玉文，县长陈匡辉，县委常委、统战部部长胡炜等陪同。

【农业与农村工作】

2月10日

下午，县长陈匡辉来到小蓝经济开发区、泾口乡和向塘镇视察水利工程建设进展情况。县委常委、农工部部长魏根金，县人大常委会副主任王三毛，向塘开发区管委会主任黄志清等陪同。

2月12日

下午，由国家农业部人事劳动司副司长潘学峰带领的“百乡万户调查组”来到南昌县，就农业各项工作开展调研。省农业厅副厅长程关怀，县委常委、农工部部长魏根金，副县长程雷佬等陪同。

2月20日

省水利厅副厅长曾晓旦率领调研组来到南昌县调研水利改革发展工作。省委农工部农业处处长肖月清，省政府金融办综合规划处副处长许忠华，市委农工部副部长陶森民，市水务局局长李克荣，县领导陈匡辉、魏根金、程雷佬、姜润根等陪同。

▲下午，省林业厅厅长刘礼祖来到南昌县视察造林绿化“一大四小”工程建设情况。省林业厅总工程师胡跃进、造林处处长曹志远，市林业局局长樊三宝，县委书记肖玉文，县长陈匡辉，县委常委、农工部部长魏根金，市林业局副局长徐建平等陪同。

2月21日

上午，全县农田水利基本建设工作调度会在县委农工部召开。县委常委、农工部部长魏根金，副县长程雷佬出席并讲话。

2月23日

上午，南昌县在三江镇召开三江联圩应急防渗工程建设推进协调会。县委常委、农工部部长魏根金，副县长程雷佬出席并讲话。

【科教文卫体和计生工作】

2月13日

下午，中组部干部一局副巡视员、新疆维吾尔自治区党委组织部副部长张明平来到莲塘一中，看望在这里学习的新疆克州高中班学生，了解他们的学习生活情况。省教育厅副厅长程祥国，省人力资源和社会保障厅副厅长刘滇明，省对口支援新疆前方指挥部总指挥刘金接、副总指挥黄式贤、郭新宇，县长陈匡辉，市委组织部副部长郑志军，县委常委、统战部部长胡炜，县委常委、组织部部长王小文，副县长赵泽华，市教育局副局长邵梅珍，市人力资源和社会保障局副局长伍三根，市编办副主任黄云松等陪同。

2月21日

晚上，南昌县第九届“教育之春”文艺汇演在澄碧湖广场举行。县委常委、小蓝经济开发区党工委书记徐海波，副县长胡显勇，县政协副主席张军等观看演出。

2月23日

上午，市财政局副局长刘鹏，市统计局副局长李鸿胜，市旅游局副局长佟焕哲等率领市旅游产业发展年度综合目标检查考评组来到南昌县，就旅游产业发展情况进行综合目标考评。副县长胡显勇等陪同。

【党的建设和干部队伍建设】

2月13日

上午，由县委组织部举办的乡镇党建工作座谈会在县委组织部召开。县委常委、组织部部长王小文，向塘开发区管委会主任黄志清等出席。

【人武工作】

2月22日

下午，南昌警备区政治部主任汪健康等来到南昌县检查考评武装工作。县委常委、县人武部部长汪火明，县人武部政委姜清波，副县长涂莉华，县人武部副部长张晓伟、尹头根等出席汇报会。

2月23日

下午，2011年度全县武装工作会议在县人武部召开。会议传达贯彻了上级会议精神，总结了2010年度武装工作，安排部署了今年的工作任务。县委书记肖玉文作讲话，县委常委、常务副县长涂仕华，县委常委、小蓝经济开发区党工委书记徐海波，县委常委、人武部长汪火明，县人武部政委姜清波，向塘开发区管委会主任黄志清，县人武部副部长尹头根等出席会议。

【环保工作】

2月23日

上午，县委常委、副县长杨保根在县环保局主持召开全县污染减排和环境监管工作调度会，对2011年污染减排工作任务落实等进行调度。

2月24日

上午，县环保局召开2010年工作总结暨2011年工作布置会。会议总结了2010年全县环境保护工作，并对2011年的工作任务进行安排部署。县委常委、副县长杨保根出席并讲话。

【其他重要工作】

2月9日

上午，县六套班子领导肖玉文、陈匡辉、胡小明、邓炳根、杨保根、熊运浪、胡炜、王小文、徐海波、魏根金、汪火明等与县直机关1000多名干部，来到莲塔公路武阳段开展义务植树。

2月13日

广福镇板湖村举行万氏宗亲祭祖出谱大会。原江西省委书记、中央统战部副部长万绍芬，原全国人大常委、省人大常委会副主任万学文，县委常委、统战部部长胡炜等出席。

2月27日

下午，南昌县组织参加县“两会”的县人大代表和政协委员先后来到象湖新城和小蓝经济开发区参观。县人大常委会主任胡小明，县委常委、常务副县长涂仕华，县人大常委会副主任王三毛、熊鹰、陈秀梅、伍曦，县政协副主席李植，县政协调研员况志强、张斗等参加参观活动。

三 月

【创先争优活动】

3月2日

上午，南昌县在澄碧湖畔举行“扬志愿精神·献青春热血”青年志愿者“‘创先争优’在行动”的大型无偿献血活动。副县长胡显勇参加活动并带头献血。

3月3日

县委书记肖玉文，县长陈匡辉率领县委委员、候补委员和副县级以上领导干部分别来到东新乡、小蓝经济开发区、莲塘镇、向塘镇、冈上镇、广福镇、三江镇、黄马乡全面开展“看变化比实绩、看思路比创新、看作风比形象”的三看三比活动。县人大常委会主任胡小明，县政协主席邓炳根，县领导涂仕华、杨保根、熊运浪、胡炜、王小文、徐海波、魏根金、汪火明等参加活动。

3月5日-6日

县委书记肖玉文，县长陈匡辉率领县委委员、县委候补委员和副县级以上领导干部，先后来到塔城乡、南新乡、蒋巷镇、幽兰镇、泾口乡、塘南镇、武阳镇、八一乡和富山乡等九个乡镇全面开展“看变化比实绩、看思路比创新、看作风比形象”活动。县领导胡小明、邓炳根、涂仕华、杨保根、熊运浪、胡炜、王小文、徐海波、魏根金、汪火明等参加活动。

3月6日

下午和晚上，南昌县在小蓝经济开发区召开全县“三看三比”活动评议暨总结大会，集中听取各乡镇（开发区）、县直有关职能部门情况汇报，并进行大会评分。县委书记肖玉文主持全县“三看三比”活动评议暨总结大会，县长陈匡辉，县人大常委会主任胡小明，县政协主席邓炳根，县领导涂仕华、杨保根、熊运浪、胡炜、王小文、徐海波、魏根金、汪火明、姜清波、黄连科、陈秀梅、王三毛、熊鹰、伍曦、胡显勇、张增和、涂莉华、程雷佬、章光文、万德珍、吴克芳、张军、李信谆、姜润根、伍目连、李植，县法院院长李红刚，县检察院检察长张振川，向塘开发区管委会主任黄志清，县人武部副部长尹头根、张晓伟，县公安局政委周庆鲁等出席会议。

3月7日

晚上，省委常委、市委书记余欣荣，市委常委、组织部长杨人平，市委常委、市委秘书长凌学仁，市委副秘书长、市委办公厅主任李福如，市委组织部常务副部长朱东等来到八一乡新坊村，参加村民情夜访理事会的“民情夜访”活动。县委书记肖玉文，县长陈匡辉，县委常委胡炜、王小文等陪同。

3月25日

下午，以市审计局纪检书记刘承万为组长的市委创先争优活动第二检查组来到南昌县，指导检查创先争优活动领导点评工作。县委常委、组织部长王小文等陪同。

3月30日

县人大常委会主任胡小明，县委常委、常务副县长涂仕华，县委常委、副县长杨保根，县委常委、农工部长魏根金，县人大常委会副主任王三毛，副县长张增和，县政协副主席张军、姜润根、李植，县公安局政委周庆鲁等分别来到挂点乡镇参加村民民情夜访理事会的“民情夜访”活动，了解农民群众的生产生活状况，帮助他们解决实际困难和问题。

3月31日

下午，由市委副秘书长、市委政策研究室主任赵海东，省委党校组织处处长廖清成，省委党校研究室主任潘泽林，市委政研室副调研员陈电子等组成的市委“民情夜访”工作调研组来到南昌县调研“民情夜访”开展情况。县委书记肖玉文，县委常委、组织部长王小文等陪同。

【重要会议】

3月1日

下午，南昌县在县综合楼组织收听收看全国组织系统深入推进“讲党性、重品行、做表率”活动视频会。县委常委、组织部长王小文等参加收听收看。

3月4日

上午，全县地税工作会议在县综合楼举行，会议总结了去年的全县地税工作，部署了今年的税收征管工作。市地税局纪检组长刘炳生，县委常委、常务副县长涂仕华，县人大常委会副主任陈秀梅，县政协副主席张军等出席并为荣获2010年度全县地税工作的先进集体和先进个人代表颁发奖匾、荣誉证书。

▲上午，全县网络宣传工作会在县综合楼召开。县委常委、统战部长胡炜，副县长胡显勇等出席会议。

3月6日

下午，全县乡镇领导班子换届工作动员大会在小蓝经济开发区召开。会议全面贯彻落实省委、市委关于乡镇领导班子换届工作精神，安排部署本县乡镇领导班子换届工作，进一步统一思想，明确任务，精心组织，确保换届工作任务顺利完成。县委书记肖玉文作讲话，县长陈匡辉主持会议，县人大常委会主任胡小明，县政协主席邓炳根，县领导涂仕华、杨保根、熊运浪、胡炜、王小文、徐海波、魏根金、汪火明等出席会议。

3月7日

下午，县长陈匡辉在县政府会议室主持召开一季度财税收入调度会。县委常委、常务副县长涂仕华等出席。

3月9日

上午，县委书记肖玉文在县综合楼主持召开第五次县委常委（扩大）会议。会议学习传达省委常委、市委书记余欣荣在南昌县“民情夜访”活动中的重要讲话精神，研究在全县组建“民情夜访”理事会有关工作，并就深入开展“民情夜访”活动、进一步加强和改进群众工作进行专题部署。县委常委涂仕华、杨保根、熊运浪、胡炜、徐海波、魏根金、汪火明等出席会议，县人大常委会主任胡小明，县政协副主席邓炳根等列席会议。

3月10日

下午和晚上，县委书记肖玉文在县综合楼主持召开2011年县规划委员会第2次会议。县人大常委会主任胡小明，县政协主席邓炳根，县委常委、常务副县长涂仕华，县委常委、副县长杨保根，县委常委、统战部长胡炜，县委常委、小蓝经济开发区党工委书记徐海波，副县长张增和、涂莉华，县政府首席规划顾问陈振寿，规划顾问万敏、高霞等出席。

3月15日

上午，全县老干部工作会议在县综合楼召开。县委常委、组织部长王小文出席并讲话。

▲下午，南昌县在县综合楼组织收听收看全国森林草原防火工作电视电话会议。县人武部副部长张晓伟参加收听收看。

▲晚上，县委书记肖玉文在小蓝经济开发区主持召开第六次县委常委会议。县委副书记、县长陈匡辉，县委常委涂仕华、杨保根、熊运浪、胡炜、王小文、徐海波、魏根金、汪火明等出席会议；县人大常委会主任胡小明等列席会议。会议审议并通过了《关于召开全县组织、宣传、统战工作会议的请示》、《关于召开中共南昌县第十一届纪律委员会第四次全体会议的请示》等。

3月16日

上午，南昌县在县综合楼组织收听收看全省领导干部电视电话会议。县领导肖玉文、胡小明、邓炳根、涂仕华、杨保根、熊运浪、徐海波等参加收听收看。

3月18日

上午，全市严肃换届纪律保证换届风清气正视频会议在南昌召开。省委常委、市委书记余欣荣，市委副书记蔡社宝，市委常委、纪委书记刘东明，市委常委、组织部长杨人平等出席会议。县委书记肖玉文在南昌主会场参加会议并作发言。县领导胡小明、邓炳根、涂仕华、熊运浪、王小文、徐海波、黄连科、李木旺、陈秀梅、王三毛、熊鹰、涂莉华、章光文、吴克芳、伍目连、李植以及县法院院长李红刚、县检察院检察长张振川、向塘开发区管委会主任黄志清等在南昌县分会场收听收看视频会议。

▲下午，南昌县组织收听收看第一次全国水利普查登记工作启动视频会议。县委常委程雷佬等

参加收听收看。

▲晚上，县委书记肖玉文在小蓝经济开发区主持召开2011年第7次县委常委会议。县委副书记、县长陈匡辉，县委常委涂仕华、杨保根、熊运浪、王小文、徐海波、魏根金、汪火明、程雷佬等出席会议；县人大常委会主任胡小明，县政协主席邓炳根等列席会议。会议听取了县政府党组提交的全县财税工作汇报，听取了县政府党组提交的全县国土工作汇报，会议审议并同意了县人大党组提交的《关于县乡两级人民代表大会换届选举有关问题的请示》，审议了县委农工部提交的《关于召开全县农业农村暨人口计划生育工作会议的请示》，研究并原则同意了县公安局党委提交的《关于南昌县公安局机构设置工作意见的报告》等。

3月19日

上午，南昌县在县文化会展中心召开全县组织、宣传、统战、政法工作会议。会议总结了2010年全县组织、宣传、统战、政法工作取得的成绩，安排部署今年各项工作的主要任务。县委书记肖玉文出席会议并作重要讲话。县领导杨保根、熊运浪、胡炜、王小文、熊鹰、伍曦、胡显勇、吴克芳、伍目连、李植，县法院院长李红刚，县检察院检察长张振川，向塘开发区管委会主任黄志清，县公安局政委周庆鲁等出席会议。

▲上午，中共南昌县第十一届纪律检查委员会第四次全体会议在县综合楼召开。会议学习第十七届中央纪委六次全会、省纪委十二届八次全会和市纪委九届七次全会精神，总结2010年全县党风廉政建设和反腐败工作，研究部署2011年的工作任务。县委书记肖玉文，县委副书记、县长陈匡辉，县领导胡小明、邓炳根、杨保根、熊运浪、胡炜、王小文、徐海波等出席会议。

3月20日

南昌县在小蓝经济开发区举行公推优选乡镇党政正职乡镇长预备人选竞职答辩大会。竞职答辩大会评委组实行大评委制，考场设85名评委，其中有关领导53名，专家评委16名，基层乡镇干部群众评委16名。县委书记肖玉文担任主评委，县委副书记、县长陈匡辉，县人大常委会主任胡小明，县政协主席邓炳根，县委常委涂仕华、杨保根、熊运浪、胡炜、王小文、徐海波、魏根金、汪火明、程雷佬，县人大常委副主任黄连科、李木旺、陈秀梅、王三毛、熊鹰、伍曦，副县长胡显勇、张增和、涂莉华、赵泽华、章光文，县政府党组成员吴文卫，县政府副主席万德珍、吴克芳、张军、李信谆、姜润根、伍目连、李植，县法院院长李红刚，县检察院检察长张振川，向塘开发区管委会主任黄志清，县公安局政委周庆鲁等担任评委。

3月21日

上午，南昌县县、乡两级人大换届工作会在县综合楼召开。县人大常委会主任胡小明，县委常委、纪委书记、政法委书记熊运浪，县委常委、组织部长王小文，县人大常委会副主任黄连科、李木旺、陈秀梅、王三毛、熊鹰、伍曦等出席会议。

▲晚上，南昌县在小蓝经济开发区举行公推优选乡镇党委书记预备人选竞职答辩大会，共有16人参加答辩。竞职答辩实行大评委制，83名评委，其中有关领导52名，专家评为15名，基

层乡镇干部群众评委16名。县委书记肖玉文担任主评委，县委副书记、县长陈匡辉，县人大常委会主任胡小明，县政协主席邓炳根，县委常委涂仕华、杨保根、熊运浪、胡炜、王小文、徐海波、魏根金、汪火明、程雷佬，县人武部政委姜清波，县人大常委会副主任黄连科、李木旺、陈秀梅、王三毛、熊鹰、伍曦，副县长胡显勇、张增和、涂莉华、赵泽华、章光文，县政府党组成员吴文卫，县政协副主席万德珍、吴克芳、张军、李信谆、姜润根、伍目连、李植，县法院院长李红刚，县检察院检察长张振川，向塘开发区管委会主任黄志清，县人武部副部长尹头根、张晓伟，县公安局政委周庆鲁等担任评委。

3月23日

下午，县委书记肖玉文在县综合楼主持召开2011年县城市规划委员会第3次会议。县长陈匡辉，县政协主席邓炳根，县委常委、常务副县长涂仕华，县委常委、副县长杨保根，县委常委、统战部长胡炜，县委常委程雷佬，副县长涂莉华，县政府规划顾问万敏、高霞等出席。

▲下午，县第十四届人大常委会第二十次会议在县综合楼召开。县人大常委会主任胡小明，副主任黄连科、李木旺、陈秀梅、王三毛、熊鹰、伍曦等出席。会议审议了县人大常委会主任会议《关于提请设立县乡两级选举委员会的议案》和《关于提请重新确定乡镇人民代表大会名额的议案》，讨论了县人大常委会2011年工作要点和常委会议议题安排等。

3月24日

下午，全县安全生产工作会在县综合楼召开。会议总结回顾了2010年和“十一五”时期全县安全生产工作，就2011年工作进行全面安排。副县长涂莉华出席会议。

3月25日

上午，全县粮食工作会议在县粮食局召开。市粮食局副局长赵智平，县委常委、副县长杨保根出席并讲话。

▲上午，南昌县在县综合楼组织收听收看全省发展粮食生产和春季农业生产工作电视电话会议。县委常委程雷佬等参加收听收看。

▲下午，南昌县组织收听收看国务院召开第四次廉政工作电视电话会议。县领导陈匡辉、涂仕华、熊运浪、涂莉华、章光文、吴文卫等参加收听收看。

3月26日

县委书记肖玉文在小蓝经济开发区主持召开第8次县委常委会，县委副书记、县长陈匡辉，县委常委涂仕华、杨保根、熊运浪、胡炜、王小文、魏根金、汪火明、程雷佬等出席会议。县人大常委会主任胡小明，县政协主席邓炳根等列席会议。会议听取了县项目重组工作领导小组提交的《关于小蓝经济开发区项目重组工作情况汇报》，会议审议了县防汛抗旱总指挥部、县委农工部、县计生委等提交的《关于全县农业农村、防汛抗旱、人口计生会议有关事项的请示》，会议审议并同意县政府党组提交的《关于鼓励金融机构支持县域经济发展的有关政策措施的请示》，会议还审议了县政府党组提交的《关于开展建设健康城市活动有关问题的请示》等。

3月27日

上午，全县财政工作会议在县综合楼会议室召开。会议传达学习省、市财政工作会议精神，总结2010年的全县财政工作，安排部署2011年的财政工作及“发展提升年”活动。县委常委、常务副县长涂仕华，县人大常委会副主任陈秀梅，县政协副主席张军、姜润根等出席。

3月28日

上午，南昌县在县综合楼组织收听收看全省加强孤儿保障工作电视电话会。县委常委、副县长杨保根等参加收听收看。

▲下午，南昌县在县综合楼组织收听收看全国、省、市环保专项行动电视电话会。县委常委、副县长杨保根等参加收听收看。

【领导活动】

3月9日

上午，市委常委、组织部长杨人平，市委基层办主任邹艾民，市委基层办副主任、市委组织部基层办主任张六顺等来到南昌县，就推行“三民两承诺”工作机制、探索乡镇党委联系服务群众工作的新模式开展调研。县委书记肖玉文，县委常委、组织部长王小文，向塘开发区管委会主任黄志清等陪同。

3月12日

上午，国家土地督察南京局局长刘天增率领省国土资源厅党组副书记、副厅长刘定明，国家规划院地籍所所长姜栋，国家土地督察南京局调研处处长王钊等组成的国土资源“破两难、促转变”部省联合调研组一行来到南昌县，深入基层、摸实情，对南昌县合理利用土地资源“破两难、促转变”工作开展情况进行调研。副市长张根水，市政府副秘书长、市委农工部长王肇赣，县委书记肖玉文，县长陈匡辉，市国土局局长徐茂辉，县委常委、小蓝经济开发区党工委书记徐海波，副县长程雷佬，市国土局党组成员、执法监察支队支队长吉伟伟等陪同调研。

3月18日

上午，市委常委刘建洋来到五星垦殖场农场，就土地整理、增减挂钩和开发情况进行调研。市委农工部副部长，市农业开发办主任陶海龙，市林业局局长樊三宝、副局长黄才和，市国土资源局副局长陈显忠等陪同。

▲下午，副市长刘家富来到南昌县冈上镇视察大中修和危桥改造项目建设情况。市交通运输局局长陈国风，县委常委、副县长杨保根，副县长赵泽华等陪同。

3月19日

上午，由新疆克州州委书记、州人大常委会主任闫汾新率领的新疆克州党政代表团来到南昌县考察经济社会发展情况并看望莲塘一中新疆克州高中班的全体学生。省委副秘书长潘东军，省教育厅副巡视员杨慧文，市委副书记蔡社宝，市政府副秘书长朱敏华，县长陈匡辉，县人大常委会主任胡小明，县委常委、小蓝经济开发区党工委书记徐海波，市教育局副局长邵梅珍，副县长赵泽华等随同考察。

▲下午，市委常委刘建洋，副市长张根水，市政府副秘书长王肇赣等来到南昌县调研农业综合开发大型项目，县委常委、农工部长魏根金，县委常委程雷佬等陪同。

3月25日

上午，由国家卫生部副部长尹力率领的国家血吸虫病春查组来到南昌县检查血吸虫病防治工作。省政府办公厅副秘书长晏腾驹，省卫生厅厅长李利，副厅长关晏民，副市长罗慧芬，副县长胡显勇等陪同。

3月29日

上午，全省“百万农机闹春耕”现场会暨农机购置补贴启动仪式在南昌县泾口乡举行。省农业厅党委书记、厅长毛惠忠出席启动仪式并宣布“百万农机闹春耕”开始。省农业厅巡视员彭济民，市委常委刘建洋，县委常委、农工部长魏根金，县委常委程雷佬等出席启动仪式。

3月30日

上午，市委常委、常务副市长赵东亮来到南昌县视察汽车及零部件产业发展情况。县委书记肖玉文，县委常委、常务副县长涂仕华，副县长涂莉华，县政协副主席李植等陪同。

3月31日

上午，2011年度南昌市新闻选题策划会在黄马凤凰沟风景区白浪湖度假村举行。会议通报1～3月份全市各县区、各开发区(新区)在中央、省级主要媒体上稿情况，对各县区提出的新闻选题进行点评。市委常委、副市长、宣传部长周关，人民日报驻江西记者站站长刘建林，经济日报驻江西记者站站长赖永峰，新华社驻江西记者站常务副总编刘菁，市委宣传部副部长李家旺，县委常委、统战部长胡炜以及中央、省级新闻单位的负责同志、各县(区)委宣传部长出席会议。

【工交财贸】

3月2日

下午，市审计局副局长陈国广率领市审计组来到南昌县，就政府性债务情况进行审计。县长陈匡辉，县委常委、常务副县长涂仕华，县政协副主席姜润根等出席座谈会。

3月7日

下午，县委书记肖玉文在小蓝经济开发区会见来小蓝经济开发区考察投资的金红叶纸业集团总经理徐锡土一行。县委常委、小蓝经济开发区党工委书记徐海波会见时在座。

3月8日

下午，县长陈匡辉在县综合楼会见室会见建华管桩集团副总裁杨余明一行，双方就南昌建华管桩项目推进进行洽谈。副县长赵泽华会见时在座。

3月9日

上午，全县2011年小额贷款工作会在桂花村大酒店召开。会议总结了全县2010年全县小额贷款工作，对全县今年小额贷款工作进行了部署。县委常委、副县长杨保根出席并讲话。

3月11日

国家电网江西南昌供电公司与县政府举办的共同推进南昌县电网发展会谈仪式在县文化会展中心举行。省电力公司党组成员、副总经理、南昌供电公司总经理肖黎春，县委书记肖玉文，县长陈匡辉，南昌供电公司党委书记王迪卿，县人大常委会主任胡小明，县政协主席邓炳根，县委常委、副县长杨保根，县委常委、小蓝经济开发区党工委书记徐海波，南昌供电公司副总经理张伟光、邓南平，市项目专干办第三组组长江丰等出席会谈仪式。

3月14日

上午，县长陈匡辉来到向塘镇沙潭村视察土地开发项目推进工作。

▲上午，县委常委、副县长杨保根在县政府会议室主持召开斗梧线、斗梧龙线搬迁改造工程推进会，协调解决项目进展中存在的问题。

▲上午，副县长程雷佬来到五星垦殖场，就农村土地综合整治和城乡建设用地增减挂钩项目进行现场办公。

3月15日

下午，县长陈匡辉在小蓝经济开发区主持召开项目重组工作调度会暨2011年县项目重组领导小组第一次会议，对全县项目重组工作进行再动员、再部署、再调度。县领导熊运浪、徐海波、涂莉华、程雷佬、章光文等出席。

3月16日

下午，南昌县农村公路危桥改造工作调度会在县交通局召开。副县长赵泽华出席并讲话。

3月17日

晚上，南昌县在桂花村大酒店就奥特莱斯名牌折扣城商业项目招商进行洽谈和对接。县长陈匡辉，县人大常委会副主任李木旺，副县长涂莉华等出席。

3月18日

上午，小蓝经济开发区联合省工商银行召开政银企座谈会。县委常委、小蓝经济开发区党工委书记徐海波出席并讲话，省工商银行营业部副总经理张雯等出席。

3月23日

上午，县委书记肖玉文在小蓝经济开发区会见江西省广东商会会长赖桂添、皇朝家俬常务副总经理谢焕章一行。双方就皇朝家俬项目推进进行洽谈。副县长涂莉华，向塘开发区管委会主任黄志清等会见时在座。

▲上午，县委常委、副县长杨保根来到斗梧线、斗梧龙线搬迁改造项目施工现场，就加快推进项目建设进行现场办公，帮助协调解决在施工中遇到的有关问题。

▲上午，市外经贸委副主任高健来到南昌县，走访外贸企业江西广宥鞋业和南昌巨纺实业，协调企业出口遇到的困难和问题。

▲上午，以吴高强为组长的市重点重大项目督查组来到南昌县，对城南幸福庄园廉租房等工程

项目的建设进度和安全生产情况进行督查。

3月24日

下午，省商务厅巡视员、江西省百人服务团农产品组的团长王中阳、省商务厅进出口公平贸易和产业损害调查处处长宁小武等来到南昌县外贸企业江西海浩鄱阳湖水产有限公司调研，了解农副产品出口中遇到的困难和问题。

3月29日

上午，向塘开发区管委会主任黄志清来到向塘开发区部分重大重点项目建设现场，督查项目建设进度。

【农业与农村工作】

3月2日

上午，以省人大常委会委员、农委主任委员陈毓平为组长的省人大调研组来到南昌县，就南昌县现代渔业发展情况开展调研。副县长程雷佬等陪同。

3月7日

下午，由市农业局副局长李淑英带领的市食品安全整顿工作督查考评组来到南昌县督查考评。县委常委、副县长杨保根，副县长程雷佬等陪同。

3月9日

上午，全县水利普查员培训班在县委党校开班。副县长程雷佬出席开班仪式并讲话。

3月30日

以国务院水利普查办技术与调查处处长黄火键为组长的国务院水利普办检查组来到南昌县，对水利普查台账建设工作进行检查指导。市水务局局长李克荣、县委常委程雷佬等陪同。

【科教文卫体和计生工作】

3月4日

上午，全县老科协工作会议在莲塘镇召开。市老科协常务副会长肖永政，市老科协秘书长张金秀，县老科协会长王火生等出席。

3月11日

县科协在县委党校召开全县百户水稻种植科技示范户培训交流会，市科协主席姚晓明出席并讲话。

3月17日

下午，由省政府办公厅六处处长邱长华，省政府血防办主任熊健杰带队的省血防工作督查组来到南昌县检查血防工作。副县长胡显勇等陪同。

3月18日

上午，县钓鱼协会举行第四届会员大会暨成立20周年庆典。省钓鱼协会《江西钓讯》主编熊厚德，市钓鱼协会顾问周鑫群，市钓鱼协会主席陈正根，县委常委、副县长杨保根等出席。

▲南昌县卫生工作会在县委党校召开。县人大常委会副主任伍曦、副县长胡显勇、县政协副主席万德珍等出席会议。

3月22日

上午，副县长胡显勇来到蒋巷镇玉丰村、泾口乡东风村就血防工作进行调研。

▲下午，省卫生厅副厅长关晏民来到南昌县调研血防工作。市卫生局副局长陈天鹏，副县长胡显勇等陪同。

3月23日

县长陈匡辉来到银三角和县城莲塘核心片区，就县采茶剧团规划选址进行现场办公。县委常委、统战部长胡炜等参加现场办公。

3月28日

下午，南昌县医药购销和医疗服务中突出问题专项治理工作会在县人民医院召开。县委常委、纪委书记、政法委书记熊运浪，县检察院检察院长张振川等出席会议。

3月29日

下午，南昌县教育系统召开迎接省政府教育督导评估工作动员会。市政府教育督导室主任程大新，副县长胡显勇出席并讲话。

3月30日

上午，全县文化广电旅游新闻出版工作会在县委党校召开。县委常委、统战部长胡炜出席并讲话，县人大常委会副主任伍曦，副县长胡显勇，县政协副主席万德珍等出席。

【党的建设和干部队伍建设】

3月1日

上午，省纪委廉政室主任杨远林、副主任陈银先来到南昌县检查指导县委权力公开透明运行工作。市纪委常委、市监察局副局长李联明，县委常委、纪委书记、政法委书记熊运浪等陪同。

3月4日

上午，县委常委、组织部长王小文来到莲塘镇和向塘镇，实地调研基层党建工作。向塘开发区管委会主任黄志清等随同调研。

【信访工作】

3月13日

上午，县长陈匡辉来到蒋巷镇接访群众，当面倾听群众心声，帮助化解矛盾，协调解决问题。县委常委、纪委书记、政法委书记熊运浪，县委常委、农工部部长魏根金，副县长、县公安局局长张增和等参加接访。

3月14日

下午，县长陈匡辉来到县信访局公开约访，倾听社情民意，解决群众的难题。县委常委、副县长杨保根，副县长涂莉华、程雷佬、赵泽华等参加接访。

【群团工作】

3月7日

上午，南昌县在天一大酒店举行“三八”国际妇女节“新百年畅想”为主题的庆祝联谊大会。县委书记肖玉文，市妇联主席梅梅，县人大常委会主任胡小明，县政协主席邓炳根，市妇联副主席周笑蓓、盛爱凤，县委常委、县人武部部长汪火明，县人大常委会副主任陈秀梅、熊鹰、伍曦，副县长胡显勇、涂莉华，县政协副主席万德珍、吴克芳、伍目连等出席。

3月24日

下午，省妇联副主席廖奇志、权益部部长刘丽一行来到南昌县调研妇联工作，市妇联主席梅梅，副主席盛爱凤，副县长胡显勇等陪同。

【友好往来】

3月8日

上午，县委常委、农工部部长魏根金，副县长程雷佬率领县林业局和部分乡镇的负责人来到新余市参观考察造林绿化工程建设情况。

3月16日

下午，安徽省马鞍山市人大常委会副主任陈苏汉率市人大考察团来到南昌县，参观考察农业产业化发展情况。县人大常委会主任胡小明，副主任李木旺、王三毛等陪同。

【其他重要工作】

3月10日

上午，全县供销工作会在县委党校召开。会议回顾总结了全县2010年供销工作，表彰了先进，部署了今年的供销工作。市供销社主任李小保，纪检书记涂贵生，县委常委、副县长杨保根，县人大常委会副主任陈秀梅，县政协副主席张军等出席会议。

▲上午，省人防办副主任王少东率领南昌、九江、抚州三个市的市、县人防办主任来到南昌县现场观摩人防工程建设情况。县委常委、县人武部部长汪火明等陪同。

3月21日

上午，市委督察室主任龚建峰、市人大常委会办公厅副调研员刘玉国率领督查组来到南昌县，就全市人大工作会议暨《市委关于进一步加强和改进人大工作意见》贯彻实施情况进行督促检查。县委常委、组织部长王小文，县人大常委会副主任李木旺，副县长涂莉华等陪同。

▲上午，南昌县县、乡人大换届选举工作培训在县综合楼举行。县人大常委会副主任黄连科出席并讲话。

3月22日

上午，全县民政工作暨敬老院管理年推进会议召开。县委常委、副县长杨保根，县人大常委会副主任陈秀梅，县政协副主席伍目连等出席会议。

▲上午，南昌县京福高速温沙管理处幽兰收费管理所、县地税局分别举行“全国巾帼文明岗”授牌仪式。市妇联主席梅梅，副主席周笑蓓等出席授牌仪式。

3月25日

下午，市国土局党组成员、副局长陈献忠，市国土局党组成员、副调研员徐海平来到南昌县验收2009年度增减挂钩试点项目区复垦工作。县委常委程雷佬出席验收会。

【乡镇工作】

3月10日

上午，向塘镇召开第十三届人民代表大会第五次会议，县人大常委会副主任王三毛，向塘开发区管委会主任黄志清出席并讲话。

3月11日

上午，蒋巷镇第三届人民代表大会第五次会议召开。县人大常委会副主任黄连科出席并讲话。

▲上午，幽兰镇第十一届人民代表大会第五次会议召开。县人大常委会副主任王三毛，县政协副主席张军出席并讲话。

▲上午，塘南镇第十一届人民代表大会第五次会议召开。县人大常委会副主任熊鹰出席并讲话。

3月12日

上午，莲塘镇第十四届人民代表大会第五次会议召开。县人大常委会副主任陈秀梅出席并讲话。

▲上午，黄马乡第十一届人民代表大会第五次会议召开。县人大常委会副主任伍曦出席并讲话。

3月14日

上午，富山乡第十一届人民代表大会第五次会议召开。县人大常委会副主任陈秀梅出席并讲话。

▲东新乡第十一届人民代表大会第五次会议召开。县委常委、统战部长胡炜，县人大常委会副主任黄连科，县政协副主席伍目连等出席。

▲八一乡第十一届人民代表大会第五次会议召开。县委常委、组织部长王小文，县人大常委会副主任黄连科等出席并讲话。

▲三江镇第十一届人民代表大会第五次会议召开。县人大常委会副主任伍曦出席并讲话。

3月15日

上午，广福镇第三届人民代表大会第五次会议召开。县人大常委会副主任王三毛出席并讲话。

▲上午，冈上镇第三届人民代表大会第五次会议召开。县人大常委会副主任陈秀梅出席并讲话。

▲武阳镇第三届人民代表大会第五次会议召开。县委常委、副县长杨保根，县人大常委会副主任熊鹰，县检察院检察长张振川等出席。

四　月

【创先争优活动】

4月2日

县委常委、纪委书记、政法委书记熊运浪来到莲塘镇街上村参加村民“民情夜访”理事会的“民情夜访”活动。

4月18日

下午，市非公企业制创先争优督查组副组长周保明一行来到小蓝经济开发区，就非公企业创先争优进行调研督查。县委常委、统战部长胡炜等陪同。

【重要会议】

4月1日

上午，南昌县在县综合楼组织收听收看全省、全市“科学发展、进位赶超、绿色崛起”电视电话会。县委常委、统战部部长胡炜，县政协副主席万德珍等参加收听收看。

4月2日

下午，全县防汛抗旱暨农业农村、人口计生工作会议在县文化会展中心召开。会议总结了2010年的全县防汛抗旱、农业农村、人口计生工作，安排部署今年各项工作的主要任务。县委书记肖玉文出席并作重要讲话。县长陈匡辉主持会议。县人大常委会主任胡小明，县政协主席邓炳根，县委常委涂仕华、杨保根、熊运浪、胡炜、王小文、徐海波、魏根金、汪火明、程雷佬，县人大常委会副主任黄连科、李木旺、陈秀梅、王三毛、熊鹰、伍曦，副县长涂莉华、赵泽华、章光文，县政府党组成员吴文卫，县政协副主席万德珍、吴克芳、张军、李信谆、姜润根、伍目连、李植，县法院院长李红刚，县检察院检察长张振川，向塘开发区管委会主任黄志清，县人武部副部长尹头根、张晓伟，县公安局政委周庆鲁等出席会议。

4月6日

晚上，县长陈匡辉在县综合楼主持召开县政府第三十八次常务会议。县委常委、常务副县长涂仕华，县委常委、、副县长杨保根，县委常委程雷佬，副县长胡显勇、张增和、涂莉华、赵泽华、章光文，县政府党组成员吴文卫、涂爱国、刘小毛等出席。县人武部政委姜清波，县政协副主席姜润根等列席会议。

4月8日

下午，全县就业和社会保障暨新农保工作会议在县综合楼召开。会议传达贯彻全国和全省人力资源和社会保障工作会议精神，回顾总结2010年的全县就业和社会保障暨新农保工作，安排部署今年内的工作任务。县委书记肖玉文作重要批示，县长陈匡辉，县委常委、副县长杨保根，县人大常委会副主任陈秀梅，县政协副主席万德珍等出席会议。

4月14日

下午，县委书记肖玉文在县综合楼主持召开2011年县城市规划委员会第4次会议。县长陈匡辉，县人大常委会主任胡小明，县政协主席邓炳根，县委常委、常务副县长涂仕华，县委常委、副县长杨保根，县委常委、统战部长胡炜，县委常委、小蓝经济开发区党工委书记徐海波，县政府规划顾问高霞等出席。

▲下午，县长陈匡辉在县政府会议室就迎接全省县级综合应急救援现场会在南昌县召开，做好相关筹备工作进行调度。县委常委、常务副县长涂仕华，副县长、县公安局长张增和等出席调度会。

4月15日

上午，县长陈匡辉在县政府综合楼主持召开全县安全生产工作会。县委常委、常务副县长涂仕华，县委常委、副县长杨保根，县委常委、纪委书记、政法委书记熊运浪，县委常委程雷佬，副县长胡显勇、张增和、涂莉华、赵泽华，县政府党组成员吴文卫，县公安局政委周庆鲁等出席。

4月16日

下午，县委书记肖玉文在小蓝经济开发区会议室主持召开第10次县委常委会，县长陈匡辉，县委常委涂仕华、杨保根、熊运浪、胡炜、王小文、徐海波、魏根金、汪火明、程雷佬等出席会议，县人大常委会主任胡小明，县政协主席邓炳根等列席会议。

4月18日

下午，南昌县在县综合楼会议室组织收听收看全国、全省、全市纠风工作电视电话会。县委常委、纪委书记、政法委书记熊运浪等参加收听收看。

4月19日

下午，省委形势政策报告会在县综合楼举行。省委形势政策专家宣讲团成员、省委宣传部常务副部长陈东有为南昌县300多名机关干部作精彩的形势政策报告。县委书记肖玉文主持报告会。县领导胡小明、邓炳根、熊运浪、胡炜、王小文、徐海波、魏根金、程雷佬、姜清波、陈秀梅、王三毛、胡显勇、张增和、涂莉华、赵泽华、吴文卫、万德珍、张军、姜润根、伍目连，县人武部副部长胡文俊，县法院院长李红刚，县检察院检察长张振川，向塘开发区管委会主任黄志清，县公安局政委周庆鲁等出席报告会。

4月21日

下午，南昌县在县综合楼组织收听收看全国严厉打击食品非法添加和滥用食品添加剂专项工作电视电话会。县委常委、副县长杨保根等参加收听收看。

4月22日

上午，县第十四届人大常委会第二十七次会议在县综合楼召开。县人大常委会主任胡小明，副主任黄连科、李木旺、陈秀梅、王三毛、熊鹰、伍曦等出席会议。县委常委、副县长杨保根，县法院院长李红刚，县检察院检察长张振川等列席会议。会议经审议通过任命吴文卫为南昌县人民政府副县长，免去程雷佬南昌县人民政府副县长职务。会议听取和审议了《关于安全生产监督管理工作报告》，听取和审议了《宗教事务工作报告》等有关事项。

4月23日

上午，全县国土资源管理工作会议在县综合楼召开。会议回顾总结全县2010年的国土资源工作和项目重组工作，部署今年的国土资源工作。县长陈匡辉，县委常委程雷佬等出席。

4月29日

上午，全县"建功立业大竞赛、和谐企业大创建、温暖万家大帮扶"总结表彰暨全县工会工作会议在县综合楼召开。会议总结去年的工作，表彰先进，安排今年的工作任务。县委书记肖玉文，县长陈匡辉，县政协主席邓炳根，县委常委杨保根、胡炜、王小文、徐海波、魏根金、程雷佬等出席会议。

▲下午，南昌县召开消防工作会议。县长陈匡辉在讲话中强调：全县各级、各地要高度重视消防安全工作，始终绷紧消防安全这根弦。市消防支队政委黎学军，县委常委、常务副县长涂仕华，县委常委、纪委书记、政法委书记熊运浪，县人大常委会副主任李木旺等出席会议。

【领导活动】

4月9日

上午，副市长刘家富来到南昌县视察"关爱生命、关注水上交通安全"主题教育宣传活动开展情况，市交通局局长陈国凤，市安全生产监督管理局局长邓建新，副县长涂莉华、赵泽华等陪同。

4月11日

下午，市委常委刘建洋，市政府副秘书长、市委农工部部长王肇赣等来到南昌县南新乡、蒋巷镇视察指导抗旱工作。县委书记肖玉文，县委常委、农工部长魏根金，县委常委程雷佬等陪同。

4月14日

上午，中央党校副校长孙庆聚来到南昌县，就如何加强县级党校建设开展调研。省委党校常务副校长龚培兴、副校长陈春明，市委常委、组织部长杨人平，市委党校校长赵刚平，县委书记肖玉文，县委常委、组织部长王小文等陪同调研。

4月15日

下午，省水利厅厅长孙晓山来到南新乡和蒋巷镇，视察指导抗旱保春耕工作。副市长张根水，市水务局局长李克荣，县长陈匡辉，县委常委、农工部部长魏根金，县委常委程雷佬等陪同。

4月20日

上午，市委常委、常务副市长赵东亮带领市政府副秘书长王肇赣、胡晓海，市委农工部副部长韩匡楷，市金融办主任李水平，市工信委副主任何彦军等来到南昌县汇仁集团、煌上煌集团开展调研。县委书记肖玉文，县长陈匡辉，县委常委徐海波、魏根金、程雷佬等陪同。

▲上午，市委常委、纪委书记刘东明来到南昌县调研县委权利公开透明运行工作。市纪委副书记杜志刚，市纪委廉政室主任刘志勇随同调研。县委书记肖玉文，县委常委、纪委书记、政法委书记熊运浪等陪同。

4月21日

上午，副省长孙刚来到南昌县，就昌南新城教育园区建设工作进行调研。他要求南昌县加快昌南教育园区建设，全面提升办学质量，办人民满意教育。省政府副秘书长叶磊，省委教育工委书记、省教育厅厅长虞国庆，副市长罗慧芬，市教育局局长熊晓武，县委书记肖玉文，副县长胡显勇等陪同。

4月26日

下午，市人大常委会主任雷武江，副主任姚燕平、连樟寿、何友德、戴和旺、白波等来到南昌县视察基层人民法庭建设情况，市中级人民法院院长赖永芳，县委书记肖玉文，县人大常委会主任胡小明，县法院院长李红刚等陪同。

4月28日

下午，省委常委、市委书记王文涛来到南昌县调研时指出，近年来，南昌县紧紧抓住发展第一要务，呈现了科学发展、快速崛起的良好态势，尤其是在聚精会神抓产业发展上取得了显著成绩。市委常委、市委秘书长凌学仁，市委副秘书长、市委办公厅主任李福如，县委书记肖玉文，县长陈匡辉等陪同调研。县人大常委会主任胡小明，县政协主席邓炳根，县委常委涂仕华、杨保根、熊运浪、胡炜、王小文、徐海波、魏根金、汪火明、程雷佬等参加调研座谈会。

【工交财贸】

4月1日

上午，五一路桥改造工程顺利竣工。县委书记肖玉文出席竣工通车仪式并宣布五一路桥正式竣工通车。县人大常委会主任胡小明，县政协主席邓炳根，县委常委、常务副县长涂仕华，县委常委、副县长杨保根等出席竣工通车仪式。

4月6日

下午，县长陈匡辉来到县城棚户区和廉租二期工程工地，进行现场调度和指导。县委常委、常务副县长涂仕华，县委常委、小蓝经济开发区党工委书记徐海波，县委常委程雷佬等参加调度。

4月8日

下午，由市审计局副局长陈国广率领的市审计局政府性债务审计组来到南昌县反馈审计情况、交换审计意见。县委常委、常务副县长涂仕华等参加座谈会。

4月13日

上午，省商务厅内资处副处长曾红蕾带领省外资项目检查组来到南昌县，对外资项目建设情况进行检查。市外经贸委副主任赵俊，副县长涂莉华等陪同。

4月14日

上午，县委书记肖玉文来到小蓝经济开发区就服务企业发展，完善开发区各类配套设施等进行调研。县委常委、小蓝经济开发区党工委书记徐海波等随同调研。

4月17日

上午，第二期小蓝青年论坛暨健康小蓝知识讲座在小蓝经济开发区举行。县委书记肖玉文，县委常委杨保根、胡炜、徐海波、程雷佬等出席。

4月19日

上午，市外经贸委副主任段宏勋一行来到南昌县调研生物医药产业招商和外商办证审批服务工作。副县长涂莉华等陪同。

▲下午，县委常委、副县长杨保根主持召开全县电网工程建设推进会，贯彻落实有关会议精神，加快推进全县电网建设，更好地服务全县经济社会发展。

4月20日

下午，县委书记肖玉文在小蓝经济开发区会见日本株式武藏野化学研究董事长砂原三利一行。县委常委、小蓝经济开发区党工委书记徐海波会见时在座。

4月23日

下午，县委书记肖玉文来到塔城商会进行调研，他希望商会充分发挥作用，带领会员企业凝心聚力、共同发展，继续为家乡发展、为南昌县“加快建设赣鄱第一县、奋力拼争全国五十强”作出更大的贡献。

▲下午，县长陈匡辉在县政府主持会议，就银三角和小蓝经济开发区发展中存在的有关问题进行协调。县委常委、小蓝经济开发区党工委书记徐海波，县委常委程雷佬，县人大常委会副主任李木旺等出席会议。

4月27日

上午，县委书记肖玉文来到小蓝经济开发区邓埠村，就村级集体经济发展和与南昌市主城区无缝对接工作开展调研。县委常委、小蓝经济开发区党工委书记徐海波等陪同。

▲上午，县委书记肖玉文来到南昌印钞厂调研，就有关合作事宜和项目推进进行沟通与交流。县委常委、小蓝经济开发区党工委书记徐海波等陪同。

【城市建设与管理】

4月1日

以市建委副主任徐海仁为组长的市推进小城镇建设督查组来到南昌县，对小城镇建设推进进行督查。县委常委、常务副县长涂仕华，县政府党组成员吴文卫，向塘开发区管委会主任黄志清等陪同。

4月2日

下午，以省土地开发整理中心副主任曾珩为组长的检查组来到南昌县检查城乡建设用地增减挂钩试点清理检查工作，市国土资源局副局长陈献忠，副县长胡显勇等陪同。

4月7日

下午，县委副书记、县长陈匡辉就南昌县健康城市建设工作进展情况进行调研。县委常委、副县长杨保根，副县长胡显勇等参加调研。

4月12日

下午，县长陈匡辉视察县城莲塘新型城镇化建设项目进展情况。县委常委、常务副县长涂仕华，县委常委、副县长杨保根，县委常委、统战部长胡炜等随同考察。

4月25日

上午，县委书记肖玉文在调研定岗“城中村”改造和莲塘河整治改造工作时强调：要按照统一规划、分期建设、基础先行的原则，加快推进定岗梅湖区域城中村改造和莲塘河整治改造工作，推动我县城市化进程逐步从澄碧湖时代迈入莲塘河时代、赣江时代。县委常委徐海波、程雷佬，县人大常委会副主任王三毛，副县长吴文卫等陪同。

【农业与农村工作】

4月2日

上午，省农业厅女科技工作者联谊会蔬菜示范基地在南昌县武阳镇挂牌成立。省农业厅副厅长马岩波出席成立仪式并为基地揭牌。

4月10日

下午，县委常委程雷佬来到南新乡、蒋巷镇视察指导抗旱救灾工作。

4月11日

上午，县委常委、农工部部长魏根金，县委常委程雷佬在南新乡召开抗旱工作调度会，现场调度和指导抗旱工作。

4月12日

县委常委、农工部长魏根金，县委常委程雷佬等来到塘南、泾口、幽兰三个乡镇，指导抗旱工作。

4月13日

下午，县委常委、农工部部长魏根金在县委农工部会议室主持召开抗旱保春耕调度会。

4月14日

上午，县长陈匡辉先后来到蒋巷、泾口、塔城三个乡镇检查指导抗旱保春耕工作。县委常委、农工部长魏根金，县委常委程雷佬随同检查指导。

▲南昌县在洁惠花园宾馆召开政策性农业保险工作会。县委常委程雷佬，县政协副主席姜润根出席并讲话。

4月15日

上午，省财政厅经济建设处处长刘伍根，省水利厅计财处处长廖瑞钊等来到南昌县，就莲塘河防洪治涝工程建设情况进行督查。县人大常委会副主任王三毛等陪同。

4月21日

下午，县委常委程雷佬主持召开全县农产品质量安全暨2011年第七届全国城市运动会农产品供应安全工作调度会。

4月23日

省水利厅副厅长文林来到南昌县视察水利垂直防渗工程建设情况。县委常委、农工部长魏根金等陪同。

4月27日

上午，县政协主席邓炳根率领县政协老同志视察芳溪湖、大沙湖内涝圩堤整治情况。

【科教文卫体和计生工作】

4月1日

下午，全县迎接省政府教育督导评估工作动员会在县综合楼召开。省政府教育督导室主任王晓阳，市政府教育督导室主任程大新，县委常委、统战部长胡炜，县人大常委会副主任伍曦，副县长胡显勇，县政协副主席万德珍等出席会议。

▲下午，著名国学家、诗人、福建社科院研究员蔡厚示先生在莲塘二中为南昌县诗词爱好者举办“如何欣赏中国古典诗词专题讲座”。南昌县诗词爱好者、县书法协会会员以及莲塘二中师生共200多人聆听讲座。

4月2日

上午，以“春天最想去的地方——山水黄马、魅力凤凰沟”为主题的2011江西黄马·凤凰沟第四届樱花节开幕式在凤凰沟景区举行。省农业厅副厅长唐安来、程关怀，副巡视员邓建平，省旅游局副巡视员曾宜富，市旅游局副局长佟焕哲等出席开幕式。

▲上午，南昌县第十八届乡镇老年人运动会在富山乡举行。县政协副主席、县老年体协主席张军出席并讲话。

4月9日

上午，农工党南昌县总支委组织党内联系卫生界专家医生在莲塘镇体育馆社区开展义诊活动。县政协副主席伍目连等参加活动。

4月15日

上午，县委书记肖玉文来到莲塘三中新校区察看项目建设进展情况。县委常委、统战部长胡炜，副县长胡显勇等陪同。

▲下午，南昌县召开2011年新闻、网络宣传工作会。县委常委、统战部长胡炜出席并讲话。江西日报驻南昌分社社长刘小荣等出席。

4月19日

上午，南昌县在县综合楼召开全县行政机关事业单位干部职工环孕检工作动员会。县委常委、农工部长魏根金，县委常委程雷佬等出席。

4月20日

上午，以浙江省卫生厅疾控处副处长孙玉齐为组长的卫生部重点寄生虫病防治中期评估组来到南昌县，就《2006～2015年全国重点寄生虫病防治规划》执行情况进行评估检查。副县长胡显勇等陪同。

4月29日

上午，县卫生局、县食品药品监督管理局举行相关职责交接暨县食品化妆品监督所成立仪式。县委常委、副县长杨保根，县委常委、组织部长王小文，副县长胡显勇等出席。

▲上午，全县中小学生“学党史、颂党恩、跟党走”教育活动暨革命影片首映启动仪式在莲塘三小举行。县委常委、组织部长王小文，副县长胡显勇等出席。

【党的建设和干部队伍建设】

4月6日

下午，由省委严肃换届纪律第一督查组组长、省政法委副书记宋才火带队的督查组来到南昌县，对严肃换届纪律情况进行督促检查。县委书记肖玉文，县人大常委会主任胡小明，县政协主席邓炳根，县委常委、纪委书记、政法委书记熊运浪，县委常委、组织部部长王小文等陪同。

4月7日

由省委严肃换届纪律第一督查组组长、省政法委副书记宋才火率领督查组来到莲塘镇、东新乡进行督查。县委常委、纪委书记、政法委书记熊运浪，县委常委、组织部长王小文等陪同。

【友好往来】

4月13日

上午，由安徽省宣城市市委常委，副市长黄东升率领的宣城市禽业发展考察团，来到南昌县考察禽业的发展情况。市委常委刘建洋，市政府副秘书长，市委农工部部长王肇赣，市委农工部副部长韩匡楷，县委常委、农工部长魏根金等陪同。宣城市人大副主任陈世跃、市政协副主席彪明满等参加考察活动。

4月18日

上午，拉丁美州的阿根庭、墨西哥等5个国家政党青年干部代表团来到南昌县参观考察现代农业产业发展情况。团中央国际联络部副处长陈芃，团省委统战部长李超群，县委常委、统战部长胡炜等陪同。

4月22日

上午，由湖北省潜江市市委书记朱汉桥，市委副书记、市长张桂华率领的潜江市党政代表团来到南昌县参观考察。县委书记肖玉文，县人大常委会主任胡小明，县委常委、纪委书记、政法委书记熊运浪，县委常委、小蓝经济开发区党工委书记徐海波等陪同。

4月25日

上午，辽宁省台安县县委副书记、纪委书记康明树率领台安县党政代表团来到南昌县，参观考察公共资源交易平台、纠风和党风廉政建设工作。省纪委纠风室正处级纪检员、监察员袁文俊，市纪委纠风室主任徐友根，县委常委、纪委书记、政法委书记熊运浪等陪同。

【其他重要工作】

4月8日

县人大常委会主任胡小明，副主任黄连科、李木旺、陈秀梅、王三毛、熊鹰、伍曦分别来到全县16个乡镇，督查乡镇人大换届选举工作的进展情况。

4月12日

上午，由国家农业部李阳博士为组长的国家食品安全检查组来到南昌县检查指导食品安全工作。

4月12日

上午，江西省档案局副局长方维华来到南昌县对“鄱阳湖今昔大型档案图片展”活动进行调研。

4月15日

上午，全市第一批农家书屋残疾人管理员培训班在南昌县举行。市残疾人联合会副理事长孙秀全，市文化新闻出版局副局长熊伟出席并讲话。

4月27日

上午，全县新型农村建设档案工作推进大会暨培训班开学典礼在县委党校举行。市档案局副局长彭青，县委常委、组织部长王小文出席并讲话。

【乡镇工作】

4月21日

上午，向塘镇召开防洪抗旱、农业农村、社会稳定和计划生育工作会。向塘开发区管委会主任黄志清出席并讲话。

五 月

【重要会议】

5月4日

上午，县委书记肖玉文在县综合楼主持召开县委（扩大）会议，会议对从乡镇事业编制干部和村党组织书记公选产生的乡镇领导班子成员差额初步提名人选进行了民主推荐。县委副书记、县长陈匡辉，县委常委熊运浪、胡炜、王小文、徐海波、魏根金、汪火明、程雷佬等出席会议，县人大常委会主任胡小明，县政协主席邓炳根等应邀列席会议。

▲晚上，县长陈匡辉在县综合楼主持召开县政府第三十九次常务会议。县委常委、常务副县长涂仕华，县委常委、副县长杨保根，县委常委程雷佬，副县长胡显勇、张增和、涂莉华、赵泽华、章光文、吴文卫等出席。县委常委、统战部长胡炜，县人武部部长胡文俊，县人大常委会副主任陈秀梅，县政协副主席姜润根、李植等列席会议。

5月6日

上午，县委书记肖玉文主持召开第11次县委常委会议，专题学习贯彻落实省委常委、市委书记王文涛在南昌县视察调研时的重要讲话精神。肖玉文强调：全县上下要切实把认识统一到工作上来，深入开展“发展大竞赛、稳定大比拼、作风大转变”活动，以开拓创新的勇气、务实进取的作风，狠抓“五个始终坚持”，朝着“加快建设赣鄱第一县、奋力拼争全国五十强”的目标加力奋进。县委副书记、县长陈匡辉，县委常委涂仕华、杨保根、熊运浪、王小文、徐海波、魏根金、汪火明、程雷佬等出席会议，县人大常委会主任胡小明，县政协主席邓炳根等列席会议。

▲上午，县人大召开2011年宣传工作会，对今年的人大宣传工作进行安排和部署。县人大常委会副主任黄连科出席并讲话。

5月12日

上午，全县乡镇换届集中谈话在县综合楼召开。会议对乡镇领导班子换届和部分县直单位人事调整涉及人员进行集体谈话。县委书记肖玉文作重要讲话，县委副书记、县长陈匡辉主持会议，县人大常委会主任胡小明，县政协主席邓炳根，县委常委涂仕华、杨保根、熊运浪、胡炜、王小文、徐海波、魏根金、汪火明、程雷佬等出席会议。

▲上午，县第十四届人大常委会第二十八次会议在县综合楼召开。县人大常委会主任胡小明，副主任黄连科、李木旺、陈秀梅、王三毛、熊鹰、伍曦等出席。会议补选了王文涛为南昌市第十三届人民代表大会代表，审议通过了县人大常委会主任会议提请审议关于调整县乡选举委员会组成人员的议案。

5月13日

上午，中共南昌县纪委全委（扩大）会议在县综合楼召开。会议对县纪委换届工作进行动员和部署，对严肃换届纪律情况进行问卷调查。市委第一考察组副组长、市远程办主任傅鸿斌到会讲话，县委常委、纪委书记、政法委书记熊运浪主持会议。

▲上午，南昌县在县综合楼组织收听收看全省县乡两级人大换届选举工作电视电话会。县人大常委会主任胡小明，县委常委、统战部长胡炜，县委常委、组织部部长王小文，县人大常委会副主任黄连科等参加收听收看。

▲上午，南昌县在县综合楼召开严肃换届纪律工作调度会，会议传达、学习和贯彻全市严肃换届纪律工作调度会精神，安排相关工作。县委常委、组织部长王小文出席并讲话。

5月16日

晚上，县委书记肖玉文在小蓝经济开发区主持召开第13次县委常委会。会议研究了县委组织部提交的《关于召开乡镇党代会有关问题的请示》，审议了县政府党组提请的《关于城市管理工作有关问题的请示》等有关事项。县委副书记、县长陈匡辉，县委常委涂仕华、熊运浪、胡炜、王小文、徐海波、魏根金、程雷佬等出席会议，县人大常委会主任胡小明等列席会议。

5月22日

上午，县政府教育工作迎接省政府督导评估反馈会在县综合楼召开。省政府督学、原赣州市人大教科文卫委员会主任、督导评估组组长汪国珠，县委书记肖玉文，县长陈匡辉，县政协主席邓炳根，县委常委、统战部部长胡炜，市教育局副局长邵梅珍，县人大常委会副主任伍曦，副县长胡显勇，县政协副主席万德珍，县公安局政委周庆鲁等出席反馈会。

5月25日

下午，县委书记肖玉文在小蓝经济开发区主持召开乡镇换届待安排干部座谈会。县委常委、纪委书记、政法委书记熊运浪，县委常委、组织部长王小文等出席。

5月28日

晚上，县委书记肖玉文在小蓝经济开发区主持召开第14次县委常委会。县委副书记、县长陈匡辉，县委常委涂仕华、杨保根、熊运浪、胡炜、王小文、徐海波、魏根金、程雷佬等出席会议。县人大常委会主任胡小明，县政协主席邓炳根等列席会议。会议传达贯彻了省委、省政府有关通知精神，会议强调，发展是第一要务，稳定是第一责任。各级既要抓好经济发展，也要抓好社会稳定，实行一岗双责，实现两手抓、两手都要硬。要按照用群众工作统揽信访工作的要求，实行重心下移，切实把问题解决在基层，把矛盾化解在萌芽状态；要不断加强信访维稳的自身建设，形成支持信访维稳工作的强大合力。

【领导活动】

5月17日

下午，由南昌市人民政府主办，南昌县人民政府承办的2011年南昌（香港）汽车零部件产业投资环境说明会，在富豪香港酒店召开。副市长曾光辉，市政府副秘书长罗增明，县长陈匡辉，副县长涂莉华，向塘开发区管委会主任黄志清等出席会议。

5月21日

上午，“浙赣互动·喜结硕果”——南昌小商品城开业庆典暨首届中部建材年购节开幕式在昌南新城举行。省政协副主席刘晓庄，省社科院院长汪玉奇，浙江金华市委副书记黄锦朝，市委常委、常务副市长赵东亮，县委书记肖玉文，县长陈匡辉，县政协主席邓炳根等出席开幕式并为南昌小商品城开业剪彩。

5月24日

下午，副市长张根水来到小蓝经济开发区，就农业产业化龙头企业的发展情况进行调研。市委农工部调研员利盛生，市委农工部副部长韩匡楷，县委常委、农工部部长魏根金等陪同。

5月25日

上午，以国家粮油信息中心主任尚强民为组长的全国粮食稳定增产督导检查组来到南昌县塘南镇、泾口乡进行督导检查。国家农业部种植业司调研员曾令清，国家粮食局政策法规司副司长陈玉中随同督导。省政府副秘书长谢茂林，省粮食局局长熊根泉，省农业厅副厅长张忠平，省粮油局局长刘宝林，副市长刘家富，市政府副秘书长陈武，市粮食局局长杨小林，市农业局副局长郭晓流，县委常委程雷佬等陪同。

5月28日

上午，省委常委、市委书记王文涛在滨江宾馆会见新加坡丰益国际集团董事长郭孔丰一行。市委常委、市委秘书长凌学仁，副市长曾光辉，县委书记肖玉文，县长陈匡辉，市外办主任陈吉炜，副县长涂莉华会见时在座。

5月30日

下午，市长陈俊卿在市政府贵宾厅会见前来南昌市考察的福耀集团董事长曹德旺一行，双方就汽车产业等方面的投资合作事宜进行交流。副市长曾光辉，市政府副秘书长吴长金，县委书记肖玉文，县长陈匡辉，县委常委、小蓝经济开发区党工委书记徐海波，副县长涂莉华等会见时在座。

5月31日

上午，省委常委、市委书记王文涛来到南昌县蒋巷镇视察农业产业发展和防汛抗旱工作。市委常委、市委秘书长凌学仁，市委常委刘建洋，副市长张根水，市委副秘书长、办公厅主任李福如，市政府、副秘书长、市委农工部部长王肇赣，市水务局局长李克荣，县领导肖玉文、陈匡辉、魏根金、程雷佬等陪同。

【工交财贸】

5月4日

下午，南昌县与南昌工业控股集团交流协商会在小蓝经济开发区举行，双方就相关事宜进行协商。县委书记肖玉文，县长陈匡辉，县领导涂仕华、徐海波、程雷佬、涂莉华，向塘开发区管委会主任黄志清以及南昌工业控股集团有限公司董事、总经理葛彬林等南昌工业控股集团的领导班子成员出席协商会。

5月6日

下午，县委常委、小蓝经济开发区党工委书记徐海波主持召开安全生产检查及厂房租赁排查工作会议。副县长章光文等出席。

5月23日

上午，小蓝经济开发区召开“奋战40天、推进大项目”喜迎建党90周年活动动员大会。县委常委、小蓝经济开发区党工委书记徐海波出席并讲话。

5月25日

上午，县委常委、副县长杨保根在昌南客运站会议室，主持召开县城莲塘203公交车更换新能源车及昌南新城公交线路调整布局协调会，与南昌市公交总公司达成一致意见，将县城莲塘203路公交车更换成新能源空调车并增加班次、增开昌南新城公交线路班次，不断满足广大市民乘车出行需求。副县长赵泽华等出席。

▲上午，市住房保障和房产管理局副局长李斌会率领市廉租房建设资金使用监督审计组来到南昌县，就2009年和2010年度廉租住房项目建设资金的配套使用情况进行专项督查和审计。县委常委、常务副县长涂仕华出席汇报会。

5月26日

上午，省公安厅党委副书记、副厅长罗永银来到南昌县调研交通管理工作。市公安局副局长刘文涛，市公安局党委委员、交通管理局局长王伟，县公安局政委周庆鲁等陪同。

▲上午，县委书记肖玉文来到南新、蒋巷就重大重点项目推进和新型农业产业化发展进行调研。

▲下午，全县电网建设改造升级暨有序用电工作会在县综合楼召开。县长陈匡辉，县委常委、副县长杨保根出席并讲话，县委常委、小蓝经济开发区党工委书记徐海波，县人大常委会副主任陈秀梅，副县长涂莉华，县政协副主席李信谆等出席会议。

5月30日

上午，南昌琤德实业有限公司人民币纸币包装箱及安全防伪印务项目在小蓝经济开发区开工建设。县委书记肖玉文，县人大常委会主任胡小明，县委常委、小蓝经济开发区党工委书记徐海波等出席项目开工典礼。

【城市建设与管理】

5月19日

上午，县委书记肖玉文，县长陈匡辉视察澄碧湖大厦、澄碧湖北苑广场、金瀚丽晶酒店等重大项目建设进展情况。县委常委、纪委书记、政法委书记熊运浪，县人大常委会副主任王三毛，副县长赵泽华等陪同。

5月23日

下午，县长陈匡辉来到向塘镇，就经济社会发展和城镇建设情况进行调研。县委常委程雷佬，向塘开发区管委会主任黄志清等陪同。

【政法工作与社会治安综合治理】

5月10日

上午，市法制办主任廖南萍等来到南昌县，就依法行政工作进行调研。县长陈匡辉，副县长、县公安局局长张增和等陪同。

5月26日

上午，县长陈匡辉来到县公安局就当前急需解决的有关问题进行现场办公。副县长、县公安局局长张增和等陪同。

【农业与农村工作】

5月7日

上午，由中组部组织的中国科学院院士和中国工程院院士专家团来到南昌县蒋巷镇考察。省农业厅副厅长程关怀，省农业厅计划财务处处长刘建堂，市委组织部副部长郑志军，县委常委、组织部部长王小文，县委常委、农工部部长魏根金等陪同考察。

▲上午，由水利部长江水利委员会规划二处处长袁武荣率领的检查组来到南昌县对莲塘河防洪治涝工程建设情况进行现场检查指导。省水利厅建设管理处处长周放平，县人大常委会副主任王三毛等陪同。

5月13日

上午，市委组织部、市科协在南昌县联合举办农村党员群众实用技术培训班。省农业函授大学校长廖红英，市科协副主席罗春来出席开班仪式并讲话。

5月23日

上午，省水利工程建设领域突出问题稽查专家组来到南昌县，对2009年至2010年度的水利投资超亿元在建工程建设情况进行稽查。县委常委、农工部部长魏根金等陪同。

5月25日

下午，全市扶贫开发整村推进规划编制工作培训会在县综合楼召开。市扶贫办主任符开辉，县委常委、农工部部长魏根金等出席。

5月26日-27日

县委书记肖玉文先后在泾口乡、塘南镇和黄马乡进行调研。肖玉文强调：要加快社会民生事业的建设，真正地为老百姓办实事、办好事，切实保障改善民生，促进社会和谐稳定。

【科教文卫体和计生工作】

5月1日

由县教体局主办的“全民健身与城乡同行”2011年南昌县昌南足协“莲塘黄记煌”杯首届足球邀请赛在县体育馆举行。副县长胡显勇出席并宣布首届足球邀请赛开幕。省球迷协会会长岳喜坚，全国十佳球迷桂二牛应邀到会祝贺。

5月5日

上午，以省健康教育所所长刘亦文率队的全省农村卫生工作先进县综合复评组来到南昌县检查复评。副县长胡显勇出席汇报会。

5月10日

上午，南昌县在县医院召开国际护士节庆祝大会。副县长胡显勇出席并讲话。

5月12日

上午，市人大常委会教科文卫委主任委员李承先等来到南昌县调研农村基层文化建设情况。市文化新闻出版局副局长刘国产，县人大常委会副主任伍曦等陪同。

5月13日

上午，南昌县在莲塘一中召开2011年高招委（扩大）工作会议。副县长、县高招委主任胡显勇出席并讲话。

5月14日

晚上，南昌县妇联联合金蔷薇养生美容连锁机构、香港皇莎集团举办“粉红之恋，让爱传递”2011年乳腺疾病防治大型公益活动。市妇联副主席吴福妹，县政协副主席吴克芳等参加活动。

5月16日

以省督学汪国珠为组长的省政府教育工作督导评估组来到南昌县，检查指导教育工作。县委书记肖玉文主持汇报会，县长陈匡辉汇报南昌县教育工作，市教育局长熊晓武，副局长邵梅珍，县领导胡小明、邓炳根、胡炜、伍曦、胡显勇、万德珍以及县公安局政委周庆鲁等出席汇报会。

5月17日

省政府教育督导评估组对南昌县教育工作进行督导检查。县委常委、统战部部长胡炜，副县长胡显勇等陪同。

5月18日

上午，由县委宣传部、县科技局、县科协、县人防办、县地震局联合举办的大型科普咨询活动在向塘镇举行。市科协主席姚晓明，市科技局副局长党钢，市人防办调研员肖育松，市地震局局长龚来水，县委常委、统战部部长胡炜等参加活动。

▲省政府教育督导评估组来到南昌县向塘镇和黄马乡进行督导检查。副县长胡显勇等陪同。

5月19日

省政府教育督导评估组来到南新、八一、塔城等乡镇，就校园建设、教育经费投入管理、教育发展水平和教学设备配备是否齐全等情况进行督导检查。市政府教育督导室主任程大新，副县长胡显勇等陪同。

5月21日

上午，由省督学汪国珠为组长的省政府教育督导评估组先后来到县特殊教育学校、县第三幼儿园进行督导检查，县长陈匡辉，县委常委、统战部部长胡炜，副县长胡显勇等陪同。

▲晚上，由县委、县政府主办，昌南新城管委会、南昌小商品城承办的璀璨昌南文艺焰火晚会在南昌小商品城举行。县政协主席邓炳根，副县长涂莉华等观看晚会。

5月28日

上午，县委常委、统战部长胡炜前往莲塘六中纳新楼观看小星星艺术幼儿园庆“六一”首届文化艺术节表演。

5月31日

上午，南昌县青少年“学党史、颂党恩、跟党走”纪念建党90周年歌咏会在县体育馆举行。市关工委主任田新芳，县人大常委会主任胡小明，县委常委、纪委书记、政法委书记熊运浪，县委常委、统战部部长胡炜，县委常委、组织部部长王小文，县人大常委会副主任伍曦，副县长胡显勇，县政协副主席万德珍等观看演出。

【人武工作】

5月5日

下午，南昌县在县文化会展中心召开基干民兵点验大会。南昌警备区参谋长刘静波，县委常委、常务副县长涂仕华，县人武部部长胡文俊，副部长尹头根、张晓伟等出席会议。

【信访工作】

5月7日

上午，县委书记肖玉文以约访的方式，在县信访局接待来访群众，协调解决群众所反映的问题。县委常委、纪委书记、政法委书记熊运浪，副县长胡显勇、张增和、涂莉华、赵泽华等参加接访。

5月9日

上午，县长陈匡辉来到县信访局，以约访的方式接待来访群众，协调解决群众反映的有关问题。县委常委程雷佬，副县长赵泽华等参加接访。

【群团工作】

5月4日

上午，南昌县在县综合楼召开青少年工作会暨共青团县委第十六届七次全体（扩大）会议。团市委副书记万欣出席并讲话，县人大常委会副主任伍曦，副县长胡显勇，县政协副主席伍目连等出席会议。会议贯彻落实县委和团市委重要会议精神，回顾总结了2010年全县共青团工作，安

排部署了2011年全县团的工作任务。

5月24日

上午，全县妇儿工委工作例会召开。副县长胡显勇出席并讲话。

【其他重要工作】

5月5日

下午，南昌县在县综合楼举办全县纪检监察干部业务培训班。县委常委、纪委书记、政法委书记熊运浪参加培训班。市纪检监察一室副主任戴闽做题为《运用心理分析突破案件》的讲课。

5月6日

上午，市人大农委主任委员魏文斌，调研员邓卫东率市人大土地整理与保护工作调研组来到南昌县调研，广泛征求县直相关部门的工作意见和建议，并来到幽兰镇乐温高速路口，实地参观视察土地整理项目。县委常委程雷佬，县人大副主任王三毛等陪同。

5月15日

上午，国家林业局野保司司长张希武来到南昌县调研野生动物养殖情况。省林业厅副厅长詹春森，省野保局局长朱云贵，市林业局副局长徐建平等陪同。

5月16日

上午，市人大选任联工委副主任、市委严肃换届纪律督查组组长谢文斌等来到南昌县，就严肃换届纪律工作进行督查。

5月23日

市关工委主任田新芳来到南昌县就基层组织建设和“双百工程”进行调研。县委常委、组织部部长王小文等陪同。

5月26日

上午，在县综合楼第二会议室内，县委书记肖玉文，县人大常委会主任胡小明，县政协主席邓炳根，县委常委、常务副县长涂仕华，县委常委、副县长杨保根，县委常委、统战部长胡炜，县委常委程雷佬，县人大常委会副主任黄连科、李木旺、陈秀梅、王三毛、熊鹰、伍曦，副县长胡显勇、赵泽华，县政协副主席张军、李信谆、伍目连、李植等以普通选民的身份参加县第十五届人大代表选举莲塘镇第20选区、莲塘镇十五届人大代表选举第56选区的县、乡人大代表选举活动。

5月27日

下午，省委督导组成员朱小平，市委组织部干部监督处处长晏青来到南昌县莲塘镇，现场观摩党委换届选举工作。县委常委、组织部部长王小文等陪同。

【乡镇工作】

5月27日

上午，县委书记肖玉文，县委常委、纪委书记、政法委书记熊运浪等应邀参加莲塘镇第十次党代会。肖玉文代表县委向大会的召开表示祝贺，希望各位党员代表要站在讲政治、讲大局的高度，切实增强责任感和使命感，正确处理民主与集中、民主与法纪、权利与义务、发扬民主与加强党的领导、贯彻县委意图与表达个人意愿的关系，保证民主的正确方向，全力以赴开好这次大会。

▲上午，县委副书记、县长陈匡辉，向塘开发区管委会主任黄志清出席向塘镇第十次党代会并作讲话。

▲上午，县领导胡小明、邓炳根、涂仕华、杨保根、胡炜、王小文分别出席塔城、泾口、塘南、武阳、东新、八一等乡镇的党代会并讲话。

5月27日–28日

县委常委、农工部长魏根金，县委常委、小蓝经济开发区党工委书记徐海波，县委常委程雷佬，县人大常委会副主任黄连科、陈秀梅、王三毛、熊鹰，县政协副主席李信谆分别出席南新、富山、黄马、三江、广福、幽兰、冈上、蒋巷等乡镇的党代会并讲话。

5月29日–30日

塔城乡、东新乡、黄马乡、三江镇、广福镇分别召开新一届人大一次会议，选举产生新一届乡镇人大主席和乡镇政府组成人员。县领导胡小明、胡炜、姜清波、黄连科、陈秀梅、伍目连等分别出席并讲话。

5月30日–31日

塘南镇、武阳镇、莲塘镇、八一乡、幽兰镇、冈上镇、南新乡、富山乡、泾口乡、向塘镇分别召开新一届人大会议，选举产生新一届乡镇人大主席和乡镇政府领导班子。县领导涂仕华、杨保根、熊运浪等出席并讲话。

六 月

【重要会议】

6月2日

下午，南昌县创业服务年活动、民主评议政风行风、优化投资环境工作总结表彰暨发展提升年活动再部署大会在县综合楼召开。县委副书记、县长陈匡辉，县委常委、常务副县长涂仕华，县委常委、纪委书记、政法委书记熊运浪等出席。

▲下午，全县河道采砂工作会在县综合楼召开。县长陈匡辉出席并讲话，县委常委、农工部长魏根金，县委常委程雷佬，副县长、县公安局长张增和，县政协副主席姜润根，县法院院长李红刚，县检察院检察长张振川等出席会议。

▲下午，南昌县在县综合楼组织收听收看全国普通高校毕业生就业工作电视电话会。县委常委、副县长杨保根等参加收听收看。

6月3日

上午，全县国土工作会在县综合楼召开。县委常委程雷佬出席并讲话。

▲下午，县委书记肖玉文在县综合楼主持召开2011年县城市规划委员会第五次会议。县长陈匡辉，县人大常委会主任胡小明，县委常委、副县长杨保根，县委常委、统战部长胡炜，县委常委、小蓝经济开发区党工委书记徐海波，县委常委程雷佬，副县长涂莉华，省城乡规划设计研究院院长，县政府首席规划顾问陈振寿，省城乡规划设计研究院副院长、县政府规划顾问万敏等出席。

6月7日

上午，全县2010年市容环境“五大整治”活动总结暨2011年“城市管理提升年”活动动员大会在县文化会展中心举行。会议总结了去年市容环境“五大整治”活动所取得的成绩，表彰了先进，安排部署了今年的城市管理工作任务。县委书记肖玉文作重要讲话，县长陈匡辉主持会议，县领导邓炳根、杨保根、熊运浪、胡炜、王小文，徐海波、魏根金、程雷佬等出席会议。

6月9日

上午，县委常委、副县长杨保根在县综合楼主持召开全县打击食品非法添加和滥用食品添加剂专项工作调度会，贯彻落实全国、省、市有关会议精神，进一步动员和部署全县的专项整治工作。副县长涂莉华等出席。

▲下午，南昌县在县综合楼会议室收听收看全省防汛抗旱工作电视电话会。县委常委程雷佬参加收听收看。

6月17日

上午，南昌县组织收听收看全省工作电视电话会。县委常委、副县长杨保根等参加收听收看。

6月24日

县委召开全县领导干部大会，宣布省委、市委关于南昌县委、县政府主要领导同志职务任免的决定，郭毅同志任南昌县委委员、常委、书记；肖玉文同志不再担任南昌县委书记、常委、委员职务，另有任用。陈匡辉同志继续担任南昌县委副书记、县长。市委常委、组织部长杨人平出席大会并作重要讲话。肖玉文、郭毅、陈匡辉分别讲话，陈匡辉主持会议，市委组织部部务委员杨晓波，县人大常委会主任胡小明，县政协主席邓炳根，县委常委涂仕华、杨保根、熊运浪、胡炜、王小文、徐海波、魏根金、程雷佬、姜清波等出席会议。

6月28日

上午，全市老科协支持会员创办实体现场会在南昌县召开。市老科协会长周鑫群，常务副会长肖永政、王修华，副县长胡显勇等出席会议。

▲下午，县委书记郭毅在县综合楼会议室主持召开第15次县委常委会。会议审议并通过了县委组织部提交的《关于召开全县纪念中国共产党成立九十周年暨表彰大会有关事项》的请示。县委副书记、县长陈匡辉，县委常委涂仕华、杨保根、熊运浪、胡炜、王小文、徐海波、魏根金、程雷佬、姜清波等出席会议。县人大常委会主任胡小明，县政协主席邓炳根等列席会议。

6月29日

上午，全县社会抚养费征收暨“两非”案件查办工作会在县综合楼召开。县委常委、农工部部长魏根金，县委常委程雷佬出席并讲话。

【领导活动】

6月5日

上午，副市长张根水率督查组对南昌县河道采砂监管、采砂船集中停放等工作进行督查。县委常委程雷佬等陪同。

6月14日

下午，副市长张根水来到南昌县就“用群众工作统揽信访工作”推进情况进行调研。市政府副秘书长、市信访局局长黄耀华，市信访党组副书记，正县级信访督察员张国兴，市信访局副局长黄玖金等随同调研。县长陈匡辉，县委常委、纪委书记、政法委书记熊运浪，副县长赵泽华等陪同。

6月23日

下午，全市“双带两服务”工作动员暨培训会在县委党校召开。市委常委、组织部长杨人平，市委常委刘建洋分别作重要讲话，市政府副秘书长、市农工部部长王肇赣，市委农工部副部长、市农业开发办主任陶海龙，县委常委、组织部部长王小文，县委常委、农工部部长魏根金等出席会议。

【走访慰问】

6月28日

县人大常委会主任胡小明，副主任陈秀梅，县政协副主席万德珍等分别来到塔城乡和广福镇走访慰问部分老党员和生活困难党员，为他们送去党和政府的关怀和温暖。

6月29日

上午，县委书记郭毅来到莲塘镇走访慰问生活困难的老党员，为他们送去党和政府的关怀和温暖 。

6月30日

上午，县长陈匡辉来到向塘镇南店村、剑霞村慰问老党员，向他们送去党和政府的关怀和温暖。向塘开发区管委会主任黄志清等陪同。

【工交财贸】

6月3日

上午，县长陈匡辉在县政府会见室会见佳旺集团授权董事邵享一行。县委常委、小蓝经济开发区党工委书记徐海波，副县长涂莉华等会见时在座。

6月7日

下午，县长陈匡辉在小蓝经济开发区主持召开福耀玻璃项目前期推进工作会。县委常委、小蓝经济开发区党工委书记徐海波，县委常委程雷佬，副县长涂莉华等出席。

6月8日

上午，县长陈匡辉在县综合楼会见室会见武汉鑫飞达环保节能科技有限公司董事长刘纯启一行。县委常委、副县长杨保根等会见时在座。

▲下午，县长陈匡辉在主持召开全县经济运行调度会时强调：全县上下要认清形势、坚定信心、明确目标、强化举措，始终抓住经济运行各项工作不放松，确保实现上半年“时间过半，任务过半”。县委常委、副县长杨保根，副县长张增和、涂莉华、赵泽华等出席会议。

6月9日

上午，县委书记肖玉文来到小蓝经济开发区的部分企业开展调研，详细了解企业的开工建设、生产经营等情况，协调解决企业生产、建设中遇到的困难和问题。县长陈匡辉，县委常委、小蓝经济开发区党工委书记徐海波，副县长涂莉华随同调研。

▲上午，县委书记肖玉文在小蓝经济开发区会见美国BD公司总监麦克莫一行。县委常委、小蓝经济开发区党工委书记徐海波会见时在座。

▲上午，市安全生产监督管理局副局长张安平来到南昌县检查安全生产工作。

▲下午，县委书记肖玉文来到小蓝经济开发区部分汽车零部件企业开展调研，详细了解企业的开工、建设、投产和生产经营等情况，协调解决企业目前面临的困难和问题。县长陈匡辉，县委常委、小蓝经济开发区党工委书记徐海波等随同调研。

6月10日

上午，县委常委、副县长杨保根主持召开公交线路再优化调度会。副县长赵泽华出席。

▲上午，市发改委副主任刘达辉来到南昌县，就重大重点项目建设情况进行调研。副县长涂莉华等陪同。

▲下午，南昌县在县综合楼会议室组织收听收看2011年全国和全省电力迎峰度夏电视电话会。县委常委、副县长杨保根，副县长涂莉华等参加收听收看。

6月20日

下午，以省政府参事、省政协常委李志跃为组长的省政府参事调研组来到南昌县，就鄱阳湖生态经济区建设情况进行专题调研。副县长涂莉华等陪同。

6月22日

上午，县委常委、副县长杨保根在县供电有限责任公司主持召开电网建设调度会。

6月27日

上午，县委书记郭毅在小蓝经济开发区调研时强调：要务实创新，敢于担当，举全县之力做大、做强、做实小蓝经济开发区。县长陈匡辉，县委常委、小蓝经济开发区党工委书记徐海波，副县长涂莉华等随同调研。

▲上午，江西日报、江西电视台、江南都市报、江西晨报、南昌电视台等十多家省市新闻媒体的记者来到南昌县，集中采访昌南组团开发建设情况。县委常委、常务副县长涂仕华陪同并回答记者提问。

6月28日

下午，县委书记郭毅在县综合楼会见室会见来南昌县考察投资的亚洲富源投资集团董事长、江西省广东商会会长赖桂添一行，双方就有关项目推进情况进行洽谈和协商。省商务厅巡视员沈运煊，县长陈匡辉，副县长涂莉华，向塘开发区管委会主任黄志清等会见时在座。

▲下午，省供销社副主任欧阳大来、卢忠、副巡视员陈伟儒在市供销社主任李小保、副主任樊林侨陪同下来到南昌县，就五年来“新网工程”建设情况进行调研。

6月29日

上午，省商务厅外资处处长喻洪和市外经贸委副主任段宏勋一行来南昌县了解、协调武藏野公司整体搬迁事宜。县委常委、小蓝经济开发区党工委书记徐海波等陪同。

6月30日

上午，县委书记郭毅来到县财政局，就全县财政工作进行专题调研。县委常委、常务副县长涂仕华，县政协副主席姜润根等随同调研。

▲上午，县长陈匡辉来到向塘镇视察南昌国际商贸城一期建设和经营情况。向塘开发区管委会主任黄志清等陪同。

【城市建设与管理】

6月23日

下午，县城管委第八次会议在县综合楼召开。县委常委、副县长杨保根，县政协副主席李植等出席。

【政法工作与社会治安综合治理】

6月27日

上午，县公安局召开全县打击盗窃破坏“三电”违法犯罪活动专项整治工作动员大会。副县长、县公安局局长张增和出席并讲话。县公安局政委周庆鲁主持会议。

【农业与农村工作】

6月15日

上午，省人大常委会副秘书长、省人大常委会办公厅主任傅世平等来南昌县调研生态文明村建设工作。县人大常委会主任胡小明，副主任王三毛等陪同。

6月17日

上午，南昌县造林绿化管护培训班在县林业局开班。县委常委程雷佬作动员讲话。

▲下午，县长陈匡辉来到蒋巷镇赣江中支联圩五房矶河段视察塌方后的处置修复情况。

▲下午，县长陈匡辉来到蒋巷镇就农业产业化发展、新农村建设、信访维稳和水利设施建设等工作进行调研。

6月23日

下午，南昌县在县综合楼组织收听收看全省推进农村集体土地确权登记发证和永久基本农田划定工作电视电话会。县委常委程雷佬等参加收听收看。

6月24日

上午，省水利厅副厅长文林来南昌县视察莲塘河防洪治涝工程建设推进情况。县长陈匡辉，市水务局副局长周洪都等陪同。

6月28日

上午，省林业厅长罗勤，计财处处长倪修平，森防局书记吴宗仁，市林业局局长樊三宝，副局长涂传建等来到南昌县检查指导造林绿化“一大四小”工程建设。县委书记郭毅，县长陈匡辉，县委常委、农工部长魏根金，县委常委程雷佬等陪同。

【科教文卫体和计生工作】

6月4日

下午，2011年普通高考南昌县考区考务工作暨主考、副主考培训会在县教体局会议室举行。副县长、县高招委主任、县考区委员会主任委员胡显勇出席，并为荣获2010年优秀考点学校、优秀监考员、优秀高考专干颁发了奖匾和荣誉证书。

6月6日

上午，南昌县在洁惠花园宾馆会议室举行欢迎省、市巡视员、外县监考员会议。副县长、县高招委主任胡显勇出席并讲话。

▲下午，县委书记肖玉文，县长陈匡辉，县政协主席邓炳根，县委常委、纪委书记、政法委书记熊运浪，县委常委、统战部长胡炜等先后来到莲塘一中、莲塘二中、莲塘四中三个考点，巡视2011年南昌县高考各项准备工作情况。肖玉文要求全县各级各部门要在思想认识上再提高、措施上再强化、组织领导上再加强，千方百计改善考试环境，让广大考生安心应考，确保今年南昌县高考工作顺利进行。

6月10日

上午，省直12家新闻媒体“千百十”大型采访报道活动组来到小蓝经济开发区采访。省委宣传部机关党委专职副书记李曜，县长陈匡辉，县委常委、统战部长胡炜，县委常委、小蓝经济开发区党工委书记徐海波，省委宣传部新闻出版处副处长朱彦等出席座谈会。

6月13日

上午，省职业健康“三下乡”活动在南昌县举行。省安监局局长张桃生宣布活动开始，省安监局副局长龙卿吉，省安监局职业健康处处长王小清，省安监局政策法规处处长罗聪明，省职业病防治研究院院长何国平，副县长涂莉华等出席。

▲下午，全县文物保护员培训班在洲际酒店举行。省文化厅博物馆处长杜学萍，省文化稽查总队队长曾敏，市文化新闻出版局副局长喻风林，县委常委、统战部长胡炜等出席开班仪式。

6月14日

上午，南昌县在洁惠花园宾馆召开2011年中招委工作会议。副县长胡显勇出席并讲话。

6月15日

上午，全县离退休干部纪念建党90周年、喜迎“七城会”电影招待会，在永乐影城举行。县委常委、组织部长王小文出席并讲话。

6月16日

上午，市政协常委、农工党市委会副主委许秀柏率领调研组来到南昌县，就实施国家基本药物制度情况进行专题调研。副县长胡显勇等陪同。

▲县人大常委会主任胡小明，县政协主席邓炳根，县委常委、统战部部长胡炜，县委常委、县人武部政委姜清波，县人大常委会副主任伍曦，副县长胡显勇，县政协副主席万德珍等先后来到莲塘一中、莲塘二中、莲塘四中等五个考点巡视中考准备工作。

6月21日

上午，省教育厅副厅长程祥国来到南昌县，就南昌县教育事业发展现状和校园建设进行调研。县委常委、统战部长胡炜，副县长胡显勇等陪同。

6月22日

下午，县长陈匡辉在县政府会议室主持召开综合治理出生人口性别比工作领导小组会议，听取“两非”案件查办工作汇报，研究部署下一步打击“两非”工作任务。县委常委、农工部长魏根金，县委常委程雷佬等出席。

6月24日

下午，由县委组织部、县委创先争优办主办，团县委、县文化广电旅游新闻出版局承办的南昌县纪念建党90周年“给力青春、紧跟党走”青年红歌会合唱比赛在县文化会展中心举行。县领导胡炜、王小文、伍曦、胡显勇、吴克芳、伍目连等出席并观看比赛。

▲晚上，96634部队举行“歌颂献给党、军民鱼水情”2011南昌县军民共庆建党90周年文艺晚会。县委常委、副县长杨保根，县委常委、统战部长胡炜，县委常委、县人武部政委姜清波，县人武部部长胡文俊等观看演出。

6月25日

上午，县老年体协举行庆祝建党九十周年文体展会。县政协副主席、县老年体协主席张军出席并观看文体节目表演，县政协副主席伍目连参加节目演出。

▲下午，南昌爱乐乐团“红歌颂党、爱我南昌”南昌县专场音乐会在县文化会展中心举行。

6月26日

下午，县财政局举行庆祝建党90周年“唱红歌、颂党恩、跟党走”文艺演出。县政协副主席姜润根观看演出并参加表演。

6月27日

上午，南昌县在县综合楼一楼大厅举行纪念中国共产党成立九十周年书画摄影展。县委常委、组织部长王小文，县政协副主席万德珍、张军、姜润根、伍目连等观看展出。

6月28日

上午，南昌县庆祝建党90周年、全民健身与城运同行柔力球比赛在县体育馆举行。县政协副主席、县老年体协主席张军出席开幕式并观看比赛。

▲晚上，南昌县在澄碧湖公园广场举行第三届乡村歌会启动仪式暨莲塘镇第三届乡村歌会。县委常委、统战部长胡炜，县人大常委会副主任伍曦，副县长胡显勇，县政协副主席万德珍、伍目连等观看演出。

6月29日

上午，“庆祝建党九十周年”饶小林个人美术精品开展仪式在县会展中心举行。县人大常委会主任胡小明，副主任黄连科、熊鹰，副县长胡显勇，县政协副主席李植等出席并参观画展。

【信访工作】

6月3日

上午，副县长、县公安局长张增和在县公安局公开接访，听取群众诉求，为群众排忧解难。

【群团工作】

6月1日

上午，“爱心传希望、工行伴成长”关爱留守儿童春蕾爱心捐助仪式在塔城乡芳湖小学举行。此次活动由南昌市妇联和工商银行江西省分行营业部联合主办，南昌县妇联协办。市妇联主席梅梅，市妇联副主席梅丽，市妇联副调研员吴福妹，工商银行江西省分行营业部副总经理徐国保，县人大常委会副主任伍曦等出席仪式。

6月29日

上午，南昌县举行纪念建党90周年暨“巾帼建功”活动20周年演讲比赛。市妇联副主席周笑蓓，县委常委、组织部长王小文，县人大常委会副主任伍曦，副县长胡显勇，县政协副主席伍目连等出席并观看比赛。

【环保工作】

6月1日

由市监察局副局长李联明为组长的“七城会”环境质量保障暨铅蓄电池企业整治督查组来到南昌县督查。县委常委、副县长杨保根等陪同。

6月24日

上午，全县污染物总量减排调度会在县综合楼召开。县委常委、副县长杨保根出席并讲话。

【友好往来】

6月22日

上午，由湖北省咸宁市委常委、嘉鱼县委书记刘海军率领的湖北省咸宁市嘉鱼县党政代表团来到南昌县参观考察。市委副秘书长、办公厅主任李福如，县委书记肖玉文，县委常委、小蓝经济开发区党工委书记徐海波等陪同。

【其他重要工作】

6月1日

下午，市委人才办主任杨艳来到南昌县看望优秀农村实用人才熊多根。县委常委、组织部长王小文等陪同。

6月2日

上午，县委统战部在黄马乡举行全县统一战线“同心工程”暨党外专家下基层服务活动。县委常委、统战部长胡炜，县人大常委会副主任伍曦，县政协副主席吴克芳、伍目连、李植等参加。

6月9日

上午，全县乡镇勘界工作领导小组第一次全体会议在县综合楼召开。县委常委、副县长杨保根出席并讲话。

6月10日

上午，全县人防工作会议在县综合楼会议室召开。会议主要是贯彻全国和省、市人防工作会议精神，总结南昌县“十一五”期间的人防工作，安排部署“十二五”期间特别是今年南昌县人防工作目标任务。省人防办副主任王少东，市人防办主任鞠锦璋，县长陈匡辉，县人武部部长胡文俊，副县长胡显勇等出席。

6月13日

上午，南昌县在县综合楼召开南昌县“富民兴赣我先行”党员承诺活动动员部署会。县委常委、统战部长胡炜，县委常委、组织部长王小文等出席。

6月16日

南昌县档案局联合小蓝经济开发区举办一起基建项目档案管理业务培训班。

6月17日

上午，南昌县在象湖新城举办2011年宜居昌南新城高峰论坛会，省信访建设厅副厅长高浪，江西日报社副总编陈赛文，县长陈匡辉，副县长涂莉华等出席。

6月20日

南昌县在赣江中支南新乡段水域举行水生生物资源人工增殖放流活动。县政协副主席姜润根等参加。

6月24日

上午，南昌县组织县人大、政协离退休的30多名老党员干部参观驻县部队和茵梦湖旅游景区建设现场。县人大常委会主任胡小明，县政协主席邓炳根，县人大常委会副主任李木旺，县政协副主席李信谆等陪同。

【乡镇工作】

6月1日

上午，蒋巷镇召开第四届人民代表大会第一次会议。县政协副主席李信谆出席并讲话。

6月28日-29日

东新乡、银三角管委会、八一乡、幽兰镇等地举行庆祝中国共产党建党90周年暨“七一”表彰大会。县委常委、统战部长胡炜，县委常委、组织部长王小文，县人大常委会副主任李木旺，副县长赵泽华，县政协副主席张军等分别出席并讲话。

【自然灾害】

6月14日–16日

南昌县迎来今年入汛以来强度最大的降雨过程，全县降雨量普遍超过120毫米，有的乡镇达到150毫米，连日的强降暴雨对南昌县的生产生活造成巨大影响。截至16日，全县农作物受灾面积22.36万亩，受灾人口35593人，经济损失7200多万元，出现了罕见的旱涝急转形势。

七　月

【重要会议】

7月1日

上午，南昌县各地组织干部群众收听收看中共中央庆祝中国共产党成立90周年大会电视实况直播，认真聆听胡锦涛总书记在会在上的重要讲话。县委副书记、县长陈匡辉，县委常委、常务副县长涂仕华，县委常委、副县长杨保根，县委常委程雷佬等参加收听收看。

▲下午，南昌县在县综合楼组织收听收看全省组织系统庆祝建党90周年电视电话会。县委常委、组织部部长王小文参加收听收看。

7月2日

上午，县委书记郭毅在小蓝经济开发区主持召开全县开放型经济发展专题调度会。县委常委、小蓝经济开发区党工委书记徐海波，副县长涂莉华，向塘开发区管委会主任黄志清等出席。

7月3日

下午，县委书记郭毅在县委会议室分别主持召开昌南组团城市建设、城市管理专题调研会。县委常委、常务副县长涂仕华，县委常委、副县长杨保根，县委常委、统战部长胡炜，县委常委、小蓝经济开发区党工委书记徐海波，县委常委程雷佬，副县长、县公安局长张增和，副县长赵泽华，县政协副主席李植，向塘开发区管委会主任黄志清等出席专题调研会。

7月6日

下午，县委书记郭毅在县综合楼主持召开第16次县委常委会。县委副书记、县长陈匡辉，县委常委杨保根、熊运浪、胡炜、王小文、徐海波、魏根金、程雷佬、姜清波等出席会议；县人大常委会主任胡小明，县政协主席邓炳根等列席会议。会议传达了上级有关会议精神，并就南昌县积极应对当前用电高峰的严峻形势进行专题研究，审议了县委组织部提交的《关于召开县委十一届十次全体会议》有关事项的请示。

▲下午，中共南昌县委十一届十次全体会议在县综合楼召开。会议审议并表决通过了《关于召开中国共产党南昌县第十二次代表大会的决议》(草案)。县委书记郭毅主持会议，县委副书记、县长陈匡辉，县委常委杨保根、熊运浪、胡炜、王小文、徐海波、魏根金、程雷佬、姜清波等出席会议。

7月7日

下午，南昌县在县综合楼组织收听收看国土资源部2010年度土地矿产卫片执法检查工作电视电话会议。县委常委程雷佬等参加收听收看。

7月9日

上午，县委书记郭毅主持召开全县新农村、村镇建设管理专题调研会。县委常委、常务副县长涂仕华，县委常委、副县长杨保根，县委常委、农工部长魏根金，县委常委程雷佬等出席。

▲下午，县委书记郭毅主持召开昌南组团商贸服务业和加强党建工作专题调研会。县委常委、纪委书记、政法委书记熊运浪，县委常委、组织部长王小文，副县长涂莉华，向塘开发区管委会主任黄志清等出席。

7月12日

晚上，县委中心组（扩大）理论学习会议在县综合楼举行，认真学习胡锦涛总书记在庆祝中国共产党成立90周年大会上的重要讲话。省委党校教研部副主任胡长生应邀作专题辅导报告。县委书记郭毅主持学习会议，县委副书记、县长陈匡辉，县人大常委会主任胡小明，县政协主席邓炳根，县领导涂仕华、杨保根、熊运浪、胡炜、王小文、徐海波、程雷佬、姜清波等出席。

▲晚上，县第十二次党代会代表选举工作会议在县综合楼召开。县委书记郭毅作讲话，县委副书记、县长陈匡辉，县人大常委会主任胡小明，县政协主席邓炳根，县领导涂仕华、杨保根、熊运浪、胡炜、王小文、徐海波、程雷佬、姜清波等出席。

7月15日

上午，县第十四人大常委会第二十九次会议在县综合楼召开。县人大常委会主任胡小明，副主任黄连科、李木旺、陈秀梅、王三毛、熊鹰、伍曦等出席会议。县委常委、常务副县长涂仕华，县法院院长李红刚，县检察院检察长张振川，市高新区法院副院长蒋卫民等列席会议。会议审议并通过了有关人事任免事项，审议了县人民政府关于提请审议调整昌南商务区控规性详细规划的议案。审议了县十五届人大一次会议有关事项及会议材料，审议了《南昌县人民代表大会常务委员会关于召开南昌县第十五届人民代表大会第一次会议的决定（草案）》，审议了县十五届人大一次会议建议议程，审议决定了县十五届人大一次会议列席人员名单，讨论了县人大常委会工作报告等。

▲县长陈匡辉在县综合楼主持召开县政府第四十次常务会议。县委常委、常务副县长涂仕华，县委常委、副县长杨保根，县委常委程雷佬，副县长胡显勇、张增和、涂莉华、赵泽华、吴文卫等出席，县人武部部长胡文俊，县人大常委会副主任李木旺、熊鹰，县政协副主席姜润根，县政协调研员张斗等列席会议。

7月20日

上午，市委来到南昌县宣布县级领导班子换届人选会议在县综合楼召开。会议宣布了对南昌县县级领导班子换届的人事安排。市委常委、常务副市长赵东亮作讲话，市委组织部副部长、市直机关工委书记莫继明宣读市委有关决定，县委书记郭毅主持会议。县长陈匡辉，县委副书记王小文，县人大常委会主任胡小明，县政协主席邓炳根等出席会议。

▲晚上，南昌县召开第十二次党代会筹备工作会议，就做好县第十二次党代会的各项准备工作进行部署。县委副书记王小文，县委常委陈圣栋等出席会议。

7月21日

上午，县政协召开十届二十一次常委会议。县政协主席邓炳根，副主席万德珍、吴克芳、李信谆、姜润根、伍目连、李植，县政协党组成员刘廷爱，县政协调研员况志强、张斗等出席会议，县委调研员、统战部部长胡炜应邀出席会议。

7月22日

上午，县委书记郭毅在县综合楼主持召开县委十一届十一次全体会议。县委副书记、县长陈匡辉，县委副书记王小文，县委常委叶保平、杨斯、杨保根、陈圣栋、徐海波、周仁斌、杨春、程雷佬、姜清波、涂莉华等出席。会议审议通过了十一届县委工作报告（草案）和纪委工作报告（草案）；审议了中共南昌县第十二次代表大会选举办法（草案）、中共南昌县纪律检查委员会第一次全体会议选举办法（草案）和中共南昌县第十二届委员会第一次全体会议选举办法（草案）等有关事项。

7月22日-25日

中国共产党南昌县第十二次代表大会在828宾馆召开。会议选举产生了新一届南昌县委员会和南昌县纪律检查委员会。县委书记郭毅代表中共南昌县第十一届委员会向大会作题为《超常发展、进位赶超、全力开辟“拼争全国五十强县市、建设现代化综合新城”历史新征程》的工作报告，全面总结过去五年的辉煌成就，绘制今后五年的宏伟蓝图。市委常委、常务副市长赵东亮，市委组织部副部长、市直机关工委书记莫继明应邀到会指导。县领导郭毅、陈匡辉、王小文、胡小明、邓炳根、叶保平、杨斯、杨保根、陈圣栋、徐海波、周仁斌、杨春、程雷佬、姜清波、涂莉华、胡炜、胡文俊、陈秀梅、王三毛、熊鹰、胡金华、江振国、黄连科、李木旺、李荣、吴文卫、刘光荣、刘廷爱、熊明泉、万德珍、李信谆、姜润根、张军、李红刚、张振川、黄志清、周庆鲁等出席。

7月24日

上午，南昌县第十四届人大常委会第三十次会议在县综合楼召开。县人大常委会主任胡小明出席并讲话，县人大常委会副主任黄连科、李木旺、陈秀梅、王三毛、熊鹰、伍曦等出席会议。会议听取和审议了县人大常委会代表资格审查委员会关于县十五届人大代表的代表资格审查报告，审议了县十五届人大一次会议主席团和秘书长建议名单。

7月24日-27日

政协南昌县十一届委员会第一次会议在县综合楼召开。县委书记郭毅作重要讲话。会议听取并审议了县政协主席邓炳根代表政协十届委员会常务委员会所作的《政协南昌县第十届委员会常务委员会工作报告》，听取并审议了县政协副主席李信谆所作的《政协南昌县第十届委员会常务委员会关于提案工作报告》，选举产生了新一届政协主席、副主席、秘书长、常务委员。市政协党组副书记、副主席王水苟，市政协副秘书长、办公厅主任龚代如，县领导陈匡辉、王小文、胡小明、邓炳根、叶保平、杨斯、杨保根、陈圣栋、徐海波、周仁斌、杨春、程雷佬、姜清波、涂莉华、胡炜、陈秀梅、李植、王三毛、熊鹰、胡金华、江振国、黄连科、李木旺、伍曦、李荣、刘光荣、刘廷爱、康健、熊明泉、杨楼锐、樊方平、李成星、万德珍、吴克芳、李信谆、姜润根、伍目连、张军、刘东平、况志强、张斗、李红刚、张振川、周庆鲁等出席。

7月25日

上午，中共南昌县委十二届一次全会在828宾馆二号主会场召开，县委书记郭毅主持会议。十二届县委委员、候补委员出席会议，县纪委委员列席会议。会议以举手表决的方式，审议通过了《选举办法》和监票人名单。会议选举产生了新的县委常委会和县委书记、副书记，郭毅当选为中共南昌县委书记，陈匡辉、王小文当选为副书记，郭毅、陈匡辉、王小文、叶保平、杨斯、杨保根、陈圣栋、徐海波、周仁斌、杨春、程雷佬、姜清波、涂莉华等13位同志当选为中共南昌县第十二届委员会常务委员。

▲上午，县纪律检查委员会在828宾馆召开第一次全体会议，县委常委叶保平主持会议，县委常委陈圣栋出席。会议以差额选举的方式选举产生了新一届纪律检查委员会常委、书记、副书记。叶保平当选为中共南昌县纪律检查委员会书记。

7月25日–28日

南昌县第十五届人民代表大会第一次会议在县文化会展中心召开。县委书记郭毅作重要讲话。大会通过了《南昌县第十五届人民代表大会第一次会议关于政府工作报告的决议（草）》，《南昌县第十五届人民代表大会第一次会议关于南昌县人大常委会工作报告的决议（草）》，《南昌县第十五届人民代表大会第一次会议关于南昌县人民法院工作报告的决议（草）》，《南昌县第十五届人民代表大会第一次会议关于南昌县人民检察院工作报告的决议（草）》。大会选举产生了新一届人大常委会主任、副主任、常务委员会委会；县人民政府县长、副县长；县人民法院院长、县人民检察院检察长和县出席南昌市第十四届人民代表大会的代表。县领导陈匡辉、王小文、胡小明、邓炳根、叶保平、杨斯、杨保根、陈圣栋、徐海波、周仁斌、杨春、程雷佬、姜清波、涂莉华、胡炜、胡文俊、黄连科、李木旺、陈秀梅、王三毛、熊鹰、伍曦、李植、胡金华、江振国、李荣、吴文卫、刘光荣、刘廷爱、康健、熊明泉、杨楼锐、樊方平、李成星、万德珍、吴克芳、李信谆、姜润根、伍目连、张军、刘东平、况志强、张斗、李红刚、张振川、黄志清、周庆鲁等出席。

7月28日

下午，县委书记郭毅主持召开县委（扩大）会议时强调：要认真学习贯彻落实县党代会、人大会、政协会精神，以更快、更强、更高、更实的工作推动全县超常发展，进位赶超，为实现拼争全国五十强县市、建设现代化综合新城而努力奋斗。县委副书记、县长陈匡辉，县委副书记王小文，县委常委叶保平、杨斯、杨保根、徐海波、周仁斌、杨春、程雷佬、姜清波等出席会议。县人大常委会主任胡小明，县政协主席邓炳根等列席会议。

【领导活动】

7月13日

上午，市人大常委会副主任连樟寿率市人大财经委调研组来到南昌县，对南昌县2011年上半年国民经济和社会发展计划及财政预算上半年执行情况进行调研。县委常委、常务副县长涂仕华，县人大常委会副主任陈秀梅等陪同。

7月18日

上午，南昌市公交总公司、县人民政府在县文化会展中心广场举行南昌市首条近郊新能源空调车公交201、203线路开通仪式。副市长刘家富，市政府副秘书长曹志清，县委书记郭毅，县长陈匡辉，市政公用集团董事长熊一江，市政公用集团副总经理、南昌公交总公司经理李明、党委书记袁敏，县人大常委会主任胡小明，县政协主席邓炳根，县委常委、纪委书记、政法委书记熊运浪，县委常委、统战部长胡炜，县委常委、组织部长王小文，县委常委、县人武部政委姜清波，市交通运输局副局长吴久铭等出席开通仪式。

▲上午，副市长刘家富来到南昌县，就南昌县商业三产项目建设工作进行调研。市政府副秘书长陈武，县长陈匡辉，副县长涂莉华等陪同。

7月19日

上午，省政协党组副书记、副主席朱张才率领省政协调研组来到南昌县，就“进一步提高全省粮食生产能力”进行专题调研。省政协常委、省政协经济科技委员会主任李发昌等参加调研。副市长张根水，市政协副主席王水苟、陈守国，县长陈匡辉，县政协主席邓炳根，市政协经科委主任李建平，县委常委程雷佬，市农业副局长郭晓流等陪同。

7月22日

下午，由国土资源部土地整理中心副主任范树印为组长的国务院检查组来到南昌县蒋巷镇，检查城乡建设用地增减挂钩试点和农村土地整治清理工作。副市长张根水，市政府副秘书长、农工部长王肇赣，县委副书记、县长陈匡辉，县委常委程雷佬，副县长吴文卫等陪同。

7月25日

上午，省人大“瘦肉精”专项整治工作汇报会在南昌县蒋巷镇召开。省人大常委会副主任姚亚平，省大常委会委员、农委主任委员陈毓平，副市长张根水，县人大副主任陈秀梅，副县长吴文卫等参加汇报会。

【走访慰问】

7月1日

上午，县委常委、副县长杨保根，县检察院检察长张振川等来到武阳镇走访慰问困难老党员，向他们致以节日的问候和祝福。

▲下午，县委老干部局组织走访离退休党员干部。县委常委、组织部部长王小文参加县公安

局离退休干部党支部的走访活动，向他们致以节日的问候和祝福。

▲下午，县政协副主席姜润根来到塘南镇走访慰问困难老党员，向他们致以节日的问候和祝福 。

7月19日

上午，县委书记郭毅走访慰问曾担任正县级以上实职的离退休干部，向他们表达深情的祝福和亲切的问候。县人大常委会主任胡小明，县委常委、组织部长王小文等随同走访。

7月22日

下午，县领导郭毅、陈匡辉、王小文、胡小明、邓炳根、叶保平、杨斯、杨保根、陈圣栋、徐海波、周仁斌、杨春、涂莉华等来到828宾馆，看望出席县第十二次党代会的代表。

7月25日

下午，县委书记郭毅，县委副书记、县长陈匡辉，县委副书记王小文，县人大常委会主任胡小明等来到县政协委员的驻地澄湖洲际大酒店，看望出席县政协十一届一次会议的全体委员，邓炳根等县政协领导陪同。

7月29日

县委书记郭毅，县长陈匡辉，县委副书记王小文，县人大常委会主任胡小明，县政协主席邓炳根，县委常委、纪委书记叶保平，县委常委、常务副县长杨斯，县委常委、组织部长陈圣栋，县委常委、小蓝经济开发区党工委书记徐海波，县委常委周仁斌、杨春、程雷佬，县委常委、县人武部政委姜清波，县委常委涂莉华，县人武部部长胡文俊，县人大常委会副主任陈秀梅、李植、王三毛、熊鹰、江振国，副县长李荣、吴文卫、刘光荣，县政协副主席刘廷爱、康健、杨楼锐、李成星，县法院院长李红刚，县检察院检察长张振川，向塘开发区管委会主任黄志清，县人武部副部长郑华等分别走访驻县部队官兵，向他们致以节日的问候和美好祝福。

7月30日

上午，县长陈匡辉，县委常委、县人武部政委姜清波，县人武部部长胡文俊等走访慰问南昌警备区官兵。市委常委、南昌警备区政委宋增建，南昌警备区司令员李克强、参谋长刘静波、政治部主任汪健康、后勤部长黄泉勇等参加座谈。

【工交财贸】

7月1日

上午，副县长赵泽华出席县交通局召开的庆祝建党90周年暨七一表彰大会。

▲上午，南昌县在县文化会展中心广场举行“千辆自行车进昌南”活动启动仪式。县委书记郭毅，县委副书记、县长陈匡辉，县人大常委会主任胡小明，县政协主席邓炳根，县委常委、副县长杨保根，县委

常委、统战部部长胡炜，县委常委、组织部长王小文，县委常委、农工部部长魏根金，县委常委程雷佬，武汉鑫飞达集团董事长刘纯启，武汉公共自行车项目总指挥刘习华，县领导黄连科、李木旺、伍曦、赵泽华、吴文卫、万德珍、吴克芳、张军、李信谆、伍目连、李植，县检察院检察长张振川，县公安局政委周庆鲁等出席启动仪式。

▲市纪委执法室主任池建林率市检查组来到南昌县检查指导财政专户整顿规划工作。县委常委、常务副县长涂仕华等出席汇报会。

7月2日

下午，县委书记郭毅就全县民生工程实施情况进行调研。县委常委、常务副县长涂仕华，县委常委、副县长杨保根，县委常委、统战部长胡炜，县委常委、农工部长魏根金，县委常委程雷佬，副县长赵泽华等参加调研。

7月6日

下午，县委书记郭毅在县综合楼会见室会见来南昌县考察的客商江西圣棋园实业有限公司总裁徐敏、福建永辉超市股份有限公司市拓展部经理韩国胜。南昌市人民政府驻厦门办事处主任闵清源、副县长涂莉华等会见时在座。

▲下午，南昌县在县供电公司召开有序用电工作会。县长陈匡辉出席并讲话，县委常委、副县长杨保根等出席。

7月7日

下午，全县村级公益事业建设一事一议财政奖补工作和迎接省农改办对2010年一事一议财政奖补工作检查考评事项会议召开。县委常委、常务副县长涂仕华出席并讲话。县政协副主席姜润根主持会议。

7月8日

上午，南昌县在县综合楼召开全县有序用电调度会。县长陈匡辉出席并讲话，县委常委、纪委书记、政法委书记熊运浪，副县长赵泽华，向塘开发区管委会主任黄志清，县公安局政委周庆鲁等出席。

▲下午，县委书记郭毅来到向塘镇，就经济社会发展、向塘开发区发展目标定位等进行调研。向塘开发区管委会主任黄志清等陪同。

▲下午，县委书记郭毅在银三角调研时强调：银三角是连接莲塘、向塘两大片区的核心纽带，要努力成为昌南组团的重要经济增长极，为全县拼争五十强、努力建设现代化中等城市作出应有的贡献。

▲下午，县长陈匡辉在县综合楼主持召开会议，就国企改革工作进行调研。县委常委、纪委书记、政法委书记熊运浪，县委常委、农工部长魏根金，副县长涂莉华等出席。

▲晚上，县长陈匡辉来到县供电公司，现场督查指导全县电力迎峰度夏工作。

7月12日

上午，县长陈匡辉在小蓝经济开发区主持召开调度会，就莲富大道、福耀玻璃移沙造地项目推进过程中存在的问题进行协调。县委常委、小蓝经济开发区党工委书记徐海波，县委常委程雷佬，副县长涂莉华等出席。

7月13日

下午，县委书记郭毅来到泰豪集团进行调研，就项目推进等有关事项进行交流和沟通。县委常委、小蓝经济开发区党工委书记徐海波陪同。

7月14日

下午，县委书记郭毅在县综合楼会见室会见中国民生银行南昌分行副行长窦杰一行，就民生银行与南昌县加强合作等事宜进行磋商。县委常委、常务副县长涂仕华，县政协副主席姜润根等会见时在座。

▲下午，由县商务局主办，南昌县首届出口信用保险论坛隆重举行。省商务厅李禄元处长，县委常委、小蓝经济开发区党工委书记徐海波等参加论坛。

▲下午，南昌县首届出口信用保险论坛在小蓝经济开发区召开。省商务厅财务处处长李禄元，县委常委、小蓝经济开发区党工委书记徐海波，市外经贸委国贸处副处长晏洪等出席会议。

7月17日

上午，以“建设小蓝汽车城、探索发展新思路”为主题的小蓝经济开发区汽车及零部件产业发展论坛在小蓝经济开发区举行。县委常委、小蓝经济开发区党工委书记徐海波等出席。

7月18日

下午，县委书记郭毅，县长陈匡辉率领相关部门负责人来到昌南客运站，就承接南昌长途汽车总站搬迁以及公交车、出租车停放等规划、管理问题进行现场办公，协调解决有关问题。副县长张增和、赵泽华等参加。

7月21日

上午，县安全生产委员会成员(扩大)会议在县综合楼召开。会议通报了今年上半年的安全生产形势和安全生产管理工作，对今年下半年的安全生产管理工作进行部署。县委常委涂莉华出席并讲话。

7月23日

下午，中国建设银行江西省分行与县委、县政府在银三角管委会举行银政合作洽谈会，双方就进一步加强银政合作进行交流与磋商。建行江西分行行长段超良、副行长万国平、工会主席邹春生，建行洪都支行行长夏安民、副行长徐松，县领导郭毅、叶保平、杨斯、徐海波、姜润根，向塘开发区管委会主任黄志清等出席银政合作洽谈会。

7月28日

上午，伟梦·清水湾南区一期项目举行开工典礼。省交通运输厅副厅长孙茂刚、总工程师胡钊芳，县委副书记、县长陈匡辉，县政协主席邓炳根等出席开工典礼并为项目剪彩。

7月29日

上午，小蓝经济开发区召开全区干部大会，认真学习贯彻县第十二次党代会和县人大十五届一次会议、县政协十一届一次会议精神，县委常委、小蓝经济开发区党工委书记徐海波，县人大常委会副主任胡金华出席并讲话。

7月30日

上午，由益海嘉里（南昌）粮油食品有限公司举办的南昌县朝阳行动启动仪式在县城莲塘举行。县委常委涂莉华参加。

【城市建设与管理】

7月1日

下午，县委书记郭毅来到县城镇管理局、县城乡规划建设局就城市管理和城市规划建设工作进行调研。县委常委、常务副县长涂仕华，县委常委、副县长杨保根等陪同。

7月4日

上午，市建委副主任徐海仁率市小城镇建设督查考核组来到南昌县，就2011年第二季度推进小城镇建设情况进行督查考核。县委常委、常务副县长涂仕华，向塘开发区管委会主任黄志清等陪同。

7月15日

上午，县委书记郭毅在昌南新城（东新乡）调研时强调：要加强学习，提升城市建设的能力和管理水平，以现代化中等城市建设的标准和要求去推动昌南新城（东新乡）的发展。

7月29日

上午，由省住房和城乡建设厅勘察设计处处长罗敏率领的省督查组来到南昌县，对推进新型城镇化和城市建设进行督导检查。市建委村镇建设处处长胡永海，县委调研员、统战部长胡炜，县政协副主席刘廷爱等陪同。

【政法工作与社会治安综合治理】

7月2日

下午，县委书记郭毅就全县社会管理创新工作进行调研。县委常委、纪委书记、政法委书记熊运浪，副县长、县公安局长张增和，副县长赵泽华，县法院院长李红刚，县检察院检察长张振川，县公安局政委周庆鲁等参加调研。

7月5日

上午，省法制办主任张玉印，省水务厅副厅长曾晓旦等来到南昌县，就《江西省河道采砂管理办法（修订）》立法工作进行调研。县委常委程雷佬等陪同。

7月6日

上午，南昌县召开“迎城运、禁传销”专项执法行动动员会。副县长涂莉华出席并讲话。

7月18日

下午，全县打击传销工作调度会在县政法委会议室召开。副县长涂莉华出席并讲话。

【农业与农村工作】

7月12日

上午，县委书记郭毅，县长陈匡辉先后来到东新、莲塘、八一等地视察群众工作站、群众工作室的建设情况。县委常委、纪委书记、政法委书记熊运浪，副县长赵泽华等陪同。

7月14日

上午，南昌县在县综合楼会议室组织收听收看全省现代农作物种业工作电视电话会议。县委常委程雷佬等参加收听收看。

▲下午，全县水利普查工作会在县综合楼召开。县委常委程雷佬出席并讲话。

【科教文卫体和计生工作】

7月6日

下午，南昌县在县综合楼组织收听收看全国教育投入和管理工作电视电话会议。

7月14日

上午，国家粮食丰产科技工程项目专家组来到广福镇，对南昌县“十二五”科技支撑计划的重大项目粮食丰产科技工程项目——广福镇5000亩核心试验区和50亩超高产攻关栽种的早稻，进行现场测产验收，省科技厅副厅长吴文峰到现场进行察看。

7月19日

下午，南昌县在县综合楼组织收听收看进一步加强乡村医生队伍建设和清理化解基层医疗卫生机构债务电视电话会议。县委常委、常务副县长涂仕华等参加收听收看。

【人武工作】

7月29日

上午，南昌县庆祝建军94周年军地座谈会在县人武部举行。县领导郭毅、王小文、胡小明、邓炳根、杨保根、姜清波等出席。

【信访工作】

7月1日

下午，副县长赵泽华在县信访局主持召开信访问题复查会。

7月3日

上午，中共南昌县委群众工作部揭牌仪式在县信访接待中心举行。这是南昌县“用群众工作统揽信访工作”的一项重要举措，也是加强和创新社会管理的一项重要内容。县委书记郭毅，县委副书记、县长陈匡辉，县人大常委会主任胡小明，县政协主席邓炳根，县委常委、副县长杨保根，县委常委、纪委书记、政法委书记熊运浪，县委常委、统战部长胡炜，县委常委、组织部长王小文，县委常委、小蓝经济开发区党工委书记徐海波，县委常委、农工部长魏根金，县委常委程雷佬，县委常委、县人武部政委姜清波，副县长赵泽华等出席揭牌仪式。

7月6日

下午，副县长赵泽华在县信访局会议室主持召开“用群众工作统揽信访工作”推进会。

7月7日

下午，县委常委、纪委书记、政法委书记熊运浪在县信访局会议室主持召开信访问题协调会。

7月11日

上午，县委常委、常务副县长涂仕华在县信访局接待来访群众。

7月18日

上午，县长陈匡辉在县信访局接待来访群众。

7月28日

上午，全县信访工作调度会在桂花村召开，会议由县委副书记王小文主持，县委副书记、县长陈匡辉作讲话。县委常委杨保根、徐海波、杨春，副县长吴文卫等出席。

【其他重要工作】

7月4日

上午，县纪检监察机关庆祝建党90周年读书演讲比赛在县综合楼举行。县委常委、纪委书记、政法委书记熊运浪出席并讲话。

7月12日

上午，县委领导班子民主生活会征求离退休干部意见座谈会召开。县委常委、组织部部长王小文出席并讲话。

7月15日

上午，以省环保厅自然生态处处长冀常和率队的省级生态县验收组来到南昌县，就南昌县创建省级生态县验收迎检指标进行测评。县委常委、副县长杨保根出席汇报会。

【乡镇工作】

7月1日

上午，县人大常委会副主任熊鹰出席冈上镇召开的纪念中国共产党成立90周年暨“创先争优”表彰大会。

▲县政协副主席姜润根出席塘南镇召开的庆祝建党90周年暨2010年度“创先争优”工作表彰大会。

7月3日

上午，县政协副主席李信谆出席蒋巷镇纪念建党90周年暨创先争优活动表彰大会。

【干部任免】

接中共南昌市委洪干字[2011]101号《关于南昌县委领导班子和县纪委书记选举结果的批复》，市委同意：

郭毅、陈匡辉、王小文、叶保平、杨斯、杨保根、陈圣栋、徐海波、周仁斌、杨春、程雷佬、姜清波、涂莉华（女）同志为中共南昌县第十二届委员会常务委员会委员；

郭毅同志为书记；

陈匡辉、王小文同志为副书记。

叶保平同志为中共南昌县纪律检查委员会书记。

根据《中国共产党章程》规定和中共南昌市委洪干字[2011]81号通知精神，南昌县于2011年7月22日至2011年7月25日召开中共南昌县第十二次代表大会。大会按照民主集中的原则，采取先预选，后正式选举的办法，以无记名投票方式选举产生了中共南昌县第十二届委员会和中共南昌县纪律检查委员会。根据选举结果：

（按姓氏笔画为序）：丁学善、万茂文、王小文、王光华、仇海泉、邓保华、邓炳根、叶保平、朱新民、危桂椿、刘玉、刘小毛、刘仕福、刘光荣、许桂兰、苏琳、李荣、李广祥、李红刚、杨春、杨斯、杨宇华、杨保根、吴文卫、邹文惠、张振川、陈圣栋、陈匡辉、陈伟峰、周仁斌、周庆鲁、周来华、胡炜、胡小明、胡朝辉、姜清波、徐海波、殷红光、高新卿、郭毅、涂秀清、涂莉华、黄华明、黄志清、龚小荣、龚润水、彭苏龙、程雷佬、熊衍云四十九位同志为中共南昌县第十二届委员会委员。

（按得票多少为序）：万亚平、毛爱凤、闵员根、陈小妹、彭严明、钟爱保、彭年香、陶亿国、彭银凤九位同志为中共南昌县第十二届委员会候补委员。

（按姓氏笔画为序）：万玉敏、万荷庚、王宇、叶保平、刘全根、孙扬、何峰、闵红妹、陈峥、赵跃、钟爱红、晏水银、徐安平、徐志强、涂春和、黄茂金、章国平、曾筱兰、熊飞、熊军、熊斌、熊水玉、熊江波、熊赣闽、戴宾、魏小宇、魏闽军二十七位同志为中共南昌县纪律检查委员会委员。

八 月

【重要会议】

8月2日

晚上，第22次县委常委（扩大）会在县综合楼会议室召开。县委书记郭毅主持会议并讲话，县委副书记、县长陈匡辉传达中共南昌市委九届十二次全体（扩大）会议精神。县委副书记王小文，县委常委叶保平、杨斯、杨保根、陈圣栋、徐海波、周仁斌、杨春、程雷佬、姜清波、涂莉华等出席会议。县人大常委会主任胡小明，县政协主席邓炳根等列席会议。

8月4日

上午，全县贯彻执行廉政准则暨加快转变经济发展方式监督检查工作会议在县综合楼召开。会议对开展《廉政准则》贯彻执行情况专项检查、加快转变经济发展方式监督检查和工程建设领域突出问题整改等工作进行动员和部署。县委常委、纪委书记叶保平出席并讲话。

8月5日

上午，南昌县在县综合楼召开“迎城运、保稳定、促和谐”增强人民群众安全感动员会。县委常委杨春，副县长、县公安局局长李荣，县检察院检察长张振川，县公安局政委周庆鲁等出席。

▲下午，南昌县召开2006～2010年耕地保护责任目标考核迎检工作布置会。副县长吴文卫出席并讲话。

8月6日

上午，县委书记郭毅主持召开昌南组团“融入大南昌、对接大南昌”座谈会。县长陈匡辉，县委常委、常务副县长杨斯，县委常委、小蓝经济开发区党工委书记徐海波，县委调研员、统战部部长胡炜，县人大常委会副主任胡金华，向塘开发区管委会主任黄志清等出席座谈会。

8月8日

晚上，县委书记郭毅主持召开县委中心组理论学习(扩大)会议。县领导陈匡辉、王小文、胡小明、邓炳根、叶保平、杨斯、杨保根、陈圣栋、徐海波、周仁斌、杨春、程雷佬、姜清波、涂莉华等参加学习。

8月9日

下午，县长陈匡辉在县综合楼主持召开县政府第一次常务会议。县委常委、常务副县长杨斯，县委常委、副县长杨保根，副县长伍曦、李荣、吴文卫、刘光荣等出席会议。县人武部部长胡文俊，县人大常委会副主任胡金华，县政协副主席刘廷爱，县政协调研员姜润根等列席会议。

8月10日

上午，南昌县在县综合楼组织收听收看全省城镇小集体化企业职工参加基本养老保险实施工作电视电话会。县委常委、副县长杨保根等参加收听收看。

▲上午，南昌县组织收听收看全省现代农业生产发展资金项目工作电视电话会。县委常委、农工部部长程雷佬，县政协调研员姜润根等参加收听收看。

8月11日

上午，南昌县在桂花村大酒店召开推进“信息惠农工程”动员会。县委常委、副县长、推进“信息惠农工程”组长杨保根出席并讲话。

▲下午，南昌县在县综合楼召开全县农村危房改造工作和县城规划区公建配套设施建设核查工作领导小组工作会议。县委常委、常务副县长杨斯出席并讲话。

8月15日

上午，全省综合应急救援工作推进现场会在南昌县召开，会议贯彻落实国务院关于加强应急救援队伍建设的部署要求，总结和推广南昌县等地加强应急救援工作的经验，动员各地加快推进公安消防队应急救援工作。省委常委、常务副省长凌成兴，省政府秘书长谭晓林，省政府副秘书长朱希，市委副书记、市长陈俊卿，省政府办公厅副主任喻晓社，省政府应急办专职副主任万建生，省公安厅副厅长曹根水，省消防总队总队长房凌春、政委王林波、副总队长邓晓均，副市长刘家富，市消防支队支队长徐伟保、政委凌学军等来到南昌县，观摩应急救援现场实战演练。县领导郭毅、陈匡辉、杨斯、徐海波、杨春、李荣，县人武部部长胡文俊等一道观摩模拟演练。

8月16日

上午，南昌县召开“森林城乡，花园南昌”建设工程秋季验收动员会，市验收小组组长李月明、副县长吴文卫等出席。

8月18日

上午，全县市容环境综合整治大会在县文化会展中心举行。会议动员和号召全县上下，按照县委、县政府的统一部署，进一步坚定信心，开拓创新，真抓实干，以改善城乡环境，提升城市形象为具体内容，扎实开展“城乡大变样”工程，着力构建大城管管护格局，提高城乡环境质量，推进城市管理各项事业稳步发展。县领导陈匡辉、王小文、胡小明、邓炳根、杨斯、杨保根、徐海波、周仁斌、杨春、姜清波、涂莉华、胡炜、李植、王三毛、熊鹰、江振国、伍曦、李荣、刘光荣、刘廷爱、康健、熊明泉、杨楼锐、樊方平、李成星、吴克芳、李信谆、姜润根、伍目连、张军、况志强、李红刚、张振川，向塘开发区管委会主任黄志清，县公安局政委周庆鲁，县人武部副部长郑华等出席。

▲上午，全县财税工作调度会在县文化会展中心召开，会议总结了今年1～7月份全县财税收入完成情况，分析了当前经济运行态势，部署了下一阶段的财税工作任务。县长陈匡辉，

县委常委、常务副县长杨斯，县政协副主席、县工信委主任熊明泉，县政协调研员姜润根等出席会议。

▲下午，南昌县在县综合楼组织收听收看全国窗口单位和服务行业为民服务创先争优视频会。县委副书记王小文，县委常委、组织部长陈圣栋，县委常委周仁斌等参加收听收看。

▲晚上，第24次县委常委会议在县综合楼召开。县委书记郭毅主持会议，县委副书记、县长陈匡辉，县委副书记王小文，县委常委叶保平、杨斯、杨保根、陈圣栋、徐海波、周仁斌、杨春、程雷佬、姜清波、涂莉华等出席会议。县人大常委会主任胡小明，县政协主席邓炳根等列席会议。会议审议了县政府党组提交的《关于进一步加强高层次人才队伍建设的若干意见的请示》、《关于开展实施城镇居民养老保险有关问题的请示》，研究了县纪委提交的《南昌县推进重大工作项目督查办法》，审议了县委组织部、县委宣传部提交的《关于组织开展贯彻落实市委九届十二次全会和县第十二次党代会精神学习宣传活动的实施方案》，审议了县委组织部提交的《选派优秀干部学习锻炼实施方案》、《南昌县出席市第十次党代会代表候选人初步人选名单》、《关于召开县委十二届二次全体会有关事项》、《南昌县开展“一看二比三争当，建功昌南我先行”主体实践暨选派优秀干部学习锻炼大会方案》等。

8月22日

上午，全县开展“一看二比三争当，建功昌南我先行”主题实践活动暨选派优秀干部学习锻炼动员大会在县综合楼召开。会议动员和激励锻炼全县各级党组织、广大干部自觉投入到创先争优和学习锻炼活动中来，为加快南昌县“超常发展、进位赶超”步伐凝聚力量、增添动力。县委书记郭毅，县长陈匡辉，县委副书记王小文，县人大常委会主任胡小明，县政协主席邓炳根，县委常委叶保平、杨斯、杨保根、陈圣栋、周仁斌、杨春、程雷佬、涂莉华等出席会议。

▲县委书记郭毅主持召开会议，就全县保障性住房建设情况进行调度。县长陈匡辉，县委常委、常务副县长杨斯等出席会议。

8月23日

上午，南昌县推进“城乡大变样”工程老干部座谈会在县人大会议室召开。县委副书记王小文，县委常委周仁斌，县政协副调研员张军等出席座谈会。

▲下午，县长陈匡辉在县综合楼主持召开县政府第二次常务会议。县委常委、常务副县长杨斯，县委常委、副县长杨保根，副县长伍曦、李荣、吴文卫等出席会议。县人武部部长胡文俊，县人大常委会主任胡金华，县政协副主席刘廷爱、熊明泉等列席会议。会议听取并审议了《关于制定全县招商引资管理办法》、《关于促进全县村级集体经济发展的若干意见的请示》等有关事项。

8月24日

下午，南昌县在县综合楼举行省委组织部下派挂职锻炼干部欢迎会。省委组织部干部教育处调研员程子亮，省委组织部机关人事处处长申道义，省委组织部干部综合处副处长宁满林，县委书记郭毅，县长陈匡辉，县委副书记王小文，县人大常委会主任胡小明，县政协主席邓炳根，县委常委、组织部长陈圣栋，省委组织部下派到南昌县挂职锻炼干部钱洁等出席欢迎会。

▲下午，中共南昌县委十二届二次全体会议在县综合楼召开。会议主要是圈选出席市第十次党代会代表初步人选。县委书记郭毅，县委副书记、县长陈匡辉，县委副书记王小文，县人大常委会主任胡小明，县政协主席邓炳根，县委常委叶保平、杨斯、杨保根、陈圣栋、徐海波、周仁斌、程雷佬、姜清波、涂莉华等出席。

8月26日

下午，2011年人大代表建议政协提案交办会在县综合楼召开。县长陈匡辉，县人大常委会主任胡小明，县政协主席邓炳根出席并讲话，县委常委、常务副县长杨斯主持会议，县人大调研员黄连科，县政协副主席杨楼锐等出席。

8月29日

上午，南昌县召开“七城会”期间农产品质量安全工作会。副县长吴文卫出席并讲话。

8月30日

上午，南昌县在县综合楼组织收听收看全省科学素质行动实施工作电视电话会议。副县长伍曦参加收听收看。

▲下午，中国共产党南昌县代表大会在县文化会展中心举行，会议选举南昌县出席中国共产党南昌市第十次代表大会代表。县领导郭毅、陈匡辉、王小文、胡小明、邓炳根、叶保平、杨斯、杨保根、陈圣栋、徐海波、杨春、程雷佬、姜清波、钱洁、胡炜、胡文俊、陈秀梅、王三毛、熊鹰、胡金华、江振国、黄连科、李木旺、李荣、吴文卫、刘廷爱、熊明泉、万德珍、李信谆、张军，县法院院长李红刚，县检察院检察长张振川，向塘开发区管委会主任黄志清，县公安局政委周庆鲁等出席。

【领导活动】

8月3日

上午，市委常委、南昌警备区政委宋增建来到县人武部视察新营院建设情况。县委常委、县人武部政委姜清波，县人武部部长胡文俊等陪同。

8月8日

下午，副市长张根水等来到挂点扶贫村武阳镇荏港村现场办公，协调解决该村发展中存在的困难和问题。市农业局局长程其调，县委常委、农工部长程雷佬，副县长吴文卫等陪同。

8月10日

下午，副市长黄春平率领市建委、市规划局、市房管局、市轨道公司、市城投公司的主要负责人来到南昌县现场办公，协调解决南昌县的城镇化建设问题。市政府副秘书长、市建委主任龚亚立，县领导郭毅、陈匡辉、杨斯、胡炜、胡金华、刘光荣、刘廷爱，向塘开发区管委会主任黄志清等参加。

8月19日

下午，市委常委、南昌警备区政委宋增建等带着党和政府的关怀与温暖来到南昌县，为军属家庭颁发光荣牌。市长助理高鹰群，市民政局党委书记梁礼伦，县委书记郭毅，县委常委、人武部政委姜清波，副县长李荣，向塘开发区管委会主任黄志清等陪同。

8月24日

上午，副省长谢茹来到蒋巷国鸿公司，就“七城会”食品安全保障工作进行调研。她强调：要用最严格的食品监管、最严密的组织体系，确保“七城会”举办期间食品安全工作万无一失。省政府副秘书长晏驹腾，省卫生厅副厅长程关华，县长陈匡辉，县委常委、农工部部长程雷佬等陪同。

8月30日

上午，全市基层农技推广体系改革与建设现场会在南昌县召开。市委常委刘建洋，副市长张根水，市政府副秘书长、市委农工部部长王肇赣，市农业局局长程其调，县委常委、农工部部长程雷佬，副县长吴文卫等出席。

【走访慰问】

8月1日

上午，县委书记郭毅，县长陈匡辉，县领导杨斯、杨保根、杨春、刘光荣等深入一线，亲切慰问在高温天气下坚守在工作一线的交警、建筑工人、供电职工和环卫工人，并向他们送去解暑降温的慰问品。

▲上午，县委常委、副县长杨保根，县人大常委会副主任胡金华，县政协副主席樊方平等走访慰问驻县武警江西省消防总队教导大队官兵，向部队官兵表示节日的问候。

8月2日

上午，县人大常委会副主任、县总工会主席熊鹰先后走访原县染织厂和白虎岭林场的部分困难职工。

8月3日

上午，县委常委、副县长杨保根来到塘南粮管所和新联粮管所视察夏粮收购工作，向坚守在高温一线的员工表示慰问。

8月19日

上午，副县长李荣，县公安局政委周庆鲁走访慰问奋战在高温一线的民警，向他们送去了防暑降温物品，表示亲切的问候。

【工交财贸】

8月4日

上午，南昌县在县综合楼召开全县金融工作座谈会。县委常委、常务副县长杨斯，县政协调研员姜润根等出席。

8月5日

下午，县委书记郭毅来到小蓝经济开发区就有关项目推进工作进行调度。县委常委、小蓝经济开发区党工委书记徐海波，县人大常委会副主任胡金华，副县长李荣等参加调度。

8月8日

上午，县委书记郭毅在县地税局开展调研时强调：要认真做好税收征管工作，培植涵养税源，推动全县经济超常发展，为全县百强进位提供强大的财力支撑。

▲上午，以市审计局副局长詹善平为组长的市审计局政府投资保障性住房审计组来到南昌县指导审计工作。县委常委、常务副县长杨斯出席汇报会。

▲下午，县委书记郭毅先后来到县国土资源局、县工商局、县供电有限责任公司，就服务全县经济社会发展情况进行调研。

8月11日

下午，全县安全生产工作会议在县综合楼召开，会议分析了全县当前安全生产形势，部署了近一阶段的重点工作任务。副县长李荣出席并讲话。

8月13日

上午，县长陈匡辉在小蓝经济开发区主持召开“赣台南昌台湾周”活动南昌县筹备工作调度会。副县长刘光荣等出席。

8月14日

上午，小蓝经济开发区召开生物医药产业发展论坛会。县委常委、小蓝经济开发区党工委书记徐海波，县人大常委会副主任胡金华等出席。

8月19日

下午，省商务厅进出口公平贸易和产业损害调查处处长宁小武，对外贸易处副处长方向军在市外经贸委副主任高健等陪同下来到南昌县开展外贸出口工作督查。

8月21日

上午，小蓝经济开发区举办“2011 年工业地产辟新路、推小蓝新跨越”工业地产发展论坛。县委常委、小蓝经济开发区党工委书记徐海波等出席。中国工业地产联合集团执行董事、江西工业地产协会秘书长、深泰工业地运营机构总经理曹文华等参加论坛。

8月24日

上午，县委书记郭毅在小蓝经济开发区会见江铃汽车集团董事长王锡高一行，双方就加强小蓝经济开发区汽车城建设进行座谈。县委常委、常务副县长杨斯，县委常委、小蓝经济开发区党工委书记徐海波，县人大常委会副主任、小蓝经济开发区管委会主任胡金华，县政协副主席、县工信委主任熊明泉等参加会议。

▲上午，县委常委、副县长杨保根来到昌南新城东新变电站建设工地，就东新、象湖变电站的开工建设进行现场办公。

8月25日

上午，县长陈匡辉来到向塘，就加快向塘开发区发展和加快向塘棚户区改造工作进行调研。向塘开发区管委会主任黄志清等陪同。

▲上午，由国家住房和城乡建设部建筑市场监管司司长陈重率领的督查组来到南昌县督查廉租住房建设情况，国家住房建设和城乡建筑市场监管司处长高丽萍等随同督查。县委常委、常务副县长杨斯，县政协副主席刘廷爱等陪同。

▲上午，南昌县邀请省公安厅郊区总队高级工程师毛志坚、江西师大城建学院教授闵忠荣、江西同联城市与交通规划设计研究院高级工程师王晓逸三位交通工程专家，来南昌县调研指导城市畅通工程建设工作，并就破解城区交通拥堵和规划不合理等问题进行会诊。县委调研员、统战部部长胡炜，副县长刘光荣等陪同。

8月30日

下午，南昌县在小蓝经济开发区召开全县财政收入普查工作协调会。县委常委、常务副县长杨斯出席并讲话。

8月31日

上午，南昌县在澄碧湖畔玺园悦城举行2011年县商贸暨总部经济七大项目开工仪式。县领导郭毅、陈匡辉、王小文、胡小明、邓炳根、杨斯、杨保根、陈圣栋、徐海波、杨春、姜清波、钱洁、胡炜、陈秀梅、李植、王三毛、熊鹰、胡金华、江振国、黄连科、李木旺、伍曦、李荣、吴文卫、刘廷爱、康健、熊明泉、杨楼锐、樊方平、李成星、吴克芳、李信谆、姜润根、伍目连，县法院院长李红刚，县检察院检察长张振川，向塘开发区管委会主任黄志清，县公安局政委周庆鲁等出席开工仪式。

▲上午，南昌县在昌南新城举行东新·象湖输变电工程开工仪式。县委书记郭毅，县长陈匡辉，县委副书记王小文，县人大常委会主任胡小明，县政协主席邓炳根，省电力公司副总工程师余晓寒和省市供电公司的有关负责同志，县六套班子成员等出席开工仪式。

【城市建设与管理】

8月5日

上午，县委调研员、统战部部长胡炜，副县长刘光荣对县城市交通秩序管理、环境卫生整治等工作进行现场调度。

8月8日

下午，小蓝经济开发区召开环境整治动员会。县委常委、小蓝经济开发区党工委书记徐海波，县人大常委会副主任胡金华出席并讲话。

8月20日

上午，南昌县组织开展全县规模的“爱我家园、美我新城”环境卫生集中清扫活动。县委书记郭毅，县长陈匡辉，县委副书记王小文，县人大常委会主任胡小明，县政协主席邓炳根等县四套班子领导带领机关干部参加活动。

8月29日

县委调研员、统战部部长胡炜主持召开县城城市整治管理工作调度会。副县长刘光荣出席。

【政法工作与社会治安综合治理】

8月8日

上午，县委常委、常务副县长杨斯就8月15日迎接全省县级综合应急救援试点现场会在南昌县召开，做好相关筹备工作进行调度。省公安消防总队司令部战训处处长谢荣，南昌市公安消防支队副支队长万华文等出席会议。

8月11日

上午，由省法制办副主任廖晓凌带领的省推进依法行政调研组来到南昌县，就司法行政工作进行调研。市司法局局长吕建民，县委常委杨春，县人大常委会副主任胡金华，副县长李荣等陪同。

8月13日

上午，南昌县在小蓝经济开发区举行综合应急救援工作模拟实战演练，省政府办公厅党组成员、省政府应急办专职副主任万建生，省消防总队总队长房凌春、政委王林波，市消防支队支队长徐伟保、政委凌学军，县委书记郭毅，县长陈匡辉，县委常委、常务副县长杨斯，县委常委杨春，副县长李荣，县人武部部长胡文俊等观摩演练。

8月17日

上午，由县纪委、监察局派驻县公安局、检察院、法院、司法局的纪检监察组织挂牌成立。县委常委、纪委书记叶保平，副县长李荣，县法院院长李红刚，县检察院检察长张振川等出席揭牌仪式。

8月25日

上午，县委书记郭毅来到泾口乡，现场调度泾口乡镶门村村民与南昌市第一医院因医患纠纷而发生的冲突事件。县委副书记王小文，县委常委、政法委书记杨春等参加。

【农业与农村工作】

8月1日

下午，县委常委程雷佬来到蒋巷镇、南新乡实地察看和了解旱情。

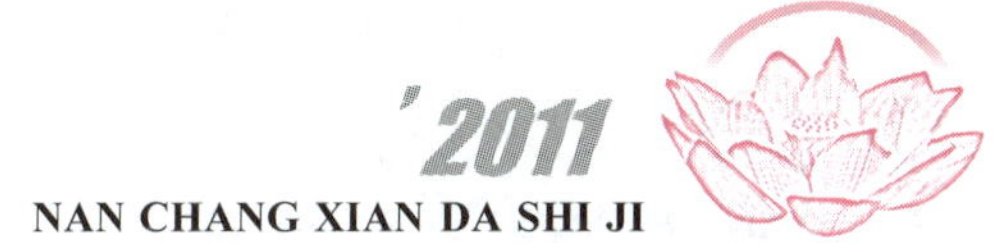

8月5日

下午，南昌县召开抗旱工作会议。副县长吴文卫出席并讲话。

8月6日

上午，副县长吴文卫来到蒋巷镇实地视察指导抗旱工作。

8月9日

上午，省水务局局长钟涛率领宣讲团来到南昌县作关于全省加快水利改革发展的宣讲报告。县委常委、农工部长程雷佬，县人大常委会副主任王三毛等出席报告会。省防办主任祝水贵进行主讲。

▲下午，县委书记郭毅在八一乡、富山乡调研时强调：要创新发展思路、高标准做好规划，努力把区位优势转化成经济优势，全力打造亿元乡镇。县委副书记王小文，县委常委、组织部长陈圣栋，县委调研员胡炜等参加调研。

8月11日

县委书记郭毅来到蒋巷镇、南新乡就贯彻落实市委全会及县党代、人大、政协“三会”精神进行调研，了解两个乡镇的发展思路和工作举措。

8月12日

下午，南昌县在县综合楼召开农村危房改造工作会。县委常委、常务副县长杨斯，县政协副主席刘廷爱出席并讲话。

8月16日

以市国土资源局局长徐茂辉为组长的市政府耕地保护责任目标考核组来到南昌县，就南昌县2006~2010年度耕地保有量、基本农田保护面积、耕地保护责任制落实和制度建设等工作进行检查考核。副县长吴文卫等陪同。

8月18日

上午，以省监察厅执法室副主任史国珍为组长的省耕地保护责任目标考核组来到南昌县考核耕地保护工作。市国土局副局长陈献忠，县长陈匡辉，县委常委、纪委书记叶保平，副县长吴文卫等陪同。

8月23日

下午，县委书记郭毅在武阳镇、塔城乡调研时强调：要充分利用科技、智力资源，大力发展现代特色农业，全力打造莲塔线“生态特色农业示范线”。

8月25日

下午，县委书记郭毅在塘南镇调研时强调：要充分发挥滨湖乡镇的优势，因地制宜大力发展特色种植、养殖业，增加农民收入，促进镇域经济发展。

8月29日

下午，县长陈匡辉来到富山乡就经济社会发展、民生工程项目推进等进行调研，并协调解决小蓝经济开发区电力规划设计、企业用电等问题。县委常委、小蓝经济开发区党工委书记徐海波等随同调研。

【科教文卫体和计生工作】

8月3日

上午，南昌县在武阳镇召开人口和计划生育重点工作调度会。县委常委、农工部长程雷佬出席并讲话。

8月5日

县委副书记王小文来到莲塘四小现场办公，协调解决学校建设中遇到的困难和问题。县委常委周仁斌，县人大调研员黄连科，副县长伍曦等参加现场办公。

8月8日

上午，市卫生局党委书记、局长魏国华来到南昌县调研新型农村合作医疗和医疗基础设施建设工作。县长陈匡辉，县委副书记王小文，副县长伍曦等陪同。

8月9日

上午，市纠风办主任徐友根率检查组来到南昌县督导检查医药购销和医疗服务中突出问题专项治理工作。县委常委、纪委书记叶保平，副县长伍曦等陪同。

8月11日

下午，市教育局局长熊晓武来到南昌县，就未成年人思路道德建设暨乡村学校少年宫建设工作进行调研。县委副书记王小文，县委常委周仁斌，副县长伍曦等陪同。

8月12日

下午，南昌县召开中小学禁止使用和限期拆除D类危房动员会。副县长伍曦出席并讲话。

8月17日

上午，市文化新闻出版局副局长贺思敏来到南昌县，检查指导网吧规范化经营管理情况。

▲下午，南昌县昌南组团实现“城乡大变样、文明大提升”专项宣传调度会在县委宣传部召开。县委常委周仁斌出席并讲话。

8月22日

下午，县长陈匡辉来到泾口乡就鄱阳湖南岸片区血吸虫病综合防治示范区建设及基础教育网点布局调整工作进行调研。副县长伍曦随同调研。

8月23日

上午，县委调研员、统战部长胡炜，县政协调研员伍目连等出席昌南新城奖学助学和“一看二比三争当，建功昌南我先行”实践动员会。

8月26日

上午，南昌县召开宣传思想工作部署会。县委常委、宣传部长周仁斌出席并讲话。

▲上午，副县长伍曦出席全县2011～2012年度教育工作会议并讲话。

【党的建设和干部队伍建设】

8月24日

上午，县直机关2011年党支部书记培训班在县委党校开班。县委常委、组织部部长陈圣栋出席并讲话。

▲下午，为期两天的南昌县第一批下派学习锻炼干部培训班在县委党校圆满结业。县委副书记王小文，市委组织部基层办主任张六顺等出席结业典礼。

8月29日

下午，全市2011年大学生村官岗前培训班在南昌县开班。市委人才办主任杨艳，县委副书记王小文，市委组织部基层办主任张六顺等出席开班仪式。

【人武工作】

8月5日

上午，县人武部部长胡文俊带领50名应急分队人员参加全省县级综合应急救援预演。

8月9日

上午，县人武部组织开展“三长”集训。县委常委、县人武部政委姜清波，县人武部部长胡文俊参加集训动员。

8月22日

下午，县委常委、县人武部政委姜清波，县人武部部长胡文俊在县人武部参加集中学习胡锦涛总书记“七一”讲话精神。

【信访工作】

8月3日

下午，县委常委杨春来到县信访局进行信访工作调研。

8月4日

下午，县委常委、纪委书记叶保平在县信访局接待来访群众。

8月5日

上午，县委常委、常务副县长杨斯在县信访局接待来访群众。

8月9日

上午，县委书记郭毅来到县信访接待中心公开约访，协调解决群众的有关诉求。县委副书记王小文，县委常委、常务副县长杨斯，县委常委杨春，副县长吴文卫，县政协副主席刘廷爱等参加接访。

8月10日

上午，县委常委、组织部长陈圣栋在县信访局接待来访群众。

8月11日

上午，县委常委、小蓝经济开发区党工委书记徐海波在县信访局接待来访群众。

8月12日

上午，副县长吴文卫在县信访局主持召开信访问题复查会。

▲上午，县委常委周仁斌在县信访局接待来访群众。

8月16日

上午，县委常委杨春在县信访局约访。

8月17日

上午，省信访局副局长孙解生等来到南昌县调研用群众工作统揽信访工作。副县长吴文卫等陪同。

▲上午，县委常委涂莉华在县信访局接待来访群众。

8月18日

下午，县长陈匡辉来到县信访接待中心公开约访，现场协调解决群众反映的有关诉求。县委常委杨春，县政协副主席刘廷爱等参加约访。

8月19日

上午，县委调研员、统战部部长胡炜在县信访局接待来访群众。

▲下午，县委副书记王小文在县信访局主持召开会议，调度全市用群众工作统揽信访工作现场推进会筹备情况。县委常委杨春，副县长吴文卫等出席会议。

8月22日

上午，副县长伍曦在县信访局接待来访群众。

8月29日

上午，县人大常委会主任胡小明来到县信访局公开接待群众来访，为群众排忧解难。

8月31日

上午，县委常委、纪委书记叶保平在县信访局接待来访群众。

【群团工作】

8月26日

上午，县妇联召开“爱我家乡、美我家园”环境整治巾帼行活动动员大会。副县长伍曦出席并讲话。

8月27日

上午，县妇联组织开展“爱我家乡，美我家园”巾帼志愿者进社区、进家庭活动。县委调研员、统战部部长胡炜等参加。

【友好往来】

8月2日

下午，江苏省江阴市人大常委会主任吴崇翟、副主任王一飞率领人大考察团来到南昌县，就县、乡人大换届选举工作进行考察。县人大常委会主任胡小明，县人大常委会党组副书记、调研员黄连科等陪同。

8月4日

下午，县委书记郭毅，县长陈匡辉率领南昌县党政代表团赴青山湖区学习考察。县领导王小文、叶保平、杨斯、徐海波、程雷佬、涂莉华、胡金华、刘光荣、熊明泉等参加学习考察。市委常委、统战部长、青山湖区委书记李小豹，青山湖区委副书记、区长李松殿，区委副书记孙毅，区领导邹晓东、万卫国、余颖、邹艾民、熊冬燕、胡燕琴、何华新、秦三友、张东林等出席两县区交流座谈会或陪同考察。

8月5日

下午，进贤县县委副书记李林，县委常委、政法委书记陈建华，副县长万利平率领信访工作人员来到南昌县参观群众工作部。县委副书记王小文，县委常委杨春等陪同。

8月17日

上午，新建县县委书记胡敏、县长黄耀华等新建县党政领导来到南昌县访问。县委书记郭毅，县委副书记王小文等与新建县党政领导进行亲切会谈，共商两县发展大计。县领导胡小明、邓炳根、叶保平、杨斯、杨保根、姜清波、伍曦、刘光荣、李成星以及新建县领导凌菲、徐才保、曾志毅、丁俊昌、熊墨明等参加会谈。

8月25日

下午，出席全省乡镇、街道党组织书记加强和创新社会管理集中轮训班学员来到南昌县参观。县委常委、组织部部长陈圣栋等陪同。

8月26日

上午，湖北省秭归县政协副主席王大生率领秭归县文化部门的负责人来到南昌县，就南昌县农村公共文化服务体系建设情况进行考察。县政协主席邓炳根等陪同。

【其他重要工作】

8月2日

上午，副县长、县公安局长李荣，县公安局政委周庆鲁等来到驻县空军某部开展军警共建活动 。

8月5日

下午，省纪委监察综合室主任胡彦斌等来到南昌县，就风险岗位廉能管理工作进行督查指导。市纪委副书记、监察局局长曾亦冰，市纪委正县级纪检员杨俊峰等随同督查。县委书记郭毅，县委常委、纪委书记叶保平等陪同。

8月9日

下午，县委常委、纪委书记叶保平来到向塘镇，就党风廉政建设工作进行调研。向塘开发区管委会主任黄志清参加调研座谈。

8月20日

第十一届全国县域经济基本竞争力百强县（市）名单正式公布，南昌县再次榜上有名，与上届排名第86位相比，前移4位，跃升至第82位。

8月24日

上午，省信访局副局长孙解生应邀来到南昌县，为上挂下派学习锻炼的干部授课。县委副书记王小文主持。

8月25日

上午，县总工会召开深入学习贯彻县第十二次党代会精神，开展劳动竞赛，推进“两个普遍”工作再部署工作会。市总工会副主席李美珍，县人大常委会副主任、县总工会主席熊鹰出席并讲话。

8月26日

上午，“明门慈善基金”便携式儿童轮椅江西省暨南昌县捐赠发放仪式在县文化会展中心举行。“明门慈善基金”向江西省捐赠150辆便携式残疾儿童轮椅，其中向南昌县捐赠20辆。原省军区副司令员、省残疾人福利基金会名誉会长季崇武，省残疾理事长徐效钢，县长陈匡辉，省残疾人福利基金会理事长沈东华、副理事长龚国华，市残联理事长魏小俊、副调研员姜为平，副县长李荣等出席捐赠仪式。

【乡镇工作】

8月4日

上午，泾口乡召开淘汰耕牛再动员会。副县长伍曦出席并讲话。

8月5日

上午，塘南镇举行“学习贯彻市委九届十二次全会、县党代会人大会议精神，努力争当发展先锋”演讲比赛。市委宣传部副部长罗水长，县委常委、常务副县长杨斯等观摩比赛。

九 月

【重要会议】

9月6日

上午，南昌县举办县行政机关和事业单位干部职工教育培训动员大会暨第一期培训班开班仪式。县委副书记王小文出席并作重要讲话，县委常委、组织部部长陈圣栋出席并作动员报告。

9月9日

上午，南昌县在县政府会议室召开全县2011年秋季生猪（牛）定点屠宰专项整治工作动员会。县委常委、副县长杨保根出席并讲话。

▲上午，南昌县在洁惠花园宾馆举行各界人士迎中秋茶话会。来自全县担任副县级以上实职的离退休老干部和社会各界人士欢聚一堂，庆佳节、叙友情、话发展，共同展望南昌县美好未来。县委书记郭毅，县长陈匡辉，县委副书记王小文，县人大常委会主任胡小明，县政协主席邓炳根，县委常委周仁斌、涂莉华、钱洁，县委调研员胡炜等出席。

▲下午，全县经济运行调度会在县政府会议室召开。县长陈匡辉，县委常委、常务副县长杨斯，县人大常务副主任胡金华，副县长刘光荣，县政协副主席熊明泉，向塘开发区管委会主任黄志清等出席。

▲下午，省级产业基地座谈会在南昌县召开。市工信委副主任张小平，县委常委、小蓝经济开发区党工委书记徐海波等出席。

9月15日

上午，南昌县在县综合楼组织收听收看全省水利电视电话会议。县人大常委会副主任王三毛等参加收听收看。

9月16日

晚上，县长陈匡辉在县综合楼主持召开县政府第三次常务会议。县委常委、常务副县长杨斯，副县长伍曦、李荣、刘光荣等出席会议。县人大常委会副主任胡金华，县政协副主席刘廷爱，县政协调研员姜润根等列席会议。会议讨论并通过了县科技局提请的《关于成立南昌国家农业科技园区管理委员会的请示》，研究讨论了县国土局提请的《关于请求县政府公布南昌县城区划拨用地基准地价的请示》，研究了黄马乡提请的《关于协调解决近期拟开工的国营南昌县项目的有关问题的请示》，讨论并通过了县金融办提请的关于拟出台《南昌县（关于促进企业改制上市的工作意见）的请示》等有关事项。

9月17日

下午，南昌县“地沟油“和餐厨废弃物专项整治工作会在县综合楼召开。副县长伍曦出席并讲话。

9月20日

上午，南昌县召开食品生产企业安全监管和特种设备安全监察工作会议。市质量技术监督局副局长付流云，县委常委、副县长杨保根出席并讲话。

▲晚上，县委书记郭毅在县综合楼主持召开第25次县委常委会议。县委副书记、县长陈匡辉，县委副书记王小文，县委常委叶保平、杨斯、杨保根、徐海波、杨春、程雷佬、姜清波、涂莉华、钱洁等出席会议。县人大常委会主任胡小明等列席会议。会议审议了县政府党组提交的《关于南昌县招商引资项目管理办法的请示》，审议并同意了县政府党组提交的《关于加快全县农业“一带两园三区”建设的实施意见的请示》，审议并同意了县委农工部提交的《关于加快推进现代生态农业示范区建设的实施意见》等有关事项。

9月23日

上午，南昌县在县会展中心召开全面贯彻市党代会、“两会”精神，全力推进各项工作落实大会，会议强调，全市新一轮发展的“集结号”已经吹响，迫切需要南昌县作为首府首县、江西第一县率先发力、勇挑重担，为开创全市科学发展、进位赶超、绿色崛起的宏伟事业作出应有的贡献。县委书记郭毅，县长陈匡辉，县领导王小文、胡小明、邓炳根、杨斯、杨保根、陈圣栋、徐海波、杨春、程雷佬、涂莉华、钱洁、胡炜、陈秀梅、李植、王三毛、熊鹰、胡金华、黄连科、李木旺、伍曦、李荣、吴文卫、熊明泉、万德珍、姜润根、伍目连，县法院院长李红刚，县检察院检察长张振川、向塘开发区管委会主任黄志清、县公安局政委周庆鲁、县人武部副部长郑华等出席。

▲上午，全县城镇居民社会养老保险工作动员大会在县文化会展中心举行。会议安排部署南昌县的城镇居民社会养老保险试点和未参保城镇小集体企业职工参加城镇企业职工基本养老保险工作，动员全县上下统一思想，提高认识，精心组织，把这项利民、惠民、便民的好事落到实处。县委书记郭毅，县长陈匡辉，县人大常委会主任胡小明，县政协主席邓炳根，县委常委、副县长杨保根，县人大常委会副主任陈秀梅，县政协主席康健等出席会议。

9月27日

上午，南昌县在洁惠花园宾馆隆重举行“九九”重阳节庆祝大会。县委书记郭毅，县长陈匡辉，县委副书记王小文，县政协主席邓炳根，县委常委叶保平、杨斯、程雷佬等县四套班子在家领导出席会议并与老领导、老干部、老同志们欢聚一堂，共庆重阳佳节，共承敬老美德，共话发展新篇。

▲下午，南昌县在县综合楼组织收听收看贯彻实施《江西省流动人口服务和管理办法》电视电话会议。副县长、县公安局长李荣等参加收听收看。

9月28日

上午，县第十五届人大常委会举行第二次会议，审议有关人事任职事项。县委副书记、县长陈匡辉出席并讲话。县人大常委会主任胡小明，县人大常委会党组副书记、调研员黄连科，县人大常委会副主任陈秀梅、李植、王三毛、熊鹰、胡金华、江振国等出席会议。副县长李荣，县人民法院院长李红刚，县人民检察院检察长张振川等列席会议。

▲下午，南昌县在县综合楼会议室组织收听收看全国加强和创新社会管理工作电视电话会议。县委书记郭毅，县长陈匡辉，县委常委、政法委书记杨春，副县长吴文卫，县法院院长李红刚，县公安局政委周庆鲁等参加收听收看。

9月29日

上午，县人大召开宣传工作调度会。县人大常委会党组副书记、调研员黄连科出席并讲话。

▲上午，南昌县在县综合楼召开创建全国社会主义新农村建设档案工作示范县再推进大会。会议总结推广近年来全县农业农村档案工作的经验，部署创建全国社会主义新农村建设档案工作示范县活动。县委副书记王小文，县委常委、农工部长程雷佬，副县长伍曦等出席会议。

▲下午，南昌县组织收听收看全市2011年度征兵工作电视电话会议。县委常委、副县长杨保根，县委常委、县人武部政委姜清波，县人武部部长胡文俊，副部长郑华等参加收听收看。

▲下午，南昌县在县综合楼组织收听收看全省构建和谐劳动关系电视电话会。县委常委、副县长杨保根等参加收听收看。

9月30日

上午，全省深化政务公开加强服务现场会在南昌县召开。会议回顾总结全省政务公开、政务服务工作，安排部署当前和今后一个时期政务公开、政务服务工作任务。省委常委、纪委书记尚勇，省政府秘书长、省推进政务公开工作领导小组副组长兼办公室主任谭晓林，省纪委常务副书记、省监察厅厅长、省推行政务公开领导小组副组长兼督查室主任汪毓华，省纪委副书记、省监察厅副厅长刘卫平，省纪委常委、省监察厅副厅长何建洋，市委常委、常务副市长张鸿星，市委常委、市纪委书记卢作全，县委书记郭毅，县长陈匡辉，县领导叶保平、杨斯等出席会议。

【领导活动】

9月2日

上午，副省长谢茹来到南昌县泾口乡，就鄱阳湖南岸片血吸虫病综合防治示范区建设工作进行调研。省政府副秘书长晏驹腾，省卫生厅副厅长关晏民，县长陈匡辉，县委常委、农工部长程雷佬，省血地办副主任赖国文，市卫生局副局长陈天鹏，副县长伍曦等陪同。

9月4日

上午，总投资额超过50亿元的江铃集团11个项目集中开工仪式在南昌县小蓝经济开发区举行。省委常委、市委书记王文涛，市委副书记、市长陈俊卿，市委常委、市委秘书长凌学仁，县领导郭毅、陈匡辉、王小文、胡小明以及江铃集团董事长王锡高、江铃集团党委书记蒋林生等出席并为项目开工剪彩、奠基培土。

9月5日

下午，参加市第十次党代会的南昌县代表团举行全体会议，集中讨论中国共产党南昌市第九届委员会工作报告和南昌市纪律检查委员会工作报告。省委常委、市委书记王文涛在参加南昌县代表团讨论时强调：南昌的发展关键靠产业支撑，要紧紧抓住发展这个第一要务，把加快发展作为首要任务，做强做大产业，推动超常规、跨越式发展。市、县领导凌学仁、古丽·吐依洪、李福如、肖玉文、赵海东、郭毅、陈匡辉、王小文、叶保平、陈圣栋、徐海波、黄志清等参加讨论。

9月6日

出席中国共产党南昌市第十次代表大会的南昌县代表团举行全体会议，继续讨论王文涛代表中共南昌市第九届委员会所作的工作报告和卢作全所作的中共南昌市纪律检查委员会工作报告。市、县领导古丽·吐依洪，郭毅、陈匡辉、王小文、叶保平、陈圣栋、黄志清等参加讨论。

9月7日

中国共产党南昌市第十次代表大会南昌县代表团举行全体会议，预选第十届市委委员、市纪委委员候选人和省第十三次党代表候选人；讨论有关决议草案等。省委常委、市委书记王文涛，市、县领导古丽·吐依洪、肖玉文、郭毅、陈匡辉、王小文、叶保平、陈圣栋、徐海波、黄志清等出席南昌县代表团全体会议。

9月9日

上午，省纪委常务副书记、监察厅厅长汪毓华来到南昌县，就深化政务公开、加强政务服务工作进行调研。省监察厅副厅长何建洋，市委常委、纪委书记卢作全，县委书记郭毅，县长陈匡辉，市政府副秘书长、市行政服务中心主任胡小洪，县委常委、纪委书记叶保平，县委常委、常务副县长杨斯等随同调研。

▲下午，市委常委、常务副市长张鸿星来到南昌县调研。市政府副秘书长胡小洪，县领导郭毅、陈匡辉、王小文、胡小明、邓炳根、叶保平、杨斯、杨保根、陈圣栋、周仁斌、杨春、程雷佬、涂莉华、钱洁、伍曦、李荣、吴文卫、刘光荣等陪同。

9月14日

上午，省委常委、市委书记王文涛，市委副书记、市长陈俊卿，市领导郭安、雷武江、蔡社宝、凌学仁等来到泰耐克大酒店，看望南昌县出席市十四届人大一次会议的代表。县领导郭毅、陈匡辉、胡小明、徐海波、胡文俊、李植、伍曦、樊方平、吴克芳等陪同看望。

9月15日

下午，出席市十四届人大一次会议的代表们对市政府工作报告进行分组审议。省委常委、市委书记王文涛在参加南昌县代表团讨论时强调：要按照市第十次党代会精神的要求，认真落实市政府工作报告部署，真抓实干，抢抓机遇，攻坚克难，求真务实，推动南昌科学发展、进位赶超、绿色崛起。市、县领导凌学仁、罗慧芬、李国根、李福如、肖玉文、郭毅、陈匡辉、胡小明、徐海波、李植、伍曦、樊方平、吴克芳等参加审议。

9月16日

市委副书记、市长陈俊卿以普通代表的身份，与南昌县出席市十四届人大一次会议的代表们一起认真审议市政府工作报告。市、县领导李国根、李福如、肖玉文、郭毅、陈匡辉、胡小明、徐海波、李植、伍曦、樊方平、吴克芳等参加审议。

9月21日

上午，省地税局党组书记、局长王平来到南昌县调研。市委常委、常务副市长张鸿星，市地税局局长黄正逊，县领导郭毅、陈匡辉、杨斯、徐海波等陪同。

9月22日

下午，国家农业部发展计划司巡视员、现代农业示范区管理办公室主任张辉来到南昌县，就推进现代农业示范区建设进行调研。省农业厅副厅长张忠平，副市长朱志群，市农业局局长程其调，县领导郭毅、程雷佬、吴文卫等陪同。

9月27日

下午，副市长姚燕平来到南昌县就农村基层学校教育发展、校园文化建设和推进素质教育等进行调研。市教育局副局长邵美珍、副县长伍曦等陪同调研。

【工交财贸】

9月1日

下午，南昌县召开促进企业上市工作座谈会。县委常委、常务副县长杨斯，县政协副主席熊明泉，县政协调研员姜润根等出席。

9月6日

上午，县政协主席邓炳根来到八一乡就农村公路升级改造进行调研。县政协副主席杨楼锐、樊方平，县政协调研员万德珍、吴克芳、李信谆、姜润根、伍目连等参加调研。

9月9日

上午，南昌县在县综合楼召开未参保城镇小集体企业职工养老保险工作会。县委常委、副县长杨保根出席并讲话。

▲下午，南昌县举行“微笑志愿服务，共创文明交通”志愿服务启动仪式。县委调研员、统战部长胡炜出席并讲话。

9月13日

下午，县长陈匡辉在银三角管委会主持召开省种鸡场、省良种场改制工作调度会，就下一步改制工作进行部署和调度。县人大常委会副主任熊鹰，副县长吴文卫，县政协副主席熊明泉，县政协调研员刘东平、张斗等出席会议。

9月15日

上午，以市审计局副局长詹善平为组长的市审计局政府投资保障性住房审计组来到南昌县督查廉租房建设审计工作。县委常委、常务副县长杨斯出席汇报会。

9月19日

下午，省供销社党组书记吴优生来到南昌县，就“新网工程”网点建设工作进行调研。省供销社副主任欧阳太来，县长陈匡辉，市供销社主任李小保、副主任樊林乔，县委常委、副县长钱洁等陪同。

9月20日

下午，由市监察局副局长阿布都热西提带领的市发展提升年活动第三季度综合督查组来到南昌县就推进重大重点项目建设和招商引资、工业化、社会各项事业协调发展、创建最优发展环境、解决影响机关效能及损害发展环境的突出问题等进行督查。县委常委、纪委书记叶保平等陪同。

9月21日

下午，第七届泛珠会的广东代表团来到南昌县小蓝经济开发区，对投资环境进行考察。副县长刘光荣会见前来考察的客商。

9月22日

下午，县委书记郭毅会见中国工商银行江西省分行行长倪百祥等。县委常委、常务副县长杨斯，县政协调研员姜润根等会见时在座。

9月23日

下午，南昌县2011年交通基础设施建设工作会在县综合楼召开。县长陈匡辉，县委常委、副县长钱洁，县人大常委会副主任陈秀梅、胡金华，副县长刘光荣，县政协副主席熊明泉，向塘开发区管委会主任黄志清等出席会议。

▲下午，小蓝经济开发区召开贯彻落实市党代会、两会精神大会。县委常委、小蓝经济开发区党工委书记徐海波，县人大常委会副主任胡金华等出席。

9月24日

上午，小蓝经济开发区举办汽车及零部件产业、食品饮料、商业地产、医药医器青年发展论坛。县委常委、小蓝经济开发区党工委书记徐海波等出席。

9月26日

上午，市安全生产监督管理局副调研员饶兴奇率安全生产工作督查组来到南昌县，检查指导安全生产工作。副县长、县公安局长李荣等陪同。

9月28日

下午，县长陈匡辉来到昌南客运站，视察公交枢纽站规划建设情况。县委常委、副县长钱洁，副县长刘光荣等陪同视察。

9月29日

上午，坐落于澄碧湖边的南昌县首家四星级酒店澄湖洲际大酒店开业。县人大常委会主任胡小明，县委常委、副县长杨保根，县委常委涂莉华，县人大常委会副主任李植、熊鹰，副县长刘光荣，县政协调研员姜润根，南昌市编办副主任黄云松等为澄湖洲际大酒店开业剪彩。

【城市建设与管理】

9月2日

上午，南昌县组织城管、工商、消防等多部门对城区市场及周边的环境卫生进行专项整治。县委调研员、统战部长胡炜，副县长刘光荣等参加。

9月5日

上午，县委常委、副县长杨保根来到昌南新城（东新乡）视察安居工程推进情况，并就昌南新城内的楼盘规划建设进行调研。

9月13日

上午，南昌县对昌南新城海嘉路市场及周边市容市貌环境卫生开展专项整治行动。县委调研员、统战部长胡炜等参加。

9月21日

上午，以国家住房和城乡建设部何军为组长的保障性安居工程巡查组来到南昌县视察保障性住房建设情况，省城乡规划设计研究院党委书记刘社堂，县政协副主席刘廷爱等陪同。

▲南昌县举办昌南组团城市管理工作培训班。县委调研员、统战部长胡炜，副县长刘光荣等出席。

9月26日

上午，县委调研员、统战部长胡炜带领县城管、城建、人防、消防、交警等相关单位的执法人员对百货大楼莲塘店底下私自搭建的小仓库进行全面拆除，为地下停车场的尽快投入使用扫清障碍。

【政法工作与社会治安综合治理】

9月5日

上午，以陕西省公安厅督察部队政委刘涛为组长的公安部“清网行动”省际交叉检查组来到南昌县，检查指导“清网行动”工作。公安部督察局局长张京，省公安厅纪检书记李煌，市公安局纪委书记钟田力，县委常委、政法委书记杨春，县公安局政委周庆鲁等陪同。

9月11日

上午，副县长李荣组织县公安、消防、安检等相关部门有关负责人对全县部分公共娱乐场所消防安全进行全面检查。

9月16日

上午，副县长李荣来到幽兰镇为渡头片区警备室揭牌。

9月20日

下午，南昌县召开公安机关开展集中整治“黄赌毒”违法犯罪活动专项行动动员会。县公安局政委周庆鲁作动员讲话。

9月29日

下午，市检察院检察长徐胜平、副检察长薛有旺等来南昌县调研。县委书记郭毅，县委常委徐海波、杨春，县检察院检察长张振川等陪同。

9月29日

下午，县公安局召开机关窗口单位深入开展“为民服务、创先争优”活动动员会。县公安局政委周庆鲁出席并讲话。

【农业与农村工作】

9月5日

下午，大宗淡水鱼南昌综合试验站2011年草鱼免疫培训班在南昌县向塘镇举行。省农业厅副厅长邓建平等出席，中国水产科学研究院珠江水产研究所的专家应邀为南昌县养鱼专业户进行授课。

9月6日

上午，县委常委、农工部长程雷佬深入部分农业特色产业示范基地，就基地项目的建设情况进行调研。副县长吴文卫，县政协调研员姜润根等参加调研。

9月10日

上午，县委常委、副县长杨保根来到三江镇就发展区域经济进行调研。

9月12日

上午，县委书记郭毅来到三江镇、广福镇开展调研，县委常委、纪委书记叶保平随同调研。

9月21日

上午，以省林业厅信息中心王春为组长的省造林绿化验收组来到南昌县，检查验收造林绿化“一大四小”工程建设工作。县长陈匡辉，市林业局副局长涂传建，县委常委、农工部长程雷佬，副县长吴文卫等出席汇报会。

9月22日

上午，国家农业部发展计划司巡视员、现代农业示范区管理办公室主任张辉来到南昌县蒋巷镇，调研国家现代农业示范区建设的推进情况。省农业厅副巡视员邓建平，县长陈匡辉，市农业局局长程其调、副局长郭子东，县委常委、农工部长程雷佬等陪同。

▲下午，县委书记郭毅来到县水务局开展调研，县委常委、农工部长程雷佬，副县长吴文卫等陪同。

9月23日

下午，南昌县在县综合楼召开农村土地整治、城乡建设用地增减挂钩试点和小面积土地开发工作协调会。县长陈匡辉，副县长吴文卫等出席会议。

9月24日

上午，“我爱秋香”2011凤凰沟第四届桂花节开幕式在南昌县黄马乡凤凰沟风景区举行。省农业厅副巡视员邓建平，县人大常委会主任江振国等出席开幕式。

9月28日

下午，省住建厅村镇建设处副处长聂新民带领省农村危房改造督查组来到南昌县，就农村危房改造工作建设推进情况进行督查。县政协副主席刘廷爱等陪同。

【科教文卫体和计生工作】

9月1日

上午，省老年体协主席、原副省长张逢雨来到南昌县调研指导老年体协工作。市老年体协主席、原市人大常委会副主任孔炯，县长陈匡辉，县政协副调研员、县老年体协主席张军等陪同。

9月8日

晚上，南昌县在澄碧湖公园文化广场举行“幸福澄湖”系列群众文体活动启动仪式暨我们的节日——中秋文艺晚会。县委书记郭毅，县长陈匡辉，县委副书记王小文，县人大常委会主任胡小明，县领导杨保根、陈圣栋、徐海波、周仁斌、程雷佬、涂莉华、钱洁、胡炜、王三毛、熊鹰、胡金华、黄连科、伍曦、吴文卫、刘光荣、万德珍、李信谆、姜润根、张军，向塘开发区管委会主任黄志清等与群众一起观看文艺演出。

9月10日

上午，县摄影协会成立大会在银三角管委会召开。市委宣传部副部长、市摄影协会主席罗水长，县委副书记王小文等到会祝贺并讲话。

▲全国第27个教师节，县委书记郭毅，县长陈匡辉来到莲塘一小、莲塘一中走访慰问教师，代表县委、县政府向在教育一线辛勤耕耘的全体职工表示节日的祝贺和诚挚的问候。县委副书记王小文，县委常委、宣传部长周仁斌，副县长伍曦等参加走访。

9月14日

以卫生部卫生监督中心副主任高小蕾为组长的卫生部职业健康状况调查组来到南昌县，检查指导职业健康状况调查工作。省卫生厅副厅长程关华，省卫生厅卫生监察专员唐正龙，市卫生局副局长姚由乐，副县长伍曦等陪同。

9月16日

上午，全县老科协工作会在县综合楼召开。省老科协副会长兼秘书长陈兰洲、市老科协会长周鑫群、市老科协常务副会长肖永正等出席，县委副书记王小文，县老科协会长王火生出席并讲话，县人大常委会党组副书记、调研员、县老科协常务副会长黄连科主持会议。

9月28日

上午，南昌县分别在澄碧湖公园和县政府大院隆重举行纪念县老年体协成立25周年暨重阳节方队、柔力球等展示活动和庆祝九九重阳节，喜迎南昌“七城会”开幕。原市人大常委会副主任、市老年体协主席孔炯，县委书记郭毅，县长陈匡辉，县委副书记王小文，县人大常委会主任胡小明，县政协主席邓炳根，副县长伍曦，县政协副调研员张军等分别在澄碧湖公园和县政协大院出席展示活动。

9月29日

上午，坐落于南昌县的江西技师学院技能实训大楼举行奠基仪式。省委组织部副部长、省人力资源和社会保障厅厅长揭赣元，省委巡视组正厅级巡视专员廖龙如，省发改委副主任熊毅，县长陈匡辉等出席奠基仪式并为江西技师学院技能实训大楼项目开工建设奠基培土。

【党的建设和干部队伍建设】

9月9日

上午，县委常委、组织部长陈圣栋来到小蓝经济开发区调研非公企业建党工作。

9月14日

上午，县委常委、组织部长陈圣栋来到冈上镇，就基层党组织建设和下派干部在基层工作的情况进行调研。

9月19日

下午，南昌县第一批平移长沙县学习锻炼干部欢送会在县综合楼举行。县委副书记王小文，县委常委、组织部长陈圣栋出席并讲话。

9月21日

上午，市委政研室副主任廖云生，市委组织部基层办主任张云顺等来到南昌县，就村“两委”班子科学选配和村级组织工作健康运行等进行调研。县委副书记王小文等陪同。

9月23日

下午，全县学习锻炼干部第一次工作会议在县文化会展中心召开，会议通报学习锻炼干部活动前一阶段的工作开展情况，安排部署了下一阶段的工作任务。县委书记郭毅出席并讲话，县领导王小文、胡小明、邓炳根、杨斯、杨保根、陈圣栋、徐海波、杨春等出席。

9月27日

下午，县委常委、组织部长陈圣栋主持召开全县下派干部工作推进会，就前期下派干部工作情况进行总结，安排部署下一阶段工作组和督查组的具体工作。

【人武工作】

9月2日

下午，县委常委、县人武部政委姜清波，县人武部部长胡文俊来到黄马乡进行武装工作调研，并看望下派干部。

9月13日

县人武部部长胡文俊、副部长郑华带领县人武部机关干部到南昌警备区参加全国泄密案件巡回展 。

9月19日-21日

县人武部部长胡文俊参加省军区组织的信息化知识培训。

9月30日

县人武部部长胡文俊、副部长郑华带领南昌县民兵应急连莲塘第一排参加南昌警备区组织的七城会民兵备勤训练点验考核。

【信访工作】

9月1日

上午，县委常委、常务副县长杨斯在县信访局参加领导信访接待日活动。

▲下午，南昌县信访稳定工作例会在县综合楼召开。县长陈匡辉，县委常委、政法委书记杨春，县人大常委会副主任胡金华，副县长李荣等出席会议。

9月8日

下午，县委常委、常务副县长杨斯在县信访局约访群众。县政协副主席刘廷爱等参加。

9月9日

上午，县委常委、政法委书记杨春在县信访局参加领导信访接待日活动。

9月13日

下午，南昌县信访稳定工作调度会在县信访局召开。县委副书记王小文，县委常委、政法委书记杨春，县人大常委会副主任胡金华等出席。

9月14日

上午，县委常委涂莉华在县信访局参加领导信访接待日活动。

9月26日

下午，县人大常委会主任胡小明在县信访局召开信访事项协调会。

9月27日

上午，县委书记郭毅在县信访局接待来访群众代表。县委常委、政法委书记杨春，副县长李荣、吴文卫等参加。

9月29日

上午，全县信访紧急调度会在县综合楼召开，县委常委、政法委书记杨春主持会议，县委副书记王小文，副县长吴文卫等出席。

▲上午，县委常委、常务副县长杨斯在县信访局参加领导信访接待日活动。

【群团工作】

9月9日

上午，由南昌市妇联、南昌县妇联联合举办的“中秋团圆情，温暖伴我行”关爱留守儿童中秋主题活动在塔城乡芳湖小学举行。市妇联主席梅梅，副主席周笑蓓、盛爱凤、梅丽，调研员吴福妹，副县长伍曦等参加活动。

【友好往来】

9月22日

下午，出席全省乡镇、街巷党组织书记创新社会管理轮训班的学员来到南昌县参观。县委常委、组织部长陈圣栋等陪同。

【其他重要工作】

9月6日

下午，国家统计局江西调查总队总队长邓盛平率检查组来到南昌县检查指导统计调查工作。县长陈匡辉，县委常委、副县长杨保根等陪同。

9月9日

上午，南昌县在小蓝经济开发区召开全县大学生村干部迎中秋座谈会。县委常委、组织部长陈圣栋，县委常委、小蓝经济开发区党工委书记徐海波等出席座谈会。

9月18日

上午10点至10点15分，南昌县在县城莲塘举行9·18防空警报试鸣活动，纪念九·一八事件八十周年。县委常委、县人武部政委姜清波在县人防应急救援指挥室参加防空警报试鸣活动。

9月20日

上午，县长陈匡辉来到黄马乡察看白虎岭林场危旧房改造推进情况。

9月21日

上午，南昌县在东新乡大洲小学开展创建“平安铁路示范乡镇”活动。市政法委副书记扶登财，县委常委、政法委书记杨春出席并讲话。

9月27日

下午，南昌县在县综合楼组织收听收看李林森先进事迹报告会。县委常委、组织部长陈圣栋等参加收听收看。

9月29日

上午，县质量技术监督局在维也纳广场组织开展2011“质量月”宣传咨询活动。县委常委、副县长杨保根等参加活动。

十　月

【重要会议】

10月8日

上午，县领导胡小明、陈秀梅、李植、王三毛、熊鹰、胡金华、黄连科、李木旺出席县人大常委会主任会议和人大机关全体例会。

▲下午，县委书记郭毅在县综合楼主持召开全县重大重点项目推进工作交账会，总结前一阶段全县一、二、三产项目以及城市基础设施建设和民生社会事业重大重点项目的推进情况，安排部署下一阶段的工作任务。县长陈匡辉，县领导胡小明、邓炳根、叶保平、杨斯、杨保根、陈圣栋、徐海波、涂莉华、钱洁、李木旺、伍曦、吴文卫、刘光荣、熊明泉、黄志清等出席会议。

▲下午，南昌县在县综合楼会议室组织收听收看全省动员部署“七城会”信访维稳安保工作电视电话会议。县委副书记王小文，县委常委、组织部长陈圣栋，县委常委、政法委书记杨春，副县长李荣等参加收听收看。

10月12日

上午，南昌县在县综合楼召开“迎城运、保稳定、促和谐”集中整治行动推进会。县委常委、政法委书记杨春，副县长、县公安局长李荣，县法院院长李红刚，县检察院检察长张振川，县公安局政委周庆鲁等出席。

10月14日

下午，县委常委、纪委书记叶保平主持召开县纪委第20次常委会和县纪委工作调度会。

10月15日

上午，县长陈匡辉在县综合楼主持召开县政府第四次常务会议。县委常委、常务副县长杨斯，县委常委、副县长杨保根、钱洁，副县长伍曦、李荣、吴文卫、刘光荣等出席会议。县委调研员、统战部部长胡炜，县人武部部长胡文俊等列席会议。会议研究审议了《关于贯彻落实市政府关于加强法治政府建设的实施意见的请示》、《关于在全县公民中开展法制宣传教育的第3个五年规划等事项的请示》、《关于召开全县水利工作会议的请示》等有关事项。

10月21日

下午，全县重大重点项目推进总指挥部会议在县综合楼召开。会议总结了前一阶段重大重点项目推进情况，安排部署了下一阶段的工作任务。县委书记郭毅作讲话，县长陈匡辉主持会议。县领导胡小明、叶保平、杨斯、杨保根、陈圣栋、徐海波、程雷佬、涂莉华、李木旺、吴文卫、熊明泉、黄志清等出席会议。

10月24日

晚上，县委书记郭毅在县综合楼主持召开第28次县委常委会议。县委副书记、县长陈匡辉，县委副书记王小文，县委常委叶保平、杨保根、陈圣栋、徐海波、周仁斌、杨春、程雷佬、姜清波、涂莉华、钱洁等出席会议。县人大常委会主任胡小明，县政协主席邓炳根等列席会议。会议审议了县政府党组提请的《2011年南昌县招商引资大推进活动实施方案等相关事宜的请示》、《关于加快全县水务改革发展的实施意见》、《南昌县水利建设基金筹集和使用管理办法》、《关于印发〈关于加强农田水利基本建设的实施方案〉》、《关于调整南昌县农田水利基本建设领导小组的通知》、《关于召开全县水利工作会议》，审议并同意了县政府党组提请的《关于南昌县中长期教育改革和发展规划纲要（2010—2020）》，审议并通过了县政府党组提请的《关于在全县公民中开展法制宣传教育的第六个五年规划》，研究了县委组织部提交的《关于全县村（社区）"两委"换届选举工作有关事项的请示》、《关于调整县委党建工作领导小组成员的通知》、《关于调整县级领导干部挂乡包村点的通知》、《关于推进基层党建工作项目化发展的实施意见》、《关于加强机关企业事业单位人员编制及工资管理的通知》、《关于奖励2008～2010年连续三年考核评定为优秀等次公务员的请示》、《2011年南昌县面向全国公开选拔领导干部的公告》等事项的请示。

10月25日

下午，全县纪检监察系统"提升素质、树立形象、狠抓落实、争创一流"主题教育活动推进会在县综合楼召开。县委常委、纪委书记叶保平出席并讲话。

10月27日

下午，全县招商引资暨重大重点项目推进动员大会在县文化会展中心召开。会议动员全县上下要进一步认清形势、坚定信心、统一思想，以超常规的举措、超常规的力度，迅速掀起招商引资和项目推进新高潮，以招商引资和项目推进的大突破推动全县经济大发展。县委书记郭毅出席并讲话，县长陈匡辉主持会议，县领导王小文、胡小明、邓炳根、叶保平、杨保根、陈圣栋、徐海波、周仁斌、杨春、涂莉华、钱洁、胡炜、陈秀梅、李植、王三毛、熊鹰、胡金华、江振国、李木旺、伍曦、李荣、刘光荣、熊明泉、万德珍、吴克芳、李信谆、姜润根，县法院院长李红刚，县检察院检察长张振川，向塘开发区管委会主任黄志清等出席。

10月28日

下午，南昌县第十五届人大常委会第三次会议召开。县人大常委会主任胡小明，县人大常委会副主任陈秀梅、李植、王三毛、熊鹰、胡金华、江振国，县人大调研员李木旺等出席会议；副县长、县公安局局长李荣，县法院院长李红刚，县检察院检察长张振川等列席会议。会议审议了有关人事任职等事项。

▲下午，全市规范推进农村土地整治工作座谈会在南昌县召开。省国土厅副巡视员侯克常，省国土厅耕保处副处长龚捷，省土地开发整理中心副主任曾珩，市国土局副局长陈献忠等出席。

10月31日

上午，全县村（社区）"两委"班子换届选举工作会在县综合楼召开。县委副书记王小文，县委常委、组织部部长陈圣栋，县人大常委会副主任王三毛，副县长李荣等出席会议。

【领导活动】

10月11日

上午，市委常委古丽·吐依洪来到南昌县调研。县委书记郭毅，县长陈匡辉，县委常委、副县长钱洁，县委调研员、统战部长胡炜，副县长伍曦等陪同。

10月17日

下午，副市长姚燕平来到南昌县，就教育、文化、卫生、科技工作进行调研。县委常委、副县长钱洁，县委调研员、统战部长胡炜，副县长伍曦等陪同。

10月18日

上午，南昌亚洲啤酒有限公司60万吨啤酒厂首期工程在小蓝经济开发区竣工并正式投产。市长陈俊卿，市委常委周关，省工信委副主任张小平，省质监局副局长蔡玮，副市长肖玉文，县长陈匡辉，县政协主席邓炳根，南昌亚洲啤酒有限公司董事长陈永栽等出席典礼仪式并为项目竣工剪彩。县领导杨斯、徐海波、涂莉华、刘光荣等参加仪式。

▲上午，市委副书记、政法委书记郭安，市委常委、常务副市长张鸿星，市委常委、纪委书记卢作全，副市长朱志群，省公安厅副厅长、市政府党组成员、市公安局局长王国全，市委副秘书长、政法委书记季智勇，市政府副秘书长、市委农工部部长王肇赣等来到南昌县东新乡视察河道管理专项整治工作。县领导陈匡辉、王小文、程雷佬、吴文卫等陪同。

10月21日

上午，市政协主席卢晓健，副主席侯捷、李广振、龙国英、熊晓武、陈斌，市政协秘书长王耀等来到南昌县调研指导工作。县领导陈匡辉、王小文、邓炳根、徐海波、刘廷爱、熊明泉、杨楼锐、樊方平、李成星等陪同。

10月22日

上午，副省长姚木根来到蒋巷江西国旺实业有限公司，就农业综合开发工作进行调研。省农业综合开发办主任章康华，副市长朱志群，县委书记郭毅，市委农工部副部长、市农业综合开发办主任陶海龙，县委常委、常务副县长杨斯，县委常委、农工部部长程雷佬等陪同。

10月23日

以省人民政府督学、九江市教育局调研员黄福林为组长的省政府教育工作“回头看”专项督导检查组来到南昌县检查。副市长姚燕平，市教育局党委书记魏国华、副局长邵梅珍，县领导郭毅、陈匡辉、王小文、胡小明、周仁斌、钱洁、伍曦、李成星等出席汇报会。

10月25日

下午，全市水利工程建设、高标准农田建设工作推进现场会在南昌县塘南镇召开。副市长朱志群，省水利厅党委委员，副厅长文林，省农业厅总经济师徐金星，市政府副秘书长王肇赣，市农业局局长程其调，市水务局党组书记沈杰，县领导陈匡辉、程雷佬、吴文卫等出席现场会。

10月28日

上午，原省人大常委会主任万学文，市人大常委会副主任罗慧芬、申少平、李国根，市政府副秘书长胡小洪等率部分省人大代表来到南昌县调研。县长陈匡辉，县委副书记王小文，县人大常委会主任胡小明，县委常委、小蓝经济开发区党工委书记徐海波，县委常委、宣传部长周仁斌，县人大常委会副主任陈秀梅，副县长伍曦、刘光荣等陪同。

10月31日

下午，副市长刘建洋来到南昌县，调度昌南大道东沿工程征地拆迁事宜。县委常委、副县长钱洁等陪同。

【工交财贸】

10月5日

上午，县领导杨斯、伍曦出席全县重大重点项目推进总指挥部基础设施项目（莲塘、向塘、银三角及其它区域）和社会事业项目分指挥部会议。

10月9日

上午，“南昌市安全生产日职业健康咨询活动”在小蓝经济开发区举行。市安监局副局长孙群力参加活动。

▲江铃汽车股份有限公司、泰豪科技股份有限公司、江西煌上煌集团食品股份有限公司、南昌亚洲啤酒有限公司等4家企业获得“2011年江西省质量信用AAA级企业”称号。

10月10日

下午，全县农垦企业危旧房改造工作调度会在县综合楼召开。县长陈匡辉，县委常委、纪委书记叶保平，县委常委、农工部长程雷佬等出席会议。

▲下午，县领导陈匡辉、刘光荣、黄志清出席全县经济运行工作调度会。

10月11日

上午，南昌县在县综合楼召开全县基础设施（莲塘、向塘、银三角及其他区域）和社会事业项目分指挥部会议。会议对全县49个，总投资额为241188.28万元的基础设施和社会事业项目进行调度。县委常委、常务副县长杨斯，县人大调研员李木旺等出席会议。

▲下午，县领导王小文、杨斯出席澄湖大厦工程调度会。

▲晚上，县委常委、副县长杨保根来到玺悦城沃尔玛项目工地察看项目施工进展情况，并宣布项目地基工程启动开工建设。

10月12日

上午，以省住建厅副厅长高浪为组长的省信访督查工作组来到南昌县督查。市政府副秘书长、市信访局局长熊运浪，县委书记郭毅，县委副书记王小文，县委常委、政法委书记杨春，副县长伍曦、吴文卫，县法院院长李红刚，向塘开发区管委会主任黄志清等陪同。

10月13日

上午，南昌县2011年“银企对接诚合作、携手并进促发展”银企对接会在县文化会展中心召开。12家驻县银行与南昌县需融资的中小企业进行面对面的交流、对接，22家企业当场与银行达成了贷款意向，达成意向资金5.098亿元。县长陈匡辉，市金融办主任李水平，县委常委杨斯、杨保根、徐海波、周仁斌、涂莉华，县人大常委会副主任陈秀梅，副县长刘光荣，县政协调研员姜润根等出席银企对接会。

▲上午，全县工资集体协商指导员培训班在县综合楼举办。县人大常委会副主任、县总工会主席熊鹰等出席，市职工科技大学党委书记傅培国应邀授课。

▲向塘镇召开重大重点项目推进动员大会。向塘开发区管委会主任黄志清出席并讲话。

▲下午，县委书记郭毅在县委会议室会见南昌铁路局常务副局长钟生贵一行，双方就向塘铁路货场项目建设进行商谈。县政协副主席刘廷爱，向塘开发区管委会主任黄志清等会见时在座。

▲下午，县工业（小蓝）重大重点项目推进协调会在小蓝经济开发区召开。副县长刘光荣出席并讲话。

10月15日

上午，县公安局交管大队业务用房和机动车检测中心项目工程开工奠基仪式举行。省公安厅交警总队副总队长龙毅，县委常委、常务副县长杨斯，县委常委、小蓝经济开发区党工委书记徐海波，县委常委、政法委书记杨春，副县长伍曦，副县长、县公安局长李荣，市公安局交管局副局长刘文保，县公安局政委周庆鲁等出席奠基仪式并为工程开工奠基培土。

▲上午，八一乡海湾农庄开业。县人大常委会主任胡小明，县政协主席邓炳根，县人大常委会副主任胡金华等出席开业仪式并剪彩。

10月17日

上午，县长陈匡辉来到南昌县在建的部分三产重大重点项目施工现场，视察项目推进情况。县委常委、常务副县长杨斯，县委常委、副县长杨保根、钱洁，县人大常委会调研员李木旺，向塘开发区管委会主任黄志清等随同视察工作。

▲下午，县长陈匡辉来到建设工地视察昌南组团基础设施项目建设情况。县委常委、纪委书记叶保平，县委常委、常务副县长杨斯，县委常委、小蓝经济开发区党工委书记徐海波，县人大调研员李木旺等随同视察。

10月18日

上午，县长陈匡辉会见马来西亚联熹集团总裁丹斯里·韩旦·穆罕默德一行。就小蓝经济开发区污水处理厂二期工程项目的合作进行了交流。县委常委、小蓝经济开发区党工委书记徐海波，副县长刘光荣会见时在座。

▲上午，南昌县闽清建材行业商会成立。县委调研员、县委统战部部长胡炜，市工商联副主席余登伟出席成立仪式并为闽清建材行业商会揭牌、授牌。

▲上午，县委常委、常务副县长杨斯主持召开全县经济运行和财税工作讨论会。

▲下午，南昌县召开县工会组建、工资集体协商推进会。县委副书记王小文，县人大常委会副主任、县总工会主席熊鹰等出席。

10月19日

上午，昌南钢城二期工程举行开工庆典，向塘开发区管委会主任黄志清出席并讲话。

▲上午，县委常委、纪委书记叶保平，在小蓝经济开发区召开会议，就小蓝开发区、昌南新城区域内基础设施项目推进情况进行调度。

▲下午，南昌县电网建设暨项目推进协调会在县供电公司召开。县委常委、副县长杨保根出席并讲话。

10月20日

上午，全县“三产”重大重点项目分指挥部调度会在县综合楼召开。县委常委、副县长杨保根，县委常委、副县长钱洁，向塘开发区管委会主任黄志清等出席会议。

▲县委常委、常务副县长杨斯来到蒋巷镇调研豫章桥头违章建筑事宜。

10月21日

上午，南昌县在县综合楼召开通乡公路建设工作布置会，县委常委、副县长钱洁出席并讲话。

▲上午，县委常委、副县长杨保根现场调度农机大市场三期项目建设事宜。

▲下午，县长陈匡辉在县综合楼会见室会见建华管桩集团总裁助理何海平一行，双方就进一步推进建华管桩项目建设有关事宜进行交流与协商。县委常委涂莉华，县政协副主席熊明泉会见时在座。

▲下午，县委常委、常务副县长杨斯视察南昌县部分基础设施项目建设。

10月23日

上午，县委常委、农工部长程雷佬调研南昌县部分重大项目推进情况。

10月24日

下午，向塘开发区管委会主任黄志清主持召开向塘重大重点项目推进调度会。

10月25日

省工信委授予小蓝经济开发区“江西省生物医药产业基地”称号。

10月26日

上午，县委常委、副县长杨保根来到县供电公司斗梧220KV线路改造工程和铭威时代广场等三产重大重点项目施工现场，调度南昌县三产项目建设推进工作。

▲上午，县委常委、纪委书记叶保平主持召开全县基础设施（小蓝、昌南）项目指挥部第四次协调会。

▲下午，县委常委涂莉华在武阳镇主持召开武阳中小企业创业园推进调度会。县政协副主席熊明泉出席。

▲下午，县委常委涂莉华，副县长刘光荣在县商务局调度分解10～12月份开放型经济工作目标任务情况及布置低碳会邀商工作情况。

10月31日

上午，县领导杨保根、钱洁出席全县三产招商引资暨重大项目推进工作会议。

▲下午，县委常委涂莉华来到武阳镇，调度中小企业创业园有关事宜。

【城市建设与管理】

10月18日

下午，南昌县召开县城城市管理工作调度会。县委调研员、统战部长胡炜，副县长刘光荣等出席。

10月22日

下午，县领导涂莉华、李木旺、刘光荣等调度全县招商引资暨重大重点项目推进大会相关事宜。

10月27日

下午，市建委副主任徐海仁率领市推进小城镇建设项目督查组来到南昌县，对在建的项目进行专项督查。县政协副主席刘廷爱等陪同。

10月31日

上午，县长陈匡辉就南昌县的城市管理工作进行调研。县委调研员、统战部长胡炜，副县长刘光荣随同调研。

【政法工作与社会治安综合治理】

10月1日

上午，副县长、县公安局局长李荣带领县公安、安监、消防等有关单位的负责同志来到南昌县烟花爆竹仓库储存点和县加油站进行安全检查。

10月10日

上午，全县司法行政工作推进会在县司法局召开。县委常委、政法委书记杨春出席并讲话。

10月11日

上午，全县河道管理专项整治工作动员大会在县综合楼召开。县长陈匡辉，县委副书记王小文，县委常委、政法委书记杨春，县委常委、农工部长程雷佬，县委常委、副县长钱洁，副县长、县公安局局长李荣等出席会议。

▲上午，省检察院党组副书记、副检察长段景来，市检察院党组成员、副检察长刘莉芬来到南昌县检察院调研。县领导杨春、李荣，县检察院检察长张振川等陪同。

10月14日

下午，全县深入消防安全“七大活动”开展“清剿火患”战役行动动员部署会在县综合楼召开。副县长、县公安局长李荣出席并讲话。

10月15日

下午，全县公安机关“清网行动”、“七城会”安保工作再动员再部署大会在县公安局召开。副县长、县公安局局长李荣，县公安局政委周庆鲁等出席。

10月17日

下午，副县长、县公安局局长李荣，县公安局政委周庆鲁等参加收听收看全国公安机关决战“清网行动”暨全省公安机关“清网行动”攻坚战动员电视电话会。

10月19日

上午，省检察院党组副书记、常务副检察长薛江武来到南昌县，就查办职务犯罪案件、加强办案安件防范、推进基层检查执法办案工作进行调研。市检察院检察长徐胜平、副检察长刘莉芬，县委常委、县政法委书记杨春，县检察院检察长张振川等陪同。

10月20日

上午，市纪委常委、监察局副局长李联明率领市河道采砂专项整治督查组来到南昌县，就河道采砂专项整治工作进行督查。县委常委、农工部部长程雷佬等陪同。

10月21日

上午，全县公安机关开展“清网行动”、“七城会”安保工作再动员再部署会议在县公安局召开。县公安局政委周庆鲁出席并讲话。

10月24日

上午，县委常委、政法委书记杨春主持召开政法委机关干部学习党的十七届六中全会精神会议。下午来到塘南镇调处医患纠纷问题。

10月25日

下午，副县长、县公安局局长李荣，县公安局政委周庆鲁组织县公安局党委中心组集体学习十七届六中全会精神，进一步加深对中国特色社会主义理论体系和实践科学发展观，推动社会主义文化大发展大繁荣的认识。

10月27日

下午，县公安局决战“清网行动”工作座谈会召开。副县长、县公安局长李荣出席并讲话。

10月31日

县委常委、农工部部长程雷佬来到东新乡调研河道管理专项整治工作。

▲下午，县委书记郭毅，县委常委、政法委书记杨春来到泾口乡调研维稳工作。

【农业与农村工作】

10月9日

上午，县政协主席邓炳根来到富山乡调研。

10月12日

县人大常委会主任胡小明来到富山乡调研新农村建设工作。

10月13日

上午，国家林业局规划院工程处副处长车新率领检查组来到南昌县，就森林抚育工作情况进行检查和指导。

10月16日

下午，县政协主席邓炳根来到泾口乡调研水利建设工作。

10月18日

县委常委、宣传部长周仁斌先后来到富山乡、东新乡调研。

10月19日

下午，全县2011年冬种生产工作会在县综合楼召开。县委常委、农工部部长程雷佬出席并讲话。

10月28日

上午，南昌县召开新农村村点建设暨农村清洁工程现场推进会。县委常委、农工部部长程雷佬出席并讲话。

【科教文卫体和计生工作】

10月7日

晚上，南昌县在澄碧湖公园文化广场举行乡村歌会颁奖晚会。县委副书记王小文，县委常委、宣传部长周仁斌，副县长伍曦，县政协调研员姜润根、伍目连等出席晚会并为获奖的优秀歌手颁奖。

10月9日

上午，来自新华社、江西电视台、江南都市报等20多家媒体的40多名记者来到南昌县，对“七城会”特供农产品质量安全监管情况进行采访。县委常委、宣传部长周仁斌，县委常委、农工部长程雷佬，副县长吴文卫等陪同。

▲上午，南昌县在县教体局召开迎春教育督导评估“回头看”专项督查动员会。副县长伍曦出席并讲话。

10月10日

副县长伍曦率督查组来到部分“七城会”农产品特供基地，就特供农产品安全工作进行督查。

10月11日

上午，南昌县2011年“金圣杯”喜迎“七城会”羽毛球比赛在县体育馆举行。县委常委、宣传部长周仁斌，副县长伍曦等出席开幕式并观看开幕演出。

▲下午，县委常委、组织部部长陈圣栋来到县博物馆调研。

10月18日

市委农工部副部长祝国强来到黄马乡督查乡镇集镇环卫管理工作。

10月19日

上午，南昌县2011年“昌南书香周”暨学习型党组织建设“一乡（镇）一品”展示活动在三江镇启动。市委宣传部副部长罗水长，县委常委、宣传部长周仁斌，副县长伍曦等参加活动。

10月20日

下午，省委教育工委副书记、省教育厅副厅长彭世东来到南昌县，就职业教育工作进行调研。县委书记郭毅，县委副书记王小文，县委常委、小蓝经济开发区党工委书记徐海波，县委常委、宣传部长周仁斌，县委常委、副县长钱洁等陪同。

▲下午，省卫生厅副厅长万筱明来到泾口乡，就鄱阳湖南岸片血吸虫病综合防治示范区建设工作进行调研。县委副书记、县长陈匡辉，市卫生局副局长陈天鹏，副县长伍曦等陪同调研。

10月24日

省政府教育工作“回头看”专项督导组来到南昌县部分中、小学进行督查。县委常委、副县长钱洁，副县长伍曦等陪同。

10月25日

上午，南昌县旅游工作会在黄马白浪湖宾馆召开。市旅游局局长李芸，县长陈匡辉，县委常委、宣传部长周仁斌，县人大常委会副主任李植，副县长伍曦，县政协副主席刘廷爱等出席。

▲上午，国家粮食丰产科技工程项目专家组来到广福镇，对“十二五”国家粮食丰产科技工程——广福镇5000亩核心试验区和50亩超高产攻关田栽种的晚稻，进行现场测产验收。县委常委、副县长钱洁现场观摩测产情况。

10月26日

上午，全县职业健康调查工作推进会在县综合楼召开。副县长伍曦，省职业病防治研究院院长何国平出席并讲话。

10月27日

上午，莲塘二中第三十九届田径运动会开幕。县委副书记王小文，县委常委、宣传部长周仁斌，副县长伍曦应邀出席开幕式。

▲上午，县委常委、宣传部长周仁斌来到泰豪动漫园调研。下午主持召开江西省第七届农民运动会暨南昌县第三届龙狮大赛筹备大会。

▲下午，省文化厅副厅长、省文物局局长徐琳琳来到南昌县调研文物保护工作。县委常委、宣传部部长周仁斌，县人大调研员李木旺，副县长伍曦等陪同。

▲下午，县公安局第一届警察运动会颁奖仪式在县公安局举行。副县长伍曦，副县长、县公安局长李荣出席颁奖仪式并为获奖者颁奖。

10月28日

上午，莲塘一中、莲塘三中分别举行第39届、第9届校园田径运动会。县委副书记王小文，县委常委、宣传部长周仁斌等分别出席两个学校的运动会开幕式。县人大常委会副主任李植，副县长伍曦，县政协调研员万德珍等出席并观摩莲塘一中第39届校园田径运动会开幕式。

【党的建设和干部队伍建设】

10月12日

下午，县委常委、组织部长陈圣栋来到八一乡就基层党组织建设和大学生村官的工作情况进行调研。

10月13日

上午，南昌县妇女干部培训班在县委党校开班。县委副书记王小文，县委常委、组织部长陈圣栋，副县长伍曦等出席开班仪式。

10月14日

上午，省委政研室经济处副调研员陈勤刚率领调研组来到南昌县，就创先争优活动的开展情况进行调研。市直机关工委副书记、市委创先争优办副主任龚小荣，市委基层办副主任廖宇峰，县委常委、组织部长陈圣栋等陪同。

10月18日

上午，南昌县在县委党校召开新录用公务员座谈会。县委常委、组织部长陈圣栋出席并讲话。

10月20日

上午，以中纪委宣教室副局级检查员戴军为组长的中纪委惩防办调研组来到南昌县，就惩防体系建设情况进行调研。省纪委常委李泉新，市纪委副书记李紫敬，县委常委、纪委书记叶保平等陪同。

10月24日

上午，全县人大代表培训班在县委党校开班。县委副书记王小文，县人大常委会主任胡小明，副主任陈秀梅、李植、王三毛、熊鹰、胡金华，县人大调研员黄连科、李木旺等出席开班仪式。

10月29日

上午，银三角管委会农村干部培训班在县委党校举办。副县长吴文卫出席开班仪式并讲话。

10月31日

上午，县委常委、组织部部长陈圣栋主持召开肥西县在南昌县挂职锻炼干部座谈会。

▲下午，县领导王小文、杨斯、陈圣栋等出席干部绩效考核方案讨论会。

▲下午，县委常委、组织部部长陈圣栋，县公安局政委周庆鲁等来到富山乡出席下派到村干部座谈会。

【人武工作】

10月13日

下午，全县2011年度征兵工作会议在县人武部召开。县委副书记、县长陈匡辉，县委常委、副县长、县征兵领导小组组长杨保根，县人武部部长胡文俊，副县长、县公安局长李荣，县人武部副部长郑华、张恩等出席会议。

▲下午，县委常委、副县长、县征兵领导小组组长杨保根在县人武部主持召开县征兵领导小组会议。县委常委、县人武部政委姜清波，县人武部部长胡文俊，副县长、县公安局长李荣，县人武部副部长郑华、张恩等出席。

10月26日

县委常委、县人武部政委姜清波，副县长、县公安局长李荣等来到部分军人家中，为他们颁发“光荣军属”牌匾。他们是南昌县今年被省政府授予的第一批光荣军属家庭。

10月31日

下午，县领导姜清波、李荣出席2011年全县冬季征兵政审工作业务培训会议。

【信访工作】

10月8日

上午，县委常委、组织部长陈圣栋，副县长吴文卫在县信访局参加领导信访接待日活动。

▲下午，县领导王小文、杨春参加武阳镇信访案件协调会。

10月10日

上午，县委常委、宣传部长周仁斌在县信访局参加领导信访接待日活动。

10月13日

上午，县委常委涂莉华在县信访局参加领导信访接待日活动。

10月14日

下午，全县信访维稳工作调度会在县信访局召开，县委副书记王小文，县委常委、农工部长程雷佬，副县长吴文卫，县公安局政委周庆鲁等出席会议。

10月15日

上午，县委常委涂莉华在县信访局召开信访事项协调会。

10月18日

上午，县委常委、县政府副县长杨保根在县信访局参加领导信访接待日活动。

10月19日

县公安局政委周庆鲁在县信访局参加领导信访接待日活动。

10月20日

上午，副县长刘光荣在县信访局参加领导信访接待日活动。

10月21日

上午，副县长刘光荣在县信访局参加领导信访接待日活动。

10月22日

上午，副县长刘光荣在县信访局参加领导信访接待日活动。

10月23日

上午，县委书记郭毅来到县城建局调研。

10月24日

上午，县委副书记王小文来到县信访接待中心接访，现场协调解决群众反映的有关诉求。

10月25日

上午，县人大常委会主任胡小明来到县信访局公开接待群众来访，为群众排忧解难。

10月26日

上午，县政协主席邓炳根来到县信访接待中心接访，现场协调解决群众反映的有关诉求。

▲下午，县委副书记王小文召开省党代会期间全县信访稳定工作调度会。

10月27日

上午，县长陈匡辉来到县信访接待中心公开接访，为群众排忧解难。县委常委、副县长钱洁参加接访。

【友好往来】

10月16日

“七城会”杭州观摩团团长、杭州副市长陈小平率领观摩团来到南昌县参观考察。县领导陈匡辉、王小文、钱洁等陪同。

10月17日

上午，杭州市副市长陈小平、市政府副秘书长张连水率杭州市政府观摩团来到南昌县考察现代生态农业发展情况。县委副书记王小文等陪同。

10月20日

上午，由东乡县县委副书记吴宣文带领的东乡县党政代表团来到南昌县参观考察。县委副书记王小文，县委常委、小蓝经济开发区党工委书记徐海波等陪同。

10月21日

上午，由珠海市文化体育旅游局副局长段胜明带领的参观考察团来到南昌县参观考察农村体育工作。副县长伍曦等陪同。

10月26日

东乡县委常委、组织部长刘海涛率领考察团来到南昌县参观考察非公企业党建工作。县委常委、组织部长陈圣栋，县委常委、小蓝经济开发区党工委书记徐海波等陪同。

【其他重要工作】

10月10日

上午，县委常委、纪委书记叶保平出席县纪委老干部座谈会。

10月11日

上午，省纪委常委饶利萍来到南昌县调研县委权利公开透明运行工作，市纪委副书记杜志刚等随同调研。县委书记郭毅，县委常委、纪委书记叶保平等陪同。

▲上午，市关工委常委副主任经自麟、熊全柏来到南昌县，就关心下一代工作进行调研。县委副书记王小文，副县长伍曦等陪同。

10月14日

由省政府纠风办、省广播电视局联合主办，江西人民广播电台承办的大型舆论监督类节目“政风行风热线”走进南昌县，在县文化会展中心进行现场直播。县领导陈匡辉、杨斯、杨保根、钱洁、伍曦、李荣、吴文卫、刘光荣以及全县46个职能部门、各乡镇（开发区、新区）、6个行业服务单位的负责同志走进直播现场，就南昌县的政风行风建设、民生与发展等问题与广大听众和现场群众进行广泛交流，直接接受群众的咨询、投诉和求助。市纠风办副主任徐友根，县委常委、纪委书记叶保平等观摩了政风行风热线直播现场。

10月18日

上午，南昌县在县综合楼举行首届“南昌慈善日”活动动员暨民政工作推进大会。副县长、县公安局局长李荣出席并讲话。

10月21日

上午，县委常委、宣传部部长周仁斌来到八一乡调研。

10月25日

上午，省关工委主任周愁平来到南昌县调研关心下一代工作。省关工委常务副主任王飚，市关工委第一副主任田新芳，常务副主任经自麟、熊全柏，县委副书记王小文，县关工委常务副主任胡瑞谦等陪同。

10月26日

上午，南昌县召开越冬候鸟保护会议。副县长吴文卫出席并讲话。

十一月

【重要会议】

11月1日

上午，全县乡镇（开发区）纪检组织办公办案设备发放仪式在县文化会展中心举行。市纪委副书记杜志刚，县委书记郭毅，市纪委常委、市纪委信访室主任喻慧平，县委副书记王小文，县委常委、纪委书记叶保平，县委常委、组织部长陈圣栋等出席仪式并向乡镇（开发区）发放办公办案设备和经费。

▲上午，县长陈匡辉在县综合楼主持召开全县经济运行调度会。县委常委、常务副县长杨斯，县委常委涂莉华，副县长刘光荣，向塘开发区管委会主任黄志清等出席。

11月3日

下午，省级生态县创建考核验收组在县综合楼召开反馈意见会，通报对南昌县省级生态县创建进行考核验收情况。省环境保护厅副厅长雷元江，省政协副秘书长、人口资源环境委员会主任冷芬俊，县长陈匡辉，市环保局调研员周启珠，县人大常委会副主任陈秀梅，副县长刘光荣出席反馈意见会。

▲下午，县委书记郭毅在县综合楼主持召开2011年县规划委员会第6次会议。县长陈匡辉，县领导邓炳根、杨斯、杨保根、程雷佬、吴文卫、刘廷爱，县政府规划顾问万敏、高霞等出席。

11月4日

上午，县河道采砂管理工作领导小组第一次会议在蒋巷镇召开。会议传达了市河道采砂管理工作领导小组第一次会议精神，部署南昌县河道采砂整治工作。县领导陈匡辉、王小文、叶保平、杨春、程雷佬、钱洁、李荣、吴文卫等出席。

▲下午，全县重大重点项目推进总指挥部第二次会议在县综合楼召开，会议总结了前一阶段重大重点项目推进情况，安排部署了下一阶段的工作任务。县委书记郭毅作讲话，县长陈匡辉主持会议，县领导邓炳根、叶保平、杨斯、杨保根、陈圣栋、徐海波、程雷佬、钱洁、李木旺、伍曦、李荣、刘光荣、熊明泉，向塘开发区管委会主任黄志清等出席。

11月6日

上午，全县领导干部暨水利、普法工作会议在县文化会展中心举行。会议传达学习省第十三次党代会、省委十三届一次全会和全市领导干部会议精神，总结部署全县水利和普法工作，动员全县上下以省党代会和市领导干部会议精神为新的指引，进一步振奋精神，鼓

足干劲，真抓实干，开创水利和普法工作的新局面，全力推动各项工作取得新突破。县委书记郭毅作讲话，县长陈匡辉主持会议；县委副书记王小文，县政协主席邓炳根，县委常委叶保平、杨斯、杨保根、陈圣栋、徐海波、周仁斌、杨春、程雷佬、钱洁等出席会议。

▲下午，2011 年全县教育工作会议在县综合楼召开。会议学习贯彻全国和省、市教育工作会议精神，动员全社会全面实施《南昌县中长期教育改革和发展规划纲要》，大力推进教育均衡优质发展、加快教育强县和人力资源强县，为拼争全国五十强县市、建设现代化综合新城提供更加有力的人才保证和智力支撑。县委书记郭毅在会上讲话，县长陈匡辉主持会议；县委副书记王小文，县政协主席邓炳根，市教育局副局长万群英，县领导叶保平、杨斯、杨保根、徐海波、周仁斌、钱洁、李植、伍曦、康健，向塘开发区管委会主任黄志清等出席会议。

11 月 7 日

省台办主任阎钢军，副主任简立明、黄朋青，省台办巡视员何大欣来到南昌县参加“全省对台工作‘11·07’会议”。

11 月 8 日

上午，全县一产重大重点项目推进调度会在县委农工部召开。县政协主席邓炳根，县委常委、农工部部长程雷佬，副县长吴文卫，县政协调研员李信谆等出席调度会。

11 月 14 日

上午，南昌县在县综合楼组织收听收看全国深入推进行政审批制度改革工作电视电话会。县委常委、副县长钱洁等参加收听收看。

11 月 14 日

下午，县委常委、纪委书记叶保平主持召开县纪委第 21 次常委会议。

11 月 15 日

上午，南昌县在县综合楼召开县政协“加速发展献一策、促进项目牵一线”活动动员会。县政协主席邓炳根、副主席熊明泉，县政协调研员姜润根、伍目连等出席。

▲下午，南昌县河道采砂管理工作领导小组第二次会议在县综合楼召开。县长陈匡辉，县委副书记王小文，县领导叶保平、程雷佬、钱洁、李荣、吴文卫等出席。

11 月 18 日

上午，县政协中共界别举行“开展加速发展献一策促进项目牵一线活动”座谈会。县政协主席邓炳根、县政协调研员李信谆、县政协副调研员张军等出席。

11 月 23 日

下午，县长陈匡辉在县综合楼主持召开县政府第五次常务会议。县委常委、常务副县长杨斯，县委常委、副县长杨保根、钱洁，副县长伍曦、李荣等出席会议；县政协副主席刘廷爱，调研员刘东平、张斗等列席会议。

11月24日

下午，全县安全生产工作紧急会议在县综合楼召开，会议传达了全市安全生产工作紧急会议精神，安排部署了全县下一阶段安全生产工作。县长陈匡辉，县委常委、副县长钱洁等出席。

11月28日

上午，“重点县级农产品质量安全检验检测站建设项目”验收汇报会在县种子公司召开。市人大农业和农村委员会主任委员胡友胜，市人大农业和农村委员会副主任夏小华，市农业局副局长李淑英，县人大常委会副主任王三毛、江振国等陪同。

11月29日

下午，县长陈匡辉，县委常委、纪委书记叶保平，县委常委、常务副县长杨斯，县委常委、小蓝经济开发区党工委书记徐海波，县委常委涂莉华等出席全县招商引资工作领导小组会议。

【领导活动】

11月1日

上午，市委常委、常务副市长张鸿星来到省农机大市场视察二期项目建设情况。县长陈匡辉，县委常委、常务副县长杨斯，县委常委、副县长杨保根等陪同。

▲上午，“南昌市科技入园工作站”和“南昌市科技金融入园试点单位”揭牌仪式在小蓝经济开发区举行。副市长姚燕平，省科技厅副厅长王晓鸿，县委书记郭毅，县长陈匡辉，市科技局局长陈喜民、党组书记黄中平、副局长党钢，县委常委、小蓝经济开发区党工委书记徐海波，县委常委、副县长钱洁等出席揭牌仪式。

▲下午，副省长姚木根，省军区参谋长倪海峰，南昌警备区司令员李克强，副市长刘家富，南昌警备区参谋长刘静波等来到南昌县视察征兵体检工作，看望慰问参加体检的医务人员和应征青年。县委书记郭毅，县长陈匡辉，县委常委杨保根、姜清波，县人武部部长胡文俊，副部长郑华、张恩等陪同。

11月2日

上午，市人大常委会副主任、市总工会主席万先勇，市总工会副主席何庆华、李美珍等来到南昌县，就工会组建和工资集体协商等工作开展调研。县委书记郭毅，县人大常委会副主任、县总工会主席熊鹰等陪同。

11月3日

下午，市委常委、统战部长高鹰群来到南昌县“全市扶贫重点村”塘南镇北联村调研。县委副书记王小文等陪同。

11月4日

下午，全国政协副主席、全国工商联主席黄孟复来到南昌县小蓝经济开发区，视察泰豪动漫公司的建设与发展。县委书记郭毅，泰豪公司董事长黄代放等陪同。

11月8日

上午，市委常委、组织部长陈德寿，市委组织部副部长郑志军等来到南昌县，就经济社会发展和党建工作开展调研。县委书记郭毅，县长陈匡辉，县委副书记王小文，县委常委、组织部部长陈圣栋，县委常委、小蓝经济开发区党工委书记徐海波，县委常委、副县长钱洁等陪同调研。

▲下午，副市长张根水来到南昌县，就加强再生资源回收利用体系建设工作进行调研。市政府副秘书长陈武，县长陈匡辉，市商贸委主任喻德火，县委常委、副县长杨保根，县委常委、小蓝经济开发区党工委书记徐海波，向塘开发区管委会主任黄志清等陪同。

11月9日

市政协副主席龙国英率市政协调研组来到南昌县，就“完善制度、严格执法、有效治理违法建设”进行调研。县委调研员、统战部长胡炜，副县长刘光荣，县政协副主席李成星等陪同。

11月11日

上午，三江小学蔡冠深教育奖励基金第十五次颁奖、三江中学万修元教育奖励基金第五次颁奖和三江中学“爱心”教育助学金第五次颁发大会在三江中学举行。原江西省委书记、中央统战部部长万绍芬，原济南军区副司令员兼济南空军司令员郭玉祥，原省人大常委会副主任蒋如铭，省委统战部常务副部长黄小华，省文联党组书记部海镭，市委常委、统战部长高鹰群，县委书记郭毅等出席颁奖大会并为获奖师生颁奖。原全国政协委员、省人民政府参事崔琳，省政协常委、提案委员会主任杨斌，副主任华友良，省农业厅原党委书记肖茂普，原省体育总会主席聂明院，县领导王小文、邓炳根、周仁斌、钱洁、胡炜、伍曦、李荣、康健等出席。

▲上午，全省高标准农田建设南昌分会会场开工仪式在蒋巷镇三洞村举行。市委常委、副市长周关，副市长朱志群，县领导陈匡辉、程雷佬、吴文卫等出席开工仪式。

11月16日

上午，南昌市总工会推进工资集体协商工作经验交流会在小蓝经济开发区举行。市人大常委会副主任、市总工会主席万先勇，省总工会副主席吴海平，县委副书记王小文，市总工会常务副主席傅玉芳，市总工会调研员李美珍，县人大常委会副主任、县总工会主席熊鹰等出席会议。

▲上午，南昌扬芳香食品有限公司新厂区建成开业仪式在泾口乡举行。原省人大常委会副主任蒋如铭、万学文，市人大常委会副主任李福如，副市长朱志群，市政府副秘书长、市委农工部部长樊三宝，县长陈匡辉，县委副书记王小文等出席并为南昌扬芳香食品有限公司新厂区开业剪彩。市公路局党组书记王建华，市人大农委主任胡友胜，市委农工部调研员利盛生，市委农工部副部长韩匡楷、刘荣根、凌永清，市农业综合开发办副主任易海英，市委组织部基层办主任张六顺，市人大选任联副主任周国繁和县领导胡小明、邓炳根、程雷佬、王三毛、黄连科以及县法院院长李红刚等出席。

11月18日

上午，省政府副秘书长晏驹腾，省卫生厅副厅长万筱明率领出席鄱阳湖南岸片区血吸虫病综合防治示范区建设现场会暨全省血防工作会议的代表来到泾口乡，参观鄱阳湖南岸片区血吸虫病综合防治示范区建设情况。副市长姚燕萍，县长陈匡辉，副县长伍曦，市卫生局副局长陈天鹏等陪同。

11月22日

上午，由省林业厅巡视员肖河、纪检组长李晓浩、总工程师胡跃进率领的全省造林绿化“一大四小”工程建设流动现场巡查组来到南昌县，巡查乐温高速公路幽兰出入口两侧的高标准造林绿化工程建设情况。副市长朱志群，市林业局局长傅新灿，县长陈匡辉，县委常委、农工部长程雷佬等陪同。

▲下午，全国政协副主席阿不来提·阿不都热西率领全国政协经济委员会专题调研组来到南昌县，围绕“推进现代农业，确保农产品有效安全供给”这一专题，深入小蓝经济开发区江西煌上煌集团进行调研。省政协副主席朱张才，市政协主席卢晓健，省农业厅厅长甘良淼，副市长朱志群，市政协副主席辛利杰，县领导陈匡辉、邓炳根、徐海波、钱洁等陪同。

11月26日

江西省第七届农民运动会在南昌县体育场开幕。副省长姚木根，省政府副秘书长谢茂林，省农业厅厅长甘良淼，省体育局局长刘鹰，副巡视员杜雅军，省农业厅巡视员彭济民，副市长姚燕萍、朱志群，县领导陈匡辉、王小文、胡小明、李植、王三毛、伍曦、李成星等出席开幕式。

11月28日

上午，省委常委、纪委书记尚勇来到南昌县小蓝经济开发区视察泰豪动漫产业的发展情况，省科技厅厅长王海，市长陈俊卿，省纪委常委李建发，省工信委副主任张小平，省科技厅副厅长王晓鸿，市委常委、纪委书记卢作全，市委常委、宣传部长曾光辉，副市长姚燕萍，市政府秘书长杨文斌，县领导郭毅、陈匡辉、叶保平、徐海波、钱洁等陪同。

▲下午，市长陈俊卿率领市直有关部门负责同志来到南昌县，就加快县域经济发展进行调研。市政府秘书长杨文斌，市发改委主任邓建新，市工信委主任詹水发，市外经贸委主任李伟，市财政局局长陈以荻，市统计局局长万昱原，县领导郭毅、陈匡辉、王小文、胡小明、叶保平、杨斯、徐海波、杨春、姜清波、涂莉华、钱洁、伍曦、刘廷爱等出席调研汇报会。

【工交财贸】

11月1日

上午，县长陈匡辉对昌南大道东延工程建设进行调度。县委常委、副县长钱洁，副县长吴文卫等出席调度会。

▲上午，南昌县在县综合楼召开基础设施项目（莲塘、向塘、银三角及其他区域）和社会事业项目调度推进会。县委常委、常务副县长、基础设施项目和社会事业项目分指挥部指挥长杨斯，县人大常委会副主任陈秀梅、王三毛、江振国，县人大调研员黄连科、李木旺，副县长、分指挥部副指挥长伍曦，副县长李荣，县政协副主席康健、樊方平，县政协调研员万德珍、吴克芳、姜润根，副调研员张军，向塘开发区管委会主任黄志清等出席。

▲下午，省统计局局长王建农来到小蓝经济开发区，就南昌县工业经济运行情况进行调研。省统计局副局长孙祥生，县委书记郭毅，县长陈匡辉，市统计局局长万仁如、副局长张根全，县委常委、常务副县长杨斯，县委常委、小蓝经济开发区党工委书记徐海波等陪同。

11月2日

上午，县长陈匡辉就做好今年供电迎峰度冬工作进行调度。县委常委、副县长杨保根等出席调度会。

▲上午，省政府驻深圳办事处主任章小刚来到小蓝经济开发区调研，县委副书记王小文，县委常委、小蓝经济开发区党工委书记徐海波等陪同。

11月3日

上午，副县长、县公安局长李荣，县公安局政委周庆鲁先后来到小蓝经济开发区振铃东路北段、江西江铃李尔内饰系统有限公司、银湖二路延伸工程以及中粮可口可乐公司等地，实地视察园区重点重大项目的推进情况。

11月7日

上午，县委常委、副县长杨保根在向塘镇主持召开南昌县三产重大项目建设推进调度会，就全县万村千乡市场工程和再生资源等三产项目建设推进中存在的问题进行现场调度。县委常委、副县长钱洁，向塘开发区管委会主任黄志清等出席调度会。

▲上午，县委常委、常务副县长杨斯主持召开全县经济指标任务调度会。副县长刘光荣等出席。

▲下午，县委常委、常务副县长杨斯在县供电责任有限公司主持召开重大重点项目调度会。县人大调研员李木旺等出席。

▲下午，县人大常委会副主任王三毛率领一产项目推进组，来到武阳镇农村安全饮水工程和龚万自然村新农村建设点进行调研。

11月8日

下午，县委书记郭毅在小蓝经济开发区会见湖南中粮可口可乐饮料有限公司董事兼总经理陈红兵一行。县委常委、小蓝经济开发区党工委书记徐海波会见时在座。

11月10日

上午，小蓝经济开发区在行政服务中心召开2011年南昌小蓝经济开发区携手建设银行走进园区中小企业银企对接会。县委常委、小蓝经济开发区党工委书记徐海波，县政协调研员姜润根等出席。

▲上午，县委常委、农工部部长程雷佬，副县长吴文卫等来到八一、南新等地察看一产重大重点项目建设进展情况。

▲上午，县人大调研员李木旺来到三产重大重点项目建设现场，调度项目建设推进工作，现场解决项目推进过程中出现的困难和问题。

11月11日

上午，秀挹大桥竣工通车仪式在三江镇举行。原江西省委书记、中央统战部部长万绍芬，原济南军区副司令员兼济南空军司令员郭玉祥，原省人大常委会副主任蒋如铭，省委统战部常务副部长黄小华，县委书记郭毅，县委副书记王小文等出席仪式并为大桥竣工通车剪彩；县领导周仁斌、钱洁、胡炜、伍曦、康健等出席通车仪式。

▲上午，县长陈匡辉，县委常委、农工部部长程雷佬，县委常委涂莉华等来到南新乡，就益海嘉里（南昌）粮油食品有限公司和南昌建华管桩项目推进情况进行调研。

▲下午，县委书记郭毅在县政府会见泰豪集团董事长黄代放一行，对泰豪集团在小蓝经济开发区未来发展走向进行探讨研究。县长陈匡辉，县委常委、纪委书记叶保平，县委常委、常务副县长杨斯，县委常委、小蓝经济开发区党工委书记徐海波，副县长吴文卫、刘光荣等会见时在座 。

▲下午，全县电力迎峰度冬工作会在县供电公司召开。县委常委、副县长杨保根出席并讲话。

11月13日

下午，县委书记郭毅在县委会议室会见上海成基械工程集团、江西小松工程机械有限公司董事长韩志敏一行。县委常委、小蓝经济开发区党工委书记徐海波会见时在座。

11月14日

上午，县委常委、纪委书记叶保平在东新乡主持召开昌南新城、小蓝经济开发区重大项目推进第五次调度会。县人大常委会副主任李植、熊鹰，县政协调研员伍目连等出席。

▲上午，南昌县举办招商引资干部培训班。县委常委涂莉华出席开班仪式并讲话，副县长刘光荣主持开班仪式。

▲下午，县委常委、副县长钱洁，副县长吴文卫等来到幽兰镇，现场调度昌南大道东延连接福银高速征地拆迁工作。

11月15日

县人大常委会副主任王三毛等先后来到武阳水厂和向塘三背村新农村建设示范点，对南昌县一产重大重点项目建设推进情况进行调研。

▲下午，县委副书记王小文主持召开泾口乡扬芳食品有限公司新厂区竣工投产仪式调度会。

11月16日

上午，县委常委、副县长杨保根在县综合楼主持召开全县三产重大项目推进暨三产招商引资调度会，总结前一阶段重大重点项目推进情况，安排部署下一阶段的工作任务。

▲下午，县长陈匡辉在县综合楼会见室会见前来南昌县投资考察的美国 CB 公司副总裁约翰 C · 帕特森一行。县委常委、常务副县长杨斯会见时在座。

▲下午，县人大常委会主任胡小明来到金沙大道南延项目工地，现场协调解决项目推进中遇到的困难和问题。

11月17日

上午，县委常委、副县长杨保根来到县三产重大重点项目——南昌茵梦湖国际度假区建设工地现场，调度和解决项目推进中的困难和问题。

▲上午，县委常委、副县长钱洁先后来到内湖大桥、东文大桥、楼前大桥和北望大桥等地，实地察看渡改桥项目推进情况。

▲上午，县人大常委会副主任陈秀梅，县人大调研员李木旺等来到县人防指挥中心、畚德实业有限责任公司、大众制冰和宝迪农业科技有限公司，现场调度、协调解决项目推进中的困难和问题。

▲下午，国土资源部土地利用处处长王薇等来到南昌县，就小蓝经济开发区集约节约用地情况进行调研。省国土资源厅土地利用处处长袁国山，市国土资源局副局长裘小勇，县委常委、小蓝经济开发区党工委书记徐海波等陪同。

11月18日

上午，市工信委副调研员何琦率领市县域经济发展调研组来到南昌县小蓝经济开发区，就县域经济发展情况进行调研。县委常委、常务副县长杨斯，向塘开发区管委会主任黄志清等陪同。

▲上午，县委常委、副县长钱洁主持召开全县渡改桥项目建设推进工作调度会。

11月22日

上午，县委常委、副县长杨保根在县供电公司主持召开全县电力设施改造工程推进工作调度会。

▲上午，县长陈匡辉就加快推进武阳中小企业创业基地建设开展调研。县政协主席邓炳根，县委常委、纪委书记叶保平，县委常委涂莉华，县人大调研员李木旺，县政协副主席熊明泉等陪同。

11月23日

上午，县政协常委视察全县重大重点项目建设情况。县政协主席邓炳根、副主席刘廷爱、康健、熊明泉、杨楼锐、樊方平、李成星，县政协调研员万德珍、姜润根、伍目连等参加视察。县委常委、常务副县长杨斯，县人大调研员李木旺等陪同。

11月24日

上午，县委常委、副县长杨保根来到县粮食局调研企业改制情况。

▲上午，中国移动南昌县分公司小蓝经济开发区城区营销中心新装开业仪式在小蓝经济开发区举行。县委常委、小蓝经济开发区党工委书记徐海波为营业厅开业剪彩。

▲上午，南昌县在县城建局会议室召开政协南昌县第十届五次会议提案督办会议，就加强武阳镇创业园区基础设施建设、农贸街东西水闸卫生管理和解决自来水臭味以及提高莲塘地区自来水水压等四个提案进行重点督办。县政协副主席刘廷爱，县政协调研员万德珍等出席。

▲下午，南昌县企业一套表统计改革工作会在县综合楼召开。县委常委、常务副县长杨斯出席并讲话。

▲下午，县政协副主席李成星，政协调研员伍目连率领县政协提案委员会成员，在县委农工部召开政协南昌县第十届五次会议提案督办会议。

▲下午，省核查组来到南昌县对亿元以上重大重点项目实际进资情况、项目管理情况进行检查与实地拍摄。市外经贸委主任李伟，市外经贸委副主任赵俊，县委常委、小蓝经济开发区党工委书记徐海波等陪同。

11月25日

上午，县委常委、常务副县长杨斯，县人大调研员李木旺等在县政府会议室组织召开全县重大重点项目调度会。

▲下午，县委常委、小蓝经济开发区党工委书记徐海波主持召开县工业重大重点项目推进工作调度会。县人大常委会副主任李植、王三毛、熊鹰、胡金华，县人大调研员黄连科、李木旺等出席。

11月26日

上午，位于八一乡莲塔公路旁的平兰诚信鸿城综合大市场举行开工仪式。县委常委、副县长杨保根等出席。

▲南昌县在南昌八一广场举办小蓝经济开发区专场招聘会。县委常委、小蓝经济开发区党工委书记徐海波来到招聘现场视察指导。

11月28日

上午，县委常委、副县长杨保根现场调度县城电网迎峰度冬工作。

11月29日

上午，南昌县召开铁路建设房屋拆迁工作调度会。县委常委、副县长钱洁出席并讲话。

▲上午，国投物流投资有限公司副总经理王立民来到南昌县商洽向塘路——公路枢纽型物流园区开发建设项目有关事宜。县领导郭毅、陈匡辉、杨斯、黄志清等参加。

▲上午，市交管局副局长刘文保来到交管蒋巷中队检查指导工作。

▲县委书记郭毅，县长陈匡辉在县政府会议室会见国投物流投资有限公司副总经理王立民以及省投资集团公司的有关负责人，三方就合作投资兴建向塘铁路——公路枢纽型物流园区开发建设项目进行了友好协商。县委常委、常务副县长杨斯向塘开发区管委会主任黄志清会见时在座。

11月30日

上午，中国鑫盛源生物科技集团总监陈政清来到小蓝经济开发区考察。县委常委、小蓝经济开发区党工委书记徐海波等陪同。

▲新华社江西分社社长王运才、采访部主任李兴文，市委宣传部副部长李家旺等来到南昌县调研。县领导郭毅、陈匡辉、王小文、徐海波、周仁斌等陪同。

【城市建设与管理】

11月9日

下午，县长陈匡辉来到莲塘镇调度新型城镇化建设推进工作，现场解决莲塘镇新型城镇化建设中遇到的困难和问题。县委调研员胡炜等参加。

11月14日

晚上，县委调研员、统战部长胡炜，副县长刘光荣率领县城建规划、城管部门的负责同志察看县城主要道路和居民区的路灯改造和增亮工程建设情况。

11月30日

上午，县委常委、常务副县长杨斯来到银三角，对万湖城中村改造项目选址进行考察。

【政法工作与社会治安综合治理】

11月1日

上午，南昌县特约人员工作现场会在县法院召开。县委副书记王小文，县委调研员、统战部部长胡炜，县人大常委会副主任李植，县政协副主席樊方平，县法院院长李红刚等出席会议。

11月2日

上午，市公安局党委副书记、常务副局长喻小平来到南昌县公安局督导“清网行动”。副县长、县公安局长李荣，县公安局政委周庆鲁等陪同。

11月8日

上午，省公安厅副厅长、市政府党组成员、市公安局长王国强来到南昌县公安局视察指导工作。副县长、县公安局长李荣等陪同。

▲下午，县公安局召开决战“清网行动”工作推进会。县公安局政委周庆鲁出席并讲话。

11月9日

上午，市中级人民法院院长刘邦琰、副院长董浩明来到南昌县检查指导法院工作。县委书记郭毅，县委常委、政法委书记杨春，县人民法院院长李红刚等陪同。

▲上午，县长陈匡辉来到县城洪客隆（莲塘店），现场督查指导“清剿火患”工作。

11月10日

省工商局副局长沈庆中，省消防总队防火部副部长梁志勇率领督导组来到南昌县，检查开展省“清剿火患”战役行动情况。副县长、县公安局长李荣等陪同。

11月11日

下午，副县长、县公安局长李荣，县公安局政委周庆鲁来到小蓝派出所调研指导工作。

11月16日

下午，南昌县在县综合楼召开“清剿火患”战役暨冬季防火工作部署会。副县长李荣，市消防支队政治处主任洪开光出席并讲话。

11月17日

上午，副县长、县公安局长李荣来到澄碧湖派出所检查指导工作。

11月18日

下午，县委常委、政法委书记杨春来到塘南派出所调研指导工作。

11月22日

下午，县人大常委会主任胡小明率领县人大常委会全体班子成员、调研员等来到县看守所视察指导工作。副县长、县公安局长李荣，县公安局政委周庆鲁等陪同。

11月23日

下午，县委常委、政法委书记杨春来到武阳派出所视察指导工作。

11月26日

上午，由市、县法制办联合举办的法制进村宣传咨询活动在富山乡举行。市法制办副主任韩德保，副县长、县公安局长李荣等参加活动。

11月28日

晚上，县公安交警大队组织警力，在县城开展酒后驾车违法行为集中整治行动。

11月29日

上午，市检察院党组成员、副检察长刘莉芬来到南昌县检察院视察指导工作。县检察院检察长张振川等陪同。

【农业与农村工作】

11月2日

下午，南昌县在县综合楼组织收听收看全国冬春农田水利基本建设电视电话会。副县长吴文卫等参加收听收看。

11月9日

下午，县委常委、农工部部长程雷佬，副县长吴文卫等来到蒋巷镇，就2010年农村土地整理项目工程进展情况进行调度。

【科教文卫体和计生工作】

11月3日

上午，县老年科协在东新乡召开工作推进会。县人大调研员、县老年科协常务副会长黄连科主持，县老年科协会长王火生作讲话。

11月12日

上午，市教育局副局长万群英来到幽兰镇调研寄宿制学校建设情况。

11月14日

上午，上海和黄药业在南新乡新洲煌上煌希望小学举行捐赠图书仪式。民革南昌市委副主任刘川，副县长伍曦出席捐赠仪式。

11月15日

上午，南昌县“爱心牵手、光明同行”公益援助活动在八一卫生院正式启动。副县长伍曦等出席启动仪式。

▲上午，市政法委副书记、市综治办主任樊幽兰来到南昌县就精神病人救治、精神病院建设工作进行调研。县委常委、政法委书记杨春，副县长伍曦等陪同。

▲上午，副县长伍曦来到县妇幼保健院，对2011年全县行政单位女干部职工安康检查工作进行指导。

11月16日

省教育厅副厅长程祥国等来到南昌县视察指导教育工作。省督导室主任王晓阳，省教育厅基教处处长刘雪平，市教育局副局长邵梅珍，县委副书记王小文，县委常委、宣传部长周仁斌，副县长伍曦等陪同。

11月23日

上午，江西千家汽车公司、南昌咸亨酒店向南新乡洪银生态小学捐资10万元，帮助该校改善基础设施和教学条件。副县长伍曦，江西千家汽车公司、南昌咸亨酒店经理万启斌出席捐赠仪式。

11月24日

下午，南昌县在县委会议室召开江西省第七届农民运动会暨省农运会趣味竞赛活动筹备工作调度会。县委副书记王小文，副县长伍曦等出席。

11月25日

县政协主席邓炳根，副主席康健、樊方平率领部分政协委员就县城教育网点布局情况进行调研。副县长伍曦等陪同。

11月27日

上午，南昌县武阳曹雪芹祖籍研究会成立大会在武阳镇召开。县委副书记王小文授牌并作讲话，县人大调研员李木旺，副县长伍曦，原县政协主席吴国炳等出席会议。

11月30日

下午，省卫生厅法制监督局局长杨华、省职业病防治研究院院长何国华等来到南昌县检查职业健康状况调查工作，副县长伍曦等陪同。

【党的建设和干部队伍建设】

11月3日

上午，南昌县第一期科级领导干部轮训班在县委党校开班。县委副书记王小文，县委常委、组织部部长陈圣栋等出席并讲话。

▲上午，全县纪检监察干部业务培训班在县委党校举办，县委常委，纪委书记叶保平作动员讲话。

11月4日

上午，南昌县在县文化会展中心举行全县首次党务工作社会监督聘请仪式。县委副书记王小文，县委常委、纪委书记叶保平出席仪式并向党务工作社会监督员颁发聘书。

11月5日

上午，南昌县首期科级干部轮训班结业。县委常委、组织部部长陈圣栋出席结业仪式。

11月7日

上午，县委常委、组织部长陈圣栋来到莲塘镇调研村（社区）“两委”换届选举工作。

11月9日

下午，小蓝经济开发区召开村党组织及第八届村民委员会换届选举工作部署动员会。县委常委、小蓝经济开发区党工委书记徐海波出席并讲话。

11月10日

上午，南昌县村（社区）两委班子换届选举工作培训班在县委党校开班。县委副书记王小文，副县长、县公安局局长李荣等出席开班仪式。

11月18日

上午，南昌县离退休干部工作培训班在县综合楼举办。县委副书记王小文出席开班仪式并讲话。

【人武工作】

11月19日

上午，南昌县在县人武部召开西藏武警定兵会，安排部署进藏新兵起运等相关工作。县委常委、副县长、县征兵领导小组组长杨保根，县委常委、人武部政委、县征兵领导小组副组长姜清波，县人武部部长胡文俊，副部长郑华、张恩等出席会议。

11月21日

南昌县在县人武部举行首批新兵赴西藏地区部队服役仪式。县委常委、县人武部政委姜清波，县人武部部长胡文俊，副部长张恩、郑华等出席欢送仪式。

【信访工作】

11月7日

上午，县委常委、政法委书记杨春来到县信访局接待来访群众。

11月15日

上午，县长陈匡辉在县信访局约访，副县长吴文卫等参加接访。

11月18日

上午，县委副书记王小文来到县信访局接待来访群众，现场协调解决群众诉求。

11月25日

上午，县长陈匡辉在县信访局接待来访群众，协调解决有关问题。县委常委、副县长杨保根等参加接访。

【环保工作】

11月3日

由省环境保护厅副厅长雷元江，省政协副秘书长、人口资源环境委员会冷芬俊率领的省级生态县创建考核验收组来到南昌县，考核验收省级生态县创建工作。县委书记郭毅，县长陈匡辉，市环保局调研员周启珠，县人大常委会副主任陈秀梅，副县长刘光荣，县政协副主席刘廷爱等陪同。

【友好往来】

11月7日

上午，由河北省冀州市人大常委会副主任邢翠兰，副市长周长俭率领的冀州市党政代表团来到南昌县黄马乡参观考察。县人大常委会副主任王三毛，副县长吴文卫等陪同。

11月8日

河南省政府研究室副主任黄东升率河南省政府调研组来到南昌县参观考察。

11月9日

上午，浙江省兰溪市人大常委会主任许安林，副主任杨志毅率领浙江省兰溪市人大代表团一行来到南昌县参观考察。县人大常委会副主任陈秀梅等陪同。

11月15日

由安徽省肥西县政协主席孙明权率领的肥西县党政代表团来到南昌县参观考察。县委副书记王小文，县委常委、常务副县长杨斯，县委常委、宣传部长周仁斌，县人大常委会副主任陈秀梅，县政协副主席刘廷爱等陪同。

【其他重要工作】

11月1日

上午，省残联副理事长宋寅兵，省残联办公室主任周凯等，来到南昌县新一轮全国残疾人状况监测点冈上镇长湖村，就残疾人状况监测工作情况进行调研。副县长、县公安局局长李荣等陪同。

11月7日

上午，省纪委常委汪爽来到南昌县，就贯彻落实省委、省政府《关于进一步建立健全维护和保护群众利益决策机制的意见（试行）》情况进行调研。市纪委副书记李紫敬，县委常委、纪委书记叶保平等陪同。

11月8日

上午，南昌县在县综合大楼前举行“慈善一日捐”活动。县委书记郭毅，县长陈匡辉，县委副书记王小文，县政协主席邓炳根，县领导叶保平、杨斯、陈圣栋、徐海波、周仁斌、程雷佬、姜清波、钱洁等参加活动。

11月9日

上午，南昌县党报党刊发行工作会在县综合楼召开。县委副书记王小文，县委常委、宣传部部长周仁斌等出席会议。

11月10日

下午，南昌县召开县政府有关部门与各民主党派、无党派对口联系工作座谈会。县委调研员、统战部长胡炜，县人大常委会副主任李植，副县长伍曦等出席。

11月12日

上午，省民宗局副巡视员李红、市民宗局局长谭三国、市民宗局副调研员徐云宝等来到南昌县幽兰镇调研寺院建设情况。县委调研员胡炜、副县长刘光荣等陪同。

11月13日

下午，县委书记郭毅，县委副书记王小文，县人大常委会主任胡小明，县政协主席邓炳根等县四套班子领导和各乡镇（开发区）、县委各部门、县直各单位负责人前往南昌警备区教导队，参加“军事日”活动，亲自体验军营生活，接受国防教育。

11月17日

上午，江西省“青年对话党代表”系列宣讲活动在县综合楼举行。副县长伍曦等参加。

▲下午，东新乡举行“我为南昌县拼争五十强添光彩”主题演讲比赛。县委常委、宣传部部长周仁斌，县委调研员、统战部长胡炜，县政协调研员伍目连等应邀担任评委。

▲下午，省政协常委、民革省委会副巡视员李季仁率领团省委调研组来到南昌县，就“丰富新生代农民工精神文化生活”进行调研。

11月18日

上午，全县乡村气象服务工作推进会在县综合楼召开。县委常委程雷佬出席并讲话。

11月23日

上午，省工信委副巡视员马勇来到南昌县，就推进网站绩效评估、电子政务监察和依托电子政务平台加强政府政务公开和政务试点准备等工作进行督查指导。市工信委副主任姜方保等陪同。

11月24日

下午，出席全省离退休干部党组和党员创先争优活动推进会代表来到南昌县，参观考察县检察院机关退休干部党支部建设工作情况。市老干部局局长袁井红、副局长黄素萍，县委副书记王小文，县检察院检察长张振川等陪同。

11月26日

银三角管委会举办全体机关干部业务知识培训班。县检察院检察长张振川应邀授课。

十二月

【重要会议】

12月1日

上午，市委“十七届六中全会和省、市党代会精神”宣讲报告团来到南昌县进行宣讲。县委常委、宣传部长周仁斌出席并主持报告会。

12月2日

下午，县委书记郭毅在县综合楼主持召开第30次县委常委会。县委副书记、县长陈匡辉，县委副书记王小文，县委常委叶保平、杨斯、徐海波、周仁斌、杨春、姜清波、涂莉华等出席会议。县人大常委会主任胡小明、县政协主席邓炳根等列席会议。

▲下午，县委书记郭毅在县委会议室与来南昌县采访的江西日报、经济日报、南昌日报等省市媒体的负责同志、编辑、记者进行座谈。市委宣传部副部长李家旺、《江西日报》驻南昌记者站站长肖苏萍、《经济日报》驻南昌记者站站长赖永峰、《南昌日报》副总编辑万荣海，县委常委、小蓝经济开发区党工委书记徐海波，县委常委、宣传部长周仁斌等参加座谈。

12月7日

下午，全县重大重点项目推进总指挥部第三次会议在小蓝经济开发区召开，会议总结了前一阶段全县重大重点项目推进情况，安排部署下一阶段的工作任务。县委书记郭毅作重要讲话，县领导胡小明、邓炳根、叶保平、杨斯、徐海波、程雷佬、涂莉华、钱洁、李木旺、伍曦、李荣、吴文卫、刘光荣、熊明泉等出席。

12月8日

上午，省文化厅来到南昌县召开学习贯彻党的十七届六中全会和省党代会精神座谈会。省文化厅党组书记舒仁庆出席并讲话，县委副书记王小文，县委常委、宣传部长周仁斌以及省、市有关部门及四县文化广电新闻出版部门的负责干部参加座谈会。

12月9日

上午，县委副书记王小文在县综合楼主持召开全县综合目标管理考核评比领导小组成员会议，对全县2011年度综合目标管理考核评比实施方案和2012年绩效考核方案进行安排部署。

12月12日

上午，全县村（社区）“两委”换届选举工作推进会在县综合楼召开。会议总结了全县村（社区）“两委”换届选举工作的总体进展情况，对下一步的工作进行部署。县委副书记王小文，县委常委、组织部部长陈圣栋，副县长、县公安局局长李荣等出席会议。

12月16日

上午，县政协十一届一次常委会在县综合楼召开。县政协主席邓炳根，副主席刘廷爱、康健、熊明泉、杨楼锐、樊方平、李成星，调研员万德珍、吴克芳、李信谆、姜润根、伍目连等出席会议；副县长伍曦应邀列席会议。会议通报了县政协“加速发展献一策，促进项目牵一线”活动开展情况，听取了县政协教卫文体文史委员会《关于县城及周边区域义务教育网点布局调整规划的调研报告》，听取了县政协经济科技人资环境委员会《关于南昌县电力供应存在的问题及对策的调研报告》。

12月18日

下午，县长陈匡辉在县综合楼主持召开县长办公会议，审议研究县妇保院医技楼及庭院绿化、莲塘一小新建教学楼等有关事项。县委常委、常务副县长杨斯，县委常委、副县长杨保根、钱洁，副县长伍曦、李荣、吴文卫、刘光荣等出席。

12月19日

下午，全县乡镇领导班子和领导干部绩效考核实施细则征求意见座谈会在县委组织部召开。县委常委、组织部长陈圣栋出席并讲话。

12月22日

下午，南昌县在县综合楼组织收听收看全省冬季造林电视电话会。县委常委、农工部部长程雷佬等参加收听收看。

12月23日

下午，2011年全县综合目标管理考核动员大会在县综合楼召开。县委副书记王小文出席并讲话，县公安局政委周庆鲁等出席。

12月24日

上午，南昌县在县综合楼召开2011年度全县土地卫片执法检查整改布置会。会议传达了省市土地卫片执法检查整改布置会精神，安排布置全县土地卫片执法检查整改工作，遏制违法违规占用土地行为，维护正常的土地管理秩序，促进依法用地。县委书记郭毅作讲话，县长陈匡辉主持会议；县委常委、纪委书记叶保平，县委常委、宣传部长周仁斌，副县长、县公安局长李荣，副县长吴文卫，县检察院检察长张振川，向塘开发区管委会主任黄志清等出席会议。

12月26日

上午，南昌县在县综合楼召开2011年农民工工资清欠工作会。县委常委、副县长杨保根出席并讲话。

12月27日

上午，南昌县在县综合楼召开“家官乡贤”座谈会布置协调会，就2012年“家官乡贤”座谈会的有关事宜进行安排部署。县委副书记王小文出席并讲话。

▲上午，南昌县在县综合楼集中收听收看全省深入推进行政审批制度改革电视电话会。县委常委、副县长钱洁等参加收听收看。

12月28日

上午，县十五届人大常委会第四次会议在县综合楼召开。县人大常委会主任胡小明，副主任陈秀梅、李植、王三毛、熊鹰、胡金华、江振国，县人大调研员黄连科、李木旺等出席会议。副县长李荣、县法院院长李红刚、县检察院检察长张振川等列席会议。会议听取和审议了县人民政府关于流动人员管理工作情况汇报；听取和审议了县法院关于审判监督和案件管理工作情况报告；听取和审议了县检察院关于渎职侵权检察工作报告；听取和审议了县人民政府关于县十四届人大五次会议代表建议意见办理情况报告等有关事项。

▲晚上，县委书记郭毅在县综合楼主持召开第31次县委常委会议。县委副书记、县长陈匡辉，县委副书记王小文，县委常委叶保平、杨斯、杨保根、陈圣栋、徐海波、周仁斌、杨春、程雷佬、姜清波、钱洁等出席会议。县人大常委会主任胡小明，县政协主席邓炳根，县委调研员、统战部部长胡炜等列席会议。

12月29日

上午，全县一产重大重点项目施工环境整治工作会在县综合楼召开。县委常委、农工部部长程雷佬，副县长吴文卫出席并讲话。

▲下午，县委书记郭毅在县综合楼主持召开县城规划委员会第8次会议。县委副书记王小文，县人大常委会主任胡小明，县委常委、常务副县长杨斯，县委常委、副县长杨保根，县委常委、小蓝经济开发区党工委书记徐海波，县委调研员、统战部长胡炜，副县长吴文卫、刘光荣，县政协副主席刘廷爱等出席会议。县政府规划顾问陈振寿、高霞应邀参加会议。

▲下午，南昌县在县综合楼组织收听收看第三次全国文物普查工作电视电话会议。副县长伍曦等参加收听收看。

12月30日-31日

县级领导干部工作务虚会在黄马白浪湖度假村召开。会议紧扣县第十三次党代会提出的“拼争全国五十强县市、建设现代化综合新城”的目标，围绕“做什么、怎么做、谁来做”这个主题，讨论研究明年全县的工作思路和举措。县委书记郭毅，县委副书记、县长陈匡辉，县委副书记王小文，县人大常委会主任胡小明，县政协主席邓炳根，县领导叶保平、杨斯、杨保根、陈圣栋、徐海波、周仁斌、杨春、程雷佬、涂莉华、钱洁等县四套班子领导出席务虚会。

【领导活动】

12月1日

上午，昌南大道东延工程正式开工建设，省委常委、市委书记王文涛，市人大常委会主任蔡社宝，市政协主席卢晓健，市委常委、市委秘书长凌学仁，市委常委、常务副市长张鸿星，市委常委、副市长刘建洋，市政协副主席龙国英等省市领导，在出席昌南大道东延工程开工仪式后，来到福银高速幽兰入口视察昌南大道东延工程南昌县段的开工建设情况。县长陈匡辉，县委副书记王小文，县委常委、副县长钱洁等陪同察看。

▲国投物流投资有限公司、江西省投资集团公司和县人民政府战略合作框架协议签约仪式在南昌索菲特泰耐克大酒店举行。市长陈俊卿，国家开发投资公司副总裁李冰，省国资委主任李天鸥，国投物流投资有限公司总经理黄昭沪，副市长张根水，省投资集团公司副总经理唐先卿，国投物流投资有限公司副总经理王立民，南昌铁路局局长助理黄少雄，县领导郭毅、陈匡辉、胡小明、邓炳根、杨斯，向塘开发区管委会主任黄志清等出席签约仪式。

▲下午，省军区副政委戴勇来到南昌县视察人防应急指挥中心建设，市警备区司令员李克强，县委副书记王小文，县委常委、副县长杨保根，县委常委、人武部政委姜清波，县人武部长胡文俊等陪同。

12月4日

上午，市长陈俊卿，市委常委周关、古丽·吐依洪，副市长肖玉文率领市直有关部门负责同志来到小蓝经济开发区，就加快推进汽车产业发展进行调研，并协调解决推进汽车产业发展中遇到的问题。县委书记郭毅，县委常委、常务副县长杨斯，县委常委、小蓝经济开发区党工委书记徐海波，县委常委涂莉华，县政协副主席刘廷爱等陪同。

12月14日

上午，全市县委权力公开透明运行工作现场会在南昌县召开。会议总结交流南昌县和青云谱区推进县委权力公开透明运行试点工作经验，深入推进县委权力公开透明运行工作的开展。省委常委、市委书记王文涛，市委常委、组织部长陈德寿，市委常委、纪委书记卢作全等出席会议。会议开始前，王文涛、陈德寿、卢作全及全市各县区、市直各有关部门负责同志，在县领导郭毅、王小文、叶保平、杨斯、钱洁、李荣等陪同下，来到县委权力公开透明运行的重要载体和平台——南昌市“十大纳凉广场夜景之一”的澄碧湖公园，参观南昌县推进县委权力公开透明试点工作情况。

12月15日

下午，市人大常委会主任蔡社宝，市人大常委会副主任罗慧芬、赖永芳、李国根、崇江林、申少平、李福如，市人大常委会党组成员、副秘书长、办公厅主任徐永立等来到南昌县调研人大常委会工作情况。县委书记郭毅，副书记王小文，县人大常委会主任胡小

明，县政协主席邓炳根，县委常委、小蓝经济开发区党工委书记徐海波，向塘开发区管委会主任黄志清等陪同。

12月21日

下午，市委常委、常务副市长张鸿星来到南昌县昌南新城视察统计学校建设事宜。县委书记郭毅，县委常委、常务副县长杨斯等陪同。

12月22日

上午，副市长刘家富来到南昌县视察杨市公路。县委常委、副县长钱洁等陪同。

12月25日

下午，市委副书记、市委政法委书记郭安，副市长刘家富率领出席全市用群众工作统揽信访工作现场推进会的全体人员来到南昌县参观。县长陈匡辉，县委副书记王小文，县委常委、政法委书记杨春，副县长吴文卫等陪同。

12月26日

下午，由万载县县委书记胡新明，县长陈虹率领的万载县党政代表团来到南昌县参观考察。市委副书记、政法委书记郭安，县长陈匡辉，县领导王小文、胡小明、杨斯、徐海波、刘廷爱等陪同。

12月29日

上午，省纪委副书记赵力平来到南昌县就党风廉政建设工作开展调研。市委常委、纪委书记卢作全，省纪委党风廉政室副主任熊小华，市纪委副书记李紫敬，县委书记郭毅，县委常委、纪委书记叶保平，市纪委常委傅碧波、刘志勇等陪同调研。

12月31日

上午，省委副书记张裔炯来到南昌县蒋巷镇视察农业综合开发工作。省农业综合开发办主任章康华，市县领导周关、朱志群、郭毅、程雷佬等陪同。

【走访慰问】

12月15日

上午，民进南昌市直二支部委员李淑英来到南昌县小蓝柏林村走访贫困儿童。

12月20日–23日

县政协开展集中走访委员活动，收集委员反映的社情民意，征询委员对政协工作的意见和建议。县政协副主席康健、熊明泉、杨楼锐、樊方平、李成星，县政协调研员万德珍、吴克芳、李信谆、伍目连等分别走访了文化新闻界、共青团界、特邀界、妇联界、台胞台属界、少数民族宗教界、农工党界、民进界、无党派界别、科技科协界和中共界等界别。

12月27日

上午，县政协主席邓炳根，副主席康健、杨楼锐、樊方平、李成星，县政协调研员万德珍、吴克芳、李信谆、伍目连等集中走访慰问高新开发区的县政协委员，征求他们对政协工作的意见和建议。

12月28日

下午，省台办主任阎钢军、省台办机关党委副书记徐建新、调研处调研员刘智华等来到南昌县走访企业，了解南昌县工业园区发展情况。市台办主任刘闯，县委书记郭毅，县委副书记王小文，县委常委、小蓝经济开发区党工委书记徐海波，副县长刘光荣，向塘开发区管委会主任黄志清等先后陪同。

【工交财贸】

12月2日

上午，县委书记郭毅在县综合楼主持召开县规划委员会第7次会议。县长陈匡辉，县委常委、常务副县长杨斯，县政协副主席刘廷爱等出席。

▲上午，县政协副主席康健、县政协调研员吴克芳等来到县公安局交通管理大队，对《关于在澄湖西路四个重点路段设立斑马线和减速带的建议》、《关于依法严查遮档号牌机动车上路行驶的建议》等11个提案进行专题督办。

12月4日

南昌县在桂花村大酒店召开交通运输规划专家评审会议，就《南昌县综合交通运输体系发展规划》、《南昌县旅客运输规划》和《南昌县道路货物运输规划》认真听取专家评审。县委常委、副县长钱洁，县人大常委会副主任陈秀梅，县政协副主席李成星等出席评审会议。

12月6日

上午，县政协副主席李成星，县政协调研员姜润根、伍目连走访南昌海螺水泥有限公司、小蓝经济开发区、柏林变电站和莲塘镇等地，对经济开发区、用电大户、社区和变电站的电力供应存在的问题开展调研。

▲上午，由南昌县和江铃汽车集团公司共同主办的2011南昌（上海）汽车产业投资说明会在上海浦东喜来登由由酒店举行。副省长洪礼和出席并讲话。省国资委主任李天鸥，省工信委主任谢碧联，省商务厅厅长伍再谦，省发改委副主任王水平，省出入境检验检疫局副局长温珍才，南昌海关关长薛金楼，县领导郭毅、徐海波、涂莉华等出席会议。

▲省国税局党组书记、局长张贻奏，省国税局办公室主任袁继军，市国税局局长曾光辉等来到南昌县调研。

12月8日

上午，江西省测绘地理信息产业创新基地奠基仪式在南昌县昌南新城举行。国家测绘地理信息局副局长闵宜仁，省政府副秘书长林彬杨，省国土资源厅厅长胡宪，省国土厅党组成员、省测绘地理信息局局长高振华，省发改委副主任曾文明，省消防总队副总队长宋

学全，县领导郭毅、杨斯、程雷佬、吴文卫、刘廷爱等出席奠基仪式。

▲上午，南昌市公安局交管局党委委员、副局长甘伟民来到县公安局交管大队调研。

12月14日

上午，县政协主席邓炳根、副主席李成星、熊明泉，县政协调研员姜润根、伍目连等来到县供电公司，就南昌县城区及小蓝经济开发区电力供应中存在的问题进行调研。县委常委、副县长杨保根等陪同。

▲上午，工信部装备工业司副司长王富昌，装备工业司调研员王瑞华，省工信委副主任万庆胜，节能处处长周觉人，装备处处长陈辉萍等来到江铃股份检查重点用能行业单位产品能耗限额标准执行情况。县委常委、小蓝经济开发区党工委书记徐海波等陪同。

12月16日

下午，县委常委、常务副县长杨斯在县委会议室主持召开定岗综合市场项目推进协调会。县人大调研员李木旺等出席。

12月23日

下午，省台办副主任黄朋青、秘书处处长江雷、经济处处长喻志东等来到南昌县台资企业——广宥鞋业调研。市台办主任刘闯，副主任胡裔、戴继斌等陪同。

12月24日

全县财政税收工作务虚会在县会展中心召开。县长陈匡辉，县委常委、常务副县长杨斯出席并讲话。

▲下午，县委常委、宣传部长周仁斌来到武阳中小创业园区调研项目推进情况。县政协主席邓炳根，副主席熊明泉等参加调研。

12月27日

上午，小蓝经济开发区“百人服务团进企业”活动正式启动。县委常委、小蓝经济开发区党工委书记徐海波出席并讲话。

▲下午，全县安委会成员（扩大）会议在县综合楼召开。副县长、县公安局局长李荣出席并讲话。

12月28日

上午，县委副书记王小文，县委常委、小蓝经济开发区党工委书记徐海波出席江西美兴实业有限公司开业仪式并剪彩。

12月30日

上午，冈上镇举行杨市公路竣工通车暨新公交开通典礼仪式。省委第一巡视员组组长樊耀，市交通局局长黄维象，市公路局党委书记王建华，市公交总公司总经理李明，县领导王小文、邓炳根、钱洁等出席典礼并剪彩。

【城市建设与管理】

12月1日

上午，县委调研员、统战部长胡炜来到莲水巷小区、王家村等地，就社区、居民区的环境卫生整治工作进行调度。

12月29日

上午，县政协就南昌县城市绿化工作开展调研。县政协主席邓炳根、副主席李成星，县政协调研员姜润根、伍目连等参加调研。

▲银三角环卫所举行落成揭牌仪式。县委调研员胡炜、副县长刘光荣等出席揭牌仪式。

【政法工作与社会治安综合治理】

12月1日

上午，县公安局在县政府会议室召开由部分乡（镇）分管政法工作的领导及村（居）委会党支部书记参加的“清网行动”劝投工作座谈会。副县长、县公安局长李荣出席座谈会并讲话。

▲下午，全县政法工作联席会在县公安局召开。县委常委、政法委书记杨春出席并讲话。

12月2日

上午，南昌县深入推进道路交通安全暨学生接送车辆整治工作会在县综合楼召开。副县长伍曦、李荣等出席会议并讲话。

12月4日

上午，南昌县在县城莲塘维也纳广场举办2011年“12·4”全国法制宣传日法律咨询宣传活动。县委常委、宣传部长周仁斌，县委常委、政法委书记杨春，县人大常委会副主任熊鹰，副县长、县公安局长李荣，县法院院长李红刚，县检察院检察长张振川等视察活动现场。

12月5日

下午，全县“打黑除恶”专项斗争暨提升公众安全感动员大会在县综合楼召开。县委副书记王小文，县委常委、政法委书记杨春，副县长、县公安局局长李荣，县法院院长李红刚等出席。

12月8日

副县长、县公安局长李荣来到广福、三江和黄马等乡镇调研。

12月9日

下午，南昌县组织全县副科级以上领导干部参加2011年全省领导干部法律知识考试。市司法局副局长王慧玲，县委副书记王小文，县委常委、政法委书记杨春等巡视部分考点。

12月10日

下午，由县政法委主办，县公安局承办的处置群体性事件应急演练在小蓝经济开发区金沙二路柏林村内举行。县委副书记王小文出席并讲话，县委常委、政法委书记杨春，副县长、县公安局局长李荣等出席。

▲下午，南昌县在县公安局召开全县公安机关“清网行动”工作推进会。副县长、县公安局长李荣，县公安局政委周庆鲁等出席。

12月11日

下午，全市公安机关“清网行动”交叉检查组来到南昌县检查督导公安机关“清网行动”工作。县公安局政委周庆鲁等陪同。

12月12日

下午，由省交通运输厅副巡视员王凯林率领的省流浪乞讨人员救助管理工作督查组来到南昌县检查指导工作。副县长、县公安局局长李荣等陪同。

12月13日

下午，县公安局召开全县公安机关治安巡逻防控工作部署大会。县公安局政委周庆鲁等出席会议 。

▲晚上，县委常委、政法委书记杨春深入一线督导巡逻防控工作。副县长、县公安局局长李荣，县公安局政委周庆鲁等陪同。

12月19日

副县长、县公安局长李荣来到部分基层派出所检查指导工作。

12月20日

上午，以黑龙江省公安厅纪委副书记、监察室主任陈杰为组长的公安部“两项专项治理”省际交叉检查组在省公安厅纪委副书记、监察室主任吴国高，局党委委员、纪委书记钟田力等陪同下来到南昌县公安局检查指导涉案人员非正常死亡、涉案财物管理问题两项治理工作。

12月22日

上午，省公安厅治安总队、水警总队来到南昌县检查督导水上公安工作。副县长、县公安局局长李荣，县公安局政委周庆鲁等陪同。

12月23日

下午，全县公安机关务虚工作会在县综合楼召开。副县长、县公安局局长李荣，县公安局政委周庆鲁出席并讲话。

▲晚上，全县消防安全“零点”行动启动仪式在县消防大队举行。副县长、县公安局局长李荣出席启动仪式。

12月24日

省厅治安总队副总队长宋友胜等来到南昌县公安局检查督导“平安夜”、圣诞期间安全保卫工作。

12月28日

晚上，县公安局组织开展2011年度局党委班子民主生活会。副县长、县公安局局长李荣出席并讲话。

【农业与农村工作】

12月1日

县政协主席邓炳根，县人大调研员李木旺，县政协副主席熊明泉等来到八一乡，就胡华防洪圩堤加固加高工程进行调研。

12月5日

上午，全县农村土地整治工作暨2011年度农村土地整治设计交底会议在县综合楼召开。副县长吴文卫出席并讲话。

12月10日

上午，市委办公厅副主任徐勇强、市扶贫办主任符开辉等来到南昌县塔城乡指导扶贫工作。县委副书记王小文等陪同。

12月13日

上午，副县长吴文卫来到泾口乡和幽兰镇，察看南昌县2011年高标准农田建设和千亿斤粮食增产两个农业重大重点建设项目推进情况。

▲县委常委、农工部长程雷佬先后来到五星垦殖场和南新、泾口等地就农村土地综合整治和城乡建设用地增减挂钩等项目建设推进情况进行调研。

12月14日

上午，省水利厅纪委书记李东江来到南昌县调研。县委常委、农工部部长程雷佬等陪同。

12月16日

下午，南昌县召开2009～2010年中央水利投资过亿县在建水利工程稽察复查会。省水利厅安监处处长王振华，省水利稽察特派员许征平，县委常委、农工部部长程雷佬等出席。

12月17日–18日

县委书记郭毅先后来到冈上镇、幽兰镇，就经济社会发展等进行调研。

12月23日

省农业厅作物栽培局局长刘保林来到塘南镇蔡家村调研标准良田改造项目。

12月26日

上午，全县农口系统工作务虚会在八一乡海湾农庄召开。县委常委、农工部部长程雷佬，县人大常委会副主任江振国、副县长吴文卫、县政协副主席李成星等出席。

12月27日

副县长吴文卫来到黄马、向塘、武阳等乡镇，就土地矿产卫片执法检查整改进展情况进行督查。

▲下午，省委农工部副部长赖金生来到黄马、向塘等乡镇就农村信息化建设情况进行调研。市委农工部副部长张晓芳，县委常委、农工部部长程雷佬等陪同调研。

【科教文卫体和计生工作】

12月6日

上午，省人口计生工作检查组组长黄琴等来到南昌县反馈计生工作检查情况。县委常委、农工部部长程雷佬等陪同。

▲下午，市政府参事室主任江春贵，市教育局副局长黄小华等来到小蓝经济开发区调研职业教育情况。

12月7日

上午，县民主同盟总支“农村教育烛光行动”基地揭牌仪式在幽兰镇中心小学举行。县人大常委会副主任、民主同盟县总支负责人李植，副县长伍曦出席揭牌仪式并讲话。

12月8日

上午，县人大常委会副主任李植来到县卫生局，就2011年县人大代表建议涉及的血防、新农合、妇幼保健、婚检、医疗纠纷处理以及县医院妇保院规划等诸多卫生热点难点问题的办理情况进行督办。

▲上午，市卫生局局长张力等来到南昌县调研。县委书记郭毅、县委副书记王小文、副县长伍曦等陪同。

▲上午，省寄生虫病研究所所长陈红根，市卫生局副局长陈天鹏等来到南昌县，对鄱阳湖南岸片血防综治示范区工作进行年终考评。副县长伍曦等陪同。

12月10日

上午，南昌县乒乓球协会成立仪式暨十县（市）乒乓球邀请赛在县体育馆举行。县委副书记王小文，县人大常委会主任、县乒乓球名誉主席胡小明，县委常委、纪委书记、县乒协名誉副主席叶保平，县委常委、宣传部长周仁斌，县委常委、小蓝经济开发区党工委书记、县乒协名誉副主席徐海波，县人大常委会副主任、县乒协执行主席李植，县人大常委会副主任、县乒协名誉副主席熊鹰、胡金华，副县长伍曦，县检察院检察长、县乒协名誉副主席张振川等出席。

12月14日

下午，市委宣传部副部长罗水长率领考核组来到南昌县调研考察宣传思想文化工作。县委常委、宣传部长周仁斌等陪同。

12月17日

上午，县书法协会会员年会在县书协召开。县委常委、宣传部部长周仁斌，副县长伍曦出席并讲话。

12月21日

上午，富山乡东亘星光生态示范村农民文化娱乐中心举行开工仪式。省人大助理巡视员王光前，省人大办公厅机关工委副书记周建华，县人大常委会主任胡小明，副主任王三毛、江振国等出席开工仪式。

12月22日

上午，副市长张根水来到南昌县调研旅游产业发展情况。市政府副秘书长陈武、市旅游局局长陈清华，县委副书记王小文，副县长伍曦等陪同。

12月27日

下午，市科技局局长黄中平、副调研员李秋明等来到南昌县考核科技工作。

12月29日

上午，县老年人体育协会2011年年会在县综合楼召开。市老年体协主席孔炯，副主席吴迈、易清，县委调研员、统战部长胡炜等出席。

【党的建设和干部队伍建设】

12月19日

上午，全县第二期新闻发言人及新闻助理培训班在县委党校开班。县委副书记王小文出席并讲话，县委常委、宣传部部长周仁斌主持开班仪式。

12月20日

下午，省委组织部副部长冯桃莲，省委组织部部委委员、研究室主任俞银先等率领省委组织部第五支部全体成员来到南昌县，就非公企业党建工作开展调研。县委书记郭毅，县长陈匡辉，县委副书记王小文，县委常委、组织部部长陈圣栋，县委常委、副县长钱洁等陪同。

12月27日

上午，以中纪委信访室办公室主任胡志彬为组长的中纪委调研组来到南昌县，就组织人民群众参与反腐倡廉建设工作开展调研。省纪委常委、省纪委信访室主任饶利萍，市纪委副书记杜志刚，市纪委常委、审理室主任傅碧波，县委常委、纪委书记叶保平等陪同调研。

12月29日

省委组织部综合处处长雷音，市委组织部副部长郑志军、部务委员杨晓波等来到南昌县调研。县委副书记王小文，县委常委、组织部部长陈圣栋等陪同。

【人武工作】

12月5日

上午，市公安局国内安全保卫支队副支队长唐秋明率市征兵办政审组来到南昌县，就征兵政审工作进行检查。县委常委、县人武部政委姜清波等陪同。

12月6日

下午，南昌县在县人武部会议室召开2011年度定兵工作会议。县委常委、县人武部政委、县征兵领导小组副组长姜清波，省军区军动处处长、省征兵办副主任程宝根，县人武部部长、县征兵领导小组副组长胡文俊，县人武部副部长张恩、郑华等出席会议。

【信访工作】

12月15日

上午，副县长、县公安局局长李荣在县信访局接待来访群众。

▲上午，县委副书记王小文在县信访局接待来访群众。

12月20日

上午，县委常委、纪委书记叶保平在县信访局接待来访群众。

12月26日

上午，县委常委、组织部长陈圣栋在县信访局接待来访群众。

【群团工作】

12月7日

上午，市、县妇联联合举办的2011年妇女实用技术培训班在向塘镇剑霞村开班。市妇联副主席周笑蓓出席并讲话。

【友好往来】

12月9日

上午，万载县委副书记付小群率领万载县党政代表团来到南昌县，参观考察城市化建设和开发区经济发展情况。县委书记郭毅、县委副书记王小文等陪同。

【其他重要工作】

12月1日

下午，全省乡镇、街道党组织书记创新社会管理轮训班学员来到南昌县参观考察。县委常委、副县长钱洁等陪同。

12月6日

上午，蒋巷镇玉丰村召开第八届村委会换届选举“自荐直选”大会。副县长李荣出席并讲话 。

▲上午，市人防办主任张鸿雁、副主任廖晓峰等来到南昌县视察指导人防工作。县委常委、副县长钱洁等陪同。

▲上午，市委保密机要局副局长、年终考评调研组组长余俊杰来到南昌县考核指导保密机要工作。县委副书记王小文等陪同。

▲上午，县人大常委会副主任王三毛、江振国，县人大调研员李木旺分别来到县委农工部、塘南镇和县水务局，就十届人大会议提案进行督办。

▲上午，市委农工部副部长刘荣根等来到南昌县黄马乡进行2012年统筹城乡发展项目摸底视察 。

▲下午，市直机关工委副书记龚小荣来到南昌县，检查指导窗口单位和服务行业创先争优工

作。县委常委、组织部长陈圣栋等陪同。

12月13日

上午，《当代江西》杂志社社长、总编辑刘元敏，省委外宣办主任欧阳苏勤，省委讲师团团长李江源等来到南昌县调研。县委副书记王小文，县委常委、宣传部部长周仁斌，县委常委、副县长钱洁等陪同。

▲下午，县委书记郭毅在黄马乡调研时强调：要打造好的环境，保护好生态，把自然生态资源转化成产业优势，推动黄马生态旅游的发展。努力把南昌县打造成南昌市的后花园，打造成市民生态农业观光休闲的好场所。

12月14日

上午，泾口乡创业村举行第八届村委会换届选举“自荐直选”大会。县人大副主任王三毛出席并讲话。

12月15日

上午，武阳镇前进村举行第八届村委会换届选举“自荐直选”大会。县委常委、副县长杨保根，县人大常委会副主任王三毛，县检察院检察长张振川等出席。

▲由省质监局纪检组长马灵为组长的全省发展提升年活动考核组来到南昌县，就南昌县发展提升年活动开展情况进行考察检查。市纪委副书记、监察局局长杜志刚，县委书记郭毅，市纪委常委、市监察局副局长李联明，县委常委、纪委书记叶保平，县委常委、常务副县长杨斯等出席汇报会。

12月16日

上午，2011年度南昌县市十四届人大代表小组活动在江西工商职业技术学院举行。县人大常委会主任胡小明，副主任李植、王三毛，调研员黄连科等出席。

12月20日

上午，《鄱阳湖生态经济区“两区一带”分区详细规划》编制工作调研组来到南昌县开展专项调研活动。南昌大学总会计师、博士生导师、教授黄建新，省鄱湖办鄱建二处处长段骁贵以省社科院、江西财大、江西师大等专家学者参加调研活动。县委常委、常务副县长杨斯等陪同。

12月21日

下午，省考核组来到南昌县检查指导“质量兴县”工作。县委常委、副县长杨保根等陪同。

12月23日

上午，县委组织部召开2012年全县组织工作务虚会。县委常委、组织部长陈圣栋出席并讲话。

▲下午，省委办公厅副巡视员、省保密局局长胡名义，市委保密机要局副局长余俊杰等来到南昌县参加县委保密委员会全体成员会议。县委副书记王小文等陪同。

12月25日

上午，县政协主席邓炳根，县人大常委会调研员李木旺率领八一乡胡华村干部、老党员、老干部以及群众代表来到东新乡大洲村，参观安居工程建设情况。

▲上午，小蓝经济开发区霞山村举行自来水工程竣工仪式。县委常委、小蓝经济开发区党工委书记徐海波出席并宣布工程竣工通水。

12月27日

下午，全县道教协会第一次代表大会在县综合楼召开。省民族宗教局一处处长缪星宇，县委调研员胡炜，副县长刘光荣等出席。

12月28日

上午，县长陈匡辉来到蒋巷、幽兰、塘南等镇，就乡镇违章违法建筑拆除工作进行调研。县委常委、纪委书记叶保平，副县长吴文卫等随同调研。

▲下午，县委常委、宣传部长周仁斌来到冈上镇、广福镇督导拆违控违工作。

12月29日

下午，省食品药品监督管理局餐饮处处长陈琳，市食品药品监督管理局副局长曾性军等来到南昌县检查。副县长伍曦等陪同。

附 ：

县委办公室 县政府办公室
关于印发《南昌县大事记》编纂方案的
通 知

南办发[2011]52号

各乡镇党委、人民政府，各开发区（新区）、银三角党工委、管委会，县委各部门，县直各单位，驻县各相关单位：

《〈南昌县大事记〉编纂方案》已经县委、县政府同意，现印发给你们，请认真贯彻落实。

中共南昌县委办公室

南昌县人民政府办公室

2011年11月2日

《南昌县大事记》编纂方案

《南昌县大事记》一书是按年、月、日的表达方式，全面、客观地记述南昌县政治、经济和社会发展方面的重大决策、重要会议、重要发文、重要活动、重要事件、重大变革、重大成就等大事要事，是南昌县历史活动的重要载体，是研究南昌县政治、经济和社会发展等提供第一手参考资料工具类书籍，可以为社会各界和海内外人士了解、研究和投资南昌县提供基本情况，为领导重大决策提供可靠资料。

根据《中共中央关于加强和改进新形势下党史工作的意见》（中发[2010]10号）、《中共江西省委关于加强和改进新形势下党史工作的实施意见》（赣发[2010]12号）、《中共南昌市委关于加强和改进新形势下党史工作的实施意见》（洪发[2010]25号）等文件精神，自2012年起，南昌县须逐年编纂出版《南昌县大事记》，现拟定如下编纂方案。

一、指导思想

以邓小平理论、“三个代表”重要思想、科学发展观和十七大精神为指导，坚持辩证唯物主义和历史唯物主义观点，尊重史实，直书其事，力求保存史事原貌。

二、主要内容

包括南昌县重要图片、重大决策、重要会议、重要发文、重要活动、重要事件、重大变革、重大成就，中央、省、市领导来县视察、调研、走访，工交财贸、城市建设与管理、政法工作与社会综合治理、劳动人事和社会保障、农业与农村工作、科教文卫体和计生工作、党的建设和干部队伍建设、群团工作、信访工作、环保工作、友好往来、乡镇工作、其他重要工作等。

三、资料采编与编写要求

大事记资料采编工作在县委、县政府的领导下开展，各地各单位要高度重视大事记资料采编工作，选定一位政治思想觉悟高、热爱史志工作、有一定文字功底的同志为本单位的大事记采编员，负责本单位内的大事记资料采编工作。大事记采编员要及时采编有关资料，按质量和时间要求向南昌县委史志地名办公室提供文字稿和电子版稿（邮箱：149109747@qq.com）。文字稿件必须由撰稿单位签发盖章。

大事记的采编，须按时间、地点、人物、事件、结果五大要素，力求做到文字简洁、朴实，语言精炼、流畅，不褒不贬，不加评述，如实记载。做到大事、要事不少，新事、奇事、特事不漏，及时上报大事记材料，并须于每月 5 日之前上报本单位上月大事记。

四、组织领导

成立《南昌县大事记》编纂委员会，主任由县委书记担任，常务副主任由县委副书记、县政府县长担任，副主任由分管党史工作的县委副书记、县政府副县长担任。编纂委员会下设办公室、编辑室，办公室、编辑室设在县委史志地名办公室，具体负责《南昌县大事记》的编纂和全县各地各单位大事记的指导工作。

若遇人员调动，则以职务在任人员为准，不再另行发文。